경제편

상업·무역 정책(1)

-일제의 한국 상권 침탈

경제편

일제침탈사 자료총서 34

상업·무역 정책(1)

– 일제의 한국 상권 침탈

동북아역사재단 일제침탈사 편찬위원회 기획

조재곤 · 최재성 · 최종길 · 이태규 편역

동북아역사재단
NORTHEAST ASIAN HISTORY FOUNDATION

| 발간사

일본이 한국을 침탈한 지 100년이 지나고 한국이 일본의 지배로부터 벗어난 지 70년이 넘었건만, 식민 지배에 대한 청산은 이루어지지 못하고 있다. 일본의 독도영유권 주장은 도를 넘어섰다. 일본은 일본군'위안부', 강제동원 등 인적 수탈의 강제성도 인정하지 않고 있다. 일본군'위안부'와 강제동원의 피해를 해결하는 방안을 놓고 한 · 일 간의 갈등은 최고조에 이르고 있다. 역사문제를 벗어나 무역분쟁, 안보위기 등 현실문제가 위기국면을 맞고 있다.

한 · 일 간의 갈등은 식민 지배의 역사를 어떻게 볼 것인가 하는 역사인식에서 기인한다. 역사는 현재와 과거의 대화이며 이를 기반으로 미래로 나아갈 수 있다. 과거 침략의 역사를 미화하면서 평화로운 미래를 말하는 것은 불가능하다. 식민 지배와 전쟁발발의 책임을 인정하지 않고 반성하지 않으면 다시 군국주의가 부활할 수 있고 전쟁이 일어날 위험성도 배제할 수 없다. 미래지향적 한일관계를 형성하고 나아가 동아시아의 평화와 번영의 기틀을 조성하기 위해 일본은 식민 지배의 책임을 인정하고 그 청산을 위해 노력해야 할 것이다.

식민 지배의 역사를 청산하기 위해서는 식민 지배는 어떻게 이루어졌는지 그 실상을 명확하게 규명하는 일이 긴요하다. 그동안 일본제국주의에 맞서 조국의 독립을 위해 헌신한 독립운동가들의 활동을 찾아내고 역사적으로 평가하는 일에는 상당한 성과를 거두었다. 반면 일제 식민침탈의 구체적인 실상을 규명하는 일에는 충분한 노력을 기울이지 못했다. 제국주의가 식민지를 침탈했다는 것은 너무나 당연한 사실로 여겨졌기 때문에, 굳이 식민 지배에서 비롯된 수탈과 억압, 인권유린을 낱낱이 확인할 필요가 없었는지도 모른다. 그러는 사이 일본은 식민 지배가 오히려 한국에 은혜를 베푼 것이라고 미화하고, 참혹한 인권유린을 부인하는 역사부정의 인식을 보이는 데까지 이르고 있다. 일제의 통치와 침탈, 그리고 그 피해를 종합적으로 조사하고 편찬할 필요성이 여기에 있다.

일제침탈사를 체계적으로 정리하는 일은 개인이 감당하기 어렵다. 이에 우리 재단은 한국학계의 힘을 모아 일제침탈사 편찬위원회를 꾸렸다. 편찬위원회가 중심이 되어 일제의 식민지 침탈사를 정치 · 경제 · 사회 · 문화 모든 방면에 걸쳐 체계적으로 집대성하기로 했다. 일제 식민침탈의 실체를 파악하기 위해 2020년부터 세 가지 방면으로 사업을 추진하고 있다. 하나는 일제침탈의 실상을 구체적이고 생생한 자료를 통해서 제공하는 일로서 〈일제침탈사 자료총서〉로 편찬한다. 다른 하나는 이들 자료들을 바탕으로 연구한 결과물을 〈일제침탈사 연구총서〉로 간행한다. 그리고 연구의 결과를 대중들이 이해하기 쉽게 〈일제침탈사 교양총서〉를 바로알기 시리즈로 간행한다. 자료총서 100권, 연구총서 50권, 교양총서 70권을 기본목표로 삼아 진행하고 있다.

〈일제침탈사 자료총서〉에서는 정치 · 경제 · 사회 · 문화 모든 방면에 걸쳐 침탈의 역사를 자료적 차원에서 종합했다. 침략과 수탈의 역사를 또렷하게 직시할 수 있도록 생생한 자료를 제공하는데 목표를 두었다. 그동안 관련 자료집도 여러 방면에서 편찬되었지만 원자료를 그대로 간행한 경우가 많았다. 이번에 발간되는 자료총서는 해당 주제에 대한 침탈의 실상을 체계적으로 이해할 수 있는 구성방식을 취했으며, 지배자의 언어로 기록되어 있는 자료들을 독자들이 쉽게 읽을 수 있도록 모두 번역했다. 자료총서를 통해 일제 식민 지배의 실체와 침탈의 실상을 있는 그대로 이해할 수 있게 되기를 기대한다.

2022년

동북아역사재단 이사장

| 편찬사

1945년 한국이 일제 지배로부터 해방된 지 77년의 세월이 지났다. 그럼에도 불구하고 일본 사회 일각에서는 여전히 일제의 한국 지배를 합리화하고 미화하는 주장이 나오고 있으며, 최근에는 한국 사회 일각에서도 일제 지배를 왜곡하고 옹호하는 주장이 나오고 있다. 이는 한국과 일본 사회, 한일 관계와 동아시아 국제관계의 미래를 위해서도 결코 바람직하지 않은 일이다.

이에 동북아역사재단은 일제의 한국 침략과 식민 지배에 대한 학계의 연구 성과를 총정리한 〈일제침탈사 연구총서〉를 발간하기로 하였다. 이에 따라 2019년 9월 학계의 전문가를 중심으로 편찬위원회를 구성하였으며, 편찬위원회는 학계의 연구 성과를 토대로 정치 · 경제 · 사회 · 문화 부문에서 일제의 침탈이 어떻게 이루어졌는지 정리하여 연구총서 50권을 발간하기로 하였다.

주지하듯이 1905년 일제는 러일전쟁에서 승리한 뒤, 한국에 군대를 주둔시키면서 한국의 외교권을 빼앗고 통감부를 두어 내정에 간섭하였다. 1910년 일제는 군사력으로 한국 정부를 강압하여 마침내 한국을 강제 병합하였다. 이후 35년간 한국은 일제의 식민 통치를 받았다.

일제는 한국의 영토와 주권을 침탈하였을 뿐만 아니라, 군사력과 경찰력으로 한국을 지배하면서, 정치 · 경제 · 사회 · 문화의 모든 부문에서 한국인의 권리와 자유, 기회와 이익을 박탈하거나 제한하였다. 정치적으로는 군사력과 경찰력, 각종 악법을 동원하여 독립운동을 탄압하고, 한국인의 정치활동을 억압하고 참정권을 박탈하였으며, 집회와 결사의 자유를 억압하였다. 경제적으로는 일본자본이 경제의 주도권을 장악하고, 일본인 위주의 경제정책을 수행했으며, 식량과 공업원료, 지하자원 등을 헐값으로 빼앗아 갔고, 농민과 노동자 등 대다수 한국인의 경제생활을 어렵게 하였다. 사회적으로는 한국인들을 차별적으로 대우하고, 한국인의 교육의 기회를 제한하고, 한국인으로서의 정체성을 박탈하여 결국은 일본의 2등 국민으로 만들고자 하였다. 문화적으로는 표현과 창작의 자유, 종교와 사상의 자유를 억압하고, 한

글 대신 일본어를 주로 가르치고, 언론과 대중문화를 통제하였다. 중일전쟁, 아시아태평양전쟁을 도발한 뒤에는 인적 · 물적 자원을 전쟁에 강제동원하고, 많은 이들을 전장에 징집하여 생명까지 희생시켰다.

〈일제침탈사 연구총서〉는 침탈, 억압, 차별, 동화, 수탈, 통제, 동원 등의 단어로 요약되는 일제의 침략과 식민 지배의 실상과 그 기제를 명확히 밝히고자 하였다. 이를 통해 일제의 강제 병합을 정당화하거나 식민 지배를 미화하는 논리들을 비판 극복하고, 더 나아가 일제 식민 지배의 특성이 무엇이었는지, 식민 통치의 부정적 유산이 해방 이후에 어떤 영향을 미쳤는지를 밝히고자 하였다.

편찬위원회는 연구총서와 함께 침탈사와 관련된 중요한 주제들에 관하여 각종 법령과 신문 · 잡지 기사 등 자료들을 정리하여 〈일제침탈사 자료총서〉도 발간하기로 하였다. 아울러 일반인과 학생들이 보다 쉽게 읽을 수 있는 〈일제침탈사 교양총서〉를 바로알기 시리즈로 발간하기로 하였다.

일제의 한국 침략과 식민 지배의 역사는 광복 후 서둘러 정리해냈어야 했지만, 학계의 연구가 미흡하여 엄두를 내기 어려웠다. 이제 학계의 연구가 어느 정도 축적되어 광복 80주년을 맞기 전에 이와 같은 작업을 할 수 있게 된 것을 다행으로 생각한다. 한일 양국 국민이 과거사에 대한 올바른 역사인식을 갖고 성찰을 통해 미래를 향해 함께 나아갈 수 있기를 기대하면서 삼가 이 책들을 펴낸다.

2022년

동북아역사재단 일제침탈사 편찬위원회

| 차례

부록 표 차례

일러두기

1. 일제침탈사 자료총서는 가급적 일반 시민들이 읽고 이해할 수 있는 현대적인 문장과 내용으로 구성하였다.
2. 외국 인명, 외국 지명 등 고유명사는 처음 등장할 때 원어를 병기하고 이후에는 한글만 표기하였다. 한글 표기는 국립국어원 외래어표기법에 따랐다.
3. 연도는 서력 표기를 원칙으로 하고 관련 연호는 병기하였다. 날짜는 원문 그대로 하고, 음력과 양력 여부를 알 수 있는 경우에만 '(음)' 또는 '(양)'으로 기재하였다.
4. 숫자는 천 단위까지 아라비아 숫자로 표기하고, 만 단위 이상은 '만' 자를 넣어 표기하였다. 도표 안의 숫자는 가급적 그대로 표기하였다.
5. 국한문혼용체와 같이 탈초만으로 문장을 이해하기 힘든 경우 가급적 현대어에 가깝게 윤문하였다. 단 풀어쓰기 어려운 낱말이나 문구는 원문을 병기하거나 편역자 주를 이용하였다.
6. 낱말이나 문구에 대한 설명이 필요한 경우 또는 편찬사업의 취지에 따라 자료 해설이 필요한 경우 편역자 주를 적극 활용하였다. 단, 편역자 주는 1, 2 등으로 표기하고, 원 자료의 주석이 있는 경우는 *, ** 등으로 표현하였다.
7. 원 자료에 수록된 표는 가급적 그대로 수록하되, 지면상 수정이 필요할 경우 가로쓰기로 수정하였다.
8. 다양한 방식으로 읽을 수 있는 일본 인명은 통용되는 훈독을 따랐으나, 오류가 있을 수 있어 한자를 병기하였다.
9. 판독이 불가한 글자의 경우 ■로 표기하였다.

| 편역자 서문

동북아역사재단 일제침탈사 자료총서 『상업·무역 정책』은 총 3권으로 제1권은 상업 일반, 제2권은 상업 기구, 제3권은 무역 분야를 중심으로 발간할 예정이다. 이 책은 제1권 '상업 일반' 분야를 번역한 것으로 주로 시장·상인·상거래·상권·회사 관련 내용 중 일제침탈과 그로 인한 조선인의 피해를 중심으로 작업한 결과물이다. 일제침탈사 자료총서 발간은 일제가 한국의 주권과 영토를 침탈하고 식민 지배하면서, 억압·수탈·차별·동원 등을 통해 각 부문에서 권리와 이익을 침해하였음을 자료로 보여 주는 데 그 취지가 있다. 일제가 직접 만든 자료와 일제의 경제적 침탈과 지배에 대한 비판적인 자료를 발굴하고, 정책에 따른 대응과 피해 실태에 관한 사료도 포함하였다.

조선은 일본의 식량과 원료의 공급지이자 상품시장의 역할을 하였다. 그 과정에서 일본제국주의는 「회사령」, 「시장규칙」, '○○시장령' 등을 통해 식민지 상업정책의 대강을 마련하였다. 특히 일제는 1910년대 「회사령」과 조선총독부의 허가제를 통한 경제 탄압정책을 취했고, 「시장규칙」으로 한국 시장에 대한 독점지배 구조를 강구하여 일본 상인에게 유리한 조건을 만들었다. 이것 때문에 시장의 식민지적 재편성 과정에서 재래시장과 조선 상인은 타격을 받았다. 반면 일본인들은 조선총독부라는 식민지 권력의 힘을 통해 조선 상권의 주요 부분을 장악했다. 그 결과로 일본인 이민과 상인들의 조선 진출이 가속화되었다. 1931년 '만주사변'과 1937년 중일전쟁 이후 전시체제기에는 각종 통제법령을 도입하면서 식민지 상업침탈은 더욱 노골화되었다.

일본의 '식민지 시혜론'을 수용하여 식민지 시기 조선 경제 상황에 대해 '개발'과 '근대화'를 강조하는 '식민지 근대화론'이 '반일 종족주의' 등의 이름으로 재생산되고 있는 상황에서, 일제의 한반도 침략과 그들의 식민통치 실상을 사실적으로 이해하고, 실증적 연구 토대를 확립하는 노력이 필요하다. 현재까지 발간된 일제강점기 상업과 무역 관련 자료집은 극히 일부분이다. 그중 대표적인 것으로는 『産業政策과 統計資料』 1~15(민족문제연구소 편, 한국학술정보,

2001)가 있으나 시기상 1936년 이후를 대상으로 하고 있어 식민지기 전체를 포괄하지 못하고 있으며, 내용 면으로 볼 때도 해제와 번역이 없는 일본어 원문 영인본으로 자료집으로서는 다소 한계가 있다. 그밖에 『(국립중앙도서관 소장)「1945년 이전 한국관련 자료」 해제집』 1~7(국립중앙도서관 편, 국립중앙도서관, 2007~2014)이 있으나 자료 소개에 그치고 있다. 이렇듯 일제 식민지 시기 상업과 무역 관련 자료집은 충분하지 않다.

따라서 일제강점기 전국 주요 도시의 상인과 상업, 행정정책과 법령 제정, 제도와 기구, 정책과 법령의 실행 내용 및 그 결과를 실증적으로 파악할 수 있는 자료집을 편찬하는 것은 매우 중요한 의미를 갖는다. 이 자료집은 그중 제1권으로 일제의 편향된 상업 및 시장 정책과 그로 인한 조선인들의 피해 상황을 중심으로 소개하였다. 일제강점기 상업 관련 자료는 분야가 너무 방대하기 때문에 핵심 자료의 선별과 발췌가 매우 중요하다. 제한된 지면에 여러 내용들을 한정하기는 쉽지 않다. 상업 분야의 일제침탈 주제로 선정한 상인·회사·상거래·시장·상권이라는 소재는 포괄적이고 어떤 자료들도 이들 안에 포함될 수 있는 우려도 있다. 그렇지만 이들 자료를 전체 상업이라는 거대 범주에만 넣기보다는 중복 가능성이 많은 자료일지라도 일정한 구분은 필요할 것으로 보인다.

이 자료집에 수록한 자료들은 상인·회사·상거래·시장·상권의 다섯 가지 범주로 분류하였다. 이와 같이 정한 까닭은 상인은 상업 활동의 주체이고, 회사는 상인의 법률적 확장 개념이다. 상거래는 상인의 활동 그 자체이며, 시장은 상거래 활동의 무대이고, 상권은 시장의 확장 개념이기 때문이다.

이 자료집은 주요 원문 자료를 선정하여 우리말로 번역하고 풀이하여 수록한 것이므로 전문 연구자뿐만 아니라 일반 대중에게도 유용할 것이다. 편역자들은 이 자료집에 될수록 다방면의 상업 자료를 수록할 방침을 정했다. 일제 상업정책과 그것이 조선인 상인에게 미친 다양한 모습을 보여 주기 위해서이다. 그리하여 먼저 일제의 정책 입안과 제도 도입, 법령 제·개정의 배경과 준비, 정책·제도·법령의 집행과 시행, 그리고 그 결과를 한 사이클로 거기에 맞는 적절한 자료를 수집하고 배치하고자 했다. 일제의 공적 자료, 여러 기구와 관변 단체가 발행한 자료를 통해서는 집행과 시행의 배경이나 결과를 알기 어려운 경우가 많았다. 그래서 조선인 상인에게 미친 영향을 보여주는 자료로 신문과 잡지, 특히 신문기사를 널리 수록했다.

다만 한정된 지면으로 인해 부득이 자료를 선별할 수밖에 없었다. 이 자료집은 완결된 연구서가 아니기 때문에 하나의 사건을 중심으로 시작부터 끝까지를 추적하지는 못했다. 국지적인 관심 대신 광범위한 양상을 시야에 넣고자 했다. 그렇기 때문에 하나의 주제에 맞춰 그 전말을 알고자 하는 독자들의 기대에 미치지 못할 수도 있다. 또한 수록한 자료에서 일제 식민지라는 당시의 경제적 현실에 대한 비판적인 내용을 상대적으로 찾아보기 힘들고 오히려 일제의 상업정책을 옹호하는 자료가 적지 않은 한계를 드러내고 있다. 그러나 이 역시 당시의 현실을 반영한 것은 분명한 사실이다.

자료집의 제I장은 신문기사를 정리한 것이다. 신문의 논조는 당시의 시대상을 반영하고 있고, 특히 통감부와 일제강점기에 이르면 일본제국주의가 실행한 정책의 많은 부분이 투영되어 있다. 신문은 《황성신문》·《대한매일신보》·《매일신보》·《동아일보》·《조선일보》를 대상으로 하였다. 신문에서 추출한 주요 항목은 상업 일반 관련 내용 중 일본제국주의의 침탈에 의해 변형 왜곡되거나 그로 인해 조선인들이 피해를 받는 사항 등이다.

제II장은 실행 계획 및 내용으로 일제의 상업정책 실시 배경과 준비에 관한 자료를 배치하였다. 주 내용은 「회사령」 관련, 근대적 공설시장 설립, 시장세 개선과 「조선영업세령」 제정, 상인에 대한 계도와 단속, 일본 상점 법안 소개로 《상공월보》·《조선경제잡지》·《경제월보》·《조선》·《신동아》·《삼천리》 등에서 추출한 것이다.

제III장은 정책 실행 관련 법령으로 「회사령」·「시장규칙」·「조선미곡주식회사령」·「조선거래소령」·「폭리행위등단속규칙」·「가격등통제령」·「조선중소상공업 자금융통 손실보상 규정」·「조선중요물자 현재고 조사규칙」 등에 관한 법령을 1910년대부터 국가총동원 체제기에 이르기까지 시기별로 나누고 다섯 가지 범주로 분류하여 소개했다. 대부분은 『조선총독부관보』에 수록되어 있고, 기타 상거래·상인·상점 관련 일부 법령과 규정은 《조선경제잡지》와 《경제월보》를 추가했다.

제IV장은 일제가 시행한 상업정책의 실행 결과를 보여 주는 《경성상업회의소월보》를 비롯한 여러 자료들로서 회사와 「회사령」 철폐 관련 자료, 서울의 4대 시장과 조선총독부 중추원의 각 도별 시장조사 자료, 조선 전국의 시장 분포와 공설시장 상황 등을 살폈다. 이어 상거래에서 나타난 조선인·조선 상인과 일본인·일본 상인 간 상거래 분쟁과 그에 따른 「민사판결문」, 조선 주요 도시의 상업 세력, 조선 중소 상인의 현실적 처지, '정신적 각성'과 '시국 순응' 요구, 조선인과 일본인 상권 간의 고객 유치를 위한 과도한 경쟁을 알 수 있다. 「민사판결문」은 구한말 자료에 국한되어 있는데, 강릉원주대학교 인문학연구소 민사판결문 연구팀 작업의 일부 내용을 양해를 구해 수록한 것이다.

제Ⅴ장 부록은《조선경제잡지》·《경제월보》·《통계연보》 등에서 제시한 각종 통계, 수치 중 시장과 회사 관련 내용에 관한 주요 표를 간추린 것이다.

편역자를 대표하여

조재곤

I

신문기사

해제

대한제국 시기는 《황성신문》과 《대한매일신보》, 일제강점기는 《매일신보》·《조선일보》·《동아일보》를 연월일 순으로 정리하였다. 1910년대와 1940년대는 조선총독부 기관지 《매일신보》 등 관변지 외에는 발간된 신문이 없으며 신문의 논조는 식민지 정책당국의 입장을 그대로 전달한 것에 불과하였다. 1937년 중일전쟁 무렵부터는 조선인 발행 신문인 《조선일보》와 《동아일보》도 강력한 언론 통제로 인해 과거의 논조와는 많은 차이가 있는 점도 독자들이 주의 깊게 판단해야 할 부분이다.

1. 회사

러일전쟁 이후 1910년 8월 일제의 대한제국 강제 병합 이전부터 일본인 이민자는 급증하였고 이들은 통감부의 비호 아래 조선 내에 각종 회사를 설립하기 시작하였다. 이후 조선총독부 또한 일본인 회사 우대정책을 취하였다. 이는 강제 병합 직후인 1911년 「회사령」으로 법제화되었다. 「회사령」 이후 일본인 신설 회사가 급증하였다. 이들은 조선인 회사에 비해 월등한 자본력으로 총독부 당국의 비호 아래 조선의 상권과 경제권을 잠식하기 시작하였다. 그 결과 1927년 현재 조선 주재 일본인 영리회사의 투자액은 조선인의 21배로 증가하였는데 이는 전 조선 자본액의 약 86%를 점하는 것이었다. 이후 1930~1940년대에도 일본인 회사의 우위는 지속되어 회사 수는 물론 공칭자본과 불입자본 등에서 조선인 회사를 압도적으로 능가하였다.

2. 시장

일제는 '문명'과 '근대화'의 이름 아래 조선의 시장조직을 개편하였다. 그들은 교역상품의 군졸(窘拙), 재래 5일장 구조, 조악한 도로, 교통수단의 미발달, 위생 문제 등을 집중 거론하면서 그의 개량을 강조하였다. 이에 '공공사업'이라는 명목으로 공공단체가 경영하는 시장의 공설화를 적극 추진하였고 이는 1914년 「시장규칙」으로 법제화되었다. 식민당국은 이를 근거로 허가와 취소·이전 등의 조치를 취할 수 있게 되었고 결국 기존 시장에서 조선 상인의 권리를 축소하고 일본인이 운영하거나 그들의 상거래를 지원하기에 이른다. 그 결과 서울에서는 조선 상인이 주도하는 남대문시장은 불황을, 일본 상인이 주도하는 공설시장은 호황을 맞게 되었다. 지방 시장에서도 일본 상인이 조선 상인의 구축을 기도하는 경우가 여러 사례 보인다. 이는 주로 시장 기지를 이전하는 방식이었고, 장날(개시일) 변경과 시장 수 정리 외에 시장조합의 주도권을 장악하면서 이권독점을 기도한 것이었다. 「시장규칙」에 따른 현물시장의 상거래 단속과 수색이 이어졌고, 일본인이 설립한 사설시장과 시장조합의 무리한 시장세 징수·부정 징수 등의 폐해도 적지 않았다.

3. 상거래

강제 병합 이전 통감부는 지방비 중 중요 세목으로 시장세를 징수하였다. 이는 조선 상인들의 반발을 초래하여 지방 각 장시에서 우려와 반대의 소리가 높아졌다. 시장세 문제로 평안도 순천에서는 민중봉기가 일어나기도 하였다. 강제 병합 이후 일제는 조선총독부를 중심으로 조선의 시장과 상거래 관행을 조사하였다. 시장세는 매매가액의 100분의 1을 받으라는 규정은 잘 지켜지지 않았고, 주로 영세 상인에게 가혹하게 제반 규정을 적용하고 그 외에 각종 명목의 수수료를 징수하였다. 대공황·관동대지진·'만주사변' 등 주변 국제정세에 연동된 상거래의 위축과 부진이 이어지고, 중일전쟁 시에는 조선총독부 주도로 「폭리단속령」을 시행하여 배급과 거래를 강력히 통제하여 민중 생활에 타격을 주었다. '규약'을 빙자한 물품매매 과정에서 일본인 중개인에 의한 협잡과 부정 사례도 많았다. 상품의 경매 시에는 자본주와 공모한 일본인 중매상의 입찰 조작이라는 사기적 수단을 통한 거래 행위도 나타나고 있었다.

4. 상권

일제 강점 이후 할인과 경품 등의 행사를 유도한 일본 상인이 서울의 시장을 점차 잠식하고 있었다. 북촌 즉, 종로를 중심으로 하는 조선인 상권과 진고개 즉, 명동을 중심으로 하는 일본인 상권이 대립하고 재래시장과 공설시장으로 나뉘어 상권 경쟁이 치열한 양상으로 전개되었다. 상권의 핵심은 시장의 위치와 소비자와의 접근성에 있다. 그런데 우세한 자본력과 식민지 통치 권력을 등에 업은 일본 상인은 서울에서는 남촌의 상권을 중심으로, 지방은 과거의 개항장을 중심으로 상권 확장을 기도하였다. 거기에 더해 대도시 상권의 많은 부분이 일본인에게 피탈되어 지역 경제권을 그들이 좌우하게 된 경우도 보인다. 그에 반비례하여 조선인 상권은 점차 쇠퇴 일로에 처하게 되었다. 그들은 지역발전이니 시장이 협착하다는 등의 명분을 들어 총독부와 각 지방관청 등을 움직여 새로 시장을 개설, 기존 상권을 해체하고 자신들의 입장에서 새로운 상권을 만들어 경영하면서 막대한 부를 축적하기도 하였다. 철도와 도로의 신설로 재래 상권이 변하는 경우도 많았다. 지역에 따라서는 주민과 상인들의 반대에도 불구하고 강압적으로 급작스럽게 시장을 이전하자 상업 기반과 상권을 잃어버리고 파산하는 조선인 상인들도 속출하였다. 조선인이 떠난 상업기지는 일본인의 수중에 들어갔다.

5. 상인

금융 경색으로 상업계가 침체되면 은행 거래 등 상업자금의 융통이 어려운 조선인 상인 중에는 파산자가 속출하게 된다. 이를 통감한 일부 상인들은 상권 회복을 위해 상인조합·소비조합 등을 구성하고 일치단결하여 활동하였다. 그러나 일본인들이 주도하던 경성 상인의 유일한 지도기관인 경성상공회의소는 조선 상인들에게 냉담하였다. 문서 위조·사전 공모를 통한 공매 등 일본 상인들에 의한 사기적 수법의 상행위도 적지 않았다. 또한 조선인 점원에 대한 학대와 차별로 인한 동맹파업도 있었다. 미쓰코시(三越)·조지야(丁字屋) 백화점 등의 대자본·대상인 대 중소상인 중심의 소자본·소상인의 대결에서 일본 상인들은 조선 상인의 고유 영역인 포목과 주단의 판매까지도 침범하였다. 1930년의 경우를 보면 조선 상인의 영업세액은 일본 상인의 약 5분의 1에 불과하였는데, 이는 그만큼 매상고와 수익이 적다는 것을 의미하는 것이다.

1. 회사 관련

〈자료 1〉 일인 회사에 한금(韓金) 보조(황성신문, 1908.2.20, 2면 6단)

일본인 오이케 추스케(大池忠助) 씨 등은 남한연해기선회사(南漢沿海汽船會社)를 설립하고 보조금을 내각에 운동 중이라더니 재작일 참여관 회의에서 1개년 3만 원씩 3개년간 9만 원을 농상공부 소관 산업장려비 중에서 지불하기로 결정하였다더라.

〈자료 2〉 일 회사(日會社) 발흥(대한매일신보, 1910.2.2, 3면 3단)

한국 내에서 영업하는 일인의 각 회사는 그 수가 점점 증가하여 현재 30곳에 달하였다더라.

〈자료 3〉 일 회사(日會社) 경영(대한매일신보, 1910.4.6, 3면 3단)

일인의 한해어업주식회사(韓海漁業株式會社)는 그 목적이 대한 전국을 경영함인데 이는 수(水)로부터 육(陸)에 미칠 방침이라 하며 그 생활코자 하는 지(地)는 북한(北韓) 방면이오 대한조(大韓組)의 권리를 매수하여 대확장을 작한다 하며 금번 도한함은 그 실지를 조사하고 통감부와 한 정부에 협의하려 함인데 농상공부 차관 기우치(木內)가 부재한 고로 다시 일본에 가서 협의코자 한다더라.

〈자료 4〉「회사령」 제정 진상, 고마쓰(小松) 총무부장 대리 담화(매일신보, 1911.1.21, 2면 2단)

고마쓰 총무부장관 대리는「조선회사령」에 대하여 다음과 같이 담화하였더라.

"금회에 실시된「조선회사령」에 대해 각종 억설(臆說)을 만들어내고, 혹은 엄혹하다 하고, 이를 비평하며 또는 부실회사 방지책(泡沫會社防遏策)이라 하기도 하면서 이를 변호하는 자가 있으니 실제의 사정을 자세히 알지 못하는 내지인이 가혹하다 보기가 쉽거나 이상할 것이 없으나 다만 부실회사에 대한 방지책이라 한다면 아직 미진한 바가 있다. 원래 총독(데라우치 총독)의 방침이 조선의 부원(富源)을 개척하고 백성의 역량 발달을 도모하여 건전한 사업의 경영을 장려함에 있음은 누차 언명한 바이고, 착실한 회사의 설립을 환영하는 것은 의심해 볼 여지가 없는 것은 물론이고 동시에 부실회사가 자연스럽게 배척되기에 이르는 것 또한 당연한 결과다. 조선의 현상은 내지와 같지 않기 때문에 병합으로부터 아직 반년이 못 되었으므로 개선의 사업은 처음으로 시작되는 것에 불과하다. 과도기에 있지만, 다행히도 근래 보기 드물게 평온한 상황이 나타나고 있으며, 3,000만 원의 은사공채는 일일이 분배되어 이것으로부터 발생하는 150만 원의 이자는 매년 조선 인민에게 이전부터 있던 부(富)에 더해지는 것으로, 이렇게 기업열이 일어나는 때를 맞아 조선인 중에는 일면으로는 아직 경제 사정을 십분 깨닫고 이해하지 못하는 다수의 양민이 있고, 다른 측면에서는 이러한 경제적 사정을 경험하지 못한 채 뜻밖의 이익을 움켜쥐고자 하는 교활한 무리가 적지 않으며, 또한 내지에서도 지금 이때가 특수한 시기다.

세인이 능히 조선의 실정을 주지하지 못하는 때를 입어 어떠한 일을 당해 영위하더라도 성공에 이르는 것은 의심할 바가 없다. 고취(鼓吹)하고 외망(猥妄)히 자본을 구집(鳩集)하여 아침에 세워지고 저녁에 쓰러지는(朝起夕蹶) 회사를 설립하는 자가 무수히 많음과 같다. 그러므로 일본인과 조선인 중 손해를 입는 자가 많은 것은 물론이고 정당한 기업가도 이처럼 각종 장애를 만나 손발을 펴지 못하는 지경에 이르는 상황은 명약관화함이 당연하다. 이를 방관하고 시류에 방임하라고 말한다면 어찌 잔인한 주문(注文)이라 하지 않을 것인가. 총독이 아무리 무관 출신이라 할지라도 이와 같은 요구에 응하도록 냉정하고 정이 없이 하지는 않을 것이다. 「회사령」이 매우 혹독하다 하는 사람이 오히려 심하다고 할 수 있는 것이 아닌가. 장차 조선에서 설립하는 회사는 「회사령」에만 의존하는 것이 아니라 실질적으로는 상법 중 회사에 관한 규정의 적용을 받는 것이지만 이상에서 개진한 사정이 있다면 형식적으로 허가를 필요로 하는 차이가 있을 뿐이다. 그와 같은 허가를 필요로 하고, 다시 벌칙이 무거움은 투기업자와 같은 자들에게는 고통을 입게 할 수 있지만 착실한 사업가에게는 하등 영향이 미치지 않음은 양민이 형법 벌칙의 관대함과 엄격함에 관심을 두지 않음과 같거니와 하물며 벌칙이 개정 상법의 초안과 동일하기에 자연스러운 진보적 규정이라고 할 수 있다. 요컨대, 부실회사를 배척함은 수단이라 할지언정 목적은 아닌즉 조선에 회사라 할 만한 회사가 없는 현재의 상황에서 자연히 회사를 막을 필요가 어찌 있겠는가. 「회사령」 제정의 본래 취지는 건전한 회사를 설립하는 길을 여는 데 있음은 명료하기 때문에 강호의 식자(識者)가 환영할 것은 우리가 믿어 의심치 않는 바이다."

〈자료 5〉 조선총독부 시정 1주년간의 사업, 데라우치 총독(寺內總督)의 소감, 「회사령」

(매일신보, 1911.10.1, 3면 1단)

상공업의 방면에 있어서 경제계의 발달과 더불어 회사의 조직으로써 영업을 계획하는 자가 증가하는 조짐이 있음은 가히 즐거운 현상이라 할지라도 현재 조선인은 아직 법률 경제의 지식이 없고, 또 내지인 중에 조선의 진상을 이해하는 자도 적지 않음으로 이를 자연스러운 흐름으로 방임할 때에는 혹은 투기꾼과 같은 감언에 유혹되고, 혹은 간교하고 교활한 무리에게 기만을 당해 무모한 사업을 일으키고 뜻하지 않은 손해를 당하는 자가 적지 않을 것이다. 또한 유망한 사업에 대해서는 상호 경쟁해서 동일한 계획을 수립하다가 각기 불리한 경우에 빠지는 폐단이 있으니 이처럼 단지 관계자의 손실뿐 아니라 일반 경제계에 악영향을 미치어서 건전한 실업의 발전을 저해할 우려가 있는 까닭에 지난해 12월 29일에 천황 폐하의 재가를 경유해서 「회사령」을 발포해서 폐해를 미연에 예방하는 동시에 착실한 사업을 장려하고자 하는 까닭이다. 가까운 시일에 동 법령에 의해 설립된 회사는 20여 개에 달하고, 바로 지금 출원한 자가 또한 적지 않은데, 그 종류는 상업이 과반을 점하고, 공업·은행 및 금융업·전기업이 그다음에 있으며, 모두가 확실한 경영을 세운 자들이며, 일반 경제의 발달에 도움이 될 자 또한 적지 않다.

〈자료 6〉 「회사령」과 회사 수(매일신보, 1912.1.21, 2면 6단)

지난 1911년 총독부의 「회사령」 발포 후에 조선에서 신설된 회사가 총 27개 사인데, 자본금은 295만 1,000원이며, 올해 1912년 중 내지의 회사로서 조선 내에 지점을 설립한 회사는 13개 사이고, 외국인이 설립한 회사는 2개 사이라더라.

〈자료 7〉 작년 중 회사 흥폐(興廢)(매일신보, 1912.2.7, 2면 5단)

최근 조사를 들어본즉, 지난 1911년(明治 44) 중 「회사령」에 의해 처리한 각 회사의 신설 또는 해산 등을 알아본즉, 설립을 허가받은 자는 내지인 44인데 그 자본 총액 203만 7,000원이고, 조선인은 10이며 79만 2,000원, 일선인(日鮮人) 합동이 1인데 1만 원, 일본인·청나라 사람·조선인 합동은 1이며 1만 2,000원, 본점 설치를 허가받은 자가 1이오, 조선에서만 사업을 경영하는 회사 지점 설치는 내지인 10, 외국인 1, 업무를 경영하지 않는 자는 내지인 3, 외국인

1이고, 설립의 허가를 얻은 후 폐지된 자는 조선인 1이고, 또 설립이 불허가된 자가 내지인 3, 조선인 7, 일선인 합동이 3, 설립 신청서가 취하된 자가 조선인 1, 일선인 합동이 1이며, 부정 행위로 인해 해산된 자가 조선인 2, 일선인 합동 4라더라.

〈자료 8〉「회사령」 실시 후 성적(매일신보, 1912.11.17, 2면 4단)

조선총독부에서 1911년 1월 「회사령」의 실시 후 지난 10월 말까지 처분한 성적은 내지인 38건, 자본금 1,007만 7,000원, 불허가 6건 자본금 87만 8,000원, 조선인의 출허가 20건, 자본금 106만 60원, 불허가 10건, 자본금 4만 9,200원이며, 일선인(日鮮人) 합동 허가 수는 5건, 기타 자본 161만 2,000, 불허가는 4건, 자본금 5만 6,000원, 일본인·미국인 합동 허가 1건, 자본금 200만 원이오, 총계 허가 수는 66건에 자본 1,474만 9,600원, 불허가는 20건, 자본금 983만 2,000원이라더라.

〈자료 9〉 회사조합의 성질(매일신보, 1912.11.22, 1면 2단)

대저 모 회사와 모 조합을 물론하고, 그 기점이 순연한 공공성의 특질에서 시작하여, 공공에서 진행하다가 공공의 이익이 있는 때는, 자연히 개인의 완전한 이익이 있거늘 조선인은 회사 또는 조합을 경영할 때에 태반이 1, 2인의 야심에서 시작하여 사업의 결렬은 물론이오, 시시비비가 여기에서 비롯되어 나타나며, 송사나 다툼이 마찬가지로 이로부터 비롯되는 것이니, 이는 즉 부패의 원인이다. 이르기를 공공사업을 발기하는 자는 먼저 자기의 야심을 제거하여 내일의 완전한 이익을 기도(企圖)하시오.

〈자료 10〉 평북 통신: 「회사령」 위반 취조(取調)(매일신보, 1913.8.15, 1면 6단)

창성군(昌城郡) 읍내 거주 강현재(姜賢才)·박동봉(朴東鳳) 양인은 올해 1월분에 자성 중강진 중평동(慈城 中江鎭 中坪洞) 10통 9호 강기락(姜基洛) 집에 머물면서 산삼 채취 회사를 설치하려고 한다고 이르고 있어, 중강진 헌병대에서 위 사람들의 행동을 시찰하고 있던 중, 위의 사람들이 산삼회사를 중강진 영림창(營林廠) 출장소에서 허가장을 얻었다 하면서 부당이익을 획책하려고 함으로 헌병대에서 엄중히 설득하였으며, 영림창에도 교섭한 일이 있어서 이 사람들의 회사 운영을 자세히 탐문한바, 자성(慈城)·후창(厚昌)·강계(江界) 등지에서 채취하는 산삼은 매년 중국으로 수입되고, 중개 또한 중국인 수중에 있는 실정이다. 따라서 가격도 정당하게 받지 못하고, 기타 층지고 굴곡진 데가 많아 회사를 설립한 후 산삼 채취는 회사에서 관할하고, 채취를 할당해서 하는 것을 제외하는 부당이익을 올리면서 허가도 없이 산삼 채취자를 조사함으로 헌병대에서 위 사람들을 불러 「회사령」 위반죄로 취조한다더라.

〈자료 11〉 회사령위원회(매일신보, 1914.3.7, 2면 2단)

5일 중의원의 「조선회사령」 폐지에 관한 위원회의 상황에 관해 모처의 착전(着電)에 의한즉, 같은 달 오전에 사쿠라이(柵瀨) 대의사(代議士)는 본회 발포 및 존속의 이유를 질문하였고, 고다마(兒玉) 정부위원(政府委員)은 경제사상이 유치한 조선인으로 하여금 온건한 발달에 이르게 함과 동시에 거래소·보험업 등 특별 관리가 필요하나 아직 단속법이 없고, 민사령 중에도 규정이 없어 특별히 외국 광업회사를 단속할 필요에 기반해서 수속상 기업가의 불편을 느끼고 있는바 아무쪼록 이를 제거하기에 노력할 취지로 답변하고, 기타 1. 당국이 「회사령」 폐지를 예상할 시기, 2. 조선인 경제 관계에 대한 당국 방침, 3. 「회사령」 발포 이후 허가 및 불허 건수의 종류, 자본액 등에 대해 모리야(守屋)·아이제(相瀨) 양 대의사와 고다마 위원 간에 문답이 있고, 다음 회기는 제령(制令)과 법률 관계 문제에 대해 구라토미(倉富) 법제국 장관의 설명이 있을 것이라더라.

〈자료 12〉 「회사령」 폐지안(매일신보, 1914.3.7, 2면 2단)

5일 중의원 회사령 폐지안 위원회에서 모리야(守屋) 씨의 설명이 있은 후 고다마 정부위원(兒玉 政府委員)은 아직 조선인의 경제사상이 유치함을 벗어나지 못해 경제계의 온건한 발달을 계획하기 위해 본 법령의 존속이 필요하다 말하고, 모리야 씨가 또한 존속 기간을 질문하니 정부위원은 전혀 조선인의 발달을 기대함에 있은즉 이제 그 시기를 분명하게 밝히기가 어렵다 하더라.

〈자료 13〉 「회사령」 후의 회사(매일신보, 1914.3.24, 2면 3단)

「회사령」 시행 이래로 기업에 대해 각종 풍문을 들은 자가 있으나 사실은 하등 「회사령」의 존재가 조선의 기업에 대해 털끝만큼도 지장을 주지 않을 것이라는 점은 분명하다. 다만, 일반 백성의 지식이 아직 충분히 발달하지 못한 지금에는 조선인 자본가를 기만하는 자를 방해하거나 막으려는 주된 취지를 도외시하지 않는 바이다. 총독부 조사에 따른 최근의 회사 실황을 보면, 조선에 본점을 가진 회사 총계가 171개이며, 자본 총액이 5,021만 6,510환(圜)이다. 내지 또는 외국에 본점이 있고, 조선에 지점을 설립한 회사는 52개 사이며, 자본액은 1억 1,233만 8,200환이나 이를 영업 종별로 보면 조선에 본점을 두고 있는 회사 중 농업이 12, 상업은 90, 공업 33, 임업 2, 수산업 1, 광업 2, 척식업 1, 금융 21, 가스전기업 9, 궤도업(軌道業) 1, 내지 또는 외국에 본점을 두고 있으면서 지점을 조선에 설립한 회사는 농업 11, 상업 17, 공업 7, 광업 7, 수산업 4, 금융업 4, 가스전기업 2인데, 지금부터 나날이 내지 자본가의 투자로 조선의 회사는 하등의 지장이 없이 설립되리라더라.

〈자료 14〉「회사령」의 일부 개정(매일신보, 1914.11.13, 2면 7단)

앞서 보도한 바와 같이「회사령」시행 규칙 중 일부 개정 건은 본 13일로써 총독부 부령으로 발표하였는데, 개정의 요점은 대체로 절차를 간단히 해서 종래의 복잡한 문장과 형식을 피하고자 함에 있으니, 예컨대, 종례 허가 사항을 규정에 따른 문서 제출에 따른 신고 사항으로 개정하는 등이더라.

〈자료 15〉 산업계의 행운,「회사령」의 개선에 대해, 한호농공은행장(漢湖農工銀行長) 백완혁 씨 담(매일신보, 1914.11.15, 2면 5단)

연내로 숙제가 되었으나 당국의 논의가 아직 끝나지 않아 지금까지 이르렀던「조선회사령」의 개정된 취지를 본즉,「회사령」의 확실하고 분명한 정신은 전과 다름없이 오로지 복잡한 절차를 간명하게 하는 데 있다 하겠다. 당연히 법령에 관한 해석은 각자가 동일하지 않으며, 본인 또한 개정된 법령에 대해 분명하게 뜻을 이해하고 해석하기가 어렵다고 할 수 있다. 하지만 본인이 자신 있게 밝히는 바를 하나둘 열거하고자 한다.

▲ 까다롭고 꼼꼼한 회사령(苛察的 會社令)이라는 것은 지난 1911년(明治 44) 1월부터 시행된 이후로 소위 부정회사가 엄중한 심사를 받은 결과로 140여 곳의 회사 중에서 허가를 받은 곳은 100여 개에 불과해서 당시 해산 명령을 받은 회사가 일시적인 불평과 불만이 많아 본「회사령」을 평하면서 '까다롭고 꼼꼼한 법령(苛察令)'이라고까지 좋지 않은 평판으로 비난하던

일부의 부정직한 업자들은 당국이 산업을 계발(啓發)하게 한다 하면서 실제로는 이를 저해하고 있다며 여러 가지 좋지 못한 이야기로 분분하고 있으나 대체로 내실 없이 거짓으로 운영되는 부실회사(泡沫會社)를 가지고 사람들을 속여 사기적 행동을 감행하는 자가 과도기적 시대에는 옥석이 서로 뒤섞이게 되거니와 제반 시설의 정돈이 알려진 것은 현재인즉, 「회사령」은 고사하고 제1시대의 자연스러운 제재로 불허된 바임을 그들도 자각한 것 같아 근자에는 이들이 나타난 것을 보지 못하고 있다. 이는 알지 못하는 사이에 시대의 자연스러운 교화를 받은 현상이라 할 수 있다. 이와 같은 때에 당국은 다시 ▲ **시대에 상응**하는 시행규칙의 개정을 단행하였으니 어찌 시의를 얻은 자라 말하지 않을 수가 있겠는가. 이제야 조선은 산업의 진흥과 경제의 발달을 도울 수 있는 자로서 엄선한 회사도 개발의 기회와 운수를 수반해서 발흥한 회사가 180여 곳에, 불입자본 총액이 8,750여만 원에 달하였으니, ▲ **요컨대, 당국**에서도 부실회사에 대해 해산을 명하는 동시에 건실한 회사를 장려해서 사업에 경험이 없는 조선인과 사정이 분명치 않은 내지인 등 쌍방의 자산을 확실히 보호하자는 취지를 잊지 않고자 한다. 당시 불평과 불만을 토로하던 자가 본인의 친한 친구들 사이에서도 그 수가 적지 않았으나 현재에는 모두 미몽을 벗어버리는 것과 같던 중, 이번에 다시 이전의 번잡하던 제반 절차를 간편하게 개정해서 이 「회사령」의 운용을 한층 철저하게 함은 실로 조선 산업계를 위해 다행스러운 일로 믿는 바이다.

〈자료 16〉 사설: 「회사령」 일부 개정(매일신보, 1914.11.17, 1면 1단)

원래 회사라는 것은 개인의 보잘것없는 자금을 매집해서 일대 사업을 경영하되 그 계획이 확실하고 방침이 제대로 수립되어야 회사를 창설한 주주는 물론이고, 일반 민중이 누리는 이익도 적지 않을 터인데, 혹은 투기적이거나 기만적으로 미개한 민중을 속여서 한순간의 요행을 바라거나 제대로 된 방침과 확실한 계획이 없이 아침에 세웠다가 저녁에 문을 닫는 식이면 출자자의 불행은 고사하고 조선을 개발하는 데 있어서 겪는 장애가 적지 않기 때문에 미연에 방지하고자 하는 것이니 위정자의 책임이며, 「회사령」을 설치한 까닭이다. 그 후 당국자가 실험한 바를 참작해서 신중하게 심의하여 이번에 해당 법령의 시행규칙 중에서 일부를 개정하였고, 제령(制令)에 대해서는 하등의 변경이 없다.

이번 개정의 요지를 보건대, 당국자가 본 법령 시행 이래 실시된 실험에 비추어 시행상 공중의 편의를 도모하고자 사무상 간단하고 신속하게 되지 못한 점을 바꾸고자 하는 점은 다음과 같으니 한마디로 말해서, 제번주간(除繁主簡), 즉 번거로운 일을 덜어 간소하게 만드는 것이라 할 수 있다. 종래의 시행규칙은 가령 내지에 본점을 설치하고, 조선에 지점을 설치한 회사가 명목·종류 혹은 중역 등을 변경하고자 하는 경우에 내지는 총회의 결의로써 신고만 하면 즉시 변경을 할 수 있지만, 조선에 있는 지점은 일일이 총독의 인허를 받아야 하기 때문에 이전과 다름없이 구태를 존속시키고 있다. 즉, 본점과 지점의 행위가 일치되지 못하고 있기 때문에 이번에 그러한 불편한 경험으로 인해 시행규칙 중에 불필요하다고 인정되는 단속을 삭제하거나 완화하며, 또한 회사의 종류 명목 및 중역의 변경 등 상법 규정에 의해 변경하여도 관계가 없는 곳에 대해서는 이전의 인가주의를 폐지하고, 신고주의로 변경하여 공중의 편의를 도모하고 사무의 간소화와 신속성을 기하고자 한다. 회사의 설립 및 그 목적 등 「회사령」 자체의 규정에는 변경이 없음은 앞에서 기술한 바와 같다.

무릇 사회의 제반 일이 그 경험과 사회의 상태에 따라 개선할 필요가 있으면 즉시 개선하는 것이 시기나 형편에 맞게 하는 처치 방법이며, 사회의 진보와 일치하는 필연적인 결과이다. 특히 식민지의 시설에서 일어나는 만사가 만들어지는 시대에 속하기 때문에 실제 경험상 불필요하다고 인정되는 때가 되면 주저하지 않고 개선하는 것이 적절한 법령을 적소에 활용하는 위정자의 방법이 아니겠는가. 혹은 이로써 법령이 나온 이상 이에 더해 조변석개(朝變夕改)하는 폐단이 있으면 인민의 방향이 미혹되어 의지할 바를 알지 못하게 되는 기우를 떨쳐버리지 못하는 자가 있을 듯하나 이는 그렇지 않다. 구한국 시대로 말하자면, 과연 법령이 나왔으나 조변석개의 폐단이 있어 인민이 지향점을 정하지 못하다가 우연히 의외의 법망에 걸리는 일이 비일비재하게 되어 피치자가 통치자를 의지하지 못하고 향우지탄(向隅之歎), 즉 좋은 때를 만나지 못해 한탄을 누차 금하지 못하는 상태를 벗어나지 못하게 되니 신정(新政) 이후에는 법령이 한번 발효되면 그에 대한 믿음이 금과 같아서 추호도 착오가 없음으로 법을 제멋대로 행하지 아니하고, 백성이 의지하고 돌아갈 곳이 있으며, 설혹 법령을 개정할 필요가 있으면 당국자가 재삼재고(再三再考)하고, 수천 번의 심의를 하더라도 이 법령의 조문이 번거롭지 않은지, 올바르지 않은 것은 아닌지, 가혹한 것은 아닌지, 시기나 형편에 어떻게 하면 맞을 것인지, 어떻게 하면 간편하고 신속하게 할 수 있을 것인지에 관해 최상의 방도를 얻은 연후에야 이를 발포하여 인민에게 주지시켜 익숙하게 하되, 한편으로는 새롭게 백성에게 부합하게 하는 정세를 살펴 그것을 이행하는 가운데 다소 위반하고 과도한 것이 있을지라도 이를 깨달을 수 있도록 알려주고, 관대하게 이를 용서할 수 있으며, 문득 위법의 처분을 시행하지 않는 당국의 고심은 말하지 않아도 상세하게 들어주는 것이다. 식민지의 통치가 용이한 일이 아니기에 이번 「회사령」의 시행규칙 일부를 개정하는 가운데 대체로 식민지 통치상 일부분에 다소 시기와 형편에 맞지 않는 점이 발견되어도 도외시하지 않을 것이다.

〈자료 17〉 「회사령」 존속의 필요(매일신보, 1915.11.26, 2면 5단)

「조선회사령」 시행 이래 거의 5년에 달하고, 회사 사업의 계획이 점점 견실하게 되는 경향이 나타나고 있음은 조선의 산업 및 경제계를 위해 실로 기뻐할 만한 일이지만 조선의 실상은 아직도 내지에 알려지지 않은 까닭에 사업의 계획은 실제 적절하게 수립되지 못하고, 성과와 효과에서도 바라는 바가 나타나지 않아 일부 기업가들의 감언에 현혹되어 투자하려는 자가 나타나지 않고 있다. 혹은 농사를 경영하는 것도 명목하에 다수의 토지를 매수하고, 토지겸병의 폐단을 유치하고자 하는 자도 없지 아니하고, 또한 조선인의 법률상·경제상의 지식이 아직 낮은 데 힘입어 무모한 사업을 벌이고, 감언에 놀아나 출자를 구해 사리사욕을 채우고자 하는 자가 끊이지 않은 실상이니 이와 같은 회사의 실패는 다만 투자자에게는 헤아릴 수 없는 손해를 입게 하는 데 그치지 않고, 오히려 이들을 끌어들여 유망한 사업에 영향을 끼쳐 견실한 산업의 발달을 저해할 우려가 있는 까닭에 「회사령」은 당분간 존속시켜 부실하고 부정직한 회사를 단속하는 것이 조선의 현 상태에 비추어 필요불가결한 일인 줄 믿어 의심치 않는 바이다. 또한 「회사령」의 운용에 대해서는 당국의 세심한 주의를 더해 노력해서 털끝만큼의 간섭도 피할 방침을 취하고, 회사의 설립과 지점 설치의 신청에 대해서는 대체로 사업의 목적과 계획을 세우는 자의 적부를 심사함에 그쳐 처분의 신속성을 기하려고 한다. 오로지 종전의 「회사령 시행규칙」은 수속을 밟는 데 있어서 번잡함이 다소간 혼란을 주는 점이 있기 때문에 1914년(大正 3) 11월 13일 부령(府令)으로써 이를 개정해서 간소화와 신속성을 기함이라고 총독부 모 국장은 말하더라.

〈자료 18〉 「회사령」의 존속, 보호감독을 가(可)할 필요(매일신보, 1916.12.19, 2면 3단)

「조선회사령」 존속에 관한 당국의 이야기를 들은즉, 「조선회사령」 시행 이래 해를 거듭함이 6년째에 이르는데, 조선에 있는 회사 사업의 계획이 점차 그 폐단이 개선되고 있음은 실로 기뻐할 만한 현상이라. 원래 본 법령은 그 취지가 부정한 부실회사를 단속해서 조선 산업의 견실한 발전을 기함에 있기 때문에 실시에 있어서는 심심한 주의를 기울이고 노력해서 사소한 간섭을 피할 방침을 채택해서 회사 설립 등에 관해서는 대체로 사업 목적 및 계획을 수립하는 이들의 적부를 심사함에 그쳐 처분의 민활함을 기하고, 1914년(大正 3) 11월에는 「회사령 시행규칙」을 개정해서 종전 허가를 받는 일을 필요로 하던 사항 중에 비교적 경미한 회사는 문서를 제출함으로써 충분하게 해서 수속의 간소화와 신속성을 도모하고, 제재를 경감한바 있다. 물론 회사 사업의 지식과 경험이 없는 조선인과 조선의 실정에 밝지 못한 자본가 등이 헛되이 타인의 말에 현혹된바 되어 성공에 대한 바람이 무모하게 사업에 투자하고자 하는 자와 혹은 농사를 경영한다는 명목하에 토지겸병의 폐단을 유치하고자 하는 자와 같음이 절대로 없다고 말하기 어려운 상황일 뿐 아니라 이제 갑자기 본 법령을 폐지하면 그 성과와 단절하는 회사를 설립함으로써 마치 독점권을 얻는 것과 같이 들려 부정한 이득을 탐하고자 하는 자와 같다. 그러므로 다시 그 폐단을 깊게 만드는 것이 없다고 보증하지 못한다. 당연히 위와 같은 회사 사업의 실패는 다만 투자자가 측량하기 어려운 손해를 입게 하는 데 그치지 아니하고, 이어 타인의 유망한 사업에 영향을 미쳐 산업의 발달을 저해하는 일이 속출하여 회사 사업에 대해 적당한 보호감독을 더할 필요가 불가결할 일이라 하노라.

〈자료 19〉 「회사령」의 금후 운명 여하(매일신보, 1919.9.3, 2면 3단)

「조선회사령」에 관해 총독부 모 당국자가 이르기를, "「조선회사령」에 대해 종래 거론이 되지 않던 온갖 일들이 나타났음으로 새로운 총독 이하 부임한 이후 반드시 철폐를 구상하게 됨에 이르렀다. 당연히 철폐가 조선 사업계를 위해 다행인지 불행인지는 크게 숙려할 것이니 종래와 같이 허가 지령의 번잡한 수속을 필요로 하지 않고, 오직 상법에 기초해서 등기하면 족함으로 일반의 인기에 편승하는 일은 이를 상상하기 어렵지 않으며, 당연하게도 이로 인해 지방의 소규모 회사가 속출할 것이다. 특히, 종전의 예를 보면 조선 연안 각 항의 소규모 어업·해산물 판매와 같은 회사는 반드시 속출할 것이니 근래 조선인의 회사열이 발흥해서 「회사령」 존치가 이야기되는 오늘에도 계획 출원은 수십 건에 이른바, 「회사령」이 철폐되는 때에는 이것들이 반드시 배로 증가할 것이다. 원래 일반경제에 통달치 못한 조선인들이 조직하는 회사가 파탄 나는 상황이 자주 발생해서 금융계에 파란을 일으킬 일도 없다 하지 못할지니 제외가 되는 상당한 경우를 세울 필요가 있다"고 말했다.

〈자료 20〉 상의(商議) 진정 후문, 「회사령」 철폐와 기타(매일신보, 1919.10.14, 2면 8단)

지난 11일 전선(全鮮) 상업회의소연합회 실행위원이 다음의 각 항에 대해 당국에 진정하고, 그 의향을 청취한 결과의 보고가 있던 일은 기존 보도와 같은데, 그 대강의 요지를 들면 다음과 같다.

「회사령」 철폐 단행의 건에 관해서는 사이토(齋藤) 총독과 미즈노(水野) 정무총감은 조선 산업개발의 과도기에 있어 필요한 부분이 있으나 현재 시점에 있어서는 점차 그 존립의 필요를 인정하지 않는 듯하며, 하루라도 속히 철폐를 기대하기 때문에 폐지는 영구적인 장래가 아니다. 다음의 지방관청의 상공정책의 확립과 사무 간소화·신속성에 관해서는 미즈노 정무총감은 크게 동의를 표하며, 특별히 사무 간소화·신속성에 대해서는 착착 그 방침을 향해 개선시설(施設)을 실행하는 중이며, 계속해서 갑종 정도의 실업학교를 총독부립(總督府立)으로 하는 건과 고등상업학교 설립의 건에 대해 미즈노 정무총감은 갑종 정도의 실업학교 외 총독부립은 가능한 일이라고 사고하고 있으나 고등학교의 설립은 예산 등의 범위와 순서상 급격하게 실행하기 어렵다 하며, 니시무라(西村) 식산국장·유게(弓削) 학무국장도 대체로 이에 동의한다더라.

〈자료 21〉 「회사령」 폐지 결정 발표 임박, 거래소 허가·불허 여하(매일신보, 1919.11.11, 2면 5단)

다년간 비난의 목적이 되었던 「조선회사령」은 폐지하기로 결정하고 가까운 시일 내에 제령(制令)으로써 발표할 예정인데, 이에 대해 이쿠타(生田) 상공과장은 다음과 같이 말했다.

"「회사령」의 폐지는 오직 시기의 문제로 당국에서는 이미 폐지하기로 결정하고, 만반의 수속을 끝마쳤는데, 이전에 본 법령이 세상의 수많은 비난을 입었으나 당시 유치한 조선의 경제계가 처한 산업 보호를 위한 부득이한 사정이었으며, 불과 얼마 동안 경제계에 몇 번의 파란을 일으켰음에도 불구하고, 다행히 조선에서는 하등의 파탄의 추태가 폭로되지 않은 것은 온전히 본 법령이 가져온 성과라고 말할 수 있다. 그럼에도 불구하고, 지나치게 말하지 않는다 할지라도 이번에는 시운이 나아가는 바에 따라 본 법령을 폐지하게 되어 다수 회사의 신설과 수반해서 부실회사가 속출하는 것을 면하지 못할 것이다. 이 역시 생존경쟁의 결과로 부득이한 일이며, 항상 폐지의 시기에 대해서는 미즈노 정무총감 귀임과 함께 발포할 예정인데, 반드시 11월을 벗어나지 않을 듯하더라고 말하며, 다시 조선거래소 문제에 대해 이르기를 종전 여러 방면에서 운동을 계책해서 하나둘 출원한 자가 있으나 이들은 홀로 출원하는 데서 그치고 의거하고 있는 어떠한 법령도 없기 때문에 성패 여부는 예단하기가 어려우며, 따라서 이의 선결 문제는 하나의 법령이 발포되는 것을 기다리는 것 외에 달리 방도가 없으나 조선은 내지와 달라 사행심이 가득한 조선인인 까닭에 거래소 설치의 편익과 함께 다른 폐해도 고려할 필요가 있으며, 특히 내지와 같은 것은 점점 압력을 행사하는 것을 고려해서 단독으로 조선에서 이를 역행하는 것과 같기에 굉장히 신중하게 고려할 필요가 있다."

〈자료 22〉 회사 조직에 대해, 이쿠타(生田) 상공과장 담(談)(실업구락부 발회식에서)(매일신보, 1920.3.27, 2면 5단)

내지 경제계의 팽창은 유한책임회사의 발전과 중요한 관련성을 가지고 있다. 조선의 전후 경제계를 관찰하면 1917년(大正 6) 말까지 6억 8,000만 원이던 것이 1918년(大正 7)에는 11억 9,000만 원으로 급격하게 증가하는데, 조선에 있어서도 이후부터 회사 조직에 크게 노력을 하지 않으면 가능하지 않다. 조선인 측 회사의 계획을 보건대, 1911년(明治 44)부터 1918년까지 39개소로 거의 40개소에 달했다. 1919년(大正 8)에는 82개소가 되었다. 이처럼 최근 비상하게 회사 조직에 주의한 듯하나 그러한 회사 중에는 계획이 불완전한 곳도 있는 듯하며, 이는 상업을 목적으로 하던 곳이 은행으로 바뀐 곳도 있고, 상업을 목적으로 하던 곳이 공업으로 된 곳도 있으니, 이들은 물론 상당한 이유가 있으나 그 내용을 보면 조작이란 점을 벗어나기 어렵다. 따라서 회사를 계획하는 것은 가장 옳은 일이지만 이 계획을 위해서는 충분히 연구해서 신중하게 해야 할 것으로 생각한다. 조선인 측에는 회사를 설립할 즈음에 부당이득을 취하라고 하는 자가 없다는 점은 정말로 기쁘고 다행한 일이니 미노베(美濃部) 총재의 말과 같이 시세가 아닐 때는 반드시 올 것인즉 회사 조직을 위하려고 하는 자는 생각하고 연구하지 않으면 안 된다고 생각한다. 「회사령」은 시세에 맞지 않는 악법이라고 비난하지만 이번에 차차 폐지하기로 되어 10일 혹은 15일 이내에는 발표될 예정이다. 혹 「회사령」의 폐지가 회사의 남발로 이어지는 것 또한 역으로 경제계에 해를 끼칠 수 있기 때문에 중지를 논하는 사람도 있겠으나 「회사령」은 부득이 폐지하기로 했으며, 만약 「회사령」이 폐지됨에 따라 회사가 넘쳐흘러 같은 폐해가 있다 한다면, 반대로 가공할 결과가 나타날 것임으로 크게 주의하지 않으면 불가하다. 본인은 내선인(內鮮人) 모두의 사업에서 회사가 비교적 다수 설립되지 못한 것에 대해 유감으로 생각하노니 당국은 내지인이 설립하는 회사라도 확실한 회사에는 조선인의 중역을 설치하는 것이 마땅하다고 생각하는 바인데, 「회사령」 철폐 후에는 이쪽의 일이 제일 곤란할 일이라 할 수 있다. 현재 내지인을 들이는 일을 막고, 조선인만 사용하려는 경향이 있으나 주의(主義)도 내지인을 사용하지 않는다면 정말로 재미없는 일이다. 조선인 측의 회사는 대부분 상업이고, 공업은 희소하지만, 이번 미노베 총재의 담화와 같이 생산력을 증가시키는 것은 공업이 아니면 불가능하다. 당연하게 말하기가 쉽지 않으나 조선인만으로 공업이 발전할 수 있는지에 대해서는 여전히 의문이다. 이후에는 회사 기업에 있어서 내선인의 상호 양해가 필요하다 하겠다. 생산력도 증진시키고, 산업의 발달을 위해 같이 노력하고, 회사 조직의 발달을 바라는 동시에 내선인 간 융화를 도모하게 되기를 절실하게 바라는 바이다.

〈자료 23〉 「회사령」 1일 폐지 공포(매일신보, 1920.4.2, 2면 4단)

1910년(明治 43) 12월 제령(制令) 제13호로 공포되어 현재까지 시행되고 있는 문제의 「회사령」은 이번 칙령 재가(勅裁)를 얻어서 1일 관보 제령 제7호로 완전히 폐지를 공포하고, 당일부터 시행하게 되었는데, 이전 법령에 의해 설립된 회사로 본 법령 시행의 때에 현존하는 회사는 「조선민사령」에 의해 설립한 회사로 간주하게 되었더라.

〈자료 24〉 중요 법령 개정(1), 개정의 근본정신에 대해: 「회사령」 철폐 및 「시장규칙」 개정, 미즈노(水野), 정무총감 담(談)(매일신보, 1920.4.3, 2면 4단)

"「회사령」은 1911년(明治 44) 데라우치(寺內) 총독 시대에 제정된 것인데, 당시 조선에 있는 회사·기업에 여러 종류의 폐단·풍속이 있었으며, 또한 내지 등도 아직 조선의 사정에 통달하지 못함으로 인해 이를 일반에 맡겨 방임하고 있어서 종종 불건전한 회사가 설립되고, 이어서 조선 산업의 건전한 발달을 저해할 우려가 있기 때문에 부득이하게 일시적으로 임시적인 편의 수단으로 설립 허가주의를 채택해서 적당한 보호 감독을 필요로 인정하였다. 그런데 시험적으로 그 적용한 실적을 보니까 「회사령」 제정 이후 회사의 설립 허가 531건, 설립 불허가 43건, 조선 외에서 설립한 회사의 본점 설치 허가 11건, 동 지점 설치 허가 84건, 동 불허가 2건인바 이상 허가한 중에 기존의 설립된 회사의 해산을 명한 곳은 겨우 7건, 지점 폐쇄를 명한 곳은 유일하게 1건뿐이었다. 그러나 그중 불허가 해산 혹은 폐쇄 처분이 시행된 곳은 대개 본 법령 실시 후 2, 3년간의 경우에 속하고, 1919년(大正 8)에 있어서는 완전히 전무한 상황이다. 이와 같이 「회사령」 적용의 결과는 대체로 호성적이며, 이로 인해 정당한 기업을 좌절하게 하였다라고 말함과 같은 사실은 별로 있지 않은 줄로 인정될 뿐 아니라 차라리 본 법령에 의해 불확실한 기업의 남획을 방지하고 쓸모없는 경쟁을 방지해서 조선 기업계의 순조롭고 건실한 발달을 조장한 효과는 누구라도 부인하지 못할 바이다. 현 총독 부임 이래 본부[1]에서는 일면 이 「회사령」의 이해에 대해 신중한 고려를 더함과 함께, 한편으로는 시세의 진운에 비춰 이를 적용하는 데 한정해서 간소화와 신속성·기민함을 도모해서 아무쪼록 본 명령으로 인해 일반의 기업가로 하여금 기업을 하는 데 있어서 불편하거나 불리한 일을 당하지 않도록 기대하던바, 회사의 설립은 최근에 현저하게 발흥의 기운을 얻을 뿐 아니라 조선인에 있어서도 근래 경제력의 발전이 크게 나타나고 지식의 정도도 일반적으로 향상되어 회사에 관한 이해도 역시 많아지게 되었다. 또한 내지에 있어서도 조선의 사정을 나날이 주지하게 되어 조선에 있는 내지인의 기업도 점차 그 면목을 개선함에 이르렀으며, 이 이상으로 회사의 설립에 관해 특별한 간섭이 더해지는 것은 시대의 진운에 서로 응해 책략을 낼 바가 아님을 인정하고, 이번에 단연코 해당 법령을 폐지하게 되었다.

「회사령」 철폐의 결과, 회사의 설립은 자유롭게 할 수 있고, 적어도 그 사업이 적법하고 공익을 저해하는지와 같은 종류가 아닌 곳에 한하여 누구든지 희망한 대로 자유롭게 회사를 설립하도록 하는 동시에 장래 설립을 할 회사는 종전보다도 한층 그 내용의 실질에 관해 세인의 엄정한 주의와 비판을 받기 때문에 그 내용과 실질이 빈약하거나 불확실한 자는 도저히 자유경쟁의 사회에 존재하기가 어렵다. 이후 조선에서 각종 회사를 설립하고자 하는 사람은 한층 깊이 이 점에 유의해서 기업을 시작하는 초기에 특별히, 신중한 고려를 더해 이룰 수 있는 그 목적과 계획·경영 방법 등에 대해 확실하게 하기를 기대하고, 무분별하게 넘쳐나는 부실회사의 설립 등의 폐단에 빠져 스스로 헤아리기 어려운 손해를 불러들이는 등의 일이 없도록 십분 주의를 기울이기를 바라는 바이다. 총독부에서는

1 본부: 조선총독부를 지칭함.

종전의 조선 산업계의 건실한 발달을 기하기 위해 내선인 간의 경제적 공동주의를 실행할 필요를 인정하고 주요한 회사의 설립에서 가능한 내선인의 화애협동(和衷協同)을 기대할 취지로써 제반의 필요한 지도를 더했다. 오늘날 조선인의 경제력이 크게 증진되었다 말하고 있으나 각종 기업의 재능·경험·기술 등에 있어서는 오히려 내지인에 양보할 바가 적지 않으며, 내지인에 있어서도 조선에서 각종 사업을 경영할 때에는 결국 조선인과 협력 제휴하는 것이 당연히 유리하며, 정말로 조선의 전도를 우려하고, 조선 산업계의 건실한 발달을 도모하고자 하는 내선인 제씨는 아무쪼록 대국의 이해에 유의해서 구구한 감정과 눈앞의 사정에 구속되지 않게 하고, 일체 시기와 의심·편견과 고집을 없애고, 마음속에 망상을 없애 서로를 신뢰하고 도와서 공통의 목적을 이룰 수 있도록 노력하기를 심히 희망하는 바이다. 이상과 같이 「회사령」은 철폐되었으나 거래소·보험업·무진업(無盡業), 유가증권의 매매 혹은 중개업은 당분간 종전의 「회사령」을 적용하기로 하였으며, 또한 「회사령」의 철폐와 관련해서 「시장규칙」의 일부 개정을 추가한 것이나 전자는 사업의 성질에 비춰 제반 특수한 법령을 필요로 함으로써 이것들의 법령을 제정하기까지 시의적절한 방법으로 「회사령」의 적용을 종속하였으며 후자는, 곧 「시장규칙」의 일부 개정은 새로이 제 물품 및 유가증권의 현물시장을 동일한 규칙에 의해 단속하게 한다.

유래 조선의 경제가 주로 쌀에 의해 지배됨은 실로 현저한 사실이며, 그 생산의 증가 개량에 대해서는 시정(施政) 이래 관민이 함께 다대한 노력을 기울여 효과와 성적이 가장 좋은 상황이고, 일반 공중이 알고 있는 사실임과 동시에 나날이 증진해서 그 거래 방법의 개선을 촉진하며, 집산시장의 완비를 기함은 가장 급선무라고 믿는다. 그러나 조선에 있어서는 종래 각지에 곡물시장이 있어서 누구든지 동업자의 조합 조직에 의해 경영하던 사람이 점점 많아져 흥하는 경향이 있을 뿐 아니라 그 거래 방법은 걸핏하면 정기 거래의 유사행위에 빠져 소위 차금수수(差金授受)를 목적으로 하는 우려가 있음으로써 이 유가증권시장과 함께 새로이 이의 단속을 힘써 실행하는 것이 필요하다고 인정되는 바이다. 정기 거래기관에 대해서는 별도로 신중한 고려를 필요로 할 것이지만 현물시장은 어디까지나 현물시장으로 해서 그 특색을 발휘해서 경제에 공헌할 필요가 있음은 당연하다. 본 규칙 개정의 취지는 즉, 한편으로 이들의 폐해를 교정하고자 하는 동시에 건실한 미곡 집산기관의 정비를 도모하고자 하는 일을 도외시하지 않는다. 각지에서 현재 미곡시장의 설립을 계획하고 있는 자는 물론이고, 기존에 설립된 시장으로 본 법령에 의해 다시 허가를 받고자 하는 자는 심히 이와 같은 취지를 양해하고 먼저 그 조직 운용에 대해 유감없이 계획을 세우기를 바라는 바이다."

〈자료 25〉「회사령」 폐지와 은행 신영(新營)(동아일보, 1920.4.15, 2면 4단)

지난 4월 1일에 「회사령」 폐지 실시 이후 회사 경영자 간에 허다한 의혹이 속출하는 모양임으로 이에 관해 당국에게 두세 가지 질문을 한즉, 총독부 재무국 사무관 노사카(野坂) 씨는 3월 말일까지 회사 설립을 신청한 자는 시급히 각하해서 자유방임할 터인 고로 창립 전에 발기인이 변경되는 경우라도 별도로 허가를 출원할 필요가 없으며, 게다가 은행업을 목적으로 하는 회사에 한해 설립 전에 당국의 양해를 얻어야 한다고 했다. 즉, 회사가 설립될지라도 경영상 충분한 능력의 유무를 고찰할 필요가 있는데, 이는 서면으로 도청에 제출하는 수속을 이행하게 하려는 것이다.

〈자료 26〉「회사령」 폐지와 반환 건(동아일보, 1920.4.25, 2면 6단)

지난번 「회사령」이 폐지된 결과 논의할 필요가 없음으로 당국에서 반부(返附)된 신청이 다음과 같다.

합자회사 고려인삼제제소(合資會社 高麗人蔘製劑所)
조선전기공화주식회사(朝鮮電氣工化株式會社)
조선양봉주식회사(朝鮮養蜂株式會社)
대정정미주식회사(大正精米株式會社)
동양유사제품주식회사(東洋維紗製品株式會社)
농림주식회사(農林株式會社)
동양식품제조주식회사(東洋食品製造株式會社)
조선팔푸공업주식회사(朝鮮괄平工業株式會社)
조선토지신탁주식회사(朝鮮土地信託株式會社)
경성제사주식회사발기(京城製絲株式會社發起)

사람 추가의 건

중앙장유양조주식회사(中央醬油釀造株式會社)

동양음료주식회사(東洋飮料株式會社)

삼시초양조주식회사(三矢酢釀造株式會社)

조선흥행물주식회사(朝鮮興行物株式會社)

합자회사 만물상점(合資會社萬物商店)

주식회사웅평상점(株式會社熊平商店)

조선축산주식회사(朝鮮畜産株式會社)

〈자료 27〉 은행 계획상 주의, 「회사령」 폐지와 오해(매일신보, 1920.5.5, 2면 5단)

「조선회사령」 폐지와 「은행령」 개정의 결과 구 「회사령」에 의해 허가를 얻고도 아직까지 회사가 성립되지 못한 곳은 경성에 설립 중에 있는 해동은행(100만 원), 개성의 개성은행(100만 원), 신의주의 평북은행(200만 원), 광주의 호남은행(150만 원), 대구의 경일은행(200만 원), 경성의 조선실업은행(500만 원) 등인데, 이상의 회사 성립 후 다시 새로운 「은행령」에 의해 영업 인가를 받아 영업을 개시할 자인데, 각지 조선인 중에는 「회사령」 폐지와 은행업 관계를 오해하고 은행업에 대해 인가가 필요하다는 점을 알지 못하고, 많은 사람들이 은행 설립 계획을 세우고 있으나 회사 성립 후 불인가의 처분을 받을 때에는 창립 비용만 날릴 뿐임으로 설립 계획을 가지고 있는 자는 총독부 당국의 속뜻을 듣고 유감이 없기를 기대한다.

〈자료 28〉 재조선 일인 투자액 조선인의 21배, 회사 경영 공자(工資)만 5억 4,000만 원, 자금 비율로 본 조선 상공업(조선일보, 1929.2.14, 2면 1단)

조선 경제계에 외래 자금이 얼마나 있는가? 또 얼마나 증가하여 가는가를 아는 것은 날로 쇠잔하여 가는 1,800만 조선 사람의 등 뒤에 있어서 조선 사람의 생활을 발전케 하는 조선 사람의 생산업의 장래를 아는 데 가장 필요한 것이다. 이제 1927년(昭和 2) 말 현재의 조선 상공업의 영리 회사를 세우고 투자한 것을 보면, 본점 수 1,035, 투자액 3억 2,692만 7,000원으로 그 업종은 농림업 64개소, 상업 363, 공업 광업 292, 수산업 19, 은행금융 65, 운수 91, 와사 전기 23, 기타 118로 투자액이 제일 많은 것은 역시 은행금융으로 8,538만 4,000여 원인데 이밖에 본점을 일본과 중국, 기타 구미 각국에 두고 조선의 지점을 통하여 영리사업에 투자한 금액을 보면, 일본인 154개소 25억 7,328만 3,000원, 중국인·서양인 4개소 4억 7,490만 원이며 조선에 공장을 건설하고 공업 생산품을 산출하기에 얼마만한 투자를 하였는가 하면 1927년 말에는 일본인 2,283개소 4억 9,151만 8,190원, 중국인·서양인 94개소 1,860만 9,225원으로 이것을 11년 전의 1918년(大正 7) 현재의 일본인 875개소 4,036만 4,083원, 중국인·서양인 10개소 334만 6,602원에 비교하면 공장 수에 있어서는 일본인 측은 2배 반이 증가하였으며 자금에 있어서는 약 12배가 증가하여 조선 전 공업자본액 5억 4,264만 6,184원의 약 86퍼센트를 점령하였으며 중국인과 서양 사람의 투자액은 공장 수에 있어서 9배가 증가하고 자금에 있어 약 13배가 증가하여 전 공업자금액 3퍼센트를 점령하게 되었는데 이것을 조선 사람의 공업자금이 1,329만 9,384원인 것에 비교하면 일본인 측은 21배가 되고 중국인과 서양인 측은 2할 5푼이 많은 현상에 있다.

〈자료 29〉 전 조선 상대의 상업자, 일본인이 600배 우세, 박람회 손을 끌기로 우열 있던 경성 내 일선인(日鮮人) 상업 비교(조선일보, 1929.10.20, 2면 3단)

박람회 구경차로 서울에 올라온 수십만의 시골 사람들도 조선 사람의 상가인 종로 거리에 발을 들여놓기 전에 열이면 7, 8명까지 일본인 상가인 진고개나 남대문통 등에 발을 들여놓아 다수한 물품을 그곳에서 구매하여 가는 형편인데 그러면 어찌하여 이러한 취세에 이르렀는가. 즉 대체 일본인 측은 얼마나 우세한 상업자금을 가지고 영업을 하기 때문에 고객을 그렇게도 많이 끌어들이는가 하는 실제의 형편을 알아둘 필요가 있겠다. 이제 경기도 산업당국에서 상업자 전부에 대하여 개인의 자본을 조사하기는 자못 곤란한 일임으로 그는 제하였으나 큰 세력을 가지고 장사하는 것은 주식회사나 합자회사·합명회사 등 회사의 조직을 가진 것이 대부분임으로 도내 전부의 상업회사에 대하여 그 수효와 자금을 정밀하게 숫자적으로 조사한 바가 있는데 그것을 보도하면 아래와 같이 조선인 측의 빈약한 형세가 일목요연하게 나타나게 된다. 더욱이 서울이나 경기도 내에 뿌리를 박고 있는 회사들은 비단 서울이나 경기도만 ■■■구역으로 하지 않고 널리 전■■■지에 상권을 펼치고 있■ 것이 대부분이 됨으로 이 통계에 나타난 현상은 실로 전 조선의 축도로 보아도 그리 틀림이 없으리라 한다. 그런데 아래의 통계표 중 자본금액에 있어서는 일본에 본점을 둔 상사회사라 할지라도 그것을 모두 편의상 공칭자본 속에 편입한 것이다.

▲ 상업회사 수 235

(내 주식회사 72, 합자회사 142, 합명회사 21)

그중 조선인 측 경영회사 36, 일본인 측 184, 조선인과 일본인과 합병 경영회사·기타 외국인 경영 회사 15

▲ 공칭 총자본금 1억 8,581만 원

그중 조선인 측 348만 원, 일본인 측 1억 7,830만 원

조일 합병 경영 분 403만 원

▲ 참고: 이제 시내에서 그래도 적든 크든 상당한 상권을 잡고 있는 여러 상업회사에 대하여 그 공칭자본금을 적기하면,

주식회사 공익사 100원, 평전백화점 20만 원, 태평상점 10만 원, 삼중정오복점 200만 원, 덕본상사주식회사 13만 5,000원, 조선매약주식회사 5만 원, 대역무이주식회사 50만 원, 명시당 10만 원, 박승직상점 6만 원, 합자회사 조선관 21만 7,000원, 화평당약방 3만 원, 원금옥 8,000원, 기타 약(略)

"농업자 상대의 회사는 백배, 불입한 자본금으로 보아서 동척·후지(不二) 등이 있어서"

상업회사의 형편은 이상과 같이 조선인 측은 말이 아닌데 그러면 상업에 버금가게 중요한 농업회사의 형편에 이르러는 어떠한가. 농업도 경기도 주민 200만 명 중 180여만이 농민임으로 그를 상대로 거대 자본을 움직여가며 토지개간과 산림경영·토지개량·목축업 등 사업에 활약하고 있는 회사가 많이 있는데 그것도 물론 경기도만 상대로 하는 것이 아니고 자본의 본거지만을 경기도 내에 두고서 실제로는 전 조선 각처에 농업자금을 성히 투자하여 활약하고 있는 중이니 우선 유명한 후지흥업이나 동척회사(東拓會社)나 조선토지개량회사를 보아도 그네들은 모두 서울에 근거를 두어 가지고 전 조선적으로 활약하고 있는 형편인데 이러한 까닭으로 경기도 내의 농업회사의 형편을 가지고서 전 조선의 일반 농사회사의 대세를 능히 짐작할 수 있으리라 하는바 이제 농업회사의 현상을 보도하면 아래와 같다.

▲ 농업회사 총수 30

그중 순 조선인 측 경영 2. 개성에 있는 합명회사 개성사와 시내 관동에 있는 만주실업주식회사뿐이고 그 외는 대개가 일본인 측의 경영이다.

▲ 공칭 총자본금 8,843만 원

그중 조선인 측 80만 원

▲ 불입자본금 5,819만 원

내역: 조선인 측 57만 원

일본인 측 5,762만 원

▲ 순익금 364만 원

조선인 측 양 회사는 결산 미제로 미지요, 전기 숫자는 전부 일본인 측뿐.

〈자료 30〉 금일 미곡시장「회사령」공포, 투기 거래 일소 단행, 실물 본위 배급 조정, 특히 잡곡 거래도 인정(동아일보, 1939.9.22, 4면 1단)

「조선미곡시장주식회사령」은 21일 공표되었는데, 총독부에서는 다음과 같은 당국의 담화를 발표하여 내용을 명백히 했다.

이번 제령(制令) 제15호로써「조선미곡시장주식회사령」이 공포되어 머지않아 시행을 보게 된 것은 미곡배급 개선상 실로 함께 기뻐하기에 감당치 못하는 바이다.

유사 이래 미곡은 반도경제의 근간임과 더불어 국민의 주요 식량으로 그 생산의 증식 개량을 도모해서 적정한 가격하에 원활한 배급을 기함은 국민생활상 최대 관심사에 속하는 것이다.

총독부 시정(始政) 이래 미곡의 생산 개량 증식은 예의 여러 가지 시설을 강구한 결과 그 성적이 역시 현저한바 있으나 비록 생산물의 배급 방면 시설은 유감스러운 점이 적지 않다.

그런데 최근 미곡 사정은 특히 그 배급 방면의 시설에 대한 개선을 요할 사태에 있으므로 총독부도 내지의 정책에 호응해서 이에「조선미곡시장주식회사령」을 공포하고, 현재 거래 기구를 개선해서 원활한 배급과 적정한 가격 구성을 기함과 동시에 사태가 급박한 경우에는 어느 때나 즉시 국가통제에 적응할 수 있는 통제를 정비하게 된 것이다. 그 내용은 대체로 다음과 같다.

1. 본 법령의 골자

현재 미곡거래의 실정은 그 배급기구에 유감스러운 점이 적지 않다. 즉, 현재의 미곡거래소, 매매거래는 극히 자유분방하게 이루어지고 있으며, 미곡 사정, 기타 제 경제 사정의 변화에 의해 미곡의 원활한 배급, 적정한 가격 구성에 중대한 지장을 초래할 염려가 있으므로 신속하게 현재 거래기구를 개혁해서 투기 거래를 억제하고, 실수요에 기초한 실물미(正米) 거래를 원칙으로 하는 기구를 고치자는 것이 본 법령의 골자이다.

2. 회사의 설립

현재의 미곡거래소 또는 실물미 시장은 전부 이를 폐지하고, 새로 정부 및 민간이 공동으로 출자해서 자본금 500만 원으로 미곡 배급의 통제를 도모하기 위해 앞서 기술한 취지의 미곡시장의 경영을 목적으로 하는 조선미곡시장주식회사를 설립.

3. 회사의 특전

(1) 사업 경영상 특전 = 미곡시장은 본 회사에 한해 이를 경영할 수 있고, 특히 조선총독이 정한 경우 외에는 누구나 미곡시장에 유사한 시설을 하거나 그 시설에 의해 미곡 매매거래를 하지 못한다. 만일 이를 위반하면 처벌된다.

(2) 이익금 배당상의 특전 = 회사 이익금은 우선 민간 소유의 주식에 대해 배당하고, 그 배당률의 연 6푼을 넘지 않을 경우는 정부 소유의 주식에 대해서는 배당을 필요로 하지 않기로 되어 있다.

(3) 세금의 감면의 특전 = 본 회사는 현재의 미곡거래소 또는 실물미 시장의 경영자가 현재 소유한 토지, 건물, 기타의 설비를 그 청약(申込)에 응해서 매취하는 것인데, 그 경우에 등록세·부동산 취득세, 기타 거래세는 각각 감면할 방침.

(4) 명칭 전점(專占)의 특전 = 본 회사 이외의 것은 조선미곡시장주식회사 또는 이에 유사한 명칭으로 그 상호를 할 수 없고, 만약 이에 위반하면 처벌되는 등인데, 이는 본 회사가 미곡배급기구의 개선과 공정한 쌀값의 구성, 공적인 사명을 가진 점에 비추어 특히, 부여된 특전임과 동시에 그 사업의 운영에 의해 본 법령의 목적을 달성할 의무를 부여받은 것이다.

4. 회사의 사업

회사의 사업은 (1) 미곡시장의 경영, (2) 미곡시장의 경영에 부대하는 사업, (3) 기타 본 회사의 목적 달성에 필요한 사업 등인데 이외의 조선에서는 잡곡의 미곡정책에 미치는 영향이 적지 않은 특수한 사정에 비춰 특별히, 미곡시장에서 잡곡의 매매거래를 하는 것도 인정되어 있다.

5. 매매거래

미곡시장 매매거래는 본 법령 공포의 정신에 기초해서 현물 거래를 원칙으로 하나, 특히, 필요하다고 인정되는 미곡의 대집산지에 한해서 미도착 물건의 거래 또는 예약매매(延取引)[2] [예약매매 시장(延取引市場)은 전 조선 1개소로, 경성에 설치할 것은 지난번 공표와 같다]를 인정할 방침이다.

그리고 이들 미곡시장 매매거래는 조선총독이 정한 바에 따라 지정하는 최고 가격 및 최저 가격의 범위 내에서 이를 시행함을 필요로 함과 동시에 원칙으로 차액(差金)의 수수에 대해서는 이행기에 있었지만 차액의 결제를 허가할 방침이다.

6. 시장원(市場員)

미곡시장 구성원의 매매거래는 원칙적으로 그 시장의 시장 구성원에 한해 시행할 수 있음과 함께 시장 구성원은 또한 특별히, 허락된 경우 외에는 그 미곡시장에 의하지 않고, 매매거래를 행할 수 없음.

그리고 시장 구성원이 되려는 자는 조선총독의 면허를 받지 않으면 안 되는데, 그 면허를 받을 수 없는 자는 「조선미곡시장주식회사령」 제20조에 해당하지 않는 자로 미곡 취급업자, 현재의 거래소의 회원 및 거래원으로 장래 미곡을 취급하는 자 등이다. 내지에서는 미곡 취급업자의 단체 및 생산자의 단체 등도 시장원으로 인정될 모양이지만 조선에서는 우선 이것들을 인정하지 않을 방침이다. 그리고 이 시장원의 면허는 각 미곡시장마다 현물거래, 미도착 실물거래, 거래 연장과 매매거래의 종류마다 되는 것이다.

7. 배급통제명령

본 회사는 전술한 것과 같이 그 목적이 미곡의 배급통제에 있으므로 회사 및 그 회사의 미곡시장에 의해 매매거래를 시행하는 시장원에 대해서는 미곡 사정의 변화에 응해서 미곡의 배급 통제상 필요한 명령을 하기로 되어 있다.

8. 거래소(取引所) 등 조치

본 회사의 설립에 의해 기존의 미곡거래소 및 실물미 시장은 당연히 폐지될 터임으로 현재의 거래

---

2 예약매매(延取引): 양 당사자 간에 미래의 일정 시점을 상품 인도 시기로 설정하여 거래하는 예약매매.

소 또는 실물미 시장의 경영자가 소유하는 토지·건물, 기타 설비는 그 청약에 응해서 매취하기로 되어 있다. 또 현재의 거래소 및 실물미 시장의 사용인은 신회사의 사용인으로 거래원 또는 회원은 신설 회사가 경영하는 미곡시장의 시장원으로 희망에 따라 채용하며 또는 면허를 줄 방침이다.

이상은 대체로 「조선미곡시장주식회사령」의 내용인데, 총독 담화 중에도 있음과 같이 미곡의 거래기구를 정비해서 여하한 사정에 맞출지라도 국민으로 하여금 주요 식량에 조금도 불안하지 않도록 여러 가지에 걸친 국가 활동의 기초를 굳게 하려는 본 법령의 정신에 따른 관민일치 소기의 목적을 이루도록 노력하고자 한다.

〈자료 31〉 현존의 미취(米取)는 해산코, 신회사로 배급 조절, 「회사령」 공포와 총독 담(談)(동아일보, 1939.9.22, 4면 2단)

"우리 국민의 주요 식량품인 미곡의 생산 및 공급을 확보하고, 장차 적정한 가격하에 원활한 배급을 기함은 평시나 전시를 통해 극히 중요한 사항인데, 특히 견인지구(堅忍持久)를 필요로 하는 현 사태 아래에 있어서는 한층 중요한 것으로써 만약 하나의 조선 미곡 사정의 격변에 맞닥뜨리더라도 국민으로 하여금 불안하지 않게 하도록 미리 충분한 태세를 갖추어 두는 것은 절대적으로 필요한 일에 속하는 것이다.

이 점에 비추어 중앙정부는 지난번 「미곡배급통제법」을 공포해서 현재의 거래기구에 개혁을 가하고, 실수요에 기초한 거래를 주체로 원활한 배급과 적정한 가격의 구성을 기함과 함께 일단 완급이 있을 때는 어느 때라도 신속하면서 용이하게 각각 필요한 단계에서 미곡 거래를 통제하기로 됨에 따라 총독부에서도 이 정신에 따라, 또 중앙정부의 이 정책에 책응(策應)하고, 내외지 일관의 미곡정책에 협력하기 위해 빨리 현재 거래기구를 개혁해서 실수요에 기초한 실물미 거래를 원칙으로 한 기구로 고치기로 해서 이에 본 법령의 공포를 보았다.

즉, 차제에 기존의 미곡거래소를 폐지하고, 새롭게 관민이 공동으로 출자해서 조선미곡시장주식회사를 설립시켜 일정한 규준(規準)하에 거래를 실행함과 더불어 회사 및 시장원은 미곡의 배급 통제상 혹은 필요한 명령을 할 수 있도록 하고, 이로써 미곡 수급을 통합해서 적정한 가격의 구성과 원활한 배급을 기한 것이다.

생각하건대, 법은 그 활용에 의해 비로소 그 정신을 발양시킬 수 있는 것이다. 더욱 본 법령에 기초해서 설립될 회사의 시장 업무의 진흥과 확장은 본 법령의 목적 달성의 여하는 전혀 국면을 맞은 이사자(理事者)의 이해 활동과 일반 관계자의 자각·협력 여하에 있음으로써 마땅히 본 법령 공포의 정신을 헤아려 일치협동 소기의 목적을 달성하기에 이르기를 간절히 바라마지 않는 바이다."

〈자료 32〉 공칭자본 2억 1,000만 원, 사수(社數) 2,200여 사(社), 조선 총 회사 수에 비해 4할 해당, 조선 내 조선인 지배하의 회사 상세(狀勢)(동아일보, 1940.2.11, 8면 1단)

식산은행에서는 전 조선 조선인 지배하의 회사 현황에 대해 조사 중이던바 이번 조사를 완료하였는데, 이에 따르면, 1938년(昭和 13) 말 현재 2,278개사, 공칭자본금 2억 1,382만 원, 불입자본금 1억 2,266만 원에 달하고, 이를 전 조선 회사 수에 대한 비율로 보면 회사 수에 있어서 4할 2분 1리, 공칭자본금 1할 2분 5리, 불입자본금 1할 1분 3리에 해당되고 있다. 즉,

(단위: 천 원)

업태별	반도인 지배			내지인, 기타 외국인 지배		
	회사 수	공칭자본	불입자본	회사 수	공칭자본	불입자본
금융업	97	19,001	10,108	76	118,760	75,455
보험업	1	500	125	1	5,000	1,250
상업	846	47,586	23,395	1,050	102,879	65,754
공업	740	62,547	30,198	804	343,451	214,705
전기사업	-	-	-	16	305,433	213,065
농림업	86	18,149	13,451	179	81,279	51,563
수산업	27	2,387	915	69	26,314	13,686
광업	29	15,350	12,449	121	230,688	171,120
운수창고	258	13,862	7,400	274	190,046	90,901
잡업	194	34,438	24,619	544	95,532	61,234
합계	2,278	213,820	122,660	3,136	1,499,306	958,622

〈자료 33〉 조선인 중요 회사 491사(社)뿐(동아일보, 1940.2.11, 4면 1단)

조선인 지배하의 주요 회사를 업종별로 자본 또는 특히 알려진 것을 열거하면,

▲ 은행업 = 동일은행(東一銀行)·경상합동은행(慶尙合同銀行)·호남은행(湖南銀行)

▲ 무진업(無盡業) = 경북무진회사(慶北無盡會社)

▲ 보험업 = 조선생명보험회사(朝鮮生命保險會社)

▲ 상업 = 주식회사 화신(和信)·화신연쇄점(和信連鎖店)·대창무역주식회사(大昌貿易株式會社) 및 송농장(松農場)·영화흥업회사(永和興業會社)

▲ 공업 = 경성방직회사(京城紡織會社)·태창직물회사(泰昌織物會社)·조선국자회사(朝鮮麴子會社)·칠성양조회사(七星釀造會社)·개성삼업회사(開城蔘業會社)·동해수산공업회사(東海水産工業會社)

▲ 농업 = 제주도흥업회사(濟州島興業會社)·선일척산회사(鮮一拓産會社)·동은농장(東隱農場)·화성사(華星社)·학파농장(鶴波農場)·홍촌합명회사(洪村合名會社)·삼양사(三養社)

▲ 광업 = 일선산금회사(日鮮産金會社)·일선광업회사(日鮮鑛業會社)·봉광업회사(鳳鑛業會社)·보인광업회사(輔仁鑛業會社)·대창산업회사(大昌産業會社)·대동광업회사(大同鑛業會社)·합성광업회사(合成鑛業會社)·석풍광산회사(石豊鑛山會社)·선만광업회사(鮮滿鑛業會社)

▲ 운수창고업 = 함흥택시회사(咸興택시會社)·공흥주식회사(共興株式會社)

▲ 기타 = 동아일보(東亞日報)·조선일보(朝鮮日報)·매일신보(每日申報)·조선토지회사(朝鮮土地會社)·대동흥업회사(大同興業會社)·계성주식사(桂成株式社)·천덕주식회사(天德株式會社)·목포토지회사(木浦土地會社)·영보합명회사(永保合名會社)·천향각(天香閣) 등이다.

그리고 1938년(昭和 13) 12월 현재 불입자본금 5만 원 이상의 주요 회사를 업종별로 총괄해 보면 조선인 지배 주요 회사는 다음과 같다.

(단위: 천 원)

업태	회사 수	공칭자본	불입자본
금융	32	17,483	9,276
보험	1	500	125
상업	119	33,723	16,460
공업	165	46,270	21,905
농림	44	16,573	13,154
수산	6	1,463	602
광업	18	14,858	12,242

운수창고	36	7,780	4,392
잡업	70	31,823	23,100
합계	491	170,473	101,256

〈자료 34〉 회사 증세는 활발이나 소규모 범위를 미탈(未脫)(동아일보, 1940.2.11, 4면 1단)

조선인 지배하에 있어서 회사는 신정(新政)하에 약진하는 발달을 이루고 있다. 이제 이를 1923년(大正 12) 6월 말 현재의 것과 1938년(昭和 13) 말 현재의 것에 대해 비교 대조해 보면, 다음의 표와 같고, 이 기간에 있어서 회사 수는 2,076개 사, 공칭자본금에 있어서 1억 3,581만 원, 불입자본금에 있어서 8,860만 원이 증가하고 있어서 그 증가율은 회사 수에 있어서 10.28배, 공칭자본금에 있어서 1.74배, 불입자본금에 있어서 2.6배 늘어난 셈이 된다. 이 자본금의 증가비에 비해 회사 수 증가비가 현저히 높은 것은 「조선회사령」 철폐의 결과로 회사 설립이 자유로워지고, 소액자본의 회사 신설이 현저히 증가한 때문이라고 믿어지며, 반도인 경영회사의 자본금이 적은 것은 1, 2천 원부터 100만 원 내지 3, 4백만 원 정도인 소규모 회사이다. 이제 반도인을 대표로 하는 조선 본점 회사를 표로 보면 다음과 같다.

(단위: 천 원)

업태별	1938년 12월 말			1923년 6월 말			비교 증감		
	회사 수	공칭자본	불입자본	회사 수	공칭자본	불입자본	회사 수	공칭자본	불입자본
금융	97	19,001	10,108	32	27,520	13,422	65	-8,519	-3,314
보험	1	500	125	1	500	125	-	-	-
상업	846	47,586	23,395	75	18,753	6,983	771	28,833	16,412
공업	740	62,547	30,198	36	8,984	3,075	704	53,563	27,123
전기	-	-	-	3	350	240	-3	-350	-240
농림업	86	18,149	13,451	13	4,940	1,917	73	13,209	11,534
수산업	27	2,387	915	4	6,510	1,632	23	-4,123	-717
광업	29	15,350	12,449	-	-	-	29	15,350	12,449
운수창고	258	13,862	7,400	21	2,272	669	237	11,590	6,731
잡업	194	34,438	24,619	17	8,173	5,990	177	26,265	18,629
합계	2,278	213,820	122,660	202	78,002	34,053	2,076	135,818	88,607

〈자료 35〉「조선회사령」 철폐 후 회사 발달 일층 현저, 불입자본 68배의 증(增)(동아일보, 1940.2.11, 4면 4단)

원래 조선에 있어서 회사 기업은 총독부 시정 초를 맞아 투자가를 보호하는 견지에서「조선회사령」을 공포·실시하고, 그 설립에는 총독부의 인가가 필요했었으나, 1920년(大正 9) 시세의 진운에 비춰 해당 법령을 폐지하고, 거래소와 같은 특수회사를 제외하고, 일반적인 자유로운 설립을 인정하게 되어 이의 설립을 기도하는 자는 점차 많아지고, 다시 만주사변 이래 조선의 인식이 깊어 가자 이 발달에 더욱 박차를 가했으며, 이번 사변[3]을 맞아 더욱 약진을 계속하고 있다. 이제 1938년(昭和 13) 말에 있어서 조선에 본점을 설치한 회사는 총 5,414개사, 불입자본금 10억 8,100만여 원이어서 이를 총독정치 실시 이듬해인 1911년(明治 44)의 152개사, 불입 1,599만여 원에 비하면 회사 수에 있어서 33배 늘어났으며, 불입자본은 68배의 증가에 이르렀다. 그리고 최근 3년 평균의 연 증가율은 271개사, 1억 8,474만여 원에 이르는 성황으로 나타났다.

〈자료 36〉 공익 우선 원칙하에 국민 경제 발전 기도, 「회사경통령」과, 재무국장 담(談)(매일신보, 1940.11.5, 6면 1단)

공익 우선 원칙하에 국방국가 건설의 목적을 조성하고 국민경제의 원만한 발전을 기하기 위하여「국가총동원법」 제11조의 규정에 기초하여 자본금 20만 원 상시 사용인 30명 이상의 회사에게 적용하게 될「회사경리통제령」은 내지에서는 지난 10월 20일에 시행되었는데 조선에서는 약 2주간이 늦어져 4일에 공포되어 5일부터 시행하게 되었다. 이 획기적 법령의 시행을 맞아 재무국장은 아래와 같이 담화를 발표하였다.

「국가총동원법」 제11조의 규정에 기반을 둔「회사경리통제령」을 조선에서 시행하는 것은 내지보다 약 2주간 지연되어 11월 5일부터 시행하기로 되었다. 시행규칙은 부령(府令) 제229호로써 11월 4일부『조선관보』 호외로 공포되었다.

---

3 중일전쟁을 말함.

1. 본령의 조직

본 법령은 종전의 「회사이익 배당 및 자금융통령」 중 이익배당 관계 및 회사 직원 급여 임시조치령을 개폐 통합하여 새로 「회사자금 운용에 관한 임시자금조정법」의 보충적 규정과 회사 경리에 관한 사항 및 경리 검사에 관한 규정을 부가한 것이며, 자금융통령 관계는 새로 은행 등 자금운용령이 제정되어 따로 규제하게 되었다.

2. 본령의 특이성

본 법령은 회사에 대하여 공익 우선의 원칙을 강조하고 회사는 자본금의 대소를 불문하고 모두 국가 목적 달성상 국민 경제의 책임을 분담하는 것으로써 경영의 본의로 함을 명시하여 이것을 입법의 근본정신으로 하고 있는 것이어서 이 점으로 보아 본 법령은 획기적인 것이라고 할 수 있다.

3. 본령의 개요

본 법령의 적용을 받는 회사 및 종전의 법령과의 상이점 등 주요한 사항을 기술하면 다음과 같다.

가. 이익 배당에 관하여 적용을 받는 회사는 종전과 같이 자본금 20만 원 이상의 회사인데, 배당률은 종전의 기준 배당률에 기대지 않고, (1) 직전 기사업연도의 배당률 또는 자기자본에 대하여 연 100분의 8에 상당하는 금액이 되는 배당률의 어느 것 중 저율인 것에 의거할 것, (2) 또 필요한 경우에는 기간을 정하고 장래의 배당률에 대하여 지정함을 득함.

나. 특별적립금의 적립에 관한 법령은 자본금액의 여하를 불문하고 회사 전반에 적용되어 회사 경리의 실정에 비추어 필요한 때에는 이 법령을 하게 됨을 득함.

다. 역원 및 회사 급여에 관해 적용을 받을 회사는 자본금 20만 원 이상의 회사 또는 직원 수(선원 노무자를 제외함) 당시 30인 이상의 회사로 함. 또 선원에 관한 급여는 새로 제정된 「선원급여통제령」에 의해 정하게 된다.

(1) 역원 급여

① 보수에 대하여서는 (一) 일단 직전 기사업연도의 지급 금액의 합계액을 기초로 할 것, (二) 그 합계 금액의 범위 내의 각 사람별 지급액의 변경은 회사의 자유에 위임할 것, (三) 보수 합계액의 증액에 대하여서는 모두 허가를 요하는 취급을 한 것.

② 상여에 대하여서는 (一) 원칙으로 이익금 처분에 의해 지출케 할 것, (二) 종전과 같이 전년

상당 기간의 실천을 기초로 하지 않고 결정 상여액 또는 전기 상여액의 어느 것 중 저율인 것에 의거하게 한 것.

③ 퇴직금에 대해서는 퇴직 전 1년간 지불한 보수에 재직연수를 곱한 것의 2부의 1까지 또는 미리 허가를 받은 준칙에 의해 지급할 때에는 허가를 필요로 하지 않는 것.

④ 임시 급여는 종전에 있어서는 전부 또는 대부분의 역원에 대해 지급하는 경우에 한하여 허가를 필요로 하나 전부 허가를 필요로 하는 취급으로 될 것.

⑤ 잡 급여는 (一) 종전과 같은 준칙주의이며, 일정한 기한 내에 소정에 따른 보고를 필요로 할 것, (二) 이의 변경에 대해서도 종전대로 허가를 통해서 필요로 할 것.

(2) 사원 급여

① 기본급료 (一) 초임급은 종전 준칙주의였으나 기준에 대해서도 준칙주의를 폐지하고, 표준에 의해 법령으로 정한 것, (二) 기본급의 증급에 대해서도 준칙주의를 폐지하고 표준에 의해 법령으로 정한 것.

② 수당은 일반 수당(상여에 산입할 수 있는 것)과 특별 수당(법령에 명시된 것)의 두 가지로 하고 특별수당만을 준칙주의로 한 것, (二) 일반수당의 지급에 대해서는 평균 연 상여율(기본급료 월액의 90할)의 범위 내인 경우에는 허가를 필요로 하지 않고 적시에 지급할 수 있는 것, (三) 특별수당의 준칙은 일정의 기한 내에 소정에 의해 보고를 필요로 하는 동시에 이의 준칙의 변경에 대해서는 종전대로 허가를 필요로 할 것.

③ 상여는 (一)의 일반수당을 산입하고, 평균 연 기본급료 월액의 90할 이내인 경우에는 허가를 필요로 하지 않은 것, (二) 국채 지급 등 지정된 방법에 의한 경우에는 평균 연 150할까지는 허가를 필요로 하지 않고 지급함을 얻는 것. 단, 90할 초과 부분은 이익금 처분에 의해 지출할 것.

④ 퇴직금은 (一) 종전대로 준칙주의인 것, (二) 준칙은 일정의 기한 내에 소정에 의해 보고를 하는 동시에 이를 변경하는 경우에는 허가를 필요로 하게 한 것.

⑤ 임시급여는 사원의 전부 또는 대부분의 보국(報國)을 한정한 것, 역원 및 사원 급여가 종전과 상이한 점 등은 전술한 것과 같으나 특히, 필요하다고 인정하는 경우에는 급여의 금액 또는 지급 방법에 관해 법령 및 각종 준칙의 제정·변경·폐지 등의 법령을 할 수 있는 규정이 부가되어 있는 것은 특이한 점이다.

라. 경비 및 자금의 운용에 관해 적용을 받는 회사는 (1) 기밀비·교제비·접대비·광고선전비·기부

금·복리시설비·연구비 등의 지출에 대해 제한을 받는 것(자본금 100만 원 이상의 회사라도 이것을 제외한다. (2) 경비의 지출에 붙여 필요의 명령을 할 수 있는 것(회사 전반), (3) 고정자산의 상각에 대해 제한을 받는 것(적용 회사의 범위 미정, 시행 연기), (4) 자산의 상각(償却)에 대해 필요한 명령을 할 수 있는 것(회사 전반), (5) 유가증권의 취득 또는 처분에 대해 제한을 받는 것(자본금 20만 원 이상의 회사), (6) 무체재산권(無體財産權)의 취득 또는 처분에 대해 제한을 받는 것(자본금 20만 원 이상의 회사), (7) 자본의 대부 또는 차입에 대해 제한을 받는 것(적용 회사의 범위 미정, 시행 연기), (8) 자금의 운용 제한(회사 전반)

마. 경리 검사의 적용을 받는 회사는 (1) 경리 검사를 집행할 수 있는 것(회사 전반), (2) 재산 목록·대차대조표·손익계산 및 원가계산서의 작성에 대해서 제한이 있는 것(적용 회사의 범위 미정, 시행 연기), (3) 기한이 정해져 있는 과목 및 장부 조직을 지정할 수 있는 것(회사 전반), (4) 경리검사를 받을 취지의 명령을 할 수 있는 것(회사 전반).

경비 및 자금의 운용과 경리검사에 관한 사항 중 취급상 주로 문제가 될 만한 사항은 대개 시행 연기가 되어 있어서 설명을 생략한다.

4. 내지와의 상이점

전직자 관계(轉職者 關係)(시제 15조(施第15條))

내지에서 전직자의 급여는 기본급료만 법률로 정하고 있는데 조선에서는 특수사정에 비추어 내지·조선 상호 간의 전직자에 있어서는 기본급료에만 의거해서 그 1할 증가액의 범위 내 조선 내 또는 조선 외지 상호 간의 전직자에게 기본급료·재근수당(사택료는 제외)의 합계액으로써 그 1할 증가액의 범위 내에서 전직 후의 기본급료 및 재근수당을 지급할 수 있게 할 것.

5. 기타 주의사항

본 법령은 내용 취급이 모두 상당히 복잡한 관계상 본부(조선총독부)로서는 이 법령을 철저하게 주지시켜 특별한 고려를 하기로 하고 있는데 우선 시행과 동시에 이 법령집(각종 보고 일람표 첨부)을 4일자 『조선관보』가 없는 각 회사에서 신청하는 것에 따라 일부 식세계(式稅係) 관서를 통해 배부하는 동시에 가까운 시일 내 본 법령의 개요·운용 방침·질의응답 등을 일괄 모아서 편찬한 소책자를 작성할 예정인데, 회사 측에서도 본 법령에 대해 충분히 연구하여 불분명한 점은 본부 혹은 가장 가까운 세무감독국·세무서 등에서 조회하여 조금이라도 위법의 취급이나 벌칙의 적용을 받는 일이 없도록 특히 유의하기 바라는 바이다. 또 이번 달 20일까지는 서면에 따른 질의를 수리할 것이므로 직접 본부 관리과로 제출하기 바란다. 본 법령 시행 후 제출할 주요 보고 사항 및 제출 기한은 다음과 같으므로 기한을 어기지 않도록 주의하기 바란다.

(1) 회사 개요 보고서

자본금 15만 원 이상의 회사는 본 법령 시행 후 15일 또는 30일 이내에 제출을 요함(시제40조 및 제41조).

(2) 역원 잡 급여, 사원 특별수당 및 사원 퇴직금의 준칙

자본금 20만 원 이상의 회사 또는 직원 수 상시 30인 이상의 회사는 본 법령 시행 후 30일 이내에 제출을 요함(시제28조).

(3) 여객 규정

자본금 20만 원 이상의 회사는 본 법령 시행 후 30일 이내에 제출을 요함(시제42조).

(4) 기밀비·교제비·접대비·광고선전비·기부금·복리시설비·연구비

자본금 100만 원 이상의 회사(특별한 법령에 의해 설립된 것은 제외)는 본 법령 시행 30일 이내에 예정액 보고의 제출을 요함. 단, 본 법령 시행 후 30일 이내에 사업연도가 종료되는 회사에 있어서는 그 사업연도분은 제출을 생략해도 좋다(시제32조).

(5) 회사 경리 상황 보고

자본금 20만 원 이상의 회사 또는 직원 수 상시 30인 이상의 회사는 매 사업연도의 결산 확정 후 30일 이내에 제출을 요함(시제43조).

내지와의 상이점

공익 우선의 신체제하에 국방국가를 건설하려 국가 대목적 달성을 이루고, 국민 경제의 원만한 발전을 위하여 기업가로 하여금 분담한 책무를 수행하게 하고자 자본금 20만 원 이상, 상시 사용인 30명 이상의 회사에 적용하게 될 「회사경리통제령」은 예정대로 내지보다 약 2주일 늦게 이번 4일부로 발령되어 5일부터 시행하게 되었는데, 이 법령은 앞에서 보도한 바와 같이 종전의 「회사이익 배당 및 자금융통령」 중의 이익배당 관계 및 「회사 직원 급여 임시조치령」을 개폐 통합하고 「회사자금 운용에 관한 임시자금조정령」의 보충적 규정과 회사 경리에 관한 사항을 부가한 것이다.

이 법령의 내용은 내지의 그것과 대체 동일하나 시행규칙 중 주요한 상이점은,

1. 내지에서는 전직자(轉職者)의 급여는 기본급여만으로 계산하던 것을 조선에서는 특수사정을 참작하여 기본료의 1할을 증가한 범위 내에서 전직 후의 기본급료 및 재근수당을 급여할 수 있는 점.
2. 조선 내 또는 조선과 기타 외지와의 사이의 전직자는 기본급료·재근수당의 합계액으로써 그것의 1할을 증가한 범위 안에서 전직 후의 기본급료와 재근수당을 지급할 수 있는 것 또는 총독부에서는 법령의 철저한 주지를 기하기 위해 이 법령집을 세무관서를 통해 무료로 배부하고, 본 법령의 개요, 운용 방침 및 질의응답을 한 것을 소책자로 편집해서 배급하는 동시에 아직 상세하지 못한 점이 있으면 직접 총독부 관리과에 서면 혹은 기타의 방법으로 질의하도록 해서 위반 사범을 미연에 방지하도록 노력하게 되어 있다.

또 이 법령이 시행된 후 30일 이내에 (1) 역원 잡 급여, 사원 특별수당 및 사원 퇴직금의 준칙, (2) 여비 규정, (3) 기밀비·교제비·접대비·광고선전비·기부금·복리시설비·연구비를 제출할 것이며, 매년도의 결산이 확정 후 30일 이내에 회사 경리 상황 보고를 제출해야 한다. 또 자본금 15만 원 이상의 회사는 시행 후 15일 또는 30일 이내에 회사 개황을 보고해야 하게 되어 있다.

〈자료 37〉 반도 상공계의 약진, 10월 중 회사 수 5,700(매일신보, 1940.11.16, 6면 4단)

경성상의 조사.

"10월 중 조선 내 회사 이동(異動) 상황을 보면 신설 42, 증자 8, 감자 3, 해산 27로 10월 말 현재 회사 총수는 주식 2,482, 주식합자 1, 합자 272, 합명 655, 유한 24, 계 5,734로 전월 말에 비해 128, 전년 같은 기간에 비해 188의 각 증가로 반도 상공계의 약진상을 보여 주고 있다."

〈자료 38〉 해제: 「회사경리령」 개정(매일신보, 1941.10.1, 1면 5단)

국제정세가 더욱 긴박해짐에 따라 국내 제 체제가 임전체제로 정비 강화해 감은 오늘의 한 가지 상식으로 되어 있다. 이에 따라 관청 사무를 간소화하고 신속하게 처리하도록 하기 위해 대장성에서는 지난 17일 「회사경리통제령」에 관한 개정령을 공포하고 당일 이를 실시하게 되었는데 조선에서도 중앙에 순응해서 개정령을 10월 1일부터 실시하게 되었다. 이제 개정령의 요점을 들면 ① 허가사항의 정리, ② 보고사항의 정리, ③ 양식의 간소화·신속성, ④ 탈법 금지, 제한 해제 등이 주요 사항으로 이것은 항간 일부에서 전하는 것과 같이 본 법령을 완화하기 위한 것이 아니다. 본 법령 시행의 근본정신은 어디까지나 견고하게 지키되 다만, 이것을 실제로 응용할 때 그 수속이 복잡함으로 이것을 간소화하고, 신속하게 하는 데 불과한 것이다. 그리고 '샐러리맨'의 주목을 끄는 것은 허가사항 중에서 사원들의 급여 인상(昇給)과 사원 특별수당·초임급 등이다. 이제 그것을 일별하면 첫째, 초임급을 지불할 때는 허가를 받지 않으면 아니되는 것을 이제부터는 전직자, 또는 특별경력자, 혹은 지능을 가진 자에 한해 한도 초과의 초임급 지불에 대해 완화를 하기 위한 것이다. 여기서 주목되는 것은 현재의 급료가 법정 초임급(학교 졸업 후의 연령에 맞춰 규정된 가산액을 가한한 것)보다 적게 받는 사원을 예로 들면, 좋지 못한 조건으로 입사한 고참 사원 혹은 근무하면서 고학으로 대학 졸업 학위를 얻은 사원은 법정 초임급(대학 졸업 후 6년이면 사무 계통 사원으로 93원)까지 급여를 인상하는 때는 허가를 받지 않게 된 것이다. 둘째, 징집과 소집에 응한 자, 입영한 자에 대한 급여 인상 허가는 종래에도 가급적 신속하게 허가를 해준 것이 사실이었으나 금후에는 사원이 회사에 복직한 후 1년 이내로 동료 사원과 같은 정도의 급여 인상에는 허가를 받지 않아도 좋게 되었다는 것이다. 셋째, 사원 특별수당, 즉, 가족수당·소집수당·입영수당·상병수당(傷病手當)·휴직수당 등의 내규도 종래에는 모두 허가를 받아야 하게 되었는데, 금후에는 신청 후 일정 기간 즉, 2주일이 경과하면 허가가 없더라도 자동적으로 허가된 것으로 간주하게 되었다. 또 사원 상여 지급에 관한 제한도 완화한 점이다. 종래 초임급의 최고액과 급여 인상은 「회사경리통제령」으로 고정되었고, 또 급여를 인상시킬 때에는 수속이 복잡해서 실용에 있어 여러 가지 곤란한 점이 있었는데, 지금부터는 급여 인상·상여에 관해 복잡한 수속을 밟지 않고서도 할 수 있게 되었다. 이것들은 내지나 조선이나 공통적인 것이다. 다만 조선과 내지의 법령의 상이점은 신청서 제출에 있어 내지는 주무대신에 직접 제출하게 되었는데, 조선은 세무서를 경유하게 한 것과 사원 특별수당의 신청서를 제출한 때 허가된 것으로 보는 기간을 내지는 10일로 한 것을, 조선은 2주일로 한 것이다. 시국이 더욱 긴박해짐에 따라 관청 사무가 복잡해지는 이때 사무의 간소화·신속성을 도모한 것은 확실히 현명한 책략인 동시에 봉급자에게도 좋은 소식이라 하겠다.

〈자료 39〉「기업허가령」 실시와 경제의 신질서 확보, 내월 전선 환하게 방침을 평정
(매일신보, 1942.1.11, 3면 2단)

세계사상에 일찍 보지 못한 큰 규모의 대동아전쟁은 그만큼 물질적 방면에서도 총후(銃後) 국민의 새로운 시련을 요구하고 있으며 이번 전쟁이 대규모의 자원전쟁이라고 하더라도 어떤 시기까지는 여러 가지 관계로 생활필수품을 비롯하여 민간에서 쓰는 각종 물자는 옹색함을 면치 못한다. 이런 정세 아래에서 총독부 경제경찰과는 대동아전쟁이 시작된 이래 전선 경제경찰진을 독려하여 경제 질서를 유지 확보하기 위하여 특별한 주의와 감시를 하고 있는 터인데, 때마침 작년 12월 26일부터 실시된 「기업허가령」은 조그만 상공업의 신설·양도에도 일일이 허가제를 취하고, 그 합리적 발전을 도모하는 한편 거래의 명랑화를 꾀하기로 되었으므로 이 제도가 적절하게 운용되고 못 되고는 경제경찰로서도 커다란 관심사이므로 총독부 경제경찰과는 내달 상순(시일은 미정)에 각 도 경제경찰과장 회의를 소집하고, 대동아전쟁하의 경제단속의 강화와 「기업허가령」을 중심으로 정전하 경제질서 확보에 관하여 중대 협의를 하기로 되었다.

〈자료 40〉「통제회사령」 공포, 조선은 오는 10일 실시(매일신보, 1943.10.20, 2면 4단)

【도쿄 전화】 통제회사 정비의 근거 규정인 「통제회사령」은 18일 『관보』에서 공포, 내일 시행되게 되었다. 조선·대만 및 남양군도는 오는 11월 10일부터 집행된다. 통제회사는 현재 약 600이 되어 상법상의 주식회사를 각종의 통제법령에 기초해서 생산·집하·배급 등의 통제를 맞고 있는데,

1. 보통의 회사는 국가의 감독으로는 반드시 충분하지 않다.
2. 사업 운영의 중심이 주식총회에 있음으로 경영자가 이윤 추구에 대한 관념을 불식할 수 없다.
3. 필요할 때마다 순차적으로 설립되기 때문에 금일에 있는 소위 돈 낼 회사에 불과한 것도 있는 실정이다.

따라서 이번 「통제회사령」의 공포·시행에 의해 이후 급속하게 통제회사의 정비가 진척되어 국가성의 명확화, 사장의 권한 강화, 국가 감독의 강화, 통제회사와의 관계의 긴밀화 등이

달성되어 통제회사의 결전태세가 확립된 것으로 기대된다.

〈자료 41〉「회사경리통제령」 개정(매일신보, 1944.2.12, 1면 8단)

【도쿄 전화】「회사경리통제령」은 1940년(昭和 15) 10월 시행 이래 이미 수차에 걸쳐 부분적 개정을 시행해 왔는데 정부는 대동아전쟁[4] 발발 후의 국내 전시경제 태세의 정비에 즉각적으로 응해 회사 경리의 적정 국민소득 분배의 합리화를 꾀해 생산 증강·저축 강화에 투자하는 동시에 더해서 인허가 사무의 간소화를 철저하게 하기 위해 이번 본 법령을 획기적으로 개정하기로 10일 개최한 총동원심의회에 개정칙령안 요강을 부의하는 결정을 내렸다. 따라서 정부는 위 결정에 따라 이번 달 하순경 열리는 각의에 개정칙령안과 칙령 개정에 따르는 본 법령 시행규칙(각의 명령 개정안)을 부의해서 정식 결정한 후 대체로 3월 1일부터 시행하게 된다. 그래서 이번 「회사경리통제령」의 개정 내용은 다방면에 걸쳐 있는데,

1. 주무 대신이 배당률의 지정을 시행할 수 있는 범위를 확장해서 일반적으로 국민경제 운영상 필요하다고 인정되는 때에는 지정할 수 있기로 한 것.
1. 사원의 급여 인상(昇給) 한도에 대해서는 종래 급여 인상에 해당하는 사람의 봉급의 연 7분으로 되어 있던 것을 개정해서 급여 인상 금액의 총액을 기본급료 150원 이하의 것과 150원 이상의 것으로 나누어 규정(規正)해서 비교적 하급 사원에 대한 봉급을 후하게 한 것.
1. 기밀비 중에서 광고 선전비를 분리해서 기밀비의 규정을 강화한 것.

등은 이번 개정의 안목으로 된 것으로 주목된다. 개정칙령안 요강은 다음과 같다.

▲「회사경리통제령」 중 개정에 관한 칙령안 요강

첫째, 주무대신이 회사에 대해 장래 배당률의 지정을 실행할 수 있는 경우를 확장해서 국민경제의 운영상 필요하다고 인정하는 경우로 할 것.

둘째, 주무대신이 회사에 대해 법정준비금 외 특별한 적립금의 적립을 명하고 또는 해당 적립금의

4 대동아전쟁: 일본이 1941년부터 1945년까지 태평양과 동남아시아 일대에서 자행한 침략전쟁을 '대동아공영'에 입각하여 명명한 것.

운용 방법에 대해 필요한 명령을 할 수 있는 경우를 확장해서 국민경제의 운영상 필요하다 고 인정되는 경우로 할 것.

셋째, 각의 명령으로써 정한 방법에 의하지 않고 역원 상여를 지급하려는 때는 주무대신의 허가를 받게 할 것.

넷째, 각의 명령으로써 정한 경우에는 역원과 사원의 임시 급여를 지급할 때에는 주무대신의 허가를 필요로 하지 않을 것.

다섯째, 사원의 등급을 정기 급여와 임시 급여 인상으로 나눠서 정기 급여 인상은 매년 1회 일정한 시기에 시행하고, 임시 급여 인상은 각의 명령이 정하는 바에 의해 정기 급여 인상 시기 이외의 시기에 실행할 수 있게 할 것. 단, 정기 급여 인상은 회사의 형편에 의해 매년 1회 시행할 수 있게 할 것.

여섯째, 일곱째, 여덟째, 열세 번째는 생략.

2. 시장 관련

〈자료 42〉 불허성내(不許城內)(황성신문, 1899.8.26, 2면 3단)

평양의 개시장 위치 설정 문제로 외부와 각국 공관과 대립. 처음에는 석호정으로, 2차로 영제교, 3차로 양관으로 정해도 각 공관에서 마땅하게 여기지 않고 평양성내로 정하라고 함. 그러나 평양은 본래 궁내부 관유지가 있어 입석정표(立石定標)한 내에는 외부에서 결단코 불허한다고 함.

〈자료 43〉 시장 관리(황성신문, 1906.2.19, 2면 5단)

각항 시장조계 내 통상사무에 관하여 통감대리 하세가와(長谷川) 씨가 각 부(府)에 조회하되 「한일의정서(韓日議定書)」에 의하여 각항 사무를 이사청에서 관리할 터이라 하였더라.

〈자료 44〉 시장처리법(대한매일신보, 1910.2.17, 2면 1단)

전국 내 각 시장의 인가 처리 방법이 불완전하다 하여 현재 농상공부에서 그 방법을 통감부와 상의하여 제정 중이라 하는데 일간 반포된다더라.

〈자료 45〉 시장 처리 내용(대한매일신보, 1910.2.22, 2면 3단)

시장 인허가 처리에 관하여 농상공부와 통감부에서 협의 결정함이 다음과 같다 하더라. (1) 전관 거류지와 각국 거류지에서 시장의 신설 및 변경에 관하여는 일본 이사관이 허가하고, (2) 공개 잡거지 또는 거류민단·학교조합, 일본인회 소재지의 시장 신설 및 변경은 한일인(韓日人)의 청원을 불문하고 한성부윤·관찰사가 일본 이사와 협정 허가하는데, 단 청원자 중 전부 혹 일부가 일본인인 시는 일본 이사관과 연서하고, (3) 전항 이외의 일본인 거류지의 시장 신설 변경에 관하여는 한일인을 불문하고 한성부윤·관찰사가 허가한다더라.

〈자료 46〉 관내 시장 조사(매일신보, 1912.5.5, 2면 3단)

경기도 재무부에서는 행정상에 참고할 필요가 있어서 각 부윤·군수에게 신칙(申飭)해서 각 관내 시장을 다음 상황에 의해 조사 정리 보고하라 하였더라.

1. 시장 소재지 및 시장의 명칭
2. 개시 장소가 도로인지 또는 광장인지
3. 시장 위치 및 가옥 동수
4. 시장 관리인의 태도 여하
5. 현재 시장에 관한 부군의 감독 방법
6. 시장 청소 및 위생을 어떠한 방법으로 시행하며, 만일 비용이 필요하면 경리는 어떻게 하는지에 관한 건
7. 시장 지역의 소재 면·동·리는 시장에 의해 직간접으로 어떻게 이익을 누리는지에 관한 건
8. 시장 소재지에 점포를 설치하는 경향

등인데, 각 군수가 이를 조사 정리 보고함을 들은즉 관내 38군에 시장 수는 합계 62곳이더라.

〈자료 47〉 사설: 시장의 개선(매일신보, 1912.8.24, 1면 1단)

내가 베를 짜서 남의 조(粟)와 바꾸고자 한다면 시장이 아니면 신속하게 얻을 수 없을 것이다. 내가 신(履)을 삼아 남의 자리와 바꾸고자 하려 해도 시장이 아니었으면 어찌 빨리 구할 수 있겠는가. 기타 수많은 물품을 서로 교역하고자 해도 시장이 아니었더라면 어찌 신속하게 얻을 수 있었겠는가.

하물며 조선은 옛부터 도로의 교통이 불편해서 남쪽 지방에서 북쪽 지방에 이르거나 동쪽 지방에서 서쪽 지방에 이르고자 해도 수십 일 차마(車馬)의 힘에 의지하지 않으면, 가능하지 못하였으니 자연히 물자의 교역이 막히고 끊어졌었다. 그러나 지방 여러 군에 시장의 제도가 있어서 소군(小郡)은 1·2개소, 대군(大郡)은 2·3개소를 설립해서 물품과 재화를 서로 교역할 때 매월 6번으로 정하니 전 도의 물품과 재화를 자연스럽게 기관을 이용해서 남에서 북으로 서에서 동으로 얻을 수 있었다.

전 도의 시장을 보건대, 물건이 여기저기 많이 흩어지고(星羅碁布), 맥락이 이어져 인민 생활에 크게 편의를 베풀어야 하나 그 배치가 동일하지 못해서 지저분하고 더럽고, 또한 거칠고 좁아 상황을 면하기가 어려우며, 오늘날 문명의 안목으로 보면 모든 것이 유치해서 진술하기 어렵다.

우리도 각지의 시장을 왕왕 돌아다녀 보니 우물과 경계선이 가지런히 정돈되지 못한 작은 집들과 연기 굴뚝이 도(道)에 흩어져 있으며, 음식도 여기에서 팔고, 포백(布帛)도 여기에서 팔며, 동쪽에는 소가 누고 간 오줌·말똥이 낭자하고, 서쪽에는 울고 있는 사람, 노래 부르는 사람이 바삐 가고 있어 행인이 편의를 얻기 어려우니 시장의 제도가 이와 같아 어찌 시장의 흥성을 얻을 수 있겠는가.

소위 도로는 넓고 좁은 곳이 동일하지 않고, 평균적인 측량 역시 같지 않아 오염된 먼지와 자잘한 티끌들이 눈앞에서 이리저리 움직이다가 갑작스럽게 우천을 당하면 진창길(泥海)이 끝없이 펼쳐지고, 사람 다니는 길이 끊어져 장날을 지키지 못하게 되니 각지에서 온 상인들과 장사치들은 고사하고 시장에 나와 생활을 꾸려 나가는 사람들의 손해는 과연 어찌할 것인가.

대개 시장은 어느 장소든 가리지 않고, 그 부(部) 내에서는 가장 번화하고, 가장 청결하고, 가장 융성해서 부근의 수요를 공급하는 좋은 기관을 형성하거늘 전 도의 시장을 고찰해 보건대, 도저히 번영과 풍요로움을 얻기가 어렵다. 하물며 지금 6주의 물품과 재화가 교통하고, 사방의 배와 차량을 이용하는 데 편리하니 시장의 제도를 한층 개량해서 가옥도 정결하고, 도로도 완벽하게 닦아 놓으며, 음식도 청결하게 해서, 시장의 평판을 보유해야 상당한 이익을 얻을 것이다.

모 외국인이 조선 각지를 돌아다니고자 하다가 뜻을 이루지 못하였는데, 마을이 청결하지 못함은 물론이오, 소위 시장에서 하룻밤 숙박하기가 쉽지가 않다고 하니 어찌 부끄럽지 않겠는가. 다니는 길이 부족함도 아니오, 물자가 부족함도 아닌데, 거주민들의 촌스럽고 어리석음으로 말미암아 조소를 얻게 되니 인민의 정도는 다시 말할 바가 아니다. 조선 모 시장을 거론하자면, 다소의 내지인이 거주하지 않는 곳이 없으니, 조선인도 그들의 거처와 생활을 모범으로 삼아 시장의 상태를 십분 개선하기를 바라노라.

〈자료 48〉 사설: 시장의 개량(매일신보, 1913.9.3, 1면 1단)

대저 모 지역은 물론하고, 반드시 시장에 들어가 시장 상황의 여하를 보면 자연히 인민의 정도의 고저와 물자 출입의 넉넉함과 모자람을 알 수 있다. 조선의 시장을 보면, 거리도 일정치 않은 곳도 많으며, 가옥과 도로도 조악해서 장애가 되는 것을 면하지 못해 종래의 불편이 매우 크니 하등의 발전이 있겠는가.

이로써 상업이 점차 쇠락해져 유명무실한 지경에 이르렀다. 시장은 어떠한 곳에 있던지 반드시 사방에 이르는 거리가 균일하고 적당해야 하나의 군내에 너무 가깝거나 너무 먼 것에 대한 탄식이 없을 것이며, 도로를 평평하게 닦아 운수와 교통을 빠르게 한 연후에야 가히 재화가 구름같이 사방에서 모이게 되며, 재원이 날마다 솟아나는데, 조선의 시장은 거리가 일정치 않으며, 종종 한때 거주하던 사람들의 세력에 의해 다투는 일로 인해 인민의 쟁송도 많다. 또 도로는 당국의 지휘가 없고, 인민 개개인에게만 맡겨 놓고 있으니 짐을 지고 다니는 왕래가 굉장히 곤란해서 물품이나 재화의 출입이 끊임없이 지체되고 있다. 소위 위치로 말하더라도 좌우의 가옥이 나란히 서 있지만 제각각이어서 모양도 같지 않을 뿐 아니라 연기와 그을음이 퇴적되고 먼지와 쓰레기가 이리저리 널려 있어 문명의 안목으로는 잠깐 동안만이라도 감내하기가 어렵다. 장날이 되면 과반은 소의 오줌과 말똥이 동서에 널려 있어 행인들이 코를 스스로 막도록 하며, 비라도 내리면 오염된 물이 줄줄 흘러내리어 통행 역시 어려운 지경이다.

시중에는 비록 비단 무늬와 수가 곳간에 가득하고, 진주와 비취가 넘쳐난다 할지라도 족히 들여다볼 바가 없다 할 것이다. 지난날에는 경성에도 시가를 보면, 조잡한 임시가옥으로 국도 좌우를 범해서 통행도 불편할 뿐 아니라 화재가 일어날 수 있는 원인도 이 가옥들로 인해 뒤따라 일어날 수 있는 일이 많다. 이와 같이 수도가 되는 경성의 시장도 이러하거든 기타 지방이야 다시 말할 바가 어찌 있겠는가.

근래에는 드물게 문명의 풍조를 이루어 경성 내 시장은 일신 면목을 보였다고 하는데, 오히려 지방의 정황은 조금도 변천이 없다. 먼 지역에서 들려오는 것은 모 군에는 모 시장이 가장 번화하고, 모 부(府)에는 모 시장이 최고로 크다고 하지만 실제를 보면 말할 가치가 없다.

시장의 제도가 이와 같이 저급하니 상업의 부진과 인민의 빈한함을 다시 어찌 한탄만 하겠는가. 하물며 오늘날은 상업시대라. 상업이 아니면 경제를 유지하기 어려우며, 그 옛날 시장에서 4등의 위치에 있던 상업은 풍요롭고 번성하고 있다. 시장을 개량하고자 해도 하루아침에 가능할 일이 아니므로 시장의 개량은 지금 조선인의 급선무라 할 수 있다.

또한 혹여나 다른 병이 유행하는 때에 시장에서 특히, 해독(害毒)을 보는 일이 많다면, 이 역시 불결함으로 말미암은 것이다. 인연(人烟)이 복잡하니 비록 충분히 청결하다 하더라도 공기의 부패를 면하지 못하거든 지저분하고 더러운 것들이 사방에 쌓이고 위치가 협착해서 어찌 병독의 매개가 없을 것인가.

일반 상업을 경영하는 자는 반드시 시장의 개량에 주의하라. 우리가 개량이라고 함은 수개 층의 양옥으로 옮기어 동서에 전선이 거미줄처럼 촘촘하게 된다는 것이 아니오, 다만 가급적 가옥을 정결하게 하고, 도로를 평탄하게 만들며, 화물의 적치(積置)도 반드시 가지런히 순서 있게 놓음으로써 보는 사람으로 하여금 코웃음의 조롱이 없게 하면 바로 현재의 개량이라 이를 수 있다. 시장이 나날이 번성하고 상업의 이익이 나날이 흥하면 극도의 대개량도 없지 않을지니 시장을 경영하는 자는 십분 힘써 노력하라.

〈자료 49〉「시장규칙」 심의(매일신보, 1913.10.22, 2면 4단)

시장단속 규칙은 총독부 농상공부 상공과에서 입안한 후 관계 각 관헌의 상의를 구하는 중인데 종래의 관행을 참작할 필요가 있어 다시 조사 중이므로 심의 종료 후 해당「시장규칙」의 발표를 보게 되는 데에는 여전히 수개월의 날짜가 필요할 것이라고 하더라.

〈자료 50〉「시장규칙」 취지, 아키야마(秋山) 참사관 담(談)(매일신보, 1914.9.16, 1면 1단)

조선의 시장은 개인의 경영으로 이루어진 것이 많아서 종래에는 하등의 설비도 없는 강가나 들판 등에 노점을 열고, 또는 객주라 불리는 여숙겸업(旅宿兼業)의 상인이 중개자가 되어 여기에 많은 공급자와 수요자가 회합해서 1개월에 3회 내지 6회의 장날을 정하고 매매 행위를 하는 것이다. 특히, 화폐의 유통이 적은 궁벽한 벽지의 지방에서는 물물교환에 의해 수요를 충당할 뿐인즉 시장은 지방의 경제상 또는 물자의 공급상 가장 유익한 것 중 하나이다. 그 종류에도 곡물·야채·생선·과일 등 갖가지 종류가 있고, 개성 등지에는 땔감(薪炭)시장을 설치해서 경찰관서의 감독을 받고 있으나 대개는 무질서한 것이 많고, 위생상 또는 풍기상 상당히 한심할 것이 있어서 시장 상인 중에는 종래로 악습관이 있어, 즉 시장을 유일한 식물(食物)로 인정하는 것이 있어 이것으로써 생산자와 구매자가 불이익을 입은 일들을 일일이 열거할 겨를조차 없으니 이를 개선하고자 하는 것은 수년 내의 현안이다. 당국에서도 신중하게 심의를 집중해서 하고 있어 조선의 구관(舊慣)과 외국의 사정도 참조해서 금일에 이를 공포하는 데 이르렀다. 그 입법상의 본 취지는 전술한 바와 같이 풍기·위생상의 질서를 보존함과 동시에 원래 시장이 갖고 있는 정신으로부터 공중의 이익을 증진함에 있는 것인즉, 시장의 경영을 개인적인 경영으로 하는 것은 좋지 못한 일이다. 해서 부(府) 혹은 면(面) 등의 공공단체의 경영으로 이동시켜 소위 경리를 목적으로 아니하는 공공사업으로 경영하게 하는 방침에서 벗어나지 않고 규칙에 시장이라 칭하는 것은 제1조에,

1. 목욕탕을 설치하거나 목욕탕을 설치하지 않는다 하더라도 구획한 지역에서 매일 또는 정기적으로 다수의 수요자 또는 공급자가 모여 화물의 매매교환을 행하는 장소.
2. 20인 이상의 영업자가 목욕탕 한 곳에서 주인 행세하며 곡물 식료품의 판매업을 행하는 장소.
3. 위탁을 받고 경매 방법을 통해 수산물 채소, 또는 과일의 판매업을 행하는 장소.

라 한정하고 또한 그 영업에 있어 제2조에 공공단체 또는 이에 준하는 자가 아니면 경영하기 어려운 취지를 명시하였고,

▲ 각 재래시장으로 일정한 설비도 없고, 강변이나 들판 등에서 개최하는 소위 노점시장 등에 대해서는 도장관(道長官)이 지정한 공공단체에서 경영하게 하고, 또한 현재 개인이 경영하는 시장은 특수한 시장으로 하되 그 영업에 기한을 두는 경우에는 기한 내로, 무기한인 경우는 본 법령 발포일로부터 이후 10개년간에 한해서 영업을 인정하게 하고, 또 제26조에 위탁을 받고, 또는 경매의 방법을 통한 수산물을 판매하는 시장은 부(府) 또는 면(面) 등의 공공단체에서 곧 경영하기 어려운 사정이 있음으로써 당분간 공공단체 또는 이에 준하는 자 이외의 자에 대해 이후 5개년간의 기한을 붙여 설치를 허가하기로 규정하였으니

이상은 본 법령 발포 취지의 개요다. 요컨대, 「시장규칙」의 실시는 조선 금일의 상태에 비추어 시기상조라 하는 자가 있으나 외국의 실상과 조선 장래의 이익을 고려(顧慮)해서 이번에 발포한 것이다.

〈자료 51〉 사설: 「조선시장규칙」(매일신보, 1914.9.18, 1면 1단)

총독부령 제136호로써 「조선시장규칙」이 발포되었으니 우리는 이 「시장규칙」이 가장 시의에 적당하다 하노라. 원래 조선의 시장은 아주 오래전부터 상업이 분업적 계급이 되지 아니하였을 시대에 수요공급의 기관으로 자기가 손수 제작한 물자를 휴대하고 편리한 장소에

모여 소위 물물교환으로부터 시작한 것인즉, 몽매(曚昧)한 시대의 유습이 오늘날 시세(時勢)에 적합하지 아니한 것은 물론이고, 현 시점에서도 교통이 불편한 궁벽하고 후미진 시골(僻陬地方)에서는 그 유습이 상존하나 지금의 조선은 철도연선 이외에도 도로를 수축해서 교통운수가 편리해졌다. 그래서 수용·공급이 자유자재로 되는데도 다시 불완전한 시장에 집합해서 물물교환의 불편한 매매를 위할 필요가 없도다. 그러나 아직도 이것들의 시장을 열고 있음은 완전히 시장에 의해 의식에 관한 물자를 얻던 장사꾼(商賈)이 자연히 부근에 있는 고객을 유인하기 위함이오, 또한 그 간사하고 교활한 시장 장사꾼은 매매에 각종 간사한 책략을 사용해서 부정한 이익을 얻고자 함이라. 여기에서 폐해가 점점 더 많아지고, 시장은 더욱더 나날이 한산해져 필경 현재의 시장이라는 것이 시세에 적합하지 못한다는 것을 증명하는도다. 과연 바로 시세에 적응하도록 개선함이 필요하니 시세에 적당하도록 개선함에는 현재의 방만한 상태를 개혁하는 동시에 그 목적과 조직법을 바꿀 필요가 있으니 이번 발포의 「시장규칙」은 이러한 개선을 촉진하는 데 커다란 효력을 보이리로다. 「시장규칙」 제2조에 시장은 공공단체 또는 이에 준하는 자가 아니면 이를 경영하는 것을 얻지 못함이라 하였으니 이는 조선의 시장을 개선하는 근본 요의(要義)라 할지로다.

현재 시점과 같이 유습(遺習)적인 것을 방치하면 시장이 한산해짐과 동시에 도연(徒然)히 간특한 장사꾼의 소굴이 되어 필경 자멸하는 경우에 빠질 것임이 없다고 할 수 없을지니 조선의 현재 상태로는 시장이라 하는 것이 그 지방의 번영에 관여되는 일이 많음으로써 자멸로 나아가는 일을 방임하게 되는 것이 불가한즉 마땅히 이를 개선하고자 하는 방법을 강구할지라. 시장 경영자를 공공단체 또는 이에 준할 자라 한 취지를 생각하건대, 시장으로 하여금 종래의 난잡하고 한산한 상태를 벗어나게 하고, 완전히 공중의 이익을 표준으로 해서 시세에 적응하도록 조직할지라. 시장이 공중의 이익을 도모하는 공공적 기관으로 삼고자 하면 공공단체에서 경영하는 것이 가장 적당한 방법이니 이는 우리가 이 조항으로 시장 개선의 근본 요의를 삼고자 하는 근본 까닭이다.

그 조직이 개선되면 매매 방법도 자연스럽게 개선되겠지만 현재의 상품 진열 및 그 매매 방법은 교통이 불편한 왕시(往時)와 달라서 자못 난잡하고 무질서한 위생 및 풍기(風紀)상에 심히 우려스러울 만한 것이 적지 않으니 우선 이 난잡하고 무질서한 상태가 나타나는 폐해를 제외하고 매매를 확실히 해서 수급자 일반의 편의를 도모하기에 노력할지로다. 기술과 같이 금일은 교통 운수의 편리성이 구비되었으므로, 매매품과 매매 방법도 변경이 필요하거늘 무의식으로 구시대와 같은 방법을 따르면 매매가 여의치 못하며, 단지 시장을 혼란하게 하는 데 불과하니 요컨대, 현재의 조선 시장은 교통 운수의 편리성이 완전히 개화된 현재 시점의 조선에 적합하지 아니하고 미개한 몽골·신장(新疆) 지방에서 행하는 매매시장과 흡사하다. 그러나 북몽골 도시에서 열리는 매매시장은 노령(露領)과 교통이 빈번하므로 자연스럽게 매매 방법도 개혁되고, 능히 일용품을 정비해서 수용자의 편의를 도모하는 것이 오늘날에는 도시 주민 생활상의 필요기관이 되니 몽고에서도 시장을 이와 같이 개선한 오늘날에 와서 교통 운수의 편리성이 구비된 조선의 시장이 물물교환 시대의 구태를 벗어나지 못했다 하면 우리가 심히 유감이라고 하는 바이다. 대저 이번 발포의 「시장규칙」에 의해 점차 면목을 일신하고, 지방 주민 생활상의 필요기관이 되는 실적을 발휘함에 이르렀으니 이에 대해서는 관헌의 감독을 장려하는 것을 필요로 하는 동시에 경영자와 장사꾼도 그 개선에 노력해서 지방의 번영을 도와야 한다.

그러나 어떠한 일이라도 개선을 도모하고자 하든지 급격하게 변화하는 것은 어려우니 본 규칙에 영업 기한이 있는 자는 기한 내에 현재대로 하고, 무기한적이라면 금후 10개년간 현 영업을 인정한다 하였음은 관계자로 하여금 서서히 이를 도모해서 나아가는 것도 빠르고 물러나는 것도 빠르다는(進銳退速) 비웃음을 면하게 함인즉 현재 시장의 관계자 된 자는 이를 헤아려 살피는 것이 가하도다.

〈자료 52〉 선내(鮮內) 시장 정돈, 「규칙」 시행의 효과(매일신보, 1915.12.2, 2면 4단)

조선 내 각지의 일일 수급과 기타 상업 거래는 모두 시장에서 이루어지고 있음은 다 아는 바이다. 그 수가 1914년(大正 3) 말에는 1,228, 1개년의 거래액은 4,340여 만 원의 거액에 달했다. 이와 같은 시장은 조선의 상업상 주요한 기관이기 때문에 신설·변경 등은 종래에는 모두 도장관(道長官)의 인가를 받게 하였으나 하등 의거할 수 있는 법규가 없어서 각종 폐해가 발생함으로 총독부는 1914년(大正 3) 9월 부령(府令) 제136호로써 새로이 「시장규칙」을 제정하였다. 또한 시장의 경영은 공공단체 또는 이에 준하는 것이 없으면 이를 불허하기로 한다. 다만, 위탁을 받아 경매 방법에 의해 수산물을 판매하는 시장은 지방 상황에 따라 공공단체 또는 이에 준할 수 있는 것으로 경영이 불가능한 사정이 있음으로 부득이한 경우에 한해 5년 이내의 기간을 그 이외의 것에게 시장을 경영하도록 하지 못하는 예외를 두었다. 또한 기존에 설립된 시장으로서 회사조합 또는 개인이 경영하는 시장에 대해서는 기존에 획득한 권리를 존중해서 당분간 계속해서 이를 경영하도록 하고, 종래의 시장에서 경영자가 분명하지 않으면 총괄해서 도장관이 경험이 있는 자를 지정하였으나 급속하게 설비의 개선을 도모하거나 특별한 설비를 사용하고자 해서 새로이 사용료를 징수해 인민의 부담을 가중하게 하는 것은 폐지하고, 별도로 「시장규칙」 단속 수속을 정해서 시행상 비거나 빠지는 것이 없음을 기대하는 중이며, 또한 동령(同令)의 발포 이래로 각 도 도장관은 각각 관내 시장에 대해 경영자의 지정을 위하고, 명칭·구역·면적·설비·관리·방법, 시장 개시 및 휴업일, 개폐 시각, 기타 필요 사항을 명백히 하고 정리를 완료하며, 단속에 대해서는 시장의 신설·폐지, 기타 중요 사항은 총괄해서 도장관의 허가를 받도록 할 뿐 아니라 도장관은 공익상 필요하다고 인정될 때에는 허가의 취소, 시장의 이전, 기타 적당한 조치를 취하도록 하고, 이에 따라 종래의 폐단을 일소하는 데 이르렀으므로 이후 시장은 점차 유효한 기능을 발휘 중이라. 이번에 지난 3개년간에 대한 시장 수 및 거래액은 다음과 같다.

연차	시장 수	거래고
1912년	1,115개	93,380,136원
1913년	1,150개	45,317,650원
1914년	1,228개	43,417,168원

〈자료 53〉 시장허가 출원(조선일보, 1920.8.13, 2면 5단)

경북도 내에서 「시장령」에 기초하여 시장의 허가를 출원하기는 대구·김천·왜관·경산의 4개소인데 대구는 조합원 56명, 1개년의 거래고 47만 석, 김천은 조합원 26명 30만 석, 왜관은 33명 17만 석, 경산은 30명 거래고가 불명한데 「신시장령」은 조합원은 10명 이상으로 현재 곡물 영업하는 자 또는 투기적인 거래에 속하지 아니할 조건이 됨으로 같은 도청에서는 각지 모두 갑을의 구분이 없이 동등의 허가를 하기로 총독부에서 통지하였는데 허가는 9월 말경에 되겠다더라.

〈자료 54〉 시장원(市場願) 전형난(詮衡難)(조선일보, 1920.8.19, 2면 3단)

작년 「시장규칙」이 개정 발포된 이래 신령에 의하여 ■■ 각종 시장을 치■ 허가 등 출원이 적지 아니하나 이들은 현재 각 도청에서 각각 내용을 조사하여 총독부에 전달하기로 되었으며 경기 외 2, 3도를 제한 외에는 ■히 본부에 회부하였음을 유(由)하여 총독부 측에서는 현재 착착 각 출원 시장의 그 목적 및 방법 규약 등에 대하여 주도한 심사를 속행하는바 그 중에는 계획의 두■되는 자 내지 내용의 여하는 불구하고 총독부 시장 허가의 방침에 합치된 자도 적지 아니한데 특히 시장의 기능이 일보 그 감독을 오(誤)하면 거래소 유사의 기관으로 변할 우려가 있으므로 미리 이들의 폐를 방지하기 위하여 충분한 용의를 요하므로 그 허가 여부의 전형은 용이치 못하겠더라.

〈자료 55〉 시장경고(市場警告)에 대하여, 다나카(田中) 상공과장 담(조선일보, 1921.6.3, 2면 4단)

【별항】 니시베(西部) 식산국장이 경취(京取)시장 거래상에 관한 경고를 발함에 대하여 다나카 상공과장은 말하기를, "국장의 경고는 다만 시장 설립의 취지와 영업 규칙의 준수를 경고함이오. 금주 내주의 거래를 폐지케 하는 등 세미한 사항 ■섭(涉)함이 아니니 시장의 수수(授受)는 3일 이내라고 규정하고 먼 곳에 대하여는 금주 중 또는 내주 중에 수수하는 것을 허가하였음으로써 동등 규칙을 위반함이 아닌즉 요컨대 시장이 설립의 취지를 존중히 여기고 영업 규칙을 각별히 준수할 일을 경고함에 불과하였다"고 운운하더라.

〈자료 56〉 남문시장 상황(조선일보, 1922.12.21, 2면 5단)

경성부 물자 수요의 격감과 쌀값이 싸기 때문에 지방 구매력의 감퇴가 현저하므로 인하여 시장의 시세가 심히 부진하고 또 금하(今夏) 이래 점포의 신축 공사를 행하여 이전(移轉), 기타 혼잡으로 인하여 장내에 자연히 고객이 감소하고 오직 소매고의 출입이 있음에 불과한 현상이던바 당 시장에 있는 물자의 집산, 왕년의 부진 시장 거래액의 감퇴가 격심하였음은 물론, 작년 10월 화재 이래의 피폐를 아직도 회복하지 못한 상인이 많고 상세(商勢)의 부진과 금융의 경색으로 인하여 한층 곤란을 느끼는 사람이 적지 않은 모양이나 금일까지 점포의 이동이 거의 없다는 점을 관찰할 때는 시장 상인은 그 기초가 의외로 견실한 모양이며 중앙물산회사의 장내 점포 신축 공사는 7월 기공 후 우천 계속으로 인하여 9월에 준공할 예정보다 지연하여 약 3개월 즉 근자에 준공하고 가설 시장으로 이전하였으므로 금후 장내 설비를 정돈하는 동시에 시세가 어느 정도 간 회복할지니, 현재 공사 중인 1동도 연내에 준공할 예정인즉 이들 전부가 낙성할 때는 신축 점포의 총수가 140호이며 회사 수입의 점포 임대료는 연액 3만 원에 달할 예정인즉 동사(同社)의 업적도 또한 점차 볼만한 상태에 이르리라더라(식은(殖銀) 조사).

〈자료 57〉 남문시장 한산, 재계 조잔(凋殘)의 결과(조선일보, 1923.12.6, 2면 6단)

남대문시장 작년의 화재는 재계 호황시대이었으므로 심히 고통을 느끼지 못하였으나 그 후 재계는 악화하여 드디어 현재와 같이 불황에 빠지게 되어 상인 일반은 피폐하고 다만 둘셋 잡곡상의 자본주가 독점한 상태로 거래가 한산할 뿐 아니라 당지 상인 거래는 현재 위험시하게 되어 지난날과는 다르며, 이의 구제는 중앙물산회사의 책임이나 현재의 회사로는 구제할 돈이 없어 방치할 수밖에 없는 모양이라. 원래 당 시장은 경성에 있는 물자의 수집장으로 당 시장에서 다시 경성 각 시장에 배급되는 형식인데 그 처지로 점점 발전의 소질을 가지고 상인도 매우 견실하여지는 중이오. 당 시장은 주로 조선인 시장인 고로 구정 전에 연중 매상의 과반을 점하는 예인즉 여하히 불황이라고 할지라도 상당한 활황을 견지할 줄로 기대되나 일반금융 관계가 원활치 못하므로 그다지 가망도 없는 듯하고 연이나 물자는 주로 경성 및 그 부근의 것으로 염물(鹽物)은 북부, 건물(乾物)은 일본의 시모노세키(下關)·야마구치(山口)·나가사키(長崎) 방면의 물품이 많고 과실은 밀감 외에 조선 내품(內品)이 많다더라.

〈자료 58〉 군산 연미시장(延米市場)의 풍파, 800여의 군중이 소란을 야기, 일본인은 감찰 없이 출입하나 조선인은 절대로 검지하므로 몇천 몇만 원의 손해가 난다고(조선일보, 1924.1.29, 3면 2단)

군산미상조합의 조합원으로 연미(延米)[5] 매매 '마크' 사용자에 대하여는 감찰을 휴대하고 시장에 출입하게 되어서 감찰을 휴대치 아니한 자는 어떠한 사람이든지 시장 연미 매매 시에

5 연미(延米): 대금의 지불을 후일로 약속하고 매입한 쌀.

출입을 금지하기 위하여 순사 1명씩 출장하여 출입구를 감시하여 오는 터인데 지나간 24일 오후 3시 20분경에는 그곳에 출장한 순사가 일본인은 감찰이 없는 자도 간혹 시장에 출입하는 일이 있으나 조선인은 감찰이 없으면 절대로 출입을 금지하므로 시장에 집합하였던 800여 명은 연미시장에 출입하지 못하므로 몇천 원 몇만 원의 손해가 난다 하며 그 순사에게 대하여 어찌하여 일본인과 조선인의 차별이 이와 같이 심하냐고 별안간 충돌이 생겨 800여 명의 군중은 일시 전쟁의 형세로 대풍파를 일으키는 즈음에 군산경찰서에서 순사가 출동하여 제지하였는데, 시장 매매는 30분이나 정지되었으며 이것을 해결하고자 미곡상 조합에 교섭할 위원을 조용관·변광호·이와다(岩田宇之助) 제씨로 선정하여 교섭한 결과 시장 출입의 감찰은 폐지하게 되어 누구든지 임의로 출입하게 되었다더라(군산).

〈자료 59〉 중앙공설시장 설치 문제, 사와무라(澤村) 경성부 이사관 이야기(조선일보, 1924.6.9. 2면 6단)

중앙공설시장 설치 문제에 대하여 사와무라 경성부 이사관 이야기가 다음과 같더라.

"본 문제에 대하여는 지난번 일본 각 도시를 시찰하였을 때에 특히 이 제도 설비 등에 대하여 조사한바 물가의 조절과 공평을 기함에 이상적일 뿐 아니라 여름철 등에 부패하기 쉬운 물자, 예컨대 과일·야채·생선 등의 식료품이 완전한 장치에 의하여 항상 신선하게 보전되는 까닭에 위생적으로 생각하더라도 물론이다. 특히 생선과 같은 어획량의 많고 적음에 따라 시세가 항상 변동될 뿐 아니라 특별히 고가의 경우에도 설비에 의하여 어느 정도까지는 충분히 이를 방지함이 가능하니 즉 대어의 경우에 다량을 매입하여 방부 설비로 보존하는 것이다. 부내에서는 현재 수산시장 3개소에서 공급되는데 저장이 불완전하기 때문에 설비가 없는 경우에는 왕왕 위험에 처하는 갑작스러운 시장 상황을 보여 준다. 따라서 어떠한 생활상의 불안을 제거함에 하나의 위생적으로 완전한 기관을 설치함은 경성부 목전의 문제인 줄로 생각하노라. 그런데 이 실시에 대하여는 중앙시장법이 제정될 것이나 필경 착수하게 되면 거액의 경비를 요할 터이라. 이에 대하여 오사카(大阪)에서는 1,200만 원, 교토(京都)는 400만 원의 예산으로 저리 자금의 융통을 기대하게 되고 이에 특별의 국고보조금을 교부하게 되어 사업 수입으로 연부 상환의 방법으로 행하는데 경성부도 2, 3백만 원가량의 정도로 될 줄로 생각하나 과연 이 재원이 여하한 방면에 구하게 될는지 일본의 방법으로 저자(低資)가 득하게 되면 이에 이길 만한 것은 없는 줄로 생각하나 하여간 부민으로는 생활상 당면의 문제로 고찰되는 고로 충분히 연구하는 동시에 조만간 부협의회의 자문 사항으로 취급되리라고 운운."

〈자료 60〉 악덕 조합 징치(조선일보, 1925.1.27, 1면 2단)

× 진남포 어시장의 일본인 전속 중매인 조합에서 불법한 다수 횡포로써 동업 조선인의 구축(驅逐)을 꾀한 것은 자못 경악할 만하다. 이러한 일은 그 양보다도 질로, 그 결과보다도 동기로 보아 매우 용이치 않은 사건이다. 그들의 이러한 심법을 우리들은 이제야 간파함은 아니지마는 그 적나라한 발로를 목도함에 있어서는 애오라지 산업 공포를 느끼지 아니할 수 없는 바이다.

× 우리들은 구한국 산업사상 조선인의 '인촌(燐寸)' 제조업이 어떻게 참패하였는지 기억한다. 이제 해지 경찰 당로의 언명이 자못 성의 있는 바를 인하므로 우리들은 그 금후의 처치를 주시하려 한다. 사의의 협재함을 용대치 않는 바이다.

〈자료 61〉 목포의 일대 문제, 일인(日人) 어시장의 횡포로 어업자 일동의 불평이 폭발, 경찰 태도까지 일반은 의심(조선일보, 1925.2.8, 2면 7단)

목포는 전남 지방에서 가장 첫손가락을 꼽는 개항장이므로 인구도 많고 물산이 풍부하여 상업가의 경쟁이 해를 따라 높아 가는 중 경제적으로 파멸을 당하는 조선 사람 된 자는 다만 구석을 찾아 나가고 시가에 즐비한 고루거각은 일본인의 문패가 아니면 기타 외국인의 문패뿐이라. 이대로 몇 해만 지나가면 조선인의 정경은 장차 어떠한 구렁에 빠지게 될는지 모르는 중 근일에 이르러 조선인 경영의 도매조합과 물상객주들이 일본인 경영의 욱어시장(旭魚市場)과 서로 병립 대항하여 오다가 결국 약한 자가 강한 자의 밥이 되고 마는 이 시대이라. 호소할 곳도 없이 도매조합과 물상객주의 운명은 장차 비참한 가운데에 빠지게 되었다는데 그 자세한 내용을 들건대 원래 도매조합과 물상객주는 목포가 처음 개항할 때부터 설립되어 옛날 조선의 풍속대로 각처의 고깃배가 들어오면 이곳에서 매매를 중개하여 주고 조금도 무슨 강제적 행동을 취하여 상인의 이익을 방해하지는 못하던 중 욱어시장이 생겨 난 이후로는 그들의 험악한 착취 수단이 점점 도매조합 등을 박멸하고자 사방으로 활동하여 시장을 배 들어오는 근처에다 짓고 들어오는 배가 있으면 붙잡고 힐난하다가 반관적(半官的)인 수단을 사용하여 덮어 놓고 물건 주인의 승낙 여부도 상관없이 자기의 시장으로 끌어들이어 고기 값은 자기의 마음대로 주고받아 물건 주인들이 혹 항거도 하고 격투도 하였으나 이것을 본 경찰당국은 제지하지 아니할 뿐만 아니라 도리어 욱어시장의 행동을 은밀히 돕는바, 이래 항상 불평이 팽배한 배 주인들은 일치하게 결의하다시피 하고 여하한 봉변을 하더라도 도매조합과 객주조합을 찾아가서 물건을 매매하므로 욱시장 주인 이시미(石三)라는 자는 서정 연안에다가 건어부라는 출장소를 굉장히 건축한 후 당지 소방수 사무소를 그 가운데에다 두고 자기가 목포 소방소 조두(組頭)임을 빙자하여 함부로 소방수들을 시키어 물건 주인들이 도매조합으로 가지 못하게 막고 고기를 강제적으로 매수하여 그의 무리함이 날로 더하여지는바, 조선 사람은 물론이요 다른 일본 사람들도 욱시장은 뱀과 전갈처럼 싫어하여 필사적으로 반대하기를 결의하고 이시미의 음흉한 심리를 세상에 폭로시키고자 배 한 척에 현가로 고기 15원어치를 실어 욱시장으로 보내었던바, 욱시장에서 덮어 놓고 고기를 옮긴 후 값은 8원밖에 아니 줌으로 일제히 소동을 일으키어 간신히 15원을 받아 가지고 간 후 단연히 그곳으로는 가지 아니하는데 이시미라는 자가 할 수 없이 계교를 고쳐 중개인들에게 말하되 만일 돈 50원씩만 자기의 시장에 돌려놓으면 자기의 시장에서 시대중개(市代仲介)[6]를 하게 한다 하므로 중개인들이 혹은 속아서 허락하는 자도 있으므로 일방에서는 격렬히 반대하는데 그 문제가 어떻게 해결될런지 가장 목포의 중대한 문제이라더라(목포).

〈자료 62〉 목포에도 횡포(조선일보, 1925.2.9, 1면 3단)

× 목포의 일본인 어상조합(魚商組合)인 욱어시장(旭魚市場)에서 조선인 동업자를 박멸하고 그의 이권을 독점코자 온갖 횡포, 불법한 처치를 한 것은 매우 불가하다. 그곳에도 소방대의 부화, 행패가 있다 하거니와 아무리 대립관계에 있는 양 개의 집단이기로 그의 태도가 너무 불법이다.

× 지난번 진남포의 일본인 어상조합이 동일한 태도를 가지던 바에 관하여 아직까지도 해결되었다는 뒤이은 보도를 접하지 못하였거니와 동서남북, 농촌 상부를 물론하고 이 죄악을 제척치 아니하면 아니 된다.

6 시대중개(市代仲介): 시장을 대신해서 주선하는 일을 말함.

〈자료 63〉 대포번영총회(大浦繁榮總會), 다섯 가지 결의(조선일보, 1925.3.25, 2면 2단)

대포리(大浦里) 시장 설치는 강원도 양양군 도천면의 매년 현안이 되어 오던바 도천 면민 대회까지 열고 대포 매축공사 기성회를 조직하였다 함은 이미 보도되었거니와, 이에 대하여 대포리에 거주하는 일본인 10여 인과 약간의 조선인이 번영회라는 것을 조직하고 도천면의 공공사업을 자기네가 점령하려고 하여 누차 공론이 있은 후 금월 24일 오전 10시에 대포리에 모여 총회가 열렸다. 회장 협장 씨의 개회사에 고동환 씨의 통역으로 번영회의 취지 설명을 한바 처음에는 일본인으로 된 대포리 공공사업 후원회가 있어 면 사업인 방파제의 수축에 노력하였으나 모든 것이 뜻대로 되지 않을뿐더러 도저히 일본인으로만 될 수 없어서 작년에 대표 조선인과 일본인이 협동하여 번영회가 조직되었다는 것을 설명한 후에 앞으로 실시할 사업은 다음에 적는 몇 가지와 대포리 번영은 온전히 우리 손으로 하자는 설명이 끝난 후 부회장 이창우 씨 외 몇 사람의 간단한 말이 있는 동안에 아무 질문도 없이 통과되어 오후 2시경에 폐회하였는데 일부 청중은 번영회에 대하여 매우 의아해하는 모양이라더라(양양).

1. 방파 제천의 수축 및 증축에 관한 건
2. 화재 예방방지에 관한 건
3. 도로 개수에 관한 건
4. 자혜구제에 관한 건
5. 기타 본회에서 수시 필요로 인한 사업 (양양)

〈자료 64〉 일인(日人) 선장 폭행, 폭행 후에 사과, 31일에 마산에서(조선일보, 1925.4.4, 2면 3단)

경상남도 마산부(馬山府) 생선 시장에서는 지난 3월 31일 아침 7시 20분경에 돌연히 수백의 군중이 모여 '저놈 밟아 죽여라', '차서 죽여라', '저 일본 놈' 하고 야단치는 소리가 한때 시장의 공기를 요란케 하였다. 그 원인을 들은즉 현주소를 부산에 둔 김명대가 수일 전 포항에서 청어를 사서 각 상점에 청어를 나누어 주게 되었는데 인부 중 제일 연령이 많은 마산 오동동에 있는 박상운(60)이라 하는 사람이 청어알은 의례히 줍는 것이라 생각하고 흩어진 청어알을 줍기 시작하였더니 이것을 엿본 빈호구길(濱戶久吉, 40)이는 소위 선장이라고 하는 자가 그 청어알 줍는 것을 금지하려고 하였던지 그 인부에 대하여 처음부터 좋지 못한 말을 하며 차기까지 하여 그 인부는 매우 곤란을 당하던 중 이것을 본 마산 오동동에 있는 조응칠(41)이라는 사람이 그들의 싸움을 말리고자 즉시 빈호에게 교섭을 하였으나 선장 빈호는 또다시 조응칠의 뺨을 때리며 여러 가지 좋지 못한 말을 하여 드디어 피차간에 일장의 격투가 일어나게 되었다. 그러나 전기 선장 빈호는 원래 해군 출신으로 기운이 세어 전기 박·조 두 사람을 함부로 때리었다 한다. 이것을 본 일반 사람은 매우 분개하여 그것에 저항코자 하였으나 선장 빈호는 즉시 자기가 있는 방으로 들어가서 단도를 가지고 나와 일반에게 여러 가지로 위협하므로 일반은 더욱 분이 나서 극력으로 그 단도를 뺏고자 그같이 소동이 일어난 것이라는데 드디어 나중에 빈호는 박·조 두 사람에게 시말서를 쓰고 사과를 한 후 그날에 마산을 떠나갔다 한다(마산).

〈자료 65〉 어시장(魚市場) 강제합동(强制合同)은 1도시 1시장(一都市一市場) 전제, 물건값을 통일코자 한 도시에 한 시장, 결국 일본 사람에게 이익을 뺏기게 돼, 동남 양대 시장 조락?(조선일보, 1927.2.16, 2면 1단)

경성부 내에는 각종 동일한 물산의 집산처 즉 경매장이 여러 곳이되 대도시의 물가를 통일할 수 없다는 이유로 부 당국에서는 그것을 통할코자 벌써 오래전부터 문제로 삼아 오고 있었다. 작년에 이르러서 물산 중 가장 매매 경쟁이 심한 시내에서 일본인들만이 경영하는 3대 어시장 즉 경성·용산·일환(日丸) 등의 합동 문제를 일으켰으나 쌍방의 이익과 기타 여러 가지 문제로 인하여 합동을 재미없이 여기고 지금까지 이르는 것을 필경 경성부에서는 강제적으로 그것을 합동시키는 동시에 오는 3월 말일까지에는 그것을 완성하도록 하기까지 하였으나 조선 사람 측에서는 그 문제를 그리 중대시하지 않았다. 그러나 그 어시장 합동 문제야말로 경성부 당국의 1도시 1시장 주의의 전제인 만큼 그 합동이 적지 않은 문제인 것을 느끼게 된다. 그리고 합동된 뒤의 위치 문제가 또 역시 상당한 큰 문제로 그동안 남대문시장과 경성역의 북편에 있는 저탄장 두 곳을 후보지로 하여 물색하던 중 최근에 이르러 전기 저탄장이 가장 유력한 후보지로 되고 또 1도시 1시장 주의로 보면 장차에는 어시장뿐이 아니요, 기타 과일·채소 등 각종의 물산을 한곳으로 모으게 할 방침이라 하니 이로 보면 오늘까지 남대문시장·동대문시장 등지에서 순전히 조선 사람들의 손으로 물산을 집산하던 것도 적지 않았는데 그것이 또 일본 사람들의 세력에 눌려서 그 경영권도 그들의 손아귀에 들 것이 여러 가지 전례에 비추어 필연한 사실이며 또 위치가 전기 저탄장으로 확정될 것이므로 비록 오늘에 이르러서 일본인의 그것을 차용하고 있는 것이나 가장 조선 사람의 것으로 역사가 길고 지반이 튼튼하던 남대문시장과 동대문시장은 일종 소매시장을 면치 못하여 적막해질 것은 사실이라더라.

〈자료 66〉 동종의 시장을 일처(一處)로 합동, 비단 어시장 문제가 아니다, 나가오(長尾) 내무과장 이야기(조선일보, 1927.2.16, 2면 2단)

별항 문제에 대하여 경성부 나가오 내무과장을 찾았는바 어시장 합동 문제는 벌써 오래 전부터의 문제이었으나 늘 문제만 일으키고 합동을 지리하게 끌고 오므로 1도시 1시장의 시정방침임으로 보아서 그들의 타협에만 맡길 수가 없어 필경에는 강제적으로 합동을 시키는 중이니 불일간에 그 합동을 볼 것이다. 또 그 후보지에 대하여는 남대문시장과 경성역 북편의 저탄장을 선택하여 두었으나 아직 그 어느 것을 취택할 것은 말할 수 없으며, 또 장래에는 어시장뿐이 아니요 모든 시장을 한 곳에 합동시켜 대도시의 물가를 통일코자 하는즉 1도시 1시장의 주의를 관철코자 한다 하더라.

〈자료 67〉 합동시장 위치는 남대문 유력설, 조선 사람의 편의도 보아 당국 측도 고려 중(조선일보, 1927.3.18, 2면 8단)

기보=경성 3대 어시장 합동의 위치 문제에 대하여 경성어시장 측에서는 경성역 구내를 적당하다 하고 남대문시장으로는 이전치 않겠다고 성명하였는데 경성부 당국에서는 아직 그 위치에 대하여 확정적 발표는 하지 않았다. 원래 전기 3대 어시장은 수용인을 일본인을 상대로 한 것으로 장래 1도 1시장이 실현될 때는 수용·공급의 대부분을 점령한 조선인을 상대 아니치 못하겠으므로 공동적 시장을 만들 때는 남대문시장에 위치를 정하는 것이 가장 온당한 것으로 부 당국에서도 고려 중이라더라.

〈자료 68〉 평양 상영시장(上營市場) 일인(日人)에게 대여, 1일부터 개업(조선일보, 1927.12.2, 2면 10단)

평양 조선인 시가의 북단인 상수리에 있는 상영시장은 본래 조선 사람의 편리를 위하여 시초(柴草)시장으로 하기로 하였던바 그동안 성적이 불량하다 하여 자연히 폐쇄케 되어 있었다. 또한 동절에 없지 못할 시초 장사는 그간 거의 조선 사람이 하여 왔는데 금번 일인들로 조직된 연료합자회사에서는 조선 사람에게 대하여도 상권을 펴기 위하여 폐쇄된 상영시장을 평양부청으로부터 대부를 맡아 가지고 12월 1일부터 영업을 개시한다더라(평양).

〈자료 69〉 한수재(旱水災)에 저주받은 조선인 작년 구매력 격감, 시내에서만 중요 시장 개산이 40여만 원, 주식엔 2,000만 원 증가(조선일보, 1929.2.12, 2면 1단)

작년 1년의 조선의 경제는 한재와 수재로 저주를 받아 조선 사람의 생활은 말할 수 없는 침체 상태에 있다. 그 결과로 조선 각 조합은행의 이자 인하를 비롯하여 금융조합 우편저금의 이자 인하까지 있게 될 모양이다. 그런데 이제 작년 1년에 경성 각 시장에서 매매된 금액은 실로 막대한 감소가 있어 해마다 곤궁하여지는 조선 사람의 생활상 구매력의 부족을 말하게 되는바 조선 사람의 시장으로 동대문시장의 매매고를 보면 156만 3,570원으로 재작년 1927년(昭和 2)에 비하면 14만 1,960원이 감소하였으며, 중앙물산시장에는 36만 938원으로 1927년에 비하여 26만 1,062원이 감소하였으며, 마포시장에는 11만 2,985원으로 전년에 비하여 9,034원이 감소하였으며, 안국동시장에는 1만 9,753원으로 전년에 비하여 2,431원이 감소하였고, 돈의동 땔감(柴炭)시장에는 3만 3,493원으로 1,704원이 감소하였으며 동대문 시탄시장에는 4만 1,644원으로 1,060원이 감소하였고, 서린동 시탄시장에서는 5만 6,078원으로 2,333원이 감소하였는데 특히 일본인 부락에 접한 남대문시장만은 27만 2,000여 원이 증가하였으며, 전기 각 시장의 매매 감소 개산 총액은 실로 41만 8,000여 원에 달한다. 굶는다 죽는다 하는 옆에서 일본인의 수산물시장의 매매 가격을 보면 132만 3,737원으로 전년에 비하여 21만 8,218원이 증가하였으며, 또 투기사업으로 대부분 일본인의 손을 끄는 경성 주식 현물거래시장에는 8,113만 780원으로 전년에 비하여 2,817만 4,560원이 증가하여 그곳만은 흉년을 모를 고대 번창 중으로 기갈에 우는 조선 사람의 생활에 비교하여 좋은 대조가 된다.

〈자료 70〉 안성 우시(牛市)까지도 이전할 계획? 아랫장 상민 수백 호에 대위협(조선일보, 1929.3.1, 4면 6단)

경기도 안성읍내 시구 개정 제3공사를 이용하여 쌀시장의 광장을 없애 놓고 같은 쌀시장을 같은 시구 개정 기성회 부회장인 일본인 마에이 사부로(前伊三郎)의 배밭으로 이전코자 하는 당국자의 비모밀계(秘謀密計)가 잠재하였다 하여 일반의 여론이 비등하다 함은 기보한 바이다. 그런데 근일에 또다시 우시장까지 전기 마에이 사부로의 배밭으로 이전할 계획이라는 것이 일반이 알게 되어 만일 이와 같이 된다면 수백 년래 번창하던 아랫시장이 전부 쓸쓸하여질 것은 물론이오, 이로 인하여 아랫시장 상민 수백 호는 하루아침에 속수무책이 되겠다는데, 이번 3기 공사에 귀중한 자기네 가옥의 훼철을 무조건으로 승낙하여 막대한 희생을 바치는 같은 연변 시민들은 만일 쌀시장이 이전된다면 자기네들은 도리어 손해만 보고 말겠으므로 기꺼이 승낙하였던 가옥 훼철을 전부 취소하리라 하며 또는 전기 쌀시장인 광장 내에 신축 부지를 얻었던 사람들도 번창한 쌀시장을 목표로 가옥을 건축코자 하는 것인데 만일 쌀시장이 이전된다면 그곳에 다대한 금전을 희생하여 가옥을 신축할 필요가 없다는 것으로 이를 전부 반환하리라 한다. 그러므로 같은 시구 개정이 계획대로 진행될는지 또한 의중에 있는 터인데 당국에서 전기 쌀시장과 우시장을 마에이 사부로의 배밭으로 이전코자 하는 이유에 있어서는 모처로부터 들은 바에 의하면, 지난가을에 신축한 안성군 청사가 동리 윗머리에 있어 시가의 변화 지점을 떠나 있는 터이므로 같은 부근 지대를 번창케 하기 위하여 동군 청사 앞으로부터 전기 마에이 사부로의 배밭을 관통하여 시장 윗머리(송규형 상점 부근)까지 직통하는 새로운 길을 개설하고 전기 쌀시장과 우시장을 마에이 사부로의 배밭으로 이전할 계획이라 한다. 만일 이와 같이 되면 전기 배밭은 부지 기타로 고가로 팔리게 되어야 전기 일본인 마에이 사부로가 막대한 이익을 볼 것이요, 아랫 시장 상민 수백 호의 상로는 파멸을 당하고 말 것이라는데, 이 사실에 대하여 당국에서는 전연히 부인한다더라(안성).

"영업소 전면(前面)이 엄폐된 시민들 당국에 진정"

안성읍내 시구 개정 제3기 공사를 이용하여 쌀시장과 우시장을 이전할 계획이라 함은 별항 보도와 같거니와 당국에서는 우선 현 쌀시장인 광장을 처분코자 남택■■병원 전면과 염용규 음식점 전면, 김학춘 약국 전면에다가 박용석 외 3인에게 가옥 신축부지로 허급하였으므로 전기 김학춘 씨는 이를 경기도 당국에 항의하였으며 남택희 씨는 읍내 면 당국에 질문하였다더라(안성).

〈자료 71〉 쌀시장 이전설 대책으로 미시공영회(米市共榮會) 조직, 총독부에 진정도 준비 (조선일보, 1929.3.2, 4면 1단)

누보=안성 읍내 쌀시장 이전설에 대하여 만일 이와 같이 된다면 아랫장터 상민 수백 호는 하루아침에 타격을 받겠으므로 이것이 그들의 사활문제라 하여 지난 27일 오후 8시경에 같은 쌀시장 염용규 씨 집에서 아랫장터 시민대회를 열었다. 임시 의장 남택희 씨, 서기 윤현철 씨가 피선되어 안성 쌀시장 공영회를 조직하고 회장으로 윤현철 씨, 위원 유필수 씨 외 24인을 선거한 후 현 쌀시장을 이 현상 그대로 유지할 것을 만장일치로 결의하여 이에 대한 진행 방법 일체를 위원회에 일임하고 폐회하였다. 전기 위원 제씨는 그 익일인 지난 28일 오후 1시 안성의원 내에서 같은 회장 윤현철 씨 사회로 제1회 위원회를 열고 우선 관계 당국에 교섭코자 교섭 위원으로 김기옥 씨 외 11인을 선거한 후 제1차로 남택희·윤현철·최봉·김환규 4씨를 파송하여 시구 개정 기성회장과 읍내 면장을 방문하였다. 전기 기성회에서는 위원회를 열어서 결의하겠다고, 읍내면에서는 상경 중에 있는 군수가 하래한 후 상의하여 처리하겠다 하므로, 같은 위원회에서도 역시 전기 기성회와 읍내면에 회시를 보아 태도를 결정키로 하였다. 같은 위원회에서는 금후 사태에 따라 경기도 당국과 총독부 당국에 진정코자 만반을 준비 중이라 하며 동회의 제일 급무는 쌀시장인 광장에 가옥만 건축하지 아니하면 별문제가 없이 되겠으므로 현재에 있어서는 전기 쌀시장인 광장에 가옥을 건축하지 못하도록 항쟁할 것에 전력하리라더라(안성).

〈자료 72〉 대구 남문시장(南門市場) 이전에 관한 진정, 조선인 부락에 가깝게 이전을 하게 해 달라고 주민 1,000여 명 연명 제출(조선일보, 1929.7.13, 5면 4단)

대구 남문시장은 조선 사람의 일상생활상 유일한 식료 공급장으로 많은 역사를 가지고 있다. 그런데 요사이 와서는 대구부에서 신도로를 그 시장 중앙으로 놓게 되고 그 일부는 신세계중앙염매소에다 불하를 하여 원래 그렇지 아니하여도 협착한 데다 지금은 이와 같은 여러 가지 관계로 여지없이 협착하게 되었다고 부근 상인들은 덕산정에다 남문시장 이전 사무소를 두고 현재 이전운동을 맹렬히 하는 중이다. 그 후보지로는 제일 조선 사람 부락과 접근한 봉산정·덕산정·남산정 등지로 정하고 대구부윤에게 진정코자 교섭위원으로 배일득·김계득·문동호 씨 등을 선정하였다 한다. 그리고 그 진정연맹에 참가자가 현재 1,300여 인이나 된다는데 일본인 측에 일부 이전자들은 모 방면의 조선 사람을 충동시켜 일본인 부락인 동운정으로 이전하기를 주장하므로 장차 이 문제가 어떻게 해결될는지 일반은 매우 주목 중이라더라(대구).

〈자료 73〉 나남상업회(羅南商業會)에서 시민대회 개최, 우콘 지주의 횡포 문제로(조선일보, 1929.9.20, 4면 4단)

기보 = 함북 나남 우근상사회 사장 우콘 곤에몬(右近權衛門)은 부호요 대지주로 현재 차지인 550인이라는데, 전 나남 시가지 발전 당초에는 땅값 평당 2전으로 5전에서 10전으로 인상하는 중 가옥 건물에 대하여 지상권 설정 승인 및 토지 분매 등을 희망하여도 거절하며 일본인 및 조선인을 차별하여 땅값 독촉이 더욱 심하여 파산자가 속출하였다. 그러던 중 이번 우콘 지주 대(對) 시내 미길정 평양루 문제를 비롯하여 지난 16일 오후 7시부터 시내 상업회에서 시민대회 준비회를 개최하고 금 20일 오후 7시에 시내 초뢰좌에서 전 나남시민대회를 개최하기로 한 후 준비위원 7인을 선거하여 다음 안을 토의한 후 동 오후 11시에 산회하였다더라(나남).

요구 안건

1. 지상권 설정의 건 2. 토지 분양의 건 3. 땅값 치하의 건

〈자료 74〉 대구 조선인 본위 염매시장(廉賣市場) 설치, 기본금 1만 원으로, 지난 15일부터 개업(조선일보, 1929.10.15, 3면 5단)

대구에는 이내 일본 사람의 염매시장은 몇 개소가 있으나 조선 사람의 기관으로 된 것은 하나도 없어서 오랫동안 대구 유지들의 발기로 각 방면으로 활동한 결과 금번에 조합제로 대구염매장(大邱廉賣場)을 설치하게 되었다. 조합원은 순조선 사람으로 100명이요 출자금은 1만 원으로 기지를 덕산정(德山町) 시장 근처에 300여 평을 매수하여 공사비 9,000여 원을 들여

23개소의 상품 진열소를 만들고 15일부터 개업을 하리라는바 그 역원의 씨명은 다음과 같다더라(대구).

조합장 배영덕, 부조합장 백낙희, 이사 이응복, 평의원 송기식·정운일·임상조·강치운·이내문·백남채

〈자료 75〉 영산포시장(榮山浦市場) 이전 문제 분규, 신시장에서는 흥정이 없다, 영산포 발전상 일대 문제(조선일보, 1929.10.26, 7면 1단)

전남 나주군 영산포시장은 지금으로부터 20년 전에 일본 사람 구로스미 이타로(黑住猪太郎)의 소유지가 되었으나 지금까지 장을 옮기지 않고 (영산포 중앙)장으로 보아 왔다. 그런데 지난 7일에 돌연히 지주 구로스미로부터 장을 가마니 검사소 광장으로 이전하라 하며 장 가게를 일일이 뜯게 하며 '쇠울'을 막았다. 일반 장꾼들은 할 수 없이 사분오열의 상태로 이곳저곳 길가에서 헤매다가 지난 22일에는 전시장에서 북으로 약 4, 5정 되는 고노 기사부로(河野喜三郎)의 상원(桑園)으로 부득이 이전하였다. 이제 그 자세한 내용을 탐문한 바에 의하면, 구 시장은 영산포 시가지의 중앙임으로 영산포 각 상점은 물론이거니와 장꾼들에게도 편리하며 장사도 잘됨으로 시장으로는 가장 적당하다 할 수 있다. 그런데 시장 근처가 번화함을 따라 지가가 폭등함을 기회로 재래시장 지료(地料) 매 평에 1개월간 3전 이상 5전 이하로 장꾼들에게 빌려주었으나 이것만으로는 만족치 못함인지 자기의 소유지 전기 가마니 검사소 광장으로 이전하라 하였다. 이에 영산포 이완우(李浣雨) 외 몇 사람이 운동하여 상원을 빌려서 장을 본다는데 현 시장은 교통도 불편할 뿐 아니라 만일 홍수가 나면 침수된다 하며 영산포 시가 발전상에도 좋지 못한 영향이 미칠 것이라 한다. 구시장에서 하루로 10원어치 팔던 것이 지금 장터에서는 겨우 1, 2원어치밖에 팔리지 않는다 하여 수천 명 장꾼들의 불평이 높다. 만일에 지금 장터에서 장을 영구히 보게 된다면 영산포 시장에는 외처 상인들은 절대로 다니지 않겠다는데 영산포 시민 유지와 다수 장꾼들은 가마니 검사소 광장이나 영산교 입구 서편 광장이나 양처 간에 장을 옮기려고 맹렬히 운동한다더라(나주).

〈자료 76〉 부민의 여론 격앙으로 인천어시(仁川魚市) 원안 철폐, 인천 부영의 어시장 매축 공사가 끝난 후 명년 7, 8월에 재의키로 인천 부협의원 가결(조선일보, 1929.11.8, 7면 4단)

지난 1일 인천 부협의회에 제안되었던 인천부영어시장(仁川府營魚市場) 문제에 대하여 40년 동안이나 되는 장구한 역사를 가진 시내 내리(內里) 조선인 어시장은 문제도 삼지 않고 인천수산회사(仁川水産會社)에 대행케 하려 한 것은 단순히 일선인의 차별이라 하여 부민의 여론이 격앙되는 동시에 조선인 측 부협의원의 반대로 결국 유회되었다 함은 이미 보도한 바이다. 지난 6일 오후 2시부터 다시 부협의회를 열고 동 문제를 협의하였는데 의장인 데라시마(寺島) 부윤은 책임상 느낌이 없지 아니하여 그동안 조선인 어시장의 주력자요 연고자인 정흥택 씨를 청하여 그 시장의 유래와 매매 방식에 대하여 조사하였다. 그 결과 매매 방식이 경매식이 아니었을 뿐이오, 그 외 모든 것은 수산회사와 동일한 처지에 있다는 것을 설명하였다. 더욱이 문제에 대하여는 차별이라는 여론은 없지 아니한즉 차라리 이 문제는 철폐하였다가 7월 중에 부영어시장의 매축 공사가 준공된 후 부영의 방침이 확정되는 동시에 다시 제안하는 것이 어떠냐는 제의가 있었다. 이에 고토(後藤) 씨의 찬동으로 김상훈 씨는 어시장을 부영으로 하는 것은 기정사실이나 부영으로 하는 때에 부민에게 어떠한 영향이 미치게 될지 부윤으로서 벌써부터 조사할 일을 이제야 연고자를 불러서 조사하였다는 것은 동일한 인천부민을 위하여 너무나 유감이라고 말한 후 또한 부윤의 의견인 원안 철폐에 찬동하였다. 따라서 이창의(李彰儀)·요시다(吉田) 등 제씨의 찬동으로 무라타(村田) 씨의 원안 철폐에 대한 이유를 첨부하라는 등 반대가 있었으나 결국 다음 해 7, 8월까지 원안을 철폐하고 다시 선후책을 장구하여 부영어시장의 매축 공사가 끝난 후 제안하기로 만장일치 가결한 후 폐회하였더라(인천).

"원안은 철폐나 시장 유지가 의문, 끊임없는 조선 측의 여론"

별항 보도한 바와 같이 인천 부영어시장 문제의 원안이 철폐되는 동시에 인천수산회사의 어시장 영업허가원도 따라서 보류되었다. 따라서 부영어시장의 매축 공사가 끝나기까지의 다음 해 7, 8월 이내에 어떠한 선후책을 강구하여 원만한 해결을 구한다 하려니와 의장인 데라시마 부윤의 설명과 같이 인천수산회사에 부속되어 있는 어시장은 부영이 확정되기까지 현 상태로 유지할 수 있다고 하나 조선인 측의 내리어시장은 경매 방식이 아닌 유사(類似)시장임으로 총독부령으로 발표된「시장규칙」에는 하등의 저촉될 것이 없으나 경기도령으로 발표된「단속규칙」에 위반될 염려가 없지 아니하다. 따라서 시장 유지가 의문이라 하여 김상훈 의원은 부윤에게 대하여 내리어시장도 수산회사와 어시장과 같이 부영어시장이 확정되기까지 현 상태로 유지케 할 구제책이 있느냐 한즉 데라시마 부윤은 내리시장 경영자안 정흥택 씨도 이미 시장 영업허가원을 당국에 제출하여 방금 경기도지사가 전의 중이므로 그 결과를 기다릴 수밖에 없다고 답변할 뿐이다. 고토 의원은 이에 대하여 조선인 어시장은「시장규칙」에 조금도 저촉되지 아니하는 유사시장으로 하등의 폐해가 없는 한에는 따로이 유지케 할 수 있지 않으냐는 의견도 있었으나 결국 구제책에 대한 결말을 짓지 못하고 어시장 문제의 원안만을 철폐하기로 하고 폐회하였다. 조선인 측으로서는 또한 불안이 없지 아니하여 여전히 여론이 비등하는 한편으로 도령(道令)의 단속에 걸리지 않을까 하여 자못 공포 중에 있다더라(인천).

〈자료 77〉 무리한 시장세(市場稅) 규탄 연설회 개최, 지난 15일 부산진 흥업회에서(조선일보, 1930.2.19, 3면 9단)

부산진(釜山鎭) 흥업친목회(興業親睦會)에서는 지난달 25일에 부산진시장 안에서 무리한 세금 징수를 들어 규탄 연설회를 하였다는데, 자세한 바를 들은 바에 의하면, 부산진시장은 부산흥산주식회사(釜山興産株式會社)에서 경영하여 오는 것인데 이 시장에서 너무나 무리한 세금을 받는 데다가 시장구역 밖에서 불과 10전의 가격밖에 아니 되는 물건을 파는 상인에게라도 5전 이상의 세금을 받는 까닭에 이와 같은 것을 들어 규탄 연설을 한 후 그날부터 시장구역 밖에서 장사하는 상인은 세금을 주지 아니하기와 매일 소제는 흥업회에서 하기로 한 까닭에 지금부터는 상인에게 많은 편리가 있겠다더라(부산).

〈자료 78〉 경매시장 문제로 협의회가 격투장화, 면민의 복리는 염두에 없고 자기 권리만 주장타가 격투, 함흥면협의회의 추태(조선일보, 1930.4.2, 7면 3단)

함흥면협의원회(咸興面協議員會)의 최종일인 29일에는 회의가 정각을 지나서 밤 여덟 시까지 계속되었는데, 석상에서 함흥면 경영의 동영동부어채시장(東營東部魚菜市場) 내에 경매시장을 설치할 건에 대하여 함흥면에서는 함흥물산주식회사가 제공하는 기부금 5,000원을 받는 동시에 그 경매시장의 경영을 동 물산주식회사에 허하려고 하였다. 이에 일본인 의원 마쓰무라

(松村) 씨를 비롯하여 기타 다수 의원이 돈을 받고 이권을 허하여 줌은 공명정대한 정치가 아니다 하고 극렬히 반대하였다. 같은 면협원이오 또 물산주식회사의 취체역인 요시마치(吉町) 씨는 "요컨대 문제는 경매시장이 필요하냐 아니하냐 하는 문제이지 그것을 경영하는 사람이 그 부하였거니 아니하였거니 함은 문제가 아니다. 더욱이 제일선에서 반대하는 마쓰무라 씨는 수년 전에 자기들이 이것을 경영하려고 하다가 여의히 되지 못한 일이 있었는데, 자기가 하지 못하는 것을 남이 한다고 하여 감정을 가지고 반대하는 것이 아니냐고 반박하여 장내는 더욱 긴장"하든바 결국 다수결을 취하게 되었다. 그런데 반대파의 마쓰무라 의원이 곁에 앉은 다른 의원에 반대 권유를 하였다 하여 전기 요시마치가 마쓰무라 씨를 구타하여 장내는 드디어 격투장으로 화하였다. 결국 문제는 원안대로 가결이 되었고 전기 마쓰무라가 가한 행위는 반대 권유가 아니오 의사를 물은 데 불과한 것이라고 변명하고 이에 대하여 요시마치 씨의 사과로 결국 무사히 낙착은 되었으나 면민의 복리는 염두에 두지 않고 자기들의 이욕에만 급급한 나머지에 격투까지 감행하는 그들의 비행을 일반은 비난한다더라(함흥).

〈자료 79〉 상민(商民)에게 타격을 줄 함흥 경매시장(競賣市場) 부의회에서 설치 가결, 모든 식료품을 경매케 된다(조선일보, 1931.3.29, 6면 6단)

【함흥】 함흥부협의원회는 지난 23일부터 함흥부 누상에서 개최하여 동 26일 오후 4시에 폐회하였다. 금번 부협의원회에서 제일 말썽이 많았던 의안은 경매시장 문제였다는데, 이 경매시장이 되면 함흥 시민이 사용하는 일반 식료품을 경매에 부처 다시 상인들에게 팔게 된다는 바 이렇게만 되면 조선 사람의 상인들에게는 적지 않은 타격이 된다 하여 이희섭·권택주·장도하·모학복 제군은 필사적으로 반대하였으나 결국 다수의 가결로 패하고 말았다 한다. 모학복 군은 조선 사람에게도 사택료를 적용하여 달라 하였으며, 권택주·이희섭 군은 조선 사람들의 시장 부근과 음식점이 많은 곳에 공동변소가 없어서 위생상에 큰 문제가 되니 요소에다 공동변소를 만들어 달라 하였으며, 장도하 군은 함흥은 대도시임에도 운동장이 없음은 유감인즉 운동장을 설치하여 달라는 등 질문과 건의가 있었다 한다.

〈자료 80〉 남대문시장 문제, 시장 상인 등 대책을 강구, 사용 요금 오를 것을 염려, 필경 헐가 불하로(조선일보, 1931.4.3, 2면 3단)

기보 = 남대문시장 기지 국유지 2,500평은 그 시장 관리자인 중앙물산회사(中央物産會社)의 사장 와타나베 사다이치로(渡邊定一郎, 경성상공회의소 회두로 공금 횡령 사건을 일으킨 책임자)의 운동이 주효하여 객월 말일 총독부 재무국에서는 이 땅을 총액 14만 원에 불하하기로 결정이 되었다. 시가에 비하면 약 60만 원이 헐하게 되었다 하며 국유지로부터 민유지가 되면 시장사용료를 올릴 것은 필연한 일로 그 시장의 상인 200여 명에 직접 관계가 클 뿐 아니라 동 시장은 기보와 같이 조선 제일의 조선인 시장임으로 직접 간접으로 조선인에게 영향이 크다 하여 동 시장 상인들은 방금 그 대책을 강구 중이라고 한다.

〈자료 81〉 도 · 부(道府)를 무시, 총독부 독단 처사, 공영조사소서 질문(조선일보, 1931.4.3, 2면 3단)

남대문시장은 300여 년의 역사를 가진 유서가 깊은 땅일 뿐 아니라 공공의 성실을 가진 시장은 이미 사유지라 할지라도 공공한 기관에서 매수 혹은 적당한 방법으로 이를 공공의 기관의 소유로 하는 것이 상례이다. 그런데 지금 경성부에서는 다년 현안의 중앙시장 설치의 문제가 숙제되어 있음도 불구하고 총독부가 아무리 그 직권을 가졌다 할지라도 경성부와 경기도의 의견을 전연 무시하고 또한 아무 협의도 없이 일개 영리 회사에게 시가의 십분지일이나 되는 헐가로 불하한 것은 그 심사가 어디 있는지 일반은 많은 의혹을 가지고 있는 터이다. 이 소식을 들은 경성공영사업조사회에서는 지난 1일 경성부윤을 방문하고 그 경과를 질문하였다. 경성부윤은, "이는 총독부에서 직접 행하는 일이므로 경성부윤은 알지 못하는 일이며 또 불하원은 경성부를 경유하여 총독부로 갔으나 그때 부신에는 개인 회사에게 불하하는 것은 재미없다는 의견을 첨부하였는데 아직 알 수 없는 일이라"고 하였다. 이것으로 보더라도 총독부에서는 그 직권만 믿고 전단을 한 것이 분명하며 이와 같이 불합리한 처사에 대하여는 그 조사회에서도 철저히 규탄하겠다고 한다.

〈자료 82〉 「시장령(市場令)」 실시와 수백 소상(小商) 진정, 「시장령」에 의하여 폐지케 되면 거기 종사하던 상인 살 수 없어, 부산진 사설시장 문제(조선일보, 1931.8.7, 3면 1단)

【부산】 부산진 유락관(遊樂館) 옆에 있는 사설시장은 수십 년 전부터 소상인들이 개설하고 경영하여 왔다. 그런데 금번 「시장령」에 의하여 부 당국으로부터 폐지하기로 하였다. 만일 이것이 실시된다면 수백 소상인들의 사활문제라 하여, 대표 유동준 씨 외 16인은 지난 3일경 남도청을 방문하고 진정이 있었다 한다.

〈자료 83〉 원산(元山)에 사설시장 수세를 더 받아, 일반은 분개(조선일보, 1931.8.13, 3면 4단)

【원산】 시내 관교동(舘橋洞) 현 영정(榮町)에는 10여 년 전에 일본인 고바야시 기사부로(小林儀三郎)란 사람이 자기의 돈으로 조선식 가옥을 3, 40호를 지어 놓고 사설시장을 설하고 그 구내에 수도 85호와 86호를 부설하고 이래 관리하여 왔다. 그러다가 지난 1927년(昭和 2) 3월부터 김면국이란 사람을 앞을 세우고 가옥세·수세, 기타 잡세를 받게 하였는데, 김은 이를 기회로 앎인지 4, 5년간에 고지서 이외에 수세를 더 받아 먹은 것이 멀리 이사하여 간 사람의 것을 회계치 않고라도 461원 30여 전이라 한다. 이를 발각한 동리 사람들은 분함을 참지 못하여 동리 이섭■ 씨에게 그 처결권을 위임시켰다. 이씨는 이를 경찰서에 말한 결과로 김에게서 현금 400원을 받아 내어 전기 고바야시의 명의로 저금하고 그 돈이 없어질 때까지는 전에 수세를 더 내었던 사람들은 물을 거저먹게 되었다는데 일반 인사들은 김의 이 부당한 행위에 크게 분개한다고 한다.

〈자료 84〉 진남포(鎭南浦) 용정시장(龍井市場) 백일세 부활 반대, 차지차가인 대회 발기, 철저 항쟁 준비(조선일보, 1933.6.24, 4면 8단)

【진남포】 진남포 용정시장은 10여 년 전부터 일본인 몇 사람이 소위 시장조합이란 것을 조직하여 동 시장을 관할하고 있는데 동 조합에서는 이것을 기회로 벌써 오래전부터 법령으로 폐지된 지 오랜 백일세를 부활시켜 가지고 무리하게 받을 뿐 아니라 심지어 농촌에서 극소량의 미곡이나 채소를 팔러 오는 부녀들에게까지 세금을 받아 폭리를 취하고 있으므로 도리어 동 시장이 점점 한산케 되었다. 그 결과 동 조합에 대하여 불평이 자자하던 중 지난 22일 오

전 11시부터 용정면옥 2층에서 용정시장차지차가인대회(龍井市場借地借家人大會) 발기인 60여 명이 모여 동 조합에서 무리한 세금을 받는 것을 타매하는 동시에 적극적으로 대항책을 강구코자 수일 내로 차지차가인대회를 소집하였다. 대회 준비위원을 아래와 같이 선정하여 일체를 일임하고 2시에 폐회하였다. 장차 문제가 어떻게 전개될는지 매우 주목 중이라고 한다.

◇ 대회준비위원

오기일·옥원찬·송례영·김명환·신학준·황인선·이례찬·최정묵·호창신·이능찬·강응석·이창순·김동팔·김병수·김병로

〈자료 85〉 조선인 시민의 일대 사활 문제, 부의원 등 진상을 조사(조선일보, 1933.6.24, 4면 9단)

별항: 시장조합에서는 세금을 받기 위하여 수금청부인(收金請負人)을 두 명을 두어 가지고 매달 장터세와 차가세를 합하여 600원씩만 시장조합에 바치고 나머지는 청부인들의 수입으로 하기 때문에 시장구역 밖에 있는 길가와 인가 앞에서 무명 자투리나 과실 같은 것을 팔고 있는 부녀들에게까지 2전, 3전, 5전씩이나 명목도 없이 강제로 징수한다. 뿐 아니라 이밖에 (마쟁의)란 것을 두어 가지고 두량(斗量)해 주고 나머지 곡식을 가진다는데 만일 잔곡이 없을 때에는 5승마다 2전을 받는다고 한다.

전기 문제에 대하여 진남포 조선인들에게는 사활문제라고 하여 조선인 부회 의원들도 방금 그 진상을 조사 중인데 매우 장래가 주목이 된다고 한다.

〈자료 86〉 기자단 궐기 시장 문제 구명, 불일(不日) 비판 연설회 개최(조선일보, 1933.7.5, 4면 9단)

【진남포】 진남포 용정리시장조합(龍井里市場組合)과 차지차가인 사이에 일어난 용정리시장 문제는 전일 차지차가인대회에서 결의한바 일곱 가지 조건을 동 조합에 요구하였으나 조합 측에서는 요구 조건을 일축하여 버렸다. 차지차가인 측에서 극도로 분개하여 감독관청인 부당국에 탄원서를 제출하고 부당국에서 해결하여 주기를 바라는 바이나 부당국에서도 아직 아무 구체적 성안이 없이 관망할 뿐이므로 일반의 불평이 자자하다. 따라서 진남포 조선인 기

자단이 궐기하여 분규 중에 있는 동 시장 문제의 초점인 아래와 같은 네 가지 조건으로 진상을 조사 중인데 불일간 용정리 시장 문제 진상 보고 비판 연설회를 열기로 방금 준비 중이라 한다.

〈자료 87〉 용암포어시장(龍岩浦魚市場) 공영설 대두! 일부 어민의 국한 문제 아니라고 전 주민 반대운동 치열(조선일보, 1933.11.9, 3면 1단)

【용암포】 서조선 해안의 일반 어물의 집산지로서 오랜 역사를 가진 용암포시장은 그 경영자 변경설이 대두함에 따라 어민은 물론 지방 주민까지라도 불안을 느낀바 되어 그 반대운동이 치열화하여 간다고 한다. 그 어시장은 오사카(大阪)에 본점을 둔 이사나상회(伊佐奈商會) 용암포 출장소에서 면허 경영하여 왔는데 1910년(明治 43) 창설 이래 20여 년을 지나오는 동안 일반 어민에게 절대한 공헌이 있어 왔다고 한다. 그 실례를 들면 일반 어민에게 없지 못할 융자 기관이 되어 준 것이라는데 일정한 어선 1척에 400원 비례의 무이식 대부를 하여 왔고 또 중개인에 있어서도 3,000원 이상 만 원까지의 융자의 편의를 도아 왔다고 한다. 이런 것 등을 미루어 이사나상회는 일반 어민에게 절대한 융자의 기관이 되어 왔었는데 금년 9월이 면허 만기가 되어 계속 경영을 출원한바 금후로는 어업조합도연합회에 공동판매를 시키기로 구체적 방침을 세워 도 당국으로부터 11월 말 한하여 시장 경영권을 인도하라는 영을 발하였다 한다. 물론 이사나상회가 역할을 하여 준다면 문제없지만은 어조도연합회로는 공공단체이니만치 법규에 구속되지 않을 수 없고 융자의 편으로 본다 하여도 신용대부가 200원이고 담보대부가 500원이라 하니 200원 내지 500원을 가지고는 사업을 영위할 수가 없다고 한다. 결국 이렇게 되어 사업이 부진하고 또는 조합원 본위로만 하여 간다고 하면 연내로 운집하던 비조원은 용암포구에 상륙이 불능케 될 것이니 어물의 집산이 필연적으로 감소케 되리라고 한다. 이러한 모든 동향은 어민의 이해관계에만 국한되지 않고 전 군적(全郡的) 쇠패(衰敗)를 초래할 염려가 있다고 하여 당국의 태도에 대하여 최후의 대항을 하기로 단속을 용의하고 있다 한다.

〈자료 88〉 각지 장날(市日)을 이용하야 교화 운동을 하라. 우가키(宇垣) 총독의 주의사항. 금일 정례 국장회의(매일신보, 1933.12.20, 1면 9단)

이번 주의 총독부 정례 국장회의는 이번 19일 오전 10시 반부터 총독부 제3회의실에서 되었는데, 우가키 총독으로부터 조선 각지의 장날에는 상당히 다수의 사람들이 모였다 흩어지므로 이를 이용해서 사회교화운동을 행하도록 살피라는 주의와 총독부 내년도 예산에 관해서는 총감 이하가 도쿄(東京)에서 최선의 노력을 행하고 있으므로 중요한 자에 대해서는 염려할 것이 없다고 말하고 이어,

▲ 와타나베 농림국장(渡邊 農林局長)으로부터 조선 원목의 만주 수출에 관해 금지, 같은 모양에 대해 비싼 가격을 부여하는 것은 부당하다. 당 업자로부터 진정이 있었으나 이는 오해로 원목대로 수출하면 조선제재계(朝鮮製材界)를 부진에 빠지게 할 우려가 있다는 보고와 북선 개척의 삼림 화재가 격감되었다는 보고

▲ 와타나베 학무국장(渡邊 學務局長)으로부터 지난번 중추원에 자문한 의례준칙에 관한 중추원의 심의가 종료되었다는 보고

▲ 이노우에 체신국장(井上 遞信局長)으로부터 본년의 연하우편은 전년에 비해 약 1할 30여만 원 증가해서 거두어들일 것으로 예상하는 것과 지난 4월부터 11월까지에 우편 관계금 수입이 예산보다 약 43만 원 증수, 체신 관계금의 수입이 약 72만 원 증수(4분 8리 증수)

▲ 이케다 경무국장(池田 警務局長)으로부터 연말 경기에 대해 본정(本町) 측 매출이 약 138만 원 예상에 비해 부수한 경품이 약 6만 원인데 예년에 비해 금년 연말의 경기는 상당히 좋아서 신정(新町)·본정(本町) 양 권예기(券藝妓)의 신규 증가가 30인에 달하고 있다는 보고

▲ 가사이 법무국장(笠井 法務局長)으로부터 토목 담합 사건 공판 결과 보고

등이 있은 후 동 12시 산회하다.

〈자료 89〉 오일장을 폐지하고, 십일장을 실시할 듯, 전 조선 1,400여 시장(동아일보, 1934.3.1, 2면 8단)

총독부 상공과 조사에 의하면, 전 조선의 시장 수효는 1,471개소로 1년간의 거래 총액은 1억 1,000만 원에 달한다.

그런데 종래의 시장은 매월 6회가량으로 5일 만에 한 번씩 장이 서는 것이었는데, 27일 총독부 국장회의에서 우가키(宇垣) 총독이 5일 만에 장이 서는 것은 농민의 무단한 시간을 소비하는 것이니, 매월 3, 4회로 10일 만에 1회씩 서게 하는 것이 어떠냐는 의견의 전술이 있었던 관계로 상공과에서는 이에 대한 준비조사를 진행하고 있다. 이것이 종료되면 각 도 당국으로 통지해서 의견을 청취하고 그 실현 방법을 연구 실현하게 될는지도 모르리라 한다.

〈자료 90〉 농촌 합리화로 장날(市日) 횟수를 감축(매일신보, 1934.3.1, 1면 6단)

조선 내의 시장 수는 현재 1,471개소가 있어 그곳에서 거래하는 액수가 매년 1억 8,000여 만 원에 달하는바 개장 회수는 매월 5회 내지 6회로 각 소관 도지사가 지정하여 왔었다. 그런데 지난 27일 정례 국장회의에서 우가키(宇垣) 총독이 특별히 주의한 바와 같이 매월 개장 횟수가 지나치게 많아 이로 인한 일반 농촌민의 소비하는 쓸모없는 시간과 금전이 적지 않은 바 있음으로 그 횟수를 3회 또는 4회로 감소하게 하기로 하고 현재 이에 대한 준비를 총독부 상공과에서 착수해서 각 도로 통첩하여 각 시장의 실제 상황을 참작해서 5, 6회의 개장일을 3, 4회로 감소하도록 새 지령을 내렸다 한다.

〈자료 91〉 고래(古來)의 상관습(商慣習)인 시장을 일제 개선, 상공과에서 연구 중(매일신보, 1934.3.5, 1면 7단)

조선의 독특한 상업 관습인 시장의 수는 전선 1,400개소에 달하는데, 시장의 현상은 위생·풍기(風紀)의 방면으로도 재미가 없고, 기타 개선을 요하는 것도 적지 않아 시장 개선 문제가 점차 높아지게 되어 작년 설립된 중추원 시정연구회에도 본부에서 연구 사항으로서 제안되었다. 다시 과반의 국장회의에도 우가키(宇垣) 총독으로부터 개선책을 강구하도록 주관 국장에게 주의가 있었음으로 상공과에서는 구체적인 안을 작성해서 불원간 실시하기로 되어 지난번에 그것을 조사 중인데 시장은 조선의 고래부터 이어져 온 상관습이어서 지방에 따라 각각 사정이 다르다. 특히, 농촌에서는 장날(市日)은 일종의 오락일이라 할 만큼 되어 개선 방법을 일보 걸으면 지방 농촌에 미치는 영향이 굉장히 심대해서 경제적으로도 또는 정신적으로도 대타격을 주는 것이 된다. 그러므로 상공과에서는 특별히 신중한 태도를 취해 머지않아 각 도에서 개개의 사정에 적당한 최선의 의견을 요구해서 참고로 하는 연구를 거듭한 가운데 구체적인 안을 작성하기로 되었다.

〈자료 92〉 장날 변개(市日變改)는 물론 시장 수까지 정리, 상공과의 입안 내용(매일신보, 1934.3.7, 1면 5단)

누차 보도한 바와 같이 조선의 시장을 개선해서 종래보다 촌에 미쳤던 제반 폐해를 없애고자 연구 중이던 총독부 상공과에서는 먼저 「시장규칙」의 개선을 단행하기로 되어 그 안이 완성되는 대로 먼저 중추원에 자문하기로 결정하는 동시에 각 도로 시장의 실정을 조사해서 보고하라고 통첩을 내려보냈는데 현재 상공과에서 연구 중인 개선책의 요강은 다음과 같은 것이라 한다.

1. 시장 수의 정리 2. 시장 분포의 적정 3. 장날(市日) 횟수의 감소 4. 장날의 선정

〈자료 93〉 개시 일수도 줄이고 시장 수효도 대정리, 상공과의 시장 개혁의 대방침 결정, 지방 번영에 영향 막대(조선일보, 1934.3.7, 2면 1단)

닷새에 한 번씩 열리는 장날의 횟수를 줄여 번거로운 장날로 인한 폐해를 없이 하고자 하는 문제에 대하여 총독부 식산국 상공과에서는 하루바삐 개정 실시할 예정으로 구체안의 작성을 하고 있는데, 그 시장 개선의 대방침으로 결정된 것은 다음 네 가지라고 한다. 즉,

1. 시장 수는 현재 1,500여 개소가 있는데 이것을 지방 사정에 따라 그 수를 정리할 것
2. 시장의 분포 상태를 조사하여 합리적으로 지방 사정에 맞도록 고침
3. 현재 매달 5, 6차씩 열리는 장날을 3, 4회로 줄일 것
4. 장보는 날짜를 좀 더 합리적으로 선정할 것

등이라는데 전기 네 가지 개선책을 보면 옛날식 장날의 조직을 거의 전부 개혁하게 되는 것이다. 특히 시장 수와 장날 수를 정리 축소하는 것은 그 지방의 번영에도 큰 타격을 주게 될 것이며 또 농촌경제와 도시경제의 연결에도 매우 중대한 변혁을 일으키게 될 것이니만치 장차 그 개정은 비상히 주목된다. 그리고 상공과에서 전기의 대책을 세우는 동시에 「시장규

칙」의 일부를 개정하게 될 터이다. 이에 대하여 총독부에서는 그 개정 내용을 중추원에 자문하기로 하고 다시 각 도 지사에 대하여는 장날의 실정과 일반 지방민의 희망 등에 대한 조사를 명령하였다 한다.

〈자료 94〉 사설: 시장제의 개선(매일신보, 1934.3.8, 2면 1단)

1. 촌락과 촌락을 점철한 적당한 지점에서 월 6회의 교역인 장날이 열리는 조선시장제는 조선의 종전 사회 실정이 낳은 조선의 독특한 제도다. 따라서 그만큼 일반 주민은 그에 의해 생활상 심대한 편의를 받은 바 있다. 실물경제에서 세워진 사회이니만큼 교역은 물물교환을 주로 하며 자급자족의 위에 세워져 있는 사회이니만큼 상업도시의 건설을 필요로 하지 아니한바 있었다. 이웃과 이웃이 여유로운 것을 교환함에 따라 충분히 수급 조절을 기하게 되었으며, 따라서 상인이 일정한 영업지에 정주해서 업무의 번영을 기함에는 고객이 너무 희소한 바 있었다. 일정한 기일과 적당한 지점을 택해서 물물교환을 행하고, 또 상인이 그 기회를 이용해서 임시 점포를 세우는 것이 즉, 소재하는 시장의 형성 경로였다. 그러나 화폐경제가 오늘날과 같이 침투되고 교통시설이 오늘날과 같이 발달을 보임에 이르러서는 시장제의 필요성과 효용율은 대부분 감소될 것이다. 일반은 반드시 장날을 기다리며, 시장에서 족함을 누리지 않는다 할지라도 생산을 처분하거나 수요품을 구매함에 하등 불편을 느끼지 아니할 만큼 각종 기관이 발달을 이루게 된 바이며, 또 상인은 반드시 시장과 시장을 돌아다니지 아니한다 할지라도 일정한 지점에 정주해서 충분히 고객을 흡수하게 된 바이다. 다만 종래의 타성이 본 제도를 존속하게 하는 것뿐이다.

2. 금일 대개의 시장은 반드시 시장일을 기다리지 않는다 할지라도 평소 각종 점포가 즐비해서 어느 때라도 고객의 수요에 응하며, 또 일반 농가가 시장과 시장에서의 교역에만 의지해서 수급 조절을 기하기에는 생활 상태가 너무나 복잡하게 된 바이다. 일반이 '장보기'에 나선다는 것은 대개 필요하거나 구경하는 것에 속하는 것이어서 시장제도가 편의를 제공하는 바도 다대한 동시에 폐해를 남기는 바도 매우 적지 아니하게 된 바이다. 주점이 즐비하고 주정꾼이 시끄럽게 떠드는 것이 없는 시장은 시장이 아니라는 항간의 말까지 나오게 된 바이다. 하등 오락기관이 있지 못한 농촌생활자로서 묻거나 혹은 시장에서 나타나는 기회를 이용해서 고기맛에 혀를 대고, 1·2·3 배주(杯酒)에 평소의 고통과 근심을 삭제하는 것이 그다지

비난할 바는 아니라 할 것이나 5일 1회에 시장일마다 이를 거듭함에 이르러서는 너무도 정도를 상실하고 분수를 넘어서는 바가 심한 것이다. 이들을 위해서 시장은 일종의 향락장이오, 장날은 일종의 유흥일이다. 그래서 향락장은 반드시 사람을 유혹에 빠뜨리는 본성을 가진 자인 만큼 개중에는 다만 일개 시장의 '장보기'에만 그치지 아니하고 인근 시장을 전전해서 '장보기'로써 업을 삼는 자까지 있는 상태다. 그에게 남는 폐해가 얼마나 심대할 것인가.

3. 물론 우리들은 오늘날 사회 실정으로서 시장제도를 전폐하라는 논의를 제창하지 아니하는 바이다. 그가 아직도 세농계급(細農階級)의 조 한 두, 베 한 척을 교역함에 다대한 편의를 제공하는 특장점과 효능은 부인하지 아니하려는 바이며, 따라서 만일 이 제도를 급거 전폐함에는 아직 교통기관과 상업기관이 정비되지 못한 지방으로서는 다대한 불편을 느끼게 될 바일 것이다. 그러나 실정의 여하를 물론하고 일률로 5일 1회를 지키고자 하며, 또 근거리에 점점 건설해서 '장보기'로써 업을 삼는 자까지 발생하게 하는 사태는 단연코 변화시켜 개조해야 할 바일 것이다. 더욱이 북선(北鮮) 여자 등이 '장보기'를 일종의 '나들이'로 간주해서 한 건의 용무를 지니는 것이 없으며, 좋은 옷으로 치장해서 무리를 지어 반점과 주점을 전전하는 악풍 폐습은 단연코 일소해야 할 바이다. 이번 위정 당국이 그 점에 착안하는 바 있으며, 시장 수의 정리, 시장 분포의 적정, 장날 횟수의 감소, 장날의 선정 등에 관한 개선책을 강구하려 함은 실로 시기나 형편에 알맞은 조치에 속한 바라 할 것이어서 하루라도 속히 그 구체안의 실현을 희망하는 바이다.

〈자료 95〉 용암포시장(龍岩浦市場) 분규 문제 해결, 어조연합회와 양해 성립, 전 경영자가 다시 계속(조선일보, 1934.3.9, 3면 1단)

【신의주】 파란 많던 용암포어시장 문제는 최근 이사나상회(伊佐奈商會) 오사카(大阪)본점으로부터 우노(宇野) 전무가 건너와서 평안북도 간부의 알선하에 연합회(聯合會)와 절충한 결과 지난 4일 이사나상회는 구시장에 사용하던 토지 건물 및 제반 설비를 어업조합연합회에 무상 양도하는 동시에 연합회에서는 그 대상으로 금 1만 5,000원을 동 상회에 지불키로 결정한 후 쌍방의 계약이 성립되어 다단하던 용암포어시장 문제는 완전한 귀결을 보았다 하며 이사나상회에서는 장래 연합회에서 경영하는 판매소 중매인으로 협력 활동하리라 한다.

〈자료 96〉 장날(市日) 감축은 점진적 협의 사항을 최후로, 지사회의(知事會議) 종료(매일신보, 1934.4.22, 1면 1단)

도지사회의 초종일인 21일은 어제로써 자문사항의 답신을 전부 마치고 오늘은 오전 9시 반부터 제1회의실에서 개최, 협의 사항에 들어가서

1. 면지(棉紙)의 제조에 관한 건　　　　2. 장날 개선에 관한 건

을 상정하였는데,

목화 줄기로부터 종이를 제조함에 대해서는, 그간 중앙시험연구소에서 연구를 진행 중인데 완전한 성공을 거두는 날에는 농가 부업으로 매우 유리한 것이 될 것인즉 각 도에서도 이에 대한 연구를 각기 조속하게 진행할 것을 협의하고,

다음 장날 개선에 대해서는, 장날을 감소해서 종래 월 6회 내지 8회이던 것을 월 2회 내지 4회로 감소시켜 농가 경제가 이로 인해 무용하게 쓸데없이 소비하는 짓을 조장하고 있는 것을 방지하라는 설이 있었다. 그러나 그 일면 농촌에 있어서의 장날은 농촌의 금융, 농작물의 판매 등 중대한 사명을 소지하고 있는 것임으로 이를 하루아침에 돌연 감소함은 농촌 금융을 경색시켜 도리어 한 가지 이득을 취하려다가 백 가지 해를 불러일으킬 우려가 있으니 급히 감소시키지 말고 각 도 지방의 사정을 참작해서 신중하게 연구한 후 점진적으로 개선을 도모하기로 결정하였다. 또다시 장날에 여자보다 남자가 다수 출동해서 음주 등 그 폐해가 적지 않으니 이제부터는 남자보다 가정의 여자를 장날에 출동하게 해서 항시 내방(內房)에서 칩거(籠居)하고 있는 가정 부녀로 하여금 밖에 접속하게 하는 동시에 앞에서 기술한 남자의 음주 폐해를 막게 해서 한편으로는 농가 경제의 넘쳐나는 비용을 절약하게 하자고 결정하였다. 동 11시 40분 우가키(宇垣) 총독의 회의 종료에 대한 인사가 있음에 대해 마쓰모토(松本) 경기도지사가 전 지사를 대표해서 답사의 진술이 있은 후 이마이다(今井田) 정무총감의 폐회사로써 5일에 걸쳐 예기 이상의 다대한 수확을 얻은 도지사회의는 종막을 고했다.

〈자료 97〉 조선인 어시장의 폐지 운명에 반항, 300여 조선인 어업자 결속, 관계 당국에 진정(조선일보, 1934.8.22, 5면 7단)

【진남포】 진남포 수산회사에서 경영권을 대행하고 있던 진남포 어시장 경영권이 오는 9월 10일까지 만기임으로 다음부터는 일본 내지인 어업자 83명으로 조직된 어업조합에 지난 8일부로 허가까지 되었다고 한다. 이제 조선인 어시장이란 것은 당국의 정식 인가는 없으나 10여 년 동안 재래 습관으로 조선인 어업자들이 세관 부근에서 매매하여 오다가 억량기에 어항이 되면서 수산회사 동편으로 이전하였었다. 부 당국의 태도는 허가가 없다는 조선인 어시장을 폐지할 뜻이므로 조선인 어업자 김몽필 외 361명은 연서하여 지난 19일 평남도지사에게 진정서를 제출하였다. 이것이 종전대로 묵인케 되면 이거니와 그렇지 않으면 조선인 어업자들의 사활문제이니만치 적극적 방침으로 대항하리라는바 도 당국의 태도를 매우 주목한다고 한다.

〈자료 98〉 장날을 이용하야 사회 교화를 기도, 각종 시설로 지도 유액(誘掖)하라고 (매일신보, 1934.9.11, 5면 7단)

【함흥】 함남에서는 장날을 이용해서 이에 모여드는 민중에게 지도하고 이끌어 주기 위한 계획을 도모하고자 함은 지방 진흥상 효과가 적지 아니하다고 다음 사항을 참고 후 그 필요 사항을 점차 실시해서 사회 교화·경제 복리 증진을 도모하려고 각 부군에 통첩하였다고 한다.

▲ 선전탑 및 게시판 설치 ▲ 선전 삐라, 포스터, 가게 앞 장식 등의 이용 ▲ 간사한 장사치 단속 ▲ 강연 및 활동사진 등의 개최, 강연대의 설치 ▲ 간이 물산 진열관 또는 순회 진열소의 설치 ▲ 라디오·축음기의 이용 ▲ 농사상담소의 설치 ▲ 장날 개최 수의 반감 ▲ 농촌진흥관 또는 농민관의 설치 ▲ 간이 강습회 실연 개최 ▲ 선전대의 조직 ▲ 간이 염색 설치 ▲ 저금 장려 ▲ 서민교육 시설(소규모 도서관 간이 도서열람소 등) ▲ 각종 회합의 개최, 휴게소 또는 간이 식당 설치 ▲ 국기게양대의 설치 ▲ 부녀자의 출시(出市) ▲ 장날 개시일은 양력으로 사용 ▲ 저리자금의 융통 ▲ 임시 음식점 절대 엄금 ▲ 공설 목욕탕 설치 ▲ 농가 고용인의 장날 휴업 관습 폐지

〈자료 99〉 조선인 어시를 강제로 폐지, 당일의 사태를 주시(조선일보, 1934.9.11, 5면 1단)

【진남포】 진남포 수산회사에서 경영하던 진남포 어시장 경영권이 9월 11일부터 어업조합으로 가게 되는 동시에 도 당국의 인가는 없으나 묵인 아래에서 10여 년 동안 사용하여 오던 조선인 어시장을 폐지하게 되어 그 시장에서 그날그날의 생활을 유지하여 나가던 조선인 어업자들은 망지소조(罔知所措)하여 김몽필 씨 외 100여 명이 열석하여 도 당국에 진정까지 한다 함은 기보한 바이다. 100여 명을 대표하여 진정하러 다니든 김씨는 현 어업조합에 특별회원이란 명의를 갖게 되자 진정의 운동은 끊어지고 말았다. 일반의 비난이 높은 일방 11일부터는 당연히 강제적으로라도 조선인 어시장을 폐지시킬 모양임으로 당일의 사태가 매우 주목된다고 한다.

〈자료 100〉 어시장의 폐지로 당업자 대공황, 어물가(漁物價) 따라 폭등(조선일보, 1934.10.20, 5면 1단)

【진남포】 어항 진남포에는 어업통제 기관으로 수산회사가 있는 일방 조선인 어시장이 있어 어업자와 소비자가 직접 매매하여 왔는데, 금년 9월부터 수산회사가 없어지고 어업조합이 되면서 조선인 어시장까지 없어지고 말았다. 그 후부터 어업자들은 고기를 잡는 대로 일단 어업조합에 중개업자를 통하여 팔았다가 다시 그 물건을 조합에 이익을 부쳐 주고 도로 사서야 소비자들에게 팔게 되므로 이중삼중으로 중간이익을 주게 되어 진남포의 어물 시세는 3할 이상이 고등하게 되었다 한다. 그로써 부의 경영권을 대행하는 어업조합의 처치가 가혹하다 하여 일반의 비난이 높다고 한다.

〈자료 101〉 시장 사용 문제로 군산부회(群山府會) 공전(空前) 소란, 일(一) 가결안을 다시 취소하는 등, 부회 사상 처음 볼 실태(失態)(조선일보, 1936.3.31, 7면 3단)

【군산】 군산부회 제6일 지난 28일은 최종일이었었으니만큼 논전은 바야흐로 방감하였다.

즉 역전 조선인 시장 사용료 문제에 있어서 전의용 의원을 비롯하여 조선인 전 의원으로부터 사용료 1할 감하에 대하여 맹렬한 논란이 있은 다음 전의용 의원안 수정에 대한 동의를 하자 아카마쓰(赤松)·서홍선 양 의원의 동의에 대한 찬성으로 동의가 성립되어 의장으로부터 찬부에 대한 체결을 할 것을 선언하였다. 그러자 일본 내지인 의원들의 반대론이 사방에서 일어나 회의장은 공전의 대소란을 일으키자 회의장을 수습키 위하여 잠시 휴회하였다. 다시 속회를 한 후 부이사자로부터 대세로 보아 사용료의 1할은 감하할 수는 없으나 지금까지 받던 2전 이하의 사용료만을 면제하겠다는 언명으로서 동 문제는 낙착을 지었다. 그리고 또 군산 식료품 시장 사용료 문제에 대하여 김백룡 의원으로부터 수수료의 100분지 10을 15로 인상을 하자는 동의를 하자 곧 서홍선·전의용 양 의원의 찬성으로 찬부에 대한 체결을 무기명으로 투표를 한 결과 12대 10으로 동점이 되자 의장은 자기의 1표로 원안 가결을 선언하였다. 김백룡 의원은 곧 뒤를 이어 부 조례 제34조인 의장 및 의원은 자기 또는 부모 조부모 처자 손자 형제자매의 일신상에 관한 사건에 대하여서는 그 의사에 참여함을 부득함이라는 예규가 있음에도 불구하고 당해 의사에 직접 관계를 가진 아버지가 투표를 하였으니 이는 무효가 아니냐고 추궁을 하자 의장은 예규에 대한 인식 부족이었었다 하고 일단 의장의 1표로서 체결을 하였던 의안을 취소를 하였다. 그야말로 의장의 예규에 대한 인식 부족으로 취소의 추태(醜態)까지 연출하여 동 문제를 다시 투표한 결과 14대 9로 동의가 체결이 된 다음 서홍선 의원으로부터 금후 시정에 대한 희망을 진술한 후 오후 8시에 말썽 많은 이 부회 종막을 지었다.

〈자료 102〉 시장 사용 허가자, 취소당한 자 속출, 당초 사용권리자 두선(杜選) 원인으로 인천부사 처사에 비난 점고(漸高)(조선일보, 1936.6.16, 3면 3단)

【인천】 중소상업자와 궁세민층의 편리를 도모하여 준다는 미명하에 건축 중인 송현리일용품시장(松峴里日用品市場)은 오는 20일에 그 준공을 보게 되었다. 이와 한 가지 8만 부민에 대하여 여하한 효과를 줄지 이것이 가장 주목의 초점이 되어 있던 동 시장 사용에 있어서 직접 당면한 중소상업자는 제외하고 유수한 실업가와 대상업자 또는 재산가에게 사용권을 허가하였다 하여 부민 간에 불평이 적지 않다 함은 사건 당시에 누차 보도한 바와 같거니와 근일에 이르러 개시일을 불과 10여 일을 앞두고 여러 가지 난관을 돌파하고 얻은 시장사용권을 취소하는 등 실로 언어도단의 기현상을 일으키고 있다. 이에 그 이면에 잠재하여 있는 내용을 조사하건대 전기 사용권을 얻은 자 중에는 직접 자기가 경영하려고 하는 자도 있거니와 그 중에는 자기의 지위를 이용하여 사용권을 얻은 다음에 다소간 권리금을 받은 후 권리를 양여하여 주려다가 여의치 못한 관계로 할 수 없이 취소를 한 것이 벌써 3건에 달한다 한다. 이

를 미루어 보건대 직접 생활을 걸고 고대하던 중소상업에게는 사용권을 주지 않고 재력과 명망만 보고 허가한 부당국의 실책에 대하여 당면한 관계자들의 불평은 물론 일반 부민 간에도 적지 않은 불평이 있다 한다.

〈자료 103〉 인천 시장제도에 비난 공격만 점고(漸高), 현실 사정과 부합 안 된다고(조선일보, 1936.10.10, 2면 7단)

【인천】 10만 부민의 많은 총망과 기대 가운데에 성립된 인천부 송현 일용품 시장은 개설 이래에 예기하였든 성적의 반도 이루지 못하여 경영주 간에는 막대한 곤란이 있어 그중에는 심지어 야반도주한 사건까지 있는 형편이었다. 그러나 현재의 경영주들은 다소 손해를 입더라도 최후까지 계속하여 보려는 것이나 동 시장에서는 일반의 실제 사정을 참작하지 아니하고 「시장규칙」에만 열중하여 폐장(閉場) 시간이 가장 통행인이 많은 오후 9시경으로 모처럼 팔리기 시작할 때에 폐점케 되는 현상이다. 경영주 간에는 폐장 시간을 좀 더 연장하여 달라는 주장과 또는 판매품 전부에 대하여 일정한 정가표를 부치지 아니한 물품은 판매를 금지하고 있다. 이것은 물론 「시장규칙」상으로는 의당한 일이나 일반의 실제 사정은 아직 각종 식료품에까지 정가를 이행하는 관습에 익숙하지 않아 도리어 중간의 경영주만이 적지 않은 타격을 받고 있는 현상임으로 부 당국으로는 실제 사정을 참작하여 점진적으로 개선하지 않고 급단적으로 단행한다고 부에 대하여 적지 않은 비난이 있다 한다.

〈자료 104〉 중앙도매시장 건설 시국 관계로 중지, 남대문시장을 당분간 묵인, 땔감시장(柴炭市場)도 당분간 현 장소에(조선일보, 1937.10.21, 2면 1단)

경성부에서 백년대계로 계획한 사업인 중앙도매시장은 내년부터는 드디어 건설에 착수하려 하였던 것인데 시국 관계로 정부의 방침이 따로 서게 되었으므로 말미암아 부득이 중지할 수밖에 없는 운명에 이르렀다. 그래서 문제의 남대문시장도 기한 만료로 이미 금년 4월부터는 「시장규칙」에 의한 시장의 행위는 할 수 없게 되었으나 중앙도매시장이 성립될 때까지 묵인하는 정도로 여전히 장사를 하고 있던 터인즉 이에 따라 이 남대문시장의 사실상의 시장행위도 앞으로 한동안 현상대로 계속하게 되었다.

그러고 또 중앙도매시장의 건설할 기지로 작정되어 있는 현재의 경성역 안 땔감장도 역시 한동안 더 그 장소에서 땔감 매매장으로 사용하여 갈 수 있게 된 셈이다. 중앙도매시장 건설의 실현성은 현재의 형편을 보아서는 그 실현될 기한이 막연한 형편이다.

경성부 권업과의 계획사업으로 중지되게 될 것은 이것뿐만 아니고 1939년(昭和 14)도에 개최하려던 산업박람회도 그만둘 수밖에 없게 되었다 한다.

〈자료 105〉 경성부 내 각 시장의 감독을 강화, 경성부 권업과 진출(조선일보, 1938.8.27, 6면 3단)

장기전하에 총후(銃後) 국민생활의 안정을 도하기 위하여는 생명선인 일용품의 소매물가를 억제하여 무리가 없는 총후생활을 영위하지 않으면 아니 되리라고 경성부에서는 권업과가 주체가 되어 70만 부민의 소비에 대한 공급진의 큰 부분을 맡아보는 공설, 사설의 지도 감독을 강화하고 공정한 물가의 보지와 수급의 원활한 수행을 기하려고 대대적으로 진출하게 되었다. 경성부 내의 5군데 공설시장(화원정·용산·서대문·마포·영등포) 및 12개 사설시장의 작년 중의 매상고는 535만 1,357원에 달하여 부민의 소비진에 한 큰 공급진의 역할을 다하고 있다. 그런데 특히 수에 있어서나 지역상에 있어서나 전 경성에 분포되고 있는 사설시장의 기능을 공설시장과 동양으로 강화 통제에 있는 운용에 의하여 「폭리단속령」 실시하의 국민 생활에 안심할 수 있는 공정물가의 수립을 목표로 매진하게 되어 불원 경성부 내 각 시장 경영자 및 관계 방면을 초치하여 전시하의 시장 기능 발휘에 대하여 협의회를 개최하게 되었다. 그 결과는 9월부터 55만 원의 공비로 착수하여 내년 봄 3월에 완성하는 중앙도매시장이 배급의 원천으로서의 전 기능 발휘와 상사하여 본격적으로 총후의 부민 경제 확립에 거보를 내어 딛게 되었다 한다.

〈자료 106〉 시장 이용의 다각화: 사회교육을 목표 삼아, 각지 시장을 개방 계획, 일반 체위(體位)를 향상, 경기·오락을 조장, 남북 시장 조사는 근근(近近) 완료(동아일보, 1939.4.12, 2면 1단)

(전략)

이 시장 조사에 대해서는 총독부 문서과 무라야마(村山) 촉탁이 중심이 되어 작년 가을부터 실제 조사에 착수해서 벌써 북조선 지방의 조사는 마치고 앞으로 남조선 지방 시장 실정을 조사한 후에 전반적 결론을 얻게 되었는데, 조사의 주안점은 조선의 시장이 역사적으로 보아서 어떠한 방면으로 이용되었는가? 또는 앞으로 어떠한 방면으로 이용할 수 있을까 하는 것이다.

현재까지의 조사에 의하면, 조선 시장은 그 연혁이 자못 오래되어 물물교환 시대부터 현재에 이르기까지 독특한 발전을 보여 왔고, 이것이 사회적으로 이용된 점은 별신제(別神祭)·씨름·그네(鞦韆)·줄다리기 등이 많이 거행되었고, '뉴스' 교환의 중심지가 되었었다. 그러므로 앞으로 그 이용에 대해서도 이러한 각종 회합 행사를 부활시키고 진흥시켜 가려니와 일반의 체위(體位)를 향상시키는 점에서 이상 고유한 운동경기를 비롯해서 간단한 현대적 운동경기도 장려해서 부락 간의 경쟁도 시키고 음악을 비롯해서 각종 오락도 보급시키며, 그 위에 생활 개선·시국 선전 등을 가미하여 일반의 상식을 보급시키기로 하리라 한다. 아직은 조사 정도의 범위를 벗어나지 못하였으나 이 조사가 완료되는 때 내년부터는 그에 요구되는 경비를 계상해서 실행에 착수한다고 한다.

〈자료 107〉 각 방면에 이용하면 좋은 효과를 예기(豫期), 총독부 무라야마(村山) 촉탁 담(談)(동아일보, 1939.4.12, 2면 3단)

이에 대해 조사를 담당한 무라야마(村山) 촉탁은 다음과 같이 말한다.

"시장은 일본 내지에도 중국에도 간혹 있기는 하나 조선 시장이 가장 고도로 발달되었고, 또 그 수도 가장 많습니다. 그러므로 시장을 역사적으로 연구를, 그중에서 경제적 입장에서 연구해서 학구적으로 검토할 여지가 충분하지마는 선전기관으로서의 이용 문제를 생각해도 여러 각도로 이용할 수 있고, 좋은 성과를 얻으리라고 생각합니다.

영화·연극·음악·운동 등의 보급과 생활 쇄신책 등을 선전하는 데 가장 적당하다고 생각합니다. 부락에서는 혹은 관성과 학교에서 무리하게 강조하는 것보다도 시장을 이용해서 자연스럽게 한다면 여러 가지 점으로 좀 더 능률과 효과가 크리라고 생각합니다."

〈자료 108〉 「시장령(市場令)」 요망, 간담회를 개최(조선일보, 1939.8.3, 2면 11단)

조선에는 아직 「중앙시장령」이 실시되지 않아 기껏 경성에는 중앙도매시장이 생겼어도 시장 밖에서 도매행위를 하는 것을 단속할 수 없어 중앙시장으로서의 기능에 중대한 문제가 생기므로 조선에도 하루바삐 중앙시장을 옹호하는 법규를 실시하여 달라고 경성부에서는 9일 아침 10시부터 조선호텔에서 시장 간담회를 열기로 되었다.

출석자는 총독부 상공과장을 비롯하여 시장 관계 계원, 경기도 산업부장, 동 과장, 동 계원과 경성부윤 이하 부청 관계자, 시내 각 경찰서장, 시장 측 관계자 등 20여 명으로 먼저 부청 측으로부터 도매시장 현황과 시장의 시장행위에 관한 실정을 설명하여 인식을 깊이 한 다음 「시장규칙」 강화에 대한 간담으로 들어갈 터인데 시민의 주방 경제에 긴밀한 관계를 가지고 있는 중앙시장의 기능 강화를 촉진하는 것으로 간담회의 성과는 주목된다.

〈자료 109〉 부내(府內) 다섯 공설시장도 애국일(愛國日)에 협력, 부 당국에 휴업원(조선일보, 1940.5.26, 2면 7단)

매달 초하룻날은 애국일이므로 이날 하루만은 각 가정에서 전선에 나가 있는 장병들의 고생스러운 생활을 생각하여 일채주의(一菜主義)를 지켜 가기로 되어 있는데, 이 취지는 비교적 부민 전반에 철저해 가는 느낌이 있어 이것이 그대로 부내 각 시장의 찬거리 흥정에 반영되어 애국일에 찬거리를 사러 오는 이는 거의 자취를 감추게 되었다 한다. 그래서 이럴 바에는 차라리 이날 하루만은 점방 문을 닫느니만 못하다고 시내 다섯 공설시장 관계자들 사이에 의논이 되어 경영 주체인 경성부에 대하여 이제부터는 애국일에는 장사를 쉬고 일채주의에 협력할 것을 통달하고 부의 허가 여부를 기다리고 있는 중이다.

〈자료 110〉 장날(市日)을 반감(半減), 개로운동(皆勞運動)에 이바지(매일신보, 1941.10.17, 3면 6단)

【경북지사 발】 지방 주민들의 일용생활품, 기타 물자의 수급상으로 보아 각 지방마다 매달 여섯 차례씩 장(市)은 조선의 현재 지방 사정으로 보아 갑자기 이것의 존폐를 문제 삼기는 시기상조이나 이 장이 서기로 말미암아 많은 노력을 낭비하고 있는 것은 당국과 식자 간에서 지적하고 있는 바이다. 특히 개로운동 기간을 계기로 해서 이것이 시정의 한 연구 제목이 되고 있는데, 이미 도내 경주·경산·영일, 각 군에서는 매월 여섯 차례 서는 장을 4회로 반감해서 실행한 결과 경산군 같은 곳은 이로 말미암아 매월 10만 명의 하루 노동이 절약된다고 한다.

그래서 도에서도 앞으로 다른 군에 대해서도 이와 같은 방침을 장려하리라 한다.

〈자료 111〉 지방 시장 개시일을 월 4회제로 마침내 단축(매일신보, 1942.2.3, 4면 6단)

전시하의 부동(浮動) 노동력의 이용 증대에 의한 생산 능률의 증강을 도모하기 위해 식산국에서는 지방 경제기관인 월 6회제의 재래식 시장 개시일을 단축하게 하려고 준비를 진행 중이다. 우선 이 잠정적 조치로서 오는 3월 1일부터 전선(全鮮)에서 일제히 현행 개시일을 월 6회제를 월 4회제(매주 1회)로 하기로 결정하였는데, 이것을 일반에게 철저하게 주지시키는 동시에 지방에 영향을 주는바 심대함에 비춰 실시에 만전을 기해 유감이 없도록 2일 정무총감 통첩으로 각 도지사에게 통달하였다. 그리고 식산 당국에서는 위 결정에 대해 다음과 같이 말했다.

"종래 조선에서의 보통 시장은 물자의 집산·교류·배급상 필요불가결의 기관으로서 그 성쇠는 지방 경제에 영향을 주는바 적지 않은 것이 있었는데 시장의 융성과 공히 반면 이들 시장 이용자의 허실에 따라 낭비를 조장할 각종 영업자가 출현하는 것을 수반해서 일반 대중, 특히 농업·광업·토목 등의 노무자로서 유흥 낭비의 폐단에 빠지게 하는 등 본래의 경제적 거래기관으로서의 기능에서 현저히 이탈하는 경향에 있으므로 이내 이 악폐를 시정하는 동시에 일반의 자각을 촉진하려고 한다. 따라서 적당한 조치를 강구해 왔는바 전시하 드디어 국민총력을 발휘하지 않으면 안 되므로 이 같은 폐해는 하루라도 속히 타파하기로 해서 우선 현행 개시일인 월 6회를 4회제로 하고 오는 3월 1일부터 전선에 일제히 실시하기로 되었다. 그리고 이 개시일의 감소는 끝까지 전시하 부동노동력을 생산에 전환, 생산 능률의 증강을 도모함에 있으므로 일반업자, 시장 이용자에 있어서도 현재의 중대 시국을 잘 인식해서 이 실시에 협력을 요망하고 있다."

〈자료 112〉 장날은 이레에 한 번, 3월부터 7일장을 보도록 통첩(매일신보, 1942.2.3, 2면 3단)

대동아전쟁의 필승체제의 하나로서 총독부에서는 오랫동안의 지방 관습인 닷새에 한 번씩 서는 장날을 3월부터 일주일에 한 번씩, 즉 한 달에 네 번으로 줄이기로 결정하고, 지난 31일부로 각 도지사에 정무총감 통첩을 보냈다. 조선의 장은 지방물자의 집산·교환·배급의 역할을 하는 지방의 가장 큰 교역기관으로서 그 시장은 직접 지방경제에 영향을 미치리만치 중요한 것이다. 그런데 근년에 이르러 번영해짐에 따라 장날은 농업·공업·광업 등의 노무자에게 낭비의 기회를 주는 폐해가 점점 심해 가고 있는 실정이다. 각 도에서는 장날을 줄이는 것이 전시하 노동 능률을 늘려 생산력을 증강하는 데 대단히 중대한 시책이라는 것을 총독부에 상신하여 왔다. 이에 대해 총독부로서는 지방경제에 미치는 영향과 시장 영업자의 생활 문제를 생각해서 신중한 고려를 한 결과 지금 경제 정세로는 세 번 내지 네 번으로 줄여도 그다지 큰 영향은 없는 것으로 간주하고, 3월부터 우선 네 번으로 줄이기로 결정한 것이다. 그리고 특히 도와 도가 인접한 곳에 있는 장날은 적당히 타협해서 서로 이해 대립이 안 되도록 하고, 거래가 적은 장은 이번 기회에 폐장할 방침이다.

〈자료 113〉 김장철 폭리 단속, 개성서 경제계 맹활동(매일신보, 1942.11.6, 4면 7단)

개성경찰서 경제계는 8만 부민의 겨울 살림살이에 없어서는 안 될 김장을 앞두고 이를 이용하여 폭리를 탐하는 무리가 없나 하고 11월 2일 오전 7시부터 계원이 총동원하여 부내 도교시장과 당교시장을 비롯하여 군부 관내 각처를 전격적으로 습격하여 배추·무·파 등을 파는데 가격을 표시하지 않은 상점과 엉터리없이 마음대로 팔고 있는 떡장수 등 남녀 80여 명을 검거했다. 엄중한 조사를 하여 이 중 20명은 즉결처분, 3명은 검속을 하고 나머지는 훈방했다. 앞으로 무·배추·파를 비롯하여 김장에 필요한 물자에 대해 공정가격을 무시하고 조금이라도 폭리로 매매하는 것을 발견할 때에는 단호한 엄벌에 처할 방침이다.

3. 상거래 관련

〈자료 114〉 일상무금(日商貿金)(황성신문, 1899.9.22, 2면 3단)

경성 거주 일본 상인들이 우리나라 사금을 매입하여 일본은행에 예치하는 양이 매주 45만 원어치이고, 1개월 동안 총 합계가 20만 원어치에 이름.

〈자료 115〉 공전속가(公錢贖家)(황성신문, 1901.2.11, 2면 4단)

평양 일상(日商)들이 성내 인민이 전당잡힌 가옥·전답을 탈취하므로 공전(公錢)으로 우선 빚을 갚아 주고 후에 인민들로부터 받아내겠으니 탁지부에서 8만 냥을 획하(劃下)해 달라는 평양감리의 공보.

〈자료 116〉 소추실물(訴推失物)(황성신문, 1901.8.14, 2면 3단)

원산에 사는 이두원(李斗源)이 내부에 청원. 기해년에 장사할 소금을 일본인 기무라 겐이치로(木村源一郎) 형제 회사 배에 싣고 울릉도에 갔는데, 일본인이 도주하여 손해가 막심하니 일본 공관에 조회하여 수배해 줄 것.

〈자료 117〉 일인매토(日人買土)(황성신문, 1903.3.31, 2면 3단)

일본 상인 미야자키(宮崎)가 각 항구 조계 10리 내의 전토(田土)를 매수하고자 하는데 우리 정부 법률상 인민이 외국인에게 토지를 잠매(潛賣)하는 것이 금지되어 있으므로 한국인 여러 명을 대동하고 다님.

〈자료 118〉 노성일인(魯城日人)(황성신문, 1903.7.9, 3면 1단)

조계지(租界地) 밖에서 외국인의 상행위를 엄금하라는 훈령에 따라 노성(魯城)군수가 논산에 상점을 차린 일본인 삼탁(三卓)을 쫓아내려 하자 자신은 공사관 지시를 받아서 온 것이라고 완강히 항거하니 일본공사관에 조회하여 처리해 주기 바람.

〈자료 119〉 시장세 부과법(대한매일신보, 1909.7.27, 2면 3단)

지방비 중에 중요한 세목은 시장세인데 그 부과의 방법에 관하여 의견이 각각 있으나 매매액의 다과에 준거하기로 결정한 모양인데 장차 탁지부와 내부의 인가를 거쳐 도령(道令)으로 결정이 될 터이라더라.

〈자료 120〉 양군(兩郡) 시장의 상태(황성신문, 1910.2.20, 2면 3단)

모 관청에 달한 그저께 오후 8시 30분에 안주(安州) 전보에 근거한즉 다음과 같으니, 본일 안주시장에서 오후 2시부터 관리인 4명이 행상인에게 징세를 행하였으나 총액이 4원 50전에 불과하였고 또 신의주에서도 거절하는 상태가 유함으로 헌병 순사가 배가엄계(倍加嚴戒)한다더라.

〈자료 121〉 24전 시장세(황성신문, 1910.3.6, 2면 5단)

용천장시에서는 순천민요 이래로 순헌(巡憲)의 검거가 자못 심함으로 시민들은 무죄로 횡액에 이(罹)할까 염려하여 사처(私處)로 피신하였다. 그런 까닭에 지난 달 27일에는 상민의 출장자가 희소하여 시장이 황락한데 재류 청국인 등은 의외의 시기를 맞음으로 희불자승(喜不自勝)하나 기타 상민 및 음식상 등은 대해를 입었고 미곡의 매매는 시장 이외에 행하는데 재무관리는 당일에도 징세하여 겨우 24전을 거두었다더라.

〈자료 122〉 시장세와 외인(대한매일신보, 1910.3.23, 2면 3단)

내부에서 시장세에 관한 일로 한성부 및 각 관찰사에게 훈령을 발하였는데 외국인 공동 잡거지의 시장세는 일본 이사청(理事廳)에서 처리하고 일인 거류지 시장세는 관찰사가 이사청과 교섭 처리하라 하였다더라.

〈자료 123〉 시장 일반(대한매일신보, 1910.4.6, 2면 3단)

경기도 강화군에서는 시장세로 인민 간에 불평의 소리가 많았다 하며 함경도 혜산진 및 고원 단천읍 시장에서도 시장세로 인민 간 반항이 자못 강하였다. 단천 파도면 남리시에서는 시장세 이후로 해당 시 정황이 일시 척박하였다 하며 평북 용천장시 및 영변시장에서는 강경

반대가 있은 후에 지금은 개시 중이라 한다. 용암포에서는 시장세 사건 이후로 시장이 적막하여 와서 모이는 자가 매우 적다 하다 하며, 안악 초정시장에서는 2월 이래 5회 개시에 납세를 연거(連拒)하였다 하며, 곡산읍장에서도 불평의 소리가 일었다더라.

〈자료 124〉 시장세 증가의(議)(황성신문, 1910.7.21, 2면 3단)

탁지부에서 재무감독국장의 회의를 연 결과로 내년부터 각 지방의 시장세를 증가하기로 내정하였다더라.

〈자료 125〉 상공조사회 결의(매일신보, 1912.1.18, 2면 3단)

지난 16일 오후 3시부터 경성상업회의소에서 상공조사회 총회를 열고 작년에 조사한 사항에 대한 위원의 보고가 있고 난 뒤 다음의 사항을 결의하였다더라.

1. 종래 일선인(日鮮人) 간의 상업상 증여와 여수(與受)에 관하여 조선인 상인이 발행하는 어음(手形)은 지불 기일에 맞춰 제대로 지불하는 자가 아주 적은 관계로 이를 다시 양도할 수가 없으므로 상인의 불편이 또한 많으며, 우선 금액은 매일 약 팔구십만 원이다. 조선인회의소 및 중요한 상인에게 교섭해서 그 폐단을 교정함.
1. 상인이 화물을 수입하는 데 있어서 실제 화물과 수입 신고서가 서로 맞지 않는 일이 빈번하게 일어나 저절로 통관 수속을 지연시키고 있기 때문에 상인 간에 수입상조합을 조직하여 조합이 작성하는 신고서를 실제 화물과 일치시킴.
1. 관영사업은 민영사업과 경쟁하지 않도록 총독에게 신청함.
1. 유럽과 아시아(歐亞)를 연결하는 철도에서 남대문 및 서대문은 지선이므로 이를 간선으로 개축할 일을 모처에서 건의함.

〈자료 126〉 조선 미상(米商)은 지정대로 판매, 문제는 일본인뿐 당국은 아주 엄격(동아일보, 1920.7.6, 3면 9단)

경성부에서 경영하는 명치정 공설시장(明治町公設市場)에 있는 미곡 소매상들이 경성부에서 지정해 준 쌀값과 지금 도매 시세와는 상당하지 않아서 만일 그 지정대로 쌀을 팔면 이익은 고사하고 오히려 손해가 있다고 해서 지금 부청 당국과 이를 상의 중이라 함은 어제 본보에 이미 보도하였다. 이에 대해 부청 당국에서는 원래 공설시장 안에 미곡 소매점을 낼 때에 미상조합과 협의하여 미상조합에서 이에 대한 책임을 지고 아무쪼록 일반 소매상점에서 파는 것보다는 가격을 싸게 팔기로 양방에서 협의해서 규정하였다. 그런즉 공설시장에서 파는 쌀은 정미소에서 도매로 넘기는 시세와 같이 팔아야 할 것이오, 일반 소매상과 같이 소매에게까지 이익을 보려 하는 것은 물론 처음 약조에 위반될 뿐 아니라 지금 시세가 결코 상등미 한 말에 4원 15전에 판다고 해서 정미소를 경영하는 도매상의 현금 시세로는 그다지 큰 손해는 없을 듯한즉 아직 쌀값의 큰 변동이 생기기 전에는 한 말에 4원 15전으로 팔도록 할 것이라 하며, 종로 공설시장(鐘路公設市場)에 있는 미곡소매상은 아직 아무 반대도 없고, 역시 부청에서 지령해 준 정가대로 판매하고 있다더라.

〈자료 127〉 시장세 부정 징수, 안성시장의 막대한 폐해, 마침내 경찰의 손이 활동

(동아일보, 1924.7.17, 3면 2단)

경기도 안성 읍내시장은 여러 가지 물품과 재화의 매매가 많고 따라서 장사꾼이 많이 모이기로 그 이름이 높다. 그러나 근년 이래로 시장세를 징수하는 일에 여러 가지 온당치 않은 점이 많아서 장사하는 사람의 불평이 날로 높아 감으로 읍내면장 박희정(朴喜鼎) 씨가 부임할 때부터 이를 교정하기에 매우 고심 중에 있더니 금번 안성경찰서에서는 대략 다음과 같은 이유로 부정징수원을 이송하기 위해 수십 명의 징수원을 불러 취조하는 동시에 각 방면으로 증거를 조사하는 중이다. 경찰이 이 일에 손을 대게 되자 뒤이어 군청에서 면의 회계원을 불러 시장세에 관한 서류를 검열하고 한편으로는 지난 12일부터 15일까지 연일 군청 직원 여러 사람이 읍내면 사무소에 몰려가서 여러 가지 서류를 검열할 뿐 아니라 군청원이 시장 여러 상점에 다니면서 시장세를 낸 금액을 조사 중인데 면사무소와 시장세 징수원들은 불안 중에 있는데, 부정행동은

- 첫째, 시장세는 매매가액의 100분의 1을 받으라는 규정이 있음을 알리지 않고 함부로 세금을 받은 일.
- 둘째, 약간의 과실이나 무·배추 등 야채를 팔러 오면 그 물건이 팔리거나 말거나 팔러 온 물건 가운데서 그 물건의 1할 내지 2, 3할 되는 것을 시장세라는 명목으로 빼앗아 가는 일.
- 셋째, 미곡전에서 말질하는 소위 '두감고(斗監考)'가 말질을 고르게 하지 않을 뿐 아니라 말질하

다가 한 되 내외의 곡식이 남는 때와 또는 말질을 교묘히 해서 억지로 남도록 한 미곡을 말질하는 자의 소득으로 하는 일.

- 넷째, 큰 장사에 대해서는 도리어 시장세를 적게 받는 일.
- 다섯째, 시장세 이외에 수수료라는 명목으로 시장세의 3할을 상인으로부터 받아서 시장세 징수원의 소득으로 하는 일.
- 여섯째, 이와 같이 시장세 징수원은 따로 월급을 받는 일이 없고, 시장세를 받을 때마다 따로 수수료를 받아먹게 마련한 까닭으로 가혹하고 부정한 짓을 하는 징수원이 생기는 일.
- 일곱째, 징수원과 말질하는 자는 거의 전부가 군청과 면사무소의 관계자 또는 군 직원·면 직원의 관계자임으로 여간한 부정행위는 흐지부지하여 버리는 폐단도 없지 않다는 일.
- 여덟째, 안성시장이 아무리 크다 할지라도 시장세 징수원을 수십 명씩 둘 필요는 없는 일인데 징수원 수십 명이 이리저리 장판을 돌아다니며 순후한 농촌민에게 대해서는 반위협적으로 가혹한 시장세를 받는 일.
- 아홉째, 이와 같이 가혹하고 고르지 않게 받는 시장세는 과연 전부가 지방세로 들어가느냐 하면, 그런 것이 아니라 징수원이 받는 시장세의 대부분은 징수원의 사욕을 채우게 되는 일도 없지 않다는 일.
- 열째, 상인의 피와 땀으로 된 시장세는 징수원이 대부분을 먹고, 나머지 얼마를 면사무소에 바치면 면리원 중에 부정한 분자가 또한 그 일부분을 갈라 먹고, 결국 극히 적은 부분이 지방세로 들어가게 된다는 일.

〈자료 128〉 단속 여행(勵行)과 정미시장 타격(조선일보, 1921.5.19, 2면 4단)

「시장규칙」에 기(基)한 각지 정미시장은 거래, 단속, 기타의 관계로 인하여 6개소에 한정되고 경성·부산·목포·군산·대구·진남포도 내정되어 이미 신청서를 반환하는 동시에 준칙을 지정하고 재신청을 명하였는데 아직 총독부에는 회부가 없는 모양이며 지■청(地■廳)을 경유하여 도착되는 대로 가급적 속히 인가한다는데 정미시장에 있는 정기 유사의 단속은 주식■물시장과 상이하여 자못 용이함으로써 한번 단속함에 이르면 정미시장에는 대타격일 것이며 그 단속은 지방 재무부이나 본부에서도 이를 원조하여 십분 단속을 여행하리라는 설이 있으니 과연 그렇다면 소위 정미시장도 다만 실거래에 불과한 결과—큰 거래를 기대키 어렵다고 관측되는 중이라더라.

〈자료 129〉 현물시장 조선인 중매점 수색, 장부, 전표, 기타 다수 증거 물품을 압수했다(조선일보, 1921.8.3, 3면 3단)

지난달 하순 이래 본정경찰서 사법형사 2명은 명치정(明治町)에 있는 현물거래시장을 중심으로 하고 현물 중 매점에 대하여 무슨 일인지 비밀한 속에서 취조를 계속하여 오던바 7월 29일 저녁에 돌연히 명치정 어떤 조선인 중매점에 들어가 엄중히 취조한 결과 장부, 전표, 기타 다수한 증거물품을 압수하여 왔다. 또다시 면밀히 취조한 결과 우연히 무슨 사건이 발생함과 같은데 봉교 형사는 갑자기 대활동을 개시하여 지나간 30일은 축제일임에도 불구하고 각 방면으로 향하여 수사를 행하고 본월 1일은 이른 아침부터 형사 2명이 그 사건에 응원하여 중매점에 출입하는 사람에 대하여 면밀한 단속을 행하였다. 봉교 형사는 시장사무소에 들어가서 다른 형사 1명과 장시간을 계속하여 현물시장의 상황을 자세히 듣고 오후 1시가 지난 후에 다시 본서로 돌아와서 사법 주임과 면회하고 무슨 일인지 보고를 마친 후 다시 3명의 형사가 명치정 방면으로 향하여 활동을 개시하였다. 사건의 내용에 대하여는 절대로 비밀에 부치어 아직 자세히 보도키 어려우나 얻어들은 바에 의지하면 요사이 어떤 조선 사람 중 매점에 대하여 고소를 제기한 사람이 있으므로 그 사건에 대하여 본정경찰서는 취조에 착수하던바 우연히 전기와 같은 무슨 사건이 발생됨과 같은데 동 경찰서에서는 이 사건이 재정계에 미칠 듯한 영향이 적지 아니함으로써 상당히 신중한 태도로 검거에 착수할 터인바 수■중에는 갑자기 적극적인 활동을 개시함에 이르리라더라.

〈자료 130〉 어시장(魚市場) 청원 조선인 측(조선일보, 1923.2.7, 2면 6단)

경성부의 수산어시장은 용산에 1개소, 히노마루(日之丸)시장·경성어시장의 합계 3개소인데 전부가 일본인의 경영에 속하고, 조선인 수요자에 대하여 선어(鮮魚)의 배급에 불편한 점이 적지 아니하였다. 이번에 주로 조선인 측을 상대로 하는 수산어시장 설치를 정진홍 씨 외 수명의 조선인이 경기도에 청원하였는데 대체 당국은 허가할 의향이라더라.

〈자료 131〉 상무회(商務會)의 토산장려(조선일보, 1923.3.13, 4면 6단)

보은군 상무회에서는 음력 정월 15일을 이용하여 임시총회를 개최하고 회장 최병완 씨 사회하에 사무장 이길선 씨의 개회사가 있은 후 토산장려의 취지 설명에 대하여 열변을 토하였다. 당일 회집한 남녀 청중은 이를 공명하여 토산장려회를 창립하고 본회의 철저한 이상과 절실한 각오로 물산을 장려할 방침과 생산이 풍부할 만한 방책을 토의한 후 당일 집합된 회원 200여 명이 행렬을 시작하여 오후 2시로부터 4시까지 시내로 순회 선전을 행하고 폐회하였으며 그 규칙은 다음과 같더라.

(1) 본 회원은 노소를 물론하고 금주 금연을 행할사

(1) 토산물 사용을 동맹 시행할사

(1) 각 시장으로 행상하는 회원의 매매 물품도 조선 토산물품으로만 매매할사(옥천)

〈자료 132〉 일본 상인과 거래 단절, 일삭 기한을 20일로 한다고 조선인과 중국인이 공동 단절(조선일보, 1923.7.10, 3면 6단)

상업계가 조잔한 이때에 평양의 조선인 상업계와 일본인 상업계 사이에 지난 7일부터 물건거래를 단절하였다. 그 내용을 들은즉 이전부터 물건 거래에는 일삭(一朔) 기한으로 하던바 1920년(大正 9) 11월에 일본인 면사포상 일동이 조선 상업가들과 아무 협의도 없이 일삭 기한을 20일 기한으로 변경함에 대하여 거래를 단절하였다. 이에 각 은행에서 중재하여 도로 일삭 기한으로 하기로 동월 24일에 협의 결정하였으나 일본인 상인들은 이것을 무시하고 작년 가을부터 다시 20일 기한으로 주장하던바 금월부터는 철저히 실행하므로 조선인 상업 측에서도 대항책을 결의하기 위하여 평양주단포목상조합에서는 지난 6일에 임시총회를 개최하고 다음과 같이 결의하였다더라.

1. 일본인 면사포상이 일삭 기한으로 매매하기 전에는 일본인에게 상품을 일체 사지 아니하기로 함. 이유는 1920년 11월 24일에 결정함을 무시하고 일삭 기한을 자의로써 20일로 변경함으로써 상업 난편과 또는 이익을 위하여 실행함.
2. 이것을 실행할 날을 미참석한 조합원에게 통지하기 위하여 명일부터 실행함.
3. 이 결의를 범할 때에는 규약 11조에 의하여 기본금을 환부치 아니하고 제명하기로 함.
4. 기한 문제와 이상 3항 외에 대한 일체 사무를 임원회에 위임하기로 함.

이상과 같이 결의 발포하였으며 일본인 각 상점에 일삭 기한으로 한다는데 답이 있기까지 거래를 단절한다고 통지로 발하였다. 중신조합(中信組合)에서도 일본인 각 상점과 교의를 단절하였다 하며, 중국인 무역상도 참가하여 공동 일치하게 실행하는데, 이 문제가 장래에 어떻게 해결될는지 알 수가 없으나 평양 상업계에 일대 문제가 된다더라(평양).

〈자료 133〉 일반 시황, 진재(震災) 영향(조선일보, 1923.10.30, 2면 4단)

점진적 불황의 때를 만나 일본 대진재로 시세가 다시 부진의 도가 증대하게 되어 금융의 경색이 더욱 격심해졌다. 그 결과 상품의 불매, 상사 자금의 융통난을 하소연하는 자가 많으며 또 부업 공진회가 개최되어 조선 상인 측은 일부 작은소리(小聲)를 정(呈)한 모양이나, 지방 입경자의 다수가 미염매(米廉賣)가 금일인 관계상 구매력이 심대한 줄로 사유치 아니하며 게다가 일본인 측 상점에 파급하는 영향은 오직 본정 왕래의 잡■을 정한 외에 심히 미세적인 모양이더라.

상황(商況) 부진과 금융난

필경 점진적 경향을 정하려는 때에 진재의 영향이라고 할지나 시국은 이래 인심이 점차 긴장하여 질소(質素), 절약의 기세가 있는 결과 고가 사치품의 종류는 물론 일반 상품의 판매에도 영향이 파급되어 시황(市況) 일반이 침쇠된 모양이라더라.

거래처의 선택

근래 일반의 불황에 따라 각기 거래처의 선택에 주의하고 불확실한 거래를 피한 결과 결제가 대체로 순조롭게 이루어지는 모양이다. 그럼에도 불구하고 경성 상인 간의 거래는 비교적 장기로 자금 운용의 원활을 결여하고 또 진재 전의 일본 구입은 근년 현저히 그 기간이 단축되었다 하나 위탁 또는 일정 기간을 두고 결재하는 거래가 많았다. 그런데 현재 일반이 현금 거래를 강청하니, 즉 선금 또는 도착지불 환어음을 발행하므로 그 거래가 국한됨이 적지 않다. 이는 일본 진재의 영향이 현저한 현상으로 예전에 식료품조합 등이 매출 외상대금 결제 방법에 관하여 개정을 발표하였으나 필경 여기에 원인된 것이더라.

제 상품의 하동(荷動)

당시 각 상품의 구입기 즈음에 제 상품의 이동이 상당한 성황을 정할 바이어늘 전기 사정과 또 장래의 부진을 예상하고 구입 중지가 격심한바 이를 철도화물 발착상으로 보더라도 그 부진 상황을 살필 수 있는 바이다. 원래 경성의 대일본 무역은 올해 4월 이후 이입세 대부분이 철폐되었음을 일일이 상세한 숫자를 열거하기 어려우나 경성 9월 중의 직물류 이입액은 58만 5,112원으로 전년 동월에 비하여 34만 3,547원이 감퇴하였고 동월 중 청주(清酒)의 이입액은 90석 7두 6승, 1만 6,582원이니 전년 동월에 대비하면 187석 3두 7승, 1만 7,378원이 격감한 것으로 증명할 것이더라.

주요 상품의 영향

다음과 같은 둘 셋 주요 상품에 대하여 그 진재로 입은 영향을 약술해서 기술한즉,

1. **쌀(米)** 농작 양호를 예료하고 점락 보조를 정한바 9월 1일에는 삼등 현미 1석에 28원 80전이던 것이 진재 돌발의 결과 돌연히 3일 29원 50전으로부터 점등하여 고가 33원 50전까지 올랐으나 「폭리단속령」, 「징발령」의 발포로 인하여 그 미의 폭락으로 점차 저가에 이르고 중순에는 거래가 전혀 두절의 상태였다. 그러나 인심의 침정에 따라 월말에는 27원 50전의 고가에서 6원이 저락하고, 상인은 고가 매입미로 소지 자금이 몰수되었으며, 또 일면으로 금융업자의 대출 경계로 곤궁이 불소하더라.
2. **소가죽(牛皮)** 조선산 우피의 일본 이출은 종래에 많았으니 오사카 상인의 손을 경유하여 이출되었으나 1918, 19년(大正 7, 8)경부터 도쿄 방면의 직접 거래가 개시되었다. 그 결과 금이 동지 방면에 이출되는 것이 이출 우피의 약 3할에 달하며 금후 점점 더 거래가 증진될 줄로 기대하였는데, 이번 일본 진재로 거래가 일시 중절될지오, 소의 시세도 5원이 하락하였더라.
3. **청주(清酒)** 추기의 수요 증가를 예상하고 시세가 강조를 보였으나 진재에 기인한 인심의 긴장과 소비의 절약으로 판매가 자연히 부진하게 되었다. 또 조선 내 술의 매출을 서두른 결과 시세도 부진하여 필경 전기한 이입이 감퇴하였더라.
4. **식료잡화** 진재지의 공급 때문에 일본 시장에 상품이 부족하여 시세가 고가를 정하였으나 당지는 재하(在荷)가 비교적 풍부함과 진재지 방면의 거래관계가 적어서 심대한 영향이 없는 모양이었으나 일반 소비 절약의 결과 그 영향이 실제 매상에 파급되고 또 일본 구입에 현금 거래를 요

구하므로 곤란한 모양이더라.

당지 상인도 금회의 일본 진재 돌발로 앞날 고가가 재현되지 않을까 하는 헛된 생각을 하고 일부 투기심이 환기된 결과 소지품의 매석 또는 구입 등의 기세는 일시 물가의 앙등을 초래하였다. 그러나 「폭리단속령」·「징발령」 발포와 목전 금융난으로 인하여 그 기대가 배치되고 일부에는 파산이 발생한 모양이나 그 진상이 점차 판명되어 인심이 안정되는 동시에 일반 물가는 복구한 바이다. 목면·직물·타면목재·철류 및 동제품 등의 일부 상품으로 다소 앙등하였음에 불과한 모양이라더라(이상 식은조사(殖銀調查)).

〈자료 134〉 면화 판매자 불평, 일본 사람이 사 놓고 값을 지체한 까닭에(조선일보, 1923.11.23, 3면 6단)

전남 장성군은 언제든지 목화 시세가 높기 때문에 그 근처 농민들이 계속 장성군으로 모여든다. 지나간 17일에는 그곳 화룡면에 있는 월평시장에 목화를 팔러 온 농민들이 적지 아니하였는데 목포에서 면화로 부자가 되었다는 '중상국일랑'이라는 일본인이 여러 사람의 면화를 모아 놓고 값을 치러 주지 않았다. 면화를 팔아 가지고 다른 물건을 사 가려고 하던 농민들은 곤란이 막심하여 떠들기 시작하자 장성군 당국에서는 '중상'에게 엄중한 주의를 주었다. 그 결과 '중상'은 두세 번 목포로 전보하여 돈을 가져다가 그 이튿날 오후에야 겨우 면화 대금을 나누어 주었으나 여러 농민의 손해가 비상하므로 '면작조합'의 임원들과 기수들은 이후라도 입찰할 때에 상당한 주의를 할 것이라고 떠든다더라(장성).

〈자료 135〉 상점의 회사 조직 문제(조선일보, 1924.2.16, 2면 8단)

채권의 행사를 저해할 목적으로써 개인 상점을 회사로 조직하는 일본의 나쁜 풍습이 최근 조선 내에도 파급되었으므로 선량한 상업 관습 혹은 상업 도덕이 파괴될까 염려하여 경성상업회의소에서는 지난 12일 정오부터 평의원회를 열고 또 대책 예방을 협의한 후,

1. 부덕상인을 계칙(戒飭)할 것
2. 일반 상인에게 경계시킬 것

3. 그 실행 방법을 이사자에게 일임할 것

등을 결의하고 5시에 산회하였더라.

〈자료 136〉 시장 단속은 변화 없다, 어찌 정리가 필요, 히라이(平井) 상공과장 담(조선일보, 1924.9.26, 2면 2단)

"전 조선 9개소의 현물시장에 대한 단속 방침이 금후 변경되어 지방청으로부터 식산국에 집람되는 것이 아닌가 하는 설에 대하여 상공과장 히라이 미쓰오(平井三男) 씨는 말하였다. 시장단속 방침에 대하여 이를 변경키 위하여 하등 고려한 것이 없으니 지난번 이래 농상무성 스즈키(鈴木) 사무관의 입경을 가지고 여러 가지로 말하는 자가 있으나 그 사람은 단지 통과함에 지나지 못하고 총독부와는 하등의 관계가 없다. 이에 의하여 총독부의 종래 방침이 변경됨과 같은 일은 있을 까닭이 없다. 시장 단속에 대하여는 이를 변경하기보다 시장 정리에 대한 성안이 이미 완성하여 있을 뿐으로 혹은 어떠한 방법이 나올지도 모르겠다. 정리의 정도가 여하한 것인지는 발표할 수 없으나, 이에 의하여 즉시로 경제계에 영향이 있음과 같은 급격한 방법은 없을 것이다. 금일 각 시장의 폐해는 자타 공히 충분히 인정하는 바로 정리의 필요는 당국은 물론 관계자도 이미 각오가 있는 바이다. 거래소의 난립이 여하히 악영향이 있음은 스즈키 사무관의 이야기뿐 아니라 일본에서도 충분히 경험한 바인즉 변경보다도 정리를 단행할 각오이다."

〈자료 137〉 안성시장 역원, 군면 직원의 친척, 전부 도태가 가당(동아일보, 1924.10.24, 3면 1단)

시장세 부정 징수로 분규가 있던 안성시장에 대해 이번 안성군청에서는 이러한 폐해를 일소하기 위해 「시장세 및 수수료 수납 수속」이란 규정을 제정하고, 지난 10월 1일부터 시행한다는데 그 요령은 다음과 같다고,

시장에는 징수원과 두감고(斗監考)를 다음과 같이 면장이 임명하고 군에 보고함.

시장별	징수원 수	두감고 수
안성시장	128	108
죽산시장	28	38
옥천시장	28	28

1. 징수원은 당해 군면, 경찰서 직원의 근친자 및 그 고용인을 채용하지 못함.
1. 징수원은 방매 가격(放賣價格)의 100분의 1에 상당한 시장세와 세액의 3할에 상당한 수수료를 매도인으로부터 징수함(수수료는 징수원의 소득). 단, 상설 점포로부터 수수할 수수료는 세액의 5분으로 하고, 우시장에는 수수료를 징수하지 아니함.
1. 두감고는 미곡 1석에 5전, 고초(苦草)·과일 등은 1석에 10전의 수수료를 방매인(放賣人)으로부터 수수함.
1. 상설 점포에 대해서는 매상 상황에 따라 매 시장 평균 매상고를 정해 등급별로 매 시장 정액을 징수함.

이와 같은 규정이 발표되었으므로 종래의 징수원은 근친자 또는 고용인이므로 일제히 파면되게 되었다(안성).

〈자료 138〉 중개자의 폐해와 조선 상인의 우매(조선일보, 1924.12.6, 1면 6단)

◇ 이에 의견을 피력코자 하는 것은 즉 물품 매매에 동반한 종래 중개자의 폐해와 상인의 시세의 암매를 통론하여 일반의 각성을 촉구하고자 한다. 자고로 조선 상계에 각 시장 각 계급을 통하여 물품의 매매와 교환을 행하는 마당에는 언제든지 중개인의 거간을 필요로 하였다. 이것은 고금을 막론하고 어느 나라든지 그 존재를 인정하였다. 즉 세계적으로 관행된 일종의 상규다.

◇ 물가와 시세에 밝지 못한 물품의 소지자는 언제든지 정당한 중개자의 지도를 받지 않으면 안 된다. 뿐만 아니라 사회의 질서를 유지하며 상계(商界)에 성행하는 부정행위를 방지하여 정당한 거래를 엄격하게 시행케 할 필요이다. 그러나 현하의 상황을 살펴보면 어찌한 일인지 이것과는 아주 정반대이다. 중개로 책(策)을 삼아 일시적 부당이득을 취하고자 하는 불량배가 많이 횡행하고 있다.

◇ 그들은 사회와 개인을 막론하고 모두 불이익과 무질서를 낳는다. 그들은 대개 비열한 들러리 무리 또는 가련한 무직업자이다. 그네들의 욕망은 다만 얼마간의 구전(口錢)을 꾀하여 일시의 호구라도 하고자 하는 것이다. 그들은 궁여지책으로 당면의 생계를 ■■하려고 불만족하나마 이러한 일시적 중개업에 착수한 것이다. 그들은 지방으로부터 물품을 가지고 들어온 사람이 보이면 그들을 앞뒤로 둘러싸고 감언이설로 그 매출을 권유하며 또한 위협, 협박 등 모욕적 행위를 가하여 저렴한 가격으로 그를 매입하는 흑수가 준동한다.

◇ 이렇게 하여 시세를 알지 못하는 가련한 농촌 우민으로 곤재해심케 하는 그들의 악행은 실로 유유히 보아 넘기지 못할 일이다. 여러 가지로 ■ 애써 부지런히 일하여 겨우 얻은 물건은 그만 그들의 그릇된 사기 중에 정당한 값도 받지 못하고 도리어 일장의 모욕을 당하고 분연히 물러가는 그 농민의 실망이야 과연 어떠할까? 이러한 나쁜 수단을 감행하는 자는 대개 공수(空手)의 낭인(浪人)이다.

◇ 우리 조선인으로 경영하는 본 지방의 여러 가지 불완전한 사업 중에 해업(海業)에 대한 용품상의 우매도 또한 적지 아니한 영향이 있다. 나는 왜 모두들 그러한지 알 수 없다. 조선인의 금일 경우가 그러할 만한 점도 있겠지마는 그들은 너무 견실과 원대한 계획이 부족하고 더욱이 산업의 기능이 빈■한 것은 통탄할 일이다. 지금의 조선인 상업자로 말하면 대대적 경영으로 완전 구비하게 하는 사람이 몇이나 되는지 모두 일시적 폭리를 탐내는 사행심에서 나온 것 같다. 크게 애석할 일이다[홍원 원죽생(洪原 園竹生)].

〈자료 139〉 전횡무리(專橫無理)한 남포어시(南浦魚市) 중매조(仲買組), 소위 조합규약을 빙자하고 조선인의 상업을 중지시켜(조선일보, 1925.1.20, 2면 7단)

진남포부 명협정(明峽町) 통운정육점 주인 김석희라는 이는 지난 양력 세전부터 수천 원의 자본금을 투자하여 생선(生魚) 장사를 차려 놓고 당국의 허가는 물론 진남포 어시장 중매인 간자키(神崎■助)란 사람으로부터 매일 물고기를 받아다가 소매로 팔아 왔다. 그런데 일본인 측 소위 중매인조합이란 단체에서는 소위 규약을 빙자하여 모처럼 거액의 금전을 투자하여 경영하던 전기 조선인의 영업을 중지시켜 김씨는 강약의 부동으로 돈 가지고도 사지도 팔지도 못하게 되어 불의에 큰 손해를 당하게 되었다. 이에 대하여 진남포 조선인 사회에서는 전횡무도한 일본인 중매인들의 횡포한 행동을 비난할 뿐 아니라 영업 허가를 내어 주고 세금까지 받아 가는 소위 당국자의 태도를 한층 더 의아한 시선으로 주목하는 중이라는데 문제의 진행에 따라서는 일본인 대 조선인 사이에 사회적 중대 문제가 될 듯하다더라(진남포).

〈자료 140〉 시장세를 급히 안 준다고 상품을 못 쓰게 해(조선일보, 1925.1.24, 2면 7단)

지난 15일은 정읍군 용북면 화호리 장날인데 오사와 신조(大澤新臧)라는 일본인이 시장세를 받으러 다니다가 지전 보는 정읍군 이내인(40)에게 시장세 10전을 속히 내지 아니한다고 종이를 발로 차 버리고 욕설을 하여 종이는 진흙이 묻어 버리게 되고 시장세는 결국 받아 가지고 갔다더라(화호).

〈자료 141〉 함흥어채장(咸興魚菜場) 드디어 분규? 교섭위원도 믿을 수가 없다 하여(조선일보, 1925.2.20, 2면 3단)

함흥어채시장 문제는 필경 분규를 일으키게 되었다. 소위 교섭위원이라고 선거한 사람 가운데에서 일본 사람 구누키(九貫)·사기자카(鷺坂) 등은 문제의 어시장에 생명을 걸고 있는 자들이므로 일반 면민은 당초부터 믿기가 어렵다고 주목하여 왔다. 요즈음에 와서 그들의 하는 말이 현 경영자들과 교섭한 결과 시장은 그대로 그들이 경영하기로 하되 종래의 세금이 8부이던 것을 절반으로 하여 4부로 하고 또 1년에 1,000원씩을 면에 납입한다는 조건으로 이미 당국에 신청까지 하였다고 가장 적임자는 자신이라고 하는 체하였다. 이에 일반은 그들과는 엉터리없이 틀릴 뿐 아니라 민의를 숨기고 몇 개인의 야욕만 채우려고 얼렁얼렁하는 짓을 그대로 보고 있을 수가 없다고 크게 분개하여 이에 정면으로 싸워서 문제를 해결하고야 말겠다고 방금 대대적으로 계획하는 중이라 한다. 그런데 문제에 직면한 면 당국자는 여전히 무책임한 태도를 계속하는바 그들은 간교한 몇 개인과의 사이에 무슨 알기 어려운 관계나 있지 아니한가 하고 일반의 불평은 더욱 높아 간다더라(함흥).

〈자료 142〉 종로 상인(鐘路商人) 연합 매출에 대하여, 당업자 및 상의(商議) 당국에 촉함(조선일보, 1925.4.25, 4면 1단)

지난 23일부터 개최한 종로 일대 조선인 상점의 연합 경품부 매출에 대하여는 이것이 본정 등지 일본 상인 측에서는 연말, 기타 제례 명절 시에 개최하는 것이 매우 드물거나 신기하지 않지만 조선 상인 측은 이번이 효시인 만큼 이에 대한 흥미와 기대가 적지 않다 한다.

전일과 같이 일반경제가 간단하고 판로의 범위도 협소하던 때에는 몰라도 금일에는 그 영업상 시설과 상품 내용 등을 선전하여 널리 세인으로 하여금 이를 알게 하고 겸하여 고객의 흥미를 일으키게 하여 영업의 번창을 도모할 것인데 불행히 조선 상인은 이와 반하여 자기가 경영하는 바를 사람들이 알까 겁내고 그 상품은 꼭꼭 숨겨서 위태롭게 어떤 상점에서 여하한 상품을 판매하는지 알지 못할 만큼 수요자가 소요품을 구매함에 곤란하다 하여도 과언이 아니다. 이와 같은 고루와 보수를 주집한 것이 금일 조선 상계의 번창치 못함을 초래한 큰 원인 될 수 있을 것이다.

물론 전일의 소위 양반, 호족 등 강오배(强惡輩)의 무리한 행동이 전기한 상인의 습속을 부득이하게 하였고, 또는 기타 환경이 그렇게 하게 한 바 있으나 금일의 현상을 볼 때에 동일한 시내에 있어도 저들 일본인 측의 활동과 노력이 금일 피아의 상황이 판이한 우열을 낳게 함에 유력하였다고 볼 수 있는 것이다. 이에 조선인 측 상점의 일대 맹성이 없지 못할 것이오. 또 이와 같은 의미에서 이번에 개최한 연합 매출에 대하여 그 행동이 적절하다 하고 겸하여 상당한 수확이 있기를 바라는 바이다.

그러나 이에 느끼는 바는 이와 같은 기회에 헛되이 성세를 굳건히 하여 일시의 박리에 치중치 말고 말과 실질이 상부할 만큼 공정한 상업도덕하에서 상품의 선택과 가격의 공평을 면려하여 일반 소비자에게 편익을 주는 것이 참가 상인들의 장래를 유익케 할 뿐 아니라 우리가 절실히 기대하는 바이다.

마지막에 한마디 하고자 하는 바는 경성 상인의 유일한 상담자요 지도자가 될 만한 경성 상업회의소가 유래 조선 상인에게 냉담하였던 것이다.

이에 대하여 상의 당국자는 조선 상인이 회의소에 대하여 이해가 없었기 때문이라고 한다.

설혹 그렇다 할지라도 회의소가 자진하여 상인을 지도할 만한 성의가 없었거나 또는 그러한 능력이 없었거나 양자 중 한 책임을 면치 못할 것이다. 종래 일본인 측 상인이 연중행사로 하는 각종 매출에 회의소에서는 금품의 보조를 해 주었으나, 대개 조선인 측에는 이번을 제외하고는 이에 균점되지 못하였나니 그 습속이 상이한 조선인이 모르는 명절을 택하거나 남산공원 등지에 천막을 치고 낭화절, 의태부 등의 여흥을 개최하는 일본인 취미 본위인 시설에 조선 상인이 참가한들 하등의 실효가 있을 것인가. 상의 당국된 자로 조선인 측 상계에 대하여 일편 성의가 있을진대 종래와 같은 고루·무능 또 무성의에 대하여 조금의 반성이 없지 못할 것이라 한다. 백언(白言).

〈자료 143〉 세모 할인 대매(大賣), 조선 상점에서도 금년에 처음으로 시작인바 모범이 되도록 할 작정이다(조선일보, 1925.12.7, 2면 1단)

경성의 상권은 점점 일본인이 잠식의 형세로 점령하여 가는 판이다. 더군다나 월급쟁이의 상여금 푼이나 받게 되어 돈냥이나 풍성풍성한 듯한 연말이 되면 세모 대할인 대매출이니 경품부 대매출이니 하는 미명으로 돈을 족족 긁어 가게 된다. 양력 연말이나 음력 연말이나 별로 신신한 꼴을 보지 못하는 조선인 상업자들은 이 대책에 대하여 중앙번영회 양재창 씨 외 여러 유력한 상업가의 고심 노력한 결과 조선인 상점에서도 세모경품부 대매출을 하기로 결정하였는데 이것을 음력 세말에 할까? 양력 세말에 할까? 하는 문제로 의논이 분분하였으나 경제 융통상으로 보든지 문화발전상으로 보든지 양력 연말에 하는 것이 유리하다 하여 양력 연말인 12월 15일부터 12월 말일까지 반달 동안 하기로 결정하고, 방금 모든 준비에 분망 중인데, 세모경품부 대매출은 이번이 처음임으로 모든 시설과 접객에 대한 것을 특별히 주의하여 모범이 될 만치 할 터이라더라.

친절, 정녕을 힘쓰겠다고

춘추 양기로 하던 경품부 대매출에는 여흥이 있어서 일반의 취미를 도와 왔으나 세모대매출에는 기후 관계로 여흥을 할 수가 없어서 일반의 취미를 도울 만한 것이 없으므로 그 대신에 상품 진열과 방문 고객 중 일등과 이등을 투표하여 당선되는 상점에서는 상품(賞品)을 내어서 일반 고객들에게 추첨으로 그 상품을 제공할 터이라는데, 그 상품은 가격도 적지 않을 뿐 아니라 매우 재미있을 것으로 예상된다더라.

남에게 지지 않기를 힘쓰겠소-양재창 씨 이야기

금년 세모대매출은 잡화상조합이라든가 포목상조합이라든가 어떤 일부분에서만 의논된 것이 다니다. 경성 시내 상업자들이 거의 전부 이에 찬성하며 연합 매출에 대하여 다소의 희생이 있는 상점에서일지라도 자기의 이익만을 생각지 아니하였으므로 이 점에 대하여 위원된 우리로서 기뻐하는 바이외다. 또한 중앙번영회를 장차 상설기관으로 하여 다만 상품 매매에만 대한 것을 힘쓸 뿐 아니라 조선인 경성 상업계의 발달에 대하여 모든 일을 연구 토의하여 우리도 남에게 지지 말기를 바라고 힘쓸 것이올시다 하더라.

상업발전책으로 매우 유리합니다 - 경성상회 김윤수 씨 이야기

세모경품부 대매출에 대하여는 해마다 연말이 되면 흥정을 전부 일본인 상점에 빼앗기고 말게 되는 고로 오래전부터 계획하여 오던 것이 다 해마다 연말에는 일반 상업계에 다소 세월이 좋은 듯한 기분이 보이는 고로 상업가에서는 연말을 매우 중대시합니다. 그러므로 세모 대매출은 해마다 하여 보려 합니다. 지금 현상으로 미루어 보면 성적이 자못 나쁘지는 아니할 줄로 압니다. 대매출을 한다고 시가와 점두에 장식을 하는 등 여러 가지로 떠들어 놓으면 다소간 인기가 있는 듯한 것도 사실이므로 우리 조선인 측에서 세모대매출을 하는 것은 조선인 상업과 경제상으로 보아 매우 유리한 동시에 조선인 상업발전책의 현안이라고 생각합니다.

〈자료 144〉 조선인 상점 진흥책으로 본사가 계획한 현상 투표, 특별히 각 상점에 대한 문제를 낸 것은 순전히 조선인 상점의 번영책을 위한 것(조선일보, 1926.1.29, 2면 1단)

이미 세상이 잘 아는 바인 작년 세말의 중앙번영회의 주최와 본사 후원이던 연합대매출을 할 당시에 시내 각 상점의 점두 진열과 점원 친절 여하 등에 대하여 현상 투표를 모집하여 날로 쇠잔하여 가는 조선 사람들의 상업계를 몇 부분이라도 진흥케 한 바 있었다. 그러나 일반 상인들은 그와 같이 특수한 시기에만 현저한 노력을 발휘하여 점두를 화려케 하고 접객에 친절히 하고서 평상시에 이르러서는 그러한 기분이 얼마큼 소홀하게 되어 가는 빛이 보이므로 이에 본사에서는 일시적이 아니고 장구한 시일에 그러한 습관을 장려하여 조선인 상업계 진흥에 얼마간의 공헌이라도 있게 할 수 있을까 하여 어제 본지 조간에 발표한 바와 같은 현상 투표를 계획하였다(현상 문제는 별항 발표와 같음). 그런데 그와 밀접한 관계가 있는 중앙번영회에서는 조선 상업계가 진흥됨에 절실한 영향이 있다 하여 그 회의 간부 몇 사람은 이 계획에 대하여 대개 아래와 같이 찬성하는 의미의 말을 하였다.

“귀사의 계획은 좋은 습관을 양성”-퍽 좋은 계획이라고, 윤우식 씨 이야기

이번 귀사 현상 과제는 일시적이 아니고 상당한 시일을 둔 현상 문제이므로 그만큼 장구한 시일에 각 상인들이 서로 다투어 가면서 남보다 먼저 일어나서 상품을 정돈하고 진열을 잘하여 들어오시는 손님에게 친절히 하겠으므로 이것이 그만 하나의 습관이 되어서 영원토록 조선인 상업계에 특수한 현상이 나타날 것을 생각하매 주최자 측에 감사를 마지않는 바이외다.

“상인들에게 매우 좋은 자극”-본사 계획에 대하여, 양재창 씨 이야기

이번 귀사에서 계획하신 현상 문제는 실로 상인으로서는 좋은 훈련이 되겠음을 알고 많은 감사를 드리는 바입니다. 오늘날 조선인의 상업계는 옛날과 달라서 내외국인이 서로 경쟁하는 이때이므로 이 기회를 이용하여 상품을 진열하는 방식이라든지 그 외 접객에 대한 태도에 극력 주의하여 다른 외국인들에게 뒤지지 않게 조선 상인들로 하여금 많은 자극을 줄 줄 아는 터입니다. 따라서 그 실현이 각 지방 상인들에게까지 영향이 미쳐서 장차에는 전국적으로 상업계에 괄목할 현상이 보일 줄 압니다.

“지도 기관으로서 할 만한 계획”-상업술 발전을 바란다는, 진학문 씨 이야기

조선의 신문기관은 외국 신문기관과는 달라서 보도보다도 지도와 교시를 아직은 아울러야 하겠음은 귀사에서 계획한 이번 현상 과제에서 더욱 절실히 느꼈습니다. 실상인즉 우리나라 장사하는 이들이 손수 할 일이오나 아직 상술이 넉넉지 못한 까닭이지만 어쨌든 귀사에서 하는 일은 상인으로서 감사하게 생각합니다. 그리고 이번 현상 과제로 말미암아 일반 상인들은 많은 자극을 받아서 될 수 있는 대로 실제 상업에 자세히 관찰하여서 열심으로 상술을 발전시키기를 바랍니다.

〈자료 145〉 목포해산물상조합의 10여 년 착취 내막 폭로, 암호를 써서 입찰 한도를 정하여 가지고, 무리한 이익을 자기들끼리 분배하였다고 항의의 결과 조합 이사장은 사과(조선일보, 1926.4.10, 2면 3단)

전남 목포는 해륙산물이 많이 집산하는 도회지로 호남에 유명한 일대 항구다. 그중에 특산물로는 전남 각 도서에서 생산하여 가지고 목포시장에 와서 매매하는 진포와 포천초 등속으로만 매년 매매 액수가 100만 원 이상에 달한다. 따라서 자본주인 일본인 상업자들은 온갖 수단을 다하여 일반 생산자와 중매업자인 조선 사람을 무수히 농락하여 오다가 해산물

장려와 물품개량과 매매상 편의를 도모키 위한다는 목적 아래에서 지금으로부터 12년 전 즉 1914년(大正 3)에 무역상 일본인들과 중매업자 조선인을 망라하여 목포해조조합을 조직하였으나 매수자는 일본인만이었다. 매수권을 차지한 일본인들은 자기의 욕심대로 생산자로 하여금 잡초를 가리는 등 불이 나도록 건조를 극심히 하고도 물건 담은 가마니(叺) 근수를 한 개에 다섯 근이 되도록 하여 받는 등 별별 수단을 하여 무리한 폭리를 취하여 오다가 지난 1923년(大正 12) 4월부로 조선총독부령에 의하여 해산물 생산자와 중매업자와 무역자들을 망라하여 전라남도 수산회가 되었다. 수산회 회장은 전라남도 내무부장 마쓰이 요시하루(松井芳治)요 부회장은 목포에서 해산물 무역상 거두인 이시모리 게이지(石森敬治)였었다. 그와 동시에 목포해조조합은 해체하고 지난 1914년 6월 1일에 해체된 해조조합과 같은 취지로서 다시 목포해산물산조합을 성립함에, 조합원은 조선인 중매업자 이윤원·김봉신 외에 18인이오, 일본인으로 해산물 무역상 이시모리 게이지·모리 사카이(森酒井)·요부코 나오시치(呼子直七)·아베(阿部)·나카가미(中上)·야마우치 히라스케(山內平助), 식산회사 야마노 류조(山野龍三)·마에■마루타다(前■丸忠)·김경태 등 3인이 매명하에 신입금 50원씩 내고 조직한바 동 조합원 외에는 매매의 권리가 없게 되었는데, 해산물 매수자는 전부 일본인으로 조선인은 김경태뿐이었다. 그러므로 매수자들의 악랄한 수단은 날이 갈수록 더욱 심하여 상업상 도덕으로는 차마 못할 짓을 다 하던바, 일반 생산자는 물론이요 중매업 하는 조합원까지도 어찌된 것인 줄을 모르고 암암리에서 10여 년 동안 속아 오다가 요즈음에야 비로소 일본인 매수자들의 갖은 죄악이 탄로되었다 한다. 이제 그 자세한 내용을 듣건대, '이노시세'라 하는 암호가 있었는데 가령 물품을 한 더미(1괴(一塊))씩을 놓고 경매 낙찰하는데 한 더미 물품이 그날 정당한 시가로 1,000원이 가겠다 하면 자기들끼리 암호로 800원 이내의 한도로만 낙찰하여 사되 200원 돈은 매수자들 총중에 지출하여 분배하는 것이라 한다. 이와 같은 사실이 폭로되자 10여 년을 하루같이 눈을 뻔히 뜨고 빼앗기던 조선인 조합원들은 크게 분개하여 지난 3월 스무하룻날 목포 도매상 조합에 모이어 이와 같은 부도덕한 놈들과 같이 조합원이 될 수 없으니 우선 항의서를 보내며 조합원 탈퇴서를 해산물산조합으로 보내는 동시에 그에 대한 대책을 강구 중이다. 일본인 측은 황황급급하여 동 조합 이사장인 이시모리 게이지가 사과서를 일반 조합원에 보내며 구두로도 사과하였으나 사건이 매우 중대한 문제이므로 조합원 측은 강경히 주장한다 하며, 중대한 문제임을 따라 목포 일반은 매우 주목 중이라더라(목포).

〈자료 146〉 음력 설 경과(經過)로 본 우리 상계(商界)의 불황, 원래 불황하던 중 중국인과 일본인의 등쌀에 우리의 매매는 여지없이 줄어, 여실히 드러난 우리 파멸(조선일보, 1927.2.3, 2면 1단)

지방은 물론이요 경성 같은 큰 도회에도 우리 조선인에게는 아직까지도 양력설보다 음력설을 중히 여기는 관념이 그대로 남아 있어 새 옷감을 끊어 설빔을 하고 갖은 맛난 음식을 장만하여 차례도 지내고 손님도 대접하는 터이라. 각 조선인 상업계도 1년 동안 제일 많이 팔리는 때는 이때이다. 그러나 원래 경제의 파멸이 여지없이 된 터이라. 아무리 잘하여 입고 잘하여 먹고 싶은 생각이 있을지라도 주머니가 텅텅 비고 손에 들고 나갈 것이 없는 이상에야 별 수가 없어 각 상점의 매매되는 것은 해마다 저절로 줄어 가는 바이다. 더욱이 일본인과 중국인들이 각 지방에서나 도회에서나 이 음력설의 기회를 이용하여 빈약한 조선인의 한 푼 돈이라도 더 빼어 가고 조선인 장사의 수입을 한 푼이라도 앗아 가려고 날뛰는 통에 가뜩이나 불경기에 빠져 비틀비틀 쓰러지려고 하던 조선 상계가 이번 음력설을 경과하자 매매가 바짝 줄어 사다 놓기는 예년과 같이 하고 팔기는 반도 못하여 그네의 고통이 형용할 수 없다는데 각 지방 소식을 들으면 아래와 같다.

〈자료 147〉 조선 상점 3할 철전(撤廛) 지경! 상품 매하(賣下)는 7할 감소, 중국인 상점의 증가와 일인(日人) 상점 경품부 대매출로 타격, 구 세모에도 불황한 군산시(조선일보, 1927.2.3, 2면 1단)

전북 군산부 내에는 원래 개항지인 까닭에 외국인과 일본인에게 모든 상권의 침해를 입어 왔다. 이번에는 더욱이 상업가의 매매가 영성하여 작년보다 7할가량이나 수입이 감소하여 무수한 곤란을 받는 중 조선인이 가장 대목으로 여기는 음력 연말을 당하고도 중국인 상점의 증가를 따라 이 현상으로 계속되면 조선인 각 상점의 3할가량은 철전을 하는 외에는 도리가 없다 한다. 그동안 없던 일본인 상점들은 경품부 대매출을 음력 연말에 대대적으로 하여 조선인 포목상 혹은 일용품상은 더욱이 어찌할 수 없이 되었다더라(군산).

〈자료 148〉 영업세로 본 조선인의 상권, 조선인은 200여 원이 최고, 내지인은 1,800원이 최고, 인천부 당국의 조사(매일신보, 1927.7.13, 4면 2단)

【인천】 인천부의 국세 영업세는 8일로써 사정(査定)의 결정을 고지하였는데, 총계는

	세액(원)	납세 인원(명)
개인	29,488	1,166
법인	15,804	61
계	45,292	1,227

인바, 납세자의 필두는 조선인 측 개인으로는 마루타마 중매점(丸玉仲買店)이며, 수수료 연액은 2만 8,000원이고, 세액은 286원이다. 내지인 측 개인으로는 리키타케 정미소(力武精米所)이며, 제조 연액은 360만 원이고, 세액은 1,800원이며, 법인으로는 가토 정미소(加藤精米所)로 제조 연액은 365만 원이고, 세액은 1,827원인바, 인천 내 조선인의 경제 상태는 이상의 실증에 비추어 조선인의 무력함을 추측할 수 있을 것이라더라.

〈자료 149〉 시장 인접지에 염매소(廉賣所) 부설은 「시장규칙」 위배(조선일보, 1928.10.17, 3면 3단)

부산부협의원 야토(矢頭)·이와하시(岩橋) 양씨 외 1명이 부영 부평정시장 인접지에 일본품 염매소를 부설함에 대하여 부민 유지는 물론 당국에서도 자기의 지위를 악용하는 행위라고 보고, 마침내 예정과 같이 영업을 개시하는 때에는 「시장규칙」에 의하여 철폐를 명할 터인데 이에 대하여 야토 씨는 말하되, 그 계획은 전임 이즈미자키(泉崎) 부윤 시대에 부윤의 의견은 물론 또 내무주임인 전 이사관 야마우치(山內) 씨 및 사업계 주임, 권업계 주임 등의 의견도 청취한 결과 매우 좋은 계획이라 하여 이번에 실행한 바인즉, 지금 무어라 말하더라도 이미 건축도 완료한 지금, 가령 법의 제재를 받더라도 결행할 터이다. 부의 담당자가 변동되었다 하여 법의 해석에 근본적 차이는 없을 터이고, 이미 당시부터 재직한 사람도 있었음으로 자기로서는 예정과 같이 영업을 개시할 생각이다(부산).

〈자료 150〉 유독(有毒)한 다시마로 남조선시장 사기, 천하 제일품이 분석 결과 유독, 범인은 안동서에 체포(조선일보, 1928.12.6, 2면 8단)

본적을 후쿠오카현(福岡縣) 우키하군(浮羽郡) 가와이촌(川合村) 대자목(大字牧) 1274번지에 둔 후타마타(二又■太)란 자는 금년 6월경부터 인공감미의 약품을 사용하여 좋지 못한 다시마를 가공한 후 판매하고자 조선에 건너오는 즉시 부산에 있는 에자키(江崎金光)[7]란 자와 공모하였다. 시모노세키시(下關市) 세이난부정(西南部町) 49번지 다시마장사 구사베(草部英孝)로부터 1관에 1원 8전 내지 1원 50전에 산 후 다시 1관에 사카린 4문(四匁[8]), 석회 2되, 식초 2말을 가미하여 1관에 200몬메씩 중량을 늘게 하여 100몬메 80전이나 특별 할인하여 50전에 판다 하고, 기차·자동차의 출발점, 각 관공서에 가서 이 다시마는 사할린산(樺太産)으로서 세계 제일품이라고 속여 팔았다고 한다. 그런데 원적을 오사카시(大阪市) 미나토구(港區) 구조통(九條通) 3정목(三丁目)에 두고 전북 이리에 현주하는 고니시 스스무(小西進)에게 그 사실을 말한 후 경성·천안·평양 외 수십 처에 가공 장소를 두고 대규모로 가공 제조하여 10월 말일까지 이리·목포·송정리·여수·마산·진주·대구·포항·의성 등지로 돌아다니며 판매한 다시마가 455관으로 사취한 금액이 2,275원이라 한다. 가제한 다시마는 맛이 썩 좋으나 분석한 결과 유독한 것으로 판명되었으므로 일반은 이와 같은 간상에게 속지 말기를 바라며, 범인은 안동경찰서에서 체포 취조하던 중 지난 20일에 일건 서류와 함께 검사국에 송치하였다더라(안동).

〈자료 151〉 상계(商界) 번영의 한 방책(조선일보, 1928.12.18, 1면 1단)

1. 중앙번영회(中央繁榮會)와 본사의 주최에 의한 상계 쇄신의 한 방법으로 점포 장식, 경품 특매 및 저명 상점 투표의 3개 계획을 이 연말에 꾀한다 함은 이미 본지에 보도한 바이다. 조선인의 상계가 활기가 없고 부진한 원인은 자기네 견실한 상업적 기초를 가지지 못한 것과 자기네 손으로 된 중심될 만한 일대 금융기관을 가지지 못함에 있다 하더라도 그것은 근본 문제에 관한 것이니 일조일석에 갑자기 해결될 바 아니다. 오늘날 조선인 상계에 있어서 당면의 급무는 이러한 근본 문제보다도 도리어 말단의 문제를 경시하지 않는 데 있다 할 것이다. 실력이 미약한 우리로서는 비교적 실현하기 쉬운 것부터 착수하여 나아가는 것이 효익(效益)이 있을 것이므로 우리는 될 수 있는 데까지 현재의 이 상계에 대하여서나마 좀 더 '베스트'를 다하여 보아야만 하겠다.

2. 동일한 경성 안에 동일한 상품을 가지고도 거의 고객 전부를 '진고개' 상점에게 빼앗기

---

7 일본인의 성과 이름 중 이름 읽는 방식을 모르는 경우는 성만을 표기하였다.

8 匁은 몬메(もんめ)로 읽고, 과거 일본에서 무게를 나타내는 단위로 사용하였다. 1匁는 3.75g이다.

게 됨은 무슨 까닭인가. 그것이 다만 고객의 무자각한 그것에 기인함이 아니라 상인으로서의 우리네 수단과 기능이 부족한 것도 사실인즉 이 점에 대하여 한층 더 주의 노력하지 아니하면 안 되겠다. 우선 점두 창구 같은 데 대하여서도 온갖 기교를 다하여 화려하고 찬란하게 장식함으로써 거저 지나갈 손님으로 하여금 반드시 한 번씩 눈을 거들떠보게 함이 현대식 상점의 고객을 유치하는 한 방법이며, 어느 정도까지 화물의 가격을 좀 저렴케 하여 박리다매주의를 취함도 인기를 끄는 동시에 자금의 융통을 활발히 하는 점으로 보아 퍽 필요한 장사의 한 방법임은 말을 기다리어 알 바 아니다. 그리고 상업은 원래 고객을 상대로 하여 거래하게 되는 관계상 사람을 대함에 교제에 퍽 친절하고도 정직함을 요한다.

3. 이상 몇 가지는 상업에 종사하는 이로서는 누구나 하지 아니하면 안 될 것이다. 따라서 이를 장려키 위하여 이번 연말에 중앙번영회와 본사가 특히 3개 계획을 수행하는 것이니, 만일 이것이 우리네 상계 번영에 대하여 얼마큼 좋은 영향을 주게 되어 이후 모든 상점이 자발적으로 다투어서 상점의 장식으로부터 물화에 대한 박리다매주의와 그 고객의 대우를 친절·정직하게 한다면 우리 조선 상계의 전도를 위하여 이번 주최가 결코 무의미한 것이 아닐 것이다. 경성 조선인의 상계는 이런 기회를 이상시하지 말고 우리네 능력이 미치는 데까지 온갖 기교와 심혈을 경주하여서 상점 투표에 우등의 영예를 기약할 필요가 확실히 있는 줄로 믿는다. 이것이 결코 일시적 경쟁심을 만족케 하기 위함이 아니라 우리네의 훈련과 통일을 위하여 이런 기회를 잘 이용하여야만 될 것이 아닌가.

4. 우리 조선인이 오늘날 모든 방면에 있어서 훈련과 통일이 없으므로 이 때문에 실패에 실패를 거듭하여 온 것이 사실이지마는, 우리가 경제상 특수한 기능을 가진 민족이 아닌 만치 상업 같은 데 이르러는 남에게 비하여 선천적으로 떨어지는 점이 많다. 중국인은 상업학을 수득하지 아니하고도 상업학의 출신을 압도하게 되는 것은 그네가 비록 현대식 상업을 모르더라도 자기네 사이에 있어서 상당한 훈련과 단결이 있는 때문이 아닌가. 경성에 거류하는 중국 상인을 보라. 처음에는 맨손으로 조그마한 상점을 시작하지마는 그것이 점점 자라 결국에는 큰 상점이 되는 것이 아니냐. 우리도 훈련 통일과 아울러 중국인의 견실한 것을 배움이 있어야 하겠다.

〈자료 152〉 조선인은 7배 증가에 일본인은 26배, 매매 가격으로는 3배가 늘어 17년간의 상업 추세(조선일보, 1928.12.29, 2면 1단)

조선 사람의 상업은 날로 진보하여 지난 17년 동안에 현저히 발달하여 상점의 설비로부터 상품의 진열이며 상품의 선택에까지 도저히 옛날의 그것에 비할 수 없게 되었다 한다.

그러나 그것을 다시 일본인의 상업 그것에 비교하면 아직도 발 벗고 따라갈 수 없는 현상인 것이 사실이다. 이제 숫자 위에 나타난 조선인 상업의 예와 이제를 비교하고 또 일본인에게 비교하면 아래와 같다.

먼저 상업 경영자의 인구를 보면■

1917년(大正 6) 말 9,739,035

1918년(大正 7) 말 998,958

1919년(大正 8) 말 98■,850

1920년(大正 9) 말 941,728

1921년(大正 10) 말 971,185

1922년(大正 11) 말 984,405

1923년(大正 12) 말 1,022,524

1924년(大正 13) 말 1,067,037

1925년(大正 14) 말 1,153,251

1926년(昭和 1) 말 1,142,744

으로 지난 10년간에 약 2할이 증가하였으며 조선 상업의 근저가 되고 전 조선적으로 생활필수품을 매매하는 시장의 수효와 매매 가격의 증감을 보면,

1911년(明治 44) 1,089소

1914년(大正 3) 1,243

1919년(大正 8) 1,313

1924년(大正 13) 1,301

1926년(昭和 1) 1,301

로 지난 16년 동안에 약 2할이 증가하였고 또 그 매매가액에 들어서는,

1911년(明治 44) 36,182,644원
1914년(大正 3) 42,416,170
1919년(大正 8) 156,275,271
924년(大正 13) 134,791,201
1926년(昭和 1) 156,835,901

으로 약 3배의 증가인데 그중에 가장 최고의 증가액을 가리키는 것은 수산물로,

1911년(明治 44) 5,160,180원
1926년(昭和 1) 23,761,722

약 4배의 증가이며 그다음에는 농산으로서,

1911년(明治 44) 14,816,892
1926년(昭和 1) 41,181,394

약 3배의 증가이다.

그러나 이것은 극히 일반적으로 생활필수품을 매매하는 것이니 이것만으로는 조선인의 상업의 추세를 알 수가 없다.

회사 수로는 7배와 9배
조선인은 700만 원이 5,000만 원에
일인은 1,000만 원이 2억 7,000만 원에

다음에 조선에 있는 회사 수효와 영업 자금의 증감을 보면 아래와 같다.

1911년(明治 44) 조선인 설립 27

일본인 설립 109

1926년(昭和 1) 조선인 설립 184

일본인 설립 974

로 조선인 설립 회사는 지난 16년간에 약 7배가 증가하였고 일본인 설립 회사는 약 9배가 증가하였으며 그 자금에 있어서는 조선인 회사는,

1911년(明治 44) 7,395,■■■원

1926년(昭和 1) 51,251,880

으로 약 7배가 증가하였고 일본인 회사는,

1911년(明治 44) 10,510,550원

1926년(昭和 1) 278,405,097

으로 실로 26배가 증가하였는데 이것을 조선인 설립 회사에 비교하면 회사 수로는 약 5배가 되고 자금으로는 약 6배가 된다 한다.

〈자료 153〉 몇 배 늘린 재고품의 매매는 의외 한산, 상품은 안 팔리고 금리는 늘어 공황을 연출한 원인(조선일보, 1929.10.6, 2면 1단)

전기와 같이 종로 일대의 저명한 상점들이 최근에 갑자기 파산하게 된 원인이 무엇인가를 조사하여 보면, 대개는 조선박람회가 개회만 되면 다수한 지방 사람들이 상경할 것이므로 따라서 상품의 수요도 평소의 몇십 배나 될 것을 약삭빨리 지나쳐 생각하여, 보통은 은행에서 심하면 고리대금자에게서까지 정도에 넘치는 빚을 내었다. 그리하여 포목상은 포목을 잡화상은 잡화를 일본 상인으로부터 무역하여 다가 재고품을 평소에 5, 6배 내지 10여 배씩 늘여 놓았다. 그런데 뜻밖에 박람회가 개회된 이후 지방 사람이 많이 상경은 하였으나 상품의 흥

정은 평소보다 별로히 좋을 것이 없어 재고품이 도무지 소화되지 않고 금리는 자꾸 늘어나는 것이 그의 근본 원인이었다. 주책없이 박람회만 되면 큰 수가 날 줄 생각하고 빚을 내어 가며 상품을 무역하여 놓았던 상점은 조만간 모조리 파산할 수밖에 도리가 없게 될 종로 일대 조선인 상점 사이에는 일대 공황을 일으키고 있다 한다.

〈자료 154〉 고객은 늘었으나 판매고는 안 늘어, 작년보다 시세가 없는 것도 있고, 제일 나은 것이 금은상(조선일보, 1929.10.6, 2면 1단)

조선박람회가 열린 작금=종로 일대 각 상계의 판매 상황을 조사해 보면,

◇ **포목상** 평소보다 내객의 수효와 판매 구수는 많으나 금액은 평소보다 별로히 차이가 없고 흉작 관계인지 도리어 작년 이때보다도 경기가 좋지 못하다 하며,

◇ **잡화상** 평소보다 약 3할가량이 더 팔리기는 하나 손님 한 사람이 1원짜리 이상을 사가는 사람조차 적어서 불경기의 정도가 더욱 심한 것을 알 수 있다는데 어쨌든 최초의 예상과는 딴판이라 하며,

◇ **금은상** 평소의 갑절이 팔리나, 대개는 은가락지, 은비녀 등의 비교적 값싼 물건이 많이 나가고 고등한 금제품은 잘 팔리지 않는다 하며,

◇ **시계상** 고급 손님은 진고개로만 가는 관계인지 2, 3원짜리 괘종 이외에는 별 흥정이 없다 하며,

◇ **양화점과 양복점** 별다른 영향이 없는데,

이것을 통하여 보면 손님이 평소보다 늘기는 하였으나 별로히 물건이 더 팔리지 않는다는 것과 물건이 조금 더 팔리기는 하여도 값싼 것만이 많이 팔려서 일반의 구매력이 미약한 것을 능히 알 수 있어 최초의 예상과는 딴판이라는 것은 거의 공통된 현상으로 볼 수 있는데 금은 세공품을 파는 상점의 경기가 제일 좋은 것이 주목되더라.

〈자료 155〉 희박한 자본에다 궤도 없는 상전(商戰), 표면에 드러난 것 이외에도, 내용으로는 모두 신음한다(조선일보, 1929.10.6, 2면 1단)

◇ 한일은행 지배인 이항종 씨 담

별항과 같이 종로 일대 상인 중에 파산자가 속출하는 데 대하여 금도 상인 측과 가장 밀접한 관계가 있는 한일은행(韓一銀行) 지배인 이항종(李恒鍾)은 다음과 같이 말하더라.

"가뜩이나 세월이 없는 종로 상인의 경제계는 요사이에 이르러 더 말이 아닙니다. 그것은 일부 상인들이 박람회만 되면 무슨 큰 수나 생길 줄 알고 턱없이 빚을 내어다가 무역을 하여 논 것도 한 원인이 되겠지요. 마 그보다도 나는 조선 상인이 원래 자본이 희박한 데다가 겸하여 일삼한 계획이 없이 무궤도 식으로 장사를 하고 또 몇십 년 전의 장사하는 법을 조금도 고치지 않고 그대로 쓰는 데 큰 원인이 있는 것으로 압니다. 벌써부터 부도어음을 내서 파산지경에 이른 사람도 있지만 그것은 표면에 들어 또한 표면에 지나지 않고 내용으로는 거의 전부가 불경기에 신음하고 있는 형편으로 조선인 상인의 장래가 퍽 염려됩니다."

〈자료 156〉 살찐 것은 일본 상인, 한 번에 팔아 파산 속출과 좋은 대조(好 對照)(조선일보, 1929.10.6, 2면 3단)

종로 일대의 조선 상인이 박람회 때 큰 이익을 볼 줄 알고 상품을 잔뜩 무역하였다가 뜻밖에 계속 파산을 당하게 되는 상점이 속출하는 중이라 함은 별항과 같거니와, 그와 같이 종로 상인이 갑자기 상품을 무역하는 바람에 본정과 오사카(大阪) 방면의 일본인 상인들은 상품을 한꺼번에 팔아먹게 되어 큰 수가 나게 되어 종로 상인의 파산자 속출과 한 좋은 대조를 이루게 되었더라.

〈자료 157〉 상업술의 유치(幼稚), 대구지부 한 기자(조선일보, 1929.10.17, 3면 6단)

우리 사람의 상업술이 유치하고도 졸렬하다는 것과 이 개혁 진보에 대하여는 항상 반복 이야기되는 바이지만은 굳고 단단한 옛날 방법이 그대로 관행됨을 통감하겠다. 쇠퇴된 운명을 만회함에는 최선을 다한 방법으로 경영에 임하더라도 부족한데 하물며 현재의 상태로랴.

대구 상업계, 특히 포목상으로부터 작은 잡화점까지만 보고 말하더라도 도매상은 전부가 일본인과 중국인이고 조선 사람은 그네들의 충실한 종노릇하는 소매상의 일부분을 차지할 따름이다.

이러한 형편이면서도 그 경영 방법을 보면, 우선 진열 방식이 옛날 그대로이고, 진열창을 두고 말하더라도 진열창을 창고 대신으로 사용하는 것 같다. 미루어 보아 수완의 졸렬함을 알 수 있다. 도대체 진열창의 의미와 선전이라는 것을 아는지 모르는지?

그뿐인가 고객에 대한 태도! 이야말로 매우 놀랄 만하다. 물론 모두가 그렇다는 것은 아니지만 고객의 대부분이 촌사람인데 이네들에 대한 언동의 불친절한 것이란 참으로 언어도단이다. 게다가 심한 에누리로 흡사히 바보를 농락하는 듯한 감을 준다. 개중에는 흥정이 되지 않고 돌아서면 욕설패담으로 보내는 자가 있다.

그러고 또한 기가 막히는 것은, 점포란 것이 고객을 용납할 만한 처소를 만들지 않고, 말하자면 걸상 한 개도 비치한 것이 없고, 전면에는 유리창문 한 짝도 달지 않았다. 특별대우란 것이 신 벗고 올라오라는 것뿐이다. 주인은 대개 주택은 따로 있고 박리다매보다 다리박매를 주의로 하는 듯하다.

동일한 자본과 가까운 장소에서 일본인과 중국인에게 내쫓김을 당하고 파멸의 구렁으로 끝내 들어가게 되는 상황에서 하물며 소자본에 원시적 상업술로야 어찌 경쟁의 장에서 남은 목숨이나 보존코자 하느냐.

소자본으로써 대자본과 경쟁하라는 것은 혹 무리라 할는지 모르겠으나 위에서 말한 몇몇 가지 단점은 그리 고가의 대상(代償)이 없고도 개혁할 수 있을 것이다. 진지한 태도로 한번 성찰하여 보라. 그러나 몇몇 상점의 것과 같이 진열창을 일본식 그대로 직수입적으로 하는 것으로만 능사를 삼지 말고, 모든 것을 우리의 취미에 적합하도록 고객 취급법이라든지 점포 시설 방식을 연구 혁신하여 보라. 이것이 곧 현상 유지나 잔명 보존의 유일한 방법일 것이다.

〈자료 158〉 종로가(鐘路街)의 조선인 중소상업의 몰락, 화신·동아의 1주간 흥정이 양대 백화점의 15분의 1(조선일보, 1930.10.31, 2면 1단)

전 세계를 휩싸는 경제공황 중에서 특히 수확기에 들어 그칠 줄 모르고 연방 떨어지는 쌀값의 폭락으로 인하여 심각하게 일어나는 불경기 바람은 조선 사람의 생활을 위협함이 극도에 달하여 아사선상(餓死線上)에서 대중이 헤매고 있음은 일반이 한가지 보는 사실이다. 또한 경성 시내의 중소상인들은 물건은 팔리지 않고 금융은 고갈하여 이대로 가다가는 그대로 말라죽을 지경이라는 소리가 높은 이때에 경성 본정 입구에 새로이 건축한 미쓰코시백화점(三越百貨店)은 지난 23일부터 27일까지 개점한 지 닷새 동안에 고객이 33만 명에 달하고 홍정이 23만 원이라는 놀라운 숫자에 달하였다 한다. 또한 이 기간 중에 조지야(丁子屋) 백화점에서 홍정된 금액은 13만 원에 달하여 이 두 곳의 홍정된 액을 합하면 약 33만 원[9]에 달한다고 한다. 이제 경성 조선인 시가의 제일 큰 백화점으로 치는 화신상회에서 이 기간 중의 성적을 조사하건대 21일부터 27일까지 1주일간에 약 1만 7,000원의 홍정이 있었고 덕원상점(동아부인상회)에는 약 5,800원의 홍정에 불과하여, 이 두 곳을 합하여 겨우 2만 2,000원임으로 이 두 큰 일본인 백화점에 비하여 15분의 1밖에 되지 못하는 모양인데 전체로 경성 시내 일본인 측과 조선인 측의 금년 추기에 들어서 민중의 구매력 감퇴, 홍정의 줄은 것을 보면, 일본인 측에 3, 4할 조선인 측에 4, 5할의 격감으로 공황은 말할 수 없는 형편이다. 그런데 전기 미쓰코시와 조지야의 진출의 영향은 조선인 측에 혹심하게 파급되어 그중에서도 전기 화신·동아부인 두 상회보다 소규모의 상점에 더욱 심하여 문을 닫는 곳이 속출할 지경이라는바, 이와 같이 살인적 공황의 지옥 속에서 일본의 대자본의 적극적 진출과 반비례하여 조선인 중소상업의 몰락은 이제로부터 더욱 급격히 전개될 것이라 하여 각 방면의 주의를 이끌고 있다 한다.

〈자료 159〉 남촌 거상(南村巨商) 대항 포목상 염매(廉賣), 15일부터 30일까지 각종 가격을 인하(조선일보, 1930.11.15, 2면 8단)

살인적 불경기와 남촌에 유수한 거대한 일본 자본의 진출 아래에서 이중삼중의 타격을 받고 있는 것은 종로 일대의 조선인 중소상업가인데, 그중에서도 일본인 경영의 대백화점에서 조선의복 감을 대량으로 염매하므로 조선인 포목상계의 타격은 더욱 심하였다. 이에 경성포목상조합(京城布木商組合)에서는 이제 남촌 거상의 경쟁과 압박에 대한 대항책을 강구하여 오던바, 지난 10일 임시총회에서 그 조합원은 일치단결하여 미터법을 정규대로 시행하고 시세에 의하여 공동 선전을 하여 판매하기를 결의하고 실행위원 5씨를 선정하여 이에 위반하는

9 기사의 원문에 의하면, 미쓰코시 백화점과 조지야 백화점의 매출 총액은 36만 원이 되어야 한다. 그러나 기사 원문에 33만 원으로 표기되어 있어 원문 그대로 표기한다.

조합원을 응징하기로 하였다. 또 금년 세모대매출(歲暮大賣出)을 유안(留案)하는 동시에 11월 15일부터 그 30일까지 2주일 동안 특별 대염매출을 단행하기로 하였다는바, 온갖 포목주단의 가격은 남촌의 대백화점에서 염매하는 시세와 같이 인하를 단행하였다 한다.

〈자료 160〉 김천연매점(金泉聯賣店) 실시, 16일에 공사 착수, 조선 상인 대책 여하?(조선일보, 1930.11.19, 6면 6단)

【김천】 경북 김천에서는 당지에 거주하는 일본인 유력자들의 발기로 연매소(聯賣所)라는 상설시장을 설치하여 식료품과 일용잡화와 어채 등을 취급한다고 한다. 이후 이 연매소가 설시되면 각종 조선인 상계에 직접 간접으로 막대한 영향이 파급될 것만은 사실이라는데 이에 대하여 최근 김천에 있어서는 식자 간에 화제가 되어 물의가 분분하다 할 뿐 아니라 모회사에서는 방금 그 대책을 강구하고 있다는데 일반 조선인 상인 측에서도 지금부터 그 대책을 강구하지 않으면 아니 되겠다 하며, 이 연매소가 대번창이 될 때에는 조선인 상업이 몰락될지도 알 수 없다고 한다. 해당 연매소 장소는 성내정 명월관 앞 빈터라는데 지난 16일부터 공사에 착수하였다고 한다.

〈자료 161〉 쇠퇴하는 중소상업(조선일보, 1934.1.1, 3면 4단)

개황. 종래 조선의 상업은 다른 나라와 같이 고대 물물교환시대의 시장제도로부터 발달되어 상설 점포에서 상업을 경영하는 제도로 발전되었다. 이제 그 발전의 족적을 찾아보면 조선의 시장이 ■■■■ 아무 설비도 없는 노방, 광장, 하변 등 지리적으로 부근 촌락과의 교통이 편리한 장소에서 대개 정기적으로 매월 5회 내지 6회 개시하는바 부근은 물론 주위의 근 100리에 달하는 원격한 지방으로부터서도 내집한다.

최근에 이르러 자본주의 발전의 한 특징인 교통기관의 발달 및 화폐경제의 발전과 서로 비슷하여 조선 상업기구에도 일대 변혁을 가져온 것은 사실이나 아직도 지방에서는 시장이 조선 상업에 있어 중요한 역할을 수행하고 있다. 총독부에서는 1914년(大正 3) 「시장규칙」을 공표하여 시장 조직과 감독에 관한 상세한 규정을 지었다.

그 시장은 소재지와 위치 또는 매매 성질에 의하여 1호·2호·3호·4호로 구별하였는바, 이제 그 모든 시장의 1931년(昭和 6) 말 수와 동년 내의 매매고는 다음과 같다.

		시장 수	거래고
제1호 시장	공설	1,403	137,759
	사설	5	2,535
제2호 시장	공설	14	3,910
	사설	2	5,230
제3호 시장	공설	6	1,625
	사설	28	7,078
제4호 시장	공설	-	-
	사설	10	409,077

이상의 매매고를 종류별로 나누면 다음과 같다(제4호 시장은 제외).

농산물	41,242,062
수산물	24,128,722
직물	23,174,876
가축류	38,940,759
기타	30,652,371
합계	158,139,790

일본인 상업 합병 전 일본인의 상업은 경성·부산·인천·마산·군산 등 대도시와 항구에 국한되어 있었으나 합병 이후 제반 시설과 특히 교통기관의 발달로 금일에 와서는 도■의 차이 없이 도처에 일본인의 상업 세력이 뻗쳐 있다. 현재 조선 내에서 경영하고 있는 일본인의 상업은 곡물·해산물·우피 등 조선 물산의 수이출과 각종 잡화·면사포·주류·장유·인촌 등 이입무역이 주로 각종 상품의 도매와 소매에 종사하여 금일에 와서는 전 조선의 상권을 획득하고 있다. 종래 일본인의 상업은 도매상이 주로 일본에서 제조한 상품을 조선으로 이입하여 소매상으로 넘기는 역할과 조선 물산을 일본 또는 기타 외지로 이송하는 무역업을 경영하여 왔으나, 금일에 와서는 미쓰코시·미나카이(三中井)·조지야 등 대백화점의 진출을 비롯하여 대소 소매상의 발흥으로 소매상층에까지 확호한 세력을 점유하게 되었다.

중국인의 상업은 종래부터 비상한 세력을 점유하여 경성·인천·부산·평양·진남포·신의

주·원산 등 개항지 및 기타 도시 외 수출입 무역업에 뻗치고 있는 실권이 자못 뇌고한 것은 물론 산간벽지에까지 뻗친 중국 잡화 직물상의 세력도 도저히 멸시할 수 없다. 더욱 도시 부근의 야채 경작과 판매 또는 각 도시의 요리업은 거의 독점적 세력을 갖고 있다.

거래소 거래소는 종래 인천미두취인소 한 곳뿐이었다. 원래 총독부 방침에 의하여 인천 1개소 외에는 이를 허가치 않던바, 최근 경제계의 진전과 특히 이 방면의 인기가 높아 가는 데 감(鑑)하여 1931년(昭和 6) 5월에 「조선취인소령」을 발표하고 동 9월에 「시행규칙」을 발포하여 일체 거래소는 회원 조직으로써 이를 인가하게 되었다. 그러고 유가증권 거래는 일반거래로 간주하게 되었다. 그 후 군산·목포·부산·대구·진남포의 5개소에 회원조직제로 된 상품거래소가 설립되었고, 인천거래소와 경성거래소는 1932년(昭和 7) 11월에 병합하여 주식회사 조선취인소를 설치하고, 본점은 경성에 지점은 인천에 설치하고, 본점에서는 유가증권을 지점에서는 미곡 거래를 경영하게 되었다.

물가 개황 조선 주요 도시(경성·목포·원산·대구·부산·평양·신의주·원산·청진)의 소매 물가는 1932년(昭和 7) 총독부 상공과 조사에 의하면, 1926년(大正 15) 평균을 기준으로 한 지수 총평균은 1%로 이를 1930년(昭和 5)에 비하면 10.9% 저락하였고, 1931년에 비하면 곡류는 10.9%, 의료류는 3%, 잡화는 5%가 각기 등귀되었고, 육류는 5%, 조미료류는 3.4%, 음료류는 2.7%, 연료류는 4.5%가 각기 저락하였는데, 총평균에 있어서는 0.1%의 저락을 보였다.

〈자료 162〉 개성삼(開城蔘) 옹호 차 외래 삼 소개 거부, 인삼 소개 신규정 제정(조선일보, 1935.2.22, 6면 1단)

【개성】 개성인삼소개조합에서는 성가 높은 고려인삼 시장에 일본 내지나 만주삼 등이 들어와 고려인삼의 성가를 오손시킬 우려가 많다고 느껴 이번에 개성인삼의 성가를 확보, 향상시키고자 외래 삼의 매매 알선 소개를 일치 합력하여 거부하는 이외 다음과 같은 소개 신규정을 제정 실행키로 하고 개성삼상협회에 찬동 협력을 청하였던바, 삼상협회에서도 찬동 협력키로 되었다 한다.

인삼 소개 신규정(人蔘紹介新規定)

一. 개성인삼 성가를 향상키 위하여 소위 외삼은 본 조합원으로서 매매 알선 소개를 폐지함.

一. 개성인삼계의 발전과 복리를 위하여 본 조합원은 인삼 소개에 당하여는 삼업조합원·동업조합원·삼상협회원에게 한하여 소개키로 함. 단 백삼에 대하여 객상(지방인)이 매수 쪽이 되는 때에는 필히 삼상협회원이 매도 쪽이 아니면 소개를 부득함.

一. 백삼 소개에 대하여 소개인으로서 시가 타산표를 일체 사용치 못할 뿐만 아니라 구두로라도 타산 시가표와 같은 선전을 엄금키로 함.

一. 소개상 매매가 성립된 때는 소개료는 관례에 의하여 필히 수수키로 하되 소개인과 삼상 간에 사정상 매매로 인하여 소개료를 낮추거나 또는 삼상이 해당 매득삼에 대하여 이익을 취득한 후에 소개료를 수수키로 한 조건부로 함은 상업상에나 소개업상에 폐해가 적지 않으니 해당 매매는 일체 폐지키로 함.

一. 정당한 매매를 면려하되 백삼 50근 이내에는 소개료를 전 구문(全 口文) 수수키로 함.

一. 의견이 원만히 타협되는 때에는 위반자 중 소개 조합원은 본 조합 정관 제6장 30조 3항에 의하여 처분키로 하고 삼상이 위반하는 때는 삼상협회의 별정 규약을 요구함.

〈자료 163〉「폭리단속령」 시행(조선일보, 1937.8.4, 1면 1단)

1. 북지사변 발발과 동시에 국내 물가는 금속품·식료품 등의 등귀 현상이 현저하여 정부는 이 현상을 미연에 억제하고자 전자 성명으로써 부당한 사혹을 경계한바 있었는데 북지사변도 점차 사태 중대화가 예상되며 따라 재계의 제반 사정도 각 방면의 통제가 필요시되게 되었으므로 정부는 마침내 2일 각의에서 일상생활 필수품 및 사변에 의한 물가앙등에 대한 대책으로 1917년(大正 6)의 농상무성령 제20호를 전면적으로 개정하여 폭리단속을 행하기로 결정하고 어제 3일 이를 공포하고 즉일 실시하기로 된 것은 이미 보도된 바와 같다. 조선에서도 중앙 방침에 추종하여 3일 총독부령 제98호로「폭리단속령」을 발포하고 즉일 실시하기로 되었는데, 품목 중 맥 및 소맥분을 곡물 및 곡분이라고 개정하였을 뿐 기타는 모두 동일하다.
2. 세계적 군비확충 경쟁의 전개로 작추부터 맹렬한 등세로 앙등하기 시작한 세계적 고물가는 일시 과거의 반동저(反動低)와 각국의 물가억제 대책으로 다소 후퇴하는 듯하였으

나 군비확충에 의한 물자 수요는 갈수록 증대하고 각 국민의 구매력 증가도 현저하여 아직은 대반동을 초래할 아무런 현상도 없을 뿐 아니라 억제책이라 해도 반동을 초래할 정책을 오랫동안 불황에 고통한 각국으로서 취할 까닭이 없어 세계 물가는 지난 5, 6월을 저로 하여 다시 상향 경향을 보이게 된 것은 각국의 통계가 이를 증명하는 바이어니와, 물가 대책은 첫째 국민생활 안정상으로나 또는 국책 수행상의 필요로 보아 중대한 문제이므로 이미 정부는 물가대책위원회를 설치하여 이를 고구하고 있던 것은 이미 주지의 사실인데, 북지사변을 계기로 국내 물가의 반등 기세는 하필 식료품에 한하지 않고 자원 부족한 약점을 겨누어 군수품에까지 전시 사혹(思惑)에 의한 부당한 이익을 도모하는 간상배도 적지 아니한 모양이므로, 이 비상시국에 있어서 이와 같이 불온당한 폭리를 탐하려는 행동을 경계할 필요가 있어 마침내 이번의 「폭리단속령」의 실시를 보게 된 것이다.

3. 물론 청산시장으로써 이를 보면 사변 발발과 동시에 미가(米價)가 일시 폭발고를 보였으나 이도 사혹(思惑) 단속 언명으로 반동낙(反動落)이 되었고, 기타 3품 등 중요 상품은 참락에 참락을 거듭하고 있으나 이는 일시적 불안 인기의 작용과 내외 사정으로 인한 것이며, 실제 도매 소매가로 보면 물가는 조금도 후퇴하지 않을 뿐이라. 지금부터 당도할 것으로 예상되는 것은 (1) 전시적 물자 수요 증대 예상에 의한 사혹 이외에, (2) 수송 불원활에 의한 재고 감소, (3) 산업의 전시 통제로 평화공업의 일부분이 군수공업에로 전환함에 의한 생산 부족, (4) 증세에 반하는 원가 앙등 예상 등등의 여러 문제점이 있어 일반 국민생활에 미치는 영향을 불고하고 사혹에 의하여 폭리를 탐하고자 하면 이 또한 불가능한 것이 아니며 또한 그러한 경향도 엿보이므로 이를 미연에 방지하고자 이 조처를 취한 것임은 물론이다. 통틀어 이번의 「폭리단속령」 공포의 목적을 요약하면 (1) 부당한 물가 등귀로 인한 국민생활에의 위협 제거와 총후(銃後)의 보장, (2) 국책 수행상의 지장 배제, (3) 증세에 반하는 물가등귀 억제, (4) 물가등귀에 의한 악성 인플레 방지 등등일 것이다.

4. 그런데 금회 개정된 단속령을 1916년 농상무성령 제20호로 발포된 그것과 비교하면 전자는 제1조에 폭리행위에 관한 처분 사항을 규정하여 그 품목을 들고 제2조에 벌칙이 있을 뿐인데, 이번에는 상공대신 또는 지방장관이 처분에 관계있는 사항에 대한 보고를

받고 또는 물품 판매 제품에 대하여 그 판매 가격의 표시를 구할 수 있게 되었으며(제2조), 또 법인에게도 이를 적리할 것을 규정(제5조)하는 등 광범위에 걸쳤고, 품목도 미곡류 및 곡분류·철류·석탄·면사 및 면포·지류·염료·약품·비료의 8종목이던 것이 미곡류를 제외하고 금속 및 그 원료로부터 건축 재료까지 26종의 다수에 달하게 되었다. 조선은 미곡통제에 있어서 농림성 관내와 같이 원활하게 행할 수 없는 사정이 있어 맥 및 소맥분이라 한 항목을 범위를 넓게 곡물 및 곡분으로 하여 미곡은 물론 잡곡까지도 이를 포함케 되었다. 이를 요컨대 비상시국인 만치 특히 사변에 관계되는 물품에 대해서는 모두 이를 적용케 된 것인데, 우리들로서는 중앙에서 제한 미곡을 조선에서 이를 가한 것은 쌀의 이출상 지대한 관계가 있을 것으로 그 영향이 클 것을 지적하지 않을 수 없고, 또한 이외에 일용잡화 등이 제외된 것 등이 불철저하다 할 수 있으나 대체로 폭리단속의 목적은 달성할 수 있을 것이다. 이에 대해 일부 상인 측에서는 이득할 수 있는 것을 하지 못한다 하여 불평을 포회하는 자도 있을 것이나 정부의 성명과 같이 건전한 거래는 이를 방해치 않음은 물론이니, 물가의 급격한 변동을 불러일으키는 것으로 폭리를 얻으려는 매점매석 행위가 없는 한 하등 단속에 걸릴 까닭이 없으니 이로 인해 불의의 손실이 있을 리도 없거니와 비상시국에 있어서 사리만을 탐하고 사회 일반의 생활을 불고하는 비덕의적 행동은 근신함이 의당할 것이다.

〈자료 164〉 일지사변(日支事變)의 영향, 일반적으로 보아 약 2할 판매 감소, 금융의 경색으로 곤란이 불소(不少), 조선인 소매상도 적요, 경성상의 조사(조선일보, 1937.9.9, 7면 2단)

포백류상(布帛類商)

포백류도 매행(賣行) 상황이 나빠 사변 전에 비하여 2할 내지 2할 5푼의 매상 감소를 보이고, 특히 사변 후 화류계의 한산 등에 의하여 고급품의 매행이 심히 나쁘며, 근래에 드문 더위도 점점 더 장사 부진을 조장하였다.

화물수탁제에 의한 상품 수급 관계의 원활하지 못함은 메리야스 잡화류의 경우와 다름이 없다. 그러나 2류 이하의 소매점에서는 원래 내지로부터 직접 거래를 하지 않고 부내의 상점으로부터 매입하므로 이 방면에는 영향이 없다. 특히 의복류는 마침 지금은 여름 것은 계절이 늦고 가을 것은 좀 일러 매상고는 특히 나쁘고 대지(對支) 수출의 정돈에 의한 내지 시장의 수급 관계의 영향이 커서 사변 확대를 따라 시세의 참락을 보았으나 이 땅의 소매가에 있어서는 인견의 여름 물건에 한하여 5푼가량의 치하를 하였을 뿐으로 거의 소매가에는 변동이 없다.

그리고 전주에서는 화상의 투매에 의한 상계의 혼란을 보았다고 전하는데 부내에서는 그런 종류의 타격은 거의 보지 않았다.

겨울 물건을 사들이는 일은 앞날의 예측이 서지 않으므로 자연, 거래는 어느 정도의 위축을 초래하리라고 보인다.

식료품점

식료품은 자금 회전율이 큰 것이 타품의 추수를 불허한다고는 하나 소매점에 있어서는 외상의 고객이 많고 외상 대금의 회수는 금융 핍박을 따라 여의치 못하여 점점 자금의 고정으로 궁박한 형편이다. 특히 사변 후 화류계 음식점의 폐산을 따라 매행이 나빠서 작년의 동계에 비하여 2할 내외의 감소이다. 고급품 특히 양주류의 매행이 나쁘고 통조림류에 있어서는 파인애플, 소라가 매행이 매우 양호한 외 다른 것은 좋지 못하다. 해산물류는 대지(對支) 무역의 정돈에 의하여 받는 영향보다도 화물수송 제한의 영향이 큰바 조선인 기호의 명태어는 5푼가량의 가격 상승을 보이고, 선어류는 수송 제한을 따라 항상 품귀 상황으로 소매가는 5할 가까이 가격 상승을 보이고 종래 내지·부산·원산 등으로부터 오던 소·민어와 같은 것은 거의 입하가 없다. 특히 8월 10일 이후의 얼음 기근으로 냉동비가 많이 들어 점점 소매가를 올리고 있다. 특히 조선 인가(人街)는 행상인에 의한 거래가 많은데 8월 이후 위와 같이 입하 부족에 의한 어가(魚價)의 상승, 얼음 부족 등으로 거의 그 그림자를 감추었다.

다음에 소채류에 대하여 보면, 중국인의 철퇴를 따라 행상인이 격감하여 공급의 부족이 예상되었으나 조선인 행상이 이에 대신하여 증가하였음으로 그러한 일이 없고, 금년 야채는 풍작이므로 시세는 수요 감소를 따라 오히려 진정되고, 소우방과 같은 것은 참락을 정(呈)하게 되었다. 특히 조선인의 동계 중요 부식물인 김장용 백채류는 중국 농민이 상당히 재배하고 있었는데 이들 농민의 철퇴에 의한 결과가 주목되고 있다. 그리고 대지 주요 무역 식료품인

식료유의 원료, 고추·대추와 같은 것은 대폭등을 보이어 지금 고추 1근이 15전에서 30전 대로 오르고 또 대추도 7월 중 1승 60전의 것이 80전 대로 오르고 또 앞으로 더 높아질 염려가 있다. 기타 중국산의 출회도 두절되어 다소 고가를 보였으나 조선종이 수확 출회됨에 따라 억제되어 지금으로서는 가격 변동이 없으나 조선의 김장기를 앞에 두고 고추 및 마늘류는 상당한 고가가 예상된다. 주류는 화류계의 한산에 의하여 다소 매상이 감소하였을 뿐으로 소매가는 변동이 없다.

시계상

금년은 사변 전보다 매행이 나빠 특히 금·백금, 기타 귀금속 제품은 8월에 들어 거의 매행이 없고 거의 가사상태에 빠져 있으므로 그 타격은 상당히 심각하다.

매입은 그 대부분이 부내의 상인으로부터 매입하고 일부를 산지 생산자의 주문 바디에 의하고 있는 관계상 수송 제한에 의한 영향은 없다. 게다가 5월의 농번기 후 곧 여름 침체기에 들어가고 또 북지사변, 특별물품세의 세과 등 연속적으로 악재료가 나와 불매였음에 반하여 재고품이 상당히 풍부하므로 지금으로서는 매입의 필요를 느끼지 않는다.

여행구·운동구상

여행구 중 가죽(皮) 제품은 원료고(原料高)에 의한 매입 가격의 속등으로 등귀할 때마다 소매가도 올리고 있어 결국 지금으로서는 일반으로 봄보다도 2할가량의 고가이다. 그러나 매상고는 여행의 감소로 사변과 동시에 2할 내지 4할의 감퇴를 보고 있다. 운동구품도 같이 가죽 제품은 상당한 가격 인상을 행하고 사변 이래 수요가 격감하여 매상은 약 3할 감소되었다. 매입은 물론 선편으로 내지로부터 하는 수밖에 없어 수송 제한에 의한 불편은 타품과 같다.

한약당재(唐材)·기타

북지사변이 조선인 소매점에 미친 영향 중 한약당재는 특히 주목할 것이다. 즉 조선인 의료계에 있어서 한방의의 존재는 절대한 지위를 가져, 따라 건재약종상 및 소매 약방업자는 전선을 통하여 막대한 숫자를 보이고 있는데 중국으로부터 수입하는 건재한약의 종류는

400종에 달한다 한다. 그런데 사변 발발 이래 대지 무역을 정돈하면서 약재의 수입이 두절되어 부내 및 지방의 당재 수입업자는 오름세를 예상하고 재고품을 고의로 매석하고 임의로 가격 인상을 행하고 있는 듯하여 시세는 전체에 걸쳐 등귀를 초래하고 있는데 구체적으로는 알 수 없다. 그러므로 소매업자, 즉 약종상 및 소매약방은 그 매입에 곤란을 받고 있는 형편으로 경찰 당국에서는 「폭리단속령」에 따라 차등 매석을 하는 자에 대하여 엄중한 경고를 발하였다고 전한다(완).

〈자료 165〉 전시경제와 소매상점, 경성상의 업무과장 아카오 마사오(赤尾正夫)(조선일보, 1938.7.30, 8면 1단)

본문은 29일 오전 10시 20분부터 30분간 DK 방송의 내용을 소개하는 것이다.

일지사변 발발 이래로 국민의 각오에 대하여는 정부에서 재삼 성명하고 또 모든 기관을 총동원하여 역설한 바와 같이 이번의 성전은 군사적으로 장기전으로 되었을 뿐 아니라 경제적으로도 장기전으로 된 것은 매일의 신문지상에 이미 헤아려 알고 계실 줄로 믿습니다. 평시이면 지금까지의 경제조직, 물품의 배급 조직 그대로 하여도 불편한 점이 없을 것인데, 전시로 되면 모든 경제정책, 경제조직이 변경되는 것은 금일의 우리나라 경제체제를 보면 분명한 것입니다.

작년 7월 이후 우리나라의 경제조직을 전시체제로 전환시키기 위하여 여러 가지 법령이 나왔는데 그 법령의 전부가 소매점에도 직접 간접으로 영향을 미치는 동시에, 소매 배급기관의 외형은 하등의 변화가 없는 듯하나 그 내부적 질에 있어서는 대단한 변화를 하고 있습니다. 이에 대응할 연구를 하는 동시에 연구의 결과를 실행에 옮겨가지 않으면 패잔자가 될 것입니다. 금일은 격변된 일본의 전시체제하의 경제조직이 소매점 경영에 어떠한 영향을 미쳤는가. 이 복잡하고 변화하는 시세에 대처함에는 어떠한 심산이 필요한가 하는 데 대하여 단편적으로 사견을 말하여 보겠습니다. 사변 발발 이래로 가장 큰 영향을 소매상점에 준 것은 여러분도 아시는 바와 같이 전쟁에 필요한 물자를 풍부하게 한다는 입장에서 외국품의 수입을 제한하고 일반 물자의 소비 절약을 단행한 것입니다. 그러므로 외국품의 수입을 허가제로 하고 사실상 수입하지 못하게 한 「수출입임시조치법」이 발령되었습니다.

또 전쟁에 직접 간접으로 필요한 물품, 예컨대 금·백금·철 이하의 32품목에 대하여 일반 국민의 소비를 제한하고 공급을 감소시킨 법령이 많이 발포되었습니다.

이들 다수의 법령이 발포된 결과 지금까지는 풍부하게 공급되어 소비되고 있던 물품이 이후로는 원료난으로 제작할 수가 없어지므로 도매·소매점에 재하(在荷)로 되어 있는 물품이 상당히 풍부하여 1, 2년의 소비에는 상관이 없는 것까지도 이후로는 제작할 수 없다는 인기만으로 폭등한 것도 많고 또 그중에는 공장·사옥의 재고가 적어서 소매상이 앞다퉈 사들여 가격이 엄청나게 폭등된 것도 있습니다.

또 사실 팔 물품이 없어진 물품도 생겼습니다.

이와 같이 여러 가지 원인으로 상점에 '스톡'[10]되어 있는 물품은 손님의 매점·급매로 시국관계의 공급 부족품이 잘 팔리고 또 가격이 나날이 앙등되어 폭리를 얻은 상점도 있으나 이것은 일시적이요 이후 물품이 부족되거나 없어지거나 하면 지금까지의 이익은 수개월 간에 얻은 것이라도 실질은 수년간의 이익을 일시에 얻은 셈으로 되어 팔 물품이 없어진다든가 객의 매점품이 소진되지 않는 한 상점의 매상은 상당히 감소하여 평시보다도 이익이 적어질는지도 모르겠습니다. 그러나 우리들은 현실로 현금을 많이 얻으면 장래 일을 생각할 여유도 없이 그것을 소진하여 버리는 수가 있는데 이 점을 충분 주의하시기를 바랍니다.

사변이 종료되어도 전후 공작(工作)이라든가 경제전이라든가 하는 것은 즉시 이전과 같이 복구되지 않는 것은 역사를 보아도 알 것이며, 전쟁 후에 오는 전승 경기라는 것은 거품과 같이 곧 소멸되고 전후의 공황은 한층 더 심각하므로 지금부터 단단한 각오를 하여 둘 필요가 있습니다. 지금 이익을 이후의 경영비로 충당하는 것이 상점을 영속시키는 비결이라고 생각합니다.

전언한 바와 같이 군수자재로서 막대한 물자가 필요한데 우리나라의 자원으로는 부족되고 수입하려면 정금(正金)을 외국에 지불하여야 하므로 일반 민간의 소비를 금지하여 원료의 공급을 제한하고 제조를 중지시킨 관계로 물품의 그림자도 못 보게 될 것이 상당히 많을 것입니다. 아직까지는 재고도 상당히 있을 것이나 이후 점두에서 없어진다면 그 물품이 대폭등하여 국민생활에 지장을 가져올 것이므로 관민이 협력하여 대용품의 연구, 그의 사용 장려를 하고 있는 것은 아시는 바입니다.

일체로 대용품이라 하여도 임시적인 것이 아니고 다들 사용하게 되면 훌륭한 상품입니다.

일본에서는 지금 널리 퍼져 있으나 대용품 등이 가장 융성한 것은 독일입니다. 대전 후의 경제 궁박과 식민지 상실로 연구한 결과 여러 가지 대용품이 생긴 것입니다.

그런데 금일 일본이 요구하고 있는 대용품은 무엇이냐 하면 전시물자 총동원계획에 의하여 일반

---

10 '저장'의 뜻.

의 사용 금지를 한 32품목인데, 그중에는 이미 연구시대를 지나 실용기에 들어온 것도 상당히 많으므로 팔 물품이 없어진 것 같은 것은 속히 대용품을 생각해 내어 그 판매에 노력하는 것은 국책에 순응하는 동시에 상점 경영을 확고히 하는 방법이라고 생각합니다. 이미 상공성에서는 대용품협의회를 설치하여 대용품의 연구를 대대적으로 하는 동시에 완성된 대용품의 전람회를 오는 가을 도쿄·오사카·나고야 등지에서 하기로 되어 있습니다. 또 유명한 유전소(有田燒, 아리타 도자기)는 이미 금속 대신에 도기로 대용되는 제품, 화로, 세면기, 탕탐포, 양식기, 대지(帶止)[11] 등 우수한 대용품을 매출하고 있고 또 도쿄리물동업조합에서는 양장용 '나막신'의 새로운 고안을 현상모집하고 있는 등 좀 더 노력하면 물자 사용 제한으로 문화 후퇴를 가져오는 불안을 전혀 해소하고 대용품에 의한 신상품 문화를 창조하는 것도 곤란하지 않을 것입니다.

물품이 부족되고 가격이 앙등되면 부정(不正) 상인이 발호하여 국민생활에 위협을 주고 또 물가가 너무 앙등되면 수출 무역이 부진하여지므로 이달 21일에 「폭리단속령」이 개정되고 그저께부터 정찰을 부쳐 일반에 가격을 명시하여야 되게 되어 매매 방법이 근대화하고 공정화하여졌습니다.

지금까지도 자각 있는 상점에서는 정찰제도를 실행하여 왔으나 모든 소매점이 정찰제도로 된 것은 좋은 일입니다. 이와 동시에 내지에서는 상공성에 물가위원회가 설치되어 면제품·고무제품 등의 소매 물가를 공정하여 그에 위반한 자를 엄벌에 처하는 법령을 발포하여 실시하였으므로 시중의 최고가격이 법적으로 결정되었습니다. 조선에는 아직 이 법령이 발포되지 않았으나 조만간 조선에도 공포될 것입니다. 이 법령이 공포되면 소매 가격이 결정되어 이른바 상업의 묘미가 없어지고 소매상은 순연한 배급기관으로 되어 담배·우표 판매와 같이 수수료주의의 중개 판매점에 지나지 못하게 될 것입니다. 상인은 매입에 대한 교묘함이 없어지고 이익도 일정하여지므로 단지 '써—비스'를 파는 결과로 됩니다.

그런데 가장 주의할 것은 제조가의 판매 가격이 일정해지면 종래보다도 물품의 질을 저하시킬 우려가 있는 점입니다. 따라서 매입에는 품질을 엄중히 조사할 필요가 생깁니다.

또 통제시대에 들어오면서 제조가는 각각 공업조합·'카르텔' 등을 결성하여 공동전선을 펴게 된 결과 제조가들 사이가 퍽 긴밀히 되어 조합의 생산품은 전부 조합의 손으로 판매하는 방법을 취하게 되었습니다. 그 외에 근래에 회자되고 있는 '보란타리—·체인'이라는 것이 있는데 저는 이것을 모방하여 여러 가지 제조업자가 일체(一體)가 되어 자기의 제품을 자기가 경영하는 전국 도시의 소매상

11 대지(帶止): 일본 여자 옷에서 양끝을 장식으로 물리도록 된 띠 위를 누르는 끈.

점에서 직접 소매를 하는, 즉 생산—소매의 모든 과정을 생산자가 하는 방법을 취하였으면 합니다.

예컨대 생선·과일·야채·지물·육류의 각종의 통조림업자가 하나가 되어 한 회사를 만들어 자기들이 생산하는 제품을 손님에게 직접 파는 조직을 결성하는 등 입니다.

이와 같이 소매상점의 경영 방법·물품 배급 방법이 나날이 변화하고 있으므로 소매점 경영자는 단지 물품을 매입하여 판매하는 이외에, 널리 국내 경제의 동향, 동업자의 동향, 자기들의 장래에 대하여 연구하여야 합니다. 요컨대 전시경제하의 소매상점계의 난국을 타개하는 방책은 여러 가지 있을 것이나, 너무 현재만 생각하지 말고 다음의 경제계·자기 상점을 고려하는 것이 비결입니다. 또 단지 경영법뿐만 아니라 정신력으로 산다는 활로를 발견하여야 합니다.

〈자료 166〉 시내 공·사설 17개소, 소매시장 통제 완성, 400 상인 대표 30여 명을 부에서 초치, 소매시장조합연합회 결성(조선일보, 1938.11.30, 3면 1단)

경성부에서는 공사설 17개 시장을 동원하여 연말 물가 억제, 부민의 소비경제 합리화에 매진하고자 시장통제에 착수하였다.

부내에는 부영 공설 소매시장이 다섯 군데, 사설 소매시장이 열두 군데가 있어 식료품과 일용품의 대부분을 공급하여 일반 시민의 소비생활과 밀접한 관계를 가지고 있음에도 불구하고, 이때까지 시장과 시장끼리는 아무런 연락도 없이 쓸데없는 경쟁을 하는 결과는 시장 자체의 발달에 해로울 뿐 아니라 물가통제를 문란케 하는 폐단이 많아 시장의 횡적 연락 통제는 종래부터 문제가 되어 오던 것이다.

경성부에서는 권업과가 주체가 되어 29일 오후 1시부터 부 회의실에서 17개 시장 상인 400여 명의 대표자 30여 명을 초치하여 여러 가지로 협의한 결과 소매시장 조합연합회를 결성하였다. 이로써 다년간 현안이던 소매시장의 연락통제는 완성한 것으로 부 당국에서는 이 기관을 통하여 경제경찰에 필요한 물하(物荷) 조사에도 협력하기로 되었으므로 물하 통제는 한결 쉽게 되어 일반 부민의 소비생활에 좋은 영향을 줄 것으로 각 방면의 기대가 크다.

〈자료 167〉 200여 명 상인 소집, 통제경제 질의문답, 23일 개성 사회관에서(조선일보, 1939.1.26, 3면 1단)

【개성】 상민의 폭리를 마음대로 탐할 수 있는 자유판매를 엄금하고 그 대신 공정가격 판매의 통제경제 정책을 실시한 지 오래이나 개성 상민 중에는 아직도 그 운용 방법에 있어서 인

식이 철저치 못해 있으므로 개성서 경제경찰계에서는 부 당국과 상공회의소·개풍군 등의 공동 주최로 지난 24일 오후 7시 200여 명의 상인이 모인 가운데 통제경제좌담회를 사회관(社會館)에서 개최하였는데 이날은 특히 경기도 호시데(星出) 경제경찰과장이 임석하여 일반 상인의 질문을 귀담아들으며 그들의 문의점을 자세히 설명 답변해 준 바도 있다. 그중 긴요한 몇 가지 질문 내용을 소개하면 다음과 같다.

문: "현재 가마니 쌀은 5두입(斗入)이라고 하나 되어 보면 2되 이상이 감소된 것이 보통이다. 그 원인은 쌀이 건조가 불량한 수분 관계와 정미기계에 열이 팽창되는 때문인데 이후로는 정미 5두를 완전히 채워 팔게 하도록 함이 옳지 않을까!"

답: "용정한 쌀을 금시 담는 것이 탈이니 이후로는 열이 완전히 식을 때(일일 경과) 되어 넣는다면 문제없을 줄 알며 수분 있는 곡식은 수분검사기 같은 것을 사용 실시케 하면 될 줄 믿는바, 하여간 이 문제는 가장 중요한 문제인 만큼 공정한 방법을 실시토록 고려해 보겠다."

문: "금전 융통과 또는 시세 하락을 예상하고 어떤 정미업자는 한 가마니에 2, 30전씩 싸게 파는 경우가 있어 공정가격을 교란시키는 예가 많다. 그리고 일반 잡화상도 고객과의 친분관계로 공정가에서 할인해 파는 일이 많다. 이는 폭리단속에 안 걸리는지?"

답: "공정가격 안에서만 할인해 팔면 폭리단속에 안 걸린다."

문: "나는 포목상인이다. 운임 관계로 원산지보다 좀 더 받아야만 이를 볼 경우인데 포목은 원근을 불문하고 일정한 가격을 받으라니 웬일인가."

답: "이 운임만은 반드시 매도하는 공장주 측에서 부담키로 제정되어 있으니 문제없다."

문: "그러면 포목말고 해외에서 건너오는 ■재■와 고무 등은 어떻게 하면 좋겠는가?"

답: "이는 거리의 원근을 불문하고 공정가격에 포함 계산된 것이니 소매상인은 이익을 적게 먹고 팔면 될 것이다."

문: "순면포와 혼방은 그 다른 점을 정가와 같이 표시해 팔아야 하는가?"

답: "표시 않고 팔아도 관계없다. 그러나 다른 점은 정직히 고객에게 알려야 한다."

문: "빛깔이 퇴색되는 상품이라 견본 외에는 싸서 보관해 두어야만 하겠는데 경제경찰은 상품을 비장해 두었다고 단속하니—이를 어쩌면 좋은가?"

답: "적당한 방법으로 그 수량을 확실히 표시하면 좋다."

문: "아직 땔감 값은 하등 표준가격이 없이 자유판매를 하기 때문에 비싸다는 소리도 높고 속아

사는 폐단이 많다. 어떠한 대책이 없겠는가."

답: "부 당국이나 경찰 당국도 일찍부터 이 점은 고려하고 있는 중인데 원산지에서 먹는 시탄 값을 철저히 조사한 후 2월 내에 통제조합 같은 기관을 새로 설치할 복안을 가지고 있다."

대강 이상으로써 질의문답은 끝났는데 끝으로 미와(三輪) 서장의 훈시가 있은바, 즉「폭리단속령」은 한갓 상업자를 곤경에 빠지게 하는 것밖에 없다고 오해하는 이가 있는데 이것은 간상배의 심리란 것과 이 법령은 현하 전시체제하에 일반 상인을 오히려 옹호하기 위하여 상인의 판매력과 소비대중의 구매력을 균형케 하는 방법이란 것을 역설하였다.

〈자료 168〉 조선의 소매업 통제, 만전 대책 수립, 연구위원회를 상설 구체책 강구, 특수 사정 검토가 필요(조선일보, 1939.7.1, 8면 1단)

상공성에서는 소매업 면허제를 실시하려고 소매업개선조사위원회로 하여금 구체적 연구를 행하고 있는데, 동법 실시에 즈음하여 조선에서도 다음의 여러 논점에 유의하고 신중한 대안이 필요하게 되어 관계 방면에서 목하 연구 중이며, 경성상공회의소에서는 내지에 있어서 상업의 실체를 조선에 있는 그것과 비교하여 충분히 고안하여서 사전에 만전의 대책을 수립하기로 검토 중인바, 근일 중 조선 내 각 방면의 권위자를 총망라하여서 상설 연구위원회와 같은 것을 조직하고 대책을 강구하기로 되었다 한다. 소매업 면허제도에 대한 구체적 연구 요항에는 다음과 같은 것이 예거된다.

1. 내지에서 동 제도가 시행된다 할지라도 조선은 내지에 비하여 경제적 발달, 기타 각종 조건이 상위(相違)되는 것이 있으므로 충분히 검토할 필요가 있다.
1. 물자의 배급통제 및 가격통제의 국가적 입장에서, 또는 일·만·지 '뿔럭' 확립 산업기구의 재편성 등 장래의 산업계획상 입장에서 고려해야 한다.
1. 상업자 계급의 보호 개선 및 확립을 도모해야 한다.

〈자료 169〉 이출 조정령 중에는 미곡 일반 명령도 규정, 「시장회사령」은 단독 제정

(동아일보, 1939.7.25, 8면 1단)

조선의 쌀 이출통제 문제는 이미 보도한 바와 같이 총독부·농림성 간에 타협이 성립되어 해법을 보기에 이르렀으므로 총독부 농림국에서는 농림성의 요망 조항을 삽입시켜 제령안(制令案)의 작성을 급히 하기로 되었는바, 이 제령은 이출통제에 관한 사항 외에 내지의 「미곡배급통제법」 제1조 내지 제4조에 규정되어 있는 일반 명령의 생산자·취급업자 및 동령(同令)에 의해 설립될 이출조합에 대해서 강력하고 광범위한 명령권을 보유하고 사정 여하에 따라 미곡의 매각, 쌀값의 공정(公定)도 행할 수 있다. 그리고 일부의 오해를 초래하고 있는 「미곡시장회사령」에 의한 최고·최저 쌀값은 시장가격에만 관련이 있는 것으로 일반시장 외 쌀값을 대책으로 하는 것은 아니다. 그리고 이렇게 총독부가 독자적인 명령권과 농림성의 미곡정책 조항을 그대로 이출미뿐만 아니라 일반 미곡에 관한 총독부의 기본 법규로 하고, 「미곡배급통제법」 제5조 이하에 상당하는 「조선미곡회사령」은 단독으로 별개의 제령으로써 정하기로 결정하였다. 전자의 제령에 의해 총독부는 미곡의 매매 및 그 대리 매개를 행하는 자에 대해 미곡배급통제상 필요한 명령을 발동해서(제4조) 생산자와의 조화는 구체적인 경우에 있어서 양 당국의 긴밀한 연락 협조를 기다리고 있고, 이의 운용은 자못 미묘한 바 있으나 이출통제에 관해서는 양 당국이 절충 중에 있어서 충분한 양해가 성립되어 각서가 교환되어 있는 것으로 보인다.

〈자료 170〉 단속령 실시, 매매도 통제할 방침, 총독부 유이(油井) 축산과장 담(談)(조선일보, 1939.9.8, 2면 8단)

이에 대하여 총독부 유이(油井) 축산과장은 다음과 같이 말한다.

"조선은 우마상(牛馬商) 단속령의 실시도 되지 않고 「가축시장령(家畜市場令)」도 실시되지 않기 때문에 우마상이 너무 많아서 우마의 매매가 상당히 복잡하다. 도시, 농촌을 물론하고 아무나 소를 사가지고 다니면서 몇 원만 이익이 남아도 팔고 사고 하는 터이므로 현재 전 조선에 있는 소는 약 170만 두에 불과한데 매매되는 소는 108만 두를 돌파하는 기현상이다. 이러기 때문에 우마의 매매에 여러 가지 폐단을 일으키게 된다. 금년 같은 해도 한발을 악용하여 우마상들이 공연히 농가를 선동하여 농우를 남매하도록 책동하는 사실이 허다한 현상이므로 불가불 우마상 단속령을 제정 실시하는 수밖에 없다. 이 법령안은 이미 작성되어 있은즉 불원간 소정 수속 절차를 밟아서 실시하도록 하려 한다. 내지에는 우마상 단속령과 「가축시장령」이 모두 오래전부터 실시되어 있는 터인데 내지의 우마상은 조선처럼 그렇게 많지 않다. 그래서 우마의 매매가 조금도 복잡하지 않고 따라서 별 폐해가 생기지 않는다."

〈자료 171〉 시장 배급기구 정비, 청과·채소 시세 억압, 부 권업과서 대책 강구(조선일보, 1939.11.8, 2면 3단)

「가격총정지령(價格總停止令)」이 실시되어 각종 물가가 일제히 9월 18일 현재의 가격으로 뒷걸음질을 치게 되어 이제부터 1년 동안은 이 이상 더 못 오르게 되었으나 일상생활의 필수품인 생선·과일·야채 등 각종 식료품에 한해서만은 크고 적다든가 품질이 일정치 않다는 이유로 「총정지령」에서 빠졌으므로 이번 법령의 구속을 받을 필요가 없어 네 활개를 펴고 그동안에도 마음대로 뛰어올라 가고 있는 형편이다. 이러한 경향을 그대로 방임해 두는 것은 부민의 주방경제에 중대한 위협을 줄 염려가 있으므로 경성부에서는 이 점을 염려하여 그동안 여러 차례로 권업과와 시국총동원과를 중심으로 여기에 대한 대책을 강구한 결과 요즘 대체로 다음과 같은 근본 대책을 세웠다.

즉 중앙도매시장의 판매 기구에 일대 개혁을 하여 수급의 일원화를 도모하는 한편 내월 초순경에 나오리라는 「배급통제령」의 실시를 기다려서 배급기구를 정비하여 가격의 혼란 상태를 자연 소멸케 하려는 것인데 배급을 이렇게 강력하게 통제하면 일반 판매가격도 자연 수그러질 것으로 제멋대로 날뛰고 있는 생선, 과일 등속에까지 통제의 굴레가 메워질 날도 멀지 않겠다고 보여진다.

〈자료 172〉 부내 각 시장 일용품의 가격 사정 개시, 월말까지에 완료, 내월부터 실시(조선일보, 1939.11.28, 2면 4단)

공·사설 시장의 찬거리 값을 비롯해서 각종 일용잡화의 가격을 감시 통제하기 위하여서 결정된 경성부시장 물가감시위원회에서는 27일 오후 1시부터 용산 공설시장 집합소에서 위원회를 열고 시장 판매 가격에 대한 제1회 사정에 착수하였다. 즉 술·간장·채소·생선·과일 등 각종 일용품에 대하여 어느 것은 한 근에 얼마 이렇게 꼭꼭 가격을 정하여 놓고 이 이상을 아무도 못 받도록 하려는 것인데, 한마디로 찬거리라고는 해도 종류가 워낙 많은 관계로 이 날 하루만으로는 도저히 전부의 사정을 마칠 수가 없어, 이날은 술·간장·된장·김치·시탄·곡물 값만 정하고 과일·채소·두부 등 남은 것들은 다음 날인 28일에 정할 터이다. 값이 사정되면 29, 30 이틀 동안에 걸쳐서 우선 각 공·사설 시장업자들을 불러다가 양해를 구한 후 12월 1일부터 정식으로 부내 일제히 새 값대로 실시할 터이다. 새로 결정된 값들은 매달 1일과 15일마다 각 시장에 내어 부치게 하는 동시에 라디오를 통하여 널리 일반 가정에 알려드리기로 되었은즉 특히 주부들은 값에 유의해서 속지 않도록 할 필요가 있다.

〈자료 173〉 청과도매시장, 가격 불표시 매출 성행, 서문서(西門署)에서 적발 엄벌(조선일보, 1939.12.14. 2면 7단)

70만 경성부민에게 청과를 대주고 있는 경성청과중앙도매시장[경성중앙도매시장(京城中央都賣市場)]의 중매인 60명은 그 반수가 넘는 37명이 가격 표시를 하지 않고 마음대로 사고팔고 하는 것이 소관 서대문경찰서 경제계에 들키었다. 즉 이들 중매인은 경성중앙청과주식회사에서 야채·과실 등을 위탁 맡아 가지고 소매인에게 팔아넘겨 그 1푼을 자기의 이익으로 하여온 것인데 가격 표시를 하지 않고 팔아 온 까닭에 얼마나 부당한 이익을 보고 있는 것인지 동서에서는 철저히 조사 중이며 이 중에도 놀라운 것은 중매인 조합장 쓰치다 노보루(土田昇)까지가 이러한 행동을 하고 있어 방금 위반자 전부를 호출하였는데 엄벌에 처하리라 한다.

〈자료 174〉 불매석불매점(不賣惜不買占) 신전(神前)에 맹서(盟誓), 상공업자의 "정동(精動)" 경제보국 선서식, 오는 20일 전 조선 일제히 거행(조선일보, 1939.12.20. 2면 5단)

일면 전쟁, 일면 건설의 단계에 들어간 오늘 경제전의 뜻은 더욱더욱 무겁고 큰 것이 있다. 이때 정부에서 취하고 있는 저물가 정책은 총후(銃後)의 국민생활 안정과 전쟁 수행 대륙 건설에 절대로 필요한 일인데 관계 법령이 우후죽순으로 나와 단속과 감시를 엄밀히 한다 하더라도 수많은 상공업자의 협력이 없이는 도저히 효과를 나타낼 수가 없는 것이다. 여기에 깨달은 바 있어 전 조선상공회의소가 중심이 되어 20일 오전 10시를 기하여 중앙에서는 조선

신궁, 지방에서는 각 신사에, 상공업자가 모여 매점매석 등 행위는 물론 당국의 경제정책에 자진 협력하여 경제전사로서 행동하겠다는 것을 신명에게 맹서하고자 전 조선 상공업자 경제보국 선서식을 거행하기로 되었다. 이 행사에 대하여 총독부에서는 전면적으로 격려 지지하여 명일의 선서식을 성대히 하고자 경무국장은 각 도 경찰부장에, 식산국장은 지방 상공단체에, 재무국장은 지방은행·금융조합에 통첩을 보내어 협력하기를 지시한 바 있었고 미나미(南) 총독은 특히 이 행사를 계기로 하여 전국에서 처음으로 상공업자의 정신총동원이 실현되어 저물가 정책의 실효가 구현될 것을 기대하고 있다.

경성의 선서식에는 미나미 총독, 대야 정무총감, 중촌 군사령관, 천도정동 총재[천도총재(川島總裁)]를 비롯하여 상공업자 1만여 명이 출석할 터이므로 공전의 성황이 예상되며, 실황은 D·K를 통하여 전 조선에 중계방송하기로 되었다.

취의서

지나사변이 이미 2년 반이 넘고, 황군의 전과 위대하여 신질서 건설이 점차 진행한다 하더라도 복잡다변한 국제정세하에 이를 처리하는 것이 실로 용이치 않다. 특히 우리 총후 국력의 쇠함과 성함에 대하여는 적(敵) 정권 및 이를 지원하는 제3국이 비밀히 유의하여 혹은 항전 속행의 의도를 견고히 하고 혹은 간섭 압박의 기회를 노리는 바로서 국가 재정 경제의 건전을 유지하여 전력 증강을 부단히 기하는 일이야말로 이들 뭇 적들의 화심(禍心)을 좌절하여 사변 처리의 속급을 초래하는 이유이다. 이때에 당하여 우리들 상공업자가 경제전 전사 군국에 대하여 짊어지는 책무가 중차대함은 말할 필요도 없다. 더욱 현하 물가앙등이 단지 국민생활을 위협할 뿐 아니라 군수 조달, 국채 소화, 수출 인력의 확보, 물동 계획의 수행에 지장을 초래하는 것이 있음에 대하여 함께 준법의 정신을 강화하여 국책에 협력 억제를 도모함이 본연의 의무임은 물론, 또한 종국으로는 업자 자신의 복지를 가져오는 일인 줄 믿는다. 따라서 우리들 상공업자는 이에 황국 경제인으로서의 애국정신을 가지고 신전에 서맹하여 자주자율·경제국책의 실천궁행을 기한다.

〈자료 175〉 생사(生絲)에 전표 제도(傳票制度), 배급통제의 단행 결정(매일신보, 1940.1.9, 1면 6단)

【도쿄 전화】 농림·상공 양성에서는 생사(生絲)의 수출, 수량의 확보, 생사의 적정가격의 실현 유지를 도모하기 위해 금회 수출입품 등 전시조치법에 기초해서 생사의 수급 조정 및 그 배

급 통제를 목적으로 하는 「생사배급통제규칙」을 제정, 국용 생사(國用生絲)에 전표제도(傳票制度)를 채용, 면직물 등의 생산통제와 생사의 배급통제를 단행하기로 되었다. 다음 규칙 중 주요점은,

"생사를 원료 혹은 재료로 하는 제품의 사장(死藏), 또는 생사의 가공을 업으로 하는 것은 지방장관에 있어서 또는 상공대신이 지정한 단체에 있어서 할당하는 수량을 초과해서 생사를 제품의 원료 혹은 재료에 사용 또는 가공함을 얻지 못할 것으로 하고 수량 할당을 하되 할당 이상의 이용, 가공을 금지하고자 전표제도를 확립하고 생사의 판매를 업으로 하는 단체로서 농림대신이 지정한 자[잠업상공동사설조합(蠶業商共同私設組合)] 혹은 그 조직자 또는 지방장관이 지정한 자가 아니면 판매의 목적으로써 생사를 사는 것을 하지 못하기로 해서 생사의 부당한 편재를 억제하려는 점"이다.

〈자료 176〉 경제사범 방지 차 5개 투서함 설치(조선일보, 1940.4.15, 3면 1단)

【목포】 목포경찰서 경제계에서는 경제사범을 미연에 방지하고자 지난 4월 11일부터 부내 5개소에다 경제에 관한 투서함을 설치하였다. 경제계에서는 일반 부민이 경제에 대한 희망이라든지 불편이라든지 또는 경제계(經濟係)에 희망할 사실이 있다면 속임 없이 무기명으로 투서케 하여 경제계에서는 이에 대한 회답은 하지 않더라도 선처할 일은 선처하여, 개선할 일은 개선하여, 부내에 매점, 암거래, 매석 등의 경제에 관한 범죄를 방지하려 한다. 경제투서함 설치 장소는 다음과 같다.

▲ 복산정[은좌통(銀座通)] ▲ 공설시장 앞 ▲ 남교동 ▲ 창평정 ▲ 욱정

〈자료 177〉 통제경제 강조 주간 제1일은 '자숙휴업', 2일부터는 본격적으로 검찰대를 출동 감시(조선일보, 1940.7.2, 2면 3단)

경성부와 부내 각 경찰서의 공동 주최로 열리게 되는 통제경제 강조 주간은 마침내 오늘부터 막을 열었다. 그들은 주간 제1일이자, 마침 또 애국일인 관계로 부민의 자숙 사계에 한결 더 엄숙한 기운을 더해 준 느낌을 주었다.

전례에 따라서 각 백화점에서 문을 닫은 것은 물론이거니와 요리점과 카페 —빠— 등 유흥

가에서의 '자숙휴업'에 호응하여 부내 각 공설시장에서도 이날 하루를 임시휴업일로 정하고 찬거리 흥정을 완전히 쉬어 미간 통제에 유효적절한 엄호사격을 보내 주었다. 주간은 7일까지 앞으로 일주간 더 계속될 터인데 2일부터는 본격적으로 가격 표시 검찰대를 출동시키는 한편 경제도덕의 함양을 위한 일대 운동을 일으킬 예정이다.

〈자료 178〉 전주부(全州府) 채소·과일 행상(行商) 적정가격 결정(조선일보, 1940.7.24, 4면 6단)

【전북지사 발】 전주부 및 전주상공회의소에서는 일반 부민의 주방경제의 안정을 도모하고자 각 식량품 상점에 대하여 채소, 과실 등의 정찰판매를 지켜 왔었다는 데 한 걸음 더 나가서 일반 행상인들도 정찰 판매를 여행(勵行)시키기 위하여 18일 오후 전주소방서 누상 회의실에 행상인들을 불러 모으고 실행방침을 강조한 후 21일부터 매일 아침 전주부영시장에서 공정가격을 표준으로 각 품종 적정가격을 정해서 가격표대로 행매를 실행하게 되었다. 만일 가격표를 갖지 않았거나 가격표 이상 가격으로 판매하는 자가 있으면 경찰서에 신고할 것이라 한다.

〈자료 179〉 「폭리단속령」 강화(1)(조선일보, 1940.8.6, 4면 1단)

1. 서언

지나사변 이래 「폭리단속령」의 개정은 이번으로 다섯 번째로서 조선에서도 8월 5일부터 강화 실시될 터인데 소위 「폭리단속령」으로서는 획기적인 개정이 있었던 1939년(昭和 14) 12월 상공농림성령 제1호 「폭리행위 등 단속규칙」이 생긴 후 최초의 개정이다. 전시 국민생활을 안정시키려면 물가등귀를 억제하는 것이 절대로 필요하다는 것은 새삼스럽게 재언을 요치 않는 바이며 정부에서는 사변 이래 소위 「폭리단속령」의 개정 강화, 「가격 등 통제령」의 실시 등 여러 가지로 저물가 정책을 수행하기에 노력하여 각기 상당한 실효를 거두어 왔으나 최근에 있어서의 경제계의 실정을 보면 아직도 정부에서 의도했던 바와는 상당한 차이가 있다. 예를 들면 철강배정증명서의 교부를 받은 수요자는 자기가 직접 철강을 구입치 않고 그 구입을 브로커에게 위탁하고 수탁자는 수인(數人)의 수요자로부터 동양으로 배정증을 맡아

가지고 소요되는 강재(鋼材)를 무집(貿集)하여 이것을 각 위탁자인 수요자에게 인도하여 상당한 다액의 금전을 수령할 것과 같은 사례가 적지 않다.

다시 「가격 등 통제령」 실시 이래 약 9개월이 되는데 그동안에 중앙 혹은 지방에 있어서 공정가격을 설정한 물품의 수 또는 중앙, 지방을 통하여 협정가격으로서 인가된 물품의 수는 비상한 다수에 달하였다. 그런데 일부 판매업자 사이에는 공정가격품 또는 협정가격품의 판매를 회피하고 또는 태연 공정가격을 넘겨 판매하고 있는 자도 있는 모양이다. 또 구매자 측으로부터 보면 자기의 구입하는 물품이 공정가격이 설정된 물품인지 협정가격으로서 인가된 것인지를 모르는 경우가 많으므로 자기는 적정한 가격으로 구입했는지 어떤지를 몰라서 매우 불안하므로 공정가격품인지 협정가격품인지를 표시하기를 바란다 하는 요망도 있었으므로 그 요망에 응하여 구매자의 불안을 제거하고 믿을 만한 방법을 도모하는 동시에 단속을 용이케 하고 한층 공정가격 등의 유지 여행(維持勵行)을 도모하려고 이번 1940년(昭和 15) 6월 24일 상공농림성령 제1호 「폭리행위 단속규칙」 중의 개정 성령(省令)을 공포하게 된 것이다.

2. 개정된 요점

금반 개정된 요점은 세 가지인데, (1) 누구든지 부당한 보수를 받고 물품매매의 매개를 할 수 없는 것(제1조 제1항), (2) 공정가격이 설정된 물품인지 협정가격의 인가를 받은 물품인지 또는 지정 기일에 있어서 정지된 물품인지 차등의 표시를 실행케 한 것(제2조 제1항), (3) 물품의 명칭, 명병(銘柄), 규격 품질, 등급 방법, 용량, 중량 혹은 수량의 표시 또는 이에 관하여 필요한 명령을 발할 수 있게 한 것(제3조).

이상의 세 가지는 실질적인 개정이나 위 세 가지의 개정 외에 제5조의 2 본칙에 있어서 지방장관이라고 있는 것은 도쿄부에 있어서는 도쿄부지사 및 경시총감으로 함(조선에 있어서는 총독 또는 도지사, 이하 같음)의 규정이 새로이 설정되었고, 또 제1조 제1항, 제2조, 제3조의 개정에 의하여 종전의 규칙 중에 조문의 이동이 있었으므로 이것을 정리하고자 벌칙 규정의 제7조 제1호 중 '제1조'를 '제2조 제1항 혹 제2항'으로, 동조 제2호 중 '제3조'를 '제2조 제3항 또는 제3조'로 개정하였다.

3. 부당한 보수를 얻고 매매를 매개하는 것을 금지

(제1조 제3항) 개정 전의 제1조 제2항에는 '누구든지 부당한 보수를 받고 물품을 매개할 수 없음'으로 규정되었었음으로 본 조항의 적용을 받는 자는 판매업의 의뢰를 받고 판매를 매개하는 경우에만 한정된다는 해석상의 의문이 있었다. 또 전술한 바와 같은 구매자의 의뢰를 받아 물품의 구입을 매개하고 부당한 보수를 얻는 자가 증가될 정세이므로 해석상의 의문을 해결하는 동시에 연하여는 '부당한 보수를 받는' 자이면 업자 간의 판매, 구매에 한정치 않고 일반 소비자 간의 매각, 구입, 즉 널리 매매를 매개할 수 없다는 것을 명백히 한 것이다. 이 규정에 위반한 자는 폭리 판매한 경우와 같이 3월 이하의 징역 또는 100원 이하의 벌금에 처하게 되는 것이다(제6조).

4. 공정가격품 등의 표시

(제■조)

개정 전의 제2조는 '물품을 판매하는 자는 그 가격을…… 표시할 것'으로서 판매가격의 표시의무를 부과하였었는데 이번에는 가격뿐 아니라 다시 「가격 등 통제령」 제 조에 해당하는 물품'이라는 표시의무를 부과하게 한 것이다. 이 표시를 해야 할 경우는 다섯 가지가 있는데 표시의 양식은 주무대신이 정하기로 되어 있고(제1조 제1항), 이것은 1940년(昭和 15) 6월 상공성 고시 제9호로써 각 양식이 정해져 있다. 이것을 나누어 설명하면,

제1은 가격에 대해서 「가격통제령」 제2조 적용을 받는 물품으로서 이것은 '가격정지품' 또는 '정(停)'이라고 표시한다.

「가격 등 통제령」 제2조의 적용을 받는 물품이라고 하면 소위 9월 18일로써 정지된 물품이 대표적인 것으로 기타에 신제품(「가격 등 통제령」 시행규칙 제3조 제1항 제2호), 협정가격품(「가격 등 통제령」 제3조), 동조 제1항 단서의 '허가를 받은 물품'도 포함되나 후자에 대해서는 별표의 양식으로써 표시시키기로 되어 있으므로 '가격정지품' 또는 '정'이라고 표시해야 할 물품은 전술한 9월 18일로써 정지된 물품 외에,

1. 「가격 등 통제령」 제1조의 적용을 받을 물품으로서 동령 시행규칙 제3조 제1항 제1호·제3호에 게재한 물품 및 동조 제2항에 의하여 가격이 지시된 물품(단, 동조 제1항 제2호에 게재된 물품을 제함)

2. 「가격 등 통제령」 제20조에 게재한 규정에 의하여 연월일에 지정을 받은 물품
3. 「가격 등 통제령」 제4조 및 동령 시행규칙 제9조의 규정에 의하여 가격의 인하 처분을 받은 물품 등이 포함되는 것이다(제2조 제1항 제1호, 고시 제9호 1).

제2조로 표시의무를 부과한 것은 소위 신제품으로서, 신제품에는 '신제품' 또는 '신(新)'이라고 표시해야 된다. 특히 신제품인 것을 표시시키기로 한 것은 최근에는 신제품이 아닌 것도 신제품이라고 해서 부당한 가격으로 판매하고 있는 자가 많은 실정이므로 원래 신제품이라는 것은 지정 기일 당시에 존재했던 물품과는 형태·내용·효용 등에 있어서 본질적으로 차이가 있는 것만을 말하는 것으로, 가령 어느 지방에서는 신규인 물품일지라도 내지의 어떠한 지방에서 같은 물품이 거래된 사례가 있을 때에는 신제품이라고는 말할 수 없는 것이다. 또 실제로 신제품 같으면 그 가격은 이에 유사한 것의 지정기일에 있어서의 시장가격 또는 이에 준하는 것에 대하여 원가의 차이를 참작한 것으로 되는데 이번 개정에 의하여 물품의 '신제품'이라고 표시시키기로 한 것은 그때에 그 사람의 도의심에 의하여 과연 신제품이라고 하여 판매해도 좋은 것인지 아닌지 그 가부의 반성할 기회를 주도록 하려는 때문이다(제2조 제1항 제■호 고시 제9호 2). (계속)

〈자료 180〉 「폭리단속령」 강화(2)(조선일보, 1940.8.7, 4면 1단)

제3은 가격에 대하여 「가격 등 통제령」 제3조 제1항의 규정에 의한 인가 또는 동조 제2항에 의한 처분을 받은 물품에 대해서는 '협정가격품' 또는 '협(協)'이라고 표시하는 것이다(제2조 제1항 제3호 고시 제9호 3).

제4는 가격에 대해서 「가격 등 통제령」 제6조 제2항의 규정에 의하여 규정된 법령에 있어서 또는 이에 기(基)하여 가격을 정하고 또는 가격의 처분을 받은 물품 및 동령 제7조의 규정에 의하여 가격의 지정을 받은 물품(단 동조 제1항 단서의 허가를 받은 물품을 제함)은 '공정가격품' 또는 '공(公)'이라고 표시한다.

「가격 등 통제령」 제6조의 규정에 의한 것과 제7조에 의한 것은 그 준거한 근거는 다르나 하여간 법으로 인정한, 즉 법정된 가격이므로 구별할 실익은 없으므로 대체로 '공정가격품' 또는 '공'으로 표시시키기로 한 것이다. 「가격 등 통제령」 제7조의 규정에 의하여 가격이 지정

된 이상 주무대신이 지정했든지 지방장관이 지정했든지는 불문함은 물론이다. 「가격 등 통제령」 제21조에 게재한 각 규정에 의하여 각기 상당한 행정관청에서 가격을 지정한 물품일지라도 '공정가격품' 또는 '공'이라고 표시해야 되므로 주의해야 한다(제2조 제1항 제4호 고시 제9호 4). 제5는 가격에 대해서 「가격 등 통제령」 제○조 제1항 단서 또는 제7조 제1항 단서의 허가를 받은 물품에 대해서는 '허가가격품' 또는 '허(許)'라고 표시하는 것인데 그중에는 「가격 등 통제령」 제21조에 게재된 각 규정에 의하여 각기 상당한 행정관청 허가를 받은 물품도 포함된다(제1조 제1항 제5호 고시 제9호 5).

이상으로써 물품을 표시하는 양식에 대해서 말하였는데 그의 표시의무가 부과되어 있는 자는 물품을 판매하는 자이면 그것이 판매업자든지 생산자 또는 무역업자든지 간에 모두 표시해야 하는 것이다.

표시하는 방법에 관해서는 개개의 물품의 보기 쉬운 부분에 기재하는 것이 가장 기대되는, 물품의 성질상 혹은 업자의 업태에 의하여 그렇게 할 수 없는 일이 있음으로, 이러한 경우에는 점두에 게재하든지 견본실을 설치하여 거기다가 자기 상점에서 취급하는 전 상품을 진열하여 이에 '판매가격', '공정가격' 또는 '공' 등을 표시하고 또는 차(茶)·석탄 등을 대량으로 배달, 매매할 경우에는 송장에 '공정가격품' 또는 '공' 등의 표시를 병기하는 등 구입자가 물품을 수취할 때에 공정가격인지 협정가격품인지를 용이하게 알 수 있도록 하는 방법으로써 표시하면 좋다(제2조 제1항).

5. 공정가격품 등의 표시가 제외된 경우

(제2조 제1항 단서)

공정가격품·협정가격 등의 표시는 이것으로써 구매자의 불안을 제거하고 그 편이를 도모하는 동시에 단속을 용이케 하려는 데 있으므로 예외는 될 수 있는 대로 인정치 않도록 하는 것이 좋으나, 물품의 성질, 판매상의 관습, 지방의 사정, 기타에 의하여 표시를 명하는 것이 적당치 않다고 인정할 때에는 이것을 제외할 필요가 있으므로 '지방장관이 특별한 사정이 있다고 인정할 경우는 차한(此限)에 부재(不在)함'(제2조 제1항 단서)이라고 규정되어 있는 것이다. 지방장관이 예외를 인정하는 방법으로서는, 특정한 업종·업태 전체에 대해서 이것을 인정할 때에는 고시에 의하여 이것을 하고, 특정한 사정이 있는 것에 대해서 이것을 인정할 때에는 그것에 대한 처분에 의하여 실행될 것으로 보인다.

6. 공정가격품 등의 표시에 관한 명령

(제2조 제3항)

제2조 제3항은 개정 전의 제3조에 해당하는 것인데 표시에 관한 규정이므로 제2조로 편입하고 또 이번 개정에 의하여 공정가격품 또는 협정가격품 등의 표시까지도 명하기로 되었으므로 종전의 '가격의 표시에 관하여'라는 것이 '제1항의 표시에 관하여'라고 개정된 것이다. 본 조항에 의하여 주무대신 또는 지방장관이 명령을 하는 것은 예를 들면 '공정가격품' 또는 '공'의 표시한 것이 극히 작아서 일견 명료치 않은 경우에 이것을 적당히 개정하도록 여쭈는 것이다.

그리고 구 규칙의 제3조는 지금 개정에 의하여 제2조 제3항으로 되었는데 구 규칙의 제3조에 기한 종전의 주무대신 또는 지방장관의 명령은 효력이 상실되는 것이 아니므로 그 명령에 위반한 자는 개정 후일지라도 제7조에 의하여 처벌을 받게 된다.(제2조 제3항)

7. 물품의 명칭, 품목·규격 등의 표시

(제3조)

이번 개정에 의하여 주무대신 또는 지방장관은 물품의 명칭, 품목·규격·품질·등급·촌법·용량·중량 혹은 수량의 표시 또는 이에 관하여 필요한 사항을 명할 수 있는지의 신규정을 설정하였는데, 이것은 예를 들면 직물에 '공'이라고 표시되어 있어도 그 직물은 어떠한 품명의 공정가격인지 구매자 특히 소비자는 알 수 없는 경우가 많으므로 그 품명을 표시하도록 명하여 소비자의 편리를 도모하는 동시에 단속에 적확을 기하려는 때문이다. 물품의 '명칭·품목·규격·품질·등급'의 표시를 명할 경우에는 주로 공정가격품 또는 협정가격품에 대해서 그 필요가 있고 '치수·용량·중량·수량', 그 이외의 물품에 대해서도 필요한 경우에는 표시를 명할 수 있게 된 것이다(제3조).

이 제3조에 의한 명령과 제2조 제3항의 규정에 의한 명령에 위반한 자는 구류 또는 과료에, 공정가격품 등의 표시를 태만하고 또는 허위의 표시를 한 자도 역시 구류, 과료에 처하기로 되었다(제7조 제1호 제2호).

8. 결어

이상으로 간단하나마 설명하였는데, 제1조 브로커 단속 강화의 규정은 공포와 동시에 시행되어 표시 등의 규정은 지난 8월부터 시행되었다. 이후 「가격 등 통제령」의 활용을 하는 물품은 반드시 어떠한 표시가 있고 아무런 표시가 없는 물품은 대체로 「가격 등 통제령」의 적용 제외인 것으로 생각해도 좋을 것이다. 예를 들면 생선, 식료품 등이다. 그래서 업자와 일반 소비자에게 바라는 것은 공정가격은 정부에서 적정가격을 설정한 것이며 협정가격은 9월 18일 가격의 불균등한 것을 평균하여 인가한 것이므로 업자는 될 수 있는 대로 공정가격품 또는 협정가격품을 팔도록, 또 일반 소비자는 될 수 있는 대로 '공'과 '협' 등이 표시되어 있는 물품을 구입하도록 노력해야 되겠다. (끝).

〈자료 181〉 양평 경제좌담회(매일신보, 1940.8.17, 3면 4단)

양평경찰서 경제계는 관내 일반 상업자에게 지난번 개정된 「폭리행위 등 단속규칙」과 「사치품 등 제조 판매 금지규칙」 및 신제품의 해석 등에 대해 그 취지와 주의사항을 철저히 인식시키기 위하여 8월 4일 관내 상업자 80여 명을 경찰서 무도장에 소집하여 좌담회를 개최했다. 5~6일 양일은 서원을 총동원하여 업자의 직접 지도와 일제 단속을 했다. 8일에는 군내 행상업자 40여 명을 무도장에 소집하여 개정된 법령을 충분 설명하고, 이후 위반자는 엄중 처벌한다.

〈자료 182〉 성냥과 비누, 사 모으다가 벌 받아(매일신보, 1942.1.7, 3면 6단)

【평택】 세탁비누와 성냥을 사 모으다가 평택경찰서 경제계에 발각되어 「폭리단속령」 위반으로 벌금을 낸 사람들이 있다. 평택리 이만기는 비누 6개에 벌금 10원, 평택리 김재철은 비누 8개에 10원, 통복리 윤경선은 성냥 10상자에 벌금 10원씩을 냈다. 평택경찰서는 이후에도 전시 국민생활 필수품을 공평 원활히 배급시키고자 이와 같은 비도덕적 매점 행위를 용서 없이 처단한다고 경고를 발했다.

〈자료 183〉 미곡 암거래자 체포, 김포서서 연루자 10여 명 엄중 조사(매일신보, 1943.1.27, 4면 7단)

【김포】 경성부 현석정 홍재익이라는 청년은 1942년 11월 하순부터 미곡을 암거래할 의사를 가지고 김포군 김포면 걸포리 방말구 집에 거주 수속을 한 후 동지와 연락하여 경찰의 눈을 속여 가면서 교묘하게 그 부락에서만 백미 120가마가량을 사다가 그를 전부 야간에 목선으로 경성 방면에 반출하여 1가마에 45원 내지 50여 원에 전매한 금액이 약 5,000여 원에 달한 사실이 김포경찰서에 발각되어 관계자 10여 명을 김포경찰서에 유치 조사 중이다.

4. 상권 관련

〈자료 184〉 평양 경제의 상태(매일신보, 1913.11.16, 2면 5단)

조선은행 평양지점의 최근 조사에 관계한 평양시장의 경제 상황을 들은즉,

▲ **금융** 새로이 곡물을 취득하여 매입함과 더불어 지방 구매력이 진흥되고 각 물건과 잡화류의 판매 행위가 점점 많아지며, 석유·해산물류의 시장 입점 역시 많아져서 곳곳에서 거래상 환결제, 기타 자금 수요가 늘어나고 또 새로운 곡물에 대한 자본을 투자하는 계절이기 때문에 나날이 증가하며 우피(牛皮)·관염(官鹽)의 이출은 이전에 비해 배가 되고, 조선인 간에는 김장 준비 시기를 맞아 금괴의 출회는 상당한 금액에 올랐으며, 일반 금융의 유통이 순조로움을 따라 매월 중 같은 지역 각 은행의 예금 총액이 99만여 원에 달하여 전월 말에 비하면 12만 6,000원이 증가하고, 대출 총액은 324만 원인데, 전월에 비하면 6만 6,000원이 증가하였으며, 이후에는 각 물건의 이입 증가와 자본 수요에 한층 분주할 기미가 있으며,

▲ **화물** 매월 중 평양 세관 출장소 통관무역액은 42만 2,592원인데 수이출 5만 8,768원, 수이입 36만 3,825원을 계산하여 곡물 및 우피의 이출이 가장 많다. 전월에 비하면 9만 4,097원의 증가를 보였고,

▲ **산업** 작년도 산업에 비하면 의외로 양호한 모양이며, 시장에서 매매되는 각지의 조·대두, 기타 잡곡의 품질이 대개 양호하고, 평북 각지의 생산된 금의 출회(出廻)도 상당히 순조로우며 순안 석암리 사금광산의 분쟁 사건도 무사히 해결되어 끝나가게 되었다. 사금의 산출은 전과 같이 지난달 중 시장 출회고가 44관 890 문(匁) 3분 5리, 가격은 6만 1,774원 5전에 달했다.

▲ **통화** 은행권 발행 수는 24만 원, 회수 9만 원, 차이는 발행 초과 25만 원인데, 이를 새 곡물 매수자금 수요에 추가 투입함으로써 보조 통화로의 수입(受入)은 2만 6,790원 15전, 불출 2만 6,195원 3전 외에 예입 보조 통화의 교환고 6,700원이 되었다. 따라서 평안농공은행에서 농공채권 30만 원은 지난달 30일 동척회사 인수대로 돈을 수입하였다고 한다.

〈자료 185〉 야채시장 문제 낙착, 남대문 안 채소시장 그 앞 과자시장으로(매일신보, 1915.6.30, 4면 1단)

이미 게재한 바와 같이 「시장규칙」에 의해 영업 기간이 다됨으로 폐쇄를 명해 날마다 모이는 300여 명의 농민이 일시 갈 바가 없이 되어 종래 문제되던 남미창정 야채시장(南米倉町 野菜市場)은 시장 경영자 된 쓰지모토(辻元)에게 폐쇄하라는 통달이 오자 농민 측에서는 망지소조하던 중 경성부청에서도 얼마큼 생각하고 이시하라(石原) 사무관이 이에 대해 선후책을 맞아 심사숙고한 결과, 경성농사조합(京城農事組合)이라는 것을 조직해서 우류 데쓰야(瓜生鐵彌) 씨로 조합장을 선정하고 후지사와 시즈오(藤澤靜雄) 씨로 부조합장을 선정하고, 종래 시장이었던 집 앞에 있는 과자시장 안 한편으로 옮기고, 경성청물과실시장(京城青物果實市場)의 이름으로 영업을 개시하였다. 시장은 자작(子爵) 송병준(宋秉畯) 씨의 경영에 매인 조선농업회사(朝鮮農業會社) 직영이라 하며, 전 시장에 비하면 다소간 좁기는 좁으나 당분간은 영업을 하는 중이라더라.

〈자료 186〉 남선(南鮮)의 상권, 목포부윤 하시모토 도요타로(橋本豊太郎) 씨 담(談)(매일신보, 1918.2.10, 4면 2단)

연초를 맞아 이루고자 하는 일은 매년 자못 많으나 실현할 일이 적은 것에 스스로 반성하고 부끄러웠다. 우선 작년은 방직 문제와 같이 되지 못하고, 항련(港連)이 정(正)히 일돈좌(一頓挫)를 오게 하였으나 다행히 면화와 같이 미곡이 호조를 지속하고, 품평회 역시 대성공을 거두었음으로 시황은 돈연히 회복하고 의기소침의 소리가 그림자를 감추었음을 있음은 실로 더불어 기뻐하고 지극함에 있을 것이다. 그 여파를 받은 올해는 다시 한층 노력해서 이 호조를 잃어버리지 않게 할지며, 나아가 확장을 기도하고, 무역액과 같이 800만 원으로부터 1,000만 원을 능가하게 해서 일약 남선(南鮮) 일대의 상권을 파악하게 함을 희망한다. (목포)

〈자료 187〉 공설시장의 증설에 일본인 식료품상이 대반대, 경성부에서 난 방침을 불변(동아일보, 1920.5.21, 3면 6단)

경성부청에서 공설시장을 설치한 후로 비교적 이 공설시장에서 판매하는 물건의 시세가 일반 시중에서 파는 소매상보다는 좀 값이 싼 까닭으로 일본 사람 편에는 비교적 공설시장으로 많이 와서 식료품을 사 가는 까닭에 조선 사람들 편의 식료품 소매상에게는 아직 별로 큰 영향은 없으나 일본 사람의 편에서는 공설시장이 있는 까닭에 실제로 영향을 입는 일이 적지 않다고 해서 이번에 시내에 있는 일본 사람 식료품 소매상들은 지금 경성부청에서 공설시장 세 곳을 신설하는 데 대해 반대운동을 일으키어 지금까지 없던 식료품소매상조합을 별안간에 조직해서 자기들도 될 수 있는 대로는 종래보다 싸게 팔겠다고 경성부에 대해 공설시장 신설을 아무쪼록 아니하도록 운동 중이라 한다. 이에 대해 경성부 사무관 북부 씨의 이야기를 들은즉 공설시장을 부청에서 실시한 것은 일반 시민에게 아무쪼록 일용품을 소개하고, 한편으로는 소매상들의 폭리를 제어하자는 목적이었음으로 부청에서도 여러 가지로 고심하였더니 다행히 그 결과가 양호하였음으로 다시 세 군데의 공설시장을 설립하려고 지금 진행 중인데 한편으로는 일본 사람 편의 식료품 소매상들이 큰 타격을 받아 대단히 곤란하다고 이에 대해 여러 가지로 반대운동을 하는 모양이다. 부청에 대해서는 아직 구체적으로 어떻게 하여 달라는 청원은 없은즉 부청에서는 지금 시작한 사업을 다시 정지한다는 것은 만만불가한 일이라. 또 자기들이 급기야 부딪치지 못할 지경에 당해 상당한 조건으로 부청에 청원한다 하면 부청에서는 다시 연구할는지 모르겠으나 아직은 계획한 대로 공설시장을 증설할 예정이라더라.

〈자료 188〉 "공설시장의 미상(米商) 분개(憤慨)", 밑져 가면서는 도저히 쌀전을 낼 수 없다고, 부 당국에 진정까지(동아일보, 1920.7.5, 3면 6단)

경성부에서 설시한 공설시장에서 방매하는 쌀은 원래 다른 상점에서 파는 것보다 아무쪼록 더 싸게 팔아서 일반 시민의 편리를 도모하려 하는 목적으로 공설시장에 싸전을 낸 것인데, 이 미상들은 현재 경성백미상조합원(京城白米商組合員)으로 자기가 정미 기계를 가지고 실지로 정미영업을 하는 사람으로 돌아가며 쌀을 팔게 하는 규정이 있던 중 지나간 3일에 백미 도매의 시세가 한 섬에 41원 50전으로 일반 시장에서 매매하는데, 경성부청 당국자는 백미 한 되에 대해 41전씩에 방매하라고 지정했다. 이에 백미상 편에서는 부청에서 지정하는 정가대로 팔 지경이면 실제 시세에 비해 손해가 적지 않음으로 경성부에 교섭한 결과 겨우 백미 한 되에 대해 5리씩을 팔기로 내정이 되었던바 지난 1, 2일 사이에 쌀 시세가 조금 올라서 한 섬에 42원 50전으로부터 43전으로 변동되었음으로 이에 따라서 공설시장에 있는 미상들도 상당한 정가로 방매하기를 협의하여 경성미상조합장(京城米商組合長) 후지토미 구니타로(藤富國太郎) 씨를 대조자로 정야 경성부 핫토리(服部) 사무관을 방문하고, 공설시장에서 매매하는 백미 소매 정가로 조금 올리기를 요구하였다. 이에 동 사무관은 말하되, 지금 쌀값을 올리기 어려우니 그대로 한 되에 41전 5리에 소매를 하지 못할 지경이면 백미의 소매를 중지하는 수밖에 없다고 거절하였다. 백미상조합원들은 자기들이 손해를 당해 가면서까지 공설시장에 상점을 낼 의무는 없다고 모두 분개해 만일 도매 시세의 변동에 따라서 소매의 시세를 올리고 내리지 못한다면 공설시장에서 백미 소매상점을 내기는 절대로 불가능하다고 경성부 당국에 진정서를 제출하고, 그 조합원들은 지금 단결해서 부청의 청구에 대해서는 우리들은 행동을 일치시키는 결의를 하였다 한다. 이에 대해 자세한 내용을 아는 사람의 이야기를 들은즉 경성부에서는 공설시장의 백미 시세가 만일 다른 미상보다 비쌀 지경이면 모처럼 일반 인민에게 염가로 일용품을 소개하자는 원래 뜻에 위반됨으로 아무쪼록 염가로 소매하자는 방침으로 현재 소매 쌀값을 한 되에 41전 5리에 팔게 하라는 계획인지도 모르겠다 한다. 그러나 지금 정미업자들이 가지고 있는 현재의 쌀은 만일 현재의 시세, 즉 한 섬에 41원 50전을 방매한다면 이에 대한 손해를 입을 것은 과반수나 될 것임으로 백미상조합 편에서는 말하기를 경성부에서도 지금 이러한 우리의 사정은 알아줄 듯한데 이러한 사정을 알면서 더욱 이와 같이 간청을 한다고 이와 같이 오해한 까닭에 양방에서 문제가 어찌하다고 말하더라.

〈자료 189〉 시장 이전 문제, 황주 시민의 대불평(조선일보, 1921.11.29, 3면 5단)

황주시장은 이전부터 동군 성남리(城南里)에 있어 한 달에 여섯 번씩 1일과 6일에 장을 보는 조선 전도의 제일이다 하는 터이오. 또한 우시장(牛市場)은 특별히 광활한 초생이인 고로 우시장으로는 적당한 곳이오. 또 성안에도 우시장이 있어 황주성 내외의 거민이 이익을 균첨하는 터이라. 그런데 지난 25일부터는 별안간 동군 벽성리 동리가 원래였던 3,000평가량 되는 토지 즉 일본인 요시오(吉尾)라는 사람의 소유인대 성남리 우시장이나 문 안에 있는 우시장이 함께 그곳으로 모여서 우마 방매자로 하여금 토지표와 보관표를 받게 하였으므로 그 이튿날 26일에 성남리 시민 일동은 남녀 물론하고 군청 회의실에 모여 군수에게 대하여 질문을 하려 하였으나 군수는 마침 출타하였는 고로 서무주임에게 대하여 아래와 같은 문답이 있은 후 아무 해결이 없이 후일을 기다리게 되었더라.

(시민) 우시장을 졸지에 이전하는 목적은 무엇인고.

(군청) 제일 위생의 필요상, 제이 면사무소에서 우시장을 단속하기에 편리한 것.

(시민) 시장은 인민에게 직접 관계가 있은즉 군청이나 면사무소에서 인민과 상의할 필요가 없을까.

(군청) 면사무소에서 자유로도 하지만은 인민과 의논함이 타당할 듯하다.

여하간 제일 목적인 위생의 필요라 하는 것은 원래 인가와 멀리 떨어진 우시장을 인가가 주밀한 곳으로 옮겨 오는 것이 위생이 될는지, 또 제이 면사무소에서 시장 단속의 편리를 도모함이라 함은 무슨 구실에 지나지 않고 그개■ 무슨 혼란이 있는 듯하다는데 그 시장의 이전 문제로 인하여 인민의 원성이 자자하다더라(황주).

〈자료 190〉 우시장은 현상유지, 성남 시민 100여 명이 군청과 양해한 결과(조선일보, 1921.12.1, 3면 8단)

황해도 황주군 성남리 우시장 이전 문제로 시민이 황주군청에 호소하였다 함은 이미 보도하였거니와 동 시장에 대한 연혁과 사실 발생의 전말을 자세히 기록하건대, 본래 본군은 읍내시장과 성남시장 2개소로 큰 연혁을 가진 시장이라. 남성시장에는 200호의 시민이 거주하여 이 시장에서 호구지책을 도모하는 중 이 시장이 폐지되는 경우에는 1,000여 명의 생명이 속절없이 끊어지게 참혹한 위기를 당하는데, 이 시장의 대개를 말하면 우시장이 제일 중심점이 되어 매 시장 칠팔백에 달하여 성남 시민은 생명이 이 우시장에 달렸다고 하여도 과언이 아니다. 그런데 어떠한 수단 가운데서 이 문제가 발생되었는지는 알 수 없으나 생명의 원소되는 이 우시장을 다른 데로 옮겨 성남 시민의 사활을 불구하고 황주의 중앙이 되는 인구 조밀하고 장소 협착한 곳으로 우시장을 정하고 강제적 수단으로 인민의 동의를 얻지 않고 실행한다 하면 군 당국의 온당한 행정이라고 말할 수 없다. 그런데도 이 문제에 관하여 직접으로는 면사무소에 관계가 있는 것이라 하면 면에서 인민의 동의를 얻지 않고 개인적 이기적 행동으로 1,000여 명의 인구를 희생하려고 하니 이것이 어찌면 장의 책임이 아니라 할 수 있으리요. 이로 좇아 군 당국까지 큰 영향이 미치는도다.

격분한 성남리 인민은 이달 28일에 또한 시민대회를 하고 100여 명의 군중이 본 군청 뜰 앞에 모여들어 일시는 살풍경을 이루었더라. 그러자 다나카(田中) 군수는 군중을 회의실로 모으고 시민의 호소함을 들은 후에 군수는 4개 조건을 붙여 말하되 제1은 복잡한 우시장을 정돈시키기 위하여 일정한 처소로 정한 것과, 제2는 공중위생을 도모하기 위하여, 제3으로는 세를 증수하는 데 편익을 얻기 위하여, 제4로는 매매우하는 우(牛)의 도난의 폐를 방지키 위함이라는 네 가지로 말미암아 단속상 편의를 도모키 위하여 이전한 것인즉 이를 잘 양해하여 4개 조에 대하여 정당한 이유를 말하라 하였다. 그러나 정당한 이유는 여출일구로 사활이 이 문제에 달렸다 하는 애원의 슬픈 눈물로 이 문제를 회복하지 못하면 100여 명이 이 자리에서 죽겠다 하는 소리에 일시는 큰 살풍경을 이루었더라. 이 광경을 본 다나카 군수는 여러 백성이 애걸하는 데 느끼는 바 있었던지 각 관계자와 협의한 후 성남시장은 이전대로 회복되었더라. 그런데 당초에 이 문제가 어디서 생겼는가. 먼저는 면장이 관계되니까 면장을 죽이나니 살리나니 하여 일시는 위험한 경우에 있었다. 시민 측의 정당한 이유로는 (제1) 사활 문제, (제2) 공중위생에 큰 방해 중앙인구 주밀한 곳이므로, (제3) 매매우의 각축 성남은 소 1,000척을 수용하나 새로 옮기는 200척을 수용함에 불과함, (제4) 협의적이 아니고 강제적 수단으로 백성을 압박한다는 네 가지의 이유라. 하여간 이 문제의 책임은 면 당국 되는 면장이지 않을 수밖에 없는데 이와 같이 중대한 문제를 상대자 되는 성남 시민의 동의를 얻지 않고 압박적 강제적 수단으로 일시 소요를 일으키는 것은 면장의 책임이라 할 것이오. 따라서 군 당국에까지 영향이 미치는 것이라 하더라.

군 서무주임 담

금번 성남리 우시장 이전 허가가 되기는 금월 중순경이라. 장소는 수개 처를 예정하였으나 현장소보 탐경제상 관계가 됨으로 부득이 현장소를 면에서 정한 것이지만은 면에서 정하였다고 군에서 가 보지 아니할 수가 없으므로 현장에 출장하여 본즉 현 장소는 협착하고 더욱이 동리 가운데가 됨으로 위생상으로 볼지라도 동절에는 관계가 없으나 하절에는 위생에 극히 방해된즉 아직은 성남리 우시장을 그대로 두고 상태 완전한 장소를 정하고는 문안이니 성남이니 할 것 없이 합병하리라 하더라.

황주면장 사직설

횡주군 황주면장 윤경혁 씨는 11월 28일에 사직서를 제출하였다는데 사직의 원인은 금반 우시장 이전 문제에 관련된 듯하다더라(황주).

〈자료 191〉 상업가의 대분기(조선일보, 1923.1.21, 4면 4단)

경북의 한 소도회라 부를 만한 상주(尙州)에는 근자 조선인의 상업계 현황을 간파하건대 주단포목의 상권은 중국인에게, 화양(和洋)[12] 잡화의 상권은 일본인에게 그 전부가 이미 피탈된지라. 여차한 불상사가 언제까지 계속될진대 상주의 경제권은 외국인에게만 좌우되는 동시에 상주 실업가의 생명은 무한 참담하리라는 자각하에서 금월 12일 하오 4시경에 다수 유지와 상업계에 중진인 제씨가 동군 읍내 남문통 미염조합에 집합하여 상업주식회사의 발기를 단행하였다. 즉석에 유력한 발기인을 다수 공선한바 지난 16일에는 발기인회를 정식으로 개최하고 회사 창립에 관하여 제반사항을 구체적으로 토의 진행 중인즉 잔패한 상업계를 위하여 일대 행복이라 하겠더라(상주).

〈자료 192〉 부청(府廳)의 시장 경영, 권상장(勸商場)을 얻어 가지고 조선인의 편리를 도와(조선일보, 1923.2.2, 3면 1단)

경성부에서는 특히 우리 조선인을 위하여 시장 같은 것을 새로이 경영하기로 결정이 되어서 방금 착착 준비 중이라는데 이제 내용을 듣건대 경성부에서 경영하는 공설시장으로 일본인이 주장하는 곳이 네 곳이나 있고 특히 땔감(柴炭)시장으로 조선인이 경영하는 곳이 세 곳이나 있으나 순전히 조선인의 수용되는 물품을 갖다가 놓고 일반에게 싸게 파는 곳은 없다. 따라서 시내 동대문 안에 있는 권상장(勸商場)을 얻어 가지고 순전히 조선인의 수용되는 물품만 갖다가 일반 조선인에게 싸게 팔기로 하리라 하나 아직까지도 확실한 계획이라든가 그에 대한 설계는 모르리라더라.

〈자료 193〉 원산 공설시장 설치에 대한 여론을 거(擧)하야 부윤(府尹)과 부협의원(府協議員)에게 여(與)함, 원산지국 춘강생(조선일보, 1923.2.23, 4면 1단)

공설시장이 일반 경제계에 필요불가결인 것은 기자의 췌언을 불사할 바이로다. 원산과 같

12 화양(和洋): 일본과 서구.

은 대도시에 그와 같은 기관의 시설이 없는 것에 대하여는 누구나 항상 유감으로 생각하던 바이어니 지난번에 상업회의소의 요망과 부민 전체의 여론으로, 아니 상업회의소의 요망도 요망이며 부민의 여론도 여론이려니와 부윤 이하 부협의원의 영단으로 객년 12월 14일에 개최된 부협의회 석상에서 만반의 비난을 무릅쓰고 만장일치로 공설시장 설치를 결정하였다고 전함을 들었다. 그래 이를 들은 우리들은 만강(滿腔)의 느낌으로 이 설치에 대하여 누누히 축복도 하는 동시에 원산청년회장 조종구, 원산노동회 전무이사 김대욱 양 군은 직접으로 부협의원 중 모씨를 방문하고 조선인·일본인의 생활 정도의 관계라든지 지리상 관계라든지 또는 피아의 편의상 관계, 기타 모든 관계를 들어 공설시장을 부내 중앙에 공통히 설치하여 달라고 촉망한 일도 있었으며 그는 차치하고도 부민 전반은 부 당국자에게 아무 의문할 여지가 없이 부내 중앙에 공통적 설치를 믿고 기다리던 바이다. 부 당국자가 이 점에 대한 상당의 고려를 기다리던 우리 조선인은 현재 순전한 일본인 마을 행정(幸町) 부근에 설치하고 금월 20일부터 개장한다는 발표를 듣고 보는 동시, 부 당국자의 불현명·불철저를 원망치 아니할 수 없다. 뿐 아니라 원망을 호소하게 됨을 따라 점차로 우리 조선인에게 대불평의 감정을 야기케 하도다. 이 이야기를 쓰기 전에 우선 부 당국자에게 공설시장 설치의 의의를 묻고자 한다. 대개 공설시장의 필요는 시장 그것이 다만 다른 일반 시가 조절을 득하는가 부(否)하는가 하는 점에서 발기함이 아니고, 다른 시가를 조절하는 여부는 제2의 목적으로 동일한 장소에서 정가의 순량한 물품을 다집하여 고객으로 많은 노력의 시간을 허비하지 아니하고도 목적물을 정가로 매입케 하는 사회정책상 그 근본의 됨을 불망하여야 할 것이다. 그러면 이는 부호를 위하여 설함이 아니고, 요컨대 중산계급 이하의 빈민을 위하여 다소의 편의를 주는 일의 구제적 시설임을 잊지 말아야 하거늘 원산부의 부 당국자는 공설시장 설립의 의의에 배반하여 전 시가지의 귀퉁이라고 할 만한 일본인 마을 행정 부지에 설치함은 무슨 의도이며 심사인가. 부 당국자여. '피(彼)는 피 아(我)는 아'란 차별적 태도를 가지지 말고 조선인과 일본인의 생활 정도를 숙관하라. 조선인이 부하고 일본인이 빈한가를 실로 우리 조선인이 조금이라도 부유하고 보면 이렇게 구차스러운 여론적 불평을 야기치 않겠고, 따라 본 기자도 비루하게 쓰려고도 아니하겠다. 그러나 공통적으로 조선인이 일본인에게 비하여 빈핍한 것은 사실이며 또 원산으로 논하면 조선인의 인구와 호수가 일본인의 인구와 호수보다 2배 이상을 점한 것은 기자보다도 직접 부(府)를 다스리고 정하는 군 등이 더 자세히 알 바 아닌가. 이에 이른 기자는 무엇을 더 구차하게 서술하려 아니하나 그러나 최후로 일언을 부 당국과 부윤과 일인 부협의원 제군에게 충고해 두지 않을 수 없다. 단도직입적이라면 단도직입적이겠지만은 전에 가졌던 조근성(鳥根性)[13]의 편협적 사상을 이제로부터 실로 영단스럽게 각오하는 동시에 사해동포가 모두 형제란 보편적의 고상한 이상으로 조선인의 불평이 없도록, 또 일본인의 불평도 없게, 즉 환언하면 공평무사하게 일본인 마을에 설치한 시장을 폐지하고 부내 중앙에 설치함이 어떠한가. 만일 체면상 어찌할 수 없는 경우이거든[수사(遂事)라 불설하며 기왕이라 물구로다. 성인의 금언하에서 용서할 터이니] 적어도 원산에 3개소를 설치하도록 영단의 진력을 못내 간원하는 바이다.

부협의원 된 우리 조선인 제군이여. 제군은 아무 이목도 없으며 아무 의견도 없는가. 제군은 아마 우리들은 부윤의 한 자문적 인물에서 불과하니 묻는 대로 '예예'라고 답하면 '오사필(吾事畢)'이라고 생각할 듯도 하지만은 제군은 적어도 원산에 거주하는 2만여 조선인을 대표한 제군이 아닌가. 어찌 그리 무의식하고 무정견한가. 고견하라. 통치적 우리 조선 민가가 어떤 중에서 방황하는가. 무엇보다도 빈한에서 호읍(號泣)하지 아니하는가. 이를 구제해 보자는 만일(萬一)의 사상이 있다 하면 이의 설립을 어찌하든지 조선인 부락에 시설하도록 주장하다가 뜻이 서지 않을 때는 중앙에 설치하도록 분투함이 군 등의 책임이며 업무가 아닌가. 또 만일 중앙에 설할 의견이 이루어지지 않은 때는 그 석상을 탈퇴함이 군 등의 가장 영단이며 명예일까 하노라. 그리고 방금의 조선의 시조를 고사하라. 10년 아니 5년 전 조선인이 아니고 그래도 세계 대세와 병진하려는 금일의 조선인이 아닌가. 사람이 죽으라 하면 죽겠다는 비열한 사상을 가지지 않은 금일의 조선인인 동시 추호만치라도 동족을 위한다는 생각만 있으면 분투도 하여야 하겠고 최후에는 희생도 하여야 할 것이다. 조선인 부협의원이여. 기자는 군 등의 무능을 책함도 원망함도 아니고 다만 2만여 조선인의 홍복을 들리는 대로 기록하여 군 등의 각성을 촉하노니, 이후부터는 부에 관한 협의가 있으면 부민 여론도 충분히 헤아려서 진지한 태도와 고상한 이상으로 정견을 세워 진행하기를 촉망하고, 그만 그치노라.

---

13 조근성(鳥根性): 항상 기분이 나빠지는 것을 말함.

〈자료 194〉 연년 증가의 혈거생활(穴居生活), 경용 간(京龍間)에만 250인, 일본인의 세력에 쫓겨 가는 동포, 해마다 심하여지는 경제상 핍박(조선일보, 1923.5.11, 3면 3단)

일본 사람이 조선에 들어옴으로부터 조선 각지의, 소위 도시라는 도시는 거의 다 일본인의 점령으로 돌아가서 어느 곳에 들어가든지 화려하게 차려 놓은 곳과 번화한 곳은 일본인의 도시로 변화하고 조선 사람의 도시는 점점 쇠퇴하여 가는 중에 있다. 그중에도 소위 조선의 수도라는 경성의 시가도 남부는 몇 해 전부터 점령하여 가지고 사람이라고는 다니지 못하던 진고개는 일본인 상업가의 대시장이 되어 있더니 일본 사람이 차차 늘어 가면서 누에가 뽕 먹는 격으로 한 해가 갈수록 점점 먹기를 시작하여 경성 중앙지로부터 동부는 말할 것도 없이 북편도 반 이상의 점령을 당하였다. 그러던 것이 작금 양년에는 더욱이 심하여 북편에도 조금 큰 집은 거의 다 일본인의 손으로 들어가고 빈 땅이라는 빈 땅은 모두 일본인의 건축지로 되어 경성 도시는 개인의 소유까지 반 넘어 그의 입으로 들어가게 되었더니, ■■■는 전 조선 사람으로만 상업 중심지가 되어 있던 종로 시가지에도 일본인의 상점이 조금씩 늘어 가서 있는 것은 일반이 목도하는 바이라. 그러므로 조선 사람은 물에도 불에도 살 곳이 없고 갈 곳이 없는 민족이 되었으며 경제 제 핍박 물질의 핍박, 정신의 핍박, 문명의 핍박 등으로 핍박이라는 핍박은 모조리 받게 되어, 외국으로 나가자 하니 노비(路費)가 없고 집에서 살자 하나 생활의 핍박으로 생명을 보전할 수가 없게 되어 2,000만의 조선 민족은 장차 산으로 갈는지 들로 나갈는지 알 수가 없는 전도를 앞에 두고 있다. 5년 전 독립운동이 일어난 후로 당국의 방침인지 세계의 대세인지는 알 수가 없으나, 경제의 핍박은 해마다 심하여지고 생활의 곤란은 갈수록 더하여 곳곳에서 부르느니 생활 곤란뿐인데, 이러한 이유인지는 알 수가 없으나 작년부터 경성 시내에는 집도 먹을 것도 없이 돌아다니는 자가 많이 있으며 행랑방 한 개를 얻지 못하여 땅을 파고 움집 생활하는 자가 갈수록 늘어 가는 터이다. 경성부에서 조사한 바에 의하면, 경성-용산 간에 땅집 생활하는 자가 대략 45개소로서 그중에서 사는 사람이 이백사오십 인에 달한다는데, 그들의 사는 집으로 말하면 땅을 깊이 파고 그 위에다가 나무로 서까래를 걸고 지붕을 얽어서 겨우 하루하루를 생활하는 상태는 참으로 볼 수가 없는 터인데 그중에는 일본인도 한 사람이 있다더라.

〈자료 195〉 원산 명태시장 인가 문제(조선일보, 1923.11.5, 2면 6단)

조선 북부 지방 수산물의 대종인 명태어 거래 개량의 의미로 출원 중인 원산 명태시장 인가에 대한 당면 관계자의 대체 의견은 이미 보도함과 같거니와 다시 들은 바에 의하면 원산의 명태시장에 대하여는 올해 초에 함경남도청을 거쳐 1차 그 인가를 총독부에 신청한바 그 당시의 관계당국은 이에 관하여 원래 명태어는 수급상에도 전부 조선인에 소용이니 이를 만일 일본인이 시장 허가를 얻어서 이를 처리함은 근본 모순이다. 그 거래 방법에는 종래 선물 거래를 행하는 이상에 별별 문제는 없으나, 특히 이 같은 결과를 불러올 우려가 있어 인가할 것이 아니오, 그 뜻에 현재에도 원활히 거래가 행하는 이상에 당분간 포기함이 적당하리라는 의견으로 뿐만 아니라 회답할 예정이었으나 지방 산업을 위하여 출원한 것을 일차의 조사도 행치 아니하고 각하하기 어렵다 하여 하여간 조사코자 원산과 서호진·신창 방면까지 조사케 한 후 금일에 이른 바이라더라.

〈자료 196〉 함종면화시장(咸從棉花市場) 문제, 시민은 대불안 중에 반대운동, 군 당국에서 위치를 변경코자 하는바, 100여 명의 연서로도 당국에 진정 제출(조선일보, 1923.11.23, 3면 4단)

평남 강서군 함종면 함종리에서는 얼마 전부터 반수 이상의 시민이 어떠한 불평이 일어나서 한편으로는 100여 명의 연서로 대표자를 선정하여 군 당국자와 도 당국자를 방문하며 진정서를 도지사에게 제출하였다는데, 이 소문을 듣고 평남도지사를 방문하고자 평양에 체재하는 대표자 '강창희' 씨와 '서몽필' 씨를 방문하였다. 양씨는 치가 떨리는 소리로 자의대로 못함을 분개히 생각하는 태도로 대답하되, "우리 있는 곳은 원래 한 고을이던바 합군되는 통에 면으로 되었습니다. 그러나 시장으로 말하면 그리 적지는 않은 곳이며 제일 산출물은 면화올시다. 한 장에 적어도 수만 근이 나는 곳인데 어떠한 내용인지 얼마 전에 군에 있는 면작기수 일본인 '송포'가 앞서 말한 장소에 출장하였을 때에 시장의 중요인물에게 의견도 묻지 않고 자의대로 별안간 장소를 변경하고자 하므로 원래 시장 근처에서 근근이 생활하던 우리는 만약 그같이 되는 때에는 앞으로 살길이 망연하여 100여 호 인구가 일제히 굶어죽게 될 모양이니 이 아니 억울한 일이겠습니까. 그러므로 우리는 100여 명에 대표자로 며칠 전에 군 당국자인 군수 '최응두' 씨를 방문하고 그와 같은 사연으로 소호를 한즉 최 군수는 대표자에게 대하여 냉정한 태도로 시장을 변경함이 필요하다 하며 굶어죽든지 살든지 원래 시장 근처에 있는 자들은 집이 없어지고 죽는다 할지라도 할 수 없다고 하며 냉대하므로 우리는 할 수 없이 도지사를 방문하고 그 같은 사실을 들어 진정서를 들이고자 합니다." 하기로 다시 당국자 되는 도 권업과장을 방문했다. 씨는 알지 못하는 체하고 대답하되 자기 부하에 있는 도속으로 하여금 대리케 하며 말하되 아직 군에서 온 보고도 없을 뿐 아니라 인가 신청도 오지 아니하였은즉 아직 알 수 없는 일이며 우리는 다 모든 군에서 보고와 신청이 오는 데 따라 처리할 것이라고 하는 것을 본즉 그 시장이 앞서 말한 일본인의 의견대로 될는지 모르겠으며, 함종 시민들은 장래를 염려하여 자못 불안한 중에 있다더라(평양).

〈자료 197〉 신시장 설립 문제로 사천(泗川) 주민의 분기(奮起)(조선일보, 1924.8.27, 4면 8단)

사천 신시장 설립 문제는 이미 보도한 바어니와 사천 주민 전체는 임시로 조석의 개시가 없음을 항상 유감으로 생각하던 중 금번 문제에 대하여 불평을 고창함은 다른 것이 아니다. 곧 5일, 10일의 일정한 시장 외에 3일 8일의 신시장이 있는데 그 신설장은 창설된 지 10년 내외에 불과하여 우량치 못한 시장임을 누구나 다 짐작할 뿐 아니라, 매월 12회나 된 다수의 개시로는 특별한 영향이 없으므로 차라리 3일, 8일인 신시장을 폐지하고 그대로 조석시를 행하는 것이 주민 생활상 양책이 될 것을 주창하고, 따라서 시가발전책도 이 외에 다른 방도가 없으므로 군 당국에게 주민 일동이 연서 청원하기로 운동 중이라더라(사천).

〈자료 198〉 사천(泗川) 시민에게(조선일보, 1924.8.28, 1면 6단)

우리는 생존할려야 자체의 미약과 외계의 압박으로 생존할 수 없는 빈한 대중이다. 그 빈한의 원인에는 여러 가지의 종류가 있어 논자의 견해에 따라 각기 다를 것이나 그러나 우리의 역사상으로나 실감상 또는 논리상으로나 총명이 있고 기억이 있는 사람이면 이의할 수 없는 것은 경제적 침략일 것이다. 혹은 직접으로 혹은 간접으로 혹은 단체로 혹은 개인으로 때때로 습래하는 경제적 압박은 이야말로 우리 민중으로 하여금 수족을 움직이게 하지 못할 만큼 우리의 고혈을 착취하였으며, 우리의 신경이 마비될 만큼 우리의 영양분을 흡수하고 있다. 도회나 농촌을 물론하고 조금 발전이 되었다는 곳은 우리의 발전이 아니라 우리의 생명을 위협하는 그들의 발전이며, 상업의 설비가 조금 왕성하였다는 지대는 다 그들의 이권지가 되고 말았다. 우리 사천은 농촌 벽읍으로 금융의 상태란 볼만한 것이 없으며 인민의 생산이란 농업을 떠나서는 생존의 명맥이 두절되는바 주민의 8할이 소작의 생활이니 자본주의의 제도하에서 그들의 고통이 여간하랴. 더구나 더욱 통탄할 만한 것은 조선인의 상업 상태다. 시장이나 시가로를 일람하면 물건의 매매와 인중(人衆)의 왕래는 중국인의 상점과 일본인의 그것을 제외하고 보면 시장이나 가로지란 면목을 상실할 만큼 한산하며 무시세하여 보인다. 이 양장을 우리의 시장이라고 하느니보다 차라리 중국인의 시장이나 일본인의 시장이라고 명명함이 적의할까 한다. 금번 시장 이전에 대하여 물론 구시장 인민은 원통함을 호소할 것이며 신시장 인민은 찬성할 것이다. 우리가 그 시장 위치의 가부로써 지론(持論)하느니 보다 냉정한 두뇌와 민활한 수속으로써 그 지대에다 가(家)를 세우며 전(廛)을 닦아서 우리의 상권이 남보다 먼저 부식하며 이권을 고수하여 후일의 교제(交際)할 뉘우침이 없게 하라. 사천 시민들아! (사천 사랑생)

〈자료 199〉 사리원(沙里院) 시민 500명이 군청에 쇄도, 시장 위치 문제로 싸우던 끝에(조선일보, 1924.9.5, 3면 1단)

황해도 사리원 시장 문제에 대하여는 누차 보도한 바이다. 동리 시민과 서북리 시민들은 여러 날을 계속하여 다투어 오던 중 지나간 3일 장날을 당하여는 동리 시민들은 시구 구역으로는 편입이 되어 있지마는 인가는 없이 장을 개시하려고 사면에서 들어오는 장군을 붙잡고 장보기를 시작하였다. 그런데 서북리 시민들은 장을 전부 빼앗기게 되었으므로 서북리 시민 일동은 전부 사리원 경찰서로 몰려가서 시장 인가가 없는 장소에서 개시케 되었으니 바삐 해산케 하여 달라고 하였다. 경찰서원은 출동을 하여 만일을 염려하여 엄중 경계하였으므로 큰 싸움은 일어나지 않았으나 당시에 동리 시장 기성회 간부 명국성·김중봉 양 씨는 절대로 시장을 이전하지 못한다고 명명히 선언하므로 서북리 시민들은 전부 몰려와서 너■■■■■■■■■정에 인가도 없는 시장을 함부로 보느냐고 하며, 그중 대표로 두어 사람이 말하였다. 오늘은 당신네들이 경관의 말도 듣지 않고 극단적으로 최후 행동을 할지라도 시장은 절대로 보지 못한다고 고성으로 일반에게 공포를 하였으나 역시 일변으로는 거짓말을 선전하니 시장에 온 여러분들은 낙심하지 말 것이며 우리가 허가는 없다고 할지라도 경찰 관리들이 철시 명령을 하지 않는 것을 보아도 알 터이니 일반은 안심하라고 하였다. 이때 마침 시장 보존회 간부 백남규 씨를 경찰서에서 데려가므로 서북리 시민들은 더욱 분개하여 사오백 명이 군청으로 달려가서 인가 없는 시장을 보지 못하게 경찰서와 협의하였다 하더니 경찰서에서도 막지 않고 구경만 하고 군과 면에서도 아무 처치도 없었다. 이에 당국자 처치가 그같이 불공평하냐는 질문을 하므로 군수와 서장과 면장 및 각 과장의 대답은 일로부터 잘 되도록 하여 줄 터이니 헤어져 가라고 하였다. 그러나 서북리 시민들은 전일부터 각 관청이 협의하여 문제가 일어나지 않도록 하여 준다고 하였으나 실행하지 아니한즉 관청도 믿을 수가 없으니 당석에서 결말을 지어 주지 아니하면 가지 않겠다고 하며 밤까지 군청 뜰에 자리를 깔고 밤을 샐 터라고 하였다. 형세가 자못 험악하여 가는 중 시내 절반의 대지를 가진 미야모토 아라타로(宮本荒太郎)가 동리 시장 기성회에 대표가 된 까닭에 문제는 장차 중대할 모양이라더라(사리원).

〈자료 200〉 대포시장(大浦市場)으로 도천 면민대회(道川面民大會), 일본인의 번영회의 경영을 견제, 사업 진행은 우리 손에(조선일보, 1925.2.20, 2면 6단)

강원도 양양군 도천면 대포리 빈해지(濱海地) 사건에 대하여서는 이미 본보에 보도한바, 이제 비로소 그곳에 시장을 설치코자 한다고 한다. 그 전말을 듣건대, 대포리에 거주하는 일본인 20명가량이 번영회를 조직하고 정신없는 조선 사람 몇 사람을 속여 도천면의 연래로 현안이 되어 오던 이 공공한 사업을 자기네들 몇 사람이 조직한 번영회에서만 전관 운영하려 하므로 이달 9일에 도천면 각 리 대표자와 면민 100여 명이 본면 부월리 동사에 회집하여 원만한 해결책을 강구키 위하여 대포 매축공사 기성회를 조직하고 협의하였다. 이때 본면 면장 김우규가 개인으로 제의하기를, 매축공사는 일본 사람 번영회에 양보하고 협장(協場)에게 복종함이 좋다 하므로 일반 청중은 매우 분개하였다. 한 면의 대표 되는 면장의 무력을 비난하고 이어서 토의도 하지 않고 회의 순서를 따라 역원을 선정하고 규칙을 통과 후 사업의 개정안을 제출하였다. 고동환의 집 부근에서 오쿠다(奧田恭三)의 집까지 115간가량에 비용 6,000원, 매 평 60원가량인바, 반은 인부로 반은 금전으로 하되 3, 4년 동안이면 되겠다고 계산을 통과 후 이날 결의사항과 규약을 면 당국에 제출하여 곧 성공하도록 편달하기로 하고 오후 5시경에 폐회하였는데, 역원은 아래와 같더라.

회장 박상희, 부회장 이규한, 서기 진형찬, 집행위원 11명, 전무위원 46명, 상무위원 11명(양양).

〈자료 201〉 납세액으로 본 대구의 일본인 세력, 호수로 4배나 더 되는 조선인, 납세액은 반액도 못 되는 현상, 빈부의 현격(懸隔)이 태심(太甚)(조선일보, 1925.4.9, 2면 1단)

조선의 3대 도시의 하나요 삼남에서는 문화로든지 경제 방면으로든지 제일의 도시인 대구 부내의 조선인의 생활 상태는 극히 비참하여 거의 일본인의 도시라고 하여도 가할 만치 되었다. 어디나 조선 안으로 그렇지 않은 데는 없으되 대구는 더욱 심하여 경제계는 거의 전부가 일본인 중심이 된 것은 누구나 대구를 한 번 본 사람으로는 알 것이다. 이제 숫자적으로 대구 시내의 사정을 조사하건대,

대구 시내에 거주하며 호세·지세·등본세로만 납입하는 호수와 금액은 아래와 같다.

	호수(戶)	금액(錢)
조선인	8,679	7,191.34
일본인	2,392	17,966.16
외국인	36	199.87

인 바, 이와 같이 조선인의 납세 호수로는 일본인의 4배나 되나, 납세 금액으로는 반액도 되지 못한 것을 보면 조선인의 생활 상태가 얼마나 한 것을 가히 알 수가 있다.

부의(府議) 선거자(選擧者)도 20분의 1, 한 사람 앞에 7원 되는 생활비

이에 다시 조선인 사이의 생활 상태를 조사하면 전 대구의 조선인 호수가 1만 300여 호인 바 그중에서 부협의원 선거자로 1년에 5원 이상 국세 납입자를 조사한 결과 1만여 호 중에서 유권자가 겨우 500인 미만으로 그중에서 선거권을 가지고 피선거권을 갖게 되었다고 한다. 이것을 대구부 내 전 호수에 비교하면 유권자의 호수가 전 대구 조선인의 20분의 1도 못 된다 하며 그 외에 부세와 호별세로 1년 수입 300원 이상을 표준하여 가지고 조사한 결과에 전기 연 수입 300원을 얻게 되는 사람이 겨우 5,100호가량이요 그 나머지 5,200호는 연 수입 300원 미만의 자이다. 연 수입 300원이라 하면 매월 평균 20여 원에 불과하고 이것을 다시 1호 평균 식구 세 사람씩을 치더라도 10원이 채 되지 못하는 것으로 생활하게 되는 참상에 처한 것이다.

화류계까지 일본인이 우세

이제 다시 영남의 명산이라고 하는 화류계도 근래에는 생활의 핍박이 해가 갈수록 심하므로 조금 나은 기생은 모두 경성 방면으로 전가를 하게 되고 그 나머지로 대구 시내에 현재 남아 있는 기생은 40명이다. 그것도 역시 일본인의 점령이 되어 몇 푼의 수입이 없이 근근이 생활을 계속하는 중에 있다는데, 부청에서는 대개 그들에게 등급을 정하여 1등부터 5등까지로 구별하였는바 1등에 5원으로 시작하여 한 등이 내릴수록 1원씩 감하게 되는바 조선인은 대개 4, 5등에 있다 하며, 그들의 현재 매삭 수입은 아래와 같더라.

구분	인원	금액
조선인 기생	40인	75.00
조선인 창기	40인	80.00
일본인 기생	88인	400.00
일본인 창기	70인	230.00

백만장자 옆에 부영 장옥 생활

대구 시내에 있는 조선인의 생활 상태는 대개 전기한 바와 같거니와 그러면 조선인은 전부가 극빈자인가 하는 의심도 없지 않을 터이다. 그러나 실상은 백만장자라는 장길상·정재학 양 씨는 대구 시내에 특등의 세금을 내는 사람이요, 그 아래로 1등급에 있는 7만 원 이상의 재산가가 두 사람이 있으며, 그 아래로 5만 원 이상의 재산가도 7명이다. 그중에 일본인 1명을 제하고는 전부 조선 사람이며, 최하로 떨어져서 5,000여 호의 극빈자는 신정 달성정 방면인 시외 방면으로 옮겨 간다. 신정에는 80간이나 되는 부영(府營) 장옥(長屋)이 있어 1호에 대하여 1간씩밖에 되지 아니하므로 5, 6식구가 한 방에서 사지를 펴고 살 수가 없으므로 거의 앉아 새다시피 하는 호수가 200여 호에 달하는 참상이더라.

상권은 4배, 조선인 80명에, 일인은 300여 명

이에 다시 대구부 내에서 상업을 경영하며 영업세 10원 이상을 납입하는 조선인이 80여 명이요, 일본인은 350여 명이라 하며, 조선인이 하는 상업은 대개 포목상과 곡물무역이라고 하더라.

〈자료 202〉 시장(市場)의 폐해로 남포상인(南浦商人) 궐기, 해독부터 조사하여 적극적으로 타파해(조선일보, 1925.4.22, 2면 5단)

상업에 대한 토대와 상권을 잃어버리고 다년간 특수한 불경기에 싸여 지내던 진남포 상인들이 최후의 살길을 찾기 위하여 긴급 상인회를 개최하고 위원 다섯 사람을 선정하여 일반 상인들의 결속부터 공고하기로 하였다 함은 본보에 이미 보도한 바이다. 그 위원들이 각 방면으로 활동한 결과 이미 지난 20일까지에 300여 인의 동지자를 얻어 지난 20일에는 오후 5시부터 용정리 노기원 씨의 집 누상에서 시가지진흥회란 명목하에 발기총회를 열고 일반 조선인 상인의 살아갈 방침을 토의하였다. 그 결과 진남포가 다른 지방보다도 더 심한 불경기를 당하는 것은 그 원인이 일부 일본인 자본벌들의 사복(私腹)을 살찌우는 용정리 시장이 너무도 증대된 까닭이라 하여 용정리 시장이 조선인 시민에게 끼치는 해독을 철저히 조사하여 일반적으로 그 악폐를 적극적으로 타파하기로 하고 박계송·백남두·한동섭 3씨를 조사위원으로 선정한 후 8시에 폐회하였다더라(진남포).

〈자료 203〉 태인시장(泰仁市場) 이전 문제, 개인의 이익을 위함이라고, 주민 측의 반대가 격렬하다(조선일보, 1925.5.5, 2면 8단)

전북 정읍군 태인시장은 동군 내에 둘째가는 큰 시장인데 장소가 협착하다는 것으로 말썽이 있음을 기회로 하여 당지 오모리(大森)·구제(久世) 두 일본 사람이 작년 말에 철도국에서 불하하는 토지를 매수하여 그곳으로 시장을 이전시켜 보려고 백방으로 주선을 하고 있다. 그 두 사람의 계획은 면비로 1만 원의 보조를 얻고 자기들이 3,000원을 지출하여 신설할 장소 8, 9척가량의 깊이 되는 오지(澳地)를 메워 고른 뒤에 시장을 이전할 것으로 당국에 신청한 바이다. 이 시장통에 거주하는 주민들은 시장 이전에 대하여 극력으로 반대를 일으키는 동시에 대표를 선출하여 60여 명의 연서로 군·도 당국에 탄원서를 제출하며 힘이 미치는 데까지는 맹렬히 반대할 것을 강구하고 있다. 이제 그 반대하는 이유를 듣건대, 이 시장으로 말하면 5, 60호나 되는 영업자가 그 시장에 생명을 걸고 그만큼 생활 안정을 얻어 가지고 있는 것을 갑자기 시장을 이전한다면 다수가 생활 안정을 잃어버릴 것이며 또는 지방 발전을 위한다든지 시장이 협착하다느니 하는 것으로 이전에 대한 구실을 삼지만은 신설할 장소도 지금 사용하는 장소에 비하여 조금도 더 넉넉할 것이 없을 뿐 아니라 개인의 영리적 수단에 5, 60호의 생활 안돈을 희생할 수 없다고 극력 반대를 한다는데, 시장 이전에 대하여 당국의 처리가 어떻게 낙착이 될까를 일반은 주목한다더라(태인).

〈자료 204〉 양두구육(羊頭狗肉)의 남포곡시장(南浦穀市場)의 정체, 간판만은 현물 매매소! 실상 내용은 공개 도박장(조선일보, 1925.6.5, 2면 1단)

횡령 이사(理事) 파면 문제를 도화선으로 진남포 곡물조합에서는 조선인 조합원 대 일본인 조합원 사이에 일대 분규가 일어난 이래 10여 일을 두고 분쟁에 분쟁을 거듭하면서 세상의 이목을 끌던 금번 사건은 마침내 지난 3일부터 단행한 조선인 측의 동맹휴업으로 인하여 형세는 급전직하하였다. 시장은 매매가 두절되었으므로 시가는 몹시 쓸쓸한 동시에 실로 남포경제계뿐만 아니라 전 조선 경제계에 주목하는 중대 문제로 화하여 버렸다. 조선인 측에서 휴업을 단행한 이유는 이미 본보에 누차 보도한 바이라 다시 거듭할 필요가 없거니와 이제 오랫동안 비밀리에 감추어 있던 그 조합의 음험 요괴한 내용에 대하여 가장 그 내용을 자세히 아는 그 조합 역원 혹은 조합원의 진실한 고백을 들어보면 아래와 같다.

패가망신지굴, 조선인 측 조합원 담(談)

무엇이라고 입을 벌려 말씀하기가 부끄럽습니다. 소위 조합의 이사라고 하는 자가 조선인 측에서 혹 시장에 나가는 인원수나 좀 적은 날은 저희들끼리 둘러앉아서 '논(畓)이 팔리지 아니하여 못 왔다거니', '밭이 팔리지 않아서 못 왔다거니' 하고 시장에 다니는 조선 사람의 논밭(田畓)은 다 결국 자기네에게 팔아 바치고야 만다는 듯이 말할 뿐만 아니라 실지로 조선인 측에서 유력하다는 재산가들이 거진 다 시장에 다니다가 패가하는 것을 보면서도 이때까지 발을 뽑지 못하고 다녔습니다. 하여간 시장에 다니노라면 남기는 때도 있기는 하지만은 대개는 패가망신하기 쉬운 위태한 구렁이지오!

당국 방임은 하고(何故), 모 역원 담

진남포 곡물시장도 처음 당국의 허가를 맡을 때에는 '곡물의 생산자, 매매업자, 기타, 특히 곡물 현물의 거래를 필요로 하는 자 이외의 자로부터는 매매의 주문 또는 위탁을 받지 아니함'이라는 조건을 규약에 명백히 하고 허가를 받았으나 현물거래는 고사하고 그림자도 볼 수 없이 지상의 공문만 가지고 몇백 석, 몇천 석을 팔고 사고 하니 공개한 도박이 아니고 무엇이겠소? 그러나 당국에서는 알고도 가만있는지 모르고 가만있는지 아무 간섭도 아니하고 방임해 두는 것이 한편 생각하면 의아하지 아니할 수 없습니다. 원래 진남포 곡물시장은 진남포에서 매매되는 현물의 시세를 조절할 사명을 가지고 생긴 것이나 시세의 조절은 고사하고 오히려 무역상이나 생산자들은 인천 시세 같은 것을 표준으로 매매하는데도 시장 시세만은 늘 그때그때의 형편을 따라 의외의 시세를 만들게 됨으로 언제든지 현물 시세와는 아무 관계가 없게 됩니다. 그리하여 늘 투기업자들이나 모여서 도박 모양으로 매매를 하고 있으니, 노골적으로 말하자면 곡물시장은 일종의 공개된 도박장이란 것이 적정한 말일 것 같습니다 하더라(진남포).

〈자료 205〉 남포곡조(南浦穀組) 분규 해결, 일본인 조합원 세 사람의 알선으로 6일부터 복업(조선일보, 1925.6.8, 2면 7단)

오래전부터 분규에 분규를 거듭해 오던 진남포 곡물조합 조선인 조합원 대 일본인 조합원 사이의 분규 문제는 그 조합장 이하 일본인 측의 불온당한 회의로 인하여 마침내 조선인 측은 그 부당회의를 항의하는 동시에 일제히 동맹하고 시장에 입회치 아니하여 연일 시장이 쓸쓸하게 되었다 함은 이미 보도한 바와 같다. 지난 4일 오후 4시경에 긴급 역원회를 상업회의소에서 개최하고 시장 시세 통신에 관한 건의에 방금 부재중의 사이토(齋藤) 조합장에게 들어온 조선인 조합원들이 제출한 항의서와 또 거기 관련된 조선인 측 동맹휴업에 대한 선후책을 장시간 토의하였으나 즉석에서 별다른 대책을 얻지 못하였다. 마침내 그 항의서에 대한 정식 수리 여하는 전부 미결에 부쳐 두기로 한 후 그 이튿날이 지난 5일에는 일본 측 역원 아라이(新居)·사쿠라이(櫻井)·난토(南藤馬) 등 3인이 암중비약을 개시하여 그날 오후 2시경에 비석리 남정미소에서 조선인 조합원 이종섭·조정호·김형곤·정응기 제씨를 회견하고 전일 임시총회 속회 시에는 여러 가지의 탈선된 일이 많아서 미안하게 되었다는 사례가 있은 후 조선인 측에서 제의하였던,

1. 적립금 배당은 8할로 할 일

1. 정관과 규약의 일부를 개정할 일

1. 조선인 이사도 1인 채용할 일

1. 문부를 검사 공개할 일

이상 4개 조건은 전부 찬성하는 터인즉 오는 7월 상순 정기총회 시에 정식으로 통과하도록 하고 그와 동시에 조선인 측의 동맹휴업은 정기총회까지 완화하도록 하여 달라는 간청이 있었다. 그 좌석에 참석하였던 조선인 측 조합원들은 현장에서 백보 양보하기로 쾌히 승낙한 후 전 조합원에게 그 경과를 비공식으로 전달하는 중이므로 오랫동안 분규로 사회의 주목을 끌어 오던 진남포 곡물조합의 분규 사건은 해결될 가망이 보인다더라.

개인 간의 타협, 그러나 전도낙관, 아라이 평의원 담(談)

이번에 분규가 일어난 원인은 이제 새삼스럽게 말씀은 할 필요도 없겠지오만은 수일 전에 조선인 측 조합원들로부터 조합 당국에게 항의서가 들어왔기에 냉정히 공정한 견지에서 그 항의서를 보고 여러 가지의 미안한 생각을 많이 하였습니다. 지난 4일 역원회 석상에서도 큰 문제가 되어 그 항의서를 수리하려면 전 총회를 무시하여야 되겠고 수리하지 아니하자면 현재의 조선인 측의 휴업이 계속되겠기에 부득이 일을 알 만한 몇 사람과 상의한 후 항의서 수리 문제는 당분간 유안(留案)하기로 하고 난토·사쿠라이 씨들과 같이 조선 거리에 가서 남정미소에서 조선인 조합원들과 만나 보고 그들의 주장에 대하여 성의 있는 데까지 찬의를 한 것입니다. 네 가지 의안 중에서 조선인 이사 한 사람을 채용하자는 문제에 논리상으로는 찬의를 표하였으나 현재 조합 재정형편상으로 보아 그 문제만은 피차에 얼마 더 연구하기로 하였습니다. 여간 이번 일이 비록 우리 세 사람이 개인의 자격으로 찬성한 일인 고로 정식 타협이라고 하기는 어렵게 되었습니다만은, 후일 총회석상에서 설혹 이의가 있더라도 우리 세 사람이 조선인 측의 제의를 찬성하면 종다수처결(從多數處決)로 되어 염려 없이 통과될 것이라고 확신합니다.

6일부터 복업, 조선인 조합원

별항 보도한바 오랫동안 분규를 거듭하여 오던 진남포 곡물조합 조선인 조합원 대 일본인 조합원 사이의 분규 문제는 일본인 측 역원 중에서 아라이·사쿠라이·난토 등 제씨로부터 책임 있는 간원이 있어 조선인 측 조합원들은 완전한 해결은 후일 정기총회에 미루기로 하고 지난 6일 오전부터 곡물시장에 나가 여전히 매매를 계속하였더라(진남포).

〈자료 206〉 조선인 의주(義州), 파멸되는 사면관(四面觀)(2): 심혹한 차별, 상권은 외국인에게로, 기자 새벽별(조선일보, 1925.6.12, 2면 3단)

새 주인을 맞는 의주는 옛 이름이 있는 것만치 새 주인에게도 평북의 수부라는 이름을 얻게 되었다. 수부(首府)라는 이름을 얻는 동시에 도청·군청·헌병대·수비대·경찰부·관청이라는 관청은 모조리 모아다 놓았다. 그러므로 유식 시민과 유식 관리배가 많아져서 자연히 식료품을 주로 한 상업이 흥왕하였다. 객주집이 늘었다. 기생집 술집이 늘었다. 과연 의주는 화류장이요 음식판매시가(飮食販賣市街)이었다.

그러므로 노동자도 다소간 생활에 여유가 있게 되었으며 더욱 빈한한 사람들도 소자본으로 음식장사 등을 하므로 의식에 과히 타격을 받지 않았다. 그러나 상권은 그 식료품 장사이나마 일본인, 외국인에게 빼앗기고 점점 구남교 동부 등지로 몰리게 되고, 시중의 전권은 외국인이 쥐게 되었다. 이와 같이 여지가 없는 조선 사람에게는 또 철권이 내렸다. 도청이 신의주로 이전하게 됨을 따라 관청이란 관청은 다 따라가 버리매 유식 관리배들의 그림자조차 보지 못하게 되었다. 유식 관리로 인하여 술잔이나 팔아서 생활하던 것조차 다 못하여 먹게 되어 시민은 산산이 헤어지게 되었다. 변변치 않은 상업에까지 대타격을 받아 마치 상점은 빈 허청간같이 컴컴하게 텅텅 비었다. 그런 이상에 조선 놈이란 조선 놈은 외국 물화 숭배열이 심하여 조선 놈의 상점에는 죽기를 내기하고 한 푼어치 아니 사되 일본인이나 중국인 상점에 가서는 가진 학대를 받으면서도 사기를 좋아하여 푼푼 전전의 피땀 흘린 돈을 전부 외국인에게만 주게 됨으로 자연히 따라서 빈약하여졌다. 상업이 미약하여졌다. 상업은 파멸을 당하였으니 다시 말할 바 없거니와 의주의 조선인과 일본인 차별은 실로 이루 형언할 수 없다. 이 차별로 인하여 조선인의 생활은 자연이 더욱 파멸을 당하게 되었다. 이제 차별로 인하여 의주 조선인의 경제가 타격받는 몇 가지를 들어 말하고자 한다.

의주 면세업으로써 간이수도를 설치하여 의주 시민에게 음료수를 공급하게 된 것은 이미 세상이 다 아는 바이나 그 수도에 대하여 깊은 불평이 있는 것은 아직 세상이 모르는 것이다. 제일로 무리한 것은 수도 음료금 증수이다. 의주에 1개월 이상 유숙하는 자에게는 누구든지 물론하고 수도료를 받는 것이다. 수도라는 것이 시민을 위하여 생긴 이상에 그 시민이 그 물을 사용하든지 아니하든지 또한 수도료를 받는 것이다. 그것도 수도통을 설시하여 둔 것을 시민이 사용치 않는다 하면 수도료를 받아도 그 또한 이상하지 않으나 수도통은 1만여의 시민 중에 불과 14개소뿐이다. 그것까지 일본 마을에만 설치한 것이다.

〈자료 207〉 조치원(鳥致院)의 현상! 전 시가(市街)가 일인(日人) 소유, 일본인은 자꾸 늘어 가고, 조선인은 자꾸 줄어 간다. 무서운 그들의 세력을 보라(조선일보, 1925.11.24, 2면 7단)

충청남도 연기군 조치원(鳥致院)은 충청남북도로 다니는 중요한 관문일뿐더러 삼남에서 굴지하는 조치원 시장이 있어서 물산의 집산이 타지방에 자랑할 만한 곳이다. 일방에서는 충청남북도의 합병설이 유행하는 동시에 도청 이전지는 조치원이라는 말이 모 방면에서 새어 나와 벌써 외처에서 이사 오는 사람이 답지하는 상태인데 개중에도 조선인의 경제는 날로 파멸되어 시가지는 전부 일본 사람의 소유로 되고 말았다. 금년 10월 국세 조사에 의하면 조선인 호수가 1,147호요 일본인 호수가 311호인데, 금년도 가옥세 조정액을 보면 조선인은 448원 5, 60전이오 일본인은 1,554원 44전이다. 전기한 바에 의하면 37할이나 많이 점령한 호수로 34할이나 적게 가옥세를 납부하게 되었으니 이로 보면 조선인의 경리는 복구할 희망이 없다 한다. 그 고시가 대지(垈地)의 면적은 29정 4반 8묘인데 일본인의 소유가 21정 4반 7묘요 조선인의 소유가 8정 1묘인데 8정 1묘나마 도로변 쓸 만한 곳에는 초지도 없고 구석진 곳에 있을 뿐인데 대부분은 일본인에게 전당을 잡혀 있다 한다(조치원).

〈자료 208〉 심촌(沈村) 시장기지, 일본인의 수중에, 연고자에게 비밀을 지키고, 일인에게 팔은 지주의 심사, 시민의 분노 갈수록 격앙(조선일보, 1925.12.10, 2면 7단)

경의선(京義線) 심촌 시민은 시장 문제로 일대 소동이 생기었다 함은 이미 보도한 바이다. 시장기지 주(主) 김병권은 1922년(大正 11)도 시장 창설 당시에 기지 1,700여 평을 시장기지로 기부한다는 승낙서에 서명 날인까지 하여 도청에 인가까지 얻었던 바인데 이번에 그 기지를 일본인 아무개에게 팔았다고 한다. 시민들은 기지는 김 씨의 기지이나 건물은 우리의 물건인즉 그 기지를 판다면 우리에게 팔아야 옳은데 여러 번 물어보아도 내용을 말하지 않고 무슨 심사로 일본인에게 파는지 모르겠다 하여 당지 청년회 상무집행위원 계성근 씨를 시민 대표로 선정하여 김 지주에게 질문하였다. 그러자 김 씨의 말이, 이때까지 비밀에 부치어 온 것은 나의 잘못이올시다. 그러나 일본인 야마다(山田) 모에게 방매 당시에 계약금 400원 받은 것을 건물주가 부담하여 주고 또 시장기지로 기부한 1,700여 평까지 각각 분할하여 사야 하겠다 하였다. 대표 계 씨는 말하되 배상금 400원은 김 씨의 잘못으로 된 것이오. 1,700여 평의 시장기지로 말하면 한번 기부를 한 이상 지금은 국토인즉 그 국토를 매수할 사람이 없다고 하매, 김 씨의 말이 시장기지로 기부는 하였으나 상금까지 매 평에 지료를 징수한 것이오. 금번 야마다 모에게 방매할 때에도 1,700여 평까지 계산한 것이니까 그렇지 아니하면 할 수 없다 하였다. 결국 결말을 보지 못한바 시민대회를 다시 개최하고 대책을 강구하려는데 시민 측의 말을 들으면 시장기지 1,700여 평의 지료를 건물주가 이때까지 주어 온 것은 알지 못하여 그리된 것인바 시장기지를 아무 말 없이 건물주에게 방매하여 주면 이왕 알지 못하고 납입한 지료를 묵과하겠으나 김 씨의 태도가 여전하면 몇 년간 납입한 지료까지 도로 찾겠다고 하더라(황주).

〈자료 209〉 경성 상업계의 신경향: 진흥책 강구의 필요(조선일보, 1925.12.20, 1면 1단)

1. 경성은 조선의 수도로 제반 문물과 시설이 전국의 대표적 처지에 있고 더욱 상업에 이르러는 명실이 함께 중심적 세력을 지은 것은 부인치 못할 것이다. 그러나 그 발달의 정도가 일반 세운의 진전에 비하여 자못 지지한 혐의가 있을 뿐 아니라 차라리 고루한 보수적 기풍을 주장하여 별로 볼만할 것이 없고 일면으로 장족의 발달을 정하는 일본인의 상업계에 비하여 다대한 손색을 느끼지 않을 수 없는 것 등은 유지자의 간절히 개탄하던 바이다. 그런데 몇 해 전부터 상인 간에 그 업무의 발전을 위하여 점차 고심하는 적이 있고 더욱 이 업계 유지들의 협치로 왕왕 공동적 보조를 취하는 시설을 보는 것은 상계(商界)의 발전상 유리한 처치인 것이 확실하다. 방금 시내에서 개최 중인 연말 연합대매출과 같은 것은 조선인 측 상점으로는 이를 개최한 횟수나 성적으로 보아 아직도 시연시대를 면치 못하였지만, 그 운행이 득의(得意)함에 의하여는 이로 인하여 경성 상업계의 번창은 물론 일반 시민에게도 여러 가지 편리를 줄 수 있는 것이다. 이와 같은 의미에서 우리들의 기대하는바 결코 얕지 않고 따라서 이를 기회로 여러 말을 서술함도 전혀 무익한 바는 아니라고 믿는다.

2. 종래 조선인 상업계의 부진을 가져온 원인은 다방면으로 관찰할 수 있지마는 그의 주요한 것을 들자면 우선 상공 당국자의 취하는바 태도가 조선인 측에 대하여 자못 냉정함이 적지 않다는 것을 지적할 수 있다. 저 같은 당국자 부류의 가장 진보된 조선 본위라는 허위적 의식으로부터 나오는 시설은 조선 내 일본인을 위한 시설됨이 많고 조선인에 대하여는 균점되지 못하는 것을 상례로 한다. 그러면 특히 상업계가 이와 같은 예에 제외되기 불능할 것이오. 또는 상인의 생명이라 할 만한 자금을 융통하는 기관이 조선은행과 같은 특수은행을 위시하여 여러 가지의 풍부한 자금을 가진 일본인 측 각 지점 은행 등은 일본 상인을 위하여 편의를 주는 반면에 조선인 측 상업자의 대다수는 겨우 몇 개의 조선인 측 은행에 대하여 자금을 부탁함에 불과하므로 그 융통의 범위, 기타 조건이 일본인 측에 비할 수 없는 것이다. 이 점에서 우리들은 조선인 측 상인의 그와 같은 곤경에 대하여 동정을 아끼지 않는 바이다. 그러나 상계 부진의 책임은 상인 자신도 그 많은 부분을 지지 아니치 못할 것이니 저 보수적 또는 고식적 기풍이나 상업 지식의 등한시, 인내성의 부약한 것 등은 상업 진흥에 장해됨이 적지 않다고 볼 수 있다. 그와 같은 폐해는 하루라도 속히 제거함에 주저치 말아야 할 것이다.

3. 일국 상업계의 진흥 여하는 그 국민생활상 중대한 영향을 미치는 것이므로 인문의 진보됨을 따라 점점 더 중시케 되었고 따라서 능력 있는 인사로 점차 상계에 나오는 자 많아서 점점 더 이 업계의 향상을 도모함에 급급한 것은 동서 제국이 일반으로 그러한 것이다. 특히 조선에 있어서는 타민족이 경영한바 상업 발달의 도정과 상이한 바 있어서 훨씬 경험과 자력이 풍부한 경쟁자와 하등 특수한 보장이 없이 대립하게 되었으므로 그 노력도 통상 이상을 요할 것을 각오치 아니치 못할 것이다. 최근에 이르러 한 일본인 백화점에서 조선인 고객을 끌기 위하여 조선인 소용의 견직물을 비치하고 성대히 선전함과 같은 것은 조선인 동업자로서는 등한시하지 않는 모양이다. 그러나 조선인 고객을 빼앗는 자가 어찌 한 백화점에 그치랴. 저 본정통에 화려한 진열기 앞에는 왕왕 조선인이 집단으로 모인 것을 볼 수 있나니 이에 대하여 조선인 상업자로서 자극됨이 없었다면 차라리 기괴한 현상이라 하겠다.

4. 이상의 관찰에 의하여 다수 상점의 가입으로 연합매출을 개최하고 혹은 경품을 증정하여 고객을 끌며 혹은 일반의 투표에 의하여 상점의 설비와 신용관계 등을 장려하는 것은 그것이 곧 상계의 진흥을 의미할 수 있는 것이라 하여 찬동하는 바이다. 그러나 우리들이 기대하는 바는 다만 상계의 번창으로부터 받는 상업자 각 개인의 이익만으로는 결코 만족타 하

는바 아니오. 이러한 시설을 기회로 상인의 자각을 재촉하여 일반 시민으로 하여금 일상 수요품을 구함에 불안이 없도록 면려할 것이다. 이렇게 함에는 무엇보다도 상품의 선택 가격의 공정을 기하는 것이 급무이라 한다. 현재 경성 시내에서 유수한 대상점은 별도로 하더라도 다수한 소상인이나 또는 그 상업 종류 여하에 의하여는 아직도 구시대의 폐풍을 벗지 못한 자가 있는 것은 매우 유감이다. 이와 같이 관찰하면 상인도 단순히 자신의 이익을 도모하므로 만족할 것이 아니오. 일종 사회적 책무가 있다는 것을 느낌에 의하여 비로소 그 의의를 발견할 수 있는 것이다. 이 점에 취하여 상업계 제씨는 십분의 고려가 없지 못할 것이라 생각한다.

〈자료 210〉 대주 일인(日人)의 무리로 웅천(熊川) 시민 대분개, 시장혁신회를 창립하고 최후 이전까지 결심(조선일보, 1926.4.2, 1면 4단)

충남 보령군 웅천시(市)에서는 지난달 25일 조선인 및 일인 70여 인이 당지 공보교 내에 회합하여 시장혁신회를 창립하고 수 개 조항을 결의한 후 교섭위원 3씨를 선정하여 시장지주에게 교섭하였다. 만일 요구에 대하여 불응하면 시장은 절대 이전하리라는데, 그 내용인즉 원래 웅천시장은 동군 두룡리에 거주하는 김봉제의 종토로서 그동안 70여 년간 지조에 한하여는 다만 매년간 추수기에 한하여 전부 정조 30두에 불과하였으므로 일반 시민에게 많은 편의가 될 뿐 아니라 웅천은 보령의 중앙지이므로 장래 발전상 기대감이 적지 않았다. 그런데 이전의 김봉제가 해당 기지를 동군 대천시장에 거주하는 일인 가네유키 사다이치(金行貞市)에게 금 2,150원에 매도한 후 해당 일인은 자기의 이익만을 위하여 이전의 몇십 배 되는 지조를 추가하므로 시장 일반은 크게 분개하여 이의 방지책을 강구하였으나 어찌할 도리가 없어 3년의 긴 세월을 지나오고 있었다. 이로 인하여 시장은 점점 축소되고 생활까지 유지키 매우 어려워 동 면장에게 탄원하고 동군 군수와 협의한 후 지주 가네유키에게 상당한 가격 2,500원에 매도하기를 누누 권유하였으나 그 일인이 절대 불응하였다. 일반 시민은 더욱 분개하여 그와 같이 결의한 후 장차 면민대회도 개최할 터라는데 군면 양 당국에서도 이에 대하여 철저 후원할 터이라 한다더라(보령).

〈자료 211〉 공황이 일혹(日酷)한, 남포(南浦) 조선인 상계, 폐문하는 상점이 속출되어, 시가의 사정 · 형편은 폐허와 같다(조선일보, 1926.4.15, 2면 7단)

2만 4,000여의 조선인이 사는 조선인의 진남포가 해마다 양으로 음으로 일본인의 구축을 받아 경제상 여지없는 파멸을 당하고 있다 함은 본보에 누보한 바이다. 요사이에 와서는 조선인 상업계의 공황이 얼추 더 심하여져서 조선인 상업계의 중진이라고 하던 한동섭 상점을 위시하여 용정리 김성우 상점, 동리 원순화 상점 등 유력한 상점들이 뒤를 이어 상점 문을 닫히게 되고 또 그 밖에 문을 닫히지 않은 다른 상점에서들도 매매가 아주 한산하여 점포를 유지하기에도 극히 곤란한 중이라 한다. 이는 물론 농촌 방면이 오랫동안 비가 오지 아니하므로 말미암아 농촌 방면의 거래가 원활치 못한 것도 한 원인이 아님은 아니다. 하지만 구극의 원인은 소자본을 가지고 경영하는 조선인 상점들이 대자본을 가지고 달려드는 일본인 상점들에게 근저로부터 치명적 대구축을 당한 데다가 소위 은행의 금융정책이란 그것이 민족적 편견을 가지고 가속도적으로 일본인을 원조하여 조선인 상계의 몰락을 촉진시킨 것이라 하여 경제적 공황에 대한 근심 외에 또 조선인 된 한탄을 그칠 사이 없다는데 전기와 같이 시가 중앙의 대상점들은 죽은 듯이 문을 닫혀 두고 거리에는 내왕하는 인적조차 드물어져 시가의 사정·형편은 폐허나 다름이 없어 간다더라(진남포).

〈자료 212〉 부흥무로(復興無路)의 송파(松坡) 조선인 상계, 홍수를 겪고 난 나머지에 다시 일어날 도리가 없다(조선일보, 1926.5.19, 2면 5단)

정치적 정복과 경제적 파멸을 받고 있는 우리 조선 현 사회에 있어서 어디를 물론하고 한 가지라도 만족을 기대할 수 있으랴마는 더욱이나 상업 방면으로 돌아보아 실로 한심한 우리의 참담한 현상을 아니 말할 수 없다. 그러면 일찍이 조선에 이름이 높던 송파시장의 물건 매매는 조선 사람의 상점이 아니면 무슨 물화든지 사고팔 수가 없었다. 여러 해 전부터 이와 같이 대규모로 상권을 잡고 내려오든 송파 사람들은 불의에 작년 홍수로 몸뚱이만 남아 무한 곤궁하다가 그중에도 신용상 관계로 몇몇 사람만 자본가에게 머리를 숙이고 무한 애걸하다가 몇십 원 몇백 원을 차용하여 상권을 복구하려고 무한이 애를 태우는 모양인데, 대개 영업 종류는 잡화, 미곡, 염상(鹽商)이라. 가뜩이나 경제의 파멸을 당하여 불경기한 이때에, 더구나 일본 자본가에게 이와 같은 모든 상권을 빼앗기게 되었다. 그 원인은 같은 값이면 조선인의 물건을 팔아주는 것이 민족적 의무이거늘 무지몰각한 향촌인들은 같은 값이라도 일본인에게로만 몰려들어 물건을 사 가고 만다. 이러하므로 조선인은 요사이 파리만 날리고 먼지만 털고 앉아 있게 되니 불공자파로 자연 타격을 받아 영업을 폐지하게 된다. 심지어 조선인은 주류 제조업까지 폐업을 당하고 일본인 장중에 들어가고 말았으니 오늘과 같은 사회 조직과 제도 아래에서는 갈수록 장래가 암담할 것밖에 없다더라(송파).

〈자료 213〉 부흥에 노력하는 조치원(鳥致院) 상업계, 상권을 빼앗기지 말고자, 여러 가지로 활동을 개시(조선일보, 1926.5.22, 2면 9단)

충남 연기군 조치원(鳥致院)은 충청남도에서 굴지할 만한 시장으로 각종 상업가의 간판이 내인거객의 안목을 놀래킬 만하나 어디를 물론하고 도회지라 하는 곳은 일본인의 상업가가 전권을 잡고 있는 것은 사실이 증명하는 바인즉 다시 말할 필요가 없거니와 그중에도 겸하여 중국인의 상업자가 날로 늘어 가는 상태이다. 우리 조선인의 상업가가 날로 쇠퇴하여 부활의 희망이 적게 되어지는 것을 각성한 유지와 상업가들은 남에게 가서 물품을 사지 말고 우리 조선 사람은 우리 조선 사람끼리 물건을 사고팔자는 목적으로 대동상회(大東商會)를 조직코자 활동 중이다. 불원간 창립총회를 개최하는 동시에 조선인의 상업계에도 서광이 비취일 듯한 중에 요새 또다시 조선인의 상업가로 조치원상업연구회(鳥致院商業研究會)를 조직하여 상권을 잃지 아니하고 권위를 바로잡고자 지난 19일 오후 7시에 연기청년회관에서 창립총회를 개최하였었는데 당선된 임원은 다음과 같다더라.

집행위원 김진옥·박기수·원상무·김병섭·박용덕·한태영·하진명
평 의 원 김광제·이춘근·임종호·연한규·김성회
감 사 원 황규희·김문달

(조치원)

〈자료 214〉 북촌(北村)엔 전황(錢慌)의 구풍(颶風), 남촌(南村)엔 사치(奢侈)의 춘풍(春風), 북촌 상계는 여지없이 쇠퇴해 가는데, 조선 고객으로 남촌엔 사치품만 팔려, 상계로 본 경제 파멸상(조선일보, 1927.1.2, 4면 1단)

전황의 돌개바람은 달을 거듭할수록 더욱 맹렬한 기세로 불어닥치어 그렇지 않아도 다 찌

그러진 우리의 집과 거덜 난 우리 살림은 필경 총 파산의 지경에 이르고 말았다. 경제 파멸의 영향을 가장 예민하게 받는 상계의 각 방면을 널리 조사한 상세 사항은 다음과 같거니와 북부 조선인 상점은 작년과 비교해도 고객에 있어 2할가량이 줄고 금액에 있어 3, 4할이나 격감한 것은 놀랄 만한 사실이다. 그 중대한 원인이 물론 전황의 탓이라 하겠으되 그것보다도 일본인 상점이 거대한 자본과 온갖 편의를 가지고, 혹은 조선인 부락인 북부를 점령하고, 혹은 의연히 남촌에 있으면서도 조선인 고객을 유인하는 것이 지나쳐 볼 문제가 아니다. 이 알뜰한 고객조차 그들에게 뺏기고 보니 조선인 상점이 쇠퇴치 않을려야 않을 수 없을 것이 아닌가. 더구나 놀랠 만한 일은 귀금속, 비단 등속의 사치품이 많이 팔린다는 것이다. 그것도 북부의 조선 상점이 아니오. 남부의 일본 상점에서 조선 고객이 가위 전부를 사 간다는데 이르러는 더욱더욱 아니 놀랄 수 없다. 북촌 일대엔 전황의 찬바람이 부는데, 남촌 일대엔 이들 얼빠진 조선 고객으로 말미암아 풍성풍성한 봄바람이 끊일 줄 모른다니 이 얼마나 기괴한 현상인가.

"금은계 - 고객은 2할 감소, 액수는 5할 감소"

진열한 것을 보면 엄청나게도 풍성풍성하여 보이는 금은 상점도 내용의 팔리는 것을 보면 아주 쓸쓸하기 짝이 없어 경기 좋을 때에 조그마한 상점만치도 사러 오는 손님이 몰려들지 않아 점원들의 심심풀이도 안 되는 모양이다. 종로 화신상회 주무 윤희창 씨는 말하되, "작년 연말에는 12월 10일부터 매우 흥왕하더니 금년에는 12월 20일이 지나도 연말 기분이 아주 없는 듯하외다. 기왕에는 연말이 되면 각종의 선사품이 많이 팔려서 매일 2,000원 이상이 팔리더니 금년에는 선사품이라고 사는 이는 아주 씨가 없이 되다시피 하여 여간 물품 낫이나 판다 해도 작년에 비하면 에누리 없이 말하더라도 5할은 감하였습니다. 물품 매매뿐 아니라 작년에는 이맘때면 손님도 매일 평균 100명이나 되더니 금년은 60명밖에 안 됩니다. 그런데 우리가 잘살려고 그런지 못살려고 그런지는 몰라도 보통 매매 없는 중에도 돈 많은 금이 많이 팔리고 은이 적게 팔리매 기생이라든지 화류계 생활하는 이의 패물 사는 것은 적고 여염집의 혼수가 부쩍 늘어 가는 것을 보면 보통으로 보아 사치심은 무던히 는 듯 싶습니다. 이 장책 한 장에 사람 열이 쓰게 되는데 이것 보시오. 오늘 사간 이의 수효가 6장밖에 안 됩니다."

"포목계 - 홧김에 호사 격, 주단만 팔린다."

모두가 쓸쓸한 조선인 상점 중에 홀로 생기를 띤 듯이 홍정꾼으로 대만원을 이루고 점원들은 한 자 두 자씩 자질하기에 눈코를 뜨지 못하는 종로 최윤석 상점은 쌓인 물건도 울긋불긋 여간 번화하지 않지마는 오는 손님도 형형색색으로 다 모여 다 찌그러진 백립에 소똥 칠을 군데군데 묻힌 나무장사와 자두지족이(自頭至足) 말쑥하게 차린 '하이칼라'의 탈속하게 차린 시골 부호 등 모든 계급의 사람들이 다 모인 중에도 가장 많이 들이밀리는 이는 여자이다. 금은으로 머리를 꾸민 기생들과 굽 높은 '구두'에 대문짝 같은 목도리를 두른 신식 부인도 남자 이상 많이 모여 제법 세모의 홍왕한 기분이 나타나 보는 자로도 풍성풍성한 생각이 나게 한다. 그러나 내용을 들여다보면 결국은 작년보담 팔리는 금액은 2할의 감소를 면치 못하였고 그중에도 다 망하여 가는 우리 생활에 사치심은 부쩍 늘어 비단 팔리는 것은 조금도 줄지 않았다고 한다. 이에 그 상점 주인 최윤석 씨는 말하되, "다른 상점은 몰라도 우리 상점은 손님이 절대로 준지는 모르겠습니다. 그러나 물가가 원래 작년보담 1, 2할씩 다 떨어져 작년 매일 평균 1,500원의 수입을 내었다고 가정하면 금년에는 1,100~1,200원에 지나지 못합니다. 그러고 보면 이익도 줄 것은 사실이오. 먼저 비싸게 사 두었던 것을 팔 때에 싸게 팔게 되니 보시기에 무던히 팔리는 듯하나 내용은 아주 쪼그라드는 셈이외다. 그런데 한 가지 놀랄 것은 돈 잃은 노름꾼이 술 먹고 오입한다는 셈인지는 몰라도 주단에 한하여서는 더 팔릴지언정 줄지는 않습니다. 팔기로 위주하는 나도 일변 놀라지 않을 수 없습니다. 우리는 손을 본정으로 뺏기지도 않습니다. 원래가 모두 단골들이니까요."

"미곡계 - 승두(升斗)로만 매매, 시세 좋은 외미(外米)"

때 묻고 떨어진 옷에 성한 고무신짝도 못 얻어 신고 종이봉지나 깨진 바가지 조각을 들고 와서 제법 한 말을 한꺼번에 사 가지도 못하고 한 되 두 되, 5전 10전 어치를 사는 이만 모여드는 쌀가게에는 경성의 가난뱅이가 모조리 그리로 ■혀든 느낌이 없지 않다. 궁벽한 골목 구멍가게는 고사하고 종로 1정목 대로상에서 수백 석을 쌓아 놓고 제법 대규모로 하는 박성호 씨의 미곡상점에도 거의 한 시간 동안 지켜 섰으나 가마니로 사 가는 이는 구경할 수도 없고 한 되 두 되로 판을 짜는 중에도 좁쌀 외미(外米)만 사 가는 게 거의 3분의 1은 점령하였다. 이만 보아도 가마니로 사던 이가, 말로 조선 쌀 먹던 이가 값싼 좁쌀이나 외미로 연명하게 되는 우리의 현상을 여실히 알 수 있다. 이제 그 상점 주인 박성호 씨의 말을 들으면, "우리 상점에서 작년까지도 매일 200원어치는 팔았는데 지금을 보면 종■ 수입되는 돈이 2할가량은 틀림없이 줄었습니다. 현저히는 알 수 없으나 가마니로 사는 이가 준 것도 사실이외다. 지난 8, 9월에는 조선 쌀 팔리는 것과 좁쌀이나 외미 팔리는 것이 매일 상반하다시피 되었습니다. 지금도 매일 외미 두 '포대', 좁쌀 두 포대씩은 팔립니다. 좀 더 있으면 또 아주 퍽 늘 것이외다. 그리고 연말이 닥쳐와도 가마니로 사는 이가 없는 것은 지난 7, 8월이나 꼭 같아 하루에 60원만 팔리면 세월 좋은 것이외다. 작년보담 꼭 4할은 줄었나이다."

"양복계 - 수입된 원료액 14만 원 격증"

해가 거듭됨을 따라 조선의 경제 상태는 더욱더욱 점점 공황을 면치 못하는 한편에 조선 사람의 생활 상태는 외부적으로만 날로 높아(?)지는 것이 우리의 눈에 역력히 나타난다. 우선 그 일례로서 사람의 생활상에 필요하다는 의복을 한번 살펴보자. 옛날에 질소하였던 것은 지금 다시 말할 것도 없고 외국의 문물이 수입되기 시작한 후도 양복이라는 것이 한번 굴러들어 오매, 반드시 입어야 될 형편에 있었던 사람 또는 그것이 점차 사치품으로 화하여 일반 유한계급, 즉 일종 부랑자들의 장식물로도 되매 그것에 또 이중의 고통을 느끼게 되었다. 그러한 중 그것이 최근에 이르러서는 또다시 그 범위가 넓어져서 얼마 전까지는 남자만이 착용하였던 것이 일부 여자들도 그것을 착용하게 되었다. 세태가 그와 같이 변함에 적지 않던 그 방면의 원료 수입은 또다시 달과 해를 거듭할수록 수입량과 수입액은 점차 증가되는 편이다. 지금 그 원료인 모직물의 작금 양년 간의 비교를 보면 작년도의 수입액 235만 8,725원이었던 것이 금년에 이르러서는 250만 75원으로 14만 1,350원이 증가되었다. 이것은 물론 경성에서만 소화되는 것으로 그중 5할가량을 조선 사람이 수용한다는데, 이것을 얼른 생각하면 경성의 인구 30만에 일본인이 약 10만, 조선 사람이 약 20만인 것에 비교하면 그리 놀라울 것이 없지만 실상은 경성 주민으로 양복을 착용하는 사람은 일본 사람이 약 배수를 점령하여 있는 터에 전기와 같이 그 수용력이 동액에 달한 것은, 이것도 조선 사람은 실용적 품질보다 외견으로 주장삼는 즉 사치품을 많이 수용하는 까닭에 그와 같이 수량의 반비례로 금액은 많다 한다. 지금 경성 시내에 산재한 조선 사람의 양복점은 100여 개 처로 그들은 전부 5, 6개 처의 일본인 모직물 도매처로부터 원료를 매입하여 양복을 지어 낸다는데, 그 도매처의 말을 들으면 역시 일본인 양복점에서는 '써지' 또는 '셀' 등의 실용적 원료를 많이 요구하고 조선 사람의 양복점에서는 '스코치' 또는 '멜동' 등속의 외견의 화려한 사치품을 많이 요구하는 까닭에 그 수량에 있어도 차이가 있지만 그 비교적으로 보더라도 그 수입액은 조선 사람으로부터 들어오는 것이 훨씬 많다고 하더라.

"땔감계 – 7년 전 400원, 금일엔 40원"

산같이 쌓인 장작더미 속을 들여다만 보아도 후끈후끈하는 더운 김이 저절로 나는 듯싶지마는 실제의 팔리는 것을 보면 온 장안의 찬 기운은 그리로 모두 밀린 듯하여 저절로 몸이 떨리는 듯하다. 한 마차씩 두 마차씩 사 가는 이는 구경도 할 수 없고 한 수레씩 사 가는 이도 하루에 몇을 볼 수 없게 되어 오직 한 단 두 단, 10전 5전어치씩 사 갈 뿐이다. 이제 전동시장 한복판에 자리를 잡고 앉은 광장땔감상점 주인 김영완 씨의 말을 들으면, "내가 5,000원 이상의 자본을 가지고 이 영업을 시작한 지가 벌써 10여 년이외다. 그런데 해마다 매매의 주는 것이 등잔불의 기름 줄 듯하여 금년에 와서는 아주 말라붙은 듯합니다. 7, 8년 전만이더라도 매일 400원 이상이 팔리었고 작년까지도 매일 80원은 되었는데 금년에 와서는 아주 말라 매일 40원에 지나는 때가 없습니다. 마차로 사 가는 이는 꿈 잘 꾼 날이라야 하루에 셋쯤 만나게 되고 그렇지 않으면 항다반 둘 하나인데, 어느 때에는 마차로는 팔아 보지도 못하고 한 짝 두 짝, 한 단 두 단으로 세월을 보냅니다. 속임 없이 말하면 작년에 마차로 쓰던 이가 금년에 수레로, 수레로 사던 이가 단으로 사게 되어 드나드는 사람은 ■어도 팔리는 것은 말 못 됩니다. 금전으로 보아서 10분이 감소는 틀림없습니다. 작년에도 정작 한 배를 사면 닷새에는 다 치웠는데 금년에는 여드레 아니고는 치울 도리가 없습니다. 이 원인이 첫째로는 돈 귀한 탓이오. 둘째로는 함흥탄이 생긴 까닭이외다."

"잡화계 – 작년 5월 표준, 금년 3월 표준"

아래 위층에 차곡차곡 쌓인 것이 우리의 손으로 만든 것은 찾을 수 없고 오색으로 구비하게 걸린 ■건이 꽃 세계를 이룬 듯하여 정신이 황홀하지마는 사러 오는 손님의 그림자는 아주 희소하여 얼마 안 되는 점원들은 파랗게 언 살빛으로 난롯가에서 옹기종기 몰려 앉아 손만 쪼인다. 매매된다는 것이 양말 켤레뿐이오. 연말 '보너스' 푼이나 타 가지고 남은 돈으로

와이셔츠 몇 개나 팔릴 뿐이다. 어제 한영공사 주인 윤우식 씨의 말을 들으면, "작년 연말과 금년 이때를 비교하면 팔리는 가액으로 보아 2할 이상의 감소는 틀림없는 듯하고 손님도 1할 이상은 준 듯하외다. 가령 말하자면 '와이셔츠' 같은 것도 작년에는 3원짜리를 중심으로 하여 많이 팔리더니 금년에는 2원짜리를 중심으로 하여 많이 팔리게 되고 '속 셔츠' 같은 것도 작년에는 평균 5원 이상짜리를 중심으로 많이 팔리더니 금년에는 3원 이상짜리를 중심으로 많이 팔리게 되니 이것만 미루면 다른 것은 다 알 듯하외다. 값비싼 사치품이란 것은 절대로 팔아 볼 수가 없이 됩니다. 만약 우리의 근검사상이 늘어 그렇다면 더할 수 없는 기쁜 일이겠지마는 돈이 없어 그런 데야 여간 걱정이라고 할 수 없습니다. 대개 우리 상계가 이렇게 쇠잔하여 가는 것을 세 가지로 볼 수 있으니, 일반으로 돈이 없어 사는 사람이 주는 것의 큰 원인이겠지오마는, 상점 경영자가 자본이 부족하여 물품을 일본인처럼 윤택하게 구비하지 못하는 것과, 본당 상점들의 물가가 그전보다 헐하게 된 것과, 우리의 광고술이 부족한 이 세 가지가 가장 큰 원인이 될 줄 압니다. 그 외에도 조그마한 상점에서 잠시 고객을 끌기 위하여 에누리를 엄청나게 하기 때문에 손님이 안심을 하지 못하여 진고개로 허다히 가게 되는 것도 또 한 가지 원인이외다."

〈자료 215〉 전 상권 장악하려는 수산사(水産社)를 반대, 해산물 판매에 대하야 여수 항민의 중대 문제(동아일보, 1927.3.30, 4면 1단)

전남 여수항은 남해안 다도해의 중앙에 있는 하나의 반도로써 항의 주민은 인근에서 모여드는 해산물의 무역 또는 소개업으로 매년 여름철이면 태반이 생계를 지속해 갈 만큼 물산의 집산이 풍부한 요항이다. 그런데 이 지역에서 어시장을 경영하는 전남수산주식회사에서는 갑자기 작년 봄경부터 상권을 빼앗으려고 힘쓰던 중 작년에 마침내 시기적으로 그 전권을 빼앗을 사이도 없이 경과되고 올해는 일반 일본인 무역상과 제휴해서 협정서를 작성하여도 당국의 승인을 얻어 해초 위탁판매의 전 이권을 획득하고자 조선인으로 무역상조합에 가입한 이선명(李善明)·김재성(金在成) 양씨에게 조인을 구하였다. 하지만 두 사람은 자신의 이해를 떠나 이번 회사 측과의 협정이 전체 항구 주민에 있어서 큰 문제임을 깨닫고 드디어 조인을 거절하고 항내 객주조합에 이 취지를 알려 반대를 주장하게 하였다. 직접 이익을 얻는 일반 시민은 지난 24일 지역의 공립보통학교 대강당에서 시민대회를 개최하고, 임시석장(臨時

席長) 이선명 씨의 개회사와 여수항 해산물 위탁판매의 유래를 말하자 극도로 흥분한 시민은 앞서 다투며 등단해서 전 이권을 수중에 넣고 항의 상권을 좌우하려는 회사 측의 행동에 대해 열변을 장시간 동안 토하였다. 다음 대책 결의에 들어가는 위원 이신명 씨 외 10인을 선거로 선출하고 그 해결을 위한 임무를 맡게 하였다고 한다. 종래로 객주조합에서는 각지에서 싣고 오는 해초를 각 무역상에게 소개해서 매매하게 하고, 그 수수료로 물주에게서 4분, 무역상에게서 3분을 취해 물주 측의 제 비용을 제공한 나머지를 객주 등의 이익으로 하던바, 앞에서 기술한 회사 측에서 일본인 무역상과 타협하고, 그 판매 장소를 제공하며 대금을 3일간 대신 바꾼다는 등 10개 조의 각서를 작성하고, 객주 측의 수수료 중 5분을 회사에, 2분을 객주에게 지급하기로 한다고 한다. 만일 항의 상권의 전부가 회사 측에 귀속되게 되는 때는 객주들은 물론 직접적으로 그 영향을 입는 모든 일반 시민은 한층 더 불경기를 느끼게 될 것이다. 따라서 마침내 그 방지책을 구하고자 수백 명의 시민의 연서로 당국에 제출할 진정서를 작성하는 한편에 당선위원 제씨는 임박한 해초 시기를 맞아 일반 물주의 편의를 도모할 방책에 대해 각 방면으로 대활동을 개시하였다더라(여수).

〈자료 216〉 상권은 외인(外人), 연매매 700만 원(동아일보, 1927.5.13. 5면 7단)

강원도의 상업은 운수교통의 불편, 기타 각종 사정에 의해 모든 것이 심각하게 미개발되었지만, 일상생활의 필수품은 물론 여러 가지 물자가 109개 시장을 거쳐 집산되고 있으며, 이것들은 1년간 매매고가 749만 4,000여 원에 달하는데, 모두 도내를 지배할 만한 대시장 또는 점포가 없음으로 물품과 재화 거래 같은 것을 외지에서 수입하게 된다. 교통·금융 등 관계로 영서 각지는 경성에서, 영동 이북은 원산에서, 이남은 부산 등지에서 직수입하는 것이 상례이다. 그리고 도내에서 본 지점을 둔 각종 회사도 점차 신설의 기운을 보게 되어 농상공, 기타를 통해 회사 수 16개에 공칭자본금이 3,684만 2,800원에 달하는데, 거의 대부분이 일본인이 경영한다. 강원도의 상업을 간단히 표시하자면, 아직 한산한 편으로 괄목할 만한 것이 없다. 하지만 최근에 와서 강원도 입장에서는 대단한 발전을 보이고 있다 하겠다. 그런데 그 발전은 결국 일본인·중국인 등의 대두로 인한 것이니 영서 각 군도 그러하거니와 영동 일대는 과연 일본인이나 중국인 상업촌이라는 관념이 있다. 그중에서도 더욱 심한 곳에는 소위 시장으로서 중국인·일본인 천지가 되고, 조선인의 점포는 단 한 개(그마저도 보잘 것이 없다)에 불과하는 통탄스러운 현상이 있다. 도내에서 가장 낫다는 지방이 횡성·영월 등지라 하겠으나 그나마도 전혀 그들이 없는 것은 아니다. 비교적 생기가 있다는 것이다.

〈자료 217〉 수원 상계상(商界相) 자위책을 강구하자. 수원지국 일 기자(조선일보, 1927.6.18, 1면 11단)

옛부터 수원은 상리(商利)에 명민함과 매사에 영리하다는 것은 자타가 공인하는 바이며 심지어는 수원 사람은 빨가벗겨 놓아도 30리를 도망하여 간다는 전설까지도 우리는 전하여 들은 바이다. 그러나 지금의 수원 일반 사회상이나 상계상을 관찰할 때에 과연 이 전설과 특점을 증명할 만한 하등의 업적이 없을 뿐 아니라 위태롭게 반대의 괴현상을 나타냄이 파다함은 이 어찌 우리 수원으로써 부끄럽고 창피하여 한심한 일이 아닐까. 일반 사회상에 대하여는 후일을 기하여 다시 쓰기로 하고 여기엔 우리의 모든 문제 중 가장 중대한 의식주 문제를 목전에서 지배하는 상계에 대하여 논하려 한다.

보라, 이 비참 무쌍한 수원 상계의 꼴을 보아라. 우리의 활약무대가 되어야 할 상업의 중추지대는 일상의 독무대가 되었고 우리는 일부 구탱이 지대에서 쫓기고 빼앗기고 하여 인제는 겨우 명맥을 유지하고 있는 현상이며, 그나마의 지반(地盤)에도 전년부터 중상이 우후죽순같이 잠입하여 이곳저곳에서 그의 상권을 부식-신장하고 있지 않는가? 일상과 중상에게 향배로 잠식-구축을 당하는 이른바 수원 상계의 잔존할 것이 무엇이겠는가. 오직 도태-파멸밖에 없지 않는가? 현재 수원면 시가지세(市佳地稅)할 조정액을 조선인과 일인을 숫자적 비교로 보면[1926년(大正)도 제1기 분],

일본인 6만 6,563원 168명, 조선인 874, ■6원 997명이다.

납부인 수와 액수의 비례를 보라. 얼마나 무서운 일인가. 이것이 불과 십수 년 이래로 당하여 온 것이다. 만일 이 상태로 나간다면 불과 몇 년 안에 우리는 완전히 구축을 당할 것이 아닌가. 수원 인사여! 조선 사람이여! 이 무서운 사실을 어떻게 생각하는가. 또한 어찌 하려는가. 무슨 까닭인지로 아는가? 그 까닭을 여기서 논란하고 싶지 않다. 모두 다 과거는 과거로 돌릴 것이다마는 현재 미래만은 튼튼히 하여야 한다. 튼튼히 한다는 것은 즉 살길을 찾으며 또한 지킨다는 것이다.

살길을 찾자면 경제권 즉 상권을 회복하고 확집하여야 한다. 수원 상권의 회복 확집 여부는 수원 조선 사람의 운명이 부수되는 것이며 조선 경제권의 행방 여하는 전 조선 민중의 사활 문제를 지배하는 것이다. 그러므로 우리는 이 경제권 회복과 확집을 위하여는 여하한 장애가 있을지라도 굴하지 말 것이며 여하한 희생을 할지라도 안타까워하지 말아야 할 것이다.

수원 상계의 진흥은 수원 인사 전반의 노력이 아니면 불가능한 일이다. 상계와 수용자가 일치 협조하여 수용자는 약간의 고가와 물품의 불합의만 점이 있더라도 우리의 상포에서 모든 수용품을 쓰도록 할 것이며, 상계에서는 약간의 희생이 되더라도 토산 장려에 유의하며 고객 집중에 여의하여 우리 상포에서 우리 땅의 물건을 살 수 있으며, 그 외 모든 물품의 매입을 할 수 있도록 최선의 노력을 다하여야 할 것이다. 지금 우리 상계의 모든 것이 저들의 상포와 균형 되지 못하는 것은 현상으로써 피치 못할 사정이다. 저들은 배후에 거대한 재벌적 정치적 보호가 있다. 그러나 우리에게는 그것이 없다. 그리하여 배후의 보호가 없고 자금 융통이 빈핍한 우리의 상계는 저들과 상업 경쟁에서 힘을 견주어 가며 상세에 준응하여 상품의 매매도 곤란하며, 어떠한 기민한 상업적 수완을 가졌다 하여도 그 수완을 마음껏 운용 신장할 수 없는 것이다. 이와 같은 환경에 처한 우리의 상계상이 저들과 균형 되지 못하며 지지부진하고 일익 쇠퇴할 것은 명약관화한 사실이 아닌가! 일반은 이 사정을 잘 살펴서 앞서 이야기한 일치협조의 정신을 고취할 것인가 한다. 수원실업협회라는 조선-일본인 혼합단체가 있으나 조선인으로써 그 단체에게 어떤 기대를 가질 수 없다. 우리끼리의 단체를 조직하여 융합, 지반견수, 확장, 내적 충실과 외적 발전을 도모하며 개인의 소자본을 집합하여 다량의 생산, 매매 등의 기관을 경영하자는 것이다. 개인의 힘보다 단합체의 힘이 강대함은 물론이거니와, 이 사업기관의 여택으로 각 개인의 사업의 진전을 얻을 수 있으며, 소자본의 출자로 대규모의 사업을 경영할 수 있으며, 분 이상의 이익도 얻을 수 있다. 수원에 파다한 실직자-도식계급의 구제책도 그중에서 나설 것이다.

일각이라도 조속히 상계 진흥을 위하여 공동사업기관을 조직하여 내적으로 상업술의 연마—지도 개선과 상업 지반의 충실—확보와 자금 융통 사업과 위탁판매, 공장 경영 등의 사업을 경영하고 외적으로 각 생산지와의 연락—토산 소개, 물화의 공동 구입 판로의 개척·확장—적 침입의 방어 등의 사업을 경영할 것이다. 그리고 각 개인으로는 자성과 각오를 확실·

견고히 하여 각자의 직무에 가일층 충실할 것이다.—그러면 우리 수원 상계는 어떤 불경기가 권토중습하고, 어떠한 막대한 재력을 가지고, 어떠한 권모술수가 만능한 외적이 만반으로 맹격 돌관한다 하여도 태연자약하고 엄연부동하며 일익시첨하는 장족의 진전을 하여 가위 태산지중의 위신과 확실성이 있는 수원 상계가 될 것임을 우리는 확신하며 또한 바라는 바이다.

〈자료 218〉 상권회복운동, 예산 청년의 활동(동아일보, 1927.12.16, 4면 2단)

충남 예산 읍내에는 중국 상점이 각종 합 20개소인데, 지난 12일부터 전부 철시를 하였음으로 예산청년회에서 각 동포 상점에 대해 물가 폭등을 방지시킨 후 오후 8시에 시내 각 포목주단상(布木綢緞商) 제씨를 충남상업회사 내로 초청해서 차제에 상권 회복의 취지와 구체적인 방침을 제출하였다. 일동은 대환영으로 다음의 결의를 행하고 오는 18일(음력 24일)부터 실행하기로 결정하고, 동 10시에 산회하였다더라(예산).

1. 상업회의를 매 장날 전야에 개최하고, 각 포목주단과 기타 중요 잡화의 물가를 일치해서 저렴하게 할 것.
2. 고객에게 반드시 친절하게 할 것.
3. 기회주의적인 폭리를 취하지 아니할 것.
4. 상품을 구비하게 할 것.

〈자료 219〉 목포 상민 동요, 4개 단체 분기(조선일보, 1928.2.8, 4면 2단)

목포부 항정 1번지에 있는 700여 평이나 되는 광장은 국유지로서 개항 이래 전남 산물의 집중적 매매시장이다. 이 광장은 매년 곡물 500여만 원, 해초 60여만 원, 기타 30여만 원어치를 현품 매매하는 장소로 목포 상업의 주요 장임에도 불구하고 금번 당국에서는 같은 곳에다 전남도미곡병조백검사소를 설치하라고 돌연히 건축공사를 착수하므로 의■에 차등의 곤란을 받게 된 목포 상인 및 상업단체는 분기하여 상업회의소·곡물조합·해산물상조합·도매조합 4개 단체에서 대표위원 1인씩을 선정하여 지난 2일 도 당국에 교섭을 개시하였다. 이로 인하여 건축공사는 지난 3일부터 중지되고 일반 상인 측에서는 사회 여론을 환기하는 한편으로는 도 당국을 탄핵하기로 한다더라(목포).

〈자료 220〉 대구 상인들 1역1점(一驛一店) 반대, 모든 것을 상의 간담에 일임(조선일보, 1928.2.10, 2면 5단)

1역1점 문제는 전 조선을 두고서 문제가 되어 있는바, 대구에서는 지난 8일에 대구 도매상조합·곡물상조합 명의로 방금 경성상업회의소에서 열린 전조선상의간친회(全朝鮮商議懇親會)에 출석한 상의 부회두 2명에게 '조선 내 운송점 합동은 찬성이나 1역 1점은 절대 반대'한다는 전보를 논해 모든 운동을 귀회에 부탁한다고 하였다더라(대구).

〈자료 221〉 청주(淸州) 상공업자 1점주의(一店主義) 반대 결의, 적극적으로 대책 도모(조선일보, 1928.2.15, 4면 5단)

청주부 내에 산재한 상공업자 등은 지난 5일 당지 상업회의소에 집합하여 종래 숙안으로 보류하던 '1역1점주의'에 대하여 장시간을 토의하였는데 결국 1역1점주의는 상공업자에게 직접 폐단을 초래하게 할 염려가 있을 뿐 아니라 수송 방침상에도 적지 아니한 손실이 도래할는지 알 수 없는 중대 사건이니 금후 문제는 적극적으로 반대 선언하자는 제의가 일치되어 결의한바, 앞으로도 타 지방의 태도 여하에 의하여 다시 그 정책을 원만히 수립하는 동시에 항의의 책동을 도모하리라더라(청주).

〈자료 222〉 2역1점주의(二驛一店主義) 반대로 평양부민대회, 토의한 후 결의문을 작성하여 총독 이하 각 당국자에게 타전(조선일보, 1928.2.17, 4면 1단)

평양상공연합회 주최 운송점 합동 1점주의 반대 평양부민대회는 예정과 같이 지난 11일 오후 1시 평양 금십대점에서 개최되었는데, 나가미야(長宮一之祐) 씨가 개회사를 말하고 좌장으로 나가토미(長富) 씨를 선정한 후 다음과 같은 연제로 맹렬한 연설이 있었는데

계획이 이미 만경라	■전직길(田直吉)
운송 문제의 동기	점■ 인대랑(占■仁大郎)
■ 파한 당국의 태도	좌좌오(佐佐吾)
문제의 지점	중환호태랑(中丸好太郎)
■의 양익을 여하라	경성, 암본(岩本)
독점사업은 대중의 ■	원전(原田)

■사 이미 ■하였다.	경성, 본길(本吉)
차 폭리를 ■하	오전실일랑(奧田失一郎)
대중의 해(害)	김동완(金東完)
조선 운합주의(運合主義)의 폐해	경성, 재등(齋藤)
운합(運合)에 대한 회의소 태도	송정(松井)

이를 마친 후 내전은■(內田銀■) 씨는 다음의 결의문을 낭독하여 만장일치로 가결하였는데, 다음의 결의문은 즉리 총독부 정무총감·철도국장·상의연합회에 타전하였더라(평양).

◇ 결의문

1역1점 제도 실시에 절대 반대하고 강력하게 이의 철회를 요구함.

◇ 이유

1. 운송업의 독점은 민중의 의사에 반하는 자로 인정함
1. 운송업의 독점은 사회를 거꾸로 돌리는 것을 장려하는 일을 저지하고 산업개발의 기초를 파괴하는 자로 인정함
1. 운송업의 독점은 민중의 공기인 국유철도의 정신을 무시하고 사회공중의 편익을 저해하는 자로 인정함. 이상을 결의함.

1928년(昭和 3) 2월 11일

1역1점주의 반대, 평양부민대회

이를 마친 후 실행위원으로 일인 측에 송정민치랑(松井民治郎) 외 25인, 조선인 측으로 박경석 외 10인을 선정하고 동 5시 대성황리에 산회하였더라.

운점 합동(運店合同)에 평양상의도 절대 반대 결의

운송점합동 반대운동이 맹렬함에 따라 평양상업회의소에서는 그 태도를 결정코자 지난 13일 오후 1시 동소 회의실에서 임시평의원회를 개최하였는데 운송점합동 1역1점주의에 대

하여 절대 반대하기로 결의하고 15일 경성에서 개최되는 상의연합회에 출석할 대표는 회두와 후루쇼(古莊) 의원으로 선정하고 동 4시경 산회하였다더라(평양).

〈자료 223〉 조선 상계(商界)의 진흥을 목표로 연말 특매와 저명 투표, 중앙번영회와 조선일보사의 주최로 상업사상에 일 신기원 지을 장거, 오는 15일부터 일제 시행, 인기 집중의 3계획, 조선 상계 자위책(조선일보, 1928.12.8, 2면 1단)

우리는 이때까지 우리의 일을 우리의 힘으로 일으키지 못하고 한갓 퇴보와 고식으로 지내었기 때문에 모든 방면으로 파멸만 당하는 결과 우리와 직접 생활상 관계가 있는 경제계가 점점 침체되어서 조선의 수도인 경성에서도 조선인의 수중에서 상권이 떠나가려 한다. 그러나 우리도 이제부터는 이것을 깨닫고 반성하여 우리의 일을 우리가 하려 하고 우리를 도울 사람은 우리밖에 없다는 것을 절실히 알았다. 그리하여 우리는 우리끼리 살길을 강구할 최후의 일선에 서 있다. 더구나 지금 우리의 처지로는 모든 급무 중에도 경제적 갱생운동같이 급한 것은 없다. 나날이 조잔하여 가고 영성하여 가는 조선인 상계의 번영과 아울러 상계 인사의 의기를 진작하여서 상권을 다시 회복하자는 뜻으로 중앙번영회와 본사가 힘을 합하고 뜻을 같이하여 세 가지 큰 계획을 세워 가지고 장차 금년 연말을 기회 삼아 조선 상업사상에 찬연한 자취를 남기려 하는 것이니, 이것을 과연 연중행사의 한 가지로 지나쳐 볼 것이 아니라 현하 조선 상계를 돌아보고 다시 한 번 생각하여 볼 큰 문제라 한다.

〈자료 224〉 조선인의 상공 진흥을 위한 평양상공번영회, 창립발기인회 개최(조선일보, 1928.12.13, 4면 1단)

조선인의 상공 진흥을 위하여 평양 상공계의 중진 유지들이■ 위 발기 중이던 평양상공업번영회의 창립발기인회는 지난 10일 오후 8시 평양법■ 김능수 씨 집에서 개최하였는데 전반 평양 상공계의 중진들이 분발하여 이와 같은 기관을 발기함은 조선 경제계를 위하여 실로 기뻐할 일이라 하겠으며 당일 결의된 사항은,

▲ 창립준비위원으로 김능수·오윤선·김동원·조만식·최용훈·한원준·강용석 등 8인을 선거하고

▲ 창립총회 일자는 금월 18일 오후 7시로 결정하였다(단 장소는 미정).

그런데 동회는 그간 유지들이 동회의 기금으로 각자 갹금한 결과 벌써 10여 원에 달하였는데, 장차 유급 상무이사를 두고 조선인의 상공 진흥을 위하여 모든 조사, 상습관에 의한 중재, 상업 신용을 교란케 하는 사기파산의 방지, 연합매출의 주최, 기타 상공 진흥을 위한 모든 적극적 시설 계획을 하리라 하며, 회원은 평양 시내에 있는 상공업자 전부를 망라하리라더라(평양).

◇ 발기취지서. 평양은 상공도시로서 전반도의 타 도회에서 그 유례를 보기 드물 만하게 상공업이 발달되었다. 과연 우리 공장의 다수임과 우리 상포의 즐비함은 실로 시범도회라 함은 사람으로 하여금 깊이 느끼게 한다. 이 점에 있어서 우리는 항상 기뻐하는 바이다.

그러나 이는 일성의 피상적 관찰에 불과함이오. 내용을 여실히 탐색함은 아니다. 평양 실업계의 내용을 노골적으로 말한다면 상공계를 통하여 하등의 세력 또는 아주 작은 상권이 없다. 그 이유는 일언이폐지하고 통일적 단결과 조직적 계획이 없는 까닭이다. 이 어찌 유감천만의 것이 아니리오. 혹 국부적으로 어떤 조합, 어떤 모임 등의 분산적 소집단은 있으나 집중적으로 상공업상 대동의 복리를 계도하거나 공통의 권익을 보장할 만한 아무러한 기관이 없다.

전 조선의 제2대 도회요 상공업의 중심지인 평양으로서 이 어찌 놀라고 괴이하게 여길 만한 일 아니리오. 우리는 크게 고함치어 부르짖는다. "우리 상공업의 복리와 권익을 향수 획책할 만한 통일적, 집중적의 어떠한 기관을 속히 조직하자." 하므로 이는 실로 평양 우리 실업계의 융체소장(隆替消長)의 획시기적이다. 이에 평양상번회 발기를 제창하노니 사계의 뜻있는 여러분은 일제 궐기하여 동감과 공명으로 머지않아 성립케 하여지이다.

〈자료 225〉 박리다매로 조선 의복 제매(製賣), 남항 축동 상계(조선일보, 1929.1.14, 4면 1단)

진남포부 내 축동 거리는 원래 시내에서 조선인 상계 중앙 지대이었으나 점점 일본인 거류지 상점의 번영됨을 따라 상권은 자연히 위축되므로 소자본 상업자는 피치 못할 손해를 받게 되었다. 그러던 중 상업 종목을 변경하여 조선복 의색 개량 선전과 토산물 장려의 현금 조선 사회적 요구에 순응하여 결합적 단결로 박리다매주의를 주창하는 동시에 가급적 우리 토산물을 원료로 구입하여 흑색으로 조선 의복을 제조 판매하여 무산 노동자가 군집한 남항 사회의 막대한 경제상 유익을 주어 왔다. 이에 일반의 환영은 일가월증하여 축동 일부의 상권이 회수될 것을 확연히 예상케 되므로 상점 측으로는 한층 일반의 원조를 간망하는 동시에 뜻있는 대중의 영구 지지를 간절히 바란다더라(진남포).

〈자료 226〉 상권을 만회코자 청진 상계(清津商界) 분기, 3월 2일을 기하여 각 상점 일제 철시(조선일보, 1929.3.5, 5면 3단)

함북 청진부에서는 계속되는 불경기와 함께 실업 노동자와 기한(飢寒)에 우는 빈민이 늘어갈 뿐 아니라 일반 상점에도 아주 매매가 없기 때문에 여간 큰 타격을 받는 중이라 한다. 조선인 상업의 쇠퇴하는 원인을 되짚어 살펴보건대, 이왕에는 도매만 하던 중국 상인들이 소매점을 시내 각처에 개설하고 조선 상인에게 도매하는 가격보다도 더 싸게 팔 뿐 아니라 조선인 상점의 주요한 상품은 원가로 팔면서까지 실력이 박약한 조선 상인을 위협하여 그 상권을 빼앗기기 때문이라 한다. 이에 대하여 청진포목잡화상조합에서는 3월 2일부터 조합원 31개 상점이 일제히 문을 닫고 중국인 상무회에 대하여 중국인 소매상점 폐지를 요구하는 동시에 청진상업회의소와 경찰서와 부청에 진정서를 제출하였다는데, 그 장래가 어떻게 될는지 일반은 주목 중이라더라(청진).

〈자료 227〉 철시하였던 청진 각 상점 개시, 상업회의소가 책임지고 해결하여 주겠다고 하여 상권 만회 운동의 그 후(조선일보, 1929.3.14, 5면 3단)

기보 = 함북 청진부의 포목잡화상조합에서 빼앗겨 가는 상권을 만회코자 중국인 상무회에 대하여 소매상점 폐지를 요구하고 상업회의소를 비롯하여 지방 관청에 진정서를 제출하고 지난 2일부터 조합원 31개 상점이 일제히 문을 닫았다는 사실은 이미 보도한 바이다. 그 후 포목상조합 간부들은 함북도청에 출두하여 내무부장과 경찰부장을 방문하고 진정하는 한편 청진 지방 민간 유력자들을 방문하여 후원을 구하는 등 자못 불면불휴의 활동을 계속하였다. 하지만 당국의 태도가 비교적 냉담할 뿐 아니라 하등 법적 제재를 줄 수 없는 동시에 상업회의소 역시 성의가 없고 중국인 상무회에서도 용이하게 응치 않기 때문에 문제는 해결을 보지 못하고 1주일이라는 적지 않은 세월을 상점을 철폐한 대로 있게 되어 청진시가에는 오직 쓸쓸한 기분만이 배회하였다. 지난달 8일에야 청진상업회의소의 사네(實) 서기장과 구니유키(國行) 부회두, 김 평의원 제씨가 중국인 측과 교섭하고 앞으로 조선인 포목상조합원을 위하여 책임 있는 활동을 하겠으니 우선 폐쇄한 상점만은 열라고 하여 지난 9일 아침부터 일제히 문을 열게 되었다는데 아직 아무 소득이 없이 상업회의소의 책임 있는 활동만을 믿고 문을 연 데 대하여는 금후 상업회의소의 활동이 주목할 만하다더라.

〈자료 228〉 신상업회(新商業會) 조직, 일인(日人)과 합동 반대, 함흥야학 설치도 요망, 함흥상업회 총회에서(조선일보, 1929.4.9, 4면 1단)

함흥상업회에서는 지난 4월 7일 오후 2시부터 같은 회관 내에서 제22회 정기총회를 개최하였는데, 금년 7월에 실현될 함흥면의 부 승격을 앞두고 벌써부터 일본인 측에서는 상공업자간 부에 적응할 만한 신상업회를 조직하려고 하는데 기설의 조선인 기관 함흥상업회와 합동할까 아니면 순전히 일인만으로 조직할까 하고 의논이 분분한 때이오. 또 우리의 처지로 보아도 합동이 가하냐 부하냐, 아직 일반이 확호한 이론의 귀결을 얻지 못한 이때에 조선인 상업가의 중심 기관인 상업회의 정총은 해당 회 회원은 물론 일반 시민의 다대한 기대하에 개회되었다. 70여 명 회집의 대성황리에 정각이 되자 회장 김지성 씨의 간단한 개회사가 있은 후 출석원 점명이 끝나고 이어서 전 회록 낭독, 결산보고를 이의 없이 마치고 임원 개선에 들어가 박경구·김수근·권병두·김유성·박도엽 5씨가 전형위원으로 피선되어 후보자를 선출하고 일반에게 무기명 투표한 결과,

회장 홍기진·부회장 김수근, 총무 홍주식, 배도빈, 재무 김상규, 고문 박도엽·김문선·김중서·고경식·김윤한, 평의원 김지성 외 20인

이상과 같이 임원 개선이 끝나자 신회장 홍기진 씨가 등단하여 간단한 취임 인사가 있은 후 계속하여 의안 토의에 들어가 조선인 무진회사의 창립 실현에 노력하기를 만장일치로 가결하였다. 다음 권병두 씨로부터 일본인 측에서 운동하는 신상업회 조직에 대하여 우리들은 절대합동을 반대하자는 신간부에 대한 요망이 있었고, 또 아울러 회원으로서 회의 체면을 오손하는 시(예: 도박)에는 단연히 제명할 것과 또 상업 지식 양성을 위하여 상업야학을 속히 설치하기를 신간부에 요망한 후, 중요 안건은 오는 28일 기념총회에서 토의하기로 하고 오후 4시경에 폐회하였다더라(함흥).

〈자료 229〉 과물시장(果物市場) 문제로 일 파란(一波瀾)을 난면(難免)? 인천청과조합이 탄생(조선일보, 1929.6.27, 4면 1단)

인천물산회사와 개인 히라야마 마쓰타로(平山松太郎) 씨 양자 간에 수년간 문제되던 인천청물조중장은 필경 양자의 타협으로 전기 물산회사가 동 시장을 경영하려고 이미 출원하였으나 허가되지 않았다. 본년도에 들어 인천부 영(營)으로 합법의 조(糶)시장을 설치하기로 성안되어 지난 24일 오후 인천부청 누상(樓上)에 개최된 인천부협의회에서 부영(府營)으로 가결한 후 이 대행권을 연혁 있는 인천물산회사에 주기로 또한 일치 가결되었다. 그 한편으로는 다년간 과물상계를 중심으로 종사해 온 유석수·나카무라 간이치(中村寬一) 양씨 외 18명의 발기로 청과조합을 창립하고 지난 25일 오후 2시부터 인천상업회의소 회의실에서 창립대회를 마쳤다. 그리고 그 익일인 26일에 또한 청물조시장 설치허가원을 제출하는 동시에 인천부의 경영하에 대행권을 점하려 하는 기분도 있음과 같다는바, 일반의 관측하는 바에 의하면, 이 시장 문제로 또다시 일 파란을 면치 못하리라더라(인천).

〈자료 230〉 고원어시장(高原魚市場) 문제로 주민들이 대분기, 일인(日人) 지주(地主) 기지(基地) 승낙 여부로(조선일보, 1929.8.7, 4면 1단)

함남고원은 원래 소읍으로 발전의 여망이 없었으나 평원선의 기점이 되고 무진장의 운곡탄광과 천야 '세멘트' 공장 설치의 후보지로 되어 기형적이나마 시가의 발전이 번성하게 되었다. 그런데 악취 분분한 어물 판매 장소가 따로 없고 시가 중앙에서 도산매매를 하게 된 것은 위생상으로나 시가 정리상으로 보아 범연히 둘 수 없다 하여 관민일치로 어시장 별설을 절실히 느끼고 어시장 기지 용지로 일본인 지주 고토(後藤照治) 씨에게 공식으로 혹은 비공식으로 7, 8차를 교섭하였다. 하지만 교섭 당시는 순응하였다가 정식 계약 체결을 하려고 하는 때는 변절을 하여 소작인에게 책임을 전가시키며 또 비리를 말하면서 승낙을 요구하는 때는 대여나 매각을 할 것같이 하다가도 다시 사실을 부인하는 등 온갖 수단을 부려 일반 시민을 농락한 것이라 하여 지주 고토에 대한 비난이 자자하며 방금 시민은 크게 분기하여 대책 강구를 하리라 한다. 이 문제에 대하여 하발면장 조희모 씨는 말하되, "당초부터 가부를 확정하여 교섭하는 사람에게 명언하였으면 누누이 교섭할 필요가 없었을 것인데 승낙할 듯이 하므로 비용만 벌써 70여 원에 달하고 낙착을 짓지 못하였습니다. 일본 지주인 고토에 대한 비난이 많은 것은 정당한 일이겠지요. 여하간 최후로 군청원과 함께 교섭하여 보고 우리도 상당한 대책을 강구하려고 합니다" 하더라(고원).

〈자료 231〉 대구부(大邱府) 남문시장(南門市場) 이전, 조선인 많이 사는 곳으로 이전코자 맹렬 운동(조선일보, 1929.10.15, 3면 3단)

대구 남문시장은 시가 정리계획으로 인하여 십이간통 도로가 그 앞으로 통하게 되며 또 그렇지 아니하여도 협착한 감이 없지 않던 중 더욱 불편을 느끼게 되어 이전 문제가 있게 되자 일부 일본인 측에서는 동운정(東雲町)으로 이전코자 운동이 맹렬하였으나 원래 그 시장은 조선 사람의 고유한 시장임으로 조선 사람 측에서는 조선인의 부락이 제일 많고 가장 집단지인 남산 전 문우관(文友館) 부근으로 이전코자 운동 중이다. 부 당국에서도 조선인 측에는 덕산정에 금번 새로 된 염매시장이 있으니까 그다지 필요를 느끼지 않는다 하나 일반 조선인 측에서는 염매시장은 근본적으로 시장과 그 성질이 달라 물건을 도매로 샀다가 산매로 소매하는 데 불과한 것이요, 시장은 생산자와 소비자 간에 직접 거래 관계를 하는 것이므로 일반 소비자의 막대한 영향이 있느니만큼 절대로 시장 유지의 필요가 있다 하여 더욱 이전 운동이 맹렬히 계속 중이라더라(대구).

〈자료 232〉 전도 자못 다난(多難)한 조선인 상업계, 외자에 대항키 위하여는 신진 배출과 단합이 필요(조선일보, 1930.9.4, 3면 7단)

과거의 해주(海州)에는 도시로의 해주였으나 상업계로는 원시 상태에 있었다. 사위의 교통이 불편하여 하등의 외래 자극이 없으므로 순연히 지방적 상업가의 자치에 불과하였던 것이다. 그러므로 해주를 제2 개성이라는 것도 여기에서 원인되는 것이다. 그러나 대세는 어찌할 수 없어 최근에 이르러서는 차차로 두절 상태의 교통이 열리기 시작하며 눈 밝은 외래 상인이 하나둘씩 자리를 잡게 되어, 이제야 그 세력은 해주 상업계를 잠식하고 말았다. 현재 해주의 상업계를 보면 실로 한심하기 짝이 없다. 잡화의 주권은 오래전부터 일본인의 독점이 되어 있고 오직 포목의 주권만이 조선인의 손에 있어 겨우 그 명맥을 이어 왔다. 그러나 최근에 이르러서는 그것조차 대부분이 중국 상인의 손으로 돌아가게 되었다. 그리하여 조선인 상계는 앞으로 새로운 각오와 방침이 없으면 다난한 위기를 면치 못할 것이다.

상업지대

해주의 상업지대로 가장 교통이 편하여 번창한 동문 내는 소위 본정통이라 하여 일본인 상인의 독점이 되어 있고, 제2등 지대로 볼만한 남문 내만은 겨우 조선 상인이 지켜 오며 상권을 지속하여 왔다. 그러나 최근에 이르러서는 그것까지 대부분의 요지를 중국 상인이 점령하고 아울러 일본 상인에게 잠식을 당하고 있으니 장차 그 지대의 운명도 어찌 될는지?

상업조합

이것은 조선 상인의 포목상이 중심으로 조직된 상업단체인데. 최근 추세에 감하여 우리의 상권을 위하여 적극 노력하고 있으니 그의 책임과 역할이 자못 중하다 할 것이다.

상번회

신진 상업가 최창문·최인환 등 제씨를 중심으로서 조직된 상업단체인데, 신진 청년을 망라하니만치 그 새로운 진영과 포부가 우리의 상업 회복에 많은 기대를 가지게 한다.

상업강습소

상번회에서는 조선인 상업 진흥에 무엇보다도 기본 지식에 필요가 있다 하여 상업청년을 양성키 위하여 현재 50여 명의 청년을 교양하고 있다.

〈자료 233〉 경북선 개통으로 대구 상권은 감축, 안동까지 개통되면 더욱 타격, 대책은 구남철도(邱南鐵道) 개통이 급무(매일신보, 1930.10.10, 3면 7단)

【대구】 대구 상권 내에 들어 있는 상주·예천 방면의 경북 연선 지방이 최근 철도화물 수송 상황을 조사한 결과에 의해, 의외로 부산 방면으로부터 맹렬한 침입을 받고 있는 것이 숫자상 명백하게 되어 대구의 상업 관계자는 다대한 자극을 받아 대구가 여하한 대책을 강구할 것인가 하는 것이 이후의 중대한 문제로 되었다. 이에 대해 상업회의소의 의견으로서는 철도 운수 관계 등 현재의 상황으로 보았을 때 예천을 종점으로 하는 경북선을 점차 부산 방면으로부터 침입하는 것은 어떻게 할 수도 없는 추세로 머지않아 기공식을 거행하려는 예천·안동 간의 철도 개통이 실현되어 종점이 안동까지 연장할 때는 절대적인 상권 지반으로서 자신

의 지역이 허용되는 바임으로 적극적으로 대책을 강구해서 전북도 남원과 대구를 연결하는 구남철도(邱南鐵道) 및 마산과 대구 간 구마철도(邱馬鐵道)의 개통 촉진이 제일 필요하다는 의견을 가졌는데, 마산에서도 활기를 띠고 있으며, 대구에서도 상업회의소 및 기타 유지에서도 개통 실현을 열망하고 있는바 일반 상인 측에서도 연선(沿線)의 상권을 파악하는 데는 차제에 동선(同線) 개통에 맹렬히 운동을 하는 것이 필요하다고 한다.

〈자료 234〉 100여 청년이 금주회 조직, 회비를 모아 소비조합을 건설, 빼앗긴 상권을 회복코저 활동, 이천 청년의 각성(동아일보, 1930.10.21, 7면 3단)

【이천】 강원도 이천군 읍내 청년들은 근일 계속되는 전황으로 인해 일반 인심이 흉흉할 뿐만 아니라 이 현상대로 지낸다면 머지않은 장래에 경제적으로 만회하지 못할 만한 지경에 빠질 것이라며 1년간 소비되는 군내 술값이 31만 원이라는 엄청난 금전이므로 요새와 같이 폭락하는 쌀값에 31만 원어치의 쌀을 산다면 남산의 몇 갑절이 될 만한 쌀을 살 것이라는 결심으로 100여 명의 청년을 망라해서 금주회(禁酒會)를 조직하고자 지난 18일 오후 두 시에 이천 공회당에서 발기인회를 개최하고 제반 사항을 협의하였다. 특히 금주회원으로서는 금주해서 남은 돈으로 회비를 1원 이상씩 출자해서 이천 읍내의 중국인에게 빼앗긴 상권을 만회해서 우리 청년의 손으로서 소비조합 같은 하나의 상업기관을 조직하고자 방금 청년들이 총동원으로 운동을 개시하고 있다 한다.

〈자료 235〉 경북선 개통의 결과, 대구 상권은 감축, 안동 등지의 상품도 부산으로 이동, 지방 상인 우우법(優遇法) 강구(매일신보, 1930.10.29, 3면 1단)

【대구】 기보=대구상업회의소에서 운수 관계를 조사한 결과 경북 연선(沿線)의 대구 상권이 부산의 침략을 받는 것이 숫자상 명백하게 되었는데, 그 후 계원이 같은 방면에 출장을 가서 상세한 조사를 함에 따라 사실이 더욱 명백해졌고, 조사한 결과에 따르면, 경북선(慶北線) 각역 화물 도착 상황뿐만 아니라 2, 3년 전까지는 대구·안동 간의 가로는 하마(荷馬)·우차(牛車)와 트럭 등이 열을 지어 왕래하였던 것이 근래에는 소수의 트럭이 지나다닐 뿐이고, 하마차(荷馬車)는 한 대도 볼 수 없는 상태다. 이에 반해 예천·안동 간의 화물 수송 마차가 격증하였다는바 절대적인 대구의 상권으로 확신한 안동까지 벌써 부산 방면으로부터 5할의 침략을

당하고 있는 것이 명백하게 되어 대구상업회의소에서는 이 대책으로 각 방면에 조사를 전부 끝낸 후 결정할 것이나 대체로는 경북선 관계의 대책으로는 우선 첫째, 철도 화물 운임 개정을 요망함과 동시에 대구의 도매 상품 인하와 거래 방법 개선, 대구부 내 숙박시설, 기타 지방 상인 우대법 등을 적극적으로 대책을 강구하리라 한다.

〈자료 236〉 독자 평단: 상권 만회에 노력하라, 장연(長淵) 김도마(金陶瑪)(동아일보, 1931.5.13, 6면 1단)

1만 인을 포옹하고 있는 서해 일격의 장연(長淵)은 황해 전도를 통해 주요한 대읍이라 아니할 수 없다. 자연이나 질에 있어서 사회에 자랑할 만한 자료를 구할 수 있는가 없는가.

사회사업이 그림자조차 보이지 않는 것은 오래된 사실이거니와 이전에 일컬어졌던 상업까지도 쇠락해져 활기가 없어져 버린 형편이다. 장차 면민(面民)이 행할 곳은 어디인가.

장연의 상품은 그야말로 장연면을 위시하여 목감(牧甘)·용연(龍淵)·순택(蓴澤)·낙도(樂道)·대구(大救) 등 각 면까지도 공급할 수 있는 것이다. 6개 면, 5만 군민, 일용물품을 공급하고 있는 상점의 경영자는 그의 80% 이상을 외국인이 장악하고 있음을 들을 때 대경실색(大驚失色)하지 아니할 수 없다. 그중에도 주단포목(綢緞布木)에 한해 의복을 골라 짓고, 꾸며 입는(調製着帶) 조선인을 상대로 주단포목을 공급하는 상점은 중국인이 제1위다. 수요자는 인근 한 조선인 상점을 뒤로 두고 염가 친절이라는 구실 아래 일부러 먼 중국 상점을 찾아감에야 어찌 한심치 아니하랴. 들리는 바와 같이 중국인 상점이 염가친절이라면 그야 물론 '외조모 떡도 싸야 사 먹지'라는 속담과 같이 중국인 상점을 찾아가는 것이 과실은 아니라 할 수 있으나 내용에 있어서는 그렇지도 않은 모양이다. 왜 조선 상인은 깨어 있지 못하는가.

원인은 오직 우리 상업술이 외국인보다 미약한 점과 상업의 의지가 적음이라 아니할 수 없다. 상업은 매년 발달한다. 언제나 옛날의 그 방식을 묵과하면 생존경쟁에 패할 것이 명약관화가 아닌가.

지금의 형편으로만 지내게 된다면 장연의 사회는 불과 수년 안에 몰락의 참상을 고할 것이다. 장연의 인사여, 한층 각성해서 상권을 만회하라.

〈자료 237〉 조선인의 상점은 불과 40여 처(4), 그리고 상권은 일본인에게 잡혀 있어 서기를 못 편다. 본사 이동 탐사 제일대 김형식(조선일보, 1931.7.9, 7면 3단)

재작년 강원도 공산당 지부사건[박유덕(朴有德)사건] 이후 춘천읍에는 사회단체란 것은 모두 없어지고 형평사의 지부가 있어 착실히 업무를 행하고 있을 뿐이다. 춘천읍에 사회단체가 없다는 이유에 대하여 어떤 유지는 다음과 같이 설명한다. “춘천읍은 관리의 도시로 그 상권은 일본인이 가지고 있다. 더부살이하는 조선 사람은 소사, 면서기, 그 외에 일본인 상점의 사환, 다시 말하면 일본인의 은덕(?) 밑에서 생활하는 사람과 그 가족들이 많음으로 여념이 없음은 물론이오 그에게 눈에 벗어나지 않으려고 급급한 터이므로 사회단체 운운의 ■■한 생각을 할 수가 없는 형편이라고.”

◇ 하여간 춘천읍내는 한적하다. 순후한 그대로 ‘생’을 위하여 순순이 지내기는 촌 도시이다. 외계의 자극도 없고 생산물도 풍부치 못하여 그 ‘생’의 질은 오직 관리 양반을 봉사하는데 급급하다. 읍내의 시설은 몇 명의 일본인 유지가 성력을 다하는 중인데 연래 도민의 열망이든 경춘철도 부설은 절망이 되었으나 신연강철교가 낙성되고 고등보통학교와 조선 제일의 농업학교가 설립되었으며 재작년 동계 공비 200만 원의 춘천공회당을 위시하여 전기회사 수도 등의 설비가 완성되었고 이제 춘천고등여학교, 경춘전기기도, 소양강 및 모진강■ 고등이 현■으로 남아 있다고 한다. 그 외 강원도는 자고로 약재의 산지이므로 약령시 같은 것을 개최하여 읍의 번영을 ■동하고 있다고 한다. 누구를 위한 번영이든지 춘천읍은 번영 도중에 있고 또한 10년 전에 비하여 크게 발전된 것은 사실이다.

◇ 조선인의 상점은 대소 40호가량이 있지만은 일본인 상점에 눌려 모두 기식이 끊어질 듯한 모양이나 수년 전부터 미약하나마 상공회를 조직하여 가지고 단결을 하였다 한다. 상공회의 전신은 당지의 상업조합이란 것인데 그 유래가 재미있다. “지난 30여 년 전 ‘리노적’이라고 부르는 ‘장돌뱅이’ 총각 한 명이 춘천읍에 나타났는데 나이는 50가량이 되었으나 처자도 혈■도 아무것도 없는 사람이 돈은 3, 4백 원이 몸에 있었다 한다. 이 사람이 죽은 후 상인들은 모여 이 총각의 돈으로 그의 향사를 하는 동시에 ‘이 돈으로 우리 상인의 기관을 만들지’ 하여 상업조합이 되었었다. 그 후 동업조합은 10여만 원의 자산을 만들었지만은 불경기와 무 후원으로 자멸이 되고 상공회가 발기한 것”이라고 한다.

◇ 읍내에는 예수교회[감리교(監理教)]가 있어 200여 인의 교도가 있고 학교, 유치원 등을 경

영하며 남녀 청년회가 있어 지식 계발에 힘을 쓰는 중인데 올여름에는 본사 춘천지국과 합동하여 '한글 강습'도 하리라고 한다. 교회소■ 정명여학교는 본래 여자보통학교이었는데 교장 '애도시'라고 하는 서양 부인이 금년부터 보통학교를 졸업한 여자를 모아 여자실업과를 부설하였다. 이러한 일은 조선에서 처음 되는 일로 경이한 생각이 난다. 여자들이 모두 농립과 농■을 입고 수정보의 실습지에서 괭이를 들고 농경을 실지로 행하는 광경이 볼만하며, 양계, 양돈, 양우와 양잠 등의 설비가 완전하고 재봉, 요리 기법 등의 실습도 하는바 춘천의 특색이다. 또 이 교회의 소속은 아니나 이 교회 소속의 건물로 춘광의원이란 것이 있는데 그 체■의 주인공은 작년 세전을 졸업한 최학운 군은 평북 강계 출생으로 금년 27세의 행운아로 읍내에서 많은 환영을 받는다고 한다.

◇ 사진은 춘천 정명학교 실과 여생 등

〈자료 238〉 조일인(朝日人)으로 조직된 흥남상공회(興南商工會) 분열, 간부 선거운동 감정 문제로 조선인 중심으로 조직(조선일보, 1931.8.1, 7면 2단)

【흥남】 함남 흥남(興南)은 인구 2만여 명을 산하는 공업도시로 상공업의 발전도 장족의 세를 보이고 있는데 사계에 종사는 사람들은 일선인을 합하여 상업도덕을 지키며 상호 친목과 공동이익을 도모하여 상공업의 진흥과 지방 발전에 조력하자는 의미로서 지난 정월경에 일본인을 중심으로 흥남상공회를 조직하게 되었다. 하지만 간부 선거 문제와 기타 여러 가지 문제로 일선인 간 감정은 극도로 좋지 못하게 되어 전기 상공회는 결국 분열을 면치 못하고 조선인 독자의 조직을 보게 되었다. 구룡리에서는 도충호를 회장으로 상업회가 조직되고 흥남 천기리(天機里)에서는 강석춘·홍기철 등을 간부로 공설시장 기성회가 조직되어 시장 기지 1,000평 예정으로 기부를 구하는데 벌써 ■■평은 완전한 ■■을 받고 다시 나머지의 200평만 구하면 시장 설치는 완성하고 전기 기성회는 상업회로 변경하리라 한다. 이로 인하여 처음에 일본인을 중심으로 조직된 흥남상공회는 분열을 보게 되고 처음 사업이라 하여 면 당국으로부터 위탁을 받은 흥남 도시계획 토지 승낙도 지금 상태로서는 실패를 보고 있다 한다.

〈자료 239〉 군산(群山) 조선인 상업 축일(逐日) 쇠퇴로 위기, 외래 자본의 잠식이 그 주 원인, 상권옹호운동 대두(조선일보, 1934.2.11, 4면 1단)

【군산】 개항 이래 35개 성상이라는 장구한 세월을 두고 외래의 재벌과 대항하며 작은 부분이나마 우리의 손으로 지켜 내려오던 군산 영정(榮町)의 상권은 불의의 침래자로 인하여 치명적 타격을 받아 일대위기에 빠졌다. 그는 다름이 아니라 중국 상인의 대대적 침래다. 전 조선에 수차 중국인 학대운동이 치열하였을 시 군산만은 경찰의 절대적 보호와 일반 민심이 유순한 관계로 하등의 불상사가 없이 평온리에 무사히 지냈다. 그 후부터 그들은 군산을 조선에서 무상의 평화촌으로 알고 안주지로 알아 이 안주지를 찾아 모여들기 시작하여 요소 요소에 판매망을 벌리고 군산의 상권을 잠식하기 시작하였다. 그들 독특한 상술과 금전을 존중하는 정신은 군산의 상권을 획득하기에 부족됨이 없었다. 그리하여 지금은 50여 처 요소를 점령하고 축일 번성을 다하고 있다. 이러한 관계상 조선인 상업계는 날로 쇠퇴하여 점차 체화만 내이고 금전은 융통되지 않아 폐점이 속출하게 되었다. 이리하여 군산의 번영가인 영정을 점령하고 만년 경기를 상상하던 조선인 상가는 요즘 와서는 잡화상은 전부 일본인 재벌의 손에 들어가고 면포상은 전부 중국인(약 30처)의 손에 들어가 조선인 상점은 겨우 5개소라는 한적한 현실을 나타내고 있으며, 더욱이 그간의 불황과 일시적이나마 세말 경기를 예상하고 구입한 상품은 기대에 어그러져 팔리지 않음으로 체화는 한층 가중되었다. 그 반면에 중국인 상점은 점내에 고객이 입추의 여지없이 모여들어 점점 번창됨으로 이와 같은 상태로 앞날도 계속한다면 조선인 상가는 불원한 장래에 대파탄을 일으킬 뿐만 아니라 장구한 세월을 두고 지켜 내려오던 군산의 상권은 장차 어떻게 될는지? 일반은 우려 중에 있으며 일부 식자계급에 있어는 이 문제를 거저 방치할 수 없다 하여 그 대책으로 부내 유지 실업가들을 모아 조선인 상업진흥 좌담회를 개최하고, 그 피폐 원인을 탐구하여 진흥 방침을 협의하자는 설이 대두하여 점점 유력화한다는바 일반은 그 앞날을 주시 중이라 한다.

〈자료 240〉 경성 내 시장통제 준비 공작의 진행, 중앙물산이 환경시장 매수 계획, 중앙도매시장 목표로(조선일보, 1936.1.23, 4면 1단)

경성부 내 도매시장은 현재 남대문시장·동대문시장·중앙물산시장·경성수산시장·환경시장(丸京市場) 등 5개소인데, 이들 시장의 통제가 불충분한 관계로 동일한 지대이면서도 시세의 차이가 현저할 뿐만 아니라 배급상 불편이 적지 않음으로 경성부에서는 일찍부터 산업조사회로 하여금 그 실황을 조사케 하여 오는 터이다. 이것은 이 5도매시장을 한 덩어리로 하여 대경성의 중앙도매시장을 결성하려는 전제로 하는 것이라고 한다. 더욱 이 5시장 중 경성수산은 1937년(昭和 12) 3월, 중앙물산 및 마루쿄시장은 1938년(昭和 13) 3월이 허가기간 만료이므로 경성부 당국은 이것을 시장통제 문제 실현화에 대한 호기회로 삼는 경향도 있다. 그와 같이 시장통제가 문제되고 있는 이때 중앙물산에서는 장래 중앙시장 문제가 대두될 경우의 준비공작으로서 욱정(旭町)에 있는 마루쿄시장(자본금 10만 원)을 매수하려고 계획 중이던바 최근 그 구체화를 보아 목하 양사 수뇌부 간에 매수안의 세목에 대하여 협의 진행 중인데 내월 초까지는 조인이 될 모양이며 중앙물산의 구사(九絲)시장 매수 후의 동 시장 경영 방법 및 개축 등에 대하여는 강구 중이라고 한다.

소매가 표준기관, 공설시장 충실 기도

그러고 경성부에서는 대경성 실현에 임하여 일용품의 배급기관인 일용품시장도 충실을 기하고자 전자와 동기에 그 실황을 조사 중이라는데, 현재 화원정(花園町)·용산·서대문·마포 등 4개소의 공설시장 단속을 엄중히 하여 소매물가 조절의 표준기관으로 하는 동시에 배급망이 불충분한 지대에는 금후 증설할 계획이라고 하며, 현재 시내 각처에 배치되어 있는 9개소의 사설 일용품시장에 대한 지도감독도 도(道)와 협력하여 금후 대경성의 배급망의 완벽을 기할 계획이라고 한다.

〈자료 241〉 소위 실력주의로 조선인 불리, 부영(府營), 대행을 막론하고(조선일보, 1936.2.23, 3면 1단)

경성부의 식료품 배급기관 통제 문제가 심각해 가는 터로 조만간 실현이 예상되는 것은 일반이 인증하는 사실이거니와 그것이 부 직영으로 되든 중앙물산이 지금 계획같이 대행 경영케 되건 또는 현재 부내 각 시장을 흡수하는 신회사 조직에 의하여 경영케 되든 시장통제와는 별문제이다.

이러고 보면 현재 남대문시장·동대문시장·중앙물산시장 등은 조선인 본위의 시장일 뿐만 아니라 각 부문의 상업자도 조선인이 절대 다수인데 통제 실현 후의 조선인 상인의 지위가 어찌 될는지가 일대 문제라고 하지 않을 수 없다. 왜 그러냐고 하면, 이때에는 일본 내지인 및 조선인이 혼합되어 각 부문의 경영을 하게 될 것이므로 통상의 예에 비추어 볼 때 한편이 늘 "핸디캡" 되어 온 것이 사실이어서 조부(早計)의 감도 없지 않으나 항상 염려되는 바이다.

당국 및 중요 관계자의 말을 들으면 시장통제의 경우에 일본 내지인과 조선인 상인의 문제는 각자의 실력에 의하게 될 것이라고 한다. 얼핏 들으면 공정한 견해인 것 같지만 "핸디캡"이 되는 외에 경제적으로 고난이 적지 않을 것으로서 조선인 상인의 전도는 우려를 금치 못하는 바이다.

그의 전주(前奏)라고 할 것은 과반 중앙물산의 마루쿄시장 매수 후의 예를 보아도 예측할 수가 있는 것으로, 그때 중앙물산이 마루쿄를 남대문시장 영내로 이관하여 한 장소에서 시장을 경영하려고 할 때에 종래 중앙물산 점포를 세내고 상업을 하는 170여 호의 조선인 상업자는 대부분 일본 내지인으로 된 환경이 중앙물산과 한 장소에서 영업을 경영한다는 말에 대공포를 느끼고 있던 것으로 보아 장차 중앙도매시장 실현 후 조선인 업자의 전정을 복(卜)할 수도 있는 것이다.

〈자료 242〉 조선인과 원연(遠緣)인 시내 3개소 일용품 시장, 화원정(花園町)과 용산과 서대문 3개소, 전동시장(典洞市場)의 개비도 필요(조선일보, 1936.11.28, 3면 1단)

경성부에서 경영하는 일용품 시장은 화원정·용산·서대문 세 곳에 있는데, 이 세 곳의 공설시장에서 점포를 벌려 놓고 있는 사람은 거의 대부분이 일본 내지인이고 또한 팔고 있는 물건도 거의 전부가 일본 내지인의 소용품뿐이므로 조선 사람에게는 별로 이용되지 못하고 있다. 그래서 이름은 경성부 공설시장이지마는 그 이용되는 범위로 보아서는 아주 편벽되어 있다.

그러므로 조선 사람들 사이에는 남대문시장이 그냥 존속되기를 갈망함은 물론이거니와 종로시장 즉 전통시장 같은 것을 확장 개선하여 그것을 공설로 하는 동시에 조선인 일용품 시장이 되도록 촉진할 필요가 있다고 말하는 이가 많다. 이것을 실현할 수 있고 없는 것은 경성부 당국자와 경성회 의원들의 성의 여하에 있는 것으로 앞으로 신중히 연구해야 될 문제이라 한다.

〈자료 243〉 생명선(生命線)인 상권 옹호! 목적 관철에 매진, 남대문시장 상인연합회 역원회, 당국에 적극 교섭 결의(조선일보, 1938.1.23, 2면 4단)

공영의 중앙도매시장 출현으로 말미암아 언제 생명선인 상권을 빼앗길는지 알 수 없는 남대문시장 상인연합회에서는 지난 봄 경성부 경기도 상공회의소에 대하여 100여 명이나 되는 현 남대문시장민 및 그 가족의 생명선인 상권을 옹호하여 중앙도매시장이 생기는 경우에는 그곳에다 수용하여 장사를 계속하게 하든지 그렇지 않으면 그 연접지에 종합시장 설치를 인가하여 달라고 누누이 진정한 바 있었으나 아직 아무런 정식 회답을 받지 못하여 초조하던 나머지 21일 오후 6시부터 연합회 사무소에 긴급 역원회를 열고 교섭위원으로 최형근·손완영·김학응·김홍경의 4명을 선정하고 당국과 적극적으로 교섭하여 소기의 목적을 관철하기로 되었다. 조선 사람 시장으로서 가장 큰 시장의 사활 문제인 만큼 그 활동은 크게 기대되는 바이다.

5. 상인 관련

〈자료 244〉 논설(황성신문, 1898.9.16, 1면 1단)

대한상민(大韓商民)은 소위 상업권제(商業權制)를 다 외국인에게 빼앗기고 내국 상인은 그 잔여를 수습함에 지나지 않아 이대로 가면 상민이 부지하기 어려움. 정부 권리는 정부에 있고 인민 권리는 인민이 가져 서로 침해치 아니하면 우리나라도 차차 전진할 수 있다.

〈자료 245〉 논설(황성신문, 1899.6.12, 1면 1단)

국가의 발전은 상무의 흥왕함에 있음. 일본은 나날이 상업이 발달하는데, 우리나라는 갑오경장 이후 6년임에도 농산물과 공산물을 교역하는 탓에 상업의 발달이 조금도 되지 않았음. 게다가 이미 혁파한 잡세를 복설하고 각처 상민을 침학하니 상업이 발달하지 못함. 정부에서는 상업을 극히 보호하여 국가의 흥기를 도모할 것.

〈자료 246〉 외부답찰(外部答札)(황성신문, 1898.10.25, 3면 2단)

외국 상인 철수 문제에 대해 외부(外部)가 보낸 답신. 정부에서도 같은 생각을 가지고 관찰사와 감리들에게 지시를 내렸다. 그러나 한성의 외국인 점포만은 이전 경비를 마련하지 못해 당장 실시하기 어려우니 완전한 대책을 강구할 때까지 시일을 기다려야 한다.

〈자료 247〉 탄상강장(炭商强壯)(황성신문, 1899.2.2, 4면 1단)

어제 남문 내 회동병문(會洞屛門)에 지나가는 탄상(炭商)을 일본 상민이 불러 탄값을 깎으려고 검을 빼어들고 탄을 부수는 등 강폭함을 보이자, 탄상이 일본영사관에 가서 따지자고 하니까 일본인이 굴복함.

〈자료 248〉 논설(황성신문, 1899.3.13,1면 1단)

송도의 삼업(蔘業)은 정부에서 전매하여 백성의 이익이 감소하고 또한 일본 상인의 횡횡으로 수많은 폐가 생기고 있음에도 막을 방법이 없다.

〈자료 249〉 해주(海州)에 일상(日商) 주거(황성신문, 1900.5.18. 2면 4단)

내지(內地)인 해주군 동문 내에 거주하는 일본 상인 7명(잡화상 3, 도기·잡화상 2, 과자상 2명)은 집조(執照: 여행 증명서)가 없으므로 명백한 약장(約章) 위반인데 아마도 지방관의 묵인 때문이 아닌지.

〈자료 250〉 조금사기(照禁私器)(황성신문, 1902.3.20. 2면 2단)

외부에서 일본공사에게 조회하여 일본 상민이 사주(私鑄) 기계를 내지로 구입해서 인민에게 파는 경우가 많아 화폐가 이 지경에 이르렀으니 이 같은 행위를 금지해 달라 함.

〈자료 251〉 일상폭행(日商暴行)(황성신문, 1903.11.25. 2면 3단)

무안감리 김성규가 외부에 보고. 무안항 역부 십장사안(什長事案)으로 인해 일본 상인 등 일본인 100여 명이 봉을 들고 누차 감리서에 들어와 폭행, 감옥서에 가 옥문을 파괴하고 죄인을 풀어주고 한국 상인을 구타. 일본공사관에 조회하여 무안항 일본 영사와 대질 재판케 해 달라고 함.

〈자료 252〉 박민피살(朴民被殺)(황성신문, 1904.5.5. 2면 4단)

충북관찰사 이승우가 법부에 보고. 지난 음력 2월 11일 충주장시에서 상민 박응삼과 일본인들이 충돌하여 박 씨가 칼에 맞아 목숨이 위중하니 일본공사관에 조회하여 일본인을 징계토록 할 것.

〈자료 253〉 조선인 중국인의 포목 경매(조선일보, 1921.1.24. 3면 5단)

황해도 각 군에는 주단 포목을 팔러 다니는 중국 사람이 많은 까닭으로 조선 사람의 상업은 그 세력에 눌리어 비상한 타격을 받는데, 요사이 음력 세모를 당하여 각 시장에서 중국인과 조선 사람들이 포목 등을 경매하는 폐습이 일어났다. 가령 중국인은 광목 1척에 20전을 받으면 조선 사람은 19전을 받고 중국인은 19전 받으면 조선인은 18전을 받아 서로서로 경쟁이 극도에 달하여 조선인은 손해가 적지 않은 중에도 어리석은 촌사람들은 조선 사람에게는 한 자도 사지 아니하고 모두 중국 사람의 상점으로만 답지하여서 좋지 못한 물건만 사 가는 것은 실로 애석한 일이라고 그곳 사람이 전하였더라.

〈자료 254〉 면포 거래 기간 문제(조선일보, 1921.2.1, 2면 5단)

종래 경인 타방을 위시하여 선내 각지의 면사포상은 60일의 기간을 설치하여 호상 거래를 행한 것이 작년 재계의 호조 시대, 특히 조선인 면사포상 등은 일반적으로 쉽게 팽창한 거래를 행하고 또 자금력이 빈약한 사람도 불상당한 거래를 행하게 된 결과—재산의 변조에 즈음하여 좌절을 맞이하였다가, 결국에는 그 누를 거래소까지 미치게 함에 이르렀다. 이는 오로지 거래 기간이 너무 장기화됨에 인한 것임으로써 지난날에 경인 면사포상은 협의한 결과—일본인 측은 건실한 상거래를 위함에는 모두 현금 거래로 고치지는 못할 것이지만 지금 체연히 구습을 타파함이 어렵기 때문에 먼저 60일의 기간을 40일로, 그 후에는 30일, 20일, 10일로 점차 단축하여 결국 현금거래로 고치자는 ■가 있어 드디어 일본인 측은 조선인 측에 대하여 상거래 기간을 20일로 단축함을 요구하였다. 이에 조선인 측은 30일로 연장하기를 주장함으로써 경성상업회의소가 목하 중간에 거하여 알선 중인즉 결국 25일가량으로 해결을 보기에 이르렀다.

〈자료 255〉 시장 주민의 대소동, 진주 사회에서는 중대 문제, 시장 세금 낙하함에도 민족적 차별, 탄원서를 불온문서라는 진주면장(조선일보, 1923.1.28, 3면 3단)

금월 20일에 전주시장 거류인 대표 조선인 측에 정희찬 씨, 엄상근 씨, 일본인 측에 노무라 아키미치(野村明導) 씨, 스나가와 요시히로(砂川義弘) 등 4씨는 진주시장 거류인 50여 명이 연명 날인한 탄원서를 가지고 진주면장인 우에하라 산시로(上原三四郎) 씨에게 제출하였다. 그 현장에서 우에하라 면장과 거류인 대표 4씨와는 일대 풍파가 일어나 자못 기세가 불온하였다고 한다. 그의 자세한 내용을 들은즉, 진주면에서 직접 경영하는 시장 가옥의 월세를 내리는 사건이라는바, 이 시장 가옥에 세로 들어 있는 사람이 50여 명인데 근일과 같이 경제 공황으로 인하여 장사의 매매가 전에 비하면 반도 되지 못하는 이때에 진주면장 우에하라 씨는 친히 물가 조절이니 소비 절약이니 하고 선전을 하면서도 진주 면사무소에서 경영하는 이 시장 가옥의 월세에 대하여는 날로 올리고 올리어 매 평에 월세 1원 70전이라는 고가를 받았다. 이와 같이 월세가 비싸서야 경제 공황으로 타격을 받는 이때에 도저히 살아갈 수가 없으니 월세를 감하여 달라는 내용의 탄원서이던바 그것의 문구가 하등 불온함이 없음에도 불구하고 면장 우에하라 씨는 불온한 사건을 선동하느니 불온문서를 작제하였느니 하며 심지어 경찰 당국에까지 교섭하여 조처하겠다 할 뿐이라. 면 직원으로 있는 히라야마 도시히로(平山利弘)는 일본인 대표자에게는 하등의 말이 일절 없으면서도 조선인 측 대표자에게만 한하여 말하기를 "집세가 비싸면 나가는 것이 좋지 않으냐. 그대들 조선 사람이 아니라도 월세로 있을 사람이 많으니 하루바삐 나가라."고 ■하며 대단히 불친절하게 말을 하므로, 대표자 측에서는 그렇지 아니한 이유를 자세히 말하고 "우리의 불온한 행위는 절대로 없노라. 면사무소에서 도리어 우리로 하여금 불온케 만들지 않느냐. 최후에 우리는 우리의 생활상 전도를 위하여 시장 가옥 월세를 내리지 않는 때에는 동맹하여 일제히 집을 비우고 나오겠노라." 하고 돌아왔다. 그 후 즉 지난 22일에 면장 우에하라 씨는 그의 대리를 보내어 전기 대표자 측에게 이르기를 "일간 면 협의회를 열고 의견을 들어서 몇 할을 감하도록 하여 주겠노라." 하였다는데 우에하라 씨는 다만 면의 수입이 다대함만 알았지 수백 인민의 생활상 여하는 도무지 생각하지 않는지, 또 면 직원 히라야마 모로 말하더라도 일본인 대표자에게는 하등 말이 없으면서도 조선인 대표에 한하여는 "집세가 비싸면 집을 비우고 나가라."고 함은 하등 차별인지 알지 못할 일이며, 시장민의 제출한 탄원서를 불온문서이니 불온사상을 선동하느니 하는 우에하라 면장을 둔 진주면민도 대단히 불행이어니와 면장의 자신으로 보아도 재미있지 못한 일이라 하겠다. 일반의 시민의 여론은 면장이 인민을 위하여 존재하는 것이라 하면 면장은 반드시 인민을 본위로 삼아 그의 생활을 안전히 하며 그의 행복을 증진케 함이 면장 된 자신으로 보든지 인민이 면장의 존재를 필요로 하는 점으로 보아서도 당연히 할 일이 아닌가. 만일 면장으로서 그것을 하지 못할 뿐 아니라 도리어 인민 생활상 행복을 구하는 일을 방해하여 불온사상을 선동하느니 불온문서를 작제하였느니 하고, 심지어 경찰 당국에까지 교섭을 하여 조처를 하겠느니 하고 그것을 미워한다 하면, 그 면장은 차라리 있을 필요가 없다고 하겠다고 비난과 원망이 자자하다더라(진주).

〈자료 256〉 일본 상인이 학생을 구타, 학부형 대회에서도 분기, 일본인에게 물건 사지 말란다고 어린 학생을 방에 넣고 구타한 일(조선일보, 1923.7.25, 3면 6단)

경남 울산군 언양시장에서 잡화상 하는 무라타 류키치(村田龍吉)란 일인은 지난 14일에 언양공립보통학교 제2학년 학생을 구타하였다는바, 그 사실 내용을 듣건대, 지난 4월부터 언양공립보통학교 생도 일동은 어떠한 동기로써 일본 상점의 물건을 사지 말자 하고 조선 상점에 가서 물건을 사자고 동맹하여 여러 가지로 실행하였다. 그런데 이것이 문제가 되어 당지에 있는 경관주재소로부터 일본 상인들은 이것이 배일적 사상에서 나온 것이라 하여 여러 가지 방침을 연구하던바 학교 당국에서도 일반 학생들에게 설유까지 있었다고 한다. 전기 무라타란 자는 그에 대한 감정으로 지난 16일 하오 2시경에 당교 1학년 학생 한 명과 2학년 학생 한 명이 무라타의 상점 앞을 지나다가 본즉 1학년 학생 한 명이 잡기장 한 권을 사려는 것을 2학년 학생이 말하되 다음에 사라고 하였는데 이 말을 들은 무라타는 자기 처와 함께 무엇이라 하더니 그 학생을 방안으로 끌고 들어가서 여러 가지로 무수히 구타하였다 하며, 또 그 익일 즉 17일 오후 11시경에 당지 여자 야학회 생도 3, 4명이 학교 시간을 마치고 돌아오는 길에 전기 무라타란 일인의 상점 앞으로 지나는데 무라타의 아우와 또 한 명의 일본 목수가 달려들어서 앞길을 막으며 방해하고 못된 작란을 하였다고 한다. 이에 대하여 학교 당국으로부터 학부형 및 지방 유지는 분개하여 학부형 대회를 열고 적극적으로 수단을 취하고자 하여 대회를 개최하였다. 이에 정인목 씨의 경과 보고가 있은 후에 최수한 씨 이외 여러 학부형들의 성토 변론이 있어서 최후의 불평이 있었다. 전기 일인은 무수히 사죄하였으나 이것은 지방 풍기에 관계되는 일이니 될 수 없다 하며, 당지 경찰관의 행동도 비난하는 바이라고 하며 전기 무라타란 일인은 원래부터 불량한 자로서 달포 전에도 언양 남부리에 있는 송모(宋某)의 처를 아무 잘못이 없는데 무식한 농가 여자라고 함부로 구타하여 일주일간 치료를 받게 되었는데 그 맞은 여자는 분함을 이기지 못하여 의사 진단까지 내어서 당지 경관주재소에 고소하였다. 하지만 그 주재소에서는 어찌된 사실인지 그 고소장을 받지 아니하고 고소를 못하게 하였으므로 그 무식한 여자는 할 수 없이 돌아온 바인데, 경관의 무책임함도 이렇게 심하다 하여 식자 간에서는 비난이 자자하더라(울산).

〈자료 257〉 파산 영향 매우 적어(甚少), 경성회의소 조사(조선일보, 1923.10.7, 2면 7단)

저반 금융경색으로 인하여 상계 일반이 침정한 때 조선인 측 모 상점에 파산자가 나온 고로 해당 파산자의 거래처인 조선상점 또는 화상 측 및 그 거래은행인 한일·해동 등의 타격을 예상하고 그 영향에 대하여 일부가 과민히 시찰하는 경우가 있으나, 또 파산자가 나왔음에 대하여는 현하 금융경색 상태에 기인한 이외 유력한 원인 즉 일반 재계가 긴축 시기임에도 불구하고 반대로 방만한 투기적 거래책을 계획한 결과이오. 또 이면의 사적관계에 기인한 것 등을 알 것이라. 혹은 후원자가 속히 자금을 환출할 일종의 책략인 줄로 관측하는 경향이라. 만일 면키 어려운 당연의 파산이라 할지라도 그 후원자에게는 오직 상적 관계 이상의 특수 관계 사정이 있는 유력한 자인 고로 차등 후원자의 손해 인수로 인하여 거래처의 피해는 심대치 아니할지며, 관계 은행도 상당한 담보가 있는 고로 이 또한 결국 손해가 매우 적고 진재(震災) 이래 상인 금융업자가 모두 극도로 긴장 태도를 보인 결과 자금의 융통상에는 사실상 상당한 곤란이 있으나 이는 일본인, 조선인 공통의 사항인 고로 금후 조선인 측에만 파산자가 속출함과 같은 것은 없을지오. 대출에 대하여는 각 은행이 물론 경계하나 상업자금의 융통에는 자못 노력하여 어음할인 등에는 가급적 편의를 도모할 방침이라. 그러나 금융경색으로 거래의 한산은 할인할 어음이 없는 모양을 정한바 요컨대 금융경색으로 인하여 상거래는 일반이 한산하고 또 활기도 없으나 목하 수확기가 목전에 닥친 것과 공진회 개최 등으로 인하여 점차 회복되는 줄로 일반이 관측하며, 금회의 조선 상인의 파산과 여함은 문제가 되지 아니하고 또 영향도 매우 적다더라.

〈자료 258〉 경성상업계의 대문제, 수입세 감면으로 인하야 물었던 수입세를 도로 받은 도매상, 소매상에게 졸려서 못 살겠다고(조선일보, 1923.10.28, 3면 1단)

도쿄에 진재가 발생된 이래도 일본 정부에서는 여러 가지로 협의한 결과 수입세를 감면하기로 하였다. 수입세를 감면하는 범위로 말하면 생활에 가장 필요한 물품 50여 종에 한하여 수입세를 면제케 되었던바 머리 둔한 조선총독부 당국에서는 이것을 조선에 적용하여야 옳을는지 옳지 않을는지 분변치 못하고 그대로 앉았다가 한 달이나 거의 지나서 지나간 20일에야 겨우 조선에도 적용할 것임을 깨달았다. 급히 각 해관에다가 명령하여 수입세 및 이입세를 면제케 하고, 칙령이 발표되던 9월 17일까지 소급하여 이미 받았던 세금을 돌려주게 되었으므로 전 조선인 직수입상에게 돌려줄 금액이 80만 원에 달하였다고 한다. 이것을 받은 경성 각 직수입상 측에서는 상업도덕상 그대로 있을 수가 없으므로 그중에 크게 거래를 하는 상점에 한하여 몇천 원 돌려준 사실이 있었다는바 이러한 소식을 들은 소매상 측에서는 그러면 우리도 한■을 먹어야 하겠다고 직수입상에게 와서 다만 얼마라도 도로 달라고 하였다.

그로 인해 직수입상 측에서는 그렇게 할 수가 없고 거절을 하여 며칠 전에는 포목상조합에서 총회까지 개최하였었으나 완전한 효력을 얻지 못하고 말았다고 한다. 이에 대하여 직수입상 되는 모 씨의 말을 들은즉, 직수입상으로서 그중 큰 상점에 주었다고 하는 것도 말하자면 상업도덕상의 어찌할 수 없는 바인데, 소매까지 일어나서 돈을 거슬러 내라고 하는 경우에는 결국 한 자 두 자씩 사간 일반 소비자 측에서도 다시 깎아 달라고 할 터이다. 이것은 도리어 되지 못할 일이며, 겸하여 이에 대한 실책은 총독부 당국의 일임으로 우리에게는 별로 관계가 없으리라고 하더라.

〈자료 259〉 진주시장(晋州市場) 주민대회, 사복을 채우려고 한 보증금에 시장 이식을 부쳐서 내이라고(조선일보, 1923.12.7, 3면 3단)

경남 진주군 진주면 서기로 근무하는 '평산리홍'(히라야마)과 '서천롱륙'(니시카와)이라는 두 명의 일본 사람의 부정 사건이 발로되었다 함은 이미 보도하였었다. 진주시장 주민은 크게 분개하여 우선 시장가옥 보증금 문제로 그 관계자 중 40여 명이 지나간 3일 오후 7시에 진주시장에 모여 시장 주민대회를 열었다. 임시의장 '정희찬' 씨가 말하기를, "진주면 서기 평산리홍은 면 소유 시장가옥에 대하여 차가보증금이라는 명칭을 붙여 가지고 시장 주민 70여 호에 돈 600여 원을 받아서 재작년 10월부터 오늘날에 이르기까지 그것을 '평산리홍' 개인의 사복에 넣어 두고 있는 것은 부정한 일일 뿐 아니라 이러한 보증금을 받을 때는 소할 상급 관청에 허가를 얻는 것인데 그러한 허가도 없을 뿐 아니라 그 돈으로써 '평산'이가 장사하는 자금에 충용하였다는 말도 있으니 우리 시민은 이것을 그저 둘 수 없어 이에 대회를 열고 이것을 의논코자 하는 바이라."는 뜻으로 선언을 한 후에 본보 기사를 낭독하고 만장일치로 아래에 기록한 결의안을 통과하고 그 실행위원을 선거함에 '정희찬'·'김영춘'·'정재선' 3씨가 당선되었으며, '평산'은 당초 시장가옥을 빌려줄 때에도 많은 뇌물을 받은 일이 있다더라(진주).

결의사항

1. 본면 서기 '평산리홍'의 부정사건을 면장 또는 면협의원회에 질문하고 군청에 향하여 그 처치를 교섭할 일.
1. '평산'의 사취한 시장 차가보증금에 대하여는 상당한 시장 이식을 부쳐서 그것을 반환하기를 요구할 일.

〈자료 260〉 산업권의 회복을 위하여, 대구 포목상조합의 활약을 문하고(조선일보, 1924.5.23, 1면 1단)

우리 조선 민족의 생활이 일반적으로 멸망을 당하는 것은 그 원인이 물론 단순하지 않다. 그러나 목하의 현상을 현상 그대로 본다 하면 만 사람이 부인치 못할 가장 무서운 사실은 우리의 가진 경제적 조건이 다른 민족의 그것과는 전연히 다르다는 것이다. 다시 말하면 우리는 민족적으로 피착취의 운명에 빠진 까닭이다. 보라! 우리가 민족적으로 생존을 보지하며 따라서 향상을 도모할 만한 기회가 있는가? 권리가 있는가? 자유가 있는가? 아니다. 기회도 권리도 자유도 아무 것도 없는 것이 사실이다.

우리의 산업이 때때로 외인의 무대에 귀하는 것을 볼 때에 우리는 산업권이 박탈되는 것을 알 수가 있으며, 우리의 생활이 각각으로 집행과 경매와 파산을 당할 때에 우리는 현실에서 생명을 존속할 자유가 없음을 알 것이다. 내가 항상 말하는 바이다. 한 민족의 경제적 생활운명은 그 민족의 산업 여하에 지배되는 것이라 하면, 우리가 정치적으로 멸망을 당하는 비애보다도 경제적으로 생명의 위기에 박한 고통이야말로 차마 당할 수 없는 사실이다. 묻노니 우리의 민족 가운데에 이러한 고통을 느끼지 아니하는 자가 있는가? 아마 없을 것이다. 잠식의 세로 우리는 나날이 산업권을 빼앗길 뿐이다. 크게 말하면 황금의 거망을 벌여 놓은 회사와 은행, 적게 말하면 고리대금업자들인 무수한 외인의 착취하에서는 간단 없이 우리의 전토와 가옥과 삼림이 그들의 수중으로 들어가는 것을 우리는 당하기도 하며 보기도 하며 또한 듣기도 한다. 이것이 곧 조선인의 산업권이 박탈되는 무서운 현상이다.

이와 같은 현상에 있어서 우리가 오직 앉아서 바라는 무관심한 태도를 취하면 모르되 우리가 만일 생존을 욕구하며 향상을 동경한다 하면 분기하며 궐기하여 이 무서운 현상을 배제하고 오직 유일한 조선인 종래의 산업권을 만회하여야 할 것이다. 이제 대구로부터 전하는 보도에 의하건대, 당지의 포목상조합은 전 조선 포목상의 일치단결로 조선인의 상권을 회복하기 위하여 대대적으로 그 조합의 확장을 계획하는 동시에 이 총회를 개최할 예정이라 한다. 이것은 참으로 자각이 있고 의미가 깊은 운동이다. 각각으로 구축과 파멸을 당하는 조선의 상업계를 위하여서는 반드시 이러한 운동으로 말미암아 이것을 구제할 신세력이 나오지 아니하면 아니 될 것이다. 이미 전 조선의 중요한 도시 또 그 도시의 중요한 지대는 다 외인의 점령이다. 비록 구축을 당한 잔 세력이 도시의 일부에 있다 할지라도 오직 외인의 위대한 세력권 내에서 하등의 보장이 없이 자멸할 뿐이었다. 이와 같은 현상은 곧 상권 회복 운동의 전개할 원인이다.

어찌 상업계의 현상뿐이랴. 우리 민족의 산업 무대의 전반을 통하여 모든 방면으로 다 같이 산업권의 회복을 위하여 계도하지 않을 수 없는 목하의 환경이다. 농업에 삼림업에 어업에, 기타 모든 산업에서 우리의 산업권이 외인의 세력권 내로 귀할 때마다, 또한 일찍이 빼앗긴 것을 회수하기 위하여 각 방면으로 단결하며, 따라서 이 단결의 '힘'으로 말미암아 분투하여야 할 것이다. 우리는 우리의 자신 이외에는 그 누구도 우리의 생존을 보장할 자가 없다. 오직 우리 자신의 단결한 세력으로부터 우리의 생존권을 획득하며 향상을 도모하는 외에는 다른 방도가 없을 것이다. 그러므로 나는 금번 대구의 포목상조합이 상권 회복을 위하여 크게 단결을 계획한다는 소식을 들을 때에 그들의 계획이 장차 위대한 세력을 발휘하기를 바라며, 동시에 사회의 전반을 통하여 모든 방면으로 종래 우리 민족의 산업권 회복의 운동이 이번 기회에 힘 있게 일어나기를 우리는 바라는 바이다.

〈자료 261〉 수직요금(守直料金) 증액은 조선 상인의 자멸책, 객주조합 역원회 결의에 조합원 일동은 극구 반대, 여론 비등한 남포미곡상계(조선일보, 1925.11.6. 2면 3단)

진남포 물산객주조합(物産客主組合)에서는 지난 10월 19일 오후 9시에 동 조합 사무실에서 역원회를 개최하고 조합장 이낙린(李洛獜) 씨 외에 열세 사람의 역원 중 조정호·정응기·강신옥·김도선·전낙홍 씨 등 제씨가 모여 종래의 진남포노동조합(鎭南浦勞働組合)과 서광조가 세관장 제5구(第五區)에서 취급하여 오던 야적곡물에 대한 수직요금 한 개에 2전 6리씩을 받아 그중에서 1리를 객주조합 수입으로 하여 오던 것을 3전으로 올려 객주조합의 수입 단위를 3리로 올리는 동시에 나머지 1리를 중개조합 수입에 부처 주기로 결의하였다. 곧 그 이튿날로 공문을 보내 일반 조합원들에게 그를 통지하는 동시에 진남포노동조합과 서광조에 통지하여 11월 1일부터는 전기 새 규정에 의하여 수직요금을 3전씩 증수하게 하였었다. 이에 대하여 객주 측과 일반 미곡상계(米穀商界)에서는 수직요금이 너무 비싸다는 것을 이유로 야적장에 곡물 맡기기를 싫어할 뿐 아니라 수직요금을 올리는 것은 야적곡물을 격감시켜 직접으로 노동자들 생활에 큰 타격을 일으키는 것보다도 원산지 방면 고객들의 분담을 과중히 하여 계사상 이익이 없어 고객을 다른 지방에 빼앗기게 되면, 미곡을 중심으로 잔명을 보존하고 사는 진남포 조선인들은 모두 멸망을 면치 못하리라 하여 반대의 여론은 자못 전시에 비등하였다더라.

남포 사활 문제, 자멸하는 책략, 유력자 홍광의 씨 담

저는 저간 여행 중이었기 때문에 그 같은 사정은 지금 처음 듣습니다. 객주조합 역원회의 결의라고 하니 그날 모였던 분들이 어떤 분인지는 모르겠소만은 실지로 곡물을 취급하는 이면 결단코 그런 맹목적 결의는 아니하였을 것입니다. 지상공문으로 올린다면 무엇 합니까? 누구를 물론하고 장사하는 사람이면 요금 싼 창고 회사를 이용하지 요금 비싸고 보관 불충분한 야적장에 곡물을 맡기겠습니까. 그렇지 않아도 진남포 객주업자들은 재력과 세력의 배경이 튼튼한 일본인 무역상과 위탁업자들에게 영업상 큰 타격을 받는 터에, 다시 최근 황해도 신천이 발전됨을 따라 저렴한 수수료와 고객의 편의를 도와 진남포로 오던 곡식의 태반을 흡수하고 있는 까닭으로 큰 타격을 받고 있는 터인데, 거기다 또 일도 처치 못할 수직요금 같은 것을 올려 남아 있는 거래 고객들까지 잃으려 하는 것은 불가한 일이올시다. 곡물이나 가지고 근근이 현상이나 유지하고 있는 남포에 이제 그 같은 불합리한 규정을 세운다 함은 남에게 패망당하는 것보다도 스스로 자멸하고자 하는 책략이 아닌가 의심합니다.

일 객주만 유리, 조선인은 자멸, 평의원 이종섭 씨 담

별항과 같이 진남포물산객주조합 역원회에서 아직 곡물의 수직요금을 올린 데 대하여 동 조합 평의원 이종섭 씨는 말하되,

"글쎄올시다. 얼마 전에 그리 결정되었다는 통지만은 본 기억이 있으나 그날 마침 제가 참석치 못한 관계로 어떠한 정신으로 결의가 그같이 되었는지는 매우 의아합니다. 물론 객주조합에서야 조합 수입을 좀 더 늘리자는 뜻에서 그같이 결의까지 하였겠지오. 그러나 사실이야 어디 그렇습니까. 창고회사에 맡기면 제일 보관이 안전하고 요금이 싸게 먹을 뿐 아니라 필요만 하면 금전까지라도 융통하는 편의가 있는 외에도 당장에 가마니 곡식 같은 것은 한 가마니에 1전 5리씩이나 차이가 있으니 저부터라도 장사하는 사람이 한두 섬 곡식 같은 것은 혹시 모르되 곡식이 100석만 넘어도 요금이 비싸고 보관이 불충분한 야적장에 보관시킬 리가 없을 것입니다. 그리고 근년에 와서는 소위 일본인이 경영하는 이민객주라고 하는 것이 몇 집 생겨서 현재 조선인 객주들이 받고 있는 수수료의 3분의

1도 아니 되는 수수료를 받고 위탁업을 하기 때문에 황해도 방면의 일본 이민들은 물론 조선 농민들까지라도 태반 일본 이민들과 같이 일본 객주에 위탁하여 팔아가는 사세에 거기다 또 수직료를 전보다 더 올려서 조선인 상고나 산지 농민들의 부담을 너무 많게 하는 것은 조선인 상인의 자멸책이라고 하기보다도 일본 이민 객주 몇 사람의 '살수'라고나 할런지오."

어림없는 모순, 조합원 권정민 씨 담

일전에도 객주조합장을 만나서 이야기하다가 시간관계로 말의 끝을 보지 못하고 헤어졌소만은 종래에도 일본 이민 객주보다 3, 4배나 비싼 수수료를 받아 왔었는데 이제 또 수직료를 4리씩이나 올렸다고 하니 올렸대야 우리 객주업자들이 그대로 내는 것은 아니요만은 그것이 온당한 일이 될 수 있습니까. 그리고 곡물 보관으로 말할지라도 창고회사 같은 편의하고 요금 싼 곳이 있는데 이제 불편리한 야적장을 가지고 수직요금을 창고회사보다 더 올리어 조선 객주에 찾아오는 손님은 일본 사람의 객주에 가는 손님보다 3배 이상의 비싼 수수료를 받자고 하니 모순도 그런 어림없는 모순이 어디 있습니까? 비단 이번 일뿐 아니라 진남포 조선인들은 맹성하여야 살 줄로 압니다.

연구해 보겠다, 객주 총무 조정호 씨 담

이상과 같이 수수료를 더 올려 받음에 대한 반대의 소리가 남포 전시에 비등하여 가는 중 이에 대한 수수료를 올린 조합역원 중의 한 사람인 조정호 씨는 말하되, "조합원 중에서 불평이 있다는 말은 금시초문입니다. 남이 한 일이니까 그러겠지오. 불평이 있을 리야 있겠습니까? 객주업자에게는 아무 불이익이 없을 뿐 아니라 조합 유지상 가장 필요를 얻은 일로 자신하고 그같이 결의하였던 것입니다. 어디 좀 연구를 더해 보지오"(진남포).

〈자료 262〉 소비조합 창립, 진주에서(조선일보, 1926.3.12, 1면 9단)

진주는 원래로 상업이 부진할 뿐 아니라 상권이란 모조리 일본인 아니면 중국인이 독점하고 있는데 경제의 파멸을 나날이 당하고 있는 조선 사람으로서 소극적이나마 소비 방면일지라도 우리의 손을 거쳐 공급하는 것이 다소의 공헌이 있을까 하여 유지 김재홍·김계송·박진환 제씨의 발기로 지난달 20일경에 진주 소비조합을 창립하고 1주 1원으로 4,000주 모집에 착수한바, 각 방면에서 환영이 비상하여 모집 성적이 양호하다는데 임시사무소는 대안동 진주상회라더라(진주).

〈자료 263〉 일인 폭행(日人暴行), 철봉으로 위협함에 기명을 무수히 부숴(조선일보, 1926.3.13, 2단 10단)

지난 9일에 경기도 안성군 이죽면 죽산시장(竹山市場)에서 음식점업 하는 김성녀의 ■에서는 동 시장에 자전거포(自轉車舖) 영업하는 일본인 이토(伊東) 모 씨가 와서 술을 잔뜩 먹고 나오다가 무단히 술상에 있는 기구를 부수었다. 전기 김성녀는 이 그릇이 20원어치니까 값을 물어 달라고 하였더니 그 일본인은 그게 무슨 20원어치냐며 그러면 20원어치가 되도록 부수고 값을 물어 주마 하고 남은 그릇을 함부로 짓부수고 자기 집으로 가더니 조금 있다가 철봉(鐵棒)을 들고 다시 와서 기구를 함부로 부수었다. 김성녀는 그 난폭한 행동에 무서워서 일시 기절을 하였는데 이 급보를 들은 김성녀의 남편 이석재는 즉시 당지 경찰에 고발하여 경찰은 현장에 출장 조사한 후 하등의 처분이 없으므로 일반은 경찰의 태도를 비난한다더라(죽산).

〈자료 264〉 동업상기(同業相忌)로 방화(放火), 제 상점 물건은 아니 팔리고 남의 것 잘 팔리는 걸 시기해, 한강통 방화 동기 판명(조선일보, 1926.3.21, 2면 3단)

지난 15일 시내 한강통 공설시장이 소실된 이후 소관 용산서에서는 방화범인 수색에 노력하던 중 18일과 19일 양일에 연병장 사는 일인 쓰지 사쿠타로(辻作太郎, 25)와 한강통 사는 미나토 진시로(港甚四郎) 등 2명을 체포하여 엄중 취조하던 중 드디어 방화한 사실을 자백하였다. 연루자가 또 있는 듯하여 계속 활동 중이라 하며 방화한 동기는 이웃에 연접하여 있는 상점에 있는 자로 소실된 사이토 사타로(齋藤佐太郎)의 상점만 물건이 잘 팔리고 자기 상점은 잘 안 팔려서 그것을 시기하여 방화한 것이더라.

〈자료 265〉 상품권 문제, 조선 상인 측 여론과 견해(見解)(2). 속히 전폐(全廢)를 기(期)한다(조선일보, 1929.7.24, 6면 1단)

상품권 문제가 본지를 통하여 상계에 전파되자 상계에서는 일대 '센세이션'을 일으켜 각처에서 이에 대한 철폐 희망을 개진하여 오는 중인데, 과연 중소상인, 더욱이나 조선인 상계에서 얼마나 이 상품권으로 하여 타격을 받아 왔는지를 엿볼 수 있는 동시에 대자본의 일본인 상점 몇 개로 인하여 중소상인이 위협을 받아 왔는지를 알 수 있다. 그리고 조선인 상계에서는 미쓰코시(三越)·히라타(平田)·조지야(丁字屋) 등으로 인하여 고유의 주단포목의 영역까지 박탈을 당하였다고 한다. 이것이 물론 조선인 자각 여하에도 영향됨이 적지 않지만 이 상품권의 주고 받음으로 인한 관련이 많다고 하여 매우 상계 인사는 이 철폐운동을 절규하는바, 당국도 이 점에 일고가 있기를 바라는 바이다(일 기자).

당국자의 숙고를 절망, 중앙번영회 송재영 씨

일본과 같이 우리보다 상업술, 기타 모든 것이 선진하였다는 데에서 이 상품권의 폐해와 상품권으로 인하여 중소상인이 입는 타격이 심대함을 깨닫고 상공회의소가 선구로 이 철폐금지 운동을 일으켜 벌써 당국에서도 이를 인정하는 동시에 중소상인을 구제하는 일 방책으로써 법령으로써 금지하게 되었음은 실로 우리로서는 선망하는 바이외다. 조선같이 아직도 상업술, 기타가 유치한 데에서 몇몇 일본 상점에 상품권이 발호함으로써 입는 타격이 상당한 것도 사실이외다. 우리는 일치단결하여 이것이 철폐되도록 촉진하여야 하겠으며, 더욱 아직 뿌리가 박히기 전에 근절을 시키도록 힘써야 하겠습니다. 본정통 중소상인이라 할지라도 우리 조선 상인에 비하면 몇 배나 우수한 처지에서 상업을 경영하는 그네들조차 이것에 박해를 받는다고 대책을 강구하는데, 항차 조선 상인입니까? 그리고 또 바라는 것은 당국자들이 실로 중소상인에 대하여 일국의 동정이나 있다면 이 문제를 결코 일부의 순간적 사실로 보지 말고 의당히 우리 상계 전체의 문제로 보아 깊이 생각하기를 바라는 동시에 이것을 단연히 금지하도록 하여 주기를 바라는 바이외다. 하여간 이 문제를 소소한 문제로 알지 말고 우리 일반 상인은 일치단결하여 이 근절운동에 착수하기를 바라며, 우리 중앙번영회에서도 이 문제와 대책에 대하여 숙고하려 합니다.

조선인은 이중의 타격, 한영공사 윤우식 씨

상품권 문제는 매우 조선인 상계에 대하여 중대한 관계를 가졌다고 봅니다. 조선인 상점으로서 상품권을 발행하는 곳은 2, 3점밖에 없습니다. 그러나 그 이용액은 실로 미미한 것으로 일본인 상점에서 발행하는 것과는 아주 이용되는 것이 미약합니다. 일본인들이 상품권을 발행하기 때문에 조선인 상점에서는 의당히 자기 상점으로 올 고객을 빼앗기고 맙니다. 조선인이 일본인에게 선물을 보내는 때에는 으레 일본인 상점에서 발행하는 상품권을 이용하겠지만 조선인이 조선인에게 보내는 것도 이것을 이용하게 됩니다 그려. 간혹 조선인 상점에서도 상품권을 발행하지만 일본인이야 조선인 상점에서 발행하는 상품권을 이용할 이가 없고 조선인조차 이용치 않으니, 말하자면 이중으로 고객을 뺏기는 것이 됩니다. 그러니 우리는 무엇이나 그러하지만은 문제에는 우리 중앙에 있는 조선인은 누구나 깊이 연구하고 숙고하여 대책을 강구할 문제올시다. 듣는 바에 의하면, 일본인 중소상인은 공통상품권을 발행하여 대상점에 대항한다니 그렇게 되면 조선인 상계에는 더욱 큰 타격이 올 것입니다. 그러니 자위책을 강구하는 동시에 여론을 일으켜 사회문제가 되게 하여 당국으로 하여금 중소상인의 보호책을 강구케 하는 동시에, 일본과 같이 법령으로 이것을 전폐케 할 동기를 촉진할 필요가 있을 줄 믿습니다.

〈자료 266〉 함흥상업회(咸興商業會) 구간부 흑막 폭로, 명맥인 저축계는 내용이 공허, 전도 유지까지 문제(조선일보, 1929.9.29, 4면 1단)

함흥상업회에서는 금번에 돌발한 모 사건이 도화선이 되어 동회 연래의 흑막이 여지없이 폭로되었음에 개인 이익주의와 개혁파 간의 알력은 드디어 노골화하여 정면으로 충돌이 되게 되었다. 지난 20일 오후 동회에서는 긴급임원회를 개최하고 회장 이하 개혁파의 현 간부 일동은 총 사직원을 제출하였다고 한다. 이제 그 자세한 내용을 조사한 바에 의하면, 동회는 지금으로부터 20년 전 당시 급격히 변천되는 대세에 깨달음이 있어 모모 유지가 발기 창립한 이래 나날이 침입하는 외래 자본 세력과 대항하며 조선인 상업의 발전을 위하여 분투한 공적이 허다하였다. 그러던 중 저축계 창립, 북선상업은행 창립, 동명극장 건설, 북선상업사 창립 등에 대한 동회의 노력은 동회 과거 분투사 중에 가장 찬연한 바이며, 따라서 일반 민중의 기대도 적지 않았다. 그러던 중 수년 이래 간부 중에는 동회 본래의 사명을 망각한 변절적 행동과 금력과 지위를 이용하여 오로지 사복 충실에 급급하는 불미한 행동이 계속 속출하여 자못 비난이 높았다. 별항에 기한 저축계 문제를 위시하여 전 회장 김지성 재임 시 지난봄 하동리 빈민가 80호 전소의 대화재 직후 신간지회에서 발기한 각 단체 연합구제회에서는 대표가 직접 찾아가서 교섭하였음에도 불구하고 참가를 거절하더니 그 후 위홍면소 발기의 구제회에는 면장이 전화 한 통에 유공불급하여 먼저 가서 합동을 승인하여 그 당시 일반의 비난이 자자하던 일이다. 또 이어서 지난여름 관북 대수재로 인하여 수천의 생령과 수백만 원의 재물을 하루아침에 빼앗긴 참절한 사실은 차치하고라도 구사일생으로 근근 목숨만 이어 가며 기한을 못 이겨 한천 노두에 울부짖으며 방황하는 수만의 이재동포를 위하여 조선 내지는 물론 멀리 해외에 유리표박하는 동포들로부터도 다대한 구제가 있었거든, 재난 발생 현장에 거주하여 조석으로 그 참상을 목도하면서 "수재로 하여금 예년에 비하여 추수가 감소하여졌다"는 이유로 구제사업에 불참한 행동이라든지, 올봄 만세교 개가 위치로 시내에 물의가 분분하던 당시 시민을 대표한 상업회는 시민의 여론에는 추호의 반응이 없다가 면소의 일령(一令)하에 또 대표 고경식 씨를 총독부에 보내어 면의 의향 있는 곳을 진정시켰으며 또 이번 봄 이래 이번 가을 부제가 실시된다는 말이 돌 때 일부 일본인 측에서 조일인 합동의 상공회의소를 만들려고 운동한다는 말이 돌자 조선 상민들은 전부 합동을 반대하고 상업회에서는 총회에서 정식으로 합동 반대의 결의까지 하였음에도 불구하고 몇몇 간부들은 은연히 일인과 결탁하여 가지고 맹렬히 합동운동을 하였다. 최근 수년래의 함흥상업회는 결코 조선인 상민을 대표한 상업회가 아니오 관청의 어용기관의 감이 없지 않아 일반의 비난이 자자하였다. 그러다가 이번 봄 4월 정기총회에서 간부가 경질되며 젊고 유식한 현 간부가 신임되어 상업회의 폐단 제거에 착수하였음에 일반의 기대도 많았는데 상업회 내 일부 개인 이익주의자들은 자기들이 마음대로 전횡을 하지 못하고 흑막이 탄로될까 두려워하여 매사에 현 간부를 반대하고 심지어 상민야학 창설에까지 돌연히 반대하여 오던바 결국 금번 사건이 발생하였다. 그 내용인즉, 금번 경성에서 개최된 조선박람회를 기회로 동회 임원회에서는 회장과 서기 1인을 위로출장을 시키게 되어 우선 회장 홍기진 씨가 경성에 갔다 왔는데 마침 그때 경성에는 전 조선장로교 대표회의 개회 중이었으므로 홍 씨는 정회원은 아니었지만(정회원은 함흥·정평·신흥·장진 4군 중에서 2인 선정, 당선자 홍상 1인, 정평 1인) 중하리 교회의 장로였음으로 방청을 하고 온 일이 있었다. 그런데 이것을 가지고 홍 회장은 목회에서 파견되어 장로교회에 출석하면서 또 공연한 이유를 걸어 가지고 상업회에서 이중으로 여비를 타 가지고 갔다 온 누열한 행동이 있었다는 풍설이 전파되었다. 이것은 재래의 고리대금업자 일파가 신간부를 중상하려고 고의로 지어 낸 풍설이라 하여 분개한 나머지 드디어 정면으로 싸우기를 각오하고 그와 같이 총 사직원을 제출하였으나 회에서 백방으로 만류하고 그 사직원을 수리치 않았지마는 며칠 내 기회를 보아 다시 제출하리라더라.

신용 외 대부로 회수책이 망연, 계의 본의 몰각, 각자 사리 위주

함흥상업회에서는 창립 후 제일착으로 저축계를 조직하여 회원들의 영세한 금액을 모아서 고리로 대부하여 예의전심 그 번식의 도를 강구한 결과 현재 계원이 3,000여 명이오 총 자금이 19만여 원에 달하였다. 상업회의 전 생맥이 전혀 이에 달렸는데 수년래 간부들은 담보물이 없이 그냥 신용으로 대부하는 것임에 불구하고 신용 문제는 막론하고 전혀 개인 간 면목 혹은 정실관계에 끌려서 신용 이상의 대부를 남발하였다. 시내 대화정 모씨에게도 1만 4, 5천 원, 기타 모모 등 회수책이 망연한 자리가 많아서 만일 전부 정리를 할진대는 존속을 기하기 어려우리라 한다. 그 외에 계원들은 매월 2원씩 납부하여 출통당선자 4인 내지 5인씩 정하고 추첨하여 당선자에게는 그 계원의 납부회금 일체를 반환하고 또 그 외에 오는 해의 이익배당도 받게 하는데, 몇몇 고리대금업자의 간부들은 전기 출통당선자 중 빈한한 계원이 많음을 이용하여 그 이익배당권리(깍지)를 염가로 사매하는 간상배가 많으니 이 깍지 매매제는 규정상 유무를 불문하고 몇몇 고리대금 간부의 사복을 채우는 제도요 저축계 본래의 취지에 위반되는 일이라 하여 계원 간에도 비난이 많았었다. 결국 금번 다른 흑막과 함께 공공연하게 외부에 탄로되었으매 저축계 연합위원회를 지난 22일에 개최하고 김문선 씨가 적극적으로 그 개혁책을 논의하였으나 개인 이익 위주의 타 위원들은 전부 반대하여 그 회는 결렬이 되고 말았다. 금후 저축계를 중심으로 일대 개혁이 없을진댄 결국 해산 이외에 길이 없으리라 하며 금후 여하히 전개될는지 전 함흥의 시선은 이에 집중된다더라(함흥).

〈자료 267〉 일본인 면포 거상(綿布巨商)인 야마구치상점(山口商店)이 파탄, 수백 원에 불과한 부도로, 연말 상계에 일대 충동(조선일보, 1929.12.5, 8면 5단)

연말이 박두함에 따라 일반으로 매우 경계를 불태하는 동시에 상계에도 수년래의 불경기에 침륜된 까닭으로 이에 대한 주의가 매우 심하던 차, 남대문통 2정목에서 면포상을 경영하는 일본인 야마다(山田留吉) 상점이 불과 몇백 원에 부도를 내어 상계에 불선한 충동을 주었는데 동점은 일본인 면포상 중에서도 상당히 거상인 만큼 그 관계 은행도 다수이다. 동점의 거래은행은 제일은행·조선은행·상업은행·야마구치(山口)·십팔은행 등인데 4일에 부도를 낸 거래은행은 십팔·제일·상은 남대문지점 등이라 하며 원래 동점은 투기 매입을 적극적으로 하던 것을 각 관계자가 경고를 발하여 금년 4월부터 다소 소극적 방침을 취하게 되었으나 의연 투기적 행사가 많았던바 금반 면사포가 저락으로 인하여 자금 경색을 일으키게 된 까닭인데, 거래은행은 모두 담보물 범위 내에서 대출하였으므로 정리하면 별로 타격은 없으리라고 한다. 하지만 일본 각지에 상당한 매입 물건이 있어 이것이 큰 문제이고 시중 상인 간에는 역시 별영향이 미치지는 않겠다고 보나 상당한 파향이 있겠다고 한다. 동회의 주장은 지금 정리를 하면 10만 원의 자금은 계계할 수 있다고 하나 채무 관계자의 견해는 3만 내지 5만의 자금밖에 남지 않겠다고 하는데 지금 각 채무자가 모여 협의 중이나 때가 연말인 만큼 동점의 파탄은 매우 주목된다더라.

〈자료 268〉 일본인 상점의 점원 일제 파업, 차별 대우에 분개(조선일보, 1930.2.6, 7면 1단)

지난 29일 경기도 진위군 평택시장(平澤市場)에서 제일 큰 사카이상점(坂井商店)에서 점원 11명이 일시에 동맹파업을 하였다고 한다. 그 자세한 내용을 듣건대, 전기 상점이 큰 만큼 점원을 10여 인을 쓰는 중 일본인 점원은 사무는 물론이요 밥을 먹어도 주인과 같이 먹고 조선인 점원은 뜰 안에서 공동으로 밥을 먹는데 어떤 때는 장도 없이 밥만 먹기도 하며 잠자는 것도 10여 명이 한방에서 이불 둘을 가지고 자라 하므로 추운 겨울은 지날 수가 없는 중에 모든 학대와 차별이 심하므로 그와 같이 동맹파업을 한 것이라더라(평택).

〈자료 269〉 경성(京城)의 상세(商勢)—중소상인의 말로(조선일보, 1930.8.22, 1면 1단)

1. 작일 본지가 보도한 바에 의하면 경성부내의 영업세의 부과액으로 보아 조선인 상인의 영업세액은 일본인 상인의 그것에 비하여 약 5분의 1에 불과한 것이라 한다. 이 세액이 적다는 것은 곧 조선인 상인의 부과금으로의 지출이 적은 것이지마는 영업세라는 것은 그 수입액의 다과를 따라서 일정한 세액을 부과하는 것이라 이 지출의 적음은 곧 수입의 적음을 의미함이다. 즉 영업세율은 그 수입액의 1만분의 5를 부과하는 것이므로 그 실수입액의 차는 실로 거대한 것이니 이로써 조선의 수부(首府)로서의 상(商) 세력의 중추지인 경성의 국인별 세력의 소장을 가히 미루어 알 수가 있는 것인가 한다.

2. 이제 그 부과 세액의 내역을 일별하건대, 그 총액은 37만 6,000원이오, 납세 인원은 8,375인이다. 그중에서 일본인이 4,232인, 세액이 약 30만 원, 조선인이 3,734인, 세액이 약 6만 4,000원이며, 외국인이 409인, 세액 약 1만 3,000원인데, 일본인은 1,000원 이상 1만 원 이하인 자가 31인이오, 2만 원 이하가 3인, 2만 원 이상인 자가 1인이며, 조선인은 1,000원 이상 5,000원 이하인 자가 4인에 불과하고 5,000원 이상인 자는 아주 없다. 조선인 상인의 매매가 적고 그 수익의 적음을 말함인 이상 경성에서의 조선인의 상업상의 세력은 이만치 퇴축한 것인바, 이 퇴축은 갈수록 그 속도를 더할 뿐이오 그 범위를 확대할 뿐이다. 일반적으로 상가의

번쇠하는 상태가 늘 반비례를 보일 뿐 아니라 최근의 심각한 불황 중에 유력한 백화점의 발자한 진출로 말미암아 미약한 조선인 상인은 오직 그 존재의 자취를 감추게 될 뿐이니 이는 자본전의 상계에 있어 성패의 필연한 귀결일 것이다.

3. 이제야 일반 재계의 불황은 절정에 달하였다. 중소상인의 누명(縷命)은 이어 갈 길이 없다. 이와는 반비례적으로 미쓰코시·히라다·조지야 등 백화점의 신설, 신축, 확장은 소비인의 이목을 끊임없이 끌고 있으며, 그 화려한 진열, 유행, 소비의 고조는 인공과 인력의 미치는 한도를 극하는 것이니, 이에 미치지 못하는 중소상인 특히 일본의 공업생산자 도매인과 거래하지 아니치 못하여 그 상기에 있어 비교적 불리한 조선인 상인의 퇴축은 더욱 현연하지 아니할 수 없는 것이다. 그러나 경쟁의 승패를 결정하는 유일한 조건인 상자(商資)가 결핍한 그들은 퇴패를 벗어날 길을 찾지 못하는 것이니 실로 탄식할 바이다.

4. 경성의 이러한 상 세력의 추이하는 형세는 곧 조선 전체의 형세를 축소한 것이다. 최근 경제계의 미증유한 변동에 임하여 자본 집중적 경향은 가일층 농도를 더하게 되어 이 기회를 엿보아 상권의 확장 쟁탈에 대한 대상인의 노력은 전역에 발동하고 있다. 이러한 상세로 추진하면 일반 조선인은 상업권 내에서 거의 제외될 날이 멀지 않을 것이다. 최근 경성상의에서도 중소상인의 진흥책을 논의하는 바 있다. 그는 일본인 상인을 중심으로 한 특수한 대책의 강구이라. 조선인 상인은 그에 의식도 거의 미치지 못하는 터이지마는 그도 역시 일종의 공담에 불과한 것이다. 현대의 경제 조직에 있어서 보다 대규모한 경쟁 중에서이라. 이러니 중소업자이니 그 승리의 대책이 있을 수 없을 것이 분명 명백한 것이다.

〈자료 270〉 상권 회복 목적으로 양품상조합(洋品商組合) 창립, 상권은 조선 사람이 잡게 돼, 원산 상업계의 서광(동아일보, 1930.10.31, 6면 4단)

【원산】 원산부 내 조선인 상점의 손을 거쳐 소비되는 일용잡화대가 연 30여만 원이라는 거액에 달하는바 그 전부가 일본인 무역상들의 중간 이익으로 주어진 것을 항상 유감으로 생각해 오던 사업자들 간에 지난여름부터 이에 대한 대책을 강구 중이던바, 요즘 부내 조선인의 우수한 상점 간에 원산양품상조합(元山洋品商組合)을 창립해 가지고 멀지 않은 동 조합에서 직접 제조공장에서 구입해서 일반 조합원에게 분배, 판매하게 되었음으로 잡화에 관한 상권은 완전히 조선인이 장악하게 되리라 한다.

〈자료 271〉 조선인 포목상 단결, 신흥포목상조합 창립, 현금주의로 염가 판매 계획 (조선일보, 1931.2.21, 7면 1단)

【신흥】 함남 신흥읍에 있는 조선인 포목상들은 지난 18일 오후 1시부터 시내 현승진 상점(玄昇鎭商店)에 회합하여 포목상조합을 창립하고 금년부터 취할 상업책에 대하여 협의한 바 있었다. 그 내용은 종래의 외상 매매는 현금 매매보다 좀 비싼 값을 받지 않을 수 없었으므로 소비자에게 불리한 영향을 주는 것은 물론 작금의 불경기로는 그 회수책이 묘연하여 점점 상업자금의 유용을 보는 현상이니 외상 거래는 상업가나 소비자에게 다 같이 불리한 것이라 하여 금년부터는 한층 저렴한 가격으로 절대 현금주의를 단행하게 된 것이라 한다. 이로 인하여 한층 우량한 상품을 파천황의 헐가로 살 수 있을 뿐만 아니라 동 조합의 조사부에서는 시내의 외국인 상점의 물가도 부단히 조사하여 언제든지 그들보다 좋은 상품을 그들보다 헐하게 팔 계획인데, 일반 소비자는 같은 값이면 중국인 상점 같은 데 갈 것 없이 조선인 상점을 찾는 것이 좋으리라고 식자들은 말한다.

조합장 최영준, 조사부장 권진겸, 회계 엄주현 외 생략.

〈자료 272〉 조선인 포목상 결속코, 공동 구입 실시, 외인 상민의 손을 제거하려고, 김천 포목상들의 각성(조선일보, 1931.3.19, 6면 5단)

【김천】 경북 김천에서는 지난 16일 오후 8시에 당지 본정에 있는 임운사[송운사(松雲史)] 집에서 시장에 산재하여 있는 한국현·김종규·김순집·이재무·김계용·문창서·이종성·김옥길·안준·박상진, 소비조합 황의준 씨 등 실로 김천 포목 상계의 중진인물 제씨가 회합하여 김천포목상조합 설립 발기인회를 개최하고 포목 상품을 공동구입할 것과 위탁판매, 상업지식 연구 등을 결의하고 설립 준비위원으로 한국현·김종규·이재무·안준·문창서 5씨가 당선되었다고 한다. 이와 같이 포목 상품을 제조공장에서 직수입 판매하면 가격에 있어 전보다는 헐하게 될 것이라고 하며, 외인 상인의 중간 이익을 제거하여 일반 인사들은 해당 조합이 일일이라도 속히 실현되기를 바란다고 한다.

〈자료 273〉 상권 회수를 목표로 상업회를 조직, 파산된 동업자도 구조한다, 통천 상업가가 결속(동아일보, 1931.4.2, 7면 7단)

【통천】 통천상업회(通川商業會)를 조직해 가지고 동업자의 공존공영을 도모하며 불경기로 인해 파산 지경에 들어간 동업자들을 구조해 보자는 취지하에 발기인 김상호 씨 외 몇 사람이 수일 전부터 동업자들의 동의를 구하고 있던바 읍내에 거주하는 상업가는 거의 전부가 여기에 찬동하였음으로 지난 3월 29일 오후 7시 서리 야오카재목소(八剛材木所) 회의실에서 최순용(崔舜鏞) 씨의 사회하에 개회하였다. 발기인 측의 제안 전부를 만장일치로 가결하고 이어서 역원 선거를 행하고 동 11시에 폐회하였다는바, 이 회의 중요한 정책과 당선된 직원의 씨명은 다음과 같다 한다.

1. 금융기관을 설치해서 파산 지경에 이른 동업자를 구조할 일.

회장 최순용(崔舜鏞) ▲ 총무 김상호(金相浩) ▲ 서기 이기순(李基淳) ▲ 식산부장 최학령(崔鶴翎)

〈자료 274〉 상공가(商工家)의 단결을 촉(促)함, 군산지국 김영기(조선일보, 1932.2.5, 6면 1단)

신흥하는 군산! 서해일우 갈대 우거진 그늘 속에서 적막하던 일개 어촌으로 개항 이래 30년 동안에 일약 상공대도시! 전 조선 모든 항 중 제3위를 점하게 된 것은 아무라도 비약적 발전이라고 아니할 수 없다. 그리하여 각 관공서, 학교, 병원, 은행, 회사, 기타 각종 단체의 도시적 시설도 면목일신하게 완비되었다. 그러면 이것이 누구를 위한 발전이며 그 발전의 혜택을 어떤 계급의 사람들이 많이 입을 것인가? 표면으로 보기에는 우리의 생활 현상도 한층 발전되어 문화적 기분이 나타나 보인다. 그러나 이 진보가 우리의 자동적으로서냐? 외래 세력의 타동적으로냐? 군산의 모든 현상, 아니 현실 조선의 모든 사회적 위축 퇴영과 경제적 파탄은 지금에 새삼스레 길게 말하지 않거니와 시가의 정돈, 교통의 편리, 무역의 은성, 금융의 조절, 문화의 보급, 산업의 증진 등등이 아무리 보아도 자동의 힘이 아니다. 그리하여 지상의 건설로부터 지저의 굴착까지가 모두 외래에서 욱여드는 타동의 힘 그것뿐이다. 잠식의 세로 먹혀들어 오는 대자본의 밑에서 마른 나무에 좀 먹혀들어 가듯이 날이 가면 갈수록 파탄의 구렁에서 헤매고 있지 아니한가? 생활 이면에 있어서는 말할 여지도 없고 계란으로 치면 노른자위같이 군산에서 가장 요지라고 하는 본정·명치정(明治町)·전주통 중요지대에는 조선 사람의 점포는 물론 주택 하나 찾아보기가 어려운 현상이여서 이곳을 지날 때마다 이곳도 역시 조선의 땅이었던가 하는 생각이 없지 아니하다. 반면에 우리들의 군산은 어디서 찾을 것인가? 신흥동·송창동·개복동 일부 산록에 게딱지 같은 오막살이가 제비집같이 붙어 있는 그곳이 우리들 조선인의 군산이다. 그나마 그곳에서도 견딜 수가 없어 부외, 둔율, 경장 등지로 구축되어 가는 현상이니 이러한 처지에서 신음하는 생활 이면이 얼마나 처참할 것은 누구나 미루어 짐작할 것이다. 그렇다고 우리는 불만, 불평, 불안 속에서 그저 방임적 태도로 앉아서 기다리기만 하고 있을 것이냐. 미력이나마 용기를 진작하여 어떠한 대책을 강구하여야 할 것이냐? 아직도 우리의 끓는 피가 식지 아니한 이상 오직 한방 구석에서 고종명만 부르짖고 있을 시대는 아니다. 우리에게 부여된 근본 임무는 고사하고 목하의 시급한 당면문제를 해결하기 위하여서라도 그 무슨 단결기관을 만들지 아니하면 아니 될 것이다. 우리의 경제생활이 아무리 총파탄에 직면하였더라도 군산은 원래가 상공도시이니만큼 무엇보다도 상공층의 단결체를 조직하여 외래 세력에 대항하는 반면에 상부상조의 미덕을 함양하여야 할 것은 모든 것이 영락적이요 분산적인 군산에 있어서 더욱이 필요를 느끼게 되는 것이다. 당지에도 소위 상공회의소 등의 기관이 있으나 그런 것은 그 자체가 일부 권력 계급의 전속물이어서 우리에게는 하등의 필요가 없는 것이니 그 존재부터 긍정하고 싶지 아니하다. 우리는 우리의 소상공 계급을 망라하여 공고한 단결을 만들어 가지고 물심양면으로 유의의하게 경제적 투쟁을 일으켜야 될 것이라고 주장하고 싶다. 방금 중앙소비조합과 상공조합의 창립을 보게 된 것은 참으로 감사하여 마지않는 바이며 앞으로 많은 발전이 있기를 힘써 비는 바이다. 그리고 자승자박인 사리사쟁을 버리고 일 그것만을 위해서 용왕매진하는 동시, 일반의 기대 이상의 더 많은 실효가 있기를 거듭 부탁하여 둔다. 군산 상공업자 제군! 힘 있게 뭉쳐서 무겁게 동하자! 우리의 활로는 오직 단결에 있는 것이다.

〈자료 275〉 상공업자의 도항증명(渡航證明) 폐지, 대구상의 결의(조선일보, 1932.5.28, 3면 9단)

【대구】 대구상공회의소 역원회는 25일 오전 10시부터 회의소에서 개최한바 그 석상에서 조선인 상공업자가 일본으로 건너가려면 증명서를 가져야 되는바 이를 폐지하도록 건의하기로 결의가 되었으며, 부과금 체납자 300인에 대한 돈 6,000원은 단연히 차압 처분을 하기로 하고 그 외에도 다섯 가지를 결의하고 폐회하였다.

〈자료 276〉 상권은 누구 손에? 문제 안 되는 일(日), 조선(朝鮮) 상인(조선일보, 1933.2.15, 2단 1단)

다시 경성부 내 1932년(昭和 7)도 영업세 납액별 인원을 보면 일본인은 1,000원 이상이 한 사람으로부터 시작하여 점차로 500원 이상이 6명, 200원 이상이 30인, 100원 이상이 86인, 50원 이상이 192인, 30원 이상이 246인, 20원 이상이 323인, 15원 이상이 286인, 10원 이상이 461인, 5원 이상이 957인, 3원 이상이 604인, 3원 미만이 겨우 60명이나, 조선인은 1,000원 이상은 없고, 500원 이상이 2명, 200원 이상은 15명, 100원 이상은 19명, 50원 이상은 88명, 30원 이상은 134명, 20원 이상은 170명, 15원 이상은 166명, 10원 이상은 294명, 5원 이상은 833명, 3원 이상은 1,044명, 3원 미만은 120명으로 그 부담별 비율을 보면 일본인은 각 부담액별에 있어서 부담액이 조선인보다 훨씬 높은 것을 알 수 있고 조선인의 그것이 퍽 얕고 떨어진 것을 알 수 있다. 이것은 조선인 상업이 소규모인 데다가 그 매상고 또는 받는 이익이 적다는 것을 여실히 알려 주는 것이라 할 수 있다.

〈자료 277〉 시장 정리한다고 100여 노점 강제철거, 장림(長霖) 후 주민은 갈 곳 없어 방황, 강경읍의 처사 엄혹(조선일보, 1933.8.2, 2면 4단)

【강경】 지난 27일 충남 강경읍에서는 10여 년 내 상하시장(上下市場)에 매점 설비를 승인하여 일본인 야마구치(山口周市) 등이 '막사'식 임시 가옥을 가와구치(川口中腹)에 걸쳐서 건축한 후 칸마다 매월 60전 내외의 가 집세를 받고 매점을 시설케 하였다. 그러고는 밥과 죽을 팔며 그날그날의 호구를 하여 오던 노점민 박도춘 외 13호와 채소와 과실·생선, 기타 잡종 영업을 하던 행상들 수십 호의 임시 가옥을 모조리 철거하라고 요시자와(吉澤) 강경읍 기수 이외 읍 직원과 인부 수명을 이용하여 전부 세간을 들고 길거리에 내어 몰았다. 때마침 장마 비가 그치지 아니하여 누더기 옷을 몸에 감은 늙은이와 어린아이가 길거리에 울고 나서서 갈 곳을 찾지 못하고 떨고 있다 한다.

부득이하여 단호히 처리, 유 강경 부읍장의 변명

"원래 시장매점은 승인치 아니한 것으로 작년 12월에 노점민 전부에게 통고를 하였고 금년에도 수차 독촉을 하여 노점민의 정상을 위하여 최선을 다하였으나 결국 갈데없는 사람들로 언제든지 결행할 날이 없어서 부득이한 일이지만 오늘 단호히 처리케 한 것입니다" 운운.

〈자료 278〉 조선인 상업 경영의 결함(1), 신태익(조선일보, 1933.10.24, 4면 1단)

◇ 제목이 '조선인 상업 경영의 결함'으로 되었다고 해서 어두운 밤에 홍두깨 내미는 식으로 조선 사람은 장사를 하는 데 이러이러한 잘못이 있다고만 말하는 것은 인과의 관계를 불선명케 하는 것이 되고 만다. 그래서 오늘의 조선인 상업은 어떠한 과거의 경로를 밟아 왔다고 간단하게라도 먼저 살펴볼 필요가 생긴다. ◇

천대만 받았다.

고개를 돌이켜 생각하건대, 지금으로부터 24, 5년 전까지도 조선에서는 상인이라면 감히 행세를 못하였다. 사농공상이라는 무서운 계급적 관료정치 아래 상인들은 압박과 유린을 받으며 불안 속에서 벌벌 떨었다. 그러므로 상인들은 사회상 거의 존재가 없고 '장사치'라는 천대와 멸시의 대명사가 붙게 되어 '내가 상인이오'라고 큰소리를 못하는 비참한 처지에 있었다. 심지어 장사치의 아들은 장사치밖에 못 되는 제도 밑에 있는 상업이었다. 이러한 천대를 받은 상업이었은즉 하등의 발달이 없었을 것은 물론이며 오직 쇠퇴를 거듭하여 잔영만 깜박깜박하였을 뿐이다. 따라서 배고파 죽을지언정 장사치라는 멸시의 대명사를 안 들으려고 사람마다 상업에 투신하기를 대기(大忌)하는 시대이었다.

굴욕에서 해방

그러나 몰려드는 험한 세파에 휩쓸려 시대는 변하고 말았다. 따라서 오랫동안 굴욕과 천시를 당하여 오던 조선 내 상인들은 자유와 번영의 세상으로 해방이 되고 말았다. 이때까지 상업이라고 하며 대기하던 사람들이 앞을 다투어 상업 상업 하고 달려들도록 정반대의 세상이 전개되는 동시에 상인의 존재도 사회상 중요한 지위를 점하기 비롯하였다. 이것만으로써 생각한다면 오랫동안 압박을 받아 온 만큼 이 반동의 세로 조선 내 상업계에 대하여 상당한 발전을 기대하는 것이 무리가 아니라고 생각한다. 그렇지만 조선 내 상업계가 굴욕과 압박에서 해방되는 동시에 그 앞길에는 새로이 외래의 대자본이 가로놓였던 것이다. 결국에는 대자본의 손바닥에서 팔딱팔딱하는 정도의 해방에 불과하고 말았다.

원인(遠因)과 근인(近因)

그러므로 오늘에 있어서 조선 사람의 상업으로는 가위 대규모(일정한 표준이 없지만)의 상업으로 볼 것이 없다고 하여도 과언이 아니다. 다시 말하면 전반적으로 조선 상인들은 모두가 중소상인밖에 못 된다고 할 수 있다. 이와 같이 조선인 상업이 극도의 빈약 상태에 있게 된 원인(原因)을 말함에 있어서는 이상의 과거가 큰 원인 중의 하나이라고 꼽을 것이다. 그러나 이것은 원인(遠因)으로 이에 대하여는 말하지 않기로 하고, 다만 근인(近因), 다시 말하면 조선 상인의 자체가 어떠한 결함이 있어서 날로 쇠퇴의 도를 더욱 빠르게 하는가를 말하기로 하는데 그치려고 한다. 그러고 이 결함을 말한다는 것은 너무 막연한 감이 있으나 할 수 없이 어떠한 한 사람의 결함을 말한다는 것보다도 일반적으로 결함이라고 할 점을 단편적으로 들기로 한다.

상업 관념 태무

조선 상인의 결함을 말함에 있어는 먼저 이러한 말이 앞을 선다. 조선 상인의 손으로 조선 상업을 병들여 놓는 경향이 있다는 것이다. 전에는 사농공상이라는 사회제도가 상인을 천대하고 상업 발달의 싹을 잘라 버렸다. 그러나 이번에는 반대로 상인이 상업을 천시하고 자기 손으로 상업의 발달을 저해하는 실정 아래 있다. 이렇게 말하면 조선 상인으로서 불쾌를 느낄런지 모르나 사실인 데야 어찌하랴(계속).

〈자료 279〉 조선인 상업 경영의 결함(2), 신태익(조선일보, 1933.10.28, 4면 1단)

상업 관념 태무

점포를 내고 간판을 달면 누구이나 상인이라고 자처할 수 있다고 생각하는 모양이다. 그러나 상업 경영이란 것은 이처럼 점포를 내고 간판을 다는 것만으로써 용이하게 상인다운 자격을 갖게 되지 못하는 것이다. 아니 이런 상인은 말이 상인이지 상인 감에 못 가는 상인이라고 하여도 심한 말이 아닐 줄로 생각한다. 이런 말을 하게 되는 것은 오늘의 조선 상인 중에는 이상에 말함과 같이 상업이란 어떠한 것인지 맛도 모르고 점포를 내고 간판만 달면 훌륭한 상인의 자격을 갖게 되는 것으로 생각하는 이들이 대부분을 점하고 있는 까닭이다.

▲ 상업을 경영함에는 돈이란 자본을 첫손가락으로 꼽게 된다. 그렇지만 돈만 내어 놓으면 그 상업이 흥성케 되고 따라서 이익이 많게 되는 것으로 생각하는 것은 큰 오견이다. 또는 이와 같이 상업을 경시하면 그 결과는 자기에게 이익이란 것보다도 손해만 돌아가고 말 것이다. 어떻든지 조선에서는 상업을 경영한다는 것을 퍽도 힘 안 들이고 되는 것으로 생각하는 큰 결함이 있는 것이 사실이다. 가령 이 예를 들어 본다면 이러하다.

▲ 상업의 지식이나 이에 관한 경험도 없는 사람으로서 할 것 있나, 장사나 해 보지, 하는 말을 항다반 한다.

▲ 또는 월급생활을 하는 사람들로서 하는 말을 들으면 월급이 갈급(渴給)이야 이것을 댕겨 먹느니보다 차라리 땅 담배 장수라도 해먹는 것이 낫겠다고 한다.

▲ 이상은 상업에 투신하려는 사람의 일이지만 대대로 계승하여 상업을 경영하는 사람들로서도 자기의 할아버지나 자기 아비 때부터 하여 오던 영업이니까 잘되겠지 하는 자만심만 가득할 뿐이다. 이럴수록 상업을 천직으로 생각하고 따라서 이곳에다가 자기의 전심력을 경주하는 사람을 찾아내기가 매우 힘이 든다.

오늘의 조선 상인은 대개가 이상의 세 가지 예 중 그 하나에 속한 사람들이다. 그래서 상업이란 한 푼에 사다가 두 푼에 팔면 한 푼 더 남기는 것이라고 너무도 용이한 일로 생각하는 병통의 뿌리가 조선 상인의 머리 속에 깊이깊이 박혀 있다. 오늘의 조선 상인 쇠퇴의 원인이 되어 있는 세세한 결함을 빚어낸 것이 곧 상인으로서 상업을 경시한 곳에 있다고 생각한다. 그러므로 무엇보다도 상인으로서는 상업에 대한 관념이 바로 서는 것을 선결로 할 점이라고 생각한다.

금전 출입 난잡

앞으로는 조선 상인에 대한 세별적 결함을 들기로 한다. 먼저 말할 것은 조선 상인은 금전 출입을 몹시 혼란케 한다는 것이다. 이것이 무슨 말인가 하면 조선 상인은 자기가 경영하는 상점의 금고 속에 들어 있는 돈은 모두 자기의 돈이라는 생각을 가지는 까닭에 큰 폐해가 생긴다. 아니 자기 상점의 금고 속에 들어 있는 돈을 자기의 돈으로 생각하는 것이 뭐 잘못되었느냐는 반문이 있을는지 모른다. 그러나 상업이란 것은 그런 것이 아니다. 아무리 자기의 돈을 내어 가지고 하는 상업이라도 한번 투자한 이상은 그 돈은 자기의 돈이 아니라 자기와 별개의 독립한 상점의 돈이라는 엄정한 생각을 가져야만 되는 것이다(속계).

〈자료 280〉 조선인 상업 경영의 결함(3), 신태익(조선일보, 1933.10.31, 4면 1단)

금전 출입 난잡(속)

왜 이런 말을 하는가 하면, 조선 상인은 상점 금고 속에 있는 돈을 무턱대고 꺼내어다가 쓰는 때문이다. 이것을 다시 말하면 상점의 금고 속에 들어 있는 돈을 상용에 쓰지 않고 자기의 사용에다가 함부로 쓴다는 것이다. 이렇게 말하면 상점의 돈을 전연 손대지 말라는 말로 오해할는지 모르나 그런 말이 아니다. 누구나 살기 위하여 하는 장사인데 자기의 생활상 필요한 정도의 돈을 안 쓰지 못할 것이다. 그러나 오늘의 조선 상인은 자기가 경영하는 상업의 상태에 비쳐서 적당한 정도를 넘어서 분외의 사용으로 상점의 돈을 하등의 표준 또는 정확한 치부도 없이 물 쓰듯이 금고 속으로 손이 들락날락한다. 이뿐이랴. 이렇게 꺼내어 가는 손도 한 사람의 손이 아니다. 그 상점의 주인은 주인대로, 주인의 동생은 동생대로, 아들은 아들대로 제각기 금고 속의 돈을 꺼내 쓰기에만 정신을 쓰고 상점을 어떻게 하면 남에게 뒤 안 떨어지고 발전을 보게 하도록 할까 하는 생각을 함에는 너무나 등한하다. 이러고 본즉 상점의 주석이 될 자본의 확립이 위태케 됨은 필연의 이치이다. 그러므로 상인은 자기 상점의 자본과 이 이동을 반하는 출입에 대하여 모호함이 없이 장부를 안 보더라도 밝히 알 수 있도록 항상 기억을 하여만 될 것이라고 한다. 그러고 상인은 자기가 그 상점의 한 사용인이라는 생각을 가지고, 따라서 상점의 금고 속에 들어 있는 돈은 자기의 돈이 아니라는 경계선을 그어 논 뒤 1년이라면 1년간 장사하여서 총결산을 한 결과 이익이 얼마가 남았는데 이 중에서 얼마큼을 상점의 자본으로 증액한다든지, 그렇지 않으면 적립을 한다든지, 이것을 먼저 계산한 뒤 그 나머지를 가지고 자기에 얼만한 정도의 이익을 하여 가는 방침으로 나아가야만 될 것이라고 생각한다.

고금 동양(同樣)의 경영

시대가 달음박질하며 이를 따라서 상업의 경쟁은 가속도로 격화하여 간다. 이런 때에 있어서 조선 상인은 정착된 갖가지 변통이 없는 솜씨로 상업을 경영하고 있다. 다시 말하면 조선 사람들의 상업 경영은 대체로 보아서 지금으로부터 몇십 년 전이나 오늘이나 별로 변한 것을 찾으려고 하여도 눈에 안 띈다. 남들은 경쟁이 맹렬할수록 상업 경영에 대한 연구와 분투를 함에 여념이 없다. 그러나 조선 상인은 어떻게 하면 한 사람의 손님이라도 자기 상점으로 발길을 향케 할까 함에 머리를 안 쓰고 오직 요행심만 가지고 있을 뿐이다. 다른 상점에서 새로운 경영 방법을 쓰거든 자기 상점은 그것을 위 누르는 방법을 생각하여만 될 일이다. 그러나 오늘에 있어서 이것을 조선 상인에게 기대한다는 것은 이상이 아니라 거의 공상에 가까움으로 차라리 단념할 수밖에 없다. 다만 이미 쌓아 놓은 지반만이라도 붙잡고 늘어질 방법에 생각을 쓰지 않을 수 없는 것인데 이것조차 실망을 갖게 한다. 어떻든지 조선 상인은 상점을 잘 경영하여 갈 수 있나 하는 생각만이라도 안 하려는 것이 아닌가 하는 감이 있다(계속).

〈자료 281〉 조선인 상업 경영의 결함(5), 신태익(조선일보, 1933.11.11, 4면 1단)

접객의 양(兩) 폐서(弊瑞)(속)

참으로 조선 상인은 손님에게 불친절하기 짝이 없다. 사 가려면 사 가고 그만두려거든 그만두라는 배부른 장사이다. 심지어는 좀 맘에 맞지 않는 손님에게는 들이대는 것이 허용하는 일이다. 그래서 주객이 전도되어 물건 사러 오는 손님이 상인이 되고 상인이 손님으로 되는 경우가 많다. 다시 말하면 상인이 손님의 환심을 사려고는 안 하고 이와 반대로 손님이 상인의 맘을 맞추어 가면서 자기의 욕구하는 물건을 사려고 하게 되도록 불친절하다. 이것은 상인으로서 손님을 대면해서 불친절한 것이지만 한걸음을 더 나아가서 손님이 그 상점에서 나가기가 무섭게 다른 손님들이 있거나 없거나 곧 그 손님을 욕 또는 비평하는 것을 이들의 소일담으로 삼는 곳이 많다. 그러고 조선 상인은 이렇게 하는 것이 당연히 할 일인 줄로 생각하는 이가 아직도 상당하다고 본다. 이상을 극단의 불친절이라고 하며 이번에는 너무 친절하여서 손님의 불쾌를 느끼게 하는 상인도 많다. 이것은 무슨 말이냐 하면 물론 불친절은 상인으로서 취할 바가 아니지만 친절에 있어도 정도를 지나치면 친절이 아니라 불친절과 얼마 안 다르지 않은 결과가 되고, 또는 친절한 방식에 따라서 도리어 손님을 멸시함과 같은 결과가 되고 만다. 소위 친절하다는 상점에서 하는 예를 몇 가지 들어 보자.

▲ 친절하여야만 된다니까 덮어 놓고 손님이 들어오면 무엇을 사려느냐고 점원은 손님을 마음을 돌리다시피 정신을 못 차리게 하여 친절은 도리어 손님에게 불쾌를 느끼게 한다.

▲ 손님이 뭐라고 하면 마치 옛날 양반집 군중 별배들의 긴 대답과 같이 네…네…하는 긴 대답을 하는 이가 있다. 이 대답이야말로 징글징글하며, 실상은 안 나오는 대답을 억지로 힘들여 하는 대답, 다시 말하면 빈정대는 대답과 같이 들리게 한다.

▲ 또는 손님의 환심을 사려는 친절인지 몰라도 가끔 말을 하는데도 공연히 싱글싱글 웃고 말을 하는 때문에 손님은 까닭 없이 스스로 부끄럼을 느끼게 된다.

이런 예를 다 들려면 그 수가 상당하다. 그러나 이상의 세 가지 예만 가지고 생각하더라도 친절하다는 상인은 이런 친절로써 손님을 도리어 쫓게 하는 것이 된다. 결론하여서 말하면 조선 상인은 불친절·거짓 친절로 날로 손님을 쫓아 버리는 결과가 계속되고 있다. 원컨대 조선 상인은 모름지기 이 양 폐단을 떠나서 참으로 손님의 환심을 사는 친절한 상인이 하루 빨리 되기를….

상점 내 불통일

대규모의 백화점에는 정찰표가 일일이 붙어 있어 그 값을 물어볼 필요가 없다. 그러나 조선인 상점은 거의 전부가 중소상점이므로 별로 정찰표가 없고 혹은 있다고 하더라도 이대로 시행되지 못하는 무권위의 정찰표이므로 일일이 물건을 보고 그 상점의 주인 또는 점원에게 일일이 값을 묻게 된다. 이와 같이 값을 묻게 됨에 있어서 값이 주인은 주인대로, 점원은 점원대로, 한 물건의 값이 각각 다르다. 이것으로써 그 상점이 얼마나 불통일한 것을 알 수 있는 동시에 손님으로 하여금 많은 의심을 갖게 하는 것이 된다. 그런데 값에 대한 것만 아니라 그 물건을 설명함에 있어도 점원의 설명과 주인의 설명이 역시 각각 다르다. 남의 상점을 보면 손님이 살 맘이 없다가도 상점 사람의 설명에 끌리어 살 맘을 먹게 되는 일도 많다. 이렇게는 못하더라도 한 상점에서 한 물건의 설명이 사람에 따라서 다른 때문에 사려고 하던 물건도 안 사게 한다는 것도 조선 상인의 한 결함으로 볼 수밖에 없다(계속).

〈자료 282〉 조선인 상업 경영의 결함(6), 신태익(조선일보, 1933.11.12, 4면 1단)

상점 내 불통일(속)

이것은 다른 까닭이 아니라 조선인 상점은 대개가 점주와 점원이 거의 전연 의사소통을 결하여 이 양자에는 엄중한 경계선이 있게 되고 따라서 서로 이 한계를 넘어서기를 피하고 있는 때문이다. 다시 말하면 점주는 점원을 부리는 사람이라는 지위에 있다고 하여 점원을 휘두를 줄만 안다. 이와 반대로 점원은 점주에게 보수를 받고 팔린 몸이라고 하여 점주를 대하기를 무슨 봉건시대에 피치자가 치자 앞에서 하던 것과 같은 벌벌 떨고 있는 동작을 한다는 것이다. 그렇다고 해서 점주를 초개같이 생각하라는 말은 결코 아니다. 아무리 자기가 점주란 지위에 있다고 하더라도 점원에게 우월감의 맘을 가지고 대한다는 것은 자기의 인격상으로도 좋지 못한 일이 될 뿐만 아니라 이 결과 자기 상점에 돌아오는 것은 불리의 소득밖에 되지 못한다. 가령 점원이 그 상점을 사랑하는 맘이 적다고 하면 다른 좋은 경영 방법을 구비하였다고 하더라도 하등의 효과를 보지 못할 것이다. 그러므로 상점의 번창을 도모함에는 무엇보다 먼저 점주와 점원이 간격의 새가 없이 애착심을 가지고 서로 대하며, 또는 사람은 다르지만 일에 있어는 한 몸 덩어리가 되도록 할 것이다. 그러나 이상에서도 말함과 같이 조선상인은 이 주종의 관념을 아직도 버리지 않고 옴으로 이것도 상점 경영상 한 결함으로 되어 있는 것이 사실이다.

이익은 독점적

그런데 점주와 점원이 그 간격을 두고 있게 된 이유 중에는 첫째로 그 상점의 이익을 점주의 한 사람이 독점한다는 데서 생긴 것이라고 말할 수 있다. 이렇게 말하면 점주가 그 상점의 이익을 보는 것은 상점 경영의 목적이 그곳에 있음으로 당연한 일이 아니냐고 반문할는지 모른다. 아닌 게 아니라 상점을 경영한다는 것이 그 상점의 이익을 목적으로 삼는 것은 다시 말할 것도 없는 일이다. 그러나 아무리 이익을 목적으로 삼는 상업이라고 하더라도 이 이익을 봄에 있어서 자기란 한 사람의 힘으로 된 것이냐 아니냐 함을 한번 냉정히 생각할 일이다. 점주라고 함은 그 상점을 통어하는 지위에 있고 실제에는 점원의 손을 거치지 않으면 도저히 그 상점의 이익이라는 결과를 보지 못하게 된다. 그러므로 이익에 대하여 점주가 독점한다는 것은 부당한 일이 될 뿐 아니라 이로 인하여 점원으로 하여금 대점주의 감정을 좋지 못하게 하고 이 결과는 점원의 기분 관계로 자기 상점에 불리가 되고 만다. 이런 관계가 있음으로 자기 상점의 흥왕을 도모함에 있어는 어떠한 표준 아래서 상점의 이익을 적당히 분배할 바이라고 생각한다.

×

이 밖에도 조선인 상업 경영상 결함으로 들어 말할 것이 아직도 다다하다. 그러나 지면의 관계로 이것으로써 끝을 내기로 하는바, 다만 결론으로써 말하려는 것은 조선 상인은 어느 점으로나 시대에 깨움이 적고 또는 자포자기로 절망을 갖는 사람이 많아 총괄하여 대표적 결함이라고 할 것이다. 그러므로 조선 상인은 빨리 이런 결함을 버리고 장점을 들기에 겨를이 없도록 되기를 바라면서 난필한다(종).

〈자료 283〉 조선인 중소상 위축, 구제할 대책이 없는가, 22만 명 상인에는 사방에서 압박이 날로 심각, 당국에서 무명안(無名案)을 이유로 목하 방관하는 태도에 불과(조선일보, 1934.8.17, 6면 1단)

조선 내 상업자 수는 일본 내지인 2만여 명, 외국인 4,000명이나 조선인은 22만여 명에 달하는 다수이다. 그러고 조선인 상업자 중 대상은 극소수로 그 1할도 못 되고 22만 명을 중소상으로 볼 수 있다. 그런데 백화점 구매조합, 기타의 압박이 날로 심대하여 감에 따라서 조선인 중소상업자의 위축은 더욱 심각케 되어 가고 있다. 일본 내지에 있어 상공회의소 실업조합 연합회는 소매상 면허제도 설정을 상공성에 요망하고, 또 상공성으로서도 소매상의 구제책에 대하여 목하 상당히 고심을 하고 있음에도 불구하고 조선총독부 당국자는 재작년부터 조선상공회의소와 한가지로 중소상인 구제책을 연구하였으나 이렇다고 할 만한 명안이 없음을 이유로 하여 아직 대책이 없다고 거의 방관의 태도를 취하고 있음에 불과하다.

〈자료 284〉 시장 관리인 상대 소상인의 궐기, 배척 반대 등 3조 결의(조선일보, 1934.9.12, 3면 1단)

【마산】 마산공설시장 소상인들은 시장관리인 오타니(大谷) 모 씨의 횡포한 행동에 불만과 불평을 갖고 있던 중, 지난 10일 부내 추산정공원(騶山町公園)에서 소상인대회를 개최하고 다

음과 같은 조건을 토의하고 세금 불납동맹을 단행하였는데 그 진전이 매우 주목된다고 한다.

1. 무리한 관리인 배척

1. 강제 저금제 철폐

1. 무리한 세금 반대

〈자료 285〉 남대문시장원(南大門市場員) 대책을 강구(조선일보, 1936.11.27, 7면 4단)

경성중앙도매시장이 실현됨에 따라 거기에 수용되는 조건이 제한되어 있으므로 현재까지 남대문시장에서 장사를 하고 있는 장사들 가운데서 더욱이 조선 사람 상인 대부분은 그 타격이 많을 것은 예측할 수 있는 바이다. 남대문시장은 무엇보다도 오랜 역사를 가졌고 또한 조선 사람들의 일상 수용품을 많이 취급하고 있는 특색을 가진 시장이나 명년 3월의 경영 허가 기한이 만료됨에 따라 폐지될 운명에 있다.

〈자료 286〉 인천 일용품 시장에 사용자 비난성(非難聲), 폐업자가 속출 상태(조선일보, 1937.2.17, 3면 6단)

【인천】 인천부 송현정에 있는 일용품 시장은 일반 사정을 돌보지 않고 「시장규칙」만 존중하는 관계로 경영자로 하여금 적지 않은 곤란을 받게 하여 폐점하는 자가 적지 않아 현재는 ■■■의 반 이상이 폐점 상태라 함은 이미 보도한 바와 같다. 그런데 근자에 이르러서는 겨우 그 경영을 지속하여 오는 사용자들의 비난이 또 한 가지 늘어 있다. 이 시장 사무소에는 부청 인부 두 명이 상비되어 있음에도 불구하고 사무실을 통하여 사용자에게 오는 전화를 전하여 줄 사람이 없다 하여 전화소사비라는 듣기에도 거북한 명목으로 매 상점에 매일 3전씩 납부하라 하는 제도로, 물론 그도 시장이 번영하는 때 같으면 그리 큰 비난이 없을 것이다. 하지만 시장 전체의 점황이 부진하는 이때에 사용 여하를 불구하고 점포 사용료 외에 전화소사비라는 보기 드문 명목으로 이중으로 증수한다 하여 사용자의 비난은 점점 비등하고 있다 한다.

〈자료 287〉 식료품 이외는 「시장규칙」에 위반, 해주읍 당국 처치를 주목(조선일보, 1937.12.12, 4면 5단)

【해주】 별항 보도한 바와 같이 읍 당국에서 처음 공설시장 설립 당시는 모든 식료품만을 두기로 하고 설립하였으나 그 당시는 해주읍이 발전을 보지 못하고 점포도 비어 있는 상태이었으므로 포목상이나 잡화상을 묵인하여 내려왔었던 것이다. 그런데 지금에 와서는 해주읍이 발전을 보고 또한 앞으로 부에 승격을 보게 될 처지인 동시에, 또한 포목과 잡회상은 공설시장 설립 규율에 벗어난 것으로, 이제 와서는 할 수 없이 읍 당국에서 공설시장 규율대로 하자는 것이다. 그같이 공설시장 번영회 대표 수명을 불러 가지고 영업 종목 변경에 대한 자문을 한 것인데, 읍 당국에서는 영업 종목 변경을 하지 않으면 공설시장 장소를 떠나서 시가지로 이전 영업하지 않으면 아니 될 처지이다. 지난 8일에는 현재 잡화, 포목 영업 종목 변경과 이전 기한을 음력 정월 그믐날까지라는 말이 있어 47개 소점포주들은 소자본으로 상업을 하는 처지임으로 별안간에 영업 종목을 변경할 수도 없는 처지이며 다른 곳으로 이전도 할 수 없는 형편으로 문제시하고 있는 중인데, 7일에는 공설시장 점포 47개소 대표로 번영회장 진성기·이치강 양 씨 외 수명이 읍 당국을 방문하고 현재 상인들의 입장과 처지를 사정하고 종전대로 상업 종목 그대로 하게 하여 달라고 말하였는데, 금후의 읍 당국 처사가 어찌 나갈는지 일반은 더욱 주목을 가지고 있다 한다.

〈자료 288〉 중소상 구제 급무, 총독부 구체책 고구(考究) 중(조선일보, 1938.9.17, 8면 1단)

시국의 중압하에 있는 중소공업의 구제에 대하여서는 전환자금을 준비하여 수출산업 대용품공업, 하청공업 등으로 전환, 갱생케 하는 것이 고려되어 있는데 중소상업에 대하여서는 그 타격의 범위 강도는 중소공업보다도 다시 광대, 심각함에도 불구하고 거의 살피지 않는 상태에 있다. 즉 이것은 지도 당국에 열의가 없다고 하는 말도 있으나 일면 조사가 자못 곤란하다는 것과 중소공업과 같이 전환 갱생의 방법이 쉽게 발견되지 않는 데 귀인된다고 보인다. 금일까지는 중요물자의 입수난 및 사용 제한의 강화에도 불구하고 다소의 재고도 7, 8월의 여름 비수기(夏枯期)였음으로 경영에 큰 불안이 없었으나, 동절물 매입기를 앞둔 작금의 상품의 입수는 전혀 경색되어 자금의 금융난과 공히 이중삼중의 궁핍이 가중되고 있다. 또 현하 시국의 중대화와 공히 임시수출입품 조치법에 기한 중요물자의 통제가 드디어 강화되어 이와 호응하는 사용 제한 소비절약운동은 본격적으로 철저화될 것이라고 보지 않아서는 아니 되므로 중소상 등은 쇠약의 길을 밟을 수밖에 없어 총독부 당국으로서도 그 규극하는바, 사회문제를 야기할 염려가 있어 목하 그 구제■■책을 고구중이다. 그 연구대상이 되는 것은「상업조합령」의 공포에 의한 중소상업의 조직화, 이것을 기저로 하는 공동갱생책, 중소공업금융의 확충 등으로 그중 금융문제에 대하여서는 본년도 예산 편성기에 있어서도 고구되어 입안을 보았으나 불행히도 재무국·대장성 등에게 저지되어 유산한 경험이 있으므로 일단 내용의 검토를 거쳐 조선 독자의 대책을 확립하고 그 실현에 매진하려고 결의한 것 같다.

〈자료 289〉 중소상업 영향 막대, 동용품(冬用品) 이입 태무(殆無), 소비절약과 저축장려의 반영, 전시하 상계 자숙 위축(조선일보, 1938.9.21, 8면 1단)

예년이면 벌써 동용품의 잡화 이입이 왕성하여 도매상 측은 거의 매입을 완료하였을 터이나 전시하 민수품의 사용 제한, 소비절약운동, 저축 장려의 반영으로 상계는 자숙하고 전도 투시난으로 겨울용 잡화류의 매입을 주저코 있을 뿐 아니라 경성과 지방과의 거래도 한산하여 추석 경기란 것도 없어 은행의 하위체(荷爲替)는 격감 상태라 한다. 조선인의 경제는 내지에 쌀을 팔고 내지로부터 잡화를 사들이는 것이라 하여도 과언이 아닌데 상계에 나타난 이 현상은 자못 주목될 만하며 구매력 격감으로 인한 중소상업자의 영향은 금후 한층 표면에 나타날 것이라 하여 금후 추이는 낙관할 수 없다고 한다.

〈자료 290〉 중소상공업자 곤경 자금 융통 방도 두절, 인천상의에서 구제 활동(조선일보, 1938.12.8, 3면 1단)

【인천】전시경제와 자금통제의 관계로 인한 일반 중소상공업자는 일대 타격을 받아 옴으로 관계 당국에서는 그 구제책에 노력 중이나 아직 그 결과를 보지 못하였다. 이에 인천 부내의 각 중소상공업자들은 자금 관계로 폐점한 곳이 많으므로 상공계의 모체로 지도하고 있는 인천상공회의소에서는 중소상공업자 구제 대책을 조선상의총회에 제출하고 응급구제책을 요망하고 인천상의역원회에서도 협의하였는데 이 문제에 있어서는 벌써 각 당국에 건의한 바도 있었으며 이에 독촉을 요망하여 시급히 구제에 노력키로 그 회의소에서는 맹운동을 거듭한다는데 당국에서는 어떻게 처리할는지 일반 관계자의 주목이 비상히 크다고 한다.

〈자료 291〉 경제 해설: 상업조합은 무엇(1). 「상조령(商組令)」 공포 앞두고(조선일보, 1939.6.14, 8면 1단)

내지에서는 3천 수백의 공업조합과 4천이 넘는 상업조합이 전시하 물자 생산·배급·소비 통제기관으로서 정부로부터 지정되어 활약하고 국책의 중요한 임무를 다하는 중이다.

조선에는 작년 9월부터 「공업조합령」이 시행되었고 머지않아 「상업조합령」이 시행될 터인데, 종래 자유주의 경제하에 극히 소극적 사업만을 행함에 불과하였던 임의조합에 대하여 일정한 질서와 인격을 주어 시국하 통제경제에 순응할 조직적 태세를 정비코자 하는 것이다. 공업조합의 내용은 일반이 아는 바이나 「상업조합령」은 미지의 것이다. 그러나 「공업조합령」의 경험에 감하면 내지의 「상업조합법」과 큰 차이가 없는 것으로 보아도 무관할 것이다. 때마침 이 기회에 상업조합이라는 것은 무엇이냐? 그 개요를 알아서 후일에 대비은 무의의치 아니할 것이므로 이하 그 대요를 논하고자 한다(경성상공회의소 상공상담소, 『경성상공조합연합회 상공조합자료』 제2집).

1. 상업조합의 목적 및 성질

상업조합이라는 것은 상업자가 그 상업의 전체적 개량 발달을 돕기 위하여 공동의 시설을 한 목적을 가진 단체로써 공익과 영리의 양 성질을 가진 사단법인이다.

「상업조합법」 입법의 정신은 중소상업의 공통적 결함인 경영상의 불합리, 영업상의 무질서, 무통제, 금융의 경색 등을 개선, 제거하고 통제경제하에 가장 천당한 조합조직을 주하여 공존동영의 정신적 기초상에 업계의 전체적 발전을 기하는 것이다.

2. 조합의 설립 및 설립 명령

일정한 지구 내의 상업자가 그 영업자 총수의 2분의 1 이상의 동의를 얻어(동의를 얻지 못할 경우라도 특별한 사정이 있을 때는 당국의 인가를 받아서) 창립총회를 열고 정관, 기타 필요한 사항을 정하며 역원을 선임하고 당국의 인가를 받아서 성립한다.

또 국가적 견지로써 어떤 종류의 상업에 대하여 절대적 통제를 필요로 할 경우에 있어 그 상업자가 자발적으로 조합을 만들고 통제를 행치 않을 경우는 정부에서 통제사업을 행하기 위한 조합의 정관을 작성하고 역원을 임명할 수가 있다.

이 경우에 정부에서 정관을 작성한 때에 조합이 성립되는 것이다(강제설립 통제 상업조합).

3. 조합원이라는 자격

상업조합원이 되는 자는 상업자에 한한다. 원칙으로서 동업 조합과 같이 제조업·사업소매상 등이 함께 되어 조합을 조직하는 것은 허용치 않는다. 단 특별한 사정이 있을 때는 2종 이상의 상업자로써 조직할 수가 있으나 공업자를 가할 수는 없다.

4. 상업조합에 대한 보호 조성

상업조합은 공동매입·공동보관·운반 등의 적극적 경제 사업을 행하거나 잉여금을 배당하여 영리적 성질을 가진 반면에 국가권력의 발동에 의하여 지구 내의 미가입자에게도 조합의 통제에 복종케 하며 행정처분으로써 미가입자에게 가입의 강제를 하고 또 필요가 있을 때는 국가가 상업조합에 대하여 어떤 종류의 시설을 명하는 등 공익통제를 행하며, 또 상업조합 자체가 정관 위반자에게 과료금을 과하여 제재하는 것 같은 자치적 통제력의 불급하는 점을 국가권력으로 보호한다. 그 명칭에 있어서도 상업조합이 아닌 것에는 상업조합인 문자를 사용함을 금지한다. 또 행정관청과 지방 자치단체는 상업조합의 공동시설에 대하여 보조금을 주고 그 사업의 조성을 도모한다.

또 조합의 소득세·영업세·등록세는 전부 면제된다.

5. 출자 및 분부금

상업조합의 조합원은 원칙으로서 반드시 출자해야 한다. 출자 한도는 1인 1구 이상 50구 이하로 표준이 있으나 특별한 사정이 있을 때는 예외를 인정한다. 출자 1구의 금액은 최저 20원으로 하고 인가 후 제1회에 적어도 4분의 1 이상의 불입을 하게 되어 있다. 현재 출자 1구의 금액이 2,000원의 다액에 달한 조합도 있다. 단, 경제사업 및 금융사업을 행치 않고 통제와 지도·연구·조사 사업만을 행하는 임의설립 통제상업조합은 정관에 규정하여 출자치 않아도 좋다. 또 강제설립의 상업조합에는 전연 출자는 불허한다.

상업조합은 원칙으로서 출자금에 의하여 사업을 행하며 사업 수입에 의하여 조합 경비에 충당하는 것이 통례이나 경비의 일부를 조합원에게 분부할 수 있다.

통제상업조합은 통제와 지도, 기타 수입이 불반하는 성질의 사업만을 영위할 수 있음에 불과하므로 그 경비는 조합원에게 분부하는 이외에 염출할 방도가 없다. 따라 경비의 전부를 분부금으로 조달한다(계속).

〈자료 292〉 상업조합은 무엇(2). 미리 준비해 두자(조선일보, 1939.6.15, 4면 1단)

6. 가입 및 탈퇴

상업조합의 조합원은 가입 및 탈퇴에 관하여서는 원칙으로서 그 자유를 인하고 조합은 이에 대하여 정당한 이유 없이 가입 또는 탈퇴를 거부함을 불허한다.

정부의 강제설립 명령에 의하여 조합이 성립된 경우는 그 조합의 조합원이 되는 자격이 있는 자는 아무 수속을 요치 않고 당연히 그 조합의 조합원이 된다.

7. 조합의 기관

상업조합은 법인이므로 자연인과 같이 고유의 의지, 실행 능력이 없으므로 법령 및 정관에 기하여 조직되는 특수한 기관에 의하여 그 의지를 결정하고 행위한다.

1. 총회(또는 총대회)는 조합의 내부에서 의지를 결정하고 또는 조합의 기타 직무행위를 감독하는 권한을 가진 조합 최고의 의지기관이다.
2. 이사-조합의 업무 집행기관이다.
3. 감사-감사기관으로서 조합의 재산 상황, 이사의 업무 집행의 상황을 감사하고 부정한 점이 있을 때는 이것을 총회 또는 감독관청에 보고한다.
4. 통제위원-조합의 통제에 관한 자문기관이다.
5. 신용평정위원-자금의 대부 채무의 보증 등에 관하여 조합의 신용을 평정하고 신용평정표를 작성한다.

8. 등기

상업조합은 법률의 규정에 의하여 등기할 사항이 정해 있고 그 등기사항은 등기 전에는 이로써 제삼자에게 대행할 수 없다. 또 등기의 의무를 태만한 경우에 제재로서 과료에 처한다.

9. 상업조합의 사업

「상업조합법」이 작년 의회에서 개정된 후 상업조합은 강력한 통제단체로 되고 광범한 사업을 행할 수 있게 되었다. 이것을 상술할 여백이 없는 관계상 간단히 요항만을 기하면 다음과 같다.

(1) 조합원의 영업에 관한 공동시설

1. 공동매입

2. 공동보관

3. 공동운반

4. 공동판매

5. 공동수리·선별·포장·진열

6. 공통상품권의 발행

7. 창고증권의 발행

8. 기타

(2) 조합원의 영업에 관한 통제

1. 매입·판매·가격 등의 협정

2. 매입처 또는 판매처의 제한—배급통제

3. 영업시간·영업방법에 관한 협정

4. 상품의 규격통일, 하조, 포장, 증표의 통일

5. 경영에 관한 제한

(3) 금융사업으로는 자금의 대부, 저금의 수입, 채무의 보증 등이나 금융사업만을 행하는 조합은 허용치 않고 경제사업에 부대하여 행하는 것은 허용한다.

(4) 영업에 관한 지도, 연구조사 등의 시설

1. 강습회·강연회·연구회·좌담회 등 개최

2. 기관지의 발행, 시찰

3. 물자배급통제에 관한 조사

4. 판로·매입·고객·신용조사

5. 공동취사·공동장식

6. 총후 후원, 점원의 지도훈련 장려시설

7. 기타

10. 시국과 상업조합

정부는 1939년(昭和 14)도의 물자동원계획을 최근에 결정하였는데 본년도의 물자배급통제 실시에 당하여서는 필요에 응하여 구매표 제도 채용, 배급처 지정, 물가통제 등을 강화 철저하리라고 발표하고 이에 대한 배급기구의 정비를 강조하였다.

상업조합은 공업조합·수출조합과 공히 물자배급과 물가통제기관으로서 국책 수행상 협력기관으로서 큰 국가적 역할을 하는 중이다. 조선에도 「상업조합령」은 최근에 시행될 것인데 종래 존재하던 동업조합과 임의조합은 물론 미조직의 업자도 이 신제도에 의한 조합을 결성하고 업계의 질서와 통제를 도모하여 영업의 유지 번영을 책하는 동시에 자진하여 국책에 순응하고 경영의 합리화를 돕기 위하여 상업조합에 관한 연구를 하여 둘 필요가 있을 것이다(끝).

〈자료 293〉 성전기념(聖戰記念)의 헌금, 개성에서 1,400여 원 지난 7일, 개인과 상점에서(조선일보, 1939.7.9, 3면 3단)

【개성】 지난 7일 역사적 기념일을 당하여 총후(銃後)를 지키는 개성상공 각 단체는 국방금 휼병금을 다투어 가며 헌납하여 놀라운 적성을 보인 바 있었는데, 이날 개성부청을 비롯하여 상공회의소·개성서 등 3개소에 헌납한 단체와 개인 씨명은 다음과 같은데 실로 그 금액을 합하면 1,400여 원의 거액에 달한다.

▲ 개성인삼판매조합 64원 50전 ▲ 개성양화상조합 10원 ▲ 개성도기부정상조합 15원 ▲ 개성문방구상조합 11원 50전 ▲ 개성고무상조합 21원▲ 개성포목상조합 424원 ▲ 개성지물상친목계 30원 ▲ 개성식료품상조합 107원 ▲ 개성상의원 7인 15원 ▲ 개성곡물협회 70원 ▲ 개성자전거윤업회 10원 ▲ 개성제과사상조합 38원 ▲ 개성잡화상조합 60원 80전 ▲ 개성약업조합 30원 ▲ 동양공업사 직공 일동 30원 ▲ 개성의사회 220원 ▲ 개성악양강습생 일동 3원 40전 ▲ 천초다방 대표 김점손 20원 ▲ 개성서사법계원 5명 금연대 1원 14전 ▲ 마좌규 100원 ▲ 김복록 채권 10원권 1매 인삼위문대 4개 ▲ 김경숙 10원 ▲ 개성인삼동업조합 직원 일동 3원 50전 ▲ 송도중학교 10원 계 1,419원 4전야(也).

〈자료 294〉 사설: 중소상공업자 금융통(金融通) 보상제(조선일보, 1939.7.26, 1면 1단)

1. 사변의 진전을 따라 물자배급통제가 점차 고도화하는 것은 만부득이한 사정이거니와 이 결과에 의한 중소상공업의 타격은 전시 국민의 생활보장을 위하여 실로 중대한 문제가 아닐 수 없다. 당국의 조사에 의하면 1937년(昭和 12) 말 현재 조선 상공업자 총수는 44만 명인

데 그중에서 중소상공업 급에 속하는 자의 수가 약 9할로서 39만 6,000명의 다수에 달한다. 따라서 조선의 상공업은 거의 전부가 중소급을 벗어나지 못한 형편이오, 또 그런 까닭에 물자배급통제가 조선 상공업에 미치는 영향도 그만큼 큰 데가 있으며, 그 대책이 절실한 이유도 또한 여기에 있다고 할 것이다. 그러므로 당국에서도 사변 이래 이 대책에 대하여는 특별한 용의로써 연구를 거듭하여 오던바, 이미 작년 이래 금년도 예산으로 중소상공업 구제자금 2,000만 원과 그 손실보상금 500만 원의 통과까지 보았다. 그리고 오는 8월을 기하여 이것을 실시에 옮기게 된 것이다.

2. 이 안의 요강에 의하면 첫째 총독부는 그 지정한 금융기관이 중소상공업자 또는 그 조합에 대하여 자금을 융통하고 이에 의하여 손실을 받은 경우에 대부금의 5할을 보상하게 되었고 또 차수(借受) 자격은 공업조합, 중소상공업자조합, 또는 현재 중소상공업 경영자로서 계속하여 영업할 희망이 확실한 자, 또는 총독부 혹은 공공단체의 보조를 받거나 그 지도하의 전업 상담기관의 알선으로 승인을 받은 업무에 전환한 자이며, 대부 한도는 조합에 있어서는 제한이 없되 개인 또는 회사에는 2만 원, 무담보인 경우에는 5,000원으로 되어 있는데, 차수 수속에 있어 도(道)를 경유하여 총독부의 승인을 얻어야 하고 이 밖에 자연 금융기관의 감정이 필요할 것이므로 다소 복잡한 느낌이 있으나 그것은 부득이한 일일 것이다. 어떻든 그 실시에 있어 당무자가 그 정신을 충분히 이해하여 공정 또 민첩히 처리하여 주면 소상업자에 일조가 되는 정도에 그칠 것이 아니고 실로 조선 상공업의 약진을 초래하는 결과까지도 기대할 수 있을 것이다. 조선 중소상공업자의 부채액은 1억 7,000여만 원이오, 고리사채만도 2,800만 원의 거액에 달한다. 그러므로 채무조정령과 병행하여 이 융통자금으로써 고리채의 정리 차환을 도모한다고 하면 확실히 조선 상공업계는 명랑하여질 것이고 진흥될 것이다.

3. 그런데 이것과 관련하여 이 기회에 일언하고자 하는 것은 농촌 부채 정리 문제다. 중소상공업 자금융통제도로서 상공업자에게는 서광이 오겠으나 농촌은 여전히 부채에 신음하지 않으면 안 될 것이다. 물론 현재로도 농촌 부채의 정리를 하고 있으나 그보다도 좀 더 규모를 크게 하고 정책을 확립하여 내지와 같이 농촌부채정리조합법 같은 것을 하루라도 속히 실시시켜서 농촌의 적극적 구제책을 확립하지 않으면 안 될 것이다. 이렇게 되는 때에 비로소 도시의 상공업이 활발하여짐과 마찬가지로 농촌의 우울도 풀려 명랑하여질 것이며 그 결과는

농상공 병행정책의 아름다운 결실을 거둘 것이다.

〈자료 295〉 불량 중간상인을 청주서(淸州署) 일제 단속(조선일보, 1940.6.21, 2면 7단)

【충남지사 발】 청주경찰서에서는 경제경찰관을 총동원하여 청주 장날인 지난 17일 청주 시내의 입구에 지키어서 최근 출회하기 시작한 신맥 등 촌락 농가에서 생산한 각종 물자를 판매코자 시장으로 가져오는 것을 도중에서 악덕 중간상인이 이것을 사들여 시내에로 가져다가 비싼 값으로 팔고 있는 자를 일제 단속하였다.

〈자료 296〉 파주군 복장잡화 소매상조합 창총(매일신보, 1941.2.1, 3면 7단)

파주군 내 복장잡화 소매상 30명은 국책에 협력하고 상업의 건전한 발달을 꾀하고자 1월 28일 문산공회당에서 조합창립 총회를 개최했다.

〈자료 297〉 「상업조합령」이 발포되면! 무력한 기형 단체를 법인조합으로 재편성, 개성상공회의소에 대비 중(고려시보 제149호, 1941.3.1, 2면 1단)

상업단체의 모체라 볼 수 있는 경제통제협력회에 가입된 업종별 상업조합은 현재 52개소의 다수에 달하고 있다. 그런데 조합 내용을 살펴보건대 몇몇 단체를 제한 외에는 업자 간에 하등 공동 이익을 꾀함이 없이 간판 조합에 불과한 감이 있는 단체가 많다. 일례를 들어 말하면, 어떤 조합은 기존 상인이 실적을 가졌음에 불구하고 신규 상인에게 배급물자를 빼앗겨도 하등 대책이 없는 무능력한 조합도 있으며, 또는 도에서 배급받는 물자를 조합 자체가 처리, 분배하지 못하고 감독관청인 부 당국에 사무 일체를 의뢰하는 것 같은, 말하자면 내 집 살림을 남에게 맡기는 조합도 있다. 예를 들면 포목·목탄·식료품(사탕) 조합 등이 그것이다. 이같이 간판 따로 사무소 따로 해서 일반 조합원에게 이중 삼중의 부담을 과중케 하는 조합은 타 지방에서 볼 수 없는 기형적 존재라고 일반 업자 간에는 불평이 높아 있다. 그런데 또한 부 당국 측의 말인즉 업자 중에 이같이 중요한 단체를 운영해서 적정을 기할 만한 인물이 없는 때문이란 것이다. 잘못의 원인은 어디 있든 기형아는 사실이니 현재 이들 조합들은 '개성인삼동업조합'이나 인삼판매조합과 같이 자립적 정신을 세우고 자치기관으로 운영해 나가는 데 사명을 다하는 것이라 본다. 평소 이 점을 유감으로 생각한 개성상공회의소에서는 이번 새로 실시되는 「상업조합령」만 발포되면 현재 무력한 임의조합에서 강미(强味) 있는 법인 조합을 조직하도록 업자와 함께 노력할 계획이라 한다. 또는 그의 업태와 재정이 빈약한 영세조합은 비슷한 업자를 조합으로 합동시켜 한 개 충실한 조합을 만들어 가지고 그 조합 내에 각 부를 설치해서 사무를 분장케 하리라 한다. 이같이 법인 조합이 완전히 실현되는 날은 현재 무력한 상업단체의 획기적 혁명일 것인바 내 집 일을 남에게 맡기는 식의 기형적 형태도 자연 없어질 것이며 배급통제의 강화, 업자의 지도와 연구 조사 등 기존 상인의 상권이 정당하게 인증되며 유지, 육성될 것으로 일반의 기대와 관심은 크다.

〈자료 298〉 양평상업조합 설립(매일신보, 1942.2.6, 3면 7단)

양평군은 「조선상업조합령」이 발포된 이래 그 취지에 따라 작년 9월에 상업조합을 설립하고 총독부 당국에 인가 수속을 했던바 12월 30일 인가되었다. 조합사업을 개업하기 위해 1월 31일 양평서국민학교 강당에서 조합원 70여 명이 모여 임시총회를 개최했다.

〈자료 299〉 「기업허가령」 위반자(매일신보, 1942.2.8, 3면 3단)

인천부 유정 2번지에 사는 서원필준(42세)은 지난 6일 인천서 경제계에 소환되어 취조를 받는 중인데, 사건의 내용을 탐문한 바에 의하면, 전기 서원은 유정 4번지에 얼마 전에 시계점을 내었는데, 이번 실시에 따라 점포의 개업 일자가 틀려 경영을 못하게 되자 이를 금곡정 사는 유천 모에게 540원의 권리금을 받고 매도를 한 후 부(府) 산업과에 가서 허위신고를 한 것이 판명되어 목하 「기업허가령」 위반으로 취조를 받는 것이라 한다.

〈자료 300〉 재래식 시장의 노천상도 「기업허가령」 허가 필요(매일신보, 1942.3.19, 4면 6단)

중소상공업 유지육성방책으로서 획기적인 「기업허가령」이 실시되어 지정 업종은 소정의 허가를 요하기로 되었다. 동일인에 의한 동일 업종의 지역별 허가 가부의 의무에 대하여 16일 식산국은 다음과 같이 해석을 언명하였다.

즉 현재지에 점포를 가진 업자가 동일한 목적으로 현재지 이외의 일정한 지역에서 정기적으로 판매행위를 하는 경우, 예를 들면 내지업자의 선내 출장 판매 또는 조선 재래식 시장의 노천상과 같이(농산물의 생산자가 장날에 한하여 판매하는 상행위를 제함) 각 시장에 현품을 휴대하고 동일 상행위를 하는 경우에는 설령 점포를 가진 주소지에서 같은 영에 기반한 허가가 있더라도 행상을 겸업하는 것으로서 그 행상 구역에서도 다시 같은 영에 의한 허가를 요하기로 되었다.

II

실행 계획 및 내용

해제

실행 계획 및 내용에는 일제 상업정책의 실시 배경과 준비에 관한 자료를 배치했다. 정책의 준비-실행-결과라는 전 과정을 파악하기 위해 그렇게 한 것이다. 배경과 준비 역시 '계획'의 일환으로 볼 수 있기 때문이다. 목록은 다음과 같다.

문건명(호수, 일자 등)	자료(책)명	발행처	발행일
1. 회사 관련			
조선회사령 폐지설	《조선경제잡지》 47호	경성상업회의소	1919.11.
회사의 난립에 대하여	《조선경제잡지》 49호	경성상업회의소	1920.1.
회사열과 그 앞날	《조선경제잡지》 51호	경성상업회의소	1920.3.
2. 시장 관련			
시장 문제 1	《조선경제잡지》 26호	경성상업회의소	1918.2.
시장 문제(완)	《조선경제잡지》 27호	경성상업회의소	1918.3.
중앙시장 설치에 관한 결정안	《조선경제잡지》 80호	경성상업회의소	1922.8.
경성 중앙도매시장안의 내용	《경제월보》 250호	경성상공회의소	1936.11.
3. 상거래 관련			
시장세에 관한 고찰	《조선》 제106호	조선총독부	1926.8.
4. 상인 관련			
오늘날 조선인의 상업	《상공월보》 19호	경성상업회의소	1911.5.
조선 상업가에 대하여	《상공월보》 20호	경성상업회의소	1911.6.
장사꾼의 휴업에 대하여	《조선경제잡지》 39호	경성상업회의소	1919.3.
소매상 실패의 원인	《신동아》 제10호	신동아사	1932.9.
백화점·연쇄점에 대항책-소매상인이여 전문상이 되라	《삼천리》 제6권 제9호	삼천리사	1934.9.
5. 상점 관련			
소요와 폐점 사건이 경제계에 미친 영향	《조선경제잡지》 40호	경성상업회의소	1919.4.
상점법안의 내용	《경제월보》 205호	경성상공회의소	1933.1.

편자 서문에서 밝힌 것처럼 이 장의 자료는 상업 활동의 주체인 상인과 회사, 그들의 활동 행위인 상거래, 그리고 상업 활동 무대인 상점·시장과 상권, 이렇게 다섯 가지 범주로 분류했다. 이 다섯 가지 범주에 따라 실행 계획 및 내용 자료는 앞의 목록과 같이 다섯 가지로 분류할 수 있다. 첫 번째는 「회사령」 폐지 관련 자료이다. 「회사령」 폐지 방침이 이미 정해졌고, 발표 시기만 남기고 있다는 기사성 자료이다. 이어 「회사령」 폐지 이후를 대비하자는 주장을 담은 자료, 조선에서 회사열이 발흥되고 있다는 자료가 첫 번째 범주에 속한다. 「회사령」 폐지에 관해 총독부 당국자의 "「조선회사령」에 대해 종래 거론이 되지 않던 온갖 일들이 나타났음으로 새로운 총독 이하 부임한 이후 반드시 철폐를 구상하게 됨에 이르렀다."[14]라는 발언을 소개한 신문기사에서 「회사령」 폐지라는 새로운 정책 결정 배경을 파악할 수 있다. '종래 거론이 되지 않던 온갖 일들'이 구체적으로 무엇을 지칭하는지는 명쾌하게 확인할 수 없고 대신 추측만 할 수 있으나, 그것을 「회사령」 폐지의 원인으로 지목한 것이다.

두 번째는 시장 관련 자료다. 근대적 시장 개설 관련 자료들은 조선에는 근대적인 시장이 없는 가운데 전통시장이 점차 사라지고 있으므로 총독부가 중심이 되어 근대적인 체제를 갖춘 시장을 설치할 것을 강조한다. 이를 통해 일본의 중소자본과 일본인 중소상인들이 조선에서 쉽게 정착할 수 있는 조건을 구비하고자 하는 의도를 숨기지 않고 있다. 특히 일본·중국·유럽의 근대적인 공설시장에 대한 기사를 소개하면서 근대자본주의적인 시스템에 어울리는 공설시장을 운영하여 각종 물자의 생산과 공급의 조절, 물품 가격과 물가의 조절 등을 통해 보다 많은 세수 확장과 소비 증진을 노리고 있다. 특히 1918년 3월 《조선경제잡지》 27호에 게재된 사설 〈시장문제(완)〉는 "현재 물가가 올라가 멈출 바를 모르니 중류 이하의 생활은 날로 어려워지"고 있는 상황 속에서 "이미 제국의회에서 문제가 되고 있으며 빈번히 토의

14 〈회사령의 금후 운명 여하〉, 《매일신보》, 1919.9.3.

하는 중"이라고 하여 공설시장을 통한 구제책을 강구하고 있다고 일제의 식민통치정책을 간접적으로 선전하고 있다.

세 번째 상거래 관련 자료로는 제안 성격의 글이다. 이는 조선총독부 촉탁이었던 젠쇼 에이스케(善生永助)가 조선총독부 기관지 《조선》에 당시 시장세의 개선을 위한 제안 목적으로 투고한 것이다. 집필 동기는 "조선에서는 곧 세제개혁에 관한 조사를 행하게 되었으므로 차제에 시장세에 대하여 다소의 사견을 서술코자 한다"는 대목을 통해 알 수 있다.

시장세는 1914년 「지방비 부과금규칙」 개정으로 시장세를 부·면이 징수하는 것으로 바뀌었다. 일제는 종래 시장 상인 중심의 민간이 하던 시장 운영과 시장세 관리 방식을 일체 폐지하고, 지방행정기구가 직접 시장 경영과 시장세의 징수·관리를 맡도록 한 것이다.[15]

1914년에 시행된 「시장규칙」에 따라 제1호 시장~제4호 시장으로 구분되었다. 이들 시장에서의 시장세에 대한 젠쇼의 제안은 다음과 같다.

> 제3호 시장 및 제4호 시장의 시장세는, 전자는 영업세를 대신하고, 후자는 영업세 또는 현물거래세를 대신하여 부과하여 이를 국세로 함에서는 지방은 이에 대하여 부가세를 징수하고 제1호 시장에 대한 시장세는 당연히 이를 폐지하되 재원의 부족상 부득이하면 지방영업세를 신설하여 하급의 매매자를 고통치 않게 하는 정도에서 수입의 방도를 강구하는 것이 지당하다는 의견은 종래 누누이 도지사 회의 등에 표현하였으므로 이미 많은 의논을 할 여지가 없을 만큼 간단명료한 문제다.

다음으로 제1호 시장 즉 재래의 보통시장에 대한 시장세는 악세라는 점을 강조하고, 그 결점으로 10가지를 지적했다. 그러고 나서 다음과 같이 시장세 개폐를 다시 강조했다.

15 허영란, 2006, 「조선총독부의 오일장에 대한 통제 및 활용과 그 한계-일제 식민통치에 대한 사회적 제약의 구체적 검토-」, 『사학연구』 82, 한국사학회, 130~131쪽.

> 시장세의 결함은 도저히 이대로 방임할 것이 아니다. 나는 현명한 당국이 다가올 세제 개정에서 필히 이 시장세의 개폐에 대하여 적당한 방책을 강구할 줄로 믿음으로 이에 구체적의 사안(私案)을 서술함은 이를 유안(留案)하여 두노라.

이러한 과정을 거쳐 1927년 「조선영업세령」 제정이 이루어졌다. 종래 지방세로서 부와 면에서 징수하는 영업세가 있었는데, 이 법령의 제정으로 국세로서 징수된 것이다. 이 법령은 1927년 4월 1일부터 시행되었다.

네 번째는 상인 관련 자료다. 이 자료들은 제1차 세계대전 이후의 전후 공황에 의한 불경기가 조선인들의 배일행위와 독립운동 때문에 더욱 심해졌으며 이로 인하여 조선 내의 경제활동과 조선에 대한 투자가 위축된다고 강조하고 있다. 특히 《조선경제잡지》 39호(1919년 3월)에 게재된 사설 〈장사꾼의 휴업에 대하여〉는 3·1운동과 관련하여 체포, 구금된 조선인들의 석방을 요구하며 휴업한 조선인 상인에 대하여 "일선동화(日鮮同化)를 촉진하여 자제를 훈계, 지도하고 국법 유지에 진력해야 하는 자가 오히려 폐점을 공모하고 자제의 경거망동을 지지하는 듯한 것은 실로 유치한 것으로 식자의 조소를 사는 것에 불과하다. 우리들은 조선 상인 제군이 자신의 처지를 반성하여 신속히 개점하고 어리석기 그지없는 이러한 경거망동을 포기할 것을 제군을 위하여 절실히 바라노라"고 경고하고 있다.

다섯 번째는 상점 관련 자료다. 그 가운데 상점법안은 1933년 1월 10일 일본 내무성 사회국 참여회의에 부의된 것인데, 주요 내용은 다음과 같다. 영업시간을 오후 9시 혹은 오후 10시까지로 규정한 점, 휴일을 매월 1일 이상 단행할 것, 16세 미만의 여자에 대해서는 하루에 10시간 이내의 노동으로 하며, 1개월에 4일 이상의 휴일을 부여할 것 등이다. 이 법안이 의회를 통과하여 실시된다고 하더라도 일본의 각 지역만을 실시 구역으로 하고 조선에는 실시되지 않는다는 조건이 있었다. 그 조건에 따라 상점에서 근무하는 조선인 점원은 최소한의 근무 조건도 보장받지 못했다. 그것은 일제의 공개적 민족차별정책이었고, 우리 민족은 그런 정책에 따라 피해를 입은 것이다. 그리고 이는 공장법이 조선에 적용되지 않는 것과 그 궤를 같이하는 차별정책이었다. 일본에서 일본인에게만 적용된 공장법에서도 노동자의 노동 조건을 일부나마 개선하는 조항을 담고 있었는데, 조선인에게는 적용되지 않아 역시 민족차별적 피해를 입게 되었던 것이다. 이처럼 공장법과 상점법안은 그 취지에서 조선인을 차별하는 것들이었다. 만에 하나 사정이 변경되어 추후 조선에도 상점법안과 유사한 법안이 시행될 개연성이 전혀 없었다고 볼 수 없기 때문에 그 법안 내용이 조선 내 상업 경영자들에게 소개되었을 것으로 보인다. 그런 면에서 이를 준비 성격의 자료라 분류할 수 있을 것이다.

1. 「회사령」 폐지 관련

1) 「회사령」 폐지 준비 완료 기사

〈자료 301〉 「조선회사령」 폐지설(조선경제잡지 47호, 1919.11.)

「조선회사령」은 점차 폐지하기로 결정하고 곧 제령(制令)으로 발표할 것인데 이에 대하여 모 관헌의 말에 의하면, "「회사령」의 폐지는 단지 시기의 문제이며 당국으로서는 이미 폐지로 결정하고 만반의 절차를 마쳤다. 본령에 대해서는 얼마간 세상의 추이를 살피겠지만 당초 유치한 조선의 경제계에는 산업보호상 역시 어쩔 수 없이 제출한 것으로 이후 경제계에 얼마간의 파문을 거쳤음에도 불구하고 다행히 조선에서는 어떠한 파탄 상황을 폭로하지 않은 것은 우선 본령의 공이라고 해도 과언이 아니다. 본령을 폐지함에 즈음하여 많은 회사의 신설에 따른 부실회사의 속출은 어쩔 수 없겠지만 이것 또한 생존경쟁의 결과로써 어쩔 수 없는 것이다. 더욱이 폐지의 시기에 대해서는 미즈노(水野) 정무총감 귀임과 함께 발표할 것인데 아마도 11월 중을 넘지 않을 것이다."

2) 「회사령」 폐지 이후를 대비하자는 주장

〈자료 302〉 회사의 난립에 대하여(조선경제잡지 49호, 1920.01.)

1. 근세의 일본 역사를 회고하면, 대전 후에는 반드시 사업이 발흥하고 회사 설립의 유행이 오고 있다. 이것은 통계연감을 들춰 봐도 일목요연하다. 청일전쟁 후에 그리고 러일전쟁에서도 역시 그러하였다. 이번의 세계대란 후에도 이 사례를 벗어나지 않고 3년 내의 회사 증가는 대단한 기세였던 것은 별도로 숫자를 들어서 설명하지 않아도 독자는 이미 충분히 알고 있는 일이다.

우리 조선도 이 대세에 순응하여 작년 이래 대단한 기세로 회사가 증가한 양상은 이미 그 상세한 내용을 표로 만들어 공표하였기 때문에 여기서는 이를 반복할 필요는 없다고 생각한다. 모든 사업이 흥하여 회사가 많이 설립되는 것은 자연히 그럴 만한 이유가 존재하고 이를 인력으로 저지하는 것은 물론 불가능한 이야기로 원칙적으로 자연에 맡기는 수밖에 없는 것이다. 현재 조선의 「회사령」은 거의 유명무실해졌으며, 거의 매일같이 회사 설립 허가를 마주하는 것은 하나는 시정방침이 변경되었기 때문이기도 하지만 다른 하나는 대세의 그러한 바라고 보아도 무방하다. 여기서 우리가 논하고 싶은 것은 사업의 종류라든가 회사의 증가율이라든가 또는 자본 금액 등을 조사하는 목적이 아니라 그 외의 방면에서의 관찰 비평이다. 즉 우선 조선이라는 특수한 경제지역을 전제로 하고 다음으로 회사 본래의 성질로 돌아가서 그리고 회사의 난립을 관찰하려는 것이다.

2. 최근 조선에서 사업의 발흥 즉 회사 조직에 의한 영리사업이 왕성해진 것은 조선에서 이윤의 개발이며 부의 증가이며 문명으로 나아가는 것으로 더할 바 없이 축하할 일임에 틀림없다. 특히 조선인 제씨가 스스로 기업을 하고, 스스로 투자하고, 스스로 경영하여 착착 성공해 가는 것은 수백 년 이래의 잠들었던 정력을 환기하고, 원래 경제상의 자치 능력이 있다는 것을 가장 유력하게 현실에서 증명하는 바이며, 우리들의 동포로서 대제국을 운영해야 할 신민으로서 실로 믿음직스러울 따름이다. 회사라고 하면, 거의 주식회사인데 이 주식회사란 것은 조선으로서 장래를 보증하고 이를 부유하게 하는 수단이란 것을 우리들은 믿어 의심치 않는다. 일찍이 미국은 인구가 희박하고 자본도 역시 빈약하여 도저히 유럽 여러 열강의 상인과 유리한 거래를 하지 못했으며 그들의 시장은 항상 유럽 상품에게 압박받아서 발달 가능성은 충분히 있었지만 그 실력을 갖추지 못했다. 그러나 미국인은 '협동은 세력이 된다'는 격언을 믿고 영세한 자금을 모아서 주식회사를 설립하여 유럽 상인에게 대항하였다. 하나의 측면에서 보자면, 미국의 곤궁을 구하고 오늘의 성대함을 가져온 것은 주식회사였다고 할 수 있을 정도이다. 그리고 독일은 지금이야말로 패전의 나라이지만 5년 전까지 최고의 문명을 가진 최대 열강으로 열국을 굴복시켰었다. 독일이 그와 같이 부강했었던 것도 역시 주식회사의 힘이었다고 말할 수 있다. 이전에 100년 전까지 독일은 천연의 혜택이 부족했으며 인민은 빈곤해서 영국이나 프랑스와는 비교할 수 없었다. 프리드리히 대왕조차도 프랑스와 같은 부를 얻으려고 생각할 수 없었다고 한탄했다. 이것은 바라더라도 이룰 수 없는 희망이란 의미였다. 이것이 최근에는 누구의 눈에도 프랑스가 독일에 매우 뒤질 정도로 위대한 발전을 이루었다. 이러한 것도 독일인이 잘 견디면서 영세한 돈을 모아서 회사를 만들고 이를 모아서 회사를 설립하고 부의 원천을 개발하려고 노력했기 때문이라고 생각한다. 더욱 적절한 예는 내

지 일본이다. 메이지(明治) 초기 일본의 부는 빈약한 것이었다. 외국과 경제적인 경쟁은 물론 불가능했다. 서양인에게는 오랫동안 중국의 속국이라고 알려졌으며 일본이란 나라의 위치조차도 알려지지 않았을 정도로 빈약한 것이었다. 그 빈약한 나라가 현재는 영·미의 다음가는 세계 제3의 국가로서 인정되어 러시아·프랑스·독일·오스트리아·이태리·터키·스페인·포르투갈·네덜란드 등 이전에 일본보다 얼마간 상위에 있던 선진국이 적어도 일본의 뒤쪽으로 내려설 수밖에 없었다. 이것도 경제상에서 보면, 일본인이 화합, 협동하여 회사의 힘으로 대외적인 경쟁에서 분투한 결과가 상당히 포함되어 있다는 것을 인정하지 않으면 안 된다. 조선도 그 고갈된 국토를 부활시키고 곤비한 인민을 구제하여 세계의 경제적 경쟁의 장소에 적어도 동양의 무대 위에서 활약하는 방법은 선진국가 흥륭의 뒤를 쫓아서 크게 회사를 조직하고 부의 원천을 함양하고 개발에 노력하지 않으면 안 된다. 이러한 의미에서 현재의 회사설립의 증가를 환영하고 경축할 수밖에 없다.

더욱이 이를 개인적으로 보면, 다양한 효과가 있다. 원래 조선인의 재산이란 것은 거의 토지에 한정되어 있다. 이것은 문화가 저급한 것을 보여 주는 것이며 문명국은 반드시 한번은 거쳐야 하는 단계이다. 그러나 재산이란 것은 결코 토지에 한정되는 것이 아니라 다양한 형식으로 존재하는 것은 법률의 재산권 내용을 보면 역시나 하고 깨달을 것이다. 이것을 경제상의 자본으로 관찰하면, 자본은 정말로 생산자본에 한정되지 않고 수리자본(收利資本)이 있다. 현재 세계적인 경쟁의 목표가 되고 있는 자본이란 주로 후자를 의미할 정도로 문명국에서는 많이 증가하고 있다. 그런데 조선에서는 종래 생산자본의 일부분인 토지자본이 존재할 뿐으로 그 외의 부를 형성하는 자본은 극히 소액이다. 이러한 상태는 회사의 증가에 따라서 점차로 타파되어 인민의 여력은 다수가 수리자본으로 흘러 들어가게 되어 조선의 부력이 반드시 확 증가할 것이다. 즉 각 개인의 자본은 토지가 되며, 기계가 되며, 원료가 되며, 상품이 되며, 채권이 되며, 주식이 되며, 자유로이 전이하여 그 최대의 효용을 발휘하게 되어 조선의 문화는 여기서 한 계급 진보하는 것이다.

더욱이 회사의 유행은 조선인 전래의 관리 숭배, 경외의 태도를 말살하고 자기의 수완을 경제계에서 발휘할 희망을 가지고 이전에 멸시되었던 노동은 역으로 가장 존경받고 신성한 천직임을 자각하는 효과가 있다. 이 자각은 조선인을 위해서 무엇보다도 존중받아야 할 정신현상으로 국가의 초석이다. 나아가 이와 같은 대세가 되면 구래의 시의심(猜疑心)을 버리고 음험(陰險)한 성격을 바꾸지 않으면 안 된다. 조선인 스스로는 인식하지 못하겠지만 조선인은 아무리 해도 신용할 수 없는 성격을 가지고 있는 교언영색의 습관이 있다. 눈앞에서는 복종하고 뒤에서는 배신하는 인습이 있다. 이것은 우리들만의 경험이 아니라 여러 외국인의 저서를 읽어 보면 반드시 이러한 결점을 강조하고 있다. 이것을 시정하는 것은 학교 또는 가정의 교육보다도 회사와 같은 실질적인 경험에 의한 것이 가정 적절하다. 회사는 많은 사람의 신용에 기초하여 의무 수행을 요구한다. 교언영색도 면종복배도 시의, 음험도 모두 회사에 해(害)는 주지만 하등의 이익이 되는 바가 없으며, 경영의 임무를 맡은 사람은 그런 만큼의 기량과 다수자의 신뢰를 받을 만큼의 공명정대한 행위를 하지 않으면 안 된다. 이것은 귀중한 실물교육으로 민족성의 개선에 틀림없이 많은 공헌을 할 것이라고 생각한다. 이러한 의미에서도 우리들은 회사 설립의 증가를 환영하고 축하하는 바이다.

3. 회사가 어떻게 하여 설립되며 어떠한 조직으로 조합되는가는 그 나라의 법률이 정하는 바이다. 법률에 정해진 것 이외의 회사란 있을 수 없으며 회사는 반드시 법률의 규정에 따라서 존재한다. 따라서 경제학자라고 하더라도 대부분은 회사를 설명할 때 법규의 해석을 중심으로 한 법률론으로 일관하고 있다. 그러나 법률론과 경제론은 동일한 현상에 대해서도 항상 입장을 달리하고 착안점을 달리하는 것으로 이를 구별하지 않으면 안 된다. 그렇다면, 회사란 도대체 어떠한 것일까. 우리나라의 회사법에 따르면, 합명회사·합자회사·주식회사 및 주식합자회사의 4종류가 있다. 이 가운데 합자회사 및 주식회사가 대표적인 것으로 다른 2종류의 회사는 그 변종에 지나지 않는다. 여기서는 주식회사에 대해서 조금 논의를 진행한다. 원래 주식회사란 것은 자본적 기업집단으로 인적 기업집단은 아니다. 그래서 이를 그 발달의 측면에서 관찰하면, 매우 큰 사업이 위험 요인을 많이 포함한 사업인가, 아니면 이익이 적은 사업을 소수 사람의 무한책임으로, 마치 모험과 같은 것을 다수의 유한책임으로 수행하려는 것인가에 있다. 법률이 주식의 자유로운 매매, 양도를 허용하는 것도, 자금 지불에 분할제도를 인정하는 것도, 즉 이들 경제적 자본을 인정했기 때문이다. 이들의 경제적 성질을 역으로 말하자면,

첫째, 주식회사는 소수의 사람으로 너무 모험적이든가, 너무 거대한 경우에 설립해야만 하는 것이다.

둘째, 주식회사의 주식은 소수자가 독점하는 것이 아니며 가능한 다수의 사람에게 분배해야 하는 것이다.

셋째, 주식회사는 법인 기업가로 더욱이 자본적 기업단체이며 사장·중역, 그 외의 모든 회사 사용인일 것.

이상 3가지가 주식회사의 경제적 안목이라고 생각한다. 만약 이들 안목에 상응하지 않는 회사는 주식회사의 형식을 취하지 않은 것으로 오히려 합명회사의 형식에 따라야 할 것이라고 생각한다. 물론 법률이 허용하는 범위에서는 어떠한 성질·종류의 기업이라도 주식회사의 자격을 얻을 수 있지만 경제적으로 비판받지 않을 수는 없다. 이 3가지 점에서 현재 조선을 둘러보면, 우리들은 다소의 비판을 더하고 싶다.

첫 번째, 너무 작은 자본을 주식으로 조달하는 경향이 현저하게 나타나고 있다. 이것은 시대착오라고도 할 수 있으며, 어째서 순수한 개인 기업인지, 또는 합명회사의 형식을 취하지 않는지 이해할 수 없는 부분이다. 발기인 또는 중역 등이 무한 책임을 지는 것을 두려워하여 평범한 소기업까지도 주식 조직으로 하는 것인데 가령 그 기업이 확실하지 않거나 자금을 쉽게 모을 수 있기 때문에 한판의 도박 정도로 생각하여 사업계획을 진행하는 것이든가, 무엇이든 그 하나라고 생각한다. 혹은 시골의 지주들이 일시적인 호경기에 편승하여 그 여유자금의 이용을 위하여 또는 회사의 중역이란 명의를 얻으려고 쉽게 회사를 설립하는 것은 아닌가.

두 번째, 최근의 신설 회사는 핑계로 주식을 공모하고 있는데 다수는 발기인 및 찬성인 사이에 분배하여 독점적인 이익을 점유하고 있다. 물론 이러한 방법은 회사의 설립상 건실한 것은 분명하지만 처음부터 소수자의 독점을 욕망한다면, 그것은 합명회사나 합자회사로 해야만 할 것이다. 단지 무한책임을 지는 것을 두려워하거나 또는 회사 성립 이후에 주식 상장의 고가에 편승하여 가지고 있는 주식을 매각하여 이익을 취하려는 목적이라면 극히 비열한 수단이다. 모든 주식을 모집하는 경우에도 뒤로는 공언하기를 꺼리는 듯한 주식 분배가 이루어지거나 혹은 그레샴[16]을 부가하거나 혹은 신청 주식이 적은 것은 이를 포기하고 응모를 불가능하게 하고 있다. 이러한 것들은 원래 주식회사의 본질에 반하는 것이라고 하지 않을 수 없다.

16 그레샴: 액면가격과 실질가격에 괴리가 발생할 경우 보다 낮은 가격의 주식을 넘겨주는 것.

세 번째, 회사에서는 중역 이하는 사용인임을 잊어서는 안 되는가. 한발 더 나아가서 말하자면 주식회사란 것은 다수의 사람이 갹출한 자본으로 성립된 것이라고 한다면, 회사를 위해 존립하고 있는 것이란 점을 잊어버리고 있는 것은 아닌가. 발기인이라도 중역이라도 회사를 위해서 공헌하는 각오가 없으면 안 된다. 법인의 심정으로 가슴속에 광풍제월(光風霽月)[17]의 태도가 없으면 안 된다. 그러니 최근 회사 난립의 양태를 보건대 회사를 먹잇감으로 회사를 속이려는 흔적이 없는 것은 아닌가 하는 생각한다. 이것은 완전히 잘못된 태도라고 단언한다.

4. 위와 같은 관찰이 틀림없다고 한다면, 회사의 설립에 대해서 세상 사람들은 충분한 주의를 기울이고 감시하지 않으면 안 된다. 회사의 난립은 회사가 없는 것에 비하면 크게 환영할 바인 것은 물론이다. 이윤의 원천을 모색하고 개발하며 회사의 진보, 번영을 초래하는 것은 논쟁할 바가 없다. 그러나 회사의 급조, 난립은 견실한 회사를 천천히 계획하는 것에 미치지 못한다. 세상 사람들이 재물을 사용하여 주식을 소유하는 것은 유익한 방법인 것은 틀림없으나 현재의 호경기가 언제까지 지속될 것인지를 생각해야 한다. 지금과 같이 물가가 날마다 증가하는 때에는 어떠한 사업이라도 유리한 것은 명확하지만 일단 그것이 역전되었을 때에는 어떠한 조치를 취할 것인가. 값비싼 주식이 종잇조각이 되는 것은 아닌가. 무턱대고 독점적인 헛된 이익을 쫓는 것은 아닌가. 조선 또는 일본의 경기만을 보고 경제계를 판단했다면 커다란 실패를 낳는 것은 아닌가. 여유자금이 있다면, 새로운 회사의 주식을 사기보다는 적은 이익이라도 건실한 것이 있지 않을까. 더욱이 회사를 위해, 자손을 위해 유익하고 필요한 사업이 있지는 않을까. 우리들은 회사의 증가를 매우 환영한다. 그러나 회사 본래의 성질을 오해하지 않기를 희망한다. 우리들은 영리사업의 발흥을 기뻐하지만 헛된 사행적 매매를 두려워하고 더욱이 기피한다(완).

---

17 광풍제월(光風霽月): 뜻 맑은 날의 바람과 비 갠 날의 달. 훌륭한 인품을 비유하여 쓰는 말이다.

3) 회사열

〈자료 303〉 회사열과 그 앞날(조선경제잡지 51호, 1920.03.)

작년 이래 특히 조선인들 사이의 은행·회사 신설 열기는 매우 왕성하며, 경성과 지방을 불문하고 새로운 계획이 속출하고 있다. 즉 조선인의 재력이 1~2년 사이에 현저하게 팽창하여 은행·회사 신설 쪽으로 자금을 할당할 수 있는 여유가 생긴 것으로, 한편으로 보면 기뻐할 경향이지만 근래와 같이 작은 은행, 작은 회사가 계속 일어나고 있는데, 경상남도 한 도만으로도 은행 기획 7~8개와 같은 것은 결국 어떠한 요소에 의해 재계의 반동적인 불황이 발생할 때는 그 정리해야 할 타격을 받을 것이다. 무엇보다 피하기 어려운 굉장한 열기는 앞으로 오히려 한심한 현상이 될 수밖에 없을 것으로 우려된다는 전문가가 있다. 단 그 성적의 좋고 나쁨은 잠시 이를 덮어 두고 조선인의 회사 계획 열기는 그들에게 자본주의 사업 경영의 방법을 획득하는 것으로 다소간의 손실은 반드시 도달해야 할 경제조직으로 진행하는 과도기적 현상으로써 어쩔 수 없다. 즉 반드시 비관할 필요는 없다는 관측도 있다. 즉 조선 재계의 주목할 사실이지만, 은행, 회사 열기의 유인 원인은 1) 기존 은행의 금융 방침에 불만을 가지고 스스로 은행 경영을 꾀하여 협조한 것, 2) 쌀과 콩 장사로 자금의 여유가 현저해진 지주 계급의 여유자금을 증권화하려는 것, 3) 중역 취임을 기뻐하여 투자를 약속한 것, 4) 일본인의 사업회사 및 상점에 대항하는 의미를 포함하는 것 등 각종의 사정을 포함하고 있는 것은 물론이나 사업 경영의 좋고 나쁨은 사람에게 달려 있다. 그래서 자본주의 사업 경영에 익숙하지 않은 조선인 중에는 회사 경영의 적임자를 얻기가 어려우며 신설 회사, 은행은 그 앞길보다도 먼저 진용 정비에 곤란을 느끼는 것이 적지 않은 모양이라고 한다.

2. 시장 관련

1) 시장 문제 및 외국 시장 현황

〈자료 304〉 시장 문제 1(조선경제잡지 26호, 1918.02.)[18]

시장은 공공단체 또는 이에 준한 자가 아니면 장래 이를 경영할 수 없다(제2조[19]). 따라서 경성에 현존하는 다수의 시장은 장래 언제든지 경성부 또는 경성상업회의소 등의 손에 의해 통괄적으로 경영되어야만 할 것이다. 즉 경성의 시장 문제의 발생은 기정사실이며 장래 경성의 당업자 및 경제생활에 큰 영향을 미칠 것이라면, 극히 신중한 연구를 필요로 한다.

현존 시장의 운명은 이미 위의 부령(府令)으로 결정되었다. 그렇다면 장래 경성부 또는 그 외의 시장 경영을 담당할 자는 어떠한 위치에 어떠한 방법에 의하며, 어떠한 규모로써 이를 행하려고 하는가. 지방의 정기시장이 어떤 특수한 것을 제외하고는 점차 소멸되어 상설점포로 변한 것에 반하여 도시의 시장은 역으로 그 장옥(場屋)의 설비를 정돈하여 하나는 도시의 미관과 공중의 위생을 생각하고, 하나는 수급을 조절하며 물가를 조절하는 중심기관을 이루어 점차로 그 중요도를 높이고 있다. 최근 청도(靑島)는 새로운 시장 개척에 착수하고 도쿄(東京)시도 역시 시장 정리를 급한 일이라 하여 열심히 그 조사를 진행하며, 그 외에 일본 여러 도시의 시장도 다수는 신시대에 적합한 혁신을 요구하고 있다. 되돌아보건대 경성의 시장은 종래 누누이 개선되었다 하나 그 규모와 조직은 도저히 완전한 것이라 할 수 없다. 가령 새로운 부령의 발표가 없었다고 할지라도 당연히 일대 변혁을 하지 않을 수 없는 상태이다. 본 회의소는 지난가을 이래 이 조사에 착수한바, 약간의 자료를 얻어 이를 종합하여 본지에 게재한다.

---

18 원문 자료의 앞 한 페이지가 결락되어 있어, 번역을 하지 못했다. 문맥으로 보아 공설시장을 개설하기를 바라는 내용으로 짐작된다.

19 일본어 문장에는 제2조로 되어 있고 한국어 문장에는 제3조로 되어 있다. 여기서는 일본어 문장 표기 그대로 적었다.

2) 공설시장의 효과

지금과 같이 물가가 등귀하여 일반 시민이 생활난을 호소할 때는 물론이요 평상시의 경우라도 생활 자료가 염가로 공급될 방법이 있다면, 공사(公私) 간 공히 이를 채용함에 노력하지 않으면 안 된다. 공설시장을 추천하는 이유는 즉 이 기능을 가지고 있기 때문이니 만약 시민이 지혜롭게 이를 이용하면 이익이 심대할 것이다. 대체로 일본의 도시 또는 경성에 대한 물자 교역의 상황을 관찰하니 생산자와 소비자 사이에 많은 중개기관이 존재하며, 소위 중간이익의 많은 부분을 낭비하기 때문에 소비자는 부당한 금전을 지출한다. 가령 어류를 거래하는 것을 보면 어업자로부터 한둘의 중개자를 거쳐서 어시장 여각(旅閣)의 손으로 이동하고, 여각으로부터 중매인의 손으로 이동하며, 중매인으로부터 찬상(饌商)의 손으로 이동한 후, 찬상은 행매인(行賣人)을 사역하여 겨우 각자의 부엌에 도착함이 보통이다. 원래 화물의 종류에 따라 또는 지방의 특이함에 따라서 다소 차이가 있다고 하더라도 대개 이렇게 하여 중간의 많은 단계를 거쳐 비로소 소비자의 수요를 충족하는 것으로 보아도 무방하다. 그러면 이와 같은 중간 절차가 많음은 사회생활의 상태와 민속의 습관 등의 결과이니 얼마간의 장점이 없지 않으나 현재와 같이 경제 범위가 확대되고 교통기관이 발달된 상황에서는 여기에 대변혁을 가하지 않으면 그 이익은 폐해를 상쇄하지 못할 것이다. 많은 중개자는 물가의 높고 낮음에 따라서 정당히 자기의 거래 가격을 높고 낮게 할 것이니 물가가 등귀할 때는 중개자의 손을 거칠 때마다 등귀율은 증대되고, 물가가 저락할 때는 중개자의 손을 거칠 때마다 저하율은 축소되며, 소비자는 항상 무용한 소비를 낳는 처지에 있게 된다. 공설시장은 이러한 다수의 쓸모없는 중개자를 제거하고 항상 생산자의 옹호와 소비자의 이익을 생각하여 제반 시설을 강구하는 것이기 때문에 그 결과 여하는 감히 설명이 필요 없다. 예를 들면, 본 상공회의소가 1916년에 조사한 개연 수(蓋然數)에 의하면 경성에 반입되는 물자의 가격은 1년간에 3,000만 원을 초과한다. 만약 공설시장의 경영으로 그 반액의 10%를 조절할 수 있다고 한다면, 시민 전체로 150만 원을 절약하는 이치이니 이를 장래에 연구하면 그 이익은 실로 막대하다 할 수 있다. 가령 이와 같은 이익을 올리는 것이 불가능하다 할지라도 공설시장을 급히 설립할 필요는 조금도 없어지지 않는다. 현재 경성에 있는 각 사설시장은 경영자의 충실한 조치와 감독관청의 적절한 지도를 받아서 점점 양호한 성적을 거두는 중에 있다고 하나 지방의 생산자가 가끔 가지고 온 화물을 여각이 터무니없는 싼값으로 매수한다는 불평은 항상 듣게 되는 바이다. 이와 같은 것은 일본으로부터 전래한 악풍이라 반드시 고치지 않으면 안 된다. 공설시장은 이와 같은 폐해를 낳을 우려가 없고 생산자 측을 이롭게 하는 것이 소비자를 덕보게 하는 것에 뒤떨어지지 않는다. 그리고 사설시장에 비하여 영리주의를 택하지 않고 오로지 수수료주의에 의하며, 이기주의를 버리고 단지 공익적 관점에서 사고하기 때문에 그 시설은 질서가 있고 규칙이 있으며 트여 있고 불결하지 않다. 수요자는 사회계급의 상하를 불문하고 기뻐하여 여기에 출입하여 화물을 선택할 수 있게 하여, 간접적으로는 각 가정주부로 하여금 직접 경제시장에 접촉할 기회를 만들어서 주문을 폐지하고 외상을 감소케 하는 등 가정 및 사회제도의 발달에 기여할 일이 실로 적지 않다.

3) 외국의 시장

유럽 여러 나라 주요 도시의 공설시장은 교통기관·상하수도·등화관제 등의 제반 설비와 함께 공익사업의 하나로 도시정책의 주안점이 되어 가축시장·도축시장 및 야채 그 외 식료품시장(도매 및 소매시장)을 공유하는데, 이들은 도시 자신이 직접 경영하거나 또는 공공단체에 준할 만한 자에게 그 경영을 위임하고 있다. 우리 조선총독부가 지난번에 법령을 발포하여 시장은 모두 공공단체의 손에 위임하는 취지를 명백히 한 것은 가히 선진국의 의도를 참작함이 적지 않다고 믿는다. 경성과 같은 매우 큰 도시 체제를 갖춘 지역에서 그 의의는 특히 중요하다는 점을 생각하지 않으면 안 된다. 이하 간단히 외국 공설시장에 대하여 논한다.

(1) 파리의 시장

파리의 공설시장은 현재 세계 제일이라고 일컬어지는 것으로 중앙시장(도매) 및 50~60의 소매시장으로 이루어져 있다. 중앙시장은 1810년에 설립되어 1878년의 개축을 거친 것으로 현재는 10동의 광대한 유리창을 낸 건물을 연결하였는데 그 건축 비용 1,900만여 원(5,000만불), 대지 면적 133만여 평(44,000 평방미터)이다. 장내에 소매점이 있으나 그 주된 업무는 즉 도매이다. 파리 근교로부터 반입되는 시장물자는 모두 이곳에 집중된 후에 다시 수십의 소매공설시장에 분배된다. 만약 저장을 요하는 때는 지하의 거대한 창고에 저장한다. 이들 중앙 및 소매시장은 거의 모두 파리시에 의해 경영, 감독되며 가장 능률적으로 시가를 조절하여 일반 시민이 그 은혜를 입는 것이 막대하다고 한다. 그리고 이들 시장에서 얻는 파리시의 수입은 해마다 800만 불 이상에 달한다.

유럽의 공공시장은 파리의 예를 보더라도 우선 비용의 관점에서 경성 등의 모범으로 삼기에는 적당치 않다. 따라서 가까운 곳의 적당한 것을 살폈는데 본 상공회의소는 오로지 그 방면을 조사하였다.

(2) 하얼빈의 시장

하얼빈의 시장은 가장 참고할 가치가 있다. 왜냐하면 그 시의 시세(市勢)가 점점 경성과 필적하며 또 새롭게 건설된 도시로서 크게 신시대의 경성과 비슷한 점이 있기 때문이다. 동 시 제국총영사관의 회답은 대지면적·건평·건축 비용 및 그 경영자 등을 명기하지 않았지만 그 시장은 시의 소유로써 시청이 직접 이를 감독하며 일용 화물 일체를 여기서 구입할 수 있는 조직으로 만들었으며, 건축 및 만반의 시설이 가장 진보된 양식을 모방한 것인 듯하다. 아래에 이 시장의 간단한 평면도를 제시함.

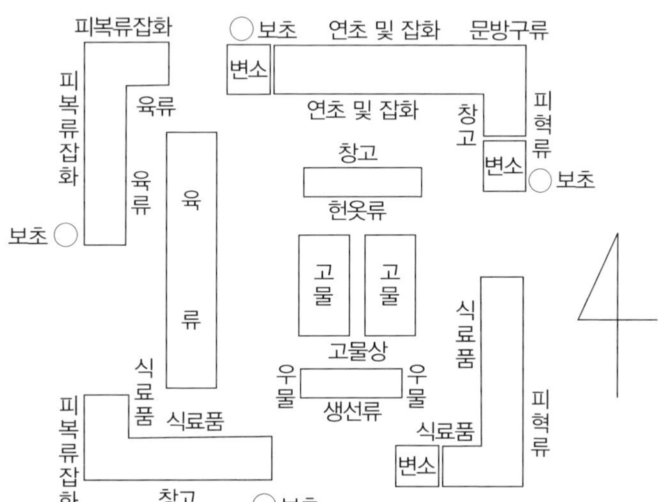

〈그림 1〉 하얼빈 바자르 건물 평면도

(3) 홍콩의 시장

홍콩에는 약 반 마일의 거리에 20개의 시장이 있는데 소관포(掃管捕) 시장이 가장 오래(1858년)되었고, 태한(泰漢)시장이 최신(1914년 설립)이며 그 가운데 가장 큰 것을 중앙시장(1895년 설립)

이라고 한다. 중앙시장은 건축물의 길이 336척, 폭 150척의 2층 건물로 건축비는 25만 불이 들었다고 한다. 그 경영은 홍콩 정청(政廳)이 발포한 「시장령(市場令)」에 준하여 모두 개인 또는 사적 영리회사가 소유한 것이다. 「시장령」이라 함은 공중위생 및 건축조령(建築條令) 중에 포괄된 것인데 그 제1조에 의하면 시장에서 판매하는 것은 조수어채(鳥獸魚菜) 및 과일 등 식료품에 한정되었고 그 외의 화물은 취급을 금하는 듯하다.

(4) 천진(天津)의 시장

천진 일본인 조계 공설시장은 1903년 창립되었으며 1908년에 개축되어 거류민단이 소유하게 되었다. 대지면적 369평, 건평 223평의 목조 단층인데 건축비는 은(銀) 4,800원(元)을 들였으며 시장 내를 22구로 나누고 「시장규칙」을 발포하여 이를 감독하였다. 판매하는 화물은 어조수(魚鳥獸)의 고기·가금(家禽)·야채 등의 식용물을 원칙으로 하고 그 외에는 조계국의 허가를 필요로 한다(동 규칙 제8조).

(5) 청도(靑島)의 시장

청도에는 독일인이 경영하던 시대에 이미 완비된 시장이 있었는데 중국인이 이를 점령한 이래 더욱 확대한 시장을 필요로 하여, 공사비 은 16만 4,600원을 투자하여 기와 2층 총 평수 520평(외에 지하실 400평)을 건축하기로 하고 작년 11월에 이미 공사에 착수하여 올해 1월에 기초공사를 완료하는 예정이었다. 그 완성은 올해 9월경이라고 하며, 판매 화물은 어류·육류·야채 등의 식료품을 위시하여 일용 필수품 일체를 이곳에서 구입할 수 있는 조직이라고 한다. 시장에는 사방으로 출입구를 설치하고, 내부는 좌우에 통로를 설치하여 50여 채의 매점을 두었으며, 위층을 물품진열실 및 휴게실에 충당하고 변소·전화·화폐 교환 등은 편리한 장소에 설치하며, 더욱이 노점시장용으로 1,000평 약간 넘는 광장을 둘 계획이라고 한다. 대체로 노점시장의 광장은 장래에 증축할 경우를 대비한 것으로 당국자의 희망은 동양 제일이라는 이름에 부끄럽지 않도록 함에 있다.

(6) 봉천(奉天)의 시장

6월 6일부로 도래한 봉천만주시장주식회사 서간에 의하면, 동 회사는 자본금 40만 원으로 작년 9월에 설립되었고 지난번 봉천시장회사의 재산 및 업무 일체를 계승하여, 최신식 원형의 모범적 소매점 40호를 신축하고 내외 해륙(海陸)의 산물을 취급하는 곳이다. 본 시장은 순전히 사법인(私法人)이라 영리적으로 운영된다고 하지만 내부 관계에 대하여는 거의 만철회사가 경영하니 그 점에서 볼 때는 또 하나의 공설시장으로 볼 수도 있다.

4) 일본의 시장

일본에는 아직 공공기관에 의하여 경영되는 공설시장의 사례가 없으며 다수는 도쿠가와(德川)시대에 발생한 시장이 변화하여 지금에 이른 것으로 갑자기 변경하기 어려운 사정이 있다. 당국은 극력으로 그 정비에 애쓴다고 하나 시장의 폐해는 줄어들지 않았다. 도쿄상업회의소의 시국조사회는 이번 봄 조사 사항을 제1부 및 제2부로 구별하여 제1부는 오로지 공설전당포 시장 문제, 조세 문제를 조사하기로 하고 후지야마(藤山) 회두(會頭)가 위원장이 되어 사쓰(沙津)·마쓰오카(松岡)·마쓰모토(松本)·사노(佐野)·시오자와(鹽澤)·호리에(堀江)의 여러 박사 및 유력한 의원이 위원이 되었다. 우선 시장 문제가 긴급한 것이라 하여 빈번히 그 연구를 진행하는 중인 듯하다. 만약 이들이 연구 결과를 발표하면, 우리가 얻는 이익이 적지 않다. 아래에 일본 시장의 일반을 소개하고자 한다.

(1) 오사카(大阪)의 시장

오사카는 경제상 일본의 중심이요 시장 같은 것도 역시 가장 번성하다. 현재 식료품 시장만 그 수 23인데, 이전에 상당한 역사를 가지고 개인 또는 조합회사 등에 의하여 경영되었다. 현재 이들의 대표로 덴만(天滿)청물시장·자코바(雜喉場)시장을 간략히 기술한다. 덴만시장은 멀리 덴쇼(天正) 연간[20] 이시야마 혼간지(石山本願寺) 앞에서 채소시장을 세운 것에서 기원하여 게이안(慶安) 연간[21]에 그 땅이 어용지(御用地)로 몰수된 이후 현재의 위치로 이전한 것이다. 평수 약 5,000평의 대지에 남북 양측에 21동의 건물이 있고(건축양식은 잔교식 철근 콘크리트, 상부는 목조 단층 기와) 도매상 40칸, 중매(仲買) 150칸으로 조직하였는데 1년의 거래액 약 350만 원에

20 덴쇼(天正) 연간: 1573년 7월 28일~1592년 12월 8일.

21 게이안(慶安) 연간: 1648년 2월 15일~1652년 9월 18일.

달한다. 자코바시장은 도요토미(豊臣) 씨의 축성 후에 현재의 장소를 우쓰보마치(靭町)라 칭하고 도매점 18칸으로 어시장을 개설한 것에서 시작한 이래 많은 변천을 거쳤는데 지금은 도매상 수 84호, 대지 면적 1,360평, 연간 거래 460만여 원, 건축양식은 목조 단층(평당 100원가량)이다. 오로지 생선만 취급하며 건어물 취급 상인은 분리하여 아와자(阿波座)로 이전하였다. 연간 거래액 30만 원에 달한다고 한다.

(2) 나고야(名古屋)의 시장

나고야의 유력한 시장은 그 수 56, 그 가운데 아쓰타(熱田)시장이 가장 오래된 것인데 창설 연대는 교로쿠(享祿)[22] 이전이다. 우오가시(魚河岸)시장이 그다음으로 간에이(寬永) 연간[23]에 개시되었다고 한다. 현재 가장 큰 것은 1912년에 설립된 중앙시장주식회사가 경영하는 중앙시장으로 자본금 30만 원으로 식료품의 위탁판매 및 경매 및 부속건물 점포의 설치, 임대, 창고 운송업을 경영하는데 과일 도매상 13명, 어조(魚鳥) 도매상 8명에게 시장 건물을 대여하고 사용료를 징수하며 그 외에 소매시장을 설치하여 매매 요금을 징수하고 있다. 동 회사는 1911년에 더욱이 오조네(大曾根) 지점을 개설하였는데 소속 중매인 38명이 있으며 이들 중매인 아래에 소매상인 100여 명이 있다고 한다. 현재 중앙시장의 하루 거래액은 청과물 3,000여 원, 어조류 2,300여 원에 이른다고 한다.

(3) 고베(神戶)의 시장

고베는 안세이(安政)[24] 이래 처음으로 발달된 도시이기 때문에 시장에 오래된 역사는 없으나 현재 동 시의 식료품 시장은 10개소를 헤아린다. 지금 그 중요한 것을 서술하면, 아래와 같은 것이 있다. 주식회사 고베 어조청물(魚鳥青物)시장은 미나토가와(湊川) 신개척지에 있으며 가옥의 건평 299평, 자본금 100만 원으로 1906년에 설립되었다. 미야마에정(宮前町) 및 효고(兵庫)운하에 분(分)시장이 있었는데 전자에 건평 70평, 후자에 건평 243평이 있고, 그리고 본시장은 생선·청물(青物), 각 8명의 도매상에게 대여하여 1만 600원의 사용료를 징수하며, 미

22 교로쿠(享祿): 1528~1532년.
23 간에이(寬永) 연간: 1624~1645년.
24 안세이(安政): 1855~1860년.

야마에 분시장은 23개의 도매상에게 대여하여 4,800원의 사용료를 징수하며, 효고 분시장은 1만 원으로 8명의 도매상에게 사용케 하고 있다. 이들 본·지 각 시장의 거래 연간 액수를 살펴보면, 본 시장은 90만 원 내외, 미야마에 분시장은 38만 원 내외, 효고 분시장은 60만 원 내외이다. 주식회사 고마가바야시(駒ヶ林) 어류(魚類) 정시장(건평 542평)은 1876년 창설되었으며, 1890년에 부근의 시장과 합동하여 주식(株式) 조직으로 만든 것인데 거래 연간액은 25만 원 내외라 한다. 이하 3개 도시의 시장을 표로써 제시하면 아래와 같음.

오사카 시내 시장표(1916년 중)

(단위: 원)

시장명	거래 총액	시장명	거래 총액
競益會	6,400	千島	4,000
玉造	15,500	三泉共同	37,600
靭青物	270,000	雜喉場魚	4,659,600
賓船	500,000	雜喉場青物	55,000
春日食料	휴업	材木共同	1,800,000
黑門青物	37,869	丸本共同	99,827
木津難波魚	149,160	天保山生魚	휴업
木津濱側青物	71,300	里門魚	46,920
新世界	12,001	木津難波青物	162,800
天滿青物	3,537,850	木津青物糶賣	100,000
天滿魚	451,575	天王寺青物	7,875
中武(個)	4,087	天滿惠街	1,681,600
九通	4,130	北野青物	12,358
大阪市場	13,738	합계	13,743,190
九條青物	2,000		

나고야 시내 시장표(1916년)

(단위: 원)

시장명	거래 총액	시장명	거래 총액
熱田市場	1,553,357	熱田青果物市場	286,895
中央市場	2,006,000	家畜市場	158,415
材木市場	505,116	합계	6,510,993
名古屋魚河岸市場	2,001,210		

고베 시내 시장표(1916년 개략적인 수치) (단위: 원)

시장명	거래 총액	시장명	거래 총액
神戶魚鳥靑物市場	900,000	脇濱魚定市場	300,000
神戶魚鳥靑物市場兵庫分市場	600,000	小野柄靑物市場	70,000
新川靑物市場	50,000	辨天靑物市場	150,000
兵庫南濱魚市場	100,000	駒ヶ林靑物市場	40,000
駒ヶ林魚類定市場	250,000	합계	2,840,000
神戶魚鳥靑物市場宮前分市場	380,000		

5) 대만의 시장

대만은 제국 영토 내에서 가장 빨리 공설시장을 설치하여 현재 대만의 위생비 32%는 이 시장의 수익에 의하여 지불하고 있다. 1902년 대만 민정장관 고토 신페이(後藤新平)는 노상의 곳곳에서 중국인이 음식물을 판매하여 공중위생상 가장 위험하다고 인식하고 「공설시장령」을 발포하여 이를 독려한 결과 이후 10년 만에 전도(全島)의 시장은 전부 공설이 되어 현재 그 수 140에 달한다. 이들 시장은 각 청 지배하에 있으며, 그 단속 방법 및 경영 방법은 아직 미진하나 혹은 시장 전부를 모두 경매 입찰에 의하여 청부케 하거나 혹은 청(廳) 자신이 직영하여 그 일부를 청부로 돌리는 것이 있다. 어떤 방법에 의하든지 사용료를 납부한 자는 어떤 종류의 물품이든지 그 장소에서 판매할 수 있다. 사용 요금은 월세와 일세(日貰)의 2종으로 하여 잡화·야채·수육(獸肉)은 4원 내지 5원 등의 월세를 징수하고, 석탄·감자·과자 등은 1전, 채소·신탄·기름·청물(심채)·곡물류는 2전, 어수육(魚獸肉)·과일·음식물류는 3전의 일세를 징수한다.

대만의 공설시장은 앞의 내용과 같이 공중위생의 관점에서 착안되었기 때문에 그 방면에 대하여 가장 효과를 거둔 것은 물론이거니와 이로 인하여 생산자와 소비자 간의 직접 거래의 편의를 얻어 점점 더 성대히 이용되고 있다. 1913년의 상황을 들어본즉, 대북(臺北)의 공설시장(연 매상액 200만 원을 넘음)이 최대라 하며 전도의 총수입은 30만 5,000원에 달한다고 한다.

6) 조선의 시장(특히 경성의 시장)

조선은 경제 사정의 정도가 아직 중세의 모습을 가지고 있어 국민 전반의 수급이 상당히 지방의 정기시장에서 거래됨은 현재 우리들이 목격하는 바인즉, 따로 설명을 요하지 않는다. 현재 조선의 시장은 그 수 1,200여, 1년간의 거래액 5,000여만 원에 달한다. 이들 시장은 앞서 서술한 「시장규칙」에 준거하며 내부 조직은 객주·거간(居間)·감고(監考)·전당(典當) 등에 의하여 운영된다. 객주라 함은 도매업으로 분류되는 자로 그 업무의 범위가 광대하여 위탁판매, 어음의 인수 또는 할인·대부 상환 및 여관을 겸업하는 자이다. 거간이라 함은 중립(仲立)의 의미로 객주의 밑에서 거래 주선을 업으로 하며, 감고라 함은 근년에 강조되는 회계사의 극히 유치한 형태로 도량형을 감독, 검사하여 거래를 안전케 함을 업으로 한다. 전당은 시장의 거래 은행인데 혹은 질권 설정 형식으로 자금을 융통하며, 혹은 보통 대부 방법으로 이를 행하는 자이다. 경성도 이전에 큰 길을 따라서 매일 시를 개설하고 일용품을 판매하며, 일정한 점포를 가진 자는 모물전(毛物廛)·포목전·건재약국 등 특수한 화물에 한정되었다. 종로·남대문통과 같은 것은 동양 도시 건설의 특징인데 사실 이것은 서양의 광장 등과 동일하게 시장 개설을 목적으로 한 중앙도로이다. 러일전쟁 이래 일본인의 이주가 증가함에 따라 점포의 수와 종류 등이 점차 증가하고 일본의 시장을 모방한 것이 속출하여 그 수 17에 이르게 되었다. 이들의 설립 연월 및 존속 기간, 그 외의 요건을 표시하면 아래와 같음.

경성 시장표(1917년 말 조사)

시장명	허가 연월	존속 기간	면적(평)	소재지	연간 매상고(원)	경영자 이름
남대문시장	1912년 3월	15년	2,726.26	남미창정 282	1,707,300	宋秉畯
동대문시장	1906년 7월	50년	2,803.00	예지동 4	1,287,400	광장주식회자
중앙집산장	1911년 3월	-	1,009.85	공평동 5	711,387	坂井儀八
남미창정시장	1910년 6월	-	1,056.00	남미창정 282	146,328	趙炳義
경성식량품시장	1912년 7월	15년	480.00	욱정 1-119	140,777	中村友次郎
히노마루시장	1912년 5월	5년	81.00	욱정 1-202	108,733	히노마루수산주식회사
용산시장	1909년 3월	20년	130.00	한강통 13	140,007	용산수산주식회사
경성어시장	1912년 5월	5년	72.89	명치정 2-85	236,483	守永喜三郎 외 2명
계	-	-	8,359.00	-	4,478,415	-

경성 시장(柴場)표

시장명	허가 연월	존속 기간	면적(평)	소재지	연간 매상고(원)	경영자 이름
부래상시장	1911년 1월	1914년 9월부터 10년	364.00	태평통 2-355	89,076	프레산상회
돈의동시장	1908년 12월	1909년부터 10년	1,185.00	돈의동 103	787,800	崔淳英
의주통시장	1911년 7월	동(同)	932.00	의주통 1-55	30,400	崔淳英
광희정시장	1909년 4월	동	108.00	광희정 1-184	30,200	崔淳英
효자동시장	1908년 2월	동	110.00	효자동 178	26,410	崔淳英
계			2,699.00	-	963,886	

이 표에 표기한 것과 같이 경성의 시장은 총수 13, 그중 5개는 시장(柴場)이다. 시장은 지방에서 반입하는 송엽(松葉)·땔감 및 짚을 거래하는 곳인데 그중에 송엽의 거래가 가장 많다. 이들 시장은 온돌 생활에 크게 관계가 있는 것으로 경성의 시장을 논하는 경우에는 간과할 수 없으나 잠시 이를 제외하고 본 기사를 진술한다.

시장(柴場)을 제외한 시장(市場)은 그 수 8, 대지 평수 합계 8,359평, 그 거래액은 실로 450만 원에 이른다고 한다. 이들 시장 중 동대문시장의 그 존속 기간 만료는 아직 요원하여 갑자기 공설시장 속에 통일하기 어렵기 때문에 본 시장도 역시 본 기사 중에서는 제외하고자 한다. 그렇게 하면, 시장 대지 합계 5,556평, 거래액 합계 319만 1,050원, 내역 농산물 270만 3,438원, 수산물 68만 2,354원, 축류(畜類) 3만 6,400원, 그 외 잡품 39만 8,823원이다. 이는 즉 공설시장 문제로 당면의 이해관계를 가진 현재 상황이다(미완).

〈자료 305〉 시장문제(완)(조선경제잡지 27호, 1918.3.)

7) 시장의 상품

우리들은 전호(前號)에서 경성의 공설시장은 「시장규칙」이 이미 발포된 이상 그 가부를 논할 시기가 아니며 실시 시기의 여하에 있다는 바를 설명하고 공설시장의 효과를 명백히 하였으며 이어서 내외 시장의 일반을 소개하고 마지막에 우선 공설시장에 의하여 통일시켜야 할 경성 현재 시장의 일반을 표시하였다. 그러므로 공설시장의 대세론에는 하등 논쟁할 여지가 없다. 따라서 본 호에서는 시장 건설상의 구체적인 의견을 논하고자 한다. 단, 시장 문제를 논함에 있어 내외의 참고서가 부족하며 간간히 조회를 요청하였으나 아직 그 회답을 접하지 못한 것이 있어 종종 얄팍한 독단에 빠지는 것이 없지 않을 것이라 미리 사죄해 두는 바이다.

공설시장에서 판매할 상품은 그 종류를 제한할지 말지는 시장의 대소 광협(廣狹)을 정하는 전제에 속하는 문제이다. 우리는 경성의 공설시장에서는 식료품에만 국한하는 것이 옳다고 믿는다. 하얼빈 공설시장은 식료품 이외에 담배·피복·피혁·문방구·헌옷 및 헌물품 등을 위하여 장내를 분할하고, 청도시장도 역시 일용 필요품을 판매케 할 예정인 듯하며, 천진시장은 조계국(局)의 허가를 얻은 경우에는 식료품 이외의 화물을 취급하는 것을 가능케 하고, 대련(大連)은 시장의 주(主)되는 부분과 종(從)되는 부분을 구별하여 주되는 부분에는 오로지 식료품을 판매하고 종되는 부분에는 일용잡화를 판매케 한다. 요컨대 이들 식료품 이외의 잡화를 시장에서 판매함은 그 효과에 대하여 이를 추천할 가치가 있다고 하더라도 그 정리 방법 및 비용에 대하여는 어떻게 할까. 경성에서는 차라리 이미 식료품에 한하여 이를 통일하고 가격을 정리함이 옳다고 할 수 없다. 그리고 현재의 거래 상황에 대하여 보더라도 다음의 표와 같이 경성시장의 대부분은 식료품에 한정된 감이 있다. 그렇다면 통일을 실행하는 경우에 있어도 제한하지 않은 화물을 나열하기보다는 종래의 거래 화물을 선택함이 편리하다.

경성시장 종류별 매상고 표(1917년 말 조사) (단위: 원)

시장명	농산물	수산물	직물	축류(畜類)	잡화	계
남대문시장	1,297,300	92,000	-	-	318,000	1,707,300
동대문시장	1,043,950	40,000	28,000	450	175,000	1,287,400
중앙집산장	625,897	26,143	-	-	59,347	711,387
남미창정시장	9,464	78,988	-	36,400	21,476	146,328
경성식료품시장	140,777	-	-	-	-	140,777
히노마루수산시장	-	108,733	-	-	-	108,733
용산수산시장	-	140,007	-	-	-	140,007
경성어시장	-	236,483	-	-	-	236,483
계	3,117,388	722,354	28,000	36,850	573,823	4,478,415

8) 공설시장의 수

이상적으로는 광대한 중앙도매시장과 분리된 많은 소매시장을 설치하는 것이 좋다고 할지라도 약소한 비용으로는 말은 해도 행할 수가 없다. 현재 일본에서 논의 중에 있는 노천 공설시장은 특별히 가옥 건축비용이 필요하지 않아 가히 경제적이라고는 하지만 몇천 평의 토지를 여러 곳에 구하는 것에는 막대한 비용을 투자하지 않으면 안 될 뿐만 아니라 야간 형태(夜店式)나 부정기적 형태(緣日式)로 변하기 쉽다. 따라서 시장의 정리와 가격의 통일을 얻기 어렵다. 따라서 공설시장은 반드시 그 설비를 완전히 하여 청결 정돈을 주요한 취지로 하여 감독을 쉽게 할 수 있는 조직으로 할 필요가 있다.

우리 경성에서는 도매시장(즉 '경매'시장)과 소매시장을 병합한 유일한 중앙공설시장을 설치해야 한다. 혹은 도매시장을 남대문 또는 용산 정거장 부근에 설치하고, 소매시장을 경성 중심지에 설치함이 가장 옳으나 이 역시 비용의 문제이다. 이전에 공회당조차도 건축하지 못한 경성이 2개의 공설시장을 동시에 설치할 수 있을 것이라는 점은 믿기 어렵다. 그리고 시장은 공회당과 달라서 다액의 수입이 있는 것이므로 차관을 얻어서 이를 결행함은 결코 곤란하지 않다고 하더라도 쓸데없이 대차관을 얻는 것은 신중해야 한다. 차관에 의하지 않고 지방정부의 재력만으로 이를 실행하려고 한다면, 비용을 감소시키기 위하여 단일 시장주의를 채용함이 옳다. 그리고 상업회의소와 같은 공공단체 이외의 기관이 이를 경영하는 경우가 있다 할지라도 동일하게 단일 시장주의를 채용함이 양책(良策)이 될 것이다.

혹은 단일 소매시장주의에 의하여 도매시장을 제외하자는 설이 있으나 불가하다. 대개 공설시장의 목적이 시가(市價) 통일과 시장 정리에 있다면, 이를 채용하고 저것을 배척함은 득책이 아니다. 왜냐하면, 시장의 표준은 도매시장 즉 경매시장에서 일종의 공정시세로 결정되는 것이므로 많은 생산자가 군집하여 수요자가 오기를 기다린다고 하더라도 가격 통일은 이루어지지 않는다. 매매 쌍방은 가격의 가감으로 시간을 허비하고 매우 소란스러워 공설시장이라는 이름은 당당하지만, 그 면목은 개선해야만 한다. 대련시장의 가격이 통일되지 못한 것은 표준시세가 없기 때문이다. 최근 도쿄에서 시험한 노천 공설시장에서는 쌀 이외에는 싼 가격으로 구입한 물건이 없으며 생산자는 표준이 없는 것에 편승하여 고가로 매각한 물건이 많다고 한다.

도매시장의 필요함은 더욱 다른 2개의 이유가 있다. 하나는 여각(旅閣)[25] 및 중매인 단속에 관한 것이고, 둘째는 시장과 생산자의 관계이다. 본래 상업상의 기관은 복잡하여 지방 물자의 집산은 오로지 여각 중매인의 손을 거치지 않으면 신속하게 이루어지기 어렵다. 가령 어류에 대하여 보면, 조선 및 일본 각 어장의 상황과 각지 수요 상황 등을 고찰하여 이를 신속하고 적당하게 안분하는 것은 여각이다. 한 지방에서 도착한 어류의 당일 수급을 보고 가격을 결정하는 것은 중매인이다. 이러한 것이 사회상 불가결한 이유는 미곡에 대해서든, 주식거래에 대해서든, 식료품 시장에 대해서든 동일하다. 그리고 그들이 그 전문적(혹은 독점적) 지위를 이용하여 부정한 이익을 취함도 역시 거래소 중매인 등과 같다. 그들을 불가결한 기관이라고 한다면, 적당히 이를 보호해야 한다. 그리고 그들이 부정을 행하기 쉽다고 하면, 이를 감독자의 손아래 묶어 둘 필요가 있다. 「시장규칙」에도 여각의 존재를 인정하고, 경영자의 허가를 필요로 한다고 적시한 것은 이러한 점을 예견한 부분이다. 제2의 이유인 시장과 생산자의 관계란 것은 농작물의 선정을 도매시장에서 정하게 하고, 생산품 역시 도매시장을 경유하여 판매되도록 하는 것을 지칭한다. 아래에 그 요점을 서술한다.

현재의 시가(市價)는 그 화물의 여하를 불문하고 약간은 지방적 수급에 의하여 결정되며 약간은 세계적(혹은 대 지방적) 수요에 의하여 결정된다. 가령 수박에 대하여 말하면, 경성에 있는 가격은 하나는 경성 지방의 작황 또는 그 외의 원인으로 좌우되며, 하나는 남쪽 지방과 멀리는 규슈(九州) 지방의 작황 또는 그 외의 원인으로 높고 낮게 된다. 그리고 이들 넓은 지역에 걸쳐서 기민하게 수급 상태를 주시하는 이들이 바로 중매 여각 무리들이다. 그들의 상략(商略)은 결코 올해의 가격 또는 지방적 수급에 집착하는 것이 아니다. 이에 반하여 농부 또는 그 외의 생산자는 대부분 올해의 가격에 집착하여 작물을 선택하기 때문에 이익의 타산상 누누이 실패를 보게 된다. 선량한 지도자가 있어서 이를 인솔하지 않으면 만족한 발전을 기대하기 어렵다.

이들 양자 사이에 교묘하게 연락을 취하고 시기와 형편에 따라 생산자의 공급을 조절하고 있는 이들이 구루메(久留米)의 시장 여각이다. 이 지역의 여각은 내년의 수급 상황을 고찰하여 작물의 종류 및 분량을 생산자에게 예고하고 적어도 동양 방면의 시가 변동을 항상 파악하

---

25 여각(旅閣): 농수산물의 매매에 흥정을 붙이거나, 또한 그 물건의 임자를 묵게 하는 영업집.

며 이에 응하여 이출(移出) 혹은 수출을 꾀하여 이익을 얻는다. 이러한 방법은 우리 경성 공설 시장에서도 불가불 학습할 사항이다. 그리고 이를 담당할 기관은 그들 여각 및 중매에 다름 아니니 도매시장을 분리 배척하기 어려운 하나의 이유이다.

위와 같이 경성에는 도매 및 소매를 병합한 단일 시장을 설치하는 것이 옳다. 실은 25만의 인구를 포용한 도시에 유일한 시장이 만족을 줄 것이라고는 믿기 어렵다. 그렇다고 하더라도 공설시장의 목적은 식료품 일체를 시장에서만 매매하려는 의도는 아니다. 지금의 비싸고 난잡한 시가를 통일시키고 내려가게 하여, 즉 솔선수범하여 모범을 보여 상인으로 하여금 스스로 배우게 함이 주요 목적이다. 만약 공설시장이 충실히 이 목적을 향하여 노력하면 시장 이외의 식료품 판매점에서도 자위상 스스로 화물을 선택하고 가격도 시장에 따를 것이다. 그때에는 즉 시장은 그 목적을 달성하였다고 할 수 있으며, 감히 많은 시장을 필요치 않으며 단일 시장으로 족하다.

9) 시장의 위치

이상 서술한 바에 의하여 단일시장이 더욱 필요한 이유는 명료하다. 그렇다면, 그 위치를 어디에 선정할 것인가. 시장의 위치는 다음의 여러 조건을 구비할 필요가 있다. 즉

1. 충분히 광대한 면적을 가져야만 한다.
2. 철도 그 외의 운송기관과 연결이 없으면 안 된다.
3. 도시 중심에 근접해야만 한다.
4. 주위에 광대한 도로를 가까이 두지 않으면 안 된다.
5. 금융기관과 접근해야만 한다.

이들 여러 조건은 시장으로서 불가분 필요한 것으로 감히 설명을 덧붙일 필요가 없다고 하나 몇 마디 부기해 둔다. 단일시장으로서의 도매와 소매 양자를 모두 경영하고자 한다면, 적어도 4,000~5,000평이 필요하다. 따라서 그 이하의 토지로는 위치가 아무리 좋다고 할지라도 가치가 없으니, 시장인 이상은 수운·철도·전차 등의 운송기관이 집중된 지점에 위치해야만 한다. '브뤼셀'과 같이 거액의 자본을 투자하여 복사선상으로 시구(市區) 개정을 실시하

고 그 중앙을 정거장 및 시장의 대지로 하였으니 시장에 중점을 두었음을 알 수 있다. 경성은 이에 미칠 필요가 없으나 중앙시장의 건설에는 운송기관의 편의 여부를 충분히 고려해야만 한다. 그다음에 도시의 중심가 되는 것도 중요한 조건이다. 적어도 도매뿐만 아니라 소매를 목적으로 하는 시장은 시민이 충분히 이용할 수 있는 위치에 있어야만 한다. 단순히 운송의 편리만 있을 것으로는 불가하며, 도시의 어느 곳으로부터든지 균등한 거리에 위치해야 한다. 주위에 광대한 도로를 가까이에 둔 즉, 가능한 다수 도로의 집합 지점인 곳은 다량의 화물이 집산하는 관점에서 보더라도 구매의 혼잡을 피하는 관점에서 보더라도 필요하다. 가령 개방된 광장일지라도 주위에 협소한 도로를 가지고 있을 때는 시장의 가치를 저하시킬 것이다. 그리고 금융기관이 부근에 있는 것도 경시할 수 없다. 서구에서는 시장을 위하여 다수의 은행이 지점을 개설하도록 한 사례가 적지 않다는 점을 보더라도 그 내용을 알 수 있다.

위와 같은 여러 조건을 이미 완비한 토지는 경성부 중에서 유일하게 이왕가 소유의 광장이 있을 뿐이다. 즉 명치정(明治町) 2정목 동양척식회사 건너편 광장인데 벌 면적 약 3,900평, 여기에 도로 대지 약 600평을 더할 때는 합계 약 4,500여 평이다. 만약 주위의 토지를 매수할 때는 5,000~6,000평을 얻을 수 있으니 먼저 위의 제1조건을 구비하였고, 그리고 그 토지는 신·구 용산, 마포, 청량리, ■도의 전차선이 집합하고 또 남대문 정거장의 거리가 멀지 않아 제2 조건에 합치한다. 시가의 기하(幾何)적 중심지에 있지 않으나 인구의 밀집도로 보면 거의 경성 중앙에 있어서 제3 조건을 결여하지 않으며, 사방이 모두 전차도로 또는 주요 도로에 접하여 제4 조건도 충족하며, 제일은행·농공은행·동양척식회사 금융부 및 18은행과 서로 가깝고 그 외의 대은행과 서로 거리가 가히 수백여 보에 불과하여 최후의 조건을 망라하였으니 거의 이상적 장소라고 할 수 있다. 우리들은 장래에 공설시장 경영을 담당할 자는 해당 광장의 불하 또는 매도 교섭에 진력하고, 이왕가도 역시 공설시장의 사회상 의의를 고려하여 이를 원조하는 의미로 해당 광장을 제공할 것을 희망한다.

그러나 이왕가에서 그 내부 사정상 해당 토지를 공설시장 대지로 제공하기 어려울지도 모르겠다. 그때는 부득이 다른 후보지를 찾지 않으면 안 된다. 그리고 우리들이 착목한 것 3개가 있다. 하나는 태평통 1정목 31번지(경성일보사 뒤 구한국 병영 터)인데 면적 3,966평이다. 위치가 조금 서쪽으로 편재하여 운송 교통상 다소 불편하더라도 원래 관유지이기 때문에 공공단체가 이를 이용하기에는 장애가 가장 적으며 비용 등에 이익이 적지 않다. 두 번째는 하세가

와정(長谷川町) 111번지 수비대 병영터이다. 면적 1,800여 평으로 위치는 매우 중앙에 가깝고 주위의 교통도 역시 편의가 많다. 그러나 해당 토지 동남 약 500평은 우리 경성상업회의소가 공회당을 겸할 수 있도록 설계하여 건축 대지로 예정하고 현재 그 불하를 청원한 토지인즉 나머지 부분이 1,300평에 불과하여 소매와 도매의 양 시장을 모두 설치하기에는 도저히 협소하다. 세 번째는 수표교에서 배교에 이르는 중간 6,000평에 걸쳐 있는 하상(河上)이다. 대체로 청계천은 경성의 중앙을 동서로 관류하여 폭 약 15칸(間)이니 만약 하상에 잔교식의 장옥(場屋)을 건축하여 시장으로 충당하면 중앙시장으로 적합할 듯하니 가히 참고할 만하다.

또한 이들 이외에 훈련원 광장이 있고, 용산연병장 터 광장이 있으며, 중앙 집산장과 남대문시장이 있다. 모두 소매시장 또는 도매시장의 후보지로 적합하나 앞서 논한 이왕가 소유지에 비하면 매우 열등하다.

10) 시장의 건축양식

건축양식과 같은 것은 우리들 문외한이 논하기 어렵기 때문에 간단히 대체적인 희망을 논한다. 경성의 공설시장은,

1. 도매시장은 아스팔트 바닥에 막사 건물로 하고
2. 소매시장은 벽돌 2층 건물로 해야만 한다.

도매시장은 단시간에 많은 생산자 및 여각·중매 등이 집합하여 거래를 행하는 장소이기 때문에 어류 또는 생과, 야채 등의 종류에 따라서 구획하고 혼잡을 피하기 위하여 가능한 개방하여 출입을 편하게 해야만 한다. 일본의 각 시장이 다수 막사식의 간단한 가옥을 채용한 것은 하나는 비용 절감의 결과이며 생선, 야채 등의 경매시장도 역시 그 원인이다. 경성은 겨울에 기온이 매우 내려가기 때문에 완전히 개방한 가옥은 위생상 고려할 점이 없지 않으나 도매시장의 거래는 경기가 좋고 단시간에 이루어져서 다소의 한기는 무방하니 별도로 방한 설비를 설치하지 않아도 된다.

소매시장은 (가) 중류 이상의 부인을 상대하고, (나) 풍우(風雨) 시에도 구매자가 편리하게 출입할 수 있도록 할 필요가 있고, (다) 판매자가 종일 장사하는 편의를 고려하며, (라) 추위

와 더위를 방지하기 위한 상당한 설비가 있어야 하며, (마) 더욱이 도시의 체제까지도 고려해야만 하기 때문에 목조의 일본 건축보다도 벽돌 건축을 택하지 않으면 안 된다. 청도(青島)의 시장이 그러하고 대북(臺北)의 시장이 그러하며 그 외의 선진국은 대단한 비용을 투자하여 그 설비를 완전히 하는 경향이 있으니 경성이 빈약하다고 스스로 비하하여 이와 같은 공공의 건조물까지도 졸렬히 할 이유가 없다. 그리고 하나는 도시 번영책으로 가장 유력한 기관이 될 것이기 때문에 영구적인 구조를 가질 필요가 있다는 점도 역시 생각해야만 한다.

경성시장 건축에 있어 특히 주의할 점은 부패나 동결을 방지할 장치이다. 보통의 창고가 필요한 것은 물론이나 하절기 어류 및 조수육(鳥獸肉) 등을 저장하기에 충분한 냉장고를 설치하고, 동절기 어육, 채소 등의 빙결을 피할 수 있는 보온 창고도 빠트릴 수 없으니 전문가의 의견을 구해야만 한다.

특히 전기·가스, 상수·하수, 채광·채온, 통풍·환기, 전신·전화, 변소, 전차·인입선, 우마차 거치소 등 연구할 점이 많으나 이들은 시장의 위치를 결정하고 도소매 등의 대소, 구획 등이 명확해진 뒤의 실제적인 문제로 미리 단정하기 어렵다. 요점은 단지 문명의 이기를 유감없이 이용하여 시장 기능을 발휘함에 있다.

11) 시장의 기관

시장의 기관이라 함은 시장 경영자의 사무소, 여객 및 중매와 소매 상인이다.

제1 사무소. 사무소는 시장의 중추로 질서를 유지하고, 수지를 장리(掌理)하며, 공중을 표현하고, 가격을 감독하며, 소비자와 생산자의 연결을 꾀하는 등 시장의 개선·발달의 원동력이 되는 곳이다. 따라서 그 수완을 요함이 범상치 않으니 마땅히 지식과 경험을 겸비한 염결지사(廉潔之士)를 천거하여 그 일을 담당케 함이 옳다. 단순히 법례의 작제(作制) 적용에 익숙한 사람이나 또는 영리적 상재(商才)에 장점이 있는 사람으로는 혹은 실패로 끝나지 않는다고 보장하기 어렵다.

사무소의 직능은 위와 같이 복잡하고 난삽하다. 그러나 사무소의 활동이 왕성하지 못하면 시장의 공익적 의의는 몰락할 것이기 때문에 반드시 한편으로는 여각, 중매 등을 통제하여 가격을 조절케 하고, 다른 한편으로는 수급의 기미를 관찰하여 사회에 만족을 주는 권한을 부여해 둘 필요가 있다. 그리고 경성의 공익시장은 단순히 경성을 위할 뿐 아니라 널리 조선반도의 중앙시장으로 세운(世運) 진전에 공헌할 바가 적지 않다. 최근 지방 산물이 증가됨에 따라 그 판로를 구하고 제품의 비평을 구하기 위하여 본 상업회의소로 현품을 보내는 것이 점점 증가하고 있다. 회의소는 이와 같은 의뢰에 대하여 정확한 회답을 주는 중이나 그 화물의 판매를 시험하거나 혹은 수입출할 수요지를 탐색하는 권능을 가지지 못하니 실로 유감인 바가 적지 않다. 이들 사항은 시장 사무소가 취급할 것으로 공설시장이 완성되는 때에는 무릇 신생활품의 출하를 장려하여 이윤 개발에 이바지할 것이다. 그리고 지방의 화물은 반드시 식료품에 한정할 필요는 없으며, 어떤 물건이든지 조선 산물 개선 증가에 필요한 수단을 강구하고 항상 세계적 화물의 이동과 시가 등에 주목하며, 더욱이 자기가 통제하는 여각 등의 의견을 취하고 능히 생산자의 업무를 지도해야만 한다. 이와 같은 기관이 조선에는 가장 결핍되었으니 반드시 사무소가 이를 수행해야만 한다고 생각한다.

제2 여각. 「시장규칙」 제8조 이하 제24조까지는 거의 여각에 관한 규정이다. 여기서 여각이라 함은 위탁을 받아서 경매의 방법으로 수산물·채소 또는 과일의 판매를 경영하는(제8조 제1항 전단) 자로서 시장 경영자의 동의를 얻고 도장관의 허가를 받은 자에 한하며(동 상 후단), 그리고 허가를 받은 권리는 상속에 의하여 계승할 수 있는 재산권이요(제11조), 그리고 정당한 사유 없이 그 영업을 쉬는 것은 불가하며, 그리고 영업 화물의 판매 위탁을 거절할 수 없으며(제13조 및 제14조), 해석상 그 권리는 매매·양여의 목적이 될 수 없으며, 6개월 이상 영업을 개시하지 않거나 또는 1개월 이상 휴업하거나 혹은 공익상 필요한 경우는 영업 정지 또는 허가의 취소 처분을 받아야 한다(제17조). 즉 많은 제한을 받는 무명(無名)의 권리다.

위는 「시장규칙」상에 규정된 여각의 성질이다. 그리고 그 33조 법문 중 그 대부분을 여각 규정에 두고 있음은 입법자가 여각의 존재를 필요로 하고, 그리고 단속을 엄히 하여 그 숫자도 소수로 한정할 것을 전제로 한 것으로 보아야 한다. 여각은 경제사회의 필요기관으로 이것이 없으면 시장의 운전이 원활치 못할 것인 만큼 마땅히 도매시장을 설치하여 여기에 그들을 부속시켜야 한다는 점을 논해 둔다. 그렇다면 그 숫자는 어떠한가.

여각의 숫자는 확정키 어려우나 3인 이상 5인 이하로 족하다. 이는 한 사람이 집산화물을 독점하지 못하도록 함과 동시에 한편으로는 신용이 빈약한 다수 동업자를 결집하지 못하게 하는 것이다. 그래서 여각 인정의 표준은 첫째 인물의 됨됨이로 시장의 의의를 분별하지 못하고 자신의 특수 지위를 악용할 염려가 있는 자는 배척해야 한다. 둘째 재산상의 신용이니

은행업자가 보증하는 자가 아니면 허가해서는 안 된다. 셋째 지식의 점이니 단순히 눈앞의 거래에 민감하다 할지라도 내외 시장 사정에 어두운 자는 사무소의 자문에 답하여 사회의 이익을 계획하기 어렵기 때문에 공인 여각의 자격이 없다.

중매인은 여각 및 생산자 또는 소매업자의 중개자로서 거래를 원조하는 시장의 필요기관이다. 「시장규칙」 제9조에 의하면, 중매인은 여각에 부속하고 그 자격 및 참가 탈퇴에 관한 사항은 영업규칙 중에 기재하여 도장관에게 제출할 필요가 있다. 즉 중매인도 간접적으로 도장관의 지배를 받는 것이 명백하며 사실은 여각 이상으로 감독을 요하는 자이다. 마땅히 그들의 인격·신용·관습 등을 음미하여 그 수를 제한해야 한다. 공설시장 성립 후 여각이 사용인을 교묘히 사역할 때는 많은 중매인을 필요치 않기 때문에 경매할 때에는 필요한 수에 그쳐야 한다. 중매인의 소질은 평균하여 하등한 자가 많으니 중매인 자신도 이를 인정하고 있는 상황인 만큼 이 시점에서 그 개량 수단으로 인물을 선택하고 단속을 엄히 하지 않으면 안 된다.

제3 소매상인. 위의 여각 중매 및 생산자의 대다수는 오로지 도매시장에 속하며 소매상인 및 생산자의 일부는 오로지 소매시장에 속하니 소매상인의 수는 제한을 둘 필요가 없다고 하지만 시장의 대소에 의하여 자연적으로 제한을 받을 것이다. 청도(靑島)에 계획 중인 시장은 매점 50, 봉천(奉天)시장은 매점 40, 대련(大連) 시나노마치(信濃町) 시장은 약 100이니 경성은 더욱이 120~130의 매점을 설치함이 옳다. 그러한 때는 매점을 가진 상인은 매점 수에 제한되고, 그 외의 매점 즉 생산자 또는 소상인이 잡거하여 판매하는 광장도 정리상 무한으로 수용하기 불가능한 만큼 이 방면도 다소의 제한을 받을 것이다. 소매업자에 관하여는 법규상 하등 규정이 없으나 마땅히 정돈 청결을 주로 하고 매가를 통일시키며 오로지 화물의 품질과 고객의 대우에 의하여 경쟁하게 할 필요가 있다.

더욱이 이상의 여러 기관은 서로 혼돈되고 침범할 수밖에 없다. 즉 여각은 중매를 겸할 수 없고, 중매는 여각 행위를 행하지 못하며 공히 소매시장에 점포를 가질 수 없다. 생산자가 중매 행위를 하지 못하는 것이 이와 같다. 이들 여러 사항이 깊이 있게 연구해야 할 것이라면, 자료를 얻은 후에 논하고자 한다.

12) 시장의 수입

시장은 공설과 사설을 불문하고 장내에 점포 또는 매장을 열고 있는 자에 대하여 과금(課金)을 징수하는 것이 의례이다. 그리고 그 방법에 수입주의와 수수료주의가 있으니 공설시장으로서 수입주의에 따르는 것이 구미에는 적지 않다고 들었다. 그 목적은 시장의 수익을 증가하여 시민의 부담을 경감시키는 것에 있다. 그러나 수입주의는 시민 전부의 부담을 시장을 이용하는 소비자에게 전가하는 결과를 낳아 물가를 올라가게 할 것이다. 만약 등귀를 억제하면 상인들이 상당히 곤란해질 것이다. 수수료에 따르면 시장에 투자한 자금 및 이자 경영비를 보상하기에 충분한 금액을 안배하여 과세하기 때문에 공설 목적에 반하지 않는다. 우리 경성에서는 이 수수료주의에 따라서 입안함이 옳다. 그러나 이 주의를 일관되게 적용하면 각종 문제를 발생시킬 것이기 때문에 영업세를 모방하여 매상고에 따라서 사용료를 징수하며, 혹은 가옥세를 표준으로 하여 매장의 대소에 따라서 요금을 정하며, 혹은 매장 대부 기간을 제한하거나 때때로 입찰을 하여 사용료의 적절한 정도를 고려하여 절충, 조화시켜야 한다. 특히 도매시장의 여각은 일종의 특권을 부여하여 독점적 지위에 있는 자이기 때문에 특허료의 의미로 다액의 요금을 부담케 함이 옳다. 고베(神戸) 미나토가와(湊川) 어조청물(魚鳥青物)시장은 거래 연액 약 90만 원에 달하는데 동 시장 경영자인 회사는 이를 16명의 여각에게 대여하고 사용료 1만 600원을 징수하고 있으며, 동 미야마에(宮前) 분(分)시장은 거래 연액 38만 원 내외인데 사용료 4,800원으로 어떤 생선 여각에 대여하였고, 동 효고 분시장은 거래 연액 60만 원에 달하는데 이를 8명의 여각으로부터 연 1만 원의 사용 요금을 징수하고 경영하도록 했다. 이들은 대부분 도매시장이니 참고할 것이며, 사용료는 거래액의 1보(步) 1리(厘) 내지 1보 6리 사이이다. 가령 여각의 사용료를 거래액의 1보 2리로 간주하고, 경성 공설시장의 거래 연액을 200만 원(실제는 이보다 상당히 다액에 달함, 앞의 표 참조)으로 하면 여각으로부터 연 2만 4,000원의 사용료를 징수할 수 있는 계산이다.

소매시장의 상인은 여각과 같이 독점적 지위에 있는 자가 아니기 때문에 사용 요금은 가급적 저율로 정하고, 사용 장소의 대소에 따라서 구별할 수밖에 없다. 대만의 시장은 앞서 서술한 바와 같이 월세 일세로 나누어 월세는 4원 내지 8원, 일세는 1전 내지 3전을 징수한다. 대련은 전면 2칸의 매장 요금을 월액 10원으로 한다. 그리고 월세는 상인이 사용하는 것이고, 일세는 생산자가 하차 또는 담하(擔荷)대로 나열, 판매함을 위하여 설치한 제도이다. 지금 시장

기관의 조례에 입각하여 가정한 것과 같이 120칸의 점포를 설치하여 평균 월세 10원을 징수하면, 월 1,200원이며, 그 외에 일세 100원을 받으면 소매상의 연 수입 1만 5,600원에 달한다.

위의 계산에 의하면, 시장의 연 수입 대충 3만 9,600원을 얻을 수 있으며, 그중에서 6,000원을 경영비 및 수선비로 제외하고도 더욱이 8,400원을 상환 자금으로 적립된다. 잔액 2만 5,000원을 투하한 자본의 이자(7보로 가정함)에 충당할 때는 이를 환원하여 35만 7,000원으로 토지 가옥 및 그 외의 설비에 투자하여도 된다. 장래의 번성함을 내다보면, 더욱 많은 비용을 투자하더라도 경영상 그리 곤란하지 않을 것이라고 믿는다.

13) 결론

이상은 본 상업회의소가 조사한 바를 약술한 것이다. 이로써 그 사정을 다한 것이라고 자신하지 않는다. 더욱이 실제로 연구할 것이 많으며. 이들은 다른 날 원고를 새롭게 발표하고자 한다.

현재 물가가 올라가 멈출 바를 모르니 중류 이하의 생활은 날로 어려워지며, 일본에서는 물가조절과 구빈제도 등은 이미 제국의회에서 문제가 되고 있으며 빈번히 토의하는 중이다. 이와 같이 일본의 산업이 융성하고 노동 기회가 증가한 지방조차도 이미 그러하거늘 조선과 같이 식산이 아직 흥하지 못하여 수입의 방도가 적고 민도가 낮으며 저축이 적은 지역은 더욱이 물가조절의 긴급함을 느끼지 않을 수 없다. 그래서 공설시장 설치와 같은 것은 그 기관으로 가장 유력한 것이다. 현재 및 장래에 걸쳐 사회생활의 일면을 보장할 것이다. 도쿄·오사카·고베 등은 우선 일시적으로 공설시장을 개설하고 싼 가격으로 물자를 공급하였으나 도저히 현재의 긴급함을 구제하지 못하였다. 공설 이외에 자선시(慈善市)를 개최하는 의인이 있었으나 그 역시 원래 무수한 궁민을 윤택케 하기에는 부족하다. 우리 경성은 아직 극심한 참상을 보이지 않는다고 하더라도 상공업자 제현은 감히 공공을 위하여 미리 준비하지 않으면 안 된다. 즉 고식적 설계에 만족하지 않고 기능이 광대한 시장을 공설하여 중생 제도(濟度)의 대망을 일으킬 필요가 있다.

소문에 의하면, 2~3개의 소규모 시장 설치를 계획하는 것이 있는 듯하나 이와 같은 것은 후대 사람에게 역으로 재화(災禍)를 남길 것이니 매우 불가하다. 건물 여하는 재정이 허가하는 범위에서 혹은 싼 것이라도 가능하다고 하지만, 시장의 대지는 충분히 수용해 두고 이후에 확장할 수 있는 여지가 있어야 한다. 2~3개의 소시장은 후일에 구할 수 있을 것이며 중앙의 광장은 이를 구하기 어려울 것이니 지금 이를 찾아서 확보해 두어야 한다(완).

2) 중앙시장 설치 결정안

〈자료 306〉 중앙시장 설치에 관한 결정안(조선경제잡지 80호, 1922.08.)

이전부터 계속해서 내무성 사회사업조사회 특별위원회에서 중앙시장 설치 요항 및 공설시장 개선 요항에 대하여 심의 중이었는데 대체적인 내용이 아래와 같이 결의되었다.

중앙시장 설치 요항

1. 중앙시장에서는 어류·육류·계란·채소 등의 식료품의 도매를 행함. 단, 필요한 경우에는 지방장관의 허가를 얻어 그 외의 일용품 도매를 할 수 있음.
2. 중앙시장은 지방단체에서 설치해야만 한다. 단, 특별한 사정이 있는 경우는 이익을 목적으로 하지 않는 법인에서 이를 설치할 수 있음.
3. 중앙시장 설치·폐지는 주무대신의 허가를 받을 것.
4. 주무대신이 필요를 인정할 때는 지방단체에 대하여 중앙시장의 설치를 명할 수 있음.
5. 국고는 중앙시장의 설비에 대하여 그 일부를 보조할 것.
6. 주무대신이 필요하다고 인정할 때는 중앙시장의 용지로써 국유 토지를 무상으로 양도 또는 사용하게 할 수 있음.
7. 중앙시장을 설치하려고 하는 자가 있을 때 지방장관은 그 신청에 의해 주무대신의 인가를 거쳐 필요하다고 인정되는 지역 내에서 사설시장의 폐지를 명할 수 있음.
8. 중앙시장을 설치하는 자는 전항에 의해 폐지를 명받은 사설시장의 경영자에 대하여 폐지 때문에 발생하는 손실을 보상할 것. 전항에 의해 보상해야 할 금액은 협의에 의해 이를 정하고 협의가 이루어지지 않을 때는 지방장관이 이를 결정하고 그 결정에 불복하는 자는 주무대신에게 소원을 제기할 수 있음.
9. 중앙시장에서는 시장 설치자 본인이 영업을 하고 또는 지방장관에게 일정 기간에 한하여 공인된 자에게 영업시킬 것. 단, 주무대신이 필요하다고 인정할 때는 공인 영업자를 변경시킬 수 있음.
10. 중앙시장에서 영업자는 보증금을 납부할 것. 단, 영리를 목적으로 하지 않는 법인에 대해서는

이를 면제할 수 있음.

11. 중앙시장의 사용료는 지방장관의 허가를 받을 필요가 있음.
12. 중앙시장의 사용을 허가받은 자는 그 권리를 양도하거나 또는 타인에게 이를 사용하게 할 수 없음.
13. 중앙시장에서 경매에 참가하려는 자에 대해서는 함부로 이를 제한하지 말 것. 단, 미리 시장에 일정한 보증료를 납부할 수 있음.
14. 중앙시장에서는 소매상인에게 판매하는 것을 원칙으로 함.
15. 중앙시장에서 제9항의 영업자와 물건 주인의 거래는 위탁판매를 원칙으로 함.
16. 중앙시장에서의 판매는 경매를 원칙으로 함.
17. 경매는 금액으로 표시할 것.
18. 중앙시장에서 위탁 수수료는 지방장관의 허가를 얻어야 함. 제9항의 영업자는 전항 위탁수수료 외에 어떠한 명의라고 하더라도 보상을 받을 수 없음.
19. 중앙시장의 업무 규정 및 영업 세칙은 명령이 정하는 바에 준거하여 이를 만들고 지방장관의 허가를 받아야만 함.
20. 주무관청은 중앙시장의 구조 설비·관리·거래 방법 및 제9항의 영업자와 물건 주인과의 계약에 관하여 감독상 필요한 명령을 내리고 또는 처분을 할 수 있음.
21. 법령의 위반에 대하여 상당한 벌칙을 둘 것.
22. 제12항에 의해 보상금의 환급 및 몰수에 관해서는 업무 규정으로 정할 것.
23. 중앙시장의 기능을 완전하게 하기 위하여 정부는 아래의 사항에 대하여 상당한 조치를 할 것. (1) 냉장고·냉장차 및 냉장 배를 설비하고 혹은 이들의 설비에 대하여 상당한 장려 조성의 방책을 강구할 것. (2) 중앙시장과 생산지 사이의 수송기관을 정비하고 물자배급을 원활하게 할 것. (3) 중앙시장의 설치에 대하여 수수료 자금의 청구를 행할 것. (4) 출하조합의 장려를 행할 것.

공설시장 개선 요항

1. 시장은 시정촌(市町村)에 설치하게 할 것. 단, 경우에 따라서 공공단체의 설치를 더할 것.
2. 시장의 위치는 도로 운송교통의 편리함이 있는 지역을 선택하고 인구에 따라서 이를 설치할 것.
3. 시장의 구조, 설비는 공중의 편의 및 위생에 충분한 주의를 기울일 것.

4. 판매품 종목은 주로 채소·과일·선어(鮮魚)·소금·말린 생선·육류·계란·미곡·된장·간장·설탕·땔감, 그 외의 일용품의 판매를 방해하지 않을 것.
5. 시장은 가능한 생산자·제조자 및 도매상인으로 하여금 판매시킬 것.
6. 판매품 종류에 따라 시장 경영자가 직영할 수 있음.
7. 시정촌 등에서 표준 가격을 표시할 것.
8. 시장의 물가는 일반적으로 공지할 수 있는 방법을 강구할 것.
9. 계절에 따라 시장의 개폐 시간을 일정하게 할 것.
10. 공중용 저울을 구비하여 계량의 정확을 기할 것.
11. 판매 상인을 지정할 경우는 특히 자격 신용 등을 심사하고 시장의 신용을 해치는 듯한 행위가 없도록 할 것.
12. 감식(鑑識) 있는 순사원을 설치하여 품질·가격·저장 방법·판매 행위 등에 대하여 항상 감독을 게을리하지 말 것.
13. 지방의 상황에 따라 순회 시장을 개설하고 또는 출장 판매를 행할 것.
14. 품질의 감정, 그 외의 시장 경영에 관하여 관계 직원을 양성할 것.
15. 시장 상품의 판매 가격을 견제하려는 동업조합에 대한 단속을 감행할 것.

3) 경성도매시장안

〈자료 307〉 경성 중앙도매시장안의 내용(경제월보 250호, 1936.11.)

경성부 중앙도매시장조사위원회는 지난 11월 26일 오후 1시부터 회의실에서 개최되었는데 위원은 60여 명 가운데 우스이(碓井) 본부(本府) 상공과장, 사이키(佐伯) 경기도 내무부장, 시모무라(下村) 경찰부장, 윤(尹) 산업부장 외 관민 60여 명이 출석하여, 촉탁 오노 유(大野勇)가 원안을 설명하고 동 5시에 폐회하였는데 다음은 오는 21일 속행되어 질의응답이 진행된다. 당 안은 시장조령(條令) 설정의 기초가 될 중요안으로 시장제도는 단·복 양(兩) 제도를 채용하고 부(部) 내에서 양 제도를 적합하게 조절하는 것으로 하였다.

더욱이 본 시장 개설에 의한 취급액은 400만 원을 목표로 하는데 건설 경영에 필요한 비용은 자급자족해야 하는 것으로 결국 건설비 70만 원까지를 한도로 채권을 발행하는 것으로 하였다. 대지는 8,000평으로 장소는 경성역 구내 의주통 2정목 및 그 부근이다. 경성중앙도매시장의 특색은 이 장소가 가장 적합한 곳이란 것과 이러한 호조건의 장소는 일본에도 전혀 없으며, 유럽에도 없으며 미국에 자본주의가 농후한 시장이 있을 뿐으로 이 장소는 결국 중앙도매시장 개설을 가능하게 하는 중대한 요소가 되었다. 당 시장 개설안의 내용은 아래와 같다.

1. 경성부는 '경성부 중앙도매시장'을 개설하고 「시장규칙」 제8조에 의해 영업자 및 그 외의 업무자를 수용하고 규제가 있는 거래를 행할 것.
2. 본 시장의 거래 품목은 아래와 같다.

선어(鮮魚)부	신선한 생선, 조개류, 냉동 생선 조개류, 해조류, 해수육류(海獸肉類)
청과부	과실, 채소, 버섯 및 그 제품
염간부	소금에 절인 생선, 말린 생선, 건어물, 미역류
조란(鳥卵)부	생란, 야생 새, 계란류
육류부	짐승과 닭고기 및 그 제품류
잡품부	시장 거래에 부속하는 여러 잡품
입매(立賣)부	생산자의 채소 직매

3. 본 시장에서 수용해야 할 상인의 종류 및 인원수.

△ 도매인(「시장규칙」 제8조에 의해 허가를 받은 자)

선어부 1인

청과부 1인

(비고) 도매인을 각 부 1인으로 하는 것은 위탁경매를 원칙으로 하고 거래의 공정배급을 원활하게 하기 위하여 엄격하게 규칙에 규정되는 업무자이기 때문임.

△ 중매인

선어부	약간 명
청과부	약간 명

(비고) 중매인은 선어, 청과 양부에 한하여 둠.

△ 도매상인

염간부	약간 명
조란부	약간 명

육류부　　　약간 명

(비고) 도매상인을 각 부 2인 이상으로 하는 것은 대체로 구매가 상대적인 매매로 이루어져 거래가 매우 자유로운 업무자이기 때문임.

△ 부속 영업인

잡품부　　　약간 명

그 외 영업자　약간 명

(비고) 부속 영업인이란 시장 거래 품목에 부속된 필요 품목 및 시장 업무에 부속하는 업무를 행하는 각종 업자로서 식당·목욕탕·이발·숙박·운송·냉동판매업·은행업자 등과 같음.

△ 입매인

입매인　　　정원 없음

4. 본 시장에 시장장(長)을 두고 시장의 관리·단속·거래의 감독 및 제반 업무에 임함.

5. 본 시장 내 영업자가 납부해야 하는 보증금액은 아래와 같음.

도매인　　　각 부 공히 금 일만 원 이상

도매상인 각 부 공히 매장 사용료 월액의 3개월분 이상

부속 영업인　부 공히 점포영업소 사용료 월액의 3개월분 이상

중매인　　　각 부 공히 매장 사용료 월액의 3개월분 이상

6. 본 시장의 사용료의 종별은 아래와 같음.

도매인　　　시장 사용료(취급액에 부과하는 것), 매장 사용료(매장에 부과하는 것)

도매상인 매장 사용료

부속 영업인　매장 사용료

입매인　　　동

중매인　　　동

사무실 사용료, 냉동고 사용료, 창고 및 지하실 사용료, 공지 사용료, 주택 사용료

7. 도매인에게 관한 사항.

도매인은 위탁을 받은 경매 방법에 의해 판매함.

단, 특별한 경우는 부윤의 승인을 얻어 상대 매정가매(賣定價賣)에 의할 수 있음.

도매인은 영업 규정에 의해 정해진 판매 수수료를 제외하는 이외에 어떠한 명의에 의한 것이

든 관계없이 업무에 관한 보상을 받을 수 없음.

도매인은 위탁화물에 대하여 그 수량 품질에 차이가 있거나 손실이 있는 경우는 즉시 시장장에게 신고하고 계원의 입회 검열을 요구하여 증명서를 받아야만 함.

전항의 수속을 완료하지 않으면, 품질 수량의 차이나 손실에 대하여 위탁자에게 대항할 수 없음.

도매인은 중매인에게 판매해야만 함.

단, 특별한 사정이 있는 경우는 소중매 또는 일반 매출인도 판매에 참가시킬 수 있음.

도매인은 경매인을 정하여 부윤의 승낙을 받을 것.

8. 중매인에 관한 사항.

중매인은 자기가 속한 취급물품의 부류에 대하여 판매위탁의 인수 또는 시장 외에서 행하는 구매를 할 수 없음.

단, 도매인에게 특별히 필요한 경우는 부윤의 승인을 받아서 도매인의 계산으로 중매인에게 위탁을 받거나 또는 구매를 할 수 있음.

이 경우 도매인은 부윤의 승인을 얻어서 중매인에 대하여 특별한 보상을 약속할 수 있음.

중매인은 본 시장 내에서 매수한 물품을 본 시장의 내외에서 판매할 수 있음. 중매인은 도매인에게서 보상을 받을 수 있음. 보상의 비율은 도매인의 판매 수수료가 판매액의 10/100 경우에는 중매인 매수액의 100분의 2를 넘을 수 없음.

단, (1)의 보상을 포함하지 않음.

중매인이 시장 내 도매장(場)에서 매출인 또는 일반 수요자에게 혹은 물품을 지시하여 매입 의뢰를 받은 경우는 중매인은 매입 가격의 5/100 이내에서 의뢰인에게서 수수료를 받을 수 있음.

단, 이 경우 도매인은 부윤의 승낙을 얻어야만 함.

도매인 회사의 주주로서 그 임원이 아닌 자는 중매인이 될 수 있음.

도매상인 부속 영업인은 수속을 거쳐 중매인을 겸업할 수 있음.

9. 도매상인에 관한 사항.

도매상인은 취급 품목의 부류에 대하여 시장의 내외에서 상대 판매 또는 정가 판매를 행함.

도매상인은 그 취급 품목의 부류를 엄수하고, 도매인의 취급 품목은 물론 그 외에 다른 부의 도매상인이 취급하는 물품을 취급할 수 없음.

10. 부속 영업인에 관한 사항.

부속 영업인은 그 취급 품목에 대하여 시장의 내외에서 자유롭게 판매할 수 있음.

부속 영업인이 그 업무에 관하여 받는 수수료, 그 외의 요금, 물품의 판매 가격에 대하여 부윤의 승낙을 얻거나 또는 변경시킨 것이 있어야만 함.

11. 입매인에 관한 사항.

입매인은 자작의 채소에 한하여 소정의 장소에서 이를 직접 판매할 수 있음.

직매는 자력에 의한 것을 장려하고 반드시 중개자를 배제하도록 유도할 것.

12. 상인에 관한 그 외의 사항.

도매인·도매상 부속 영업인·입매인의 누구든지 전염병 예방, 그 외의 공익상 필요하다고 인정할 경우 부윤은 취급품의 전부 혹은 일부의 매매를 금지하거나 그 반입을 금지하거나 혹은 기각(棄却)을 명할 수 있음.

업무자는 사용하는 점포 영업소에 대하여 부윤의 승낙을 받지 않고 이를 전매, 양도할 수 없음.

도매상인·부속 영업인이 사용하는 점포 영업소 등의 상용 기간은 2년으로 하며 갱신할 수 있음.

단, 도매상인 부속 영업인으로 본 시장의 업무자로서 부적당하다고 인정되는 경우 부윤은 기한 내라 하더라도 승인을 취소할 수 있음.

13. 분장(分場)에 관한 사항은 별도로 이를 정함.

수용

1. 부내 현재의 공허(公許) 도매시장과 공허 영업인.

1) 「시장규칙」에 의해 개설된 경성부 내 현재의 식료품 도매시장은 아래와 같음.

(1) 경성부수산시장, 「시장규칙」 제1조 제3호, 시장, 선어·염간어수산물, 그 제품

개설자: 경성부

(2) 중앙수산주식회사시장, 「시장규칙」 제1조 제3호, 시장, 청과염어·간어청물·조류 그 외의 식료품

개설자: 동사

허가 기간: 1938년 3월 31일

(3) 남대문시장, 「시장규칙」 제1조 제2호, 시장, 곡물·해산물·채소·과실·조류·조란·조수

육(鳥獸肉) 및 과자 종이류·완구·가죽류, 그 외의 일용품 잡화

개설자: 조선농업주식회사(현재의 실제 경영자는 중앙물산주식회사)

허가 기간: 1937년 3월 24일

(4) 동대문시장, 「시장규칙」 제1조 제2호, 시장, 곡물·해산물·채소·과실·조류·조란·조육 및 과자, 그 외의 일용품 잡화

개설자: 광장주식회사

허가 기간: 1955년 7월 18일

* 비고: 허가는 1905년 7월 19일부터 50년간으로 정함.

2) 「시장규칙」 제8조에 의한 부내 현재의 공허 영업인은 아래와 같음

(1) 경성수산주식회사

취급 품목: 선어·염간어·수산물가공품

허가 기간: 1937년 3월 31일

(2) 중앙물산주식회사

취급 품목: 과일·채소·염어·간어·청과물·조류 그 외 식료품

허가 기간: 1938년 3월 31일

* 비고: 경성식료품시장회사는 1936년 2월 1일 중앙물산주식회사에 합병됨.

2. 공설시장의 설치.

경성수산시장 본 시장을 폐지하고 경성부 중앙도매시장 선어부로 하고 나아가 그 내용을 개선하였으며 더욱이 모든 생선 종류의 취급을 행하는 경우를 대비하여 분장(分場)을 설치함.

그 외의 공허 시장은 개설 허가 기간 만료를 기다림.

단, 동대문시장에 대해서는 그 허가 잔존 기간 중에 현재의 상태에 현저한 변경을 가하지 않도록 희망함.

공허 영업자에 대한 처치.

공허를 받은 영업자로 본 시장의 도매인으로 함.

공허를 받지 못한 영업자에 대한 처치.

공허를 받지 못한 영업자에 대해서는 '수용 받기를 희망하는 자'만을 대상으로 아래의 취급을 하거나 하게 할 것.

단, 개설 허가 기간이 만료되는 공허 영업자는 다른 공허 시장 내 또는 공허 시장 외에 있는 영업자보다 우선함.

1) 선어부(청과부)

위 양 부에 대한 수용 희망자에 대해서는 종래의 공허 영업인으로 각자 아래에 의해 부윤의 승인을 받아서 적당히 각 부에 수용하도록 노력할 것.

단, 필요한 경우에는 위의 수용에 대하여 부윤의 지시를 받아야만 함.

(1) 중매인으로 수용할 것.

(2) 도매인 회사의 종업원으로 수용할 것.

(3) 도매인 회사의 주주로 수용할 것.

단, 주주가 될 자는 회사의 취급 품목과 동종의 품목에 대하여 시장 외의 경성부 내에서 도매 업무를 할 수 없다는 취지로 회사와 계약을 체결하고 부윤의 승인을 받아야만 함.

2) 염간부(육류부)

위 3개의 부에 대하여 도매상인으로 수용을 받으려는 자에 대해서는 각 부류마다 희망을 조사하고 그 영업 상태를 참고하여 정원에 비추어 부윤이 이를 지정함.

3) 잡품부 (그 외의 영업)

위의 부류에 대하여 부속 영업인이 되려는 자에 대해서는 앞 2)항과 동일한 방법으로 수용함.

3. 입매인의 수용에 대해서는 경성부 내외의 각종 생산단체와 협력하여 수용함.

4. 분장(分場)에 관한 사항은 별도로 이를 정함.

3. 상거래 관련

1) 시장세(영업세) 개선 제안

〈자료 308〉 젠쇼 에이스케(善生永助), 「시장세에 관한 고찰」(조선 제106호, 1926.8.)

(1) 시장의 성질 및 거래고

조선에서는 곧 세제 개혁에 관한 조사를 행하게 되었으므로 차제에 시장세에 대하여 다소의 사견을 서술코자 한다. 그러나 시장세의 연구를 하기 전에 먼저 시장의 성질 및 거래고를 설명하여 둔다.

유래 조선에 있는 시장은 수천 년 내 물물교환의 원시적 거래시대로부터 오늘에 이르기까지 계속하여 그 변천은 경제상 및 사회상 매우 흥미 있는 것이다. 시장이 문헌에 표현된 것은 『삼국사기』 신라 소지왕 12년의 조에 '초개경사시 이통사방화(初開京師市 以通四方貨)'라고 기재되어 있음을 시초로 하나 당시 신라의 국도인 경주뿐 아니라 각 지방에 시장이 존재하였음은 물론이다. 이에는 시장의 연혁을 말하는 것이 목적이 아니므로 이를 생략하나, 조선에 있는 상품 거래상 지금 시장은 가장 중요한 부분을 점하며 특히 상설점포 영업이 발달치 못한 도회지 이외에서는 일용 필수품의 매매는 거의 시장에서 행하는바, 시장은 개인 생활상 및 국민경제상 심히 긴절한 기능을 가지고 있다. 1923년(大正 12)의 시장 통계에 의거한즉, 제1호 시장(장옥을 설하거나 또는 설치하지 않아도 구획한 지역에서 매일 또는 정기로 다수의 수요자 또는 공급자가 내집하여 화물의 매매 교환을 행하는 장소) 1,233개소의 1개년의 매매거래액 1억 998만 1,000원, 제2호 시장(10인 이상의 영업자가 1장옥에서 주하여 곡물 식료품의 판매를 행하는 장소) 7개소 매매거래액 102만 6,000원, 제3호 시장(위탁을 받아 경매의 방법에 의하여 화물의 판매를 행하는 장소) 34개소 매매거래액 846만 3,000원, 제4호 시장(매일 또는 정기로 영업자가 집회하여 견본 또는 명병(銘柄)[26]에 의하여 물품 또는 유가증권의 매매거래를 행하는 장소) 9개소의 매매거래액은 6억 1,097만 8,000원이 된다.

그러나 1호 시장이란 것은 재래의 조선 시장이니 그 시일(市日)은 흔히 5일째마다 월 6회

---

26 명병(銘柄): 1. 품목, 2. 거래에서 주식·상품의 명칭, 3. (이름 있는) 상표.

개시되며, 그중에는 시가지의 것으로 매일 개시되는 것도 있다. 2호 시장은 근년 물가 폭등에 의하는 생활난의 완화를 목적으로 하여 도회지에 부 또는 면의 공영으로써 설립된 것이고, 3호 시장은 경매 방법에 의하는 수산물 및 소채 과실의 도매 시장이며, 4호 시장은 곡물 및 유가증권의 현물 거래시장으로 「시장규칙」에 의하여 감독을 받으나 그 성질이 거래소와 유사한 것으로 이를 보통의 시장과는 전연 구별할 것이다. 4호 시장을 제외한 조선에 있는 1923년(大正 12)의 시장 총수는 1,274가 되는바, 그 거래액은 1억 1,947만 1,000원에 달하나니 그 내역을 보면, 농산물 3,269만 7,000원, 수산물 1,830만 2,000원, 직물 1,869만 3,000원, 축류 2,903만 3,000원, 기타 2,074만 3,000원이 된다. 농산물 및 축류의 거래액이 가장 많은 것은 그 산업 상태가 아직 유치하여 농업을 주로 하고 국민의 생활 정도도 대개 낮음을 보인 것이라고 볼 수 있으리라.

시장의 분포는 1군 4, 5개소 내지 10개소 내외에 미치는데, 시장의 대소 및 계절에 의하여 상인 및 구매자 수는 일정치 않으나 수백 인 내지 수천 인의 다수에 달하며, 가을의 수확 후는 시장의 가장 번창한 때이요, 봄으로부터 여름에 걸쳐서는 일반적으로 거래가 한산할 때이다. 시장의 이용 범위는 대저 부근 3, 4리 내지 7, 8리에 미치며 출장 상인은 부근의 사람 및 근향(近鄕)의 생산자가 많고, 이에 시장 순회의 행상자도 출점한다. 한 장날의 매상고는 시장에 따라 똑같지 않으나, 연액 20만 원 이상의 거래가 있는 시장은 전선(全鮮)에서 145개소의 다수에 달하여 그 거래 비율은 전부의 시장 거래에 대하여 66.0%를 점하고, 다시 연액 50만 원 이상의 거래가 있는 대시장의 분포를 보건대, 경성 남대문, 경성 동대문, 경성 어시장, 청주, 강경, 마산면 신장, 예산, 천안, 전주, 대구 서문시, 김천, 부산진 우시, 부산 어시, 부산 부평정시, 통영, 통영 어시, 하동면 읍내, 거창면 읍내, 신천면 읍내, 사리원, 평양 사창시, 중화면 읍내, 안주면 염전시, 예명, 용강 구읍시, 제산, 방현면 남시, 박천면 읍내, 선천면 읍내, 강릉 읍내, 횡성면 읍내, 철원면 읍내, 함흥, 영흥, 진흥, 혜산진, 화대, 길주읍 제시의 38개소에 미친다. 시험하여 시장 1개소당의 면적, 인구 및 거래액을 보면 다음 표와 같다.

조선 내 시장 1개소당의 면적, 인구 및 시장 거래고(1923년 말)

		실수				시장 1개소당		
		시장 수	총면적 (방리)	총인구	시장 거래 총액 (원)	면적 (방리)	인구	시장 거래 총액 (원)
경기도		102	830.8	1,856,018	12,656,650	8.145	18,196	124,084.80
충청북도		52	481.0	783,180	3,476,472	9.250	15,061	66,855.23
충청남도		92	525.6	1,168,000	11,269,901	5.713	12,696	122,498.92
전라북도		64	553.1	1,251,173	4,893,286	8.642	19,550	76,438.84
전라남도		117	900.4	1,998,853	5,038,424	7.696	17,084	43,063.45
경상북도		161	1,231.2	2,141,881	13,906,697	7.647	13,304	86,377.00
경상남도		142	797.8	1,835,445	13,742,243	5.618	12,926	92,198.89
황해도		117	1,084.8	1,330,179	8,489,024	9.272	11,369	72,555.76
평안남도		124	967.7	1,151,404	18,046,144	7.804	6,286	145,533.42
평안북도		68	1,844.2	1,300,616	8,197,201	27.121	19,127	120,547.07
강원도		95	1,702.8	1,215,716	6,145,841	17.924	12,797	64,693.06
함경남도		94	2,073.3	1,256,457	9,913,676	22.057	13,367	105,464.64
함경북도		46	1,319.2	596,041	3,695,483	28.678	12,957	80,336.59
합계		1,274	14,312.0	7,884,963	119,471,042	11.234	14,038	93,766.33
1	남선	825	7,022.7	2,250,266	71,139,514	8.512	14,849	86,217.59
	북선	449	7,289.3	2,634,697	48,341,528	16.235	12,549	107,614.87
2	표조선	736	7,187.6	10,839,423	72,067,102	9.766	14,727	97,917.26
	이조선	538	7,124.4	7,045,540	47,403,102	13.243	13,096	88,111.41
3	남부	628	4,489.1	9,178,531	51,327,023	6.830	14,615	83,323.29
	중부	314	3,618.4	4,401,913	27,291,515	11.524	14,019	96,915.65
	서부	192	2,811.9	2,452,020	23,243,345	14.645	12,771	136,684.09
	북부	140	5,392.6	1,852,498	13,609,159	24.233	13,232	97,208.29

* 비고: 1호 남선에는 경기·충남북·전남북·경남북·강원도 8도를 포함하고, 북선에는 황해·평남북·함남북의 5도를 포함함. 2호 표(表)조선에는 평안남북·황해·경기·충남북·전남북의 8도를, 이(裏)조선에는 함남북·강원·경남북의 5도를 포함함. 3호 남부에는 충남북·전남북·경남북의 6도, 중부에는 경기·강원·황해, 서부에는 평남북·북부에는 함남북을 포함함.

시장의 분포 및 거래액은 인구수 및 경제력에 비례할 성질의 것이나, 대체로 경제력이 발달한 남선 지방이 서북선 지방보다도 시장의 분포는 농밀하다. 이에 반하여 상설점포 거래가 진보한 남선 지방보다도 그 발달이 유치한 서북선 지방에 도리어 거액의 거래액을 가진 대시장이 많음을 간취할 수 있으리니, 이는 곧 변추의 지방에서는 거래기관으로 시장 이용의 극대함을 보이는 것이다.

시장 거래가 일반 경제계의 영향을 받아 일진일퇴함은 물론이나, 특히 생산액의 대소와 소장을 함께 하여 무역의 성쇠와 운명을 동일히 하며, 다시 경기를 점칠 통화 유통고의 다소와 보조를 동일히 하는 경향이 있음은 다음 통계에 의하여 대략 살펴 알 수 있으리니 이에 의거하여 보더라도 정확한 시장 통계는 경제계의 청우계(晴雨計)라고도 말할 수 있을 것이다.

1인당 시장 거래액 · 생산물 가액, 무역액 및 통화 유통 예상액 누년 비교

종별 연차	생산물가액(원)	무역액		통화 유통 예상액(원)	시장 거래액(원)
		수이입액(원)	수이출액(원)		
1910년	20.060	2.988	1.496	2.246	3.789
1911년	28.912	3.848	1.342	2.529	3.997
1912년	33.229	4.527	1.415	2.406	6.298
1913년	37.764	4.63	1.997	2.219	3.397
1914년	33.856	3.969	2.159	1.882	2.725
1915년	33.356	3.637	3.04	2.615	2.676
1916년	39.227	4.472	3.412	3.282	3.051
1917년	51.727	6.063	4.937	4.103	3.680
1918년	85.500	9.281	9.040	6.102	6.338
1919년	103.704	16.372	12.809	7.854	9.113
1920년	103.063	13.821	11.103	5.731	5.985
1921년	84.204	13.315	12.506	6.318	6.374
1922년	91.053	14.526	12.220	4.600	6.135
1923년	85.401	14.860	14.630	5.078	6.680

시장 거래액이 생산액·무역액·통화 유통액과 극히 밀접한 관계가 있음도 전술과 같거니와 조선에서는 총인구에 대한 농민의 보합이 약 7할 5푼을 점하고, 또 총생산액에 대하여 농산물의 보합에 약 7할 6푼에 달한다.

이와 같은 특수의 사정에서는 일반 경제 사정보다 오히려 농산액의 풍흉이 시장 거래의 성쇠에 직접 영향을 미침이 클 줄로 믿는다. 그리하여 그 경향은 다음의 통계에 의하여 대략 오류가 아님을 설명할 수 있으리라고 생각하노라.

1인당 시장 거래액 및 농산물가액 누년 비교표

종별 / 연차	총액		1인당	
	시장 거래액(천 원)	농산물가액(천 원)	시장 거래액(원)	농산물가액(원)
1910년	50,442	241,721	3.789	18.157
1911년	56,182	355,253	3.997	25.276
1912년	93,390	435,116	6.298	29.346
1913년	52,510	508,191	3.397	32.876
1914년	43,416	458,927	2.725	28.809
1915년	43,566	428,769	2.676	26.340
1916년	50,788	520,228	3.051	31.249
1917년	62,451	702,913	3.680	41.423
1918년	108,109	1,103,971	6.338	64.722
1919년	156,295	1,389,219	9.113	81.004
1920년	103,515	1,433,714	5.985	87.553
1921년	111,239	1,097,365	6.374	62.875
1922년	108,140	1,184,936	6.135	67.229
1923년	119,471	1,165,948	6.680	65.191

계출고와 실매매고 비교

위에 서술한 시장 거래액은 계출고이요, 실매매고가 아니다. 고로 계출고와 실매매고 간에는 현저한 차이가 있음은 주지의 사실이다. 그러나 경제상의 척도가 될 시장 거래액이 실제와 거리가 먼 것은 유감천만이다. 조선의 시장을 조사 연구하는 자 사이에는 전선의 시장 거래액에 관하여 각종의 관찰을 하나, 먼저 현재의 계출고와 약 3배를 그 실매매고로 간주하여도 큰 위산(違算) 없을 것이라 함에 대략 의견이 일치한 듯하다. 시장 거래의 계출고와 실매매고와의 차위(差違)가 있음은 선년 임시토지조사국에서 시장조사를 한 때에도 많은 사실을 발견하였으나, 이제 시험하여 그 수례(數例)를 보이고자 한다.

시장 거래액 계출고와 실매매고의 비교

시장명			계출고(원)	실매매고(원)	계출고에 대한 실매매고의 보합
경기도	용인군	백암시	90,000	311,700	34.633
	수원군	오산시	60,089	121,000	20.802
	이천군	장호원시	151,820	170,320	11.219
충청북도	보은군	관기시	1,470	7,498	51.007
	괴산군	읍내시	72,000	109,200	15.167
충청남도	공주군	대교시	7,200	34,000	47.222
	부여군	홍산시	37,300	76,930	20.625
	논산군	논산시	58,200	1,000,000	171.821
	홍성군	홍주시	16,219	121,764	75.075
전라북도	금산군	금산시	53,996	71,541	13.249
전라남도	광주군	광주대시	108,000	157,000	14.537
	순천군	순천시	65,683	129,541	19.722
	나주군	남사시	114,500	247,820	22.517
경상북도	달성군	화원시	9,960	21,492	21.578
	성주군	성주시	73,843	109,040	14.772
경상남도	통영군	통영시	147,366	218,478	14.826
	김해군	읍내시	78,241	109,531	13.232
황해도	황주군	남천시	54,000	118,383	21.923
	봉산군	사리원시	144,900	199,410	13.762
평안남도	안주군	읍내시	365,000	368,490	10.096
평안북도	박천군	박천시	138,960	178,340	12.834
	선천군	읍내시	145,140	1,540,825	106.161
강원도	강릉군	읍내시	121,200	377,000	31.106
	철원군	읍내시	140,025	200,000	14.282
함경남도	갑산군	혜산시	48,000	107,000	22.283

고로 나는 시장 통계의 숫자를 가령 3배로 한 것을 추정 거래액으로 하여 다음의 통계를 작성하였는바 그 당부(當否)에 관하여는 하나로 경험이 많은 제군의 시교(示教)에 기다리고자 한다.

추정 시장 거래액 대 1인당 면적 및 인구 비례(추정액은 계출액의 3배를 예상한 것임)

연차	거래 계출고(원)	거래 추정고		
		거래 총고(원)	1방리당 거래액(원)	1인당 거래액(원)
1910년	50,442,780	151,328,340	10,573.53	11.367
1911년	56,182,644	168,547,932	11,755.72	11.991
1912년	93,380,136	280,140,408	19,573.81	18.854
1913년	52,510,046	157,530,138	11,006.86	10.191
1914년	43,416,170	130,248,510	9,100.65	8.175
1915년	43,566,539	130,699,617	9,132.17	8.028
1916년	50,788,890	152,366,670	10,646.08	9.153
1917년	62,451,638	187,354,914	13,090.76	11.040
1918년	108,109,485	324,328,455	22,661.30	19.014
1919년	156,295,371	468,886,113	32,761.75	27.339
1920년	103,515,419	310,546,257	21,698.31	17.955
1921년	111,239,869	333,719,607	23,317.47	19.122
1922년	108,140,581	324,421,743	22,667.81	18.405
1923년	119,471,042	358,413,126	25,042.83	20.040

그리하여 시장 거래액의 계출고와 실매매고와에, 위와 같이 현저한 차위를 낳음에 이른 근본의 원인은 어디에 있는가 하면, 나는 시장세의 존치가 자연 이와 같은 결과를 낳게 한 것이라고 단언함에 주저치 않는다. 즉 시장세의 부과가 감면되려고 매매자가 왕왕 그 거래액을 거짓 작성하여 소액으로 계출함은 물론, 시장에는 견본만을 진열하고 그 실시장의 구역 이외에서 대량의 거래를 행함과 같은 일이 있기 때문에 항상 시장 거래액은 계출고와 실매매고 간에 대차를 보는 것이다. 시장세의 이폐(利弊)에 관하여는 후에 서술하겠거니와 그 폐지를 보지 않음에 한하여는 경제상 및 국민생활상 중요하고 시정상 크게 참고가 될 시장 통계의 정확을 기하기는 불능할 줄로 믿는다. 시장 통계의 완전한 것을 얻음은 도저히 영쇄(零碎)한 시장세 수입의 이익 등과는 비교치 못할 긴절한 것임을 망각하여서는 불가하다.

시장세의 부과 징수 방법

이조시대에 있던 각 지방의 시장세가 극히 번잡하고 또 가세주구의 폐에 빠졌었음은 각 시장 완문(完文) 및 시장세 수세 성책(收稅成冊)을 번역한즉 일목요연하다. 조정에서도 그 악세임을 인정하여 이의 광정(匡正)에 관하여 훈령을 발하였음이 한두 번이 아니었으나 마침내 그 목적을 달함에 이르지 못하고 특히 재원이 고갈한 이조(李朝) 말기에 그 폐는 한층 심하였으며 이와 같이 하여 보호정치 시대가 되었다. 이래 제반의 세제 개혁은 시행되었으나, 아직 이(시장세-인용자)의 폐지를 봄에 이르지 못하고, 병합 전후에는 시장세 징수와 관련하여 지방민이 폭동을 일으킨 실례까지도 있다.

현행되는 시장세는 지방세 징수령에 의하여 부과되는 것이다. 원칙으로 제2호 시장 즉 사회정책적 시설에 관계된 도회지에 있는 공설시장에는 시장세는 부과치 않기로 되었고, 제1호 시장 즉 재래의 보통과, 제3호 시장 즉 화물의 도매시장 및 제4호 시장 즉 견본 또는 명병에 의하여 물품 또는 유가증권의 거래를 행하는 시장과는 각각 그 성질을 달리함으로, 시장세의 세율도 부과 징수의 방법도 자연 상이하나, 최근 수년간 각 도의 그 수입액을 본즉 아래의 표와 같다.

시장세 수입고 누년 및 각 도 비교

<table>
<tr><th rowspan="2" colspan="2">연도</th><th colspan="4">보통 시장</th><th colspan="4">월세 시장</th><th rowspan="2">세액 계(원)</th></tr>
<tr><th>시장 수</th><th>방매 가액(원)</th><th>수입 금액(원)</th><th>세액(원)</th><th>시장 수</th><th>방매 가액(원)</th><th>수입 금액(원)</th><th>세액(원)</th></tr>
<tr><td rowspan="6">누년 비교</td><td>1918년</td><td>558</td><td>41,532,424</td><td>103,435</td><td>420,128</td><td>23</td><td>7,400,710</td><td>223,857</td><td>16,703</td><td>436,831</td></tr>
<tr><td>1919년</td><td>951</td><td>51,145,871</td><td>160,450</td><td>515,100</td><td>26</td><td>7,036,384</td><td>243,379</td><td>19,196</td><td>534,296</td></tr>
<tr><td>1920년</td><td>966</td><td>43,911,462</td><td>98,351</td><td>427,257</td><td>35</td><td>2,218,845</td><td>332,626</td><td>24,887</td><td>452,144</td></tr>
<tr><td>1921년</td><td>948</td><td>50,077,580</td><td>375,906</td><td>516,228</td><td>64</td><td>2,939,481</td><td>147,189</td><td>22,980</td><td>539,208</td></tr>
<tr><td>1922년</td><td>1,001</td><td>376,519,589</td><td>1,151,507</td><td>598,909</td><td>56</td><td>444,148,728</td><td>78,980</td><td>45,036</td><td>643,945</td></tr>
<tr><td>1923년</td><td>1,018</td><td>634,140,336</td><td>392,804</td><td>646,067</td><td>55</td><td>550,140,719</td><td>81,208</td><td>62,185</td><td>708,252</td></tr>
</table>

연도		보통 시장				월세 시장				세액 계(원)
		시장 수	방매 가액(원)	수입 금액(원)	세액(원)	시장 수	방매 가액(원)	수입 금액(원)	세액(원)	
1923년도	경기도	82	5,314,759	-	53,098	9	155,676,546	-	16,255	69,353
	충청북도	52	2,905,850	-	29,058	-	-	-	-	29,058
	충청남도	83	35,719,910	16,127	49,879	-	-	-	-	94,8791[27]
	전라북도	49	4,106,487	-	41,027	3	388,445,596	31,914	40,440	81,467
	전라남도	101	2,822,254	-	29,039	3	5,771,200	27,557	1,929	30,968
	경상북도	132	322,211,254	27,585	128,685	-	-	-	-	128,685
	경상남도	101	171,958,547	290,975	79,365	-	-	-	-	79,365
	황해도	117	5,708,172	-	55,429	-	-	-	-	55,429
	평안남도	59	43,362,795	11,237	51,748	40	247,377	21,737	3,500	55,248
	평안북도	63	32,439,847	17,624	51,691	-	-	-	-	128,6852[28]
	강원도	91	4,723,524	-	47,235	-	-	-	-	47,235
	함경남도	87	2,866,535	29,254	29,806	-	-	-	-	29,806
	함경북도	-	-	-	-	-	-	-	-	-
	총계	1,018	634,140,336	392,804	646,067	55	550,140,719	81,208	62,185	708,252

즉 함경남도를 제한 이외의 각 도는 지방세로 시장세를 부과하여 전선의 시장세 수입액은 1개년 70만 원 이상에 달하는데, 각 도 중 시장세 수입의 최다한 데는 경상북도의 12만 8,000원이요, 전라북도의 8만 1,000원, 경상남도의 7만 9,000원 등이 이에 버금간다. 세액으로 말하면 그다지 중요한 것은 아니나, 그 성질상 이를 관찰하여 특히 이것이 사회상 및 경제상에 미치는 영향을 고려할 때는 용이하지 않은 대문제이다.

시장세의 부과 징수 방법은 대체로 (1) 보통 시장은 매각자로부터 즉시 징수하며, (2) 도매시장 및 물품 유가증권의 현물시장은 매월 부과하여 납입케 하는 것이 많으나, 물론 다소의 예외는 있다. 그러나 (1)의 경우에도 부 또는 면이 직접 징수함도 있으며, 혹은 축산동업조합에 위탁하여 징수케 하는 것도 있고, 또는 도급인으로 하여금 취집 납세케 하는 것도 있으나

27 49,879의 오식.

28 51,691이어야 맞음.

보통시장의 시장세는 대략 판매고의 100분의 1을 징수하기로 일정하였다. 이제 시험하여 각 지방의 시장세 징수 방법을 간단히 표시하면 다음과 같다.

시장세 징수 방법 일람표(1923년조)

도명	부·군·도명	시장명	적 요
경기도	경성부	경성부 가축시장	매매가액의 100분의 1일 매각자로부터 즉시 징수함
		각 공설시장	징수치 않음
		남대문시장	부는 시장 경영자로부터 징수하는 것이고, 경영자는 점포 사용료 및 입장료 중에 이를 합하여 사용자로부터 징수함
		남미창정시장	
		경성식량품시장	
		동대문시장	
		경성어시장	
		히노마루(日丸)수산주식회사	
		용산수산주식회사	
	인천부	인천부 내리 신정에 있는 것	아직 시장으로 인정치 않는 고로 징수치 않음
	수원군	수원성내시장	면 관리에 속한 시장 사용료 징수원이 매 시일에 사용료 징수와 동시에 이를 징수함(매상고의 100분의 1)
		수원성외시장	
	시흥군	영등포시장	군축산동업조합으로부터 당일 출장 징수함
	파주군	봉일천시장	면직원이 출장하여 징수함
	개성군	양성시장	양 시가 모두 관리인이 있어 징수함
		도교시장	
		십천교우시장	면에서 직접 징세원을 파견하여 징수함
		개성신탄시장	
충청북도	청주군	청주시장	시장 보조원으로 하여금 1개년간의 세액을 도급케 하여 보조원은 그 달의 할당액을 월말에 납입하는 계약임
	보은군	보은시장	각 상품 매매의 가액에 의하여 100분의 1을 시장세로 징수함
	충주군	충주시장	시장보조원을 두어 징수함
	공주군	공주시장	매매거래의 현장에서 이를 징수함
	연기군	조치원시장	시장 보조원 감독하에 시장세 징수장을 부치(附置)하고, 매 시일에 각인으로부터 이를 징수함

도명	부·군·도명	시장명	적 요
충청남도	대전군	대전시장	경영자에게 시장 관리인을 명하여 시일마다 징수함
		대전어채시장	경영자가 납부함
	논산군	논산시장	시장세 징수는 징수원 4명을 두고, 매매액에 의하여 100분의 1을 징하고, 영수표를 교부함
		강경시장	개시일마다 개점자로부터 징수함
	서천군	신장시장	면 보조원 1명, 영수원 5명을 두고 징수에 종사케 함
	천안군	천안시장	시장 보조원으로 하여금 시장 거래의 현장에 임케 하여 매상고의 100분의 1을 징수케 함
전라북도	군산부	군산부 공설시장	징수치 않음
		군산시장	시장 관리인을 정하여 징수케 함
		군산어시장	영업자로 하여금 납입케 함
		군산식료품시장	
	전주군	전주시장	(1) 군으로부터 1개년의 시장세액의 지정이 있는 고로 이를 시장세 징수 청부인에 분담하여 매 시일마다 분할 징수함. (2) 면비 시장 사용료에 대하여는 징수원 5명을 두어 징수케 함
	정읍군	정읍시장	시장 관리인은 보조원으로 하여금 시장세 징수의 책임을 담당케 하고, 보조원은 징수원을 두어 분담 징수케 하되, 그 징수는 징수 규정에 기하여 매상가액의 100분의 1을 징수함
	익산군	이리시장	시장 보조원에게 의촉 징수케 함. 단 금전 영수의 경우는 일정한 영수서를 교부하나니 영수증은 5리, 1전, 2전, 5전, 10전으로서 색별로 인쇄한 것임
전라남도	목포부	목포남시장	없음
		욱(旭)어시장	매월 취급고에 대한 수입 신고에 의하여 징수함
	광주군	광주시장	매상고의 100분의 1액을 본도로부터 받은 영수증 용지에 의하여 보조원을 사용하여 징수함
	여수군	여수읍시장	시장 보조원 1명을 선정하여 매시 개점 초에 즈음하여 거래 물품의 수량 및 가액의 개산(概算)을 조사하여 오후 1시부터 징수에 착수하여 해 질 때까지 미치나 탈세자 적지 않음
	제주도	주성시장	시일에 면서기 2, 3명이 출장하여 각 구분 내에서 방매고 100분의 1씩을 영수증 교환으로 방매자로부터 징수함

도명	부·군·도명	시장명	적 요
	대구부	서문시	시장세무 보조원 15명 및 동 감독 1명, 외에 대구부 이원 7명으로 하여금 그 분담 시장 내 구역에 대하여 징수에 종사케 함
		동문시	
		영시	
	의성군	안계시장	각 전 또는 점포의 구역을 정하고 중개인을 두어 청부의 제도로 시장세를 징수함
	안동군	안동시장	시장 관리인을 두어 징수함
		풍산시장	시장 감리를 두어 이를 징수함
경상북도	영일군	포항시장	면에서 시장 관리자 보조원을 두고 일정한 시장세 징수 보조원 장(章)을 휴대케 하여 시장 관리자인 면장 감독하에 각 출점자에 대하여 그 매상고를 조사하여 직접 시장세를 징수함
		여천시장	
		하부조시	출장인으로부터 상품 방매가액의 100분의 1을 징수함
		연일시	
	경주군	경주시장	우시장에 7명, 미곡에 5명, 어류에 4명, 기타 전부 각 점에 1명씩의 시장세 징수원이 있어 각각 징수한 후 면에 납부함
	경산군	자인시장	면제 시행 이래 시장감리원을 폐하고 하청부인 5명을 면에서 임명하여 매 시일의 조정액에 의하여 이를 징수케 함
		하양시장	시장세 징수를 위하여 징수원 2명을 두고 시일마다 징수함
	김천군	김천시장	상설점포에 대하여는 매월 1개월분을 사정(査定)하여 두고 고지서를 발하여 징수하되, 노점 영업자에 대하여는 매 시일에 면리원을 파견하여 징수케 함
	상주군	상주시장	종래의 관행에 의하여 군에서 상품의 종별에 의하여 각 관리인을 설치하고, 시일마다 각 상인에 대하여 매상고의 100분의 1을 징수케 함
경상남도	부산부	부평정시장	시장세는 면제되어 납부치 않음
		부산진시장	부의 시장관리인으로 하여금 매 시일에 이를 징수케 하여 월말에 납부케 함
		부산진 우시장	시장세는 시장 경영자인 부산부가 이를 부담하여 납부함
		부산식량품주식회사시장	영업자에게 매월 부과하여 이를 징수함
		부산수산주식회사시장	
		부산진공동판매소	

도명	부·군·도명	시장명	적 요
	마산부	선정공설시장	없음
		구마산시장	부 이원으로 하여금 징수케 함
		마산우시장	중개수수료 징수원을 두고, 이로 하여금 생우 매각자로부터 가액의 100분의 1을 징수케 함
		마산수산주식회사시장	시장 경영자의 수입 수수료액에 대하여 100분의 5를 과세함
		구마산청물시장	
	진주군	진주시장	생우는 축산조합에 의뢰하고 기타는 시장 사용료 징수원으로 하여금 징수케 함
	밀양군	밀양공설시장	각 시장마다 징수원을 임장(臨場)케 하여 매매할 때마다 매도인으로부터 100분의 1을 징수함
	동래군	동래시장	시장세는 매매가액의 100분의 1을 징수하되, 상설점포에는 매월 이를 부과 징수하며, 노점에는 시장 종사원이란 것이 있어 매매할 때에 이를 징수함
	통영군	통영시장	징수원을 두어 징수함
		통영가축시장	통영군축산동업조합에 위임 징수케 함
	창원군	경화동시장	소매인 즉 매도인으로부터 매상고의 100분의 1을 징수함
		진해수산시장	면영업할에서 시장세로 취급금고의 1000분의 5를 영업자로부터 징수함
		진해청물시장	
	하동군	하동시장	각 상품 종별마다 납세조합을 설치하고, 매 시일에 면서기로 하여금 직접 징수케 함
황해도	해주군	해주남본정시장	시장영수원에 완장을 부착케 하고 사용료와 동시에 시장세를 징수케 하여 납부제 영수표를 교부케 함
		해주신탄시장	
		해주우시장	없음
	황주군	겸이포시장	시장세 취급수속이란 규정에 기하여 징수함
	봉산군	사리원시장	매상고 1원에 대하여 1보의 비율로 매도인으로부터 징수함. 징수와 함께 영수표를 교부함
	서흥군	신막시장	면장은 시장 보조원을 임명하여 시장세를 징수케 함
평안남도	평양부	수정공설시장	시장세를 부과치 않음
		행정공설시장	
		사창공설시장	
		주식회사평양어시장	부에 납부함은 경영자로서 수입 금액의 100분의 5임
		평양가축시장	방매고의 100분의 1

<table>
<tr><th>도명</th><th>부·군·도명</th><th>시장명</th><th>적 요</th></tr>
<tr><td></td><td>진남포부</td><td></td><td>「시장규칙」 제1조 제1호 및 제2호 해당 시장은 시장세 징수표에 의해 개시일마다 방매인에 부과 징수함(갑종시장), 매년 3월 말일에 한하여 전년도의 실적에 의하여 세액을 결정하고 익월 5일까지 전월분을 징수함(을종시장), 「시장규칙」 제1조 제3호, 및 제4호 해당의 시장에서는 매월 말일에 한하여 그날의 방매 가액을 신고케 하여 납입의무자에게 이를 부과함</td></tr>
<tr><td></td><td>중화군</td><td>중화읍시장</td><td>음식점, 잡화점, 어물전에서는 매상고에 의하여 월부로써 징수하고, 곡물, 면포, 매매 기타에서는 징수원이 바로 이를 징수하고 모두 징수표를 교부함</td></tr>
<tr><td></td><td>안주군</td><td>안주공설시장</td><td>징수촉탁원을 두고 매시 출장케 하여 매상가액의 100분의 1씩을 징수하여 그 금액의 2분의 1을 급료로 줌</td></tr>
<tr><td rowspan="12">평안북도</td><td rowspan="2">신의주</td><td>신의주미곡상조합시장</td><td rowspan="2">매월 각 개인으로부터 이를 징수함</td></tr>
<tr><td>신의주수산시장</td></tr>
<tr><td rowspan="2">의주군</td><td>오목시장</td><td>시장세는 연 2기에 나눠 각 기 방매의 가격을 심사하여, 각 월의 매매고의 100분의 1을 징수함</td></tr>
<tr><td>체마시장</td><td>이 시장은 우시, 미곡시, 돈시, 기타 4개소에 구분하여 있나니 우시에는 중개인 감독을 두어 성우 1두에 대하여 65전, 송아지 1두에 대하여 25전을 매매할 때 징수하며, 상설점포에 대하여는 면에서 매월 고지서를 발부하여 징수하며, 돈시, 미곡시, 노점 등에 대하여는 개인에 청부계약을 체결하여 두고 매월 징수한 후 납입케 함</td></tr>
<tr><td>구성군</td><td>남시시장</td><td>상설점에는 매월의 매매고에 의하여 세액을 정하고, 행상인으로부터 시일마다 징수함</td></tr>
<tr><td>태천군</td><td>태천시장</td><td>보통시장에 감독 2인, 우시장에 감독 1인을 두고, 시일마다 시장세를 징수함</td></tr>
<tr><td>박천군</td><td>박천시장</td><td>방매가액의 100분의 1을 부과하여 면에서 서면으로써 직접으로 징수함</td></tr>
<tr><td rowspan="2">정주군</td><td>정주시장</td><td>면리원이 매 시일에 출장하여 물품 매상고에 대한 100분의 1을 징수함</td></tr>
<tr><td>청정시장</td><td>상설점에는 매상고를 조사하여 등급을 정하고 규정의 표준액을 부과 징수하며, 노점, 행상자에게는 시장세를 부과치 않음</td></tr>
<tr><td>선천군</td><td>선천시장</td><td>시장구역 내의 물품 판매자에 대하여 매상고의 100분의 1을 매월 24일 면에 납부케 함</td></tr>
<tr><td>강계군</td><td>강계시장</td><td>매월 부과를 위하여 그 달 안에 징수하는 것임</td></tr>
</table>

도명	부·군·도명	시장명	적 요
강원도	춘천군	춘천읍시장	상설점포에 대하여는 전년 중의 매상고를 조사하여 그 총액의 100분의 1을 당년도에 조정하고, 12분하여 매월 최종의 시일에 징수하며, 행상 기타는 시일마다 면리원 1명을 파견하여 그 매상고에 의해 조정 징수함
	강릉군	강릉시장	우시장 및 상설점포는 면리원이 직접 이를 징수하며, 기타는 징수보조원을 배치하여 징수표를 각 납세자에 교부하여 징수함
		주문진시장	매 시일 오후 2, 3시경을 이용하여 면직원이 직접 징수함
	횡성군	횡성읍시장	매매품에 대하여 거래액의 100분의 1을 징수함
	홍천군	홍천시장	시일의 상품 방매가액에 대하여 100분의 1을 징수함
	철원군	철원시장	시장세 징수보조원을 두어 징수함
	평강군	평강시장	면직원이 각 상인의 매상고에 100분의 1을 징수함
함경남도	원산부	수정공설시장	시장세는 납입고지서에 의하여 이를 납부함
		가축시장	축산동업조합에서 중개료 징수할 때 매매가액의 100분의 1을 징수하는 것임
		제1어시장	수입 금액의 100분의 5를 징수함
		제2어시장	
		상시장	현재 징수원 7명이 있어 이를 3반에 나누어 각 반은 방매 개인마다 방매액의 100분의 1을 징수함. 단 방매가액은 누구든지 정직한 신고를 하지 않는 고로, 통상 면포고로부터 1호마다 3전 혹은 4전이라 함과 같이 거의 규정적으로 징수함
		하시장	
	함흥군	중시장	시장 내에서 방매함은 모두 축산동업조합에서 중개하므로써 거래할 때 바로 시장세를 납부케 함
		신탄시장	시장세 징수보조원을 두고, 거래 후 시장으로부터 가지고 나갈 때 규정의 시장세를 거둬 영수표를 교부함
함경북도	함흥군[29]	미시장	시장세 징수보조원을 두어 이를 징수함
		보통시장	
		어채시장	
	영흥군	영흥시장	시장세 징수원 이하 보조원 3명을 두고 매매 가격의 100분의 1을 징수함
	북청군	북청시장	우시장은 북청축산동업조합으로부터 서기가 출장하여 각 개인으로부터 거래마다 시장세를 징수하고 기타는 면리원이 직접 출장하여 시장세를 징수함

도명	부·군·도명	시장명	적 요
	단천군	우시장	단천군축산동업조합에서 징수함
		조시장	면에서 징수보조원 1명을 정하여 징수를 행하게 함
	갑산군	혜산진시장	시장세는 매상가액의 100분의 1을 면에서 직접 개시일마다 각 납세자로부터 징수함

시장세 개폐의 근본 방책

제3호 시장 및 제4호 시장의 시장세는, 전자는 영업세에 대신하고, 후자는 영업세 또는 현물거래세에 대신하여 부과하여 이를 국세로 함에서는 지방은 이에 대하여 부가세를 징수하고 제1호 시장에 대한 시장세는 단연히 이를 폐지하되 재원의 부족상 부득이하면 지방영업세를 신설하여 하급의 매매자를 고통치 않게 하는 정도에서 수입의 방도를 강구하는 것이 지당하다는 의견은 종래 누누이 도지사 회의 등에 표현하였으므로 이미 많은 의논을 할 여지가 없을 만큼 간단명료한 문제이다. 폐지 요구의 소리가 높은 제1호 시장 즉 재래의 보통시장에 대한 시장세는, 그 성질상으로 보아 의심컨대 중국의 이금세(釐金稅)에 버금가는 악세이리라. 이제 시험하여 이의 결점을 지적하면 대체로 다음의 여러 점을 헤아리기 가능하다.

1. 과세율이 높아 가세주구의 느낌이 있는 것
1. 구식의 조세로서 시대에 적응치 않는 것
1. 산업의 발달을 해쳐 상거래의 민활을 방해하는 것
1. 국민의 생활을 압박하여 사회정책의 목적에 등지는 것
1. 징수 방법이 불통일하여 부담의 고평을 잃는 것
1. 중류 이상에 가볍고 도리어 하층자에 무거운 것
1. 포세(逋稅) 탈세의 폐가 심한 것
1. 징수에 많은 수수(手數)와 비용을 요하는 것
1. 징세원과 영업자 간에 정실 부정을 행하기 쉬운 것
1. 국민의 조세관념을 악화하고 나아가서는 정부에 대한 위신을 상하는 것

29 함흥군은 함남 부분에 있는데, 함북 부분에 또 기재되어 있어 오류로 보임. 함흥과 영흥은 함남에 속하는데, 함북으로 구분한 것도 착오임.

이와 같이 시장세의 폐해는 쓸데없이 많은 고로 문명국의 조세로서는 영구히 존치치 못할 것이 아닐까. 특히 이와 같은 영쇄한 수입을 얻기 위하여 국민의 생활상 및 산업상의 기준도 될 만한 시장 통계를 부정확하게 하는 불이익은 도저히 연액 50만 원이나 100만 원의 수입 등으로 상상(相償)하기 불능한 손실이리라. 시일마다 농민이 50리, 80리의 길을 져서 나른 한 짐의 야채나 빈곤한 노파가 이고 온 한 되의 소금에도 빼놓지 않고 100분의 1의 시장세를 징수하는 이상 이 혈세가 영향하는 바까지도 고려하지 않을 수 없을 것이다. 이와 같이 세민의 필수품 거래에 무거운 부담을 과하는 한편에서 시일을 이용하여 행하는 시장구역 이외의 대거래가 1문(文)의 납세도 하지 않을 것 같으면 불공평이라 할까, 부조리라 할까, 시장세의 결함은 도저히 이대로 방임할 것이 아니다. 나는 현명한 당국이 내도할 세제 개정에서 필히 이 시장세의 개폐에 대하여 적당한 방책을 강구할 줄로 믿음으로 이에 구체적의 사안(私案)을 서술함은 이를 유안(留案)하여 두노라(大正 15. 6. 7).

4. 상인 관련

1) 조선인의 상업

〈자료 309〉 H.S.K, 〈오늘날 조선인의 상업〉(상공월보 19호, 1911.5.)

■■■■이라 하는 것은 어떠한 자인가. 사농공상■■■■■■■■■■■이면 그 욕망을 충족키 어려우며, ■■■이 안 하면 그 발전을 꾀하기 어려우며, 공업도 ■■■이면 그 ■■됨을 얻기 어려운바, 사에게 있어 농이라든지, 농에게 있어 공이라든지, 서로 간에 상의하고 상자(相資)하여 유무를 ■하여 통하는 길은 전적으로 상업에 속하는 것으로써 그 업이 발달되는 경우에는 사자(士者)·농자(農者)·공자(工者)의 수용(需用) 또는 발전에 따라 편리와 성황을 이루고, 그 업이 쇠퇴하는 경우에는 수용의 방편이 불편할 뿐만 아니라 농공 양자의 업이 그 발전될 길을 잃어버려 쇠퇴하니 상업과 그 외의 각 업에 대한 관계가 어찌 중대치 않겠는가.

따라서 고금의 어떤 나라를 막론하고 그 국민이 점차 문명의 영역으로 나아갈수록 상업이 발달되어 국가 경제 또는 개인 경제에서 다소의 불편을 느끼고 부족을 탄식하는 바가 없는 것은 단지 그 설에 의해서도 이를 알 수 있는 것이니 금일 20세기의 현상을 보라. 인생이 이 세상에서 생존하려면 경쟁이라는 것은 피하지 못할 것이다. 그리고 이 경쟁을 행하려면 어떠한 방법을 취할까. 상업이 제1의 중요한 위치에 있기 때문에 오늘날은 상업경쟁의 시대이다. 내지와는 물론 그 외 영국·미국·프랑스·독일 등 세계의 패자(霸者)라 칭하는 자—상업에 전력치 않음이 없으니 어찌 의심하겠는가. 오늘날 조선인의 상황을 보건대 전날의 폐단을 승계하여 많은 공업이 쇠퇴하고 만사가 구해(俱解)[30]하여 가히 말할 수 없을 만큼 애석하며 그 고난과 어려움을 일일이 말하기 어렵다. 그러나 그 곤란과 어려움은 오늘날 신정(新政)의 보급

30 구해(俱解): 『사기』의 「위기무안후열전(魏其武安侯列傳)」에 나오는 구해(俱解)의 뜻은 '화해하다'이다. 이러한 의미는 문맥상 어울리지 않는다. 문맥에 어울리는 의미는 '만사가 흐트러지다' 또는 '상황이 나빠지다'는 의미가 이어져야 한다. 따라서 여기서 구해란 단어는 잘못 사용되었거나 편집 과정에서 오자가 발생한 것으로 봐야 할 듯하다.

에 따라 점차 그러한 바를 득하는 경지에 이른 것은 우리들이 이미 예상한 바이나, 상업 상황에 대해서는 이를 논하기에 마음이 춥고 냉혹함을 금할 수 없다. 오늘날 조선인의 상업은 어떠한 상태로, 어떠한 방편으로, 어떠한 정도에 있는가. 상태를 말하자면, 사업이 점차 쇠퇴하며 체락(替落)하여 앞날의 희망은 조금도 없으며, 백보 천보 날마다 감퇴하고, 달마다 축소되어 한없이 퇴보되고 있다. 방편으로 말하자면, 근자에 기설 및 신설 회사와 상회 또는 잡화상 몇 곳을 제한 것 외에 전날과 다름이 없다. 즉, 전당포·포목점·담배 ■■대점·구물점(具物店)[31] 등은 임시방편적인 소영업이라 몸과 마음은 항상 우물 안의 개구리를 벗하고, 귀와 눈은 해양 밖으로 나가지 못하는 것이다. 정도로 말하자면, 너무 유치한 가운데서도 대규모 경영 및 설비라 칭하는 자도 내지의 어느 소규모 상점보다 오히려 열등하여 하나도 고려할 바가 없다. 이러한 가운데 학술 기예를 업신여기는 것은 선천적 부족■이므로 사업 경영 및 그 외의 사무 처리에 관하여 암매(暗昧)와 주저를 벗어나지 못한 것이다.

만약 이러한 상태와, 이러한 방편과, 이러한 정도로 오늘날과 같은 상업 경쟁 시대에 즈음하여 활동하고자 하나 할 수 있겠는가.

무릇 사람은 만사를 행함에 임기응변의 도를 강구하지 않으면 성공을 이루기 어려운 것은 사리에 정해진 바이다. 오늘날 이러한 시대에 임하여서도 추호도 응변의 생각이 없고 단지 구습에 젖어서 전날의 행동 방편만 생각하여 사위(事爲)의 시대에 어울리지 않은 것은 생각지 않고 옛날의 업이 오늘날 부진한 것만 탄식한다. 종래에는 할 수 없었던 자신의 독설을 유포하여 자기 한 사람만 우매함에 빠질 뿐만 아니라 사람의 기를 잃어버리고 국가 경제에 해를 끼치고 공과 사의 무용한 것을 스스로 만드니 이는 어떠한 시조(施措)인지 그 진의의 소재를 알지 못하겠다.

오늘날 조선인의 상업 상황은 이상에서 진술한 바와 같다. 즉 그 방편을 부득불 개량하여야 자연히 양호한 상태에 이르러 좋은 결과를 얻을 것이니 지금의 밥 한 그릇 물 한 잔에 만족하여 정신과 뜻을 잃어버리지 말고 안목을 넓히고 의지를 견고히 하여 구래의 사안 가운데 금일에 적합하지 않은 것은 점차 폐철하고 가급적 지금 시대에 적합한 사업을 꾀함이 옳으니 고금의 오래된 사례는 버리고 현재의 가까운 사례를 취하여 볼 것이다. 오늘날 망건 장수와

31 구물점(具物店): 각종 폐물을 취급하는 점포. 오늘날의 고물상과 유사하다.

관이나 갓(冠笠) 장수는 어떠한 상태에 있는가. 그 업 등은 지금은 부적합하여 오래가지 못할 것이다. 그리고 갑오 이전 즉 외국의 문물이 조선에 유입되지 않았을 시기에 지금의 양복점이나 모자점 등과 같은 영업은 어떠한 상태에 있었는가. 역시 절대적으로 불가능한 사실이었다. 고로 시기에 따라 방편을 취사선택함이 둘도 없는 길이니 현재 상업을 경영하는 자와 그리고 상업을 경영하고자 하는 자는 이를 특히 주의하여야 후일의 실패를 부르지 않는다.

2) 조선의 상업가

〈자료 310〉 박해원(朴海遠), 〈조선 상업가에 대하여〉(상공월보 20호, 1911.6.)

무릇 우리 국민들의 제반 풍속을 개량할 점은 비일비재하지만 그중에서 별도로 상인들의 구습을 일신함이 현재의 급선무라 감히 말한다. 동서양의 역사를 고찰하면, 옛날부터 상인을 경시한 사상이 먼저 발전됨으로써 그리스인 플라톤의 국가론에 사회계급을 유사(有司)·무인(武人)·농공인의 3계급으로 구분하여 유사는 국가를 통치하고 백성을 교화하며, 무인은 국가를 보호하고 적을 방어하며, 농공은 물질적 생활의 수요 공급함에 불과한 자였기 때문에 그리스의 상업이 모두 외국인에게 장악당하여도 국민은 걱정하지 않았다. 중국과 조선에 이르러서는 사·농·공·상의 구별이 매우 심하여 사가 가장 고귀함은 물론이요, 농민은 국가의 대본이라 칭하여 그다음의 위치에 있고, 상공을 하급에 두기에 이르러서는 가죽바지(皮袴)를 입도록 하여 열등하게 대우한다. 『맹자』 개권 수장(開卷首章)에 말하기를, '왕은 왜 이익을 말합니까(何必曰利), 상하가 서로 이익을 다투면 나라가 위험하게 된다'고 하였다. 즉 이(利)라는 글자를 결코 상인의 정당한 이익이란 의미로 말한 것이 아니나 후세의 학자는 이 이(利) 자를 빙자하여 상인을 모멸하게 되었고 이로 인해 현재 조선에 상업이 위축되고 부진할 뿐만 아니라 상업권도 역시 외국인의 수중에 장악되어 생활 상태가 조불려석(朝不慮夕)함으로써 공리걸핵(供梨乞核)의 상태를 면치 못하니 어찌 각골명심(刻骨銘心)한 바가 아니겠는가. 옛사람이 말하기를 오는 자는 책망하지 말고 가는 자를 쫓으라 하니 오로지 우리 조선 상업가는 앞길을 발전시키기 위하여 상업상에 개혁 방침을 강구함을 희망하고 더불어 한두 의견을 진술하노라.

(1) 영업소의 후비(後備)

영업소의 위치는 상업 중심지 즉 상업기관이 된 우체국·기선·기차의 발착지와 은행·보험·회사·창고·거래소·세관 부근에 존재할 필요가 있으며, 소매 영업은 다수의 동업자가 거주한 장소가 옳다. 외면으로 관찰하면 동업자가 많은 장소는 경쟁이 심하여 불리할 것 같으나 내면을 살펴보면 구매자가 많을 때는 각자 자기의 욕망에 적합한 것을 매입하기 때문에 그 결과 이익을 획득함이 많다.

영업소의 구조는 상업 경영의 대소에 따라서 차이가 있으나 대체로 논하면 상점은 손님의 출입을 편리하게 하기 위하여 몇 개의 문을 설치하거나 또는 상품의 진열장을 설치할 필요가 있다. 대체로 영업소는 손님을 접대하는 기관이니 어느 정도까지 그 재산을 투자하여 선명하게 꾸며 상품을 진열할 방법과 손님을 만족케 할 용의와 종업원의 집무를 민활케 할 설비 등을 정리함이 옳다.

(2) 손님의 접대

상업을 경영하여 다대한 이익을 얻고자 하는 자는 상품 매매를 빈번히 하고, 상품 매매를 빈번히 하고자 하면 많은 손님을 요하고, 많은 손님을 요하고자 하면 특별한 방법으로 손님을 접대해야 한다. 여기서 특별한 방법이라 함은 별도의 것을 말함이 아니라 단지 성실, 친절의 의미에 불과하다. 그러면 성실, 친절은 어느 정도까지 하는 것이 옳을까. 이것은 어떠한 사람을 대하든지 먼저 따뜻한 말과 공손한 얼굴과 태도를 가지는 것으로 물품을 매매하려고 온 손님은 물론이요 구입하려다가 그만두는 손님도 소홀하게 접대하는 것은 상업자의 큰 흠이 된다.

(3) 상품의 진열

상품을 진열하는 방법은 별도로 정식이 없으나 현재 여러 문명국은 영업상의 물품을 선택할 뿐 아니라 그 진열 방법에도 극히 용의(用意)하여 손재주가 많은 점원과 장인의식이 있는 전문가로 하여금 진열대에 차례로 진열하여 각 물품의 광채가 마치 여러 종류의 꽃이 서로 다투는 듯 보이도록 하여 손님의 욕망을 야기하여 부지불식간에 구입케 한다. 만약 상점이 왜소하고 진열이 착잡(錯雜)하여 질서가 없이 폭풍난마와 같아서 물품을 매매할 때에 물품을 탐색하기 위하여 손님을 지체케 하는 것은 거래의 원활함을 알지 못하는 것이다.

3) 휴업

〈자료 311〉 장사꾼의 휴업에 대하여(조선경제잡지 39호, 1919.03.)

고 대훈위 이태왕 전하 국장의(國葬儀)를 장차 거행하게 되어 서민이 모두 애도하는 지정을 표할 이달 삭일에 팔도산하가 모두 불길한 환호성에 싸였으니 황송무지함을 어찌하리오. 특히 경성은 이왕 전하가 계시는 성지라 전하께서는 국궁(鞠躬) 같으시니. 부왕 전하의 영을 제사하시며 상복하시고 근진하사 효도를 분명히 하시와 모범을 백성에게 보이시거늘 불평한 학도(學徒) 수백 수천이 시절을 생각지 않고 법을 두려워하지 않고 백주 소동에 양민을 놀라게 하니 실로 기괴하며 지극히 통한이다. 그 불평도가 왜 이러한 망동을 감행하는가. 일이 정치에 속한 것은 상업회의소가 직접 간여할 바 아니나 이달 9일에 이르러 종로를 중심으로 한 대상인을 위시하여 일반 조선인 상공업자가 식료 판매인을 제외하고 일제히 점포를 폐쇄하고 영업을 정지하였으니 이에 이르러서는 이번 사건이 이미 경제상에 파급된 것으로 상업회의소는 방관할 수가 없다. 여기에서 우리들은 동분서주하여 밤새 그 선후책을 강구하는 중인데 아직 완전히 해결되지 못하였다. 아래에 당초부터 오늘에 이르는 전말의 요령을 서술하고 더욱이 장사꾼 사상의 오류를 시정하여 장래의 경거망동을 경계하고자 한다.

3월 13일 오무라(大村) 서기장은 경성부윤 및 경찰서장을 방문하여 의견을 개진한 결과 총독부와 교섭을 완료하고 조선인 각 상조회장, 남대문통·종로·공평동의 모든 중요 상인들을 소집하여 개점을 논의하기로 정한 이후 오후 8시부터 학교조합 회의장에 60여 명의 상인을 소집하고 부윤·본정 서장·종로서장 대리 및 서기장이 열석한 후 참여자 50여 명에게 절실히 개점해야 하는 취지를 설명하였다. 그 석상에서 상인이 통일적으로 폐점한 것은 관헌 및 우리들이 그 주요인으로 인정하는 불령선인의 협박을 두려워한 바가 아니라 그즈음에 구인된 많은 자제의 앞날을 우려한 때문이니 주모자와 흉포한 자는 마땅히 법에 따라 형벌을 받아 마땅하나 일시적인 객기에 구치(驅馳)되어 부화뇌동한 것에 불과한 자는 속히 방면하여 죄인이란 오명을 쓰지 않기를 기원한다고 하면서, 이들 자제의 처분이 분명해질 때까지는 부형의 정과 그리고 일반 조선인이 현재 불안한 상황에 있는 동정의 표시로 영업을 정지함에 지나지 않는다. 희망하건대 이 뜻을 살펴 상국(上局) 관헌에게 전달하여 그 양해를 얻으면 개점과 같은 것은 원래 거절할 바가 아니며, 그리고 쓸데없이 길거리와 그 외의 경계를 엄격히 하는 것은 고객의 방문을 주저케 하여 일반의 불안한 마음을 조장케 한다는 점을 고려할 필요가 있으니 이를 오무라 서기장이 상국 관헌에게 전달하기를 바란다는 다수의 진정을 받아 그들의 의지를 양해하여, 가능한 내일 아침부터 개점할 것을 권고하고 산회하였다. 다음 3월 14일 오무라 서기장은 우사미(宇佐美) 내무부 장관을 총독부로 방문하고 전날 밤에 폐점한 각 상인을 소집한 전말 및 희망하는 부분을 전달하여 이해를 얻은 후에 오전 11시 서린동(瑞麟洞) 광신호(廣信號)에서 재차 폐점 상인 대표자와 회견하고 개점할 것에 대하여 각종으로 권유 토론하였다. 그들의 의견과 희망하는 바를 확실히 인지하고 오후 2시 반에 가나야(金谷) 부윤을 방문하여 이와 관련한 처리상의 의견을 진술한 후에 부윤과 동반하고 도장관을 도청으로 방문하여 제1부장과 동석 협의하고 동 5시에 산회하였다. 그 석상에서 종로·남대문통에 무장한 군대와 경찰관을 배치한 것은 상점을 보호하는 정도의 인원수는 현재의 상태로는 필요가 없으며 반대로 고객이 기피할 염려가 있으므로 내일부터 그 수를 감소하겠다는 약속을 받았다.

3월 15일 오후 1시 반 서린동 광신호에서 폐점 사건에 관하여 경성 조선인 상민연합회를 개최하였다. 그 회합에서는 그들의 희망을 수용하여 경찰 및 관변인을 한 사람도 참가시키지 않고 일본인으로는 오무라 서기장만 출석하여 숨김없이 그들의 소견을 말하게 하였다. 그러나 집회자 200여 명이 항상 마음속에 가지고 있는 바를 일소할 수 있는 내용이 적지 않았으나 왕왕 흥분하여 매우 소란스럽고 논의도 역시 자칫하면 옆길로 새어 버려서 아무런 결론을 내지 못하고 5시에 산회하였다. 다음 16일 오전에 가나야 부윤·다케무라(竹村) 제일은행 지점장 및 오무라 서기장이 회견하여 조선인 상점 폐점 사건에 대하여 계속 논의한 결과 부윤은 우사미 장관을, 다케무라 지점장은 고쿠부(國分) 사법부 장관을 방문하고, 서기장은 종로·본정 양 경찰서장을 방문하여 조선인 상인 일반의 희망을 개진하고 가능한 그 점을 수용하여 양민을 안도케 할 필요를 진술하였다. 오후에 다케무라 지점장과 오무라 서기장은 함께 전날 상민연합회의 좌장인 박승직(朴承稷) 씨를 방문하고, 다음 날 17일 오후에 폐점한 조선인 상인 일동을 소집하여 그 대강의 의향 및 진정 그리고 일반 정황을 설명하여 그들의 반성을 촉구하기로 결정하였다. 더욱이 경찰서에 간청하여 내일 집회에도 그들이 의견을 발표함에 있어 고려와 기탄이 없도록 하기 위하여 전날의 집회와 같이 경찰관은 한 명도 참석시키지 않고 오무라 서기장이 책임을 지고 이를 맡기로 하였다.

3월 17일 예정과 같이 오후 3시에 다케무라 지점장 및 오무라 서기장은 폐점 조선 상인이 집합한 서린동 광신호에 출석하였다. 오무라 서기장은 그 대강의 진정·시말, 그 의향 및 일반 정황을 설명한 이후에 사랑하는 자제의 석방을 요구하는 점에서 생각하더라도 신속히 개점하는 것이 지당하다는 점을 설명하였으며 무장의 해제, 학생 감시의 완화 그 외의 희망 요점은 착착 달성되는 중이니 이와 같은 상황에서 폐점을 계속하는 것은 의미가 없다는 점을 열심히 권고하였다. 부윤도 특별히 임석하여 간독(懇篤)한 훈시적인 설명을 통해 조선 상인 일동의 반성을 촉구하였으나 집회자 약 350명 가운데 간간이 감정에 격분된 자가 혼재하여 온건파의 의견을 방해하여 예상한 결과를 얻지 못하고 마침내 본 회의도 역시 효과 없이 종료하였다. 뜻있는 상인만 밤에 모여서 더욱 협의한 후에 다시 내일 18일에 각 상인단체의 대표자를 회합하여 협의하기로 하였다.

3월 19일 오후 2시 유지 상인이 서로 모여서 개점협의를 약속하고 서린동 경성조선인직물판매상조합 사무소에 집합하였으나 참석자가 20명에 미달되어 어떠한 협정도 진행할 수 없었다. 이리하여 경성직물상 동업조합 최규익(崔奎翼) 씨 및 포목상 대표자가 함께 서기장을 방문한 후 연일 노력한 것에 감사하고 역시 다시금 자제를 석방해 줄 것에 대하여 매우 진력하기를 간청하였다. 그러자 서기장은 부화뇌동한 자제에 대한 제재는 가볍게 하는 것이 국가의 양책(良策)이라고 믿기 때문에 서기장으로서 그리고 개인으로서 이 의사를 개진함에 전력을 기울이는 중이나 폐점을 계속하여 일종의 강요 수단을 행사하는 것은 결코 동정하기 어렵다. 단, 개점 여부는 원래 점주의 자유이다. 그날 이후로 회의소는 폐점주를 위시하여 일반의 이익을 존중하여 가능한 교섭에 진력하여 개점을 권하였으나 그 효과가 없음은 어쩔 수 없다. 그러한 이상은 이후 반년 1년 폐점이라도 뜻에 따를 뿐이다. 경성의 상공업계는 조선 상인의 태도에 의하여 협박받을 만큼 빈약하지 않다고 회답하였다.

3월 21일 포목상·약업상의 청년실업가 수명이 서기장을 방문하여 폐점을 계속하는 것은 조선 상인 간에 있어서도 온당치 않다는 마음을 가진 자가 다수이기 때문에 사리를 이해하는 주된 점주를 호별 방문하여 대략 일제히 개점하자는 논의에 동의하는 희망을 가지고 내일 22일 오후에 봉춘관(奉春館)에서 점주만 약 60명이 회합을 개최할 터이니 여기에 서기장의 방문을 구하여 금후의 진력을 청하겠다고 하자 서기장은 이를 흔쾌히 허락하였다.

3월 22일 오후 2시 서로 약속한 대로 서기장은 봉춘관에 도착하였으나 모인 자가 17명에 불과하였다. 모이지 않는 이유로는 동일 서대문 밖에서 불량 노동자의 소요가 있어서 가게 앞이 혼잡하여 참가하기 어렵다는 것이었다. 그러나 참가자는 모두 개점에 이의가 없고, 알선한 청년실업가 제씨는 어쨌든 참가자가 적어서 유감이라는 뜻과 성실한 행동을 확인할 수 있다면 서기장은 제군이 이와 같이 진력하였으나 약속을 어긴 불참자가 많은 것은 어쩔 수 없으며, 특히 오늘 소요를 감행한 새로운 사실이 있기 때문에 더욱이 폐점주들의 의사가 바뀌었을 것이라고 추측하기도 어려워 충분히 자각할 때까지 기회를 기다릴 수밖에 없다고 말하고 떠났다.

이상 10여 일간에 걸쳐 서기장은 폐점주의 반성을 촉구하고 은밀히 복구하려고 노력하였으나 효과를 거두지 못하자, 잠시 묵살하고 방관하는 태도를 취하여 그 자각을 기다리기로 하였다. 본 회의소는 장래 기회가 있으면 전력을 다해 사건 해결에 주저하지 않음은 물론이요 본 원고를 작성하기까지의 개략은 위와 같다.

세계적인 동란이 종식되고 강화회의를 개최함에 있어 평화 조건으로 민족자결주의가 주창되자 학생의 일부는 그 의사를 깊이 살필 여유도 없이 단지 그 문자에 현혹되어 조선 독립의 시기가 도래하였다고 오인하여 가련한 가짜 교도(敎徒)와 서로 연계하여 마침내 사회의 치안을 방해하여 인심을 동요케 한 것은 일선동화사상 치욕으로 우리들은 심히 유감이다. 무릇 조선 학생은 장래 조선 사회의 중견이 될 자로서 우리들이 가장 신뢰할 동포이니, 우리들은 결코 그들의 과오를 용납하지 않고 그 부형과 함께 그들이 하루빨리 개선하기를 희망한다. 그러나 의외로 일반 상인은 그 자제가 체포된 것을 보고 즉시 그 점포를 닫고 업을 폐하여 자신들이 손해를 봄과 동시에 일반 시민에게 손해를 입히는 것을 생각하지 않은 것은 명백히 관헌에 대한 반항이다. 그리고 자제의 석방을 위하여 활용한 것은 강소(强訴)에 지나지 않으며 사려 깊은 자는 결코 하지 않을 행동이다. 듣자하니 구 한국시대에도 동일한 수단으로 정부에 반항하여 상인단체의 목적을 달성한 적이 있었다고 한다. 법치의 형식이 구비되지 못하고 행정기관이 완전하지 못한 시대에는 혹시 이러한 방법이 어쩔 수 없다는 것을 인정하나, 오늘날 이를 실행한 것은 대체로 시세(時勢)를 모르는 폭거가 될 뿐이다. 그 힘을 살피지 못한 무모한 행동을 하면 자멸에 지나지 않다는 것은 명료하다. 그리고 상인은 원래 영리를 목적으로 하여 이를 쉬거나 쉬지 않거나 하는 것은 각자의 자유라고는 하지만, 서로 모의하여 일제히 교역관계를 폐지함은 공익을 해하는 행위로 자유롭게 방임할 수 없는 것이다. 현명한 상인이 이를 생각지 않을 이유가 없다. 아마도 자제가 구금된 것을 보고 그 마음을 참지 못하거나 혹은 불량도배들의 협박을 염려하여 일시적으로 정신의 균형을 잃어버린 것으로 볼 수밖에 없다.

무릇 법은 복종하지 않을 수 없고 사직(司直)의 사무에는 그 지위에 관계없이 누구라도 용인할 수 없다. 업을 폐하고 교역을 정지하는 것은 법규의 행사에 어떠한 영향을 미치는 것이 아니다. 이와 같은 것은 마침내 자신과 타인에게 손실을 가져올 뿐이다. 생각하건데 사법 당국자라고 하더라도 도저히 다수의 청년을 옥에 가두어 즐거운 자가 없을 것이다. 수속을 완료하는 대로 폭거의 수괴 선동자를 제외한 자는 모두 방면될 것임을 이미 사실로 명시였으니 부형된 자는 마땅히 안심함이 옳다. 일선동화를 촉진하여 자제를 훈계 지도하고 국법 유지에 진력해야 하는 자가 오히려 폐점을 공모하고 자제의 경거망동을 지지하는 듯한 것은 실로 유치한 것으로 식자의 조소를 사는 것에 불과하다. 우리들은 조선 상인 제군이 자신의 처지를 반성하여 신속히 개점하고 어리석기 그지없는 이러한 경거망동을 포기할 것을 제군을 위하여 절실히 바라노라.

4) 소매상의 실패 원인

〈자료 312〉 양기철(梁基哲), 「소매상 실패의 원인(小賣商 失敗의 原因)」(신동아 제10호, 1932.09.)

현금(現今) 조선에서 소매상이 어떠한 정도로 실패하고 있는가? 이것은 확실한 통계가 없으므로 알아볼 수가 없다.

미국 '훼델리써-브보드'의 보고에 의하면 연방준비은행 소재지에서 250만의 사업 중 최근 1개년의 실패 기업자가 2만 건이라고 한다. 즉 매년 100에 대하여 하나씩 실패 기업이 나타나는 것이다. 그중 10분의 7가량이 물품판매업 즉 도매 혹은 소매상점인 것이다. 비교적 경영을 잘할 것 같은 미국인도 이러할진대 결함이 많은 우리 상계의 소매점 실패율은 비상한 수를 차지하고 있을 것이다.

소매상점 실패 원인에 대하여 미국 '옷시곳시'시(市)의 201헌(軒)의 폐점에 관하여 '볼나이스트롬' 씨의 조사에 의하면(1호표),

폐점 원인	점수(店數)
경영자의 사망	24
경영자의 병	1
파산	6
실패	124
결손의 결과 양도	27
이익은 있는 상점	14
이익 남기면서 폐점	5
합계	201

새로 폐점 원인을 다른 방식으로 조사해 본 데에 의하면(2호표),

원인	점수(%)
무능력	35.00
자금 결핍	33.00
특수 원인	17.00
무경험	5.00
사기	4.00
경쟁의 결과	1.80

또한 시스템지(紙)에 게재된 원인 조사에 의하여 백분율을 본다면(3호표),

1. 최초로부터의 장해

자금 부족	29.0

부적당 무경험	24.0
불법의 대매(貸賣)	4.4
경비 과다	3.0
장소 부적당	2.2
부당의 확장	2.0
합계	64.6
2. 경영자의 인격적 결함	
사기	4.0
태만	4.0
낭비	4.8
방종	2.0
합계	14.8
3. 성공을 제(除)하는 사항	
천재에 의한 손실	3.8
병	3.5
관계자의 실패	2.6
투기	2.1
경쟁	1.4
사기의 피해	1.2
도난	1.0
사망	0.8
계약에 의한 손실	0.8
기타의 원인	2.9
합계	20.1
총계	100.0

이 조사의 결과를 그대로 우리의 상계에 적응하기는 혹 맞지 않는 점이 없지 않아 있을 것이다. 대체로는 그것과 유사한 것일 것이다. 더욱이 3호표는 정밀한 것으로 좋은 참고를 보

여 주고 있다.

거기서 이 3종의 통계를 통하여서 제일 많은 %를 점령하는 부분을 추출해 본다면,

원인	3호표	2호표	1호표
자본의 부족	29.0	33.0	
부적당	24.0	40.0	78.0
소계	53.0	73.0	78.0
기타	47.0	27.0	22.0
합계	100.0	100.0	100.0

단, 제1호표에는 자본 부족이란 항목이 없기에 파산, 실패, 현손(現損)에 의한 양점(讓店)의 3항을 합하여서 하나로 하였다.

제1위로 들 것은 자본의 부족이다. 미국과 같은 대자본주의의 나라 트러스트국(國)·백화점국(國)·연쇄점국(國)에서는 당연히 자본의 부족은 소매상 실패의 최대 원인을 만들고 있다. 그러므로 자본이 박약한 상점이 물품 판매를 하게 되면 8 중 6, 7까지 실패하고 있다는 것을 생각해 둘 필요가 있다.

제2위의 최대 %는 부적당, 무능력, 무경험에 기인하는 실패인 것에 놀라지 않을 수 없다. 지금 조선에서도 부적임(不適任)으로서 실패하는 그 수가 아마 제2위를 차지하고 있을 것이다. 필자가 조선 상계에서 추정해 본다면,

실패 원인	백분율
1. 자본의 부족	30.0
2. 무능력 무경험	25.0
3. 경쟁의 결과	13.0
4. 경비 과대	7.0
5. 인격 결함	5.0
6. 기타	20.0

합계	100.0

라고 하는 것이 적당치 않을까 생각한다.

판매업자의 경영 수명이라는 것은 생각해 보건대 1927년 미국 생명보험 대리업을 하는 한 회사가 조제한 소매점 및 도매점의 평균수명 연수는 다음과 같다.

소매점의 부	연수(年數)
1. 의류	6.4
2. 도료 및 벽지	6.7
3. 가구	6.8
4. 서적 및 문구	6.9
5. 반물(反物)[32]	6.9
6. 식료품	7.1
7. 귀금속	7.2
8. 화(靴)	7.4
9. 약	7.8
10. 금물(金物)[33]	7.9
평균	7.1

도매점의 부	연수
1. 버터 및 계란	5.3
2. 도료유초자(塗料油硝子)[34]	6.1
3. 과물(果物)	6.2
4. 연초	6.5
5. 육류	6.5

32 반물(反物): 1. 옷감, 2. 한 벌의 옷감, 3. 포목.

33 금물(金物): 철물.

34 도료유초자(塗料油硝子): 도료기름과 유리.

6. 의류	6.6
7. 빵	6.6
8. 목재	7.4
9. 반물(反物)	7.6
10. 황분(黃粉)[35] 및 사료	7.6
11. 금물(金物)	8.5
12. 종이	8.5
13. 과자	9.2
14. 곡물	9.5
15. 화(靴)	10.0
16. 식료품	10.9
평균	7.5

또한 조사 중에 개업 5개년 중에 4할 5푼의 상점이 폐점하고, 개업 10주년의 폐점 수는 더 크다. 개업 후 30년 이상 계속한 것은 겨우 5푼 5리에 지나지 않았다.

나라가 다른 것만치 부합되지 않는 점도 있겠지만, 이상의 것들은 실패점을 참작하여서 저기에 적당한 대책적 수단을 쓰게 된다면 이 역시 소매점 활로 개척의 한 방도이겠다.

5) 전문상으로서 소매상인

〈자료 313〉 최남(崔楠), 「백화점연쇄점(百貨店 · 連鎖店)에 대항책(對抗策)-소매상인이여 전문점(專門商) 되라」(삼천리 제6권 제9호, 1934.09.)

백화점의 대세관(大勢觀)

서울은 인구 30만이다. 이 30만이 사는 서울 장안에 백화점이 몇 개나 있는가 하면 북촌에 화신, 남촌에 미쓰코시(三越)·조지야(丁字屋)·미나카이(三中井)·히라타(平田) 등 다섯 개나 된다.

35 황분(黃粉): 노른자위를 말려서 빻은 가루.

나는 이 현상을 바라볼 때 서울에는 백화점이 너무 많다고 본다. 많다 함은 영업이 잘 되지 않을 염려가 생긴다 함이니 소비량도 적고 점포는 대규모로 늘 유지하지 않아서는 안 될 경우라면 수판을 들고 앉아서야 할 그 장삿속은 곯지 않을 수 없어 그중에 몇몇은 비운에 빠지지 않을 수 없을 위험이 있다 함이다.

전문가의 관측에 의하면 인구 10만에 백화점 하나라 한다. 즉 원칙적으로 보아 적어도 10만 명이 사는 도회지가 아니면 백화점 낼 생각을 말라 함이니 아무리 적더라도 백화점 하나가 서자면 소비 군중 10만은 끼고 있지 않아서는 해 나갈 수 없다 함이다.

그런데 30만에 다섯이면 한 백화점에 6만 명이 되나마나 하지 않는가. 6할에 해당하는 소비 군중을 낀 그 위에다가 총독부를 위시하여 체신국·철도국·은행·회사 내에 상당한 융통자금을 가지고 있는 강력한 구매조합이 여럿이 있으니 백화점의 고객은 더욱 그 비율이 줄어들지 않을 수 없는 형편이다.

나는 오사카(大阪)와 도쿄(東京)에도 전일(前日) 동아(東亞)백화점 시대에 여러 번 연구를 위해 다녀온 일이 있거니와 현재 오사카에는 백화점이 여덟 군데가 있다. 오사카시의 인구는 300만이요, 낮이 되면 시외 근교로부터 모여드는 유동 인구가 100만이 있어 결국 400만 명에 여덟 개다. 한 개에 50만 명의 고객을 끼고 있는 셈이 된다. 서울에 비하여 8배 크기가 아닌가.

또 도쿄는 어떠한가. 고정 인구 400만에 낮에 시외로부터 들어오는 유동인구 200만, 모두 600만 명에 대하여 미쓰코시·마쓰자카야(松坂屋)·다이마루시로키야(大丸白木屋)·다카시마야(高島屋) 등 아홉 개가 있다. 이것도 거지반 70만 명에 1점의 비례다.

하물며 도쿄·오사카 시민의 소비고를 빈약한 서울 시민에 대이랴. 그러건만 아무리 자본금을 많이 가지고 하루에 10여만의 고객을 탄토(呑吐)하는 소문난 한다하는 백화점이라도 1할 2푼 이상의 배당을 하는 곳을 못 보았다. 그 경영이 얼마나 어려움을 증좌(證左)함이 아닌가.

지금 조선에는 백화점열이 비등하고 있다. 인구 15만인 평양에 또한 조지야가 있지, 미나카이가 있지, 게다가 김응수(金應銖) 씨의 평안백화점이 동대문통에 섰다. 또 10만이 되나 마나 한 대구에도 또한 미나카이가 새로 서려 하고, 그밖에 무에라든가 하는 백화점 하나가 서 있다.

이 뒤에도 소매상하며 별로 수를 못 보는 사람들이 상략(商略)을 변경하여 4, 5만이라도 모여 앉은 도회지를 찾아 백화점 경영으로 진출할 것같이 추측된다. 그렇지만 아까도 말하였거니와 나는 소도시의 백화점 경영은 위태하다고 본다.

수가 너무 많다

내 추측에 의하면 서울 북촌·조선 사람 상가에서 하루 팔리는 잡화 매상고가 1만 2,000원 내외라고 본다. 이 중에 절반인 약 6,000원이 화신백화점에서 팔리는 액수요, 그 나머지가 덕영(德永)이라든지 동아부인상회라든지, 그밖에 몇 군데 아니 되는 소매상점에서 팔리는 것일 것이다. 듣는 바에 의하면 ××에서는 1일 최저 3,000원, 최상 1만 2,000원 매상이라는데 그 평균을 6,000원으로 아니 잡을 수 없다.

그런데 매입지가 빤하여 폭리를 남길 수 없는 것이 오늘의 상계 현상이라 잡화에 1할 내지 2할 이익을 칠가, 매일 6,000원 잡고 한 달 18만 원 매상에 대하여 1할 2푼의 이익을 취한다 할지라도 2만 수천 원밖에 아니 되는데, 수삼백 명의 점원 급료를 주고, 전등세 물고, 집세 물고, 무에 여유 있으랴, 서울 백화점계의 현상이 이러하거든 조그마한 시골에서 백화점 벌린대도 얼마나 발전할는지 의문을 아니 낄 수 없다.

백화점이 가장 발전된다는 미국을 보아도 '긴벨' 같은 상점에서 연 1억만 불 이상 팔았다 하지만 순익이 해마다 줄어 가서 1925년에 순익 100분의 1.4이던 것이 1928년에는 겨우 1,000분의 7밖에 아니 되었고, 최근은 불경기로 더욱 말이 못 된다든가, 벌써 상해(上海)에서는 폐문한 대백화점이 서너 곳까지 있다 한다.

그렇지만 소매상 입장에서 보면 백화점 존재가 큰 두통거리 아니 될 수 없다. 이왕 있던 고객들도 백화점으로 빼앗기고, 더구나 시골서 올라오는 유동 고객은 대부분 백화점에 탈취를 당한다. 백화점은 첫째 점포가 화려하여 중인(衆人)의 주목을 끌고, 둘째 정찰제도 있어 안심하고 물품 살 수 있다는 무형의 신용이 있고, 셋째 한 곳에 백 가지 천 가지 다 구비하였으니 편리하니까 자연히 발길이 거기에 옮아간다.

여기에서 소매상은 비명을 아니 칠 수가 없다. 우리보다 먼저 도쿄 중소상업자 사이에 백화점 대항을 위하여 몇 해 전에 고심 참담한 선례가 있었으니, 그것이 1931년(昭和 6) 여름 일이라 도쿄상점회연맹이란 것을 중소상업자가 결성하고 별일을 다 생각하여 실시하여 보았다. 첫째 공동 매입을 하여 싼값에 물품을 들여올 것, 둘째 광고도 같이 연락을 취하여 하고, 선전도 같이 하고, 심지어 자동차를 공동으로 두어 고객에게 보내는 물품 배달을 편의 있게 하기로, 온갖 지혜를 다 짜내 보았지만, 결국 대부분이 실패에 그치고 말았다. 소매상의 단결이란 말이 쉽지 실제에는 잘되지 않는 것이다. 단결의 힘을 빌려 대자본에 대항한다 함은 아름다운 일이나, 이리 되면 백화점은 원가조차 끊어서 부당한 염매정책으로 소매상을 누른다. 여기에는 당하는 재주가 없다. 그렇다고 소매상도 백화점 모양으로 남매(濫賣)를 할 수 없으니 하기만 하면 부득이 파산을 아니할 수가 없는 까닭이니까.

소매상 단결난(團結難)

이때에 생각나는 일은 내가 실제로 경험한 사실이다. 나는 원래 은행의 한 사무원으로 있으면서 월수 100원 정도를 받는 샐러리맨이었다. 그러다가 착목한 것이 잡화라. 그때 서울 상계를 보면 3원짜리면 손님을 보아 가며 10원도 부르고 5원도 부른다. 부르는 것이 값이다. 손님 측에서는 으레히 깎는다. 그래서 잘 깎으면 3원짜리를 제3원에, 또는 원가도 끊는 2원 4, 50전에라도 사고 잘못 깎으면 7원, 8원, 10원에도 사게 된다. 에누리가 어떻게 많은지 도무지 고객은 대중할 수 없어 불안하였다. 그때 내가 생각한 것이 정찰제도라, 정찰을 붙여 먼저 가격을 안정시켜 장사하여 보자 하여 덕원(德元)상점이란 조그마한 점포를 내었다. 그래서 원가에 1할쯤 붙여 정찰을 매었더니 손님이라고 도무지 들어오지 않는다. 이에 매입을 싸게 할 뿐더러, 그 매입한 원가대로 정찰을 부치었다. 그랬더니 그제야 월 600원의 매상이 있었다. 상점 경비는 나의 월급 100원 중 생활비로 30원을 제하고 나머지 70원을 내어놓아서 그것으로 썼다. 1년 가서 총결산하니 밑진 금액이 500여 원이라. 이것은 물품을 도적맞은 것이라. 손님에게와 점원에게 만비키(萬引き)[36] 당한 것이 아니라면 원가에 사다가 원가대로 판 내 장사에 축일 날 까닭이 없는 것이다. 만비키 말이 났으니 말이지 백화점의 최대 고통은 이 만비키다. 그러기에 도쿄·오사카의 경향을 보면 점원으로 높은 교양이 있는, 손장난 아니하는 대졸자들을 갖다 쓴다.

아무튼 이리되자 그다음에 생각한 것이 매입을 싸게 하여야 한다는 생각으로 오사카로 들어갔다. 그때 서울 상인치고 누구 하나 직접 매입하는 이는 없다. 모두 진고개 상인들에게서

36 만비키(萬引き): 원뜻은 소매치기이나, 문맥으로 보면 점원이 주인 몰래 물건을 훔쳐 가거나 돈을 가로채는 것을 말함.

도매 맡아다가 판 것이었다. 오사카에 매입부를 두자니 점포 차입의 월세 100원, 점원 1인급 50원, 교제비 200원, 통신 및 잡비 50원이라 하여 월 500원 경비가 들었다. 그렇지만 이렇게 연 6,000원의 경비가 들고도 원체 매입을 잘하게 되니까 그해 결산에 4,000원의 이익이 남았었다. 이왕 이러할 바에는 규모를 늘린다 하여 종로·동대문 등 조그만 지점 4, 5처를 내고, 나중에 동아부인상회를 내고, 대구·광주·순천 등 7, 8 지방에조차 지점을 내었다.

그때 서울 형편은 나의 덕원상점 계통 외에 잡화상 5, 6처가 있었다. 이 5, 6처에서 덕원에 대항하는 의미의 소매상연맹이 결성되었다. 물론 우리는 빼 버리고. 그래서 이 소매상 단체에서 월 50원씩 모아 1년이 되거든 그 돈으로 오사카에 공동매입부를 두고 공동매입을 하자고 결의하였다. 그러나 그 돈도 잘 모아지지 않던 중,

때마침 창덕궁 순종께서 돌아가셔서 서울에는 인산으로 수십만 사람들이 모여 왔다. 인산날 상인들이 대여(大轝)를 모시기로 한바, 상인이란 포목상조합이라든지, 소매상조합이라든지 하는 단체명하에서만 참가할 수 있었는데 나는 소매상조합에 가입시켜 주지 않아 우리 덕원상점 및 동아부인상점의 점원들은 대여 메는 영광에 참여할 수 없었다. 점원들의 불평이란 참으로 컸다.

나는 인산날 무료하게 있다가 오후가 되어 하도 갑갑하니까 점원더러 심심풀이로 점방 한 귀퉁이만 열라 하였더니 지방에서 올라온 인산객들이 어떻게 많이 밀려오는지 삽시간에 4,000여 원의 매상이 있었다. 당장 내려갈 터인데 서울 안은 모두 철시하였으니 망설이던 즈음 우리가 연 것을 보고 쏟아져 들어온 것이다.

그 이튿날 모든 잡화상에서는 점원들이 금곡까지 갔다 와서 모두 곤하고 발이 부르터 개시 못하는데 우리만 하였더니 그 하루 동안 동아부인상회서만 2만 4,000원이란 거액의 매상이 있었다. 이 일은 우연한 일이지마는 소매상 대 백화점의 경쟁이란 이모저모로 이렇게 어렵다는 것이다.

연쇄점에 대한 대항책

그런데 조선은 서울·지방 할 것 없이 중소매상에는 이 백화점 외에 또 한 가지 어려운 난관을 직면하고 있다. 그것은 새로 화신(和信)에서 계획하는 연쇄점이라.

들리는 말에 의하면 중요 시장 1,000개소에 연쇄점을 두리라 하여 소매상들은 크게 공포

심을 느끼고 있다고 전한다.

나는 박 씨의 이 연쇄점이 충분히 성공하기를 충심으로 비는 자 중 한 사람이거니와, 그러나 내 소견을 말한다면 나는 연쇄점은 미국 같은 고도 문화의 국가에서나 성공할 일이지, 조선 같은 데서는 성공하기 어렵다고 본다. 누구 손에서 경영되든지 간에 조선서 연쇄점을 하자면 포목점 같은 시세물은 착수할 수 없고, 또 의식주의 실제 생활 중 가장 중요한 식량인 미곡도 취급할 수 없고, 겨우 할 수 있대야 잡화뿐이리라. 잡화 중에도 넥타이·와이셔츠·비누·양말·셔츠 등 문화인의 일용품일 터인데 지금 조선 각지의 시장을 돌아다보면, 가장 많이 팔리는 물품은 양잿물과 성냥갑 등이다. 넥타이·와이셔츠 등은 도회지에서밖에 장사가 안 된다. 도회지란 원산·대구·부산·광주·신의주·함흥·인천 등 10처나 될까. 그 나머지 1,000 시장의 중요 상품은 오직 놋그릇·질그릇·양잿물·춘향전·성냥갑·물감 등이다.

그런데 이 종류의 물건이란 시세가 꼭 일정하다. 원가에 운임 붙여 조금 보태 팔 뿐인데 이와 같이 누구나 직접 매입할 수 있는 물품만 가지고는 연쇄점이 잘 안 될 것이니 연쇄점에 5푼이면 5푼, 1할이면 1할의 중간 이익을 먹여야 할 까닭이 없는 줄을 잘 알기 까닭이다.

그러기에 조선 같은 데서 연쇄점을 하자면 오사카 공장이나 도쿄 공장에서도 만들 수 없는 특별한 생산공장을 가지고서 그 연쇄점이 아니면 만들어 낼 수 없는 물품을 만들어 팔아야 할 것이다.

오히려 연쇄점 할 자격은 조고약방에 있다 할 것이다.

즉 연쇄점하여서 취급할 물품의 범위가 극히 좁은 것 또 생산공장을 가져야 할 것이로되 그가 절대 불가능한 것.

그리고 또 한 가지 생각할 일은 추산컨대 지금 전 조선 조선인 측 잡화상 측에 스톡크되어 있는 물품이 약 1,000만 원어치 있는데, 화신연쇄점이 완성하여 가령 금추(今秋)부터 1,000개의 연쇄점이 지방마다 선다 하자. 아무리 적게 쳐도 한 상점에서 처음 1,000원 정도의 물품은 끌어오리라. 1,000원에 1,000점이면 100만 원의 잡화가 탁 들어 몰릴 터이니 약 10 할인의 과잉상품이 조선 시장에 펴져 있게 될 것이다. 그런데 조선 사람의 소화 능력이 10 할인이 증가되겠느냐 하면 작금의 수해, 기타로 부쩍 줄면 줄었지 늘지 않을 것이다. 이리되면 재래상하고 신설 연쇄점하고 사이에 염가 투매·경쟁 남매가 생길 것이라. 이 결과 둘이 다 부상하지 않겠는가.

전문점으로 발전하라

연쇄점과 백화점 출현설에 놀란 가슴을 안고 소매상인들이 내게 그 대책을 물으면 나는 늘 이렇게 대답한다.

"아직은 괜찮다. 아무 근심할 것 없다. 다만 영구지책(永久之策)으로 전문상이 되라."

즉 문방구면 문방구상만, 양말이면 양말만 이렇게 전문상이 된다면 부분적으로 능히 대항할 길과 활로가 생기리라고 나는 보고 있다.

5. 상점 관련

1) 3.1운동과 폐점

〈자료 314〉 소요와 폐점 사건이 경제계에 미친 영향(조선경제잡지 40호, 1919.04.)

3월 1일에 발발한 소요[37]는 더한층 종로를 중심으로 한 일반 조선인 상인의 영업을 정지하게 하여 동월 9일부터 4월 초하루에 이르는 3주일은 당국의 위유(慰諭)이든지 본 회의소의 알선이든지 그 효과를 올리지 못하고 시장이 적막하여 일반 시민이 불안을 느끼게 되었다. 이 기간에 대한 경제계의 영향은 적지 않다고 생각되는데 특히 공업 방면에서 심각하였던 듯하다. 아래에 본 회의소가 각처에 대하여 조사한 바를 기록한다. 그러나 본 조사는 개점 직후의 상황으로 폐점의 결과를 예측하기에는 조금 이른 감이 있으니 후일 재차 정확한 자료를 얻어서 이를 보완하고자 한다.

이번 폐점 사건의 악영향을 받는 것은 조선 상인 자신이요 그 손해 정도는 각 가게가 균등하지 않으나 그들이 적극·소극적으로 영리의 기회를 잃어버리는 것은 의심할 바 없으니 이를 정확히 계산하면 상당한 이익에 달할 것이다. 특히 소상인 등 매일의 이익에 의존하여 먹고사는 자의 곤란은 상상하기 어렵지 않으며, 종래에 널리 식료 잡화상을 경영하는 어느 조선 상인이 지난번에 어쩔 수 없이 정리를 한 것도 폐점 사건의 악영향을 보여 주는 것이라고 할 수 있다.

일본인 상점에 미친 영향

일본인 측 상점은 일반적으로 다소의 영향을 받았다고 할 수 있으나 본정(本町) 측 상점과 같은 손해로는 단지 조선인 고객의 수가 감소한 정도에 불과하다. 면사포 상점 및 조선인용 잡화 도매상점은 폐점 기간 중에 거의 휴업하는 상태에 있었는데 여기에 더하여 면포는 비수요기였던 관계로 가격이 하락하였다. 그리고 잡화상도 계절용 상품의 판매 시기를 놓쳐 버리는 등 간접적으로 입은 손해가 매우 컸다는 감이 있다. 그러나 조선인 거래상의 총 거래에 대

37 1919년 3월 1일에 일어난 3·1운동을 말함.

한 결제금 회수에 관하여 악영향이 없었다는 점은 모두가 생각하는 바이나, 위의 예상에 반하여 특히 포목상과 같이 가장 정확히 그 의무를 수행하고 그 외에 상인에게 있어서도 간간히 지불 기간에 다소의 지연이 있었지만 다행히 어떠한 분쟁도 일으키지 않고 순조롭게 결제한 것은 기쁜 일이다. 이하 시내 해당 업자에 대하여 조사한 바를 업종별로 게재한다.

1. 면사포상(綿絲布商). 거래자가 조선 상인 일류의 포목상뿐이기 때문에 결제금 회수 등에는 근소한 손해를 입었으며 거래가 가장 많은 시기임에도 불구하고 거의 1개월간을 휴업과 같은 상태였다(공익사는 3월 중의 거래액이 예년의 50만 원을 밑도는 것이 없었는데 올해 같은 시기의 매상은 겨우 10만 원에 불과하였다고 함). 그리고 비수요기에 즈음하여 시세 변동이 발생하여 조악한 면포류는 최고 가격에서 약 2할 내지 2할 5보(步) 하락하여 현재 16방(磅)과 같은 것은 오사카 매입 현지 원가 330원인 것이 현재 290원으로도 상담이 없는 모양이다. 이를 감히 시국의 영향만으로 보는 것은 불가하나 그 원인의 태반은 소요 사건에 있다는 사실이다. 시내의 거래는 물론 지방에 있는 시장이 열리지 못하는 것으로 인하여 거의 물자 이동이 없으며 자연히 재고에 문제가 발생하였기 때문에 시세 변동을 초래하기에 이르렀으며 이로 인한 손해를 가산할 때는 해당 업자가 입은 손실은 가히 다액에 이른다. (4월 4일)

2. 조선인용 잡화 도매상. 거래 대상이 조선 상인뿐이어서 이 기간 중에 거래가 전무하였음은 면사포상과 동일한 상태이다. 이것 때문에 입은 영향이 적지 않으나 결제금의 회수는 의외로 순조롭게 이루어졌다. 그리고 이것을 평상시와 비교하면, 그 성적이 양호하지 못한 것은 물론이나 회수 불능 등이 없었음은 다행이며, 단지 계절용 상품의 시기를 놓치고 특히 양산류는 예년 3월에는 거의 조선 상인의 손에 이동했을 것이나 사변을 만나서 다수의 이월상품이 발생하거나 혹은 일본 구입처에 주문을 취소하는 등 지대한 지장을 발생시켰다. (4월 4일)

3. 미곡상. 미곡상은 그 거래관계를 가진 조선인 동업자가 일반 조선 상인의 폐점 기간 중에도 더욱이 그 영업을 계속하였음으로 거의 하등의 영향을 받지 않았으며, 근래 미곡 출하

가 격감된 것은 주로 시세에 관한 것 때문이다. 아구창(鵞口瘡)[38] 발생 때문에 지방에 대한 운반 여력이 감소한 것도 그 원인일 듯하다. 시내 창고업자에게 미곡의 이동 상황을 들어본즉 소요 기간 중에도 더욱이 상당한 이동이 있었는데 이를 평시와 비교할 때는 다소 한산한 정도였다고 하나 이것은 시세 변동기에 존재하는 상태이지 조금도 소요의 원인으로 인한 것은 아니라고 한다. (4월 5일)

4. 식료 잡화 도매상. 조선인에 대한 거래가 많지 않아서 직접적인 영향이 없었으나 사건 발생 이래 지방의 주문은 결국 걱정이 앞서서 평시의 3할 이상 감소하였다. 특히 지방에서 송금이 여의치 못한 것은 가장 곤란을 느끼게 한 것이며 혹은 소요를 빙자하여 결제를 미루는 경향이 있었던 것은 유감이다. (4월 5일)

5. 화장품 도매상. 개점 이래 고객이 평상시로 회복하였으나 폐점 기간 중에는 조선 상인에 대한 거래가 거의 전무한 상태였다. 그러나 상품 가운데 향수를 제외하고는 이른바 계절품이란 것이 없기 때문에 판매기를 놓치는 일이 없었다. 그 영향으로는 단지 상품의 발매가 일시 지체된 것과 그 기간 중에 지방의 주문이 약 3할 정도 감소한 것 그리고 지방 거래처의 송금이 항상 지체되었으며 시내에서도 결제금의 회수는 평상시에 비하면 다소 성적이 좋지 않은 것은 어쩔 수 없었으나 대체로 순조롭게 진행되어 입은 피해는 많지 않은 듯하다. (4월 7일)

6. 약종매약(藥種賣藥) 도매상. 사건 발생 이래 지방의 주문이 약 반 정도 감소되고 시내의 조선인 대상의 거래는 거의 2/3로 감소하였으나 머지않아 복구될 전망이다. 결제금 회수에 대해서는 원래 현금 거래가 많아서 하등 영향이 없는 듯하다. (4월 4일)

7. 농기구 비료상. 이번 소요는 시기도 정확히 농번기에 들어가서 농작물의 파종을 눈앞에 두고서 지방 농민에게는 혹은 자가의 생업을 포기하고 망동을 부린 것과 같은 행동이 없었는지는 일반적으로 고려해야 할 바이나, 다행히도 이러한 것과 같은 일이 없이 각자 농사에 종사하고 있었던 것 같아 보통 농사에는 어떠한 악영향도 없었다고 할 수 있다. 그렇지만

38 아구창(鵞口瘡): 칸디다라는 곰팡이로 인한 입안의 감염증.

불령선인의 선동 혹은 위협 등에 의해 민심이 동요하는 시기에는 다소 시간의 연장 등은 어쩔 수 없는 바이다. 시내 비료상에게 그 장사의 상황을 들어 보니 갑·을 서로 비슷하면서도 대체로 예년과 큰 차이가 없다. 이를 근거로 생각하면, 소요가 농사에 미친 영향은 그리 크지 않았다는 것을 알 수 있다. 단, 양잠구의 판매가 좋지 않은 경향이 있으나 이는 아직 시기가 빠른 것과 누에 가격이 올라가지 않은 것 때문이라고 관찰하는 것이 지당하다. 단 결제금 회수에는 다소의 영향을 받았으며 특히 비료 농기구는 1년 거치 계산이라 그 합계 금액은 군아(郡衙)에 위탁하는 것이기 때문에 지방에 따라서는 동일하지 않으나 이미 성적이 불량하다. (4월 9일)

(중략)[39]

그 외의 방면에 미친 영향

사건의 영향은 비교적 심대하지 않지만, 그 여파는 의외의 방면으로 파급되어 즉,

1. 여관. 지방 상인이 서울로 오는 것이 줄어들었기 때문에 3월 중에 투숙객은 현저하게 감소하여 이를 전년 동월과 비교하면 약 2할 감소이다.

2. 요리점. 운동회 금지 등으로 자연히 단체 손님의 유입이 없으며 작년 같은 시기에 비하여 약 2할 정도 감소하였다.

3. 흥행물. 일시적으로 야간에 부녀자의 외출 위험 상황이 있었기 때문에 관객 수가 감소하여 평상시의 입장객에 비하여 약 2할 감소하였다.

이상과 같이 소요 사건 및 폐점 사건이 일본인에게 미친 영향은 다방면에 걸쳐 있으며, 공장 방면처럼 적지 않은 타격을 입은 것이 있다고 하지만 일반적으로 미친 영향은 예상한 것

---

39 생략 부분은 공업과 토목 건축업에 대한 내용이어서 생략함.

처럼 크지 않다. 이것을 남대문 및 용산 양 역에서 화물 집산 상황으로 보아도 그 발착 수는 여전히 변화가 없다. 혹시 이것은 종래에 지방 각 역에 다수의 쌓여 있던 화물이 있었기 때문에 통계상에 보이는 영향이 나타난 것이라고 볼 수도 있을지 모르겠으나 소요에 따른, 특히 발착 화물의 격감과 같은 것은 없었다고 한다면 대체로 미친 영향은 미미한 것이라고 볼 수 있다. 지금은 조선 상인이 일제히 개점하고 지방에서의 소요도 역시 대체로 진정되어 가고 사람의 심리도 안정되기에 이르면 머지않아 상업 상황도 예전으로 돌아갈 것은 물론이며 동아연초회사도 지금은 이미 전원 작업에 복귀하게 되었다고 하니 그 외의 공장에서 질서 회복 역시 머지않았다고 믿는다. (완)

2) 상점법안

〈자료 315〉 상점법안의 내용(경제월보 205호, 1933.01.)

상점법안의 내용

공장에 공장법이 시행되고, 광산에 광업법이 시행되고 있음에도 불구하고 상점에는 어떠한 법규로 보호하는 것이 없는 점은 불공평하다. 그리고 상점 종업원의 보건·위생·수양까지도 고려하지 않으면 안 된다는 논의가 상당히 이전부터 논의 연구되고 있었지만, 이 시점에도 달성되지 못하고 내무성 내의 연구 입안에 그쳤다. 즉 당시에 전국상공회의소의 의견으로써 일부 찬성 의원도 있었지만, 시대 상황도 불황의 바닥에 있었고 중소상공업자가 힘든 시기로 여기에 반대하는 경향이 강했기 때문에 정부도 민간의 의사에 놀라서 이른바 내버려 둔 것이다. 그러나 최근에 와서 내무성에서도 이번 의회에 제출하려는 의지를 가지고 1월 10일 내무성 사회국 참여(參與)회의에 원안을 부의하고 동시에 각 부현 지사를 통해 전국의 상공회의소·산업단체연합회 등에 자문하였다. 이 회답 의견이 모여서 다시금 2월 초순 법안화하여 의회에 제출하는 상황에 있다.

그 상점법안은 주지하는 바와 같이 상점 종업원의 보호 및 영업 시간 통제를 중심으로 한 것으로 최근 사회국의 조사에 의하면, 이 법안의 적용 인원은 전국 시(市) 부분에서 업주 74만 명, 종업원 72만 5,000명이며 나아가 군(郡) 부분을 가산할 때는 업주 140만 명, 종업원 120만

5,000명으로 합계 242만 5,000명이다. 1월 10일 내무성 사회국 참여회의에 부의된 원안의 대체적인 내용은 아래와 같다. 하지만 이 법안이 의회를 통과하여 실시된다고 하더라도 일본의 각 지역만을 실시 구역으로 하고 조선에는 실시되지 않는 것은 물론이다. 법안 가운데 주요한 점은 영업 시간을 오후 9시 혹은 오후 10시까지로 규정한 점, 휴일을 매월 1일 이상 단행할 것, 16세 미만의 여자에 대해서는 하루에 10시간 이내의 노동으로 하며, 1개월에 4일 이상의 휴일을 부여할 것 등의 점이다.

상점법안 요강

제1 본법은 시 및 칙령으로써 지정하는 정·촌에서 소매상점·이발업 또는 이용업을 영위하는 점포에 이를 적용함.

제2 점주는 4월 1일부터 10월 31일까지는 오후 10시, 그 외의 시기는 오후 9시 이후에 점포에서 고객에 대하여 제1에서 예시한 영업을 할 수 없음.

단, 위의 시각 이전부터 계속하여 점포 내에 있던 고객에 대해서 행하는 영업에 대해서는 그 제한을 두지 않음.

주무대신은 명령으로써 지역, 영업의 종류, 점포의 규모 또는 계절을 제한한 전항의 폐점 시각을 앞당기거나 늦출 수 있음.

제3 행정관청은 업무가 특히 바쁜 시기에는 그 기일 및 지역을 제한하여 1년에 60일 이내로 제2 제1항의 규정을 적용하지 않거나 또는 제2의 폐점 시각을 늦출 수 있음.

제4 점주는 매월 1일 이상 점포에서 고객에 대하여 제1에서 예시한 영업을 정지하고, 점원이 있을 때는 이에 대하여 휴일을 부여할 것.

행정관청이 지정한 지역 내의 또는 영업 종류의 점포에서 점주는 전항의 휴업일을 폐지할 수 있음. 이 경우 점원이 있을 때는 이에 대하여 매월 1일 이상의 휴일을 부여할 것.

점주는 필요할 경우에는 제1항의 휴업일에 점원을 취업시킬 수 있음. 이 경우에는 그 점원에 대하여 10일 이내에 휴일을 부여할 것.

행정관청은 지역, 영업의 종류 또는 점포의 규모를 제한하고 제1항의 휴업일을 지정할 수 있음.

제5 아래에서 예시하는 점포에 대해서는 제2 및 제4의 규정은 이를 적용하지 않음. 단, 제4호의 점포를 제외한 점주는 점원에 대하여 매월 1일 이상의 휴일을 부여할 것.

일정한 노선에 의한 교통기관 내 또는 선박 내에 있는 점포

정거장 또는 선박 발착소에 있는 점포라고 행정관청이 지정한 것

흥행장 또는 오락장 내에 있는 점포

전람회장·공진회장 또는 박람회장 내에 있는 점포

그 외의 주무대신이 지정한 점포

제6 아래에 열거하는 물품을 판매하는 영업에 대해서는 제2 및 제4의 규정은 이를 적용하지 않음. 단, 점주는 점원에 대하여 매월 1일 이상의 휴일을 부여할 것.

1. 담배 및 성냥
2. 우편우표 종류 또는 수입인지
3. 자동차용 기름 종류
4. 그 외의 주무대신이 지정한 것

제7 주무대신은 명령으로써 지역, 영업의 종류 또는 점포의 규모를 제한하고 휴업일 또는 휴일에 관한 제4 제1항 내지 제3항 제5 단서 및 제6 단서의 규정을 설치할 수 있음.

제8 주무대신은 제2 제2항 또는 제7의 규정에 의해 명령을 발하는 경우에는 관계 지역의 상공회의소 또는 관계 점주단체의 의견을 청취할 것.

제9 점주는 제2의 폐점 시각을 넘긴 이후에 또는 제4의 혹은 제7에 기초한 명령 규정에 의한 휴업일이라고 하더라도 부상·질병·재해, 그 외의 긴급한 사유를 제시하는 고객에 대해서 그 필요에 응하는 물품은 이를 판매할 수 있음.

제10 제1에서 예시한 영업에 관해서 당시 100인 이상의 점원을 사용하는 점포에서 점주는 제1에서 예시한 영업에 관한 것이든 아니든 관계없이 16세 미만인 자 혹은 여자에게 하루에 10시간 이상 취업시킬 수 없음.

점주는 전항의 취업 시간 중에 점원에게 식사를 하게 할 때는 식사마다 적어도 30분의 식사 시간을 부여할 것. 임시적인 필요가 있는 경우에 점주는 행정관청의 허가를 얻어 1년에 60일을 넘지 않는 한에서 제1항의 취업 시간을 넘어서 취업시킬 수 있음.

주무대신은 제1항의 점포에서 특수한 업무에 종사하는 자의 취업 시간에 대하여 별

도의 규정을 행할 수 있음.

제11 제10 제1항에서 예시한 점포에서 점주는 제1에서 예시한 영업에 취업시키는 자이든 아니든 관계없이 16세 미만의 자 혹은 여자에 대하여 매월 적어도 4일의 휴일을 부여할 것, 점주는 임시적으로 필요한 경우에는 월 3일 내에서 전항의 휴일을 폐지할 수 있음. 단, 1년을 통해서 10일을 넘을 수는 없음.

제12 행정관청은 명령이 정하는 바에 따라 점주에 대하여 점원의 보건위생을 위해 필요한 사항을 명령할 수 있음.

제13 천재지변 때문에 또는 사변에 처하여 필요한 경우에 주무대신은 지역 및 영업의 종류를 한정하여 본법 규정의 전부 또는 일부의 적용을 정지할 수 있음.

제14 점주는 제2, 제4, 제5 단서, 제6 단서, 제10 제1항, 제2항 혹은 제11의 규정 또는 제7 혹은 제10 제4항에 기초한 명령 규정을 위반했을 때는 500원 이하의 벌금 또는 과료에 처함.

제15 점주는 영업에 관해 성년자와 동일한 능력을 가지지 못한 미성년자 혹은 금치산자인 경우 또는 법인인 경우에 본법 또는 본법에 기초하여 발한 명령에 의해 점주에게 적용되는 벌칙은 그 법정 대리인 또는 법령 규정에 의해 법인을 대표하는 자에게 이를 적용할 것.

제16 점주는 그 대리인·호주·가족·동거인·고용인, 그 외의 종업원으로서 본법 또는 본법에 기초하여 발한 명령을 위반했을 경우에는 자신이 지휘하지 않았다는 이유로 그 처벌을 면할 수 없음.

제17 본법 가운데 점주에 관한 벌칙은 국가·도부현·시정촌, 그 외의 이에 준하는 것에 이를 적용할 수 없음.

제18 행정관청은 소매상업을 영위하는 노점에 대하여 그 영업을 마쳐야 할 시각을 정할 수 있음.

부칙

본법 시행 기일은 칙령으로써 이를 정함.

III

정책 실행 관련 법령

해제

상업 관련 법령 목록은 다음과 같다.

문건명(호수, 일자 등)	자료(책)명	발행처	발행일
1. 회사 관련 법령			
회사령(제령 제13호)	朝鮮總督府官報	조선총독부	1910.12.30.
회사령시행세칙(조선총독부령 제66호)	朝鮮總督府官報	조선총독부	1910.12.30.
회사령 중 개정의 건(제령 제12호)	朝鮮總督府官報	조선총독부	1918.6.26.
회사령 폐지에 관한 건(제령 제7호)	朝鮮總督府官報	조선총독부	1920.4.1.
회사령 폐지에 관한 건(일부 개정, 제령 제7호)	朝鮮總督府官報	조선총독부	1922.4.22.
회사령 폐지에 관한 건(일부 개정, 제령 제6호)	朝鮮總督府官報	조선총독부	1931.5.20.
회사령 폐지에 관한 건(일부 개정, 제령 제49호)	朝鮮總督府官報	조선총독부	1943.9.10.
기업허가령(칙령 제1084호)	朝鮮總督府官報	조선총독부	1941.12.26.
기업허가령의 의의와 실제(박무)	春秋	조선춘추사	1942
단서규정에 의한 제정(조선총독부고시 제1023호)	朝鮮總督府官報	조선총독부	1942.7.24.
2. 시장 관련 법령			
시장규칙(조선총독부령 제136호)	朝鮮總督府官報	조선총독부	1914.9.12.
시장규칙 개정(조선총독부령 제38호)	朝鮮總督府官報	조선총독부	1920.4.1.
시장규칙 중 개정(조선총독부령 제53호)	朝鮮總督府官報	조선총독부	1930.5.20.
조선미곡주식회사령(제령 제15호)	朝鮮總督府官報	조선총독부	1939.9.22.
조선미곡시장주식회사령 시행일(조선총독부령 제156호)	朝鮮總督府官報	조선총독부	1939.9.22.
조선미곡시장주식회사령 시행일(조선총독부령 제198호)	朝鮮總督府官報	조선총독부	1939.11.29.
조선미곡시장주식회사령시행규칙(조선총독부령 제199호)	朝鮮總督府官報	조선총독부	1939.11.29.
3. 상거래 관련 법령			
조선거래소령(제령 제5호)	朝鮮總督府官報	조선총독부	1931.5.20.
조선거래소령 시행일(조선총독부령 제137호)	朝鮮總督府官報	조선총독부	1931.11.2.
조선영업세령	朝鮮經濟雜誌	경성상업회의소	1927.4.

조선영업세령 개정(제령 제16호)	朝鮮總督府官報	조선총독부	1930.12.27.
폭리를 목적으로 하는 매매의 단속에 관한 건(조선총독부령 제60호)	朝鮮總督府官報	조선총독부	1937.5.12.
폭리를 목적으로 하는 매매의 단속에 관한 건 개정(조선총독부령 제98호)	朝鮮總督府官報	조선총독부	1937.8.3.
폭리를 목적으로 하는 매매의 단속에 관한 건 개정(조선총독부령 제163호)	朝鮮總督府官報	조선총독부	1937.10.30.
폭리행위 등 단속규칙(조선총독부령 제228호)	朝鮮總督府官報	조선총독부	1939.12.28.
조선물품 판매가격 단속규칙(조선총독부령 제218호)	朝鮮總督府官報	조선총독부	1938.10.12.
가격 등 통제령(칙령 제703호)	朝鮮總督府官報	조선총독부	1939.10.27.
4. 상인 관련 법령			
조선중소상공업 자금융통 손실보상 규정(고시 제684호)	경제월보	경성상공회의소	1939.9.
상점 관련 법령			
조선중요물자 현재고 조사규칙(조선총독부령 제61호)	경제월보	경성상공회의소	1941.3.

제3장은 상업 관련 법령 내용 소개다. 역시 앞에서와 같이 크게 다섯 가지 범주로 분류할 수 있다. 첫 번째는 「회사령」 관련 법령이다. 회사의 설립은 조선총독부의 허가를 받아야 한다는 것을 골자로 한 이 법령은 1910년 일제의 조선 통치와 함께 시행되었다. 조선이 제국을 위해 식량·원료 공급지·상품 소비지의 기능을 충실히 하도록 제정되었다는 해석이 유력하다. 즉 조선 내에서 근대공업을 건설하지 않겠다는 것, 조선을 일본 공업에 대한 원료 공급지와 상품 판매지로 삼는다는 것, 일본 국내 공업과 경쟁이 되는 공업은 억제하려는 것이 「회사령」 제정이라는 정책의 골자라는 해석이다.[40] 이후 1918년 경미한 자구 수정을 위해 한 차례 개정되었다가 1920년 폐지되었다. 제1차 세계대전 중 호황을 맞아 투자된 설비들이 전후 유휴

40 조기준, 1994, 『한국경제사신강』, 일신사, 535~536쪽.

시설이 되자 이를 식민지에서 소화하도록 하기 위해 조선에서 회사 설립 규제를 없앤 것으로 해석되고 있다. 조기준의 평가에서 그 해석을 찾을 수 있다. 조기준은 「회사령」 폐지에 관하여, 조선을 고전적 의미의 식민지로 삼고자 했던 정책을 변경하여 조선에서도 근대공업 건설을 위한 일본 자본의 투입을 허용한 것으로 해석했다. 이는 제1차 세계대전의 전쟁으로 비대해진 일본 경제가 1차 대전 후 대외무역 부진으로 불황을 겪었으며, 한편으로는 자본의 집중화로 재벌이 형성되고, 군소기업 몰락 현상이 일어났는데, 이 몰락한 군소자본을 조선에 유치하기 위해 「회사령」을 폐지했다고 보았다.[41] 아울러 1920년의 「회사령」 폐지에 관한 건이 1940년대에 이르기까지 4차례에 걸쳐 반복된 이유는 1920년 제령 7호에 있는 여러 조항의 부칙을 세 차례에 걸쳐 개정했기 때문이다.

한편 1941년 12월에는 「국가총동원법」 제16조의 규정에 기반하여 「기업허가령」이 제정·공포되었다. 이 영은 기업의 정비 통제의 기초를 확립할 것을 목적으로 했다. 이 영의 제정 배경에 대해 김인호는, 1940년대 이후 비군수 계열의 중소기업 증대, 원료 부족, 유사기업 난립, 공장의 지역적 편중 등의 이유로 기업 정비의 필요성이 있었고, 기업 정비를 위한 예비 조치로 평가했다.[42]

두 번째는 시장 관련 법령이다. 이는 다시 「시장규칙」 관련, 「조선미곡주식회사령」 관련으로 대별할 수 있다. 「시장규칙」 제정에 대한 평가는 다음과 같다. 허영란은 「시장규칙」 제정에 대해 식료품 경매시장을 제외한 모든 시장의 경영을 말단 행정기구(부·면)에 맡기는 공영제를 법적으로 확정한 것으로 보았다. 주요 내용으로는 시장의 신설·변경 등 모든 사항을 도장관의 허가 사항으로 하고, 경찰관서가 5일장에 대한 감독과 단속을 담당하게 했으며, 필요

41 조기준, 위의 책, 543~544쪽.

42 김인호, 2000, 『식민지 조선경제의 종말』, 신서원, 174쪽.

한 경우 치안·교통·위생에 관한 강제조치도 취할 수 있게 한 것이 「시장규칙」이라 하였다.[43] 결국 「시장규칙」의 제정과 시행은, 5일장과 같은 원시적 시장이 불필요하다는 전제 속에 5일장을 '시세에 맞게 개선'하고, 그 목적과 조직법을 고치기 위해 공포했으며, 이 법령 속에는 조선인 상인의 활동을 억압하는 명분으로 전환시킬 수 있는 논리를 담고 있다고 했다.[44]

다음으로 「조선미곡시장주식회사령」이다. 이 법령 제정에 대해 권병탁은 「국가총동원법」을 근거로 1939년 9월 「미곡시장주식회사령」을, 12월 「조선배급조정령」을 제정·공포하여 미곡시장회사로 하여금 쌀 공출과 배급을 담당하게 했다고 했다.[45] 그리하여 1939년 미곡연도부터 미곡공출제도가 시작되었다. 이는 농민들로부터 쌀을 생산비 이하로 강제 공출하게 하여 일부는 군량미로, 나머지는 일본으로 이출하여 그 잉여를 회사가 취득했다고 평가했다.[46] 이 법령의 시행일이 두 가지인 것은 일부 조항을 먼저 시행하고, 나머지 조항은 시차를 두고 나중에 시행했기 때문이다.

세 번째는 상거래 관련 법령으로, 조선거래소 관련, 「영업세령」 관련, 폭리행위 단속 관련, 「가격 등 통제령」 관련이다. 「조선거래소령」은 '거래소는 법인으로 하고 회원으로 조직한다.'(제1조), '거래소의 설립은 조선총독의 면허를 받아야 한다.'(제5조), '동일 거래소에서 유가증권의 매매거래와 쌀 기타 상품의 매매거래를 병행할 수 없다.'(제9조) 등이 주요 내용이다.

다음은 「영업세령」 관련으로, 「조선영업세령」은 '조선에 영업장을 가지고 영업을 하는 자에게는 본령에 의해 영업세를 부과함.'(제1조)이 핵심이다. 이 법령의 제정으로 종래 지방세로 부와 면에서 징수하던 영업세를 국세로서 징수한 것이다. 「조선영업세령」은 1927년 4월 1일

43 허영란, 앞의 논문, 125쪽.
44 허영란, 위의 논문, 126쪽.
45 권병탁, 1993, 『한국경제사』, 박영사, 424쪽.
46 권병탁, 위의 책, 425쪽.

시행되었다. 그 실시 배경에 대해 최재성은 다음과 같이 설명했다. 「조선영업세령」 제정에 대해 조선총독부 정무총감은 "국세 체계 수립의 방침에 기하여 국세의 조직을 정비함과 함께 부담의 균형을 꾀하고 재정의 수요에 응함을 주안으로 한 것이지만, 이와 동시에 조선 현시의 민도 및 경제의 실정에 비춰 국민 생활의 안고(安固)와 세원의 함양을 저해하지 않음을 기하고 또 세제행정상의 편의도 고려하며 겸하여 내지(일본-인용자)의 세제정리에도 순응한 것"이라고 하여 국세의 조직 정비, 부담의 균형 도모, 재정의 수요 조응, 국민생활의 안고, 세원의 함양, 세제행정상 편의, 일본 세제 정리의 순응 등을 그 제정 배경으로 밝혔다.[47]

이어 총독부 재무국장은 이를 보다 구체화하였는데 "종래 수익 재원에 과세해 온 것은 국세로서 지세·거래소세·광세(鑛稅), 지방세로서는 어업세 등이 있었지만, 영업수익·자본수익·가옥수익 등에 대한 과세가 없어 과세의 공평을 잃어서, 이번에 이를 보정하는 의미에서 영업세·자본이자세 등이 국세로서 창설된 것"이라고 하여 영업세 등 제정 사유로 과세 공평의 결함 보정을 들었다. 이어 "영업세는 지세의 토지수익에 대한 과세와 서로 대조하여 영업수익 과세의 취지에서 조선 세제상 가장 추요(樞要)한 지위를 점하고, 수익 재원에 대하여 부담의 형평을 기한 위에서 가장 중요한 역할·책임을 가진 것"이라 하여 영업세의 지위와 역할을 규정했다.

또 일본은 1897년에 이미 영업세가 창설되었고, 조선에서도 종래 지방세로서 '부·면 영업세'가 있었지만, 이때 국세로서 「영업세」가 시행되었다. 경기도 재무부장은 부·면 영업세와 국세 영업세를 비교하여 설명했다. 물품판매업 중 소매업자의 1년간 매출액이 1만 원일 경우 종전 경성부 영업세로는 20원이었지만, 국세 영업세로는 12원을 과세할 뿐이라 8원의 감소가 있다고 강조했다. 여기에 부세 부가세(영업세의 80%) 9원 60전(12원×0.8)이 붙더라도 21원

47 최재성, 2019, 「상공인명록을 통해 본 1930년대 초 인천지역 기업 활동」, 『인천학연구』 30, 인천학연구원, 264~266쪽.

60전이 되어 국세와 부세를 합하더라도 종전 20원에 비해 1원 60전의 순증이 있을 뿐이라고 하였다. 그리고 종전보다 1원 60전의 증가에 대해서는 "새로 전 조선 영업자가 국비를 분담함에서, 조선 전반 문화의 촉진을 위해서, 교통 및 산업의 발달을 위해서 기여 공헌함이 극히 다대하고, (그 결과-인용자) 상공업자·교통업자의 번영을 가져올 것"이라고 강변하였다.

이후 1930년 12월 27일에 제령 제16호를 통해 「조선영업세령」이 개정되어 1931년도분 영업세부터 적용되었다. 제5조 제1항 영업세율 변경이 주요 개정 내용이다. 그리고 1931년 조선 전체 영업세액은 132만 8,000원인데, 이를 업종별로 보면 상업 40만 7,000원, 공업 14만 8,000원, 금융업 26만 9,000원, 교통업 4만 6,000원이다.[48]

영업세 과세 대상에는 개인 사업체와 회사가 모두 포함되었다. 그중 상업 부문이 공업 부문 등에 비해 영업세액과 납세자가 큰 비중을 차지한 것은 과세 행정이 업종별로 차별적으로 운용되어 상업 부문에서 상대적으로 영세 부문까지 치밀하게 과세 대상으로 포착되었기 때문이라고 한다.[49] 또 1930년 「영업세령」 개정에 따라 과세표준을 세분하여 세율을 부분적으로 인하하고, 면세점(免稅點)도 인상했는데, 이 조치는 영업세 폐지 대신 곡가 폭락으로 부담이 과중한 미곡업자에 대한 면세점 인상, 감세를 요구한 조선상업회의소연합회의 주장을 반영한 것이라 해석했다.[50]

다음은 폭리행위 단속 관련 법령이다. 이 법령 제정 배경에 대한 권병탁의 설명은 다음과 같다. 1937년 봄철 경성부의 쌀 품귀 현상이 일어나 쌀값이 상승했다. 4~5월의 40일 사이에 6% 폭등했다. 이에 총독부는 같은 해 5월 총독부령 제60호로 「폭리를 목적으로 한 매매행위 단속에 관한 건」을 공포했다. 이 법령의 시행으로 식량·직물 등 26종의 전쟁 및 생활필수

48 정태헌, 1996, 『일제의 경제정책과 조선사회-조세정책을 중심으로-』, 역사비평사, 137쪽.
49 정태헌, 위의 책, 138쪽.
50 정태헌, 위의 책, 142쪽.

품을 단속 대상으로 하고, 정찰제를 실시하게 했다.[51] 그러나 일제는 26개 품목만을 대상으로 한 미온적 방법으로는 부족하다고 하여 단속 대상을 거래되는 모든 품목으로 확대하고, 규칙 위반자를 사전 계고 없이 처벌할 수 있도록 벌칙을 강화했다. 그와 같은 상황 속에서 나온 것이 「폭리행위 등 단속규칙」이었다.[52]

「가격 등 통제령」은 중일전쟁 이후 국가총동원체제와 밀접한 관련이 있다. 이 법령 제1조는 그 실상을 여실히 보여 주는데, 그 내용은 다음과 같다. "국가총동원법(1938년 칙령 제317호에 의해 남양군도의 경우도 포함. 이하 동일) 제19조의 규정에 기초하여 가격·운송비·보관료·손해보험료·임대료 또는 가공비(이하 가격 등이라고 칭함)에 관해 필요한 명령을 내리는 것은 별도로 정해진 것을 제외하고 본령이 정하는 바에 따름."

그에 앞서 「조선물품 판매가격 단속규칙」이 공포되어 시행되었다. 이는 지정 가격제를 실시한 것으로 폭리행위 금지(제1조)뿐만 아니라 거래상 모든 '탈법행위인 전매·재매(再賣) 행위 또는 비인기 품목을 인기 품목에 끼워 파는 일을 엄금'(제2조)하도록 규정한 것이었다.[53]

「폭리행위 단속규칙」과 「판매가격 단속규칙」의 시행으로 폭등하는 일반물가를 일시 억제할 수 있었으나, 물자 공급 부족과 통화량 급증으로 인한 물가 앙등 추세는 막을 수 없었다. 이에 일제는 가격 또는 폭리 행위만이 아니라 폭리를 추구하려는 원인 행위와 원료·임금·운송비·이윤 등을 구성하는 모든 요소를 묶는 종합적 물가대책을 강구했다. 그 결과 「가격 등 통제령」·「임금통제령」·「지대가입통제령」 등등을 제정·시행했다.[54] 「가격 등 통제령」의 실시 배경은 이와 같았다.

---

51 권병탁, 앞의 책, 414~415쪽.

52 권병탁, 위의 책, 420쪽.

53 권병탁, 위의 책, 420쪽.

54 권병탁, 위의 책, 421쪽.

네 번째는 상인 관련 법령으로 「조선 중소상공업 자금 융통 손실보상 규정」이다. 이 규정은 제1조에 "조선총독은 그 지정하는 금융기관이 중소상공업자 또는 그 조합에 대하여 아래 각호의 하나에 해당하는 자금을 융통하고 이로 인한 손실을 받은 경우에는 일정한 금액을 한도로 하여 이를 보상함"이라 명시하여 이 법령의 목적을 밝히고 있다.

다섯 번째는 상점 관련 법령인데, 「조선 중요물자 현재고 조사규칙」이다. 이 규칙 역시 국가총동원 체제 속에서 제정된 것이다. 주요 내용은 다음과 같다. "조사는 영업소·공장·사업장, 그 외 경영 장소(이하 사업소라 총칭함)마다 이를 행함. 단, 사업소가 일정하지 않은 자 또는 사업소를 가지지 않은 자에 대해서는 그 주소마다 이를 행함"(제3조), "보고의무자는 조사기일 현재 소유하거나 또는 보관하고 있는 조사물자에 대하여 별도의 제1호 양식에 의하여 보고서에 해당 사항을 기입하고 조사기일 후 3일 이내에 사업소(제3조 단서의 경우에는 주소)의 소재지를 관할하는 부윤·군수 또는 도사(島司)에게 이를 제출해야 함. 단, 조선총독이 정하는 조사물자에 대해서는 당해 물자의 생산·배급·수출입 또는 보관을 업으로 하는 자가 조직하는 단체로서 도지사가 지정한 단체원인 자는 당해 단체를 경유하여 도지사에게 이를 제출해야 함"(제5조).

1. 회사 관련 법령

1) 「회사령」 제정 및 「시행규칙」

〈자료 316〉 「회사령」(『조선총독부관보』, 1910.12.30, 호외, 조선역문)

제령 제13호, 1910년(明治 43) 12월 29일

제1조 회사의 설립은 조선총독부의 허가를 받음이 옳음.

제2조 조선 외에서 설립한 회사가 조선에 본점이나 또는 지점을 설치하고자 하는 때는 조선총독부에 허가를 받음이 옳음.

제3조 조선 외에서 설립하여 조선에서 사업을 영위하는 일을 주목적으로 하는 회사가 그 사업을 영위함에는 조선에 본점이나 또는 지점을 설치함이 옳음.

전항의 규정에 의하여 조선에 지점을 설치한 때는 상법 중 일본에 지점을 설치한 외국 회사에 관한 규정을 준용함.

제4조 제1조 또는 제2조의 규정에 의하여 허가를 받은 후 1년 내에 회사가 성립하지 않거나 또는 본점이나 혹 지점을 설치하지 않는 때는 허가는 그 효력을 잃음.

조선총독은 정당한 사유가 있는 때는 신청에 따라 전항의 기간을 연장함을 할 수 있음.

제5조 회사가 본령이나 혹 본령에 의거하여 발하는 명령과 허가의 조건에 위반하거나 또는 공공질서 및 선량한 풍속에 반하는 행위를 하는 때는 조선총독은 사업의 정지와 지점의 폐쇄와 또는 회사의 해산을 명함을 할 수 있음.

제6조 부실한 신고를 하여 제1조나 또는 제2조의 허가를 받은 때는 조선총독은 그 허가를 취소함을 할 수 있음.

제7조 제1조나 또는 제2조의 허가가 효력을 잃거나 또는 취소한 바가 된 때는 지점 설치의 허가에 관한 경우를 제한 외는 회사는 해산함.

제8조 제5조나 또는 전조의 규정에 의하여 회사가 해산한 때는 재판소는 이해관계인이나 또는 검사의 청구에 따라 청산인을 선임함.

제9조 영리를 목적으로 하는 사단법인은 모두 회사로 간주함.

제10조 회사가 아닌 것은 그 명칭 중에 회사인 것을 표시할 만한 문자를 사용할 수 없음.

제11조 회사에 관하여는 본령 및 조선총독부령에 규정하는 외는 상법 중 회사에 관한 규정에 의함. 단, 상법 중 일본이라 유(有)[55]함은 조선, 외국이라 유함은 조선 외를 이름.

제12조 제1조의 허가를 받지 않고 회사의 설립 행위를 한 자는 5년 이하의 징역이나 금고 또는 5,000원 이하의 벌금에 처함. 부실한 신고를 하여 허가를 받은 자도 또한 같으니라.

제13조 회사의 업무를 집행하는 역원(役員)[56]이나 또는 조선 외에서 설립한 회사의 조선의 대표자는 다음의 경우에는 5년 이하의 징역이나 금고 또는 5,000원 이하의 벌금에 처함.

1. 제2조의 허가를 받지 않고 본점이나 또는 지점을 설치한 때
2. 부실한 신고를 하여 제2조의 허가를 받은 때
3. 제3조의 규정에 위반하여 사업을 개시한 때
4. 제5조의 규정에 의한 사업의 정지나 또는 지점 폐쇄의 명령에 위반하여 사업을 영위한 때

제14조 제10조의 규정에 위반한 자는 1년 이하의 징역이나 금고 또는 1,000원 이하의 벌금에 처함.

제15조 본령에 정한 외에 필요한 사항은 조선총독이 정함.

부칙

제16조 본령은 1911년(明治 44) 1월 1일부터 시행함.

제17조 구한국 정부의 면허를 받아 본령을 시행하는 때에 사업을 영위하는 회사는 본령에 의하여 설립한 것으로 간주함. 전항의 회사가 상법의 정하는 회사의 아무 종류에도 적합하지 않은 것은 가장 유사한 회사에 관한 규정을 준용함.

---

55 원문 표기에 따름.

56 역원(役員, やくいん): 1. (단체·회사의) 임원, 2. 간부, 3. 중역(重役).

제18조 본령 시행 전에 상법에 의하여 조선에서 설립한 회사는 본령에 의하여 설립한 것으로 간주함.

제19조 조선 외에서 설립한 회사의 본점이나 또는 지점이 본령을 시행하는 때에 조선에 존재하는 것은 본령에 의하여 설치한 것으로 간주함.

외국에서 설립한 회사가 본령을 시행한 때에 조선에 본점이나 또는 지점을 둔 것은 당시 내(內)는 종전의 예에 의함.

제20조 외국에서 설립하여 조선에서 사업을 영위함을 주목적으로 하는 회사가 조선에 본점이나 또는 지점을 설치하지 않고 본령을 시행하는 때에 그 사업을 영위하는 것에 대하여는 당시 내는 제3조의 규정을 적용치 아니함.

〈자료 317〉 「회사령 시행규칙」(『조선총독부관보』, 1910.12.30, 호외, 조선역문)

조선총독부령 제66호, 1910년(明治 43) 12월 29일

제1조 「회사령」 제1조의 허가를 받고자 하는 때는 무한책임사원이 될 자나 또는 발기인 전원의 서명날인 한 신청서에 다음 사항을 기재한 서면 및 사업 목론견서(目論見書)[57]를 첨부하여 조선총독에게 차출(差出)함이 옳음.

1. 회사의 목적
2. 회사의 종류
3. 회사의 상호나 또는 명칭
4. 자본의 총류(總類)
5. 합명회사에 재(在)하여는 그 사원이 될 자의 씨명과 주소 및 그 출자액, 합자회사에 재하여는 무한책임사원이 될 자의 씨명과 주소 및 그 출자액
6. 주식회사나 또는 주식합자회사에 재하여는 발기인의 씨명과 주소와 그 인수할 주식의 수 및 그 수(受)할 특별한 이익과 병(竝)히 보수액과 금전 이외의 재산으로

57 목론견서(目論見書, もくろみしょ): 주식·사채·수익증권 등의 유가증권을 모집 또는 파는 경우에 제공되는 그 발행자의 사업에 관한 설명서.

써 출자의 목적으로 하는 자의 씨명과 그 재산의 종류와 가액 및 차(此)에 대하여 여(與)할 주식의 수와 병히 회사의 부담에 귀(歸)할 설립 비용

7. 본점 및 지점의 소재지

제2조 「회사령」 제2호의 허가를 받고자 하는 때는 신청서에 다음 사항을 기재한 서면 및 사업 목론견서를 첨부하여 조선총독에게 차출함이 옳음. 단, 조선에서 사업을 영위함을 주목적으로 않는 회사가 조선에 지점만 설립하는 것에 재하여는 조선의 사업 목론견서를 첨부함이 옳음.

1. 전조 제1호 내지 제4호에 게(揭)한 사항
2. 합명회사에 재하여는 그 사원의 씨명과 주소 합자회사나 또는 주식합자회사에 재하여는 무한책임사원의 씨명과 주소
3. 주식회사에 재하여는 역원의 씨명과 주소
4. 본점 및 지점의 소재지

제3조 「회사령」 제1조나 또는 제2조의 허가를 받은 것이 전 2조에 열거한 사항을 변경하고자 하는 때는 조선총독의 허가함이 옳음. 단, 씨명이나 또는 주소에 변경 및 조선에 사업을 영위함을 주목적으로 않는 회사가 조선에 지점만 설하는 것이 전조에 열거한 변경은 조선의 지점 소재지의 변경을 제한 외는 지체가 무(無)히 조선총독에게 계출(屆出)함으로써 족함.

제4조 조선총독은 필요타 인(認)하는 때는 회사의 업무와 재산의 상황을 검사하거나 또는 회사로 하여금 업무와 재산의 상황을 보고하게 함을 할 수 있음.

조선총독은 회사에 대하여 감독상에 필요한 조치를 명함.

제5조 회사의 성립이나 해산이나 본점 및 지점의 개설이나 폐쇄나 또는 사업의 개시나 중지나 폐지는 지체가 무히 그 지(旨)를 조선총독에게 계출함이 옳음.

제6조 「회사령」 제17조의 회사는 본령을 시행하는 일부터 6월 내에 면허상과 정관 및 다음 사항을 기재한 서면을 첨부한 계출서를 조선총독에게 차출함이 옳음.

1. 설립한 후의 경과
2. 업무와 재산의 상황
3. 업무를 집행하는 역원의 씨명과 주소, 전항의 회사는 본령을 시행하는 일부터 6월

내에 그 본점 및 지점의 소재지에서 상법 제51조나 제107조나 제141조나 또는 제242조에 의한 등기를 함이 옳음.

전항에 의하여 한 등기는 본령을 시행하는 일에 차를 한 것으로 간주함.

제7조 「회사령」 제18조의 회사는 전조 제1항에 준하여 본령을 시행하는 일부터 1월 내에 계출함이 옳음. 그 기(旣)히 한 등기는 본령에 의하여 한 것으로 간주함. 그 아직 등기를 하지 않은 것은 전조 제2항에 준하여 본령을 시행하는 일부터 1월 내에 등기를 함이 옳음.

제8조 조선 외에서 설립한 회사가 「회사령」 제19조에 해당하는 것은 외국에서 설립한 것을 제한 외는 제6호 제1항에 준하여 본령을 시행하는 일부터 2월 내에 계출함이 옳음. 단, 조선에서 사업을 영위함을 주목적으로 않는 회사가 조선에 지점만 있는 것은 제6조 제1항 제1호의 사항은 그 지점에 관한 것에 한함.

전항의 회사가 이미 한 등기는 본령에 의하여 한 것으로 간주하고 그 아직 하지 않은 것은 제6조 제2항에 준하여 본령을 시행하는 일부터 3월 내에 등기를 함이 옳음.

제9조 조선 외에서 설립하여 조선에서 사업을 영위함을 목적으로 하는 회사가 조선에 본점이나 또는 지점을 설하지 않고 본령을 시행하는 때에 그 사업을 영위하는 것은 외국에서 설립한 것을 제한 외는 본령을 시행하는 일부터 2월 내에 「회사령」 제2조의 허가를 신청함이 옳음.

전항의 허가를 받은 회사는 허가일부터 3개월 내에 조선에 본점이나 또는 지점을 설치함이 옳음.

제1항의 신청을 한 회사는 허부(許否)의 지령을 수하기까지 종전의 예에 의하여 사업을 계속함을 할 수 있음. 허가를 받은 회사가 그 본점이나 또는 지점을 설하기까지 또한 같으니라.

제10조 본령에 의하여 조선총독에게 차출할 서류는 회사의 본점이나 또는 지점의 소재지를 관할하는 지방장관을 경유함이 옳음.

제11조 회사의 업무를 집행하는 역원이나 또는 조선 외에서 설립한 회사의 조선의 대표자는 다음의 경우에는 1년 이하의 징역이나 금고나 또는 200원 이하의 벌금에 처함. 단, 제1호의 경우 회사 성립 전에는 무한책임사원이 될 자나 또는 발기인을 처벌함.

1. 제3조의 규정에 위반하여 제1조 또는 제2조에 열거한 사항을 변경하거나 또는 그 계출을 하지 않은 때
2. 제4조 제1항의 규정에 위반하여 보고를 하지 않은 때나 또 허위한 보고를 하거나 검사를 방해하거나 또는 사실을 음폐(陰蔽)한 때
3. 제4조 제2항의 명령에 종(從)치 않은 때
4. 제5조의 규정에 위반하여 계출을 하지 않은 때
5. 제6조 내지 제8조의 규정에 위반하여 계출이나 또는 등기를 하지 않은 때

부칙

본령은 「회사령」을 시행하는 날부터 시행함.

2) 「회사령」 개정 및 폐지

〈자료 318〉 「회사령 중 개정의 건」(『조선총독부관보』, 1918.6.26)

제령 제12호, 1918년(大正 7) 6월 26일

제3조 제2항을 다음과 같이 고침.

상법 제255조 내지 제257조·제259조·제260조·제262조 및 제262조의 2의 규정은 전항의 규정에 의하여 조선에 지점을 설치한 외국 회사에 준용함.

제11조 단서를 다음과 같이 고침.

단, 상법 중 일본은 조선으로 함.

제13조 중 '조선 외에서 설립한 회사'를 '외국 회사'로 고침.

부칙

본령은 공포일부터 이를 시행함.

〈자료 319〉 「회사령 폐지에 관한 건」(『조선총독부관보』, 1920.4.1.)

제령 제7호, 1920년(大正 9)년 4월 1일

「회사령」은 폐지한다.

부칙

이 명령은 공포일부터 시행한다.

구령에 의하여 설립한 회사로 이 령 시행 당시 존재하는 것은 「조선민사령」에 의하여 설립한 것으로 본다.

이 명령 시행 전 이전 명령에 의하여 행한 행위는 「조선민사령」 중 이에 상당하는 규정이 있는 경우에는 같은 명령에 의하여 행한 것으로 본다.

보험업·무진업 또는 유가증권의 매매 혹은 중립의 영업을 목적으로 하는 회사 및 회사조직인 거래소에 대하여는 당분간 종전의 예에 의한다.

「회사령」 제17조 제2항에 규정한 회사에는 「조선민사령」 중 이에 유사한 회사에 관한 규정을 준용한다.

「회사령」 제19조 제2항 또는 제20조에 규정한 회사에 대하여는 당분간 종전의 예에 의한다.

나. 1920년(大正 9) 제령 제7호 개정의 건

〈자료 320〉 1920년(大正 9) 제령 제7호 개정의 건

1. 『조선총독부관보』(1922.4.22.)

1920년 제령 제7호 부칙 제4항 중 '무진업' 삭제

1922년(大正 11) 4월 22일, 제령 제7호(조선무진업령)

부칙

1920년 제령 제7호 부칙 제4항 중 '무진업'을 삭제함

2. 『조선총독부관보』(1931.5.20.)

1931년(昭和 6) 5월 20일, 제령 제6호

1920년(大正 9) 제령 제7호 중 다음과 같이 개정함

부칙 제4항 중 '급(及) 회사조직의 거래소'를 삭제함.

부칙

본 명령은 「조선거래소령」 시행일부터 이를 시행함.

종전의 규정에 의해 설립된 회사조직의 거래소로서 본령 시행 때 현존하는 것에 대해서는 1920년 제령 제7호 부칙 제2항 및 제3항의 규정을 준용함

3. 『조선총독부관보』(1943.9.10.)

1943년(昭和 18) 9월 10일, 제령 제49호(조선유가증권업 단속령)

부칙

1920년(大正 9) 제령 제7호 부칙 제4항 중 '또는 유가증권의 매매 혹은 중립(仲立)의 영업'을 삭제함.

1920년 제령 제7호 부칙 제2항 및 제3항의 규정은 종전의 규정에 의해 설립된 유가증권 매매 또는 중립의 영업을 목적으로 하는 회사로서 본령 시행 때에 현존하는 것에 준용함.

본령 시행 전에 유가증권을 매매 또는 중립의 영업에 관하여 행하는 행위에 대한 「회사령」의 벌칙 적용에 대하여는 종전의 예에 의함.

3) 「기업허가령」 법령 및 해설

〈자료 321〉 「기업허가령」(『조선총독부관보』, 제4477호, 1941.12.26.)

칙령 제1084호, 1941년 12월 10일

제1조 「국가총동원법」(1938년 칙령 제317호에 의한 경우를 포함함. 이하 같음) 제16조의 규정에 기

(基)한 사업에 속한 설비의 신설·확장 또는 개량의 제한 및 「국가총동원법」 제16조의 3의 규정에 기한 사업의 개시 또는 위탁에 관한 명령은 따로 정한 것을 제한 외 본령이 정한 바에 의함.

제2조 본령은 국민경제의 총력 발휘에 이바지하기 위해 기업의 정비 통제의 기초를 확립할 것을 목적으로 함.

제3조 각령으로써 지정한 사업(이하 지정 사업으로 칭함)을 개시하고자 하는 자는 각령이 정한 바에 의해 행정관청의 허가 또는 「중요산업단체령」에 의한 통제회로서 주무대신이 지정한 것(이하 지정 통제회로 칭함)의 승인을 받을 것.

전항의 허가 또는 승인은 공장·사업장·점포, 기타 사업을 행할 장소(사업을 행할 장소, 일정하지 않은 업태의 사업에 대하여는 사업을 행할 구역을 포함함)마다 이것을 함. 단, 주무대신이 별단에 정할 때는 이 제한에 있지 않음.

행정관청 또는 지정 통제회가 필요 있다고 인정할 때는 제1항의 허가 또는 승인에 조건을 붙일 수 있음.

제4조 지정 사업을 행할 자가 그 사업을 타인에게 위탁하고자 할 때는 각령이 정한 바에 의해 행정관청의 허가 또는 지정 통제회의 승인을 받을 것.

제5조 상속인이 피상속인이 행할 지정사업을 승인하였을 때는 상속인은 제3조의 허가 또는 승인을 받은 것으로 간주함. 단, 주무대신이 별단에 정할 때에는 이 제한에 있지 않음.

전항 단서의 경우에는 상속인은 주무대신이 정한 기간을 한도로 하여 제3조의 규정에도 불구하고 그 승인한 사업을 행할 수 있음.

전항에 열거한 상속인은 전항의 기간 내에 제3조의 허가 또는 승인을 신청한 경우에 그 신청에 대한 처분일까지 또한 전항과 같음.

제1항의 경우에는 상속인은 「국가총동원법」 제31조의 규정에 기한 각령이 정한 바에 의해 그 뜻을 행정관청에 보고할 것.

제6조 지정사업에 속한 설비로서 주무대신이 지정한 것의 신설·확장 또는 개량을 하고자 하는 자는 각령이 정한 바에 의해 행정관청의 허가 또는 지정 통제회의 승인을 받을 것.

제7조 지정사업의 지정이 있을 때 현재 그 사업을 행할 자는 또는 그 상속인은 「국가총동

원법」 제31조의 규정에 기한 각령이 정한 바에 의해 그 사업을 행할 뜻을 행정관청에 보고할 것.

제8조 지정사업을 행할 자는 그 사업의 전부 혹은 일부를 폐지할 때 또는 그 사업을 타인에게 위탁한 경우에 그 위탁 종료한 때는 「국가총동원법」 제31조의 규정에 기한 각령이 정한 바에 의해 그 뜻을 행정관청에 보고할 것.

제9조 본령에 의해 허가 또는 승인을 요할 사항에 대해 다른 법령에 의한 행정관청의 허가·인가, 기타 처분 있을 때는 본령에 의한 허가 또는 승인 있는 것으로 간주함.

전항의 다른 법령은 각령으로써 이를 정함.

제10조 행정관청이 필요 있다고 인정한 때는 「국가총동원법」 제31조의 규정에 기하여 지정사업을 행할 자로부터 그 사업에 관한 보고를 하게 하거나 또는 당해 관리로 하여 공장·사업장·점포·창고·사무소, 기타 장소에 임검하여 업무 상황 혹은 장부 서류, 기타 물건을 검사케 할 수 있음.

전항의 규정에 의해 당해 관리로 하여 임검 검사케 하는 경우에는 각령이 정한 바에 의해 그 신분을 표시할 증표를 휴대케 할 것.

제11조 본령 중 주무대신이라 한 것은 조선·대만·사할린 또는 남양군도에서는 각 조선총독·대만총독·사할린청 장관 또는 남양청장관으로 함. 각령이라 한 것은 조선 또는 대만에서는 총독부령·사할린 또는 남양군도에서는 청령으로 함.

부칙

본령은 1941년 12월 13일부터 이를 시행함. 단, 조선·대만·사할린 및 남양군도에서는 1941년 12월 26일부터 이를 시행함.

〈자료 322〉 박무, 〈기업허가령의 의의와 실제〉(춘추, 조선춘추사, 1942)

1. 법령의 의의

「기업허가령」은 「국가총동원법」에 의한 칙령이다. 전시 국민경제의 총력을 발휘하기에 유감이 없게 하자는 목적으로 작년 9월 12일 국가총동원심의회에서 정부의 원안이 가결되었고, 같은 해 12월 21일부로써 칙령이 공포되어 내지에서는 13일부터, 조선에서는 26일부터 실시되었다. 이 칙령은 기왕에 실시된 여러 가지 「국가총동원법」에 의한 칙령으로서 누구나 모두 다 아는 바이지만 그 실시와 운용에서는 절대적 성질을 가지고 있으며 위반자에 대한 처벌도 극히 엄중한 것이다. 이 「기업허가령」의 내용을 보면, 얼른 말하자면 큰 장사는 물론 조그만 영업을 하자고 하더라도 허가 없이 자기 마음대로는 할 수가 없는 것이다. 신문지상에서도 볼 수 있는 것과 같이 두부장사 반찬가게를 내려도 허가를 얻어야 하는 것이다.

그만큼 이와 같은 강력한 통제가 일반 업계에 나타나게 될 때까지에는 수년간에 걸쳐 상공당국의 부심(腐心)도 적지 않았으며 일반 업계의 주목도 컸었던 것이다. 먼저 '소매 면허제'라는 명칭으로 이 허가제는 주목을 끌게 되었다. 당초에는 소매상이 난립하기 때문에 업자 간의 경쟁이 심하므로 이것을 완화하여 소매상의 보호를 도모하며 과다 난립을 방지하자는 것이었었다. 그러나 이 면허제는 도리어 소매상을 특권화할 염려가 있고 국가의 상업 발전을 누르지나 않을까 하여 논의의 범위를 벗어나지 못하던 것이 사변의 진전과 경제통제의 강화에 따라서 중소상공업 문제가 국민경제의 중대문제로 됨에 따라서 소매상 문제에 국한되었던 '소매 면허제'는 '영업 면허제'라는 명칭 아래에 상업, 공업을 통틀어 중소상공업 문제와 병립하여 물자의 배급 문제, 업계의 적정화 문제 등을 논의하게 되어 제76의회(1940년도 본회의)에 이 법안을 제출하려고 정부에서는 만반의 준비를 다하였다가 미제출로 잠시 문제는 표면에서 사라지게 되었다. 그러나 허가제도의 필요는 쉴 새 없이 진전하는 업계의 사태를 반영하면서 상공당국이 연구를 거듭하게 하여 이번 칙령으로서 나타나게 된 것이다. 입법의 주안점은 "국민경제의 총력 발휘에 이바지하기 위하여 기업의 정비 통제의 기초를 확립"한다는 점에 있다. 즉 정전(征戰)의 대목적을 완수하고자 국가의 총력—모든 일을, 발휘함에 가장 중요한 일익(一翼)인 경제력을 무엇보다도 능률적으로 조직적으로 발하자면 자재와 노력과 자금과 기술의 낭비가 없이 유효하게 사용하지 않으면 안 될 것이다. 종래의 사익(私益) 경제 시대에는 자기의 자의(恣意)에 맡기어 영업을 할 수 있었으나 금일의 사태는 이러한 자의를 그대로 두어서는 안 될 시기가 도래한 것은 이미 오랜 것이다. 국가 경제력을 충실케 함에 무의미한 경쟁과 무의미한 소비가 용허(容許)되지 않는 동시에 소위 '적업적행(適業適行) 적재적소(適材適所)'의 주의가 강하게 요청되는 것이다.

원래 경제 통제의 목적은 국민경제를 유기적인 일체로 하여 균형적 발전은 물론 전체의 양적 통제뿐만 아니라 기업의 종목에 따라서 질적으로 이것을 통제하지 않으면 안 될 것이다. 즉 농·공·광의 각종 기업이 상호 연관성을 가지고 유기적으로 추진되며, 당초에는 소매제에 국한되었던 문제가 상공업을 통틀어 '영업' 전반의 문제로 되었고, 다시 '기업'이라는 명칭을 붙여 범백(凡百)의 영리사업-경제사업을 총괄하여 허가제도 아래에 두게 된 그 중요성을 이 명칭만으로도 추찰(推察)할 수 있는 것이다.

2. 법령의 내용

그러면 이 「기업허가령」은 여하한 내용으로 구성되어 있는가를 살펴보기로 하자.

허가를 맡지 않으면 안 되는 기업의 종목을 내지에서는 각령으로, 조선에서는 부령으로 지정하였다. 그 종목 수를 보면, 광업에 1종목, 공업에 265종목, 상업에 216종목, 교통업에 1종목, 도합 483종목을 지정하였는데, 조선에서는 내지와 특이한 제 사정을 참작하여 공업에서 27종목, 상업에서 13종목을 추가하게 된 것이다. 이와 같이 다수의 기업을 지정하였으므로 공업에는 금속공업·화학공업·방직공업 등의 대공업은 물론 간단한 일용식용품 제조까지도 포함되었고, 상업에서는 소매·도매를 광범하게 지정하여 개인·사회를 막론하고 공장·사업장·점포·행상·노천상 등에 이르기까지의 전체가 지정 업종에 해당하며 허가를 요하게 된 것이다. 다만 「임시자금조정법」에 의해 허가를 맡은 것만은 이 제도에 의한 허가를 요치 않는 것이다. 종래에도 전기·수도와 같은 공익사업이든, 일반 대중의 이익과 관계가 깊은 금융업이라든가, 공안(公安)과 위생에 관련이 깊은 영업은 관계 당국 혹은 경찰의 허가를 요하였었다. 그러므로 이 「기업허가령」은 종전에 허가를 하던 이러한 필요성이 전시에 국토 계획의 입장, 생산력 확충의 입장, 기업 정비의 입장, 국민생활의 안정을 도모하기 위한 생활필수품의 생산과 배급을 원활히 하자는 견지에서 평시보다 확대되고 강화되었다고 하는 것도 충분한 견해의 방식이라고도 할 수 있다. (중략)

또 한 가지 주목되는 것은 도매상이 소매상을 경영하는 경우에는 허가를 요하지만, 소매상이 도매상을 경영하려는 때에는 허가를 요치 않는 것은 물자의 유통을 말단까지 원활케 하는 동시에 소매상을 옹호한 색채가 농후한 것이다.

(중략)

3. 영(令)의 실제

우리는 자기가 경영하는 기업이 지정 종목에 해당하면 기존 업자와 상속인 경우에는 60일 이내에 보고서를 제출하고, 기타 신규의 기업 개시와 설비의 신설, 확충 개량, 또는 위탁 등은 허가를 요한다는 것을 알았다. 그러면 허가를 요하는 경우의 실제의 운용은 어떻게 될 것인가를 살펴보기로 한다.

총독부 상공당국의 운용 방침을 통해 보면 일반적 방침으로서 다음과 같은 조목을 열거하였다.

1. 본령의 적용범위는 상당히 광범하고 그 영향하는바 크므로 특히 성장기에 있는 조선의 중소기업 현황에 비춰 보아서는 각별한 주의를 하여 완엄(緩嚴)을 적당히 유의할 것.
2. 허가를 함에 당하여서는 국토 계획, 기업 정비 계획 및 생산력 확충 계획, 생활필수품 생산 및 배급 계획 등의 객관적 조건을 기초로 하여 그 적정을 도모할 것. (중략)

이상과 같은 일반 방침을 보면 국가적 입장에서 보아 필요를 느끼는 경우 이외에 허가를 아니할 뿐 아니라 기업도덕의 입장에서 볼 때에 경제 사범자(事犯者)와 같은 기업계의 질서를 문란하게 할 염려가 있는 인물에게 절대로 허가를 용인치 않는 반면 객관적으로 허가를 함에 족할 경우이면 기업인인 신청자의 인격·기능·자력(資力) 등의 개인적 조건을 참작하여 결정하게 되었으니 그만큼 허가는 용이한 것이 아닌 것을 알 수 있다.

그리고 또 한 가지 특징이라고 할 만한 것은 허가를 결정할 때에 군인 유가족·상이군인이 자신의 기업을 경영하는 경우에 우선권을 이들에게 주게 되어 있는 것은 이 법령이 전시법(戰時法)이니 만큼 당연한 것이라 할 수 있다.

그러고 보면 이 허가령은 우선 기업의 난립을 금지하는 영이라고도 볼 수 있다. 그것은 물론 그러하다. 우선 금지하여 놓고 서서히 필요한 것을 보충하여 나가라는 것이다. 그러므로 이러한 경우에 기업의 양도가 당연히 있을 것으로 보이는데, 이러한 일종 권리화는 당초부터 배제하자는 것이 법 정신이었으므로 양도는 형식상 있을 수 없다. 다만 사실상 또는 경제상 양도가 있으면 그 경우에는 기왕 업자는 폐업을 보고하고, 신규로 양수(讓受)한 사람은 사업 개시의 허가를 맡아야 한다. (중략)

4. 법령과 기업인

「허가령」의 실시로 인하여 전시하의 상공업은 무통제하게 난립하여 자의(恣意)의 경쟁을 하던 시대를 완전히 탈각(脫却)하였다. 다만 국가 경제의 필요에 응하여 조직적 균형하에 유기성을 고도로 발휘하며 상공업은 국가 목적하에 육성하여 나갈 것이다. 전일의 소매 면허 제안을 중심으로 고려되었던 판매업의 기득권화도 일조(一朝)에 문제의 해소를 보게 되었고, 정당한 기업인, 국가의식이 높은 기업인만이 생산 확충, 국민생활의 충실을 위하여 상공업계에서 활약하게 될 것이다. 산업의 합리화도 이러한 체제로 상공업을 추진시키자는 의욕에서 나온 것이며, 공업조합과 상업조합의 정비도 또한 이러한 목적하의 의도였었다.

특히 중소 상공업계에서 업계의 명랑화와 공연성을 훨씬 더 찾아볼 수 있을 것이다. 금후 인구의 증가, 생산 확충에 이바지할 만한 신기업이라든지 국내 생활에 필요한 배급기관으로서의 신상업은 충분한 검토하에 허가될 것이므로 장래의 상공업 발전에는 견고 지반(地磐)의 궤범(軌範)이 확립되었다고 할 수 있다. 이로써 기업인은 명실(名實)을 아울러 총후의 산업전사로서 면목이 약여(躍如)할 수 있는 것이다. 따라서 산업전사로서의 각오가 훨씬 커야 할 것이다. 지정 종목도 거의 500종에 달하고 있지만 규모로 보아 대공업·대상업을 위시하여 행상·노점상까지 포함한 이 허가제의 폭과 심도(深度)는 가히 우리나라 상공업사에 획기적 사실이라고 할 수 있다.

특히 중소기업은 이 「허가령」으로 인하여 부동(浮動)하기 쉬운 그 지위가 확호(確乎)한 기초 위에 서게 되어 기업 정비상 적지 않은 좋은 영향을 재래(齎來)하게 될 것이다.

(3) 단서 규정에 의한 제정

〈자료 323〉 「기업허가령」 단서 규정에 의한 제정(『조선총독부관보』, 1942.07.24.)

조선총독부고시 제1023호, 1942년 7월 24일

「기업허가령」 제3조 제2항 단서, 제5조 제1항 단서 및 제10조 제1항의 규정에 의해 다음과 같이 정함.

제1조 다음에 열거하는 경우는 「기업허가령」 제3조의 허가를 받는 것을 요하지 않음.

1. 「기업허가령」 제3조 제1항의 사업(이하 지정사업이라 칭함)을 행할 장소를 그 소재지와 동일한 부읍면 내의 장소에 이전시키고자 하는 때. 단, 소매업에 대하여는 이 제한에 있지 않음.
2. 지정사업을 행할 장소를 재해로 인하거나 또는 재해 예방을 위해 부득이한 장소에 이전시키고자 하는 때
3. 지정사업을 행할 장소를 재해로 인하거나 또는 재해 예방을 위해 부득이 임시 이전한 경우에는 그 사업을 행할 장소를 다시 종전의 장소에 이전시키고자 한 때

전항에 열거한 경우에는 지정사업을 행할 장소를 이전한 자는 지체 없이 별기 양식에 의해 보고서를 이전 후의 사업을 행할 장소를 관할하는 행정관청에 제출할 것.

전항의 행정관청은 「기업허가령 시행규칙」 제16조의 행정관청으로 함.

제2조 「기업허가령」 제5조 제1항 본문의 규정은 이 영 「시행규칙」 별표 중 (1)의 78 및 (3)의 142 및 143에 열거한 사업에 대해서는 이를 적용하지 않음.

별기 양식(생략)

2. 시장 관련 법령

1) 「시장규칙」 제정 및 「시장규칙」

〈자료 324〉 「시장규칙」 제정(『조선총독부관보』, 1914.09.12.)

조선총독부령 제136호, 14년(大正 3) 9월 12일

시장규칙

제1조 본령에서 시장이라 칭함은 다음의 각호의 1에 해당한 것을 이름.

장옥(場屋)을 설치하거나 또는 장옥을 설치 아니하여도 구획한 지역에서 매일 또는 정기에 다수한 수요자 및 공급자가 내집하여 화물의 매매 교환을 행하는 장소

20인 이상의 영업자가 1장옥에서 주로 곡물 식료품의 판매업을 행하는 장소

위탁을 수하여 경매 방법에 의하여 수산물·소채 또는 과물의 판매업을 행하는 장소

제2조 시장은 공공단체 또는 이에 준할 것이 아니면 이를 경영함을 할 수 없음.

제3조 시장을 설치하고자 하는 때는 다음의 사항을 기재한 원서를 도장관에게 제출하여 허가를 수함이 가함.

1. 명칭
2. 위치
3. 면적
4. 설비
5. 개시일 또는 휴업일 및 시장의 개폐 시각
6. 거래할 주된 화물의 종류
7. 사용료를 징수코자 하는 때의 비율 및 징수 방법
8. 관리 방법
9. 설비의 이유

전항의 원서에는 시장의 설비 위치 및 그 부근의 상황을 기재한 도면을 첨부함이 가함.

제4조 시장을 개시한 때는 지체 없이 이를 도장관에게 신고함이 가함.

제1조 제3호의 시장으로 휴업일 이외의 휴업을 한 때, 기타 시장으로서 1월 이상에 긍하는 휴업을 한 때 또한 전항과 동함.

제5조 제3조 제1호 내지 제8호에 열거한 사항을 변경코자 하는 때는 도장관의 허가를 수함이 가함.

제6조 시장을 폐지코자 하는 때는 그 사유를 구(具)하여 도장관의 허가를 수함이 가함.

제7조 도장관은 공익상 필요로 인하는 때는 허가를 취소하며 또는 시장의 이전, 기타 적당한 조치를 명함을 할 수 있음.

제8조 위탁을 수하여 경매 방법에 의하여 수산물·소채 또는 과물을 판매하는 영업을 하고자 하는 자는 다음의 사항을 기재한 원서에 시장 경영자의 동의를 득한 것을 증명하는 서면을 첨부하여 도장관에게 제출하여 허가를 수함이 가함.

1. 상호 씨명
2. 자본 금액
3. 영업 기간
4. 영업 규정
5. 영업소의 위치
6. 화물의 종류
7. 1년간의 판매 예상 수량 및 금액
8. 1년간의 손익 예상 계산

영업자가 그 영업상 필요한 설비를 하는 경우에 재하여는 그 설비를 기재한 서면 및 도면을 전항의 원서에 첨부함이 가함.

제9조 전조의 영업 규정에는 좌의 사항을 기재함이 가함.

1. 화물의 보관 및 판매 방법에 관한 사항
2. 중매인을 치하는 때는 그 자격 및 가입, 탈퇴에 관한 사항
3. 판매 수수료율 및 수취 방법, 위탁자에 대금 지불 방법, 기타 위탁에 관한 사항
4. 영업 시간 및 휴업일에 관한 사항
5. 전 각호 외 영업에 관하여 필요한 사항

제10조 제8조 제1항 제3호의 영업기간은 10년을 초(超)함을 할 수 없음. 단, 신청에 의하여 이를 갱신함을 할 수 있음.

제11조 제8조에 의하여 허가를 수한 영업은 상속에 의하여 이를 계승함을 할 수 있음. 이 경우에 재하여는 상속인으로부터 지체 없이 이를 도장관에게 신고함이 가함.

제12조 제8조의 허가를 수한 자가 동조 제1항 제3호, 제5호, 제6호의 사항, 동조 제2항의 설비 또는 영업 규정을 변경코자 하는 때는 도장관의 허가를 수함이 가함.

제8조 제1항 제1호의 사항을 변경한 때는 지체 없이 도장관에게 신고함이 가함.

제13조 제8조의 허가를 수한 자는 정당한 사유가 유한 경우를 제한 외 휴업일 이외에 그 영업을 휴지함을 할 수 없음.

제14조 제8조의 허가를 수한 자는 영업 규정에 의하는 경우를 제한 외는 그 영업 화물의 판매 위탁을 거(拒)함을 할 수 없음.

제15조 제8조의 허가를 수한 자가 그 영업을 개시하며 폐지하며 또는 휴업일 이외 휴지하는 때는 지체 없이 이를 도장관에게 신고함이 가함. 단, 영업 휴지하는 경우는 그 사유를 신고서에 기재함이 가함.

영업자가 사망한 때 또는 해산에 의해 영업을 폐지한 때는 상속인 또는 청산인으로부터 지체 없이 이를 도장관에게 신고함이 가함.

제16조 도장관·경무부장(경성에 재하여는 경무총장 이하 같음) 또는 경찰서장(경무분서장 및 경찰서의 사무를 취급하는 헌병분대·헌병분견소의 장을 포함한 이하 같음)은 필요로 인하는 때는 제8조의 허가를 수한 자로 하여금 영업의 상황 및 출납 계산의 보고를 하게 하고, 또는 이에 관한 서류 장부의 검사를 함을 할 수 있음.

제17조 제8조의 허가를 수한 자가 허가를 수한 날로부터 6개월 내에 영업을 개시 아니하며 또는 영업 휴지 1월을 초하는 때는 도장관은 영업의 허가를 취소함을 할 수 있음.

도장관은 공익상 필요로 인하는 때는 제8조의 허가를 수한 자에 대하여 허가를 취소하며 또는 영업의 정지, 영업소의 위치 이전, 기타 적당한 조치를 명함을 할 수 있음.

제18조 경찰관 또는 헌병은 필요로 인하는 때는 시장에서 영업을 하는 자 또는 시장에 입(入)하는 자에 대하여 공안 교통 또는 위생의 단속에 관하여 임시 필요한 조치를 함을 할 수 있음.

제19조 다음의 각호의 1에 해당한 자는 1년 이하의 징역 금고 또는 200원 이하의 벌금에 처함.

1. 허가를 수치 아니하고 시장을 설치한 때
2. 허가를 수치 아니하고 제8조에 규정한 영업을 하며 또는 부실한 신고를 하여 제8조의 허가를 수한 때
3. 제8조의 허가를 수한 영업자가 영업소로 허가를 수한 시장 외에서 그 영업을 한 때
4. 제13조 제14조의 규정 또는 제17조의 명령에 위반한 때

제20조 제8조의 허가를 수한 자가 다음의 각호의 1에 해당한 때는 200원 이하의 벌금 또는 과료에 처함.

1. 제12조 제1항의 규정에 위반하며 또는 부실한 신고를 하여 제12조 제1항의 허가를 수한 때
2. 허가의 조건 또는 영업규정에 위반한 때
3. 제16조에 규정한 검사를 거하며 영업 상황 혹은 출납 계산의 신고를 아니하며 또는 보고에 부실한 기재를 하며 혹은 사실을 은폐한 때
4. 영업에 관한 서류 장부에 부정한 기재를 하며 또는 고의로 필요한 사항을 기재 아니한 때

제21조 제8조에 의하는 경찰관 또는 헌병의 명령에 위반한 자는 구류 또는 과료에 처함

제22조 제11조, 제12조 제2항 또는 제15조에 규정한 신고를 태(怠)한 자는 과료에 처함

제23조 법인의 대표자 또는 그 고용인, 기타의 종업원이 법인의 업무에 관하여 본령에 규정한 죄를 범한 때는 그 벌칙을 법인에게 적용함

법인을 처벌할 경우에 대하여는 법인의 대표자로써 피고인으로 함

제24조 제8조에 규정한 영업자는 그 대리인, 호주, 가족, 동거자, 고인, 기타의 종업자로서 그 업무에 관하여 본령에 규정한 죄를 범한 때는 자기의 지휘가 아닌 연고로써 그 처벌을 면함을 할 수 없음.

부칙

제25조 본령은 발포일로부터 이를 시행함.

제26조 위탁을 수하여 경매 방법에 의하여 수산물을 판매하는 시장은 현금간 공공단체 또는 이에 준할 것 이외의 자에 대하여 5년 이내의 기한을 부하여 그 설치를 허가함을 할 수 있음.

제27조 본령 시행에 제하여 현에 존재한 시장으로서 회사 또는 개인의 경영에 속하지 아니한 것은 도장관이 지정하는 공공단체 또는 이에 준할 자가 설치한 것으로 간주함.

제28조 본령 시행에 제하여 현에 회사 또는 개인의 경영하는 시장은 계속하여 이를 경영함을 할 수 있음.

전항의 시장에는 제4조 제2항, 제5조 내지 제7조의 규정을 준용함.

제29조 제26조의 시장 경영자 및 전조의 시장을 경영하는 회사 또는 개인은 제11조, 제13조, 제15조, 제2항, 제16조의 규정을 준용함.

전항에 의하여 준용한 규정에 관한 본령의 벌칙은 전항의 시장 경영자에 이를 준용함.

제30조 부실한 신고를 하여 제26조의 시장 허가를 수한 자 또는 시장을 경영하는 회사 또는 개인으로서 제7조의 명령에 위반한 때는 1년 이하의 징역 금고 또는 200원 이하의 벌금에 처함.

시장을 경영하는 회사 또는 개인으로서 허가 조건에 위반한 때, 제5조 혹은 제6조의 규정에 위반 때 또는 부실한 신고를 하여 제5조의 허가를 수한 때는 200원 이하의 벌금 또는 과료에 처함.

시장을 경영하는 회사 또는 개인으로서 제4조의 신고를 태만히 한 때는 과료에 처함.

제31조 본령 시행 전 허가를 수하여 현에 제8조에 규정한 영업을 하는 자는 본령에 의하여 허가를 수한 것으로 간주함.

제32조 제28조의 시장 또는 전조의 영업에 대하여 정한 기간이 무한 것은 그 기간을 본령 시행일부터 10년으로 하고 그 기간을 정한 것은 그 기간을 존속함을 할 수 있음.

제33조 제27조 및 제28조의 시장 경영자는 제3조에 열거한 사항, 제31조의 영업자는 제8조에 열거한 사항을 본령 시행일부터 6개월 내에 도장관에게 신고함이 가함.

제27조 및 제28조의 시장 경영자로서 그 시장에 대하여 허가를 수한 자 또는 제

31조의 영업자는 허가의 관청, 허가 연월일 및 기간을 전항 신고와 동시에 도장관에게 신고함이 가함.

전 2항의 신고를 태한 때는 50원 이하의 벌금 또는 과료에 처함.

〈자료 325〉 1920년 「시장규칙」의 개정(『조선총독부관보』, 1920.04.01.)

조선총독부령 제38호, 1920년(大正 9) 4월 1일

「시장규칙」 중 다음과 같이 개정함

제1조에 다음의 1호를 가함.

4. 매일 또는 정기로 영업자가 집회하여 견본 또는 명병(銘柄)에 의하여 물품 또는 유가증권의 매매거래를 행하는 장소.

제2조에 다음의 단서를 더함.

단, 전조 제4호의 시장은 회사 또는 당해 시장에 재하여 매매거래를 행하는 영업자로써 조직하는 조합에서 이를 경영함을 할 수 있음.

제3조 제1항 중 '시장'을 '제1조 제1호 내지 제3호의 시장'으로 '도장관'을 '도지사'로 제7호를 다음과 같이 고침.

7. 부면에서 경영하는 경우를 제한 외 사용료를 징수코자 하는 때는 그 율 및 징수방법.

제3조의 2 제1조 제4호의 시장을 설치코자 하는 시는 회사에서는 발기인, 조합에서는 조합원이 전조 각호의 사항을 기재한 원서에 다음의 서류를 첨부하여 조선총독에게 제출하고 허가를 받음이 옳음.

1. 정관 또는 조합 계약
2. 시장에 재한 매매거래에 관한 규정
3. 발기인 또는 조합원의 씨명·상호·연령·주소·영업소·직업

제4조 중 '제3호'를 '제3호 또는 제4호'로 고침.

제4조 내지 제6조 중 '도장관'을 '제1조 제1호 내지 제3호의 시장에서는 도지사, 제1조 제4호의 시장에서는 조선총독으로 고침.

제5조의 2 제3조의 2 제1호 및 제2호에 열거한 사항을 변경코자 하는 때는 조선총독의 허가를 받음이 옳음.

제7조 중 '도장관'을 '도지사'로, '허가를 취소함'을 '제1조 제1호 내지 제3호의 시장에 대하여 허가를 취소함'으로 고침.

제7조의 2 제1조 제4호의 시장에서는 그 시장을 경영하는 조합의 조합원 또는 중매인이 아니면 매매거래를 함을 할 수 없음. 중매인이 되고자 하는 자는 상호·씨명·연령·주소 및 영업소를 기재한 서면, 이력서 및 자산 조서 및 시장 경영자의 동의를 얻을 수 있음을 증명하는 서면을 첨부하여 조선총독에 제출하고 허가를 받음이 옳음.

조합원이 탈퇴하거나 또는 씨명·상호·주소 혹은 영업소를 변경한 때는 조합은 지체없이 조선총독에게 계출함이 옳음.

전항의 규정은 중매인 사망 혹은 폐업하거나 또는 씨명·상호·주소 혹은 영업소를 변경한 경우에 이를 준용함.

제7조의 3 조선총독은 공익상 필요가 유함으로 인정하는 때는 제1조 제4호의 시장에 대하여 허가를 취소하며 정관·조합 계약 혹은 매매거래에 관한 규정의 변경을 명하거나 또는 조합원 혹은 중매인에 대하여 영업의 금지 혹은 정지, 기타 적당한 조치를 명함을 할 수 있음.

제8조 제11조 제12조 제15조 및 제17조 중 '도장관을 도지사'로 고침.

제16조 중 '도장관'을 '도지사'로 고치고, '경무부장(경성에서는 경무총장 이하 같음) 또는 경찰서장(경무분서장 및 경찰서의 사무를 취급하는 헌병분대·헌병분견소의 장을 포함함. 이하 같음)'을 삭제함.

제18조 및 제21조 중 '또는 헌병'을 삭제함.

제19조 제4호 중 '제17조'를 '제7조의3 혹은 제17조'로 고치고 동조에 다음의 1호를 더함.

1의 2 조합원 또는 중매인이 아닌 자, 제1조 제4호의 시장에서 매매거래를 한 때 또는 부실한 신고를 하며 제7조의 2 제2항의 허가를 받은 때.

제22조 중 '제11조'를 '제7조의 2 제3항 제4항, 제11조'로 고침.

제24조 중 '제8조에 규정한 영업자'를 '제1조 제4호의 시장을 경영위하는 조합의 조합원·중매인 또는 제8조에 규정한 영업자'로 고침.

제24조의2 제1조 제4호의 시장에 관한 규정은 회사 조직의 거래소에는 이를 적용치 아니함.

부칙

본령은 발포일부터 이를 시행함.

본령 시행의 때 현재 제1조 제4호의 시장을 경영하는 자 및 그 중매인은 본령 시행일부터 3개월 내로 본령에 의하여 허가를 받음이 옳음.

전항에 의하여 허가를 원출한 자는 그 허부를 결정하기까지 종전의 예에 의하여 사업을 계속함을 할 수 있음.

본령 시행 전 「회사령」에 의하여 허가를 받고 제1조 제4호의 시장을 경영하는 회사는 본령에 의하여 허가를 받은 것으로 간주함.

〈자료 326〉 1930년 「시장규칙」의 개정(『조선총독부관보』, 1930.05.20.)

「시장규칙」 중 다음과 같이 개정함

조선총독부령 제53호, 1930년 5월 20일

제7조의 3을 제7조의 4로 함.

제7조의 3 제1조 제4호의 시장을 경영하는 조합의 조합원 혹은 중매인 또는 회사 조직인 거래소의 거래원은 지점, 출장소, 기타 하등 명의로써 함을 불문하고 이상의 장소로써 동일 시장 또는 거래소의 매매거래의 취급을 하는 장소로 할 수 없음.

누구든지 전항의 시장 또는 거래소의 매매거래의 위탁 대리, 매개 또는 중개를 영업으로 할 수 없음.

제19조 중 '제7조의 3'은 '제7 조의 4'로 개정하고 동조에 다음의 1호를 더함.

5. 제7조의 3의 규정에 위반한 때

제24조의 2에 다음의 단서를 더함.

단, 제7조의 3 및 제19조 제5호의 규정은 이 제한이 없음.

부칙

본령은 1930년(昭和 5) 8월 1일부터 시행함.

2)「조선미곡시장주식회사령(朝鮮米穀市場株式會社令)」 제정 및 시행규칙

〈자료 327〉「조선미곡시장주식회사령」 제정(『조선총독부관보』, 1939.09.22.)

제령 제15호, 1939년(昭和 14) 9월 22일

「조선미곡시장주식회사령」

제1조 조선미곡시장주식회사는 미곡 배급의 통제를 도모하기 위하여 조선에서 미곡시장의 경영 등을 하는 것을 목적으로 하는 주식회사로서 그 본점을 경성부에 둠.

제2조 조선미곡시장주식회사의 자본은 500만 원으로 함. 단, 조선총독의 인가를 받아 이것을 증가할 수 있음.

제3조 조선미곡시장주식회사의 주식은 기명식으로 하고 정부·공공단체·제국 신민 또는 제국법인으로서 사원·주주 혹은 업무를 집행하는 역원의 반수 이상 또는 자본의 반액 이상 혹은 의결권의 과반수가 외국인 또는 외국 법인에 속하지 않는 자에 한하여 이것을 소유할 수 있음.

제4조 정부 소유의 주식의 주금 불입은 기타의 주식의 주금 불입과 달리 할 수 있음.

제5조 조선미곡시장주식회사가 아니면 조선미곡시장주식회사 또는 이에 유사한 명칭으로써 그 상호로 할 수 없음.

제6조 조선미곡시장주식회사에 역원으로서 사장 전무이사 각 1인, 이사 5인 이상 및 감사 2인 이상을 둠.

사장은 조선미곡시장주식회사를 대표하여 그 업무를 총리함.

전무이사는 사장이 사고 있을 때에는 그 직무를 대리하고, 사장이 결원인 때에는 그 직무를 행함.

전무이사 및 이사는 사장을 보좌하고, 정관이 정한 바에 의하여 조선미곡시장주식회사의 업무를 분장하거나 또는 이에 참여함.

감사는 조선미곡시장주식회사의 업무를 감사함.

제7조 사장 및 전무이사는 조선총독이 이를 명하고 그 임기를 5년으로 함.

이사는 주주 중에서 주주총회에서 이를 선임하고, 조선총독의 인가를 받기로 하고 그 임기를 4년으로 함.

감사는 주주 중에서 주주총회에서 이를 선임하고, 그 임기를 2년으로 함.

제8조 사장·전무이사 및 업무를 분장하는 이사는 다른 직무 또는 상업에 종사할 수 없음. 단, 조선총독의 인가를 받은 때에는 이 제한이 없음.

제9조 조선미곡시장주식회사의 역원 또는 사용인은 조선총독이 정한 경우를 제외하고 누구의 명의로써 함을 불문하고 미곡시장의 매매거래를 하고 또는 그 위탁을 할 수 없음.

조선미곡시장주식회사의 역원 또는 사용인은 시장원과 사이에 자금의 공여, 손익의 분배, 기타 시장원의 업무에 대하여 특별한 이해관계를 가질 수 없음.

제10조 조선미곡시장주식회사는 다음의 사업을 영위함.

1. 미곡시장의 경영
2. 전호의 사업에 부대하는 사업
3. 기타 본 회사의 목적 달성상 필요한 사업

조선미곡시장주식회사는 조선총독이 정한 바에 의하여 그 인가를 받아 미곡시장에서 잡곡의 매매거래도 취급할 수 있음.

조선미곡시장주식회사는 제1항 제2호 또는 제3호의 사업을 경영하고자 하는 때에는 조선총독의 인가를 받을 것.

제11조 조선미곡시장주식회사가 미곡시장을 경영하고자 하는 때에는 조선총독이 정한 바에 의하여 시장마다 조선총독의 인가를 받을 것.

제12조 조선미곡시장주식회사가 사업의 전부 혹은 일부를 폐지하거나 또는 휴지하고자 하는 때는 조선총독이 정한 바에 의하여 그 인가를 받을 것.

제13조 미곡시장은 조선미곡시장주식회사에 한하여 이것을 경영할 수 있음.

누구라도 미곡시장에 유사한 시설을 하거나 또는 그 시설에 의하여 미곡의 매매거래를 할 수 없음. 단, 조선총독이 정한 경우에는 이 제한이 없음.

제14조 미곡시장의 매매거래의 가격은 조선총독이 정한 바에 의하여 그 지정하는 최저가

격 이하로 하거나 또는 최고가격을 넘을 수 없음.

제15조 미곡시장의 매매거래는 차액의 수수에 의하여 그 결제를 할 수 없음. 단, 이행기의 결제로서 조선총독이 정한 것에 대하여는 이 제한이 없음.

제16조 조선미곡시장주식회사는 조선총독이 정한 바에 의하여 미곡시장의 매매거래에 대해서 증거금을 납부하게 하거나 또는 수수료를 징수할 수 있음.

제17조 본령에 규정하는 것 외에 미곡시장의 매매거래의 방법, 기타 매매거래에 관하여 필요한 사항은 조선총독이 이것을 정함.

제18조 미곡시장의 매매거래는 그 시장의 시장원에 한하여 이것을 할 수 있음. 단, 조선총독이 정한 경우에는 이 제한이 없음.

제19조 시장원이 되고자 하는 자는 조선총독이 정한 바에 의하여 그 면허를 받을 것.

제20조 다음 각호의 하나에 해당하는 자는 전조의 면허를 받을 수 없음. 단, 조선총독이 정한 경우에는 이 제한이 없음.

1. 제국신민 또는 제국법인이 아닌 자
2. 파산자로서 복권되지 않은 자
3. 금고 이상의 형을 받고 그 집행을 종료 또는 집행을 받지 않게 된 후 3년을 경과하기 전의 자
4. 미곡시장의 시장원으로서 제명되고, 제명일부터 3년을 경과하지 않은 자
5. 제32조 또는 제33조의 규정에 의하여 면허가 취소되고 취소일로부터 3년을 경과하지 않은 자
6. 영업에 관하여 성년자와 동일한 능력을 가지지 못한 미성년자 또는 금치산자로서 그 법정대리인이 전 각호의 1에 해당하는 자
7. 법인으로서 그 업무를 집행하는 역원 중 제1호 내지 제5호의 1에 해당하는 것이 있는 자

제21조 시장원이 전조 제1호 내지 제4호, 제6호 혹은 제7호에 해당하게 된 때 또는 조선미곡시장주식회사의 역원 혹은 사용인으로 된 때에는 조선총독이 정한 바에 의하여 면허는 그 효력을 상실함.

제22조 시장원은 업무를 폐지한 후이라도 미곡시장의 매매거래의 결료 및 감독의 목적 범

위 내에서는 거래 완료 후 2주간을 경과하기까지 업무를 폐지하지 않은 것으로 간주함.

시장원이 사망 혹은 해산하거나 또는 그 면허가 취소되거나 혹은 효력을 상실한 경우에는 미곡시장의 매매거래의 완료에 이르기까지 전항과 같음.

전 2항의 경우에 시장원의 행위를 하는 자가 없을 때에는 조선미곡시장주식회사는 정관이 정한 바에 의하여 타인으로 하여금 그 행위를 하게 할 수 있음.

제23조 시장원은 그 미곡시장에 의하지 않고 미곡의 매매거래를 할 수 없음. 단, 조선총독이 정한 경우에는 이 제한이 없음.

전항 단서의 경우의 미곡의 매매거래에 관하여 필요한 사항은 조선총독이 이것을 정함.

제24조 시장원은 위탁을 받은 미곡시장의 매매거래에 대하여 미곡시장에서 그 매출, 매입 또는 수도(受渡)를 하지 않고 이것을 한 것과 동일 또는 유사한 계산으로써 위탁자에 대하여 결제를 할 수 없음.

전항의 규정에 위반한 시장원은 조선미곡시장주식회사 정관이 정한 바에 의하여 이에 2주간 이상 업무 정지를 명하거나 또는 이를 제명할 것.

제25조 시장원은 조선총독이 정한 바에 의하여 조선미곡시장주식회사에 신원보증금을 납부할 것.

제26조 본령에 규정하는 것 외에 시장원의 자격, 기타 시장원에 관하여 필요한 사항은 조선총독이 이를 정함.

제27조 조선미곡시장주식회사는 미곡시장의 질서를 유지하기 위하여 정관이 정한 바에 의하여 시장원에게 1,000원 이하의 과태금을 과하고, 시장원의 업무를 제한 혹은 정지하거나 또는 조선총독의 인가를 받아 시장원을 제명할 수 있음.

제28조 조선미곡시장주식회사는 조선총독의 인가를 받아 미곡시장의 매매거래의 위약에서 생기는 손해에 대하여 배상의 책임을 질 수 있음.

조선미곡시장주식회사는 전항의 규정에 의하여 손해를 배상한 때에는 위약자에 대하여 그 배상한 금액 및 이에 요한 비용에 대하여 구상권을 가짐.

제29조 조선미곡시장주식회사는 증거금 및 신원보증금에 대하여, 다른 채권자에 대하여

우선권을 가짐.

시장원에 대하여 미곡시장의 매매거래의 위탁을 받은 자는 위탁계약에 기하여 생기는 채권에 관하여, 그 시장의 신원보증금에 관해서 다른 채권자에 대하여 우선권을 가짐.

제1항의 우선권은 전항의 우선권에 대하여 우선의 효력을 가짐.

제30조 조선총독은 시장원에게 대하여, 미곡시장에 매매거래에 관해서 미곡의 배급통제상 필요한 명령을 할 수 있음.

제31조 조선총독이 필요하다고 인정하는 때에는 언제라도 시장원에 대하여 업무에 관한 제반의 보고를 명하거나 또는 부하 관리로 하여금 시장원의 장부 물건을 검사시킬 수 있음.

제32조 조선총독은 부정한 수단에 의하여 제19조의 면허를 받은 자가 있는 것을 발견한 때에는 그 면허를 취소할 수 없음.

제33조 조선총독은 시장원의 행위가 본령 혹은 본령에 기하여 발하는 명령 또는 이에 기하여 발하는 처분에 위반하거나 또는 공익을 해치거나 혹은 해칠 우려가 있다고 인정하는 때에는 그 업무를 제한 혹은 정지하거나 또는 그 면허를 취소할 수 있음.

제34조 조선총독은 조선미곡시장주식회사의 업무를 감독함.

제35조 정관의 변경, 이익금의 처분, 사채의 모집, 합병 및 해산의 결의는 조선총독의 인가를 받지 않으면 그 효력이 없음.

제36조 조선총독은 조선미곡시장주식회사에 대하여 미곡의 배급통제상 필요한 명령을 할 수 있음.

제37조 조선총독은 조선미곡시장주식회사의 업무에 관하여 감독상 필요한 명령 또는 처분을 할 수 있음.

제38조 조선총독은 조선미곡시장주식회사 감리관을 두고 조선미곡시장주식회사의 업무를 감시하게 함.

조선미곡시장주식회사 감리관은 언제든지 조선미곡시장주식회사의 금고·장부 및 제반의 문서 물건을 검사할 수 있음.

조선미곡시장주식회사 감리관이 필요하다고 인정하는 때에는 언제든지 조선미곡시장주식회사에 명하여 업무에 관한 제반의 계산 및 상황을 보고하게 할 수 있음.

조선미곡시장주식회사 감리관은 주주총회, 기타 제반 회의에 출석하고 의견을 진술할 수 있음.

제39조 조선총독은 조선미곡시장주식회사의 결의 또는 역원의 행위가 법령, 법령에 기하여 하는 처분 혹은 정관에 위반하거나 또는 공익을 해치거나 혹은 해칠 염려가 있다고 인정하는 때에는 결의의 취소, 역원의 해임 또는 사업의 정지 혹은 금지를 할 수 있음.

제40조 조선미곡시장주식회사는 매 영업연도의 배당할 수 있는 이익 금액이 정부 이외의 자가 소유한 주식의 불입한 주금액(株金額)에 대하여 연 100분의 6의 비율에 달할 때까지 정부가 소유한 주식에 대하여 이익의 배당을 함을 요하지 않음.

조선미곡시장주식회사의 매 영업연도의 배당할 수 있는 이익 금액이 정부 이외의 자가 소유한 주식의 불입한 주금액에 대하여 연 100분의 6의 비율을 초과하는 경우에 정부 이외의 자가 소유한 주식에 대하여 연 100분의 6의 비율을 넘어 이익배당을 하고자 하는 때에는 그 초과하는 이익 금액은 이익배당이 총 주식에 대하여 불입한 주금액에 대하여 균일한 비율에 달할 때까지 정부 이외의 자가 소유한 주식의 불입한 주금액 및 정부가 소유한 주식의 불입한 주금액에 대하여 1과 4의 비율로써 이를 배당할 것.

제41조 제5조의 규정에 위반한 자는 500원 이하의 벌금에 처함.

제42조 제9조 제1항의 규정에 위반한 자 또는 동조 제2항의 규정에 위반한 시장원과의 사이에 특별한 이해관계를 발생시킬 것을 목적으로 한 행위를 한 자는 5,000원 이하의 벌금에 처함.

제43조 제13조 제2항의 규정에 위반한 미곡시장에 유사한 시설을 한 자는 2년 이하의 징역 또는 5,000원 이하의 벌금에 처함.

제44조 제13조 제2항의 규정에 위반하고 미곡시장에서 유사한 시설에 의하여 미곡의 매매거래를 한 자는 1년 이하의 징역 또는 2,000원 이하의 벌금에 처함.

제45조 제30조의 규정에 의한 명령에 위반한 자는 1,000원 이하의 벌금에 처함.

제46조 제31조의 규정에 의한 검사를 거절하고 방해하거나 또는 기피하는 자는 500원 이

하의 벌금에 처함.

제47조 조선미곡시장주식회사의 역원 또는 사용인이 미곡시장의 매매거래에 관한 직무에 관하여 뇌물을 받거나 또는 이것을 요구하거나 혹은 약속한 경우에는 1년 이하의 징역 또는 3,000원 이하의 벌금에 처함. 이로 인하여 부정한 행위를 하거나 또는 상당한 행위를 하지 않는 때는 3년 이하의 징역 또는 5,000원 이하 벌금에 처함.

전항의 경우에 받은 뇌물은 이를 몰수함. 만약 그 전부 또는 일부를 몰수하기 불능한 때에는 그 가액을 추징함.

제48조 전조 제1항에 열거한 자에게 뇌물을 건네주거나 또는 이것을 제공하거나 혹은 약속한 자는 1년 이하의 징역 또는 3,000원 이하의 벌금에 처함.

전항의 죄를 범한 자가 자수한 때는 그 형을 감경하거나 또는 면제할 수 있음.

제49조 미곡시장에서 시세의 변동을 도모할 목적으로써 허위의 풍설을 유포하거나 위계를 쓰거나 또는 폭행 혹은 협박을 한 자는 2년 이하의 징역 또는 5,000원 이하의 벌금에 처함.

제50조 다음 각호의 하나에 해당한 자는 1년 이하의 징역 또는 3,000원 이하의 벌금에 처함.

1. 미곡시장의 시세를 거짓 공시한 자
2. 공시 혹은 반포의 목적으로써 허위의 시세를 기재한 문서를 작성하거나 또는 이것을 반포한 자

제51조 미곡시장에 의하지 않고 미곡시장의 시세에 의하여 차액의 수수를 목적으로 하는 행위를 한 자는 1년 이하의 징역 또는 2,000원 이하의 벌금에 처함. 단, 「조선형사령」에 의할 것을 정한 형법 제186조 규정의 적용을 방해하지 않음.

제52조 시장원은 그 대리인·호주·가족·동거자·고용인, 기타의 종업원이 그 업무에 관하여 제45조의 위반행위를 한 경우에는 자기의 지휘로 한 것이 아니라는 이유로써 그 처벌을 면할 수 없음.

제53조 제45조의 벌칙은 그것이 법인인 때에는 이사·취체역, 기타의 법인의 업무를 집행하는 역원에게, 미성년자 또는 금치산자인 경우에는 그 법정 대리인에게 이를 적용함. 단, 영업에 관하여 성년자와 동일한 능력을 가진 미성년자에 대하여서는 그 제한이 없음.

第54조 조선미곡시장주식회사가 다음 각호의 하나에 해당하는 때에는 사장 또는 사장의 직무를 행하거나 혹은 대리하는 전무이사를 5,000원 이하의 과료에 처함. 전무이사 또는 이사의 분장업무에 관계있는 때에는 전무이사 또는 이사를 과료에 처할 것도 또한 같음.

1. 본령 또는 본령에 기하여 발한 명령에 의하여 인가를 받아야 할 경우에 그 인가를 받지 않은 때
2. 제10조 제1항의 규정에 의하지 않고 업무를 경영한 때
3. 제36조 또는 제37조의 규정에 의한 명령 또는 처분에 위반한 때

第55조 조선미곡시장주식회사의 사장·전무이사 또는 이사가 제8조의 규정에 위반한 때에는 1,000원 이하의 과료에 처함.

第56조 「조선민사령」에 의할 것을 정한 「비송사건수속법」 제206조 내지 제208조의 규정은 전 2조의 과료에 준용함.

부칙

第57조 본령 시행의 기일은 각 규정에 관하여 조선총독이 정함.

第58조 조선총독은 설립위원을 명하고 조선미곡시장주식회사의 설립에 관한 일체의 사무를 처리하게 함.

설립위원은 정관을 작성하고 조선총독의 인가를 받은 후 주주를 모집할 것.

주식 신청증에는 정관 인가의 연월일 및 「조선민사령」에 의할 것을 정한 상법 제126조 제2항 제2호, 제4호 및 제5호에 규정한 사항을 기재할 것.

설립위원은 주주의 모집을 종료한 때에는 주식신청증을 조선총독에 제출하고 그 검사를 받을 것.

설립위원은 전항의 검사를 받은 후 지체 없이 각 주에 대하여 제1회의 불입을 시킬 것.

전항의 불입이 있는 경우에는 설립위원은 지체 없이 창립총회를 소집할 것.

창립총회에서는 제7조 제2항 및 제3항의 규정에 준하여 이사 및 감사의 선임을 행할 것.

창립총회가 종결한 때에는 설립위원은 그 사무를 조선미곡시장주식회사 사장에게

인도할 것.

제59조 조선미곡시장주식회사의 주식으로서 정부 이외의 자가 소유한 것의 제1회 불입금액은 주금의 8분의 1까지 내릴 수 있음.

제60조 「조선거래소령」은 미곡에 관하여는 적용하지 않음.

전항의 규정 시행 전 미곡의 매매거래를 하는 거래소에서 한 미곡의 매매거래에 대해서는 종전의 예에 의하여 그 거래를 완료할 수 있음.

제1항의 규정 시행 전 미곡에 관한 행위로서 「조선거래소령」의 벌칙을 적용할 만한 것에 대하여서는 종전의 예에 의함.

제61조 조선미곡시장주식회사는 조선총독이 정한 바에 의하여 그 인가를 받아 미곡을 매매거래하는 거래소 또는 정미시장의 경영자가 본령 공포의 때에 현재 소유한 토지·건물, 기타의 설비를 그 신청에 응하여 매취한 것으로 함.

조선미곡시장주식회사는 조선총독이 정한 바에 의하여 그 인가를 받아 본령 공포의 때에 현존하는 미곡을 매매거래하는 거래소의 사용인 및 거래원 또는 회원과 정미시장의 사용인으로서 전조 제1항의 규정 시행일까지 계속하여 그 업무에 종사하는 자에게 관하여 필요한 조치를 하기로 함.

제62조 제5조 규정 시행의 때에 현재 조선미곡시장주식회사 또는 이에 유사한 명칭으로써 상호로 하는 회사는 동조의 규정 시행 후 6개월 이내에 그 상호를 변경함을 요함.

제41조의 규정은 전항의 기간 내에 전항의 회사에 적용하지 않음.

〈자료 328〉「조선미곡주식회사령」 시행령

1. 『조선총독부관보』, 1939.09.22.

조선총독부령 제156호, 1939년(昭和 14) 9월 22일

「조선미곡주식회사령」 제1조 내지 제8조, 제10조, 제41조, 제55조, 제58조, 제59조 및 제62조의 규정은 1939년(昭和 14) 9월 22일부터, 동령 제54조 및 제56조의 규정은 동령 제2조, 제7조, 제8조, 제10조 및 제55조의 규정에 관계있는 범위 내에서 동일부터 이를 시행함.

2. 『조선총독부관보』(1939.9.22.)

조선총독부령 제198호, 1939년(昭和 14) 11월 29일

「조선미곡주식회사령」 중 아직 시행되지 않은 부분은 1939년 11월 29일부터 이를 시행함.

〈자료 329〉 「조선미곡주식회사령 시행규칙」(『조선총독부관보』, 1939.09.22.)

조선총독부령 제199호, 1939년(昭和 14) 11월 29일

「조선미곡주식회사령 시행규칙」을 다음과 같이 정함.

조선미곡시장주식회사령 시행규칙

제1조 조선미곡시장주식회사 지점 또는 출장소를 설치하고자 하는 때에는 사유를 갖춰 조선총독의 인가를 받을 것.

제2조 조선미곡시장주식회사의 업무에 참여하는 이사는 조선총독의 인가를 받아 미곡시장의 매매거래를 행하거나 또는 그 위탁을 할 수 있음.

제3조 조선미곡시장주식회사가 「조선미곡시장주식회사령」 제10조 제1항 제2호 또는 제3호의 사업 경영의 인가를 받고자 하는 경우에는 다음 사항을 기재한 인가신청서를 조선총독에게 제출할 것.

1. 사업의 종류
2. 사업의 요하는 자금
3. 사업계획의 개요
4. 수지 개산

제4조 조선미곡시장주식회사는 업무 규정을 설정하여 본령에 규정한 것 이외에 미곡시장의 매매거래, 기타 업무에 관하여 필요한 사항을 정할 것.

조선미곡시장주식회사가 업무 규정을 설정하거나 또는 변경하고자 하는 때에는 조선총독의 인가를 받을 것.

조선총독은 필요가 있다고 인정하는 경우 업무 규정의 변경을 명하는 일이 있을 것.

제5조 조선미곡시장주식회사 업무 규정으로써 정한 경우에는 조선총독의 인가를 받지 않고서도 그 사업의 전부 또는 일부를 휴지할 수 있음.

제6조 조선미곡시장주식회사는 그 거래 은행과 소유 재산 및 제 예탁 재산의 보관 방법을 정하여 조선총독의 인가를 받을 것.

조선총독은 필요가 있다고 인정하는 때에는 전항의 거래 은행 또는 보관 방법의 변경을 명하는 일이 있을 것.

제7조 조선미곡시장주식회사는 다음의 서류를 작성하여 결산기 경과 후 지체 없이 이것을 조선총독에게 제출할 것.

1. 매 결산기의 대차대조표·재산 목록·손익 계산서 및 사업보고서
2. 매 결산기 말일 현재 주주 및 그 지주표(持株表)
3. 매 결산기 말일 현재 시장원표

제8조 미곡시장의 지구는 부읍면의 구역에 의할 것.

특별한 사정이 있는 때에는 미곡시장의 지구는 전항의 구역에 의하지 않을 수 있음.

제9조 미곡시장에서 매매거래를 취급할 수 있는 잡곡은 맥(麥)·대두 및 속(粟)으로 함.

제10조 조선미곡시장주식회사가 미곡시장의 경영 인가를 받고자 하는 때에는 다음 사항을 기재한 인가신청서를 조선 총독에게 제출할 것.

1. 미곡시장의 명칭
2. 미곡시장의 소재지
3. 미곡시장의 지구
4. 미곡시장의 상장 물건
5. 미곡시장의 매매거래의 종류
6. 미곡시장의 설비

전항의 인가신청서에는 다음 사항을 기재한 서면을 첨부할 것.

1. 그 지방 미곡 거래의 상황 및 당해 미곡시장의 매매 예상고
2. 시장원의 예정원 수
3. 미곡시장 개설 예정 기일
4. 수지 개산

제11조 조선미곡시장주식회사가 미곡시장에서 잡곡 매매거래의 취급 인가를 받고자 하는 때에는 전조의 규정에 준하여 인가신청서를 제출할 것.

제12조 조선미곡시장주식회사가 그 미곡시장의 명칭·소재지·지구·상장 물건 또는 매매거래의 종류를 변경하고자 하는 때에는 조선총독의 인가를 받을 것.

제13조 조선총독이 미곡시장의 경영 인가를 한 때에는 제10조 제1항 제1호 내지 제5호의 사항을 고시함. 전조의 인가를 행한 때도 역시 같음.

전항의 규정은 미곡시장에서 잡곡의 매매거래의 취급인가를 행한 때에 이것을 준용함.

제14조 시장원이 될 수 있는 자는 다음에 게재한 자로서 당해 미곡시장의 지구 내에 점포 또는 사무소를 설치하고 미곡의 매매거래를 행하는 자로 함.

1. 미곡의 도매업자

2. 기타 조선총독이 제정한 자

잡곡을 매매거래하는 시장원이 될 수 있는 자는 전항에 해당한 자로서 당해 잡곡의 매매거래도 행하는 자로 함.

제15조 시장원의 면허는 각 미곡시장의 상장 물건 및 매매거래의 종류마다 이것을 할 것으로 함.

제16조 시장원의 면허를 받고자 하는 자는 면허신청서에 법인은 정관·대차대조표·재산목록·역원의 이력서 및 최근 1년의 미곡 또는 당해 잡곡 취급 수량을 기재한 서면을, 법인 아닌 자는 자산조서·이력서 및 최근 1년의 미곡 또는 당해 잡곡 취급 수량을 기재한 서면을 첨부하여 조선미곡시장주식회사를 경유하여 이것을 조선총독에게 제출할 것.

조선미곡시장주식회사는 전항의 면허신청서에 그 의견서를 첨부할 것.

조선총독은 제1항의 서류 외에 필요로 인정하는 서류의 제출을 명하는 일도 있을 것.

제17조 조선총독은 시장원의 면허를 행한 때에는 조선미곡시장주식회사를 경유하여 본인에게 면허장을 교부함.

제18조 조선미곡시장주식회사가 면허장의 송부를 받은 때는 지체 없이 그 취지를 본인에게 통지하여 신청서 및 신원보증금을 제출하게 한 후 이것을 교부할 것.

조선미곡시장주식회사는 전항의 신청서를 조선총독에게 제출할 것.

제19조 시장원이 면허장을 분실한 때에는 사유를 갖추어 조선미곡시장주식회사를 경유하여 그 재교부를 신청할 것.

시장원이 그 씨명 또는 명칭을 변경한 때에는 조선미곡시장주식회사를 경유하여 면허장의 교환을 신청할 것.

제20조 시장원의 면허는 시장원이 조선미곡시장주식회사의 역원 또는 사용인이 된 때에는 업무에 참여하는 이사로 된 경우를 제한 외 그 효력을 상실함.

제21조 시장원이 다음 각호의 하나에 해당하는 경우에는 조선총독은 그 면허를 취소함.

1. 제14조의 규정에 해당하지 않게 된 때
2. 제18조 제1항의 통지를 받은 날로부터 15일 이내에 신청서 및 신원보증금을 제출하지 않은 때
3. 미곡 또는 당해 잡곡의 매매 수량(차액 수수에 의해 결제를 행한 매매의 수량을 제함)이 계속하여 3년 이상 일정한 수량에 달하지 못한 때

전항 제3호의 일정한 수량은 조선총독이 조선미곡시장주식회사의 의견을 받아 정함.

제22조 시장원은 업무규정이 정한 바에 의하여 현물 거래에 한하여 그 미곡시장에서 그 미곡시장의 시장원이 아닌 자와 매매거래를 행할 수 있음.

제23조 다음의 경우에는 시장원은 그 미곡시장에 의하지 않고 미곡의 매매거래를 행할 수 있음.

1. 나라에 대하여 판매하거나 또는 나라로부터 매입하는 때
2. 소비자(소비자의 단체를 포함함)에 대하여 판매하는 때
3. 다른 미곡시장의 시장원에게 판매하는 때
4. 조선 외로부터 매입하는 때
5. 재해 구휼의 목적으로써 판매하거나 또는 매입하는 때
6. 기타 조선총독이 특히 지정한 때

제24조 시장원이 전조의 매매거래를 한 때에는 업무규정이 정한 바에 의하여 조선미곡시장주식회사에 신청할 것.

제25조 시장원은 위탁수수료율 및 수탁계약준칙을 정하여 조선총독의 인가를 받을 것. 이것을 변경하고자 하는 때도 역시 같음.

전항의 규정에 의한 인가신청서는 조선미곡시장주식회사를 경유하여 조선 총독에게 제출할 것.

조선미곡시장주식회사는 전항의 인가신청서에 그 의견서를 첨부할 것.

조선총독은 필요가 있다고 인정하는 때에는 위탁수수료율 또는 수탁계약준칙의 변경을 명하는 일이 있을 것.

제26조 미곡시장의 매매거래는 미곡은 현물 거래, 미착물(未着物) 거래 및 연(延) 거래의 3종으로 하고, 잡곡은 현물 거래로 함.

제27조 「조선미곡시장주식회사령」 제14조의 최저가격 및 최고가격은 시장마다 이것을 지정함.

전항의 규정에 의하여 지정한 최저가격 및 최고가격은 조선총독이 이를 고시함.

제28조 조선미곡시장주식회사는 매일 일정한 시간에 시장을 열 것.

개시 및 휴업에 관한 사항은 업무규정으로써 이를 정할 것.

제29조 조선미곡시장주식회사는 업무규정이 정한 바에 의하여 입회의 정지 또는 시장원이 미곡시장에서 매매거래를 중지시킬 수 있음.

제30조 미곡시장에서 매매거래의 단위, 인계 장소 및 연 거래에서 등급, 인계의 방법을 사용할 경우의 인계 등급은 업무규정으로써 이것을 정할 것.

제31조 조선미곡시장주식회사는 업무규정이 정한 바에 의하여 매매 수수료를 징수할 수 있음.

조선총독은 필요 있다고 인정하는 때에는 매매 수수료율의 변경을 명하는 일이 있을 것.

제32조 매매거래의 기한은 현물 거래에서는 5일, 미착물 거래에서는 1월, 연 거래에서는 2월을 초과할 수 없음.

제33조 연 거래에서의 표준물인 미곡 및 그 인계에 대용할 수 있는 미곡의 명병(銘柄) 및 등급은 업무규정으로써 이를 정할 것.

제34조 연 거래 및 미착물 거래 이행기의 결제는 차액의 수수에 의하여 이를 행할 수 있음.

단, 미착물 거래에서는 반드시 최초의 파는 쪽은 현물을 제공하고 최종의 사는 쪽은 이것을 수령함을 요함.

제35조 거래에 한하여 업무규정이 정한 바에 의하여 각 조합 명병에 대하여 표준물을 정하여 등급 인계의 방법을 사용할 수 있음.

제36조 미곡시장에서 매매거래의 인계, 기타의 결제는 업무규정이 정한 바에 의하여 조선미곡시장주식회사를 경유하여 이것을 행할 것.

전항의 인계, 기타의 결제에 관한 사무는 회사 자신이 이것을 행할 것.

제37조 조선미곡시장주식회사는 업무규정이 정한 바에 의하여 미곡시장의 공정 시세를 결정하여 이것을 공시할 것.

조선미곡시장주식회사가 전항의 공정 시세를 결정한 때에는 이를 조선총독에게 신고할 것.

제38조 조선미곡시장주식회사는 업무규정이 정한 바에 의하여 시장원의 매매고를 공시할 것.

조선미곡시장주식회사는 매월 10일까지 전월 중 각 미곡시장의 매매고를 조선총독에게 신고할 것.

제39조 「조선미곡시장주식회사령」 제13조 제2항 단서의 경우를 다음과 같이 정함.

1. 「시장규칙」에 의한 시장 및 그 시설에 의한 미곡 매매거래
2. 농회·조선금융조합연합회·산업조합·식산계 및 농업창고업자의 공동판매 시설 및 그 시설에 의하여 이들이 행하는 미곡의 공동 판매

제40조 조선미곡시장주식회사는 업무규정이 정한 바에 의하여 시장원으로 하여금 연 거래에 대하여 증거금을 납입하게 할 수 있음.

조선총독이 필요 있다고 인정하는 때에는 조선미곡시장주식회사에 대하여 시장원으로 하여금 매매거래에 대한 증거금을 납입하게 함을 명하는 일이 있을 것.

제41조 시장원이 납부할 신원보증금의 액은 업무규정으로써 이를 정할 것.

제42조 증거금 및 신원보증금은 조선미곡시장주식회사가 정한 바에 따라 유가증권으로써 이에 대용할 수 있음.

조선미곡시장주식회사가 신원보증금을 수취한 때에는 지체 없이 이를 공탁할 것.

제43조 증거금 및 신원보증금에 대용할 수 있는 유가증권의 대용 가격은 국채증권 및

지방채증권에서는 시가 이하로, 기타의 유가증권에서는 시가의 9할 이하로 이를 정할 것.

전항의 유가증권의 시가가 대용가격 이하로 저하된 때에는 지체 없이 이를 변경할 것.

조선미곡시장주식회사가 제1항의 유가증권의 종류 및 대용가격을 결정하거나 또는 변경한 때에는 그 유가증권의 시가를 부기하여 지체 없이 조선총독에게 신고할 것.

조선총독이 필요 있다고 인정하는 때에는 제1항의 유가증권의 종류 또는 대용가격을 변경시키는 일이 있을 것.

제44조 조선미곡시장주식회사는 미곡시장의 매매거래의 책임을 이행하지 않는 자가 있을 때에는 그 증거금 및 신원보증금으로써 손해 배상의 비용에 제공할 수 있음.

제45조 다음 경우에는 조선미곡시장주식회사는 지체 없이 그 취지를 조선총독에게 신고할 것.

1. 주주인 제국법인으로서 「조선미곡시장주식회사령」 제3조에 정한 요건을 결여하게 된 자가 있는 때
2. 「조선미곡시장주식회사령」 제21조의 규정에 의하여 면허의 효력을 상실한 자가 있을 때
3. 사망·해산·폐업, 기타 사유로 인하여 시장원의 자격을 상실한 자가 있는 때
4. 「조선미곡시장주식회사령」 제24조 제2항 또는 제27조의 규정에 의한 처분을 행한 때
5. 미곡시장에서 매매거래에 위약을 발생시킨 때 및 그 배상을 행한 때
6. 시장원으로서 부정한 수단에 의하여 면허를 받은 자가 있다고 인정한 때
7. 업무규정이 정한 바에 의하여 임시로 미곡시장을 개시하거나 또는 휴지한 때
8. 미곡시장의 입회를 정지하거나 또는 시장원의 미곡시장에서의 매매거래를 중지한 때
9. 중재 판단을 행한 때
10. 감사를 선임한 때
11. 역원이 그 임기 중에 사망, 기타 사유로 인하여 퇴임한 때

12. 조선미곡시장주식회사, 역원 또는 사용인이 그 업무 또는 직무에 관하여 소송의 당사자가 된 때 및 그 판결이 있은 때

13. 시장원이 「국세징수령」에 의하여 체납 처분을 받은 때 또는 간접국세범칙자 처분을 받은 때

14. 조선미곡시장주식회사의 역원, 사용인 또는 시장원이 기소된 때

15. 시장원인 법인의 목적, 자본금, 또는 무한책임사원, 취체역, 기타의 업무를 집행하는 역원에 변경이 있는 때

제46조 「조선미곡시장주식회사령」 및 본령에 의하여 조선총독에게 제출할 서류는 1910년(明治 43) 조선총독부령 제5호의 규정에 불구하고 직접 조선총독부로 제출할 것.

부칙

제47조 본령은 발포한 날로부터 이를 시행함.

제48조 「조선정미시장규칙」은 폐지함.

제49조 「조선미곡시장주식회사령」 공포 시 현존한 미곡을 매매거래하는 거래소의 회원 또는 거래원으로서 본령 시행일까지 계속하여 그 업무에 종사하는 자는 제14조 제1항의 규정에 해당하지 않는 자일지라도 본령 시행 후 1월 이내에 한하여 시장원의 면허를 받을 수 있음.

전항에 게재한 자가 시장원의 면허를 받고자 하는 때에는 면허 신청서에 동항에 게재한 자에 해당한 자인 것을 증명하는 서면 및 이력서를 첨부하여 조선미곡시장주식회사를 경유하여 조선총독에게 이를 제출할 것. 이 경우에는 제16조 제1항 및 제2항의 규정은 적용하지 않음.

제50조 시장원은 당분간은 제23조에 규정한 것 외에 당 미곡시장의 시장원과의 매매거래로 그 기한이 1월을 초과하지 않는 것에 한하여 그 미곡시장에 의하지 않고 이것을 행할 수 있음. 단, 차액의 수수에 의하여 그 결제를 행할 수 없음.

전항의 매매거래의 가격은 「조선미곡시장주식회사령」 제14조의 최저가격 이하 또는 최고가격을 초과할 수 없음.

시장원이 제1항의 매매거래를 행한 때에는 업무규정이 정한 바에 의하여 조선미곡

시장주식회사에 신고할 것.

第51조 「조선미곡시장주식회사령」 제61조 제1항의 규정에 의한 매입은 1939년(昭和 14) 12월 20일까지 미곡을 매매거래하는 거래소 또는 정미시장의 경영자로부터 매도의 신청이 있는 경우에 그것의 동령 공포 시 현재 소유한 토지·건물, 기타의 설비로서 미곡의 매매거래에 관한 것에 대하여 이것을 행하는 것으로 함.

전항의 규정에 의한 매입 가격에 대해서는 매입 목적인 토지·건물, 기타 설비의 시가, 건설비 및 이용 가치를 참작할 것.

전항의 이용가치 산정 방법은 조선총독이 이를 정함.

第52조 조선미곡시장주식회사는 「조선미곡시장주식회사령」 제61조 제2항에 규정한 사용인으로서 미곡의 매매거래에 관한 업무에 종사하는 자의 신청에 응하여 이것을 고입(雇入)하는 것으로 함.

第53조 조선미곡시장주식회사는 조선총독의 인가를 받아 정한 규정에 의하여 「조선미곡시장주식회사령」 제61조 제2항에 규정한 거래원 또는 회원으로서 「조선거래소령 시행규칙」 제20조에 규정한 방법에 의한 매매거래를 업으로 하는 자에 대하여 그 신청에 응하여 미곡의 도매업, 기타의 업무를 개시하기에 필요한 자금의 융통을 행할 수 있음.

전항의 규정에는 거래원 또는 회원 1인당 자금 융통액의 최고한도, 자금 융통의 방법, 이율, 상환 기한, 상환 방법, 기타 자금 융통에 관하여 필요한 사항을 규정할 수 있음.

3. 상거래 관련 법령

1)「조선거래소령」 제정 및 시행

〈자료 330〉「조선거래소령」(『조선총독부관보』, 1931.05.20.)

제령 제5호, 1931년(昭和 6) 5월 20일,

조선거래소령

제1장 거래소의 조직 및 설립

제1조 거래소는 법인으로 하고 회원으로 조직한다.

제2조 거래소는 영리의 목적으로 업무를 할 수 없다.

제3조 거래소의 명칭 중에는 거래소라는 문자를 사용하여야 한다.

제4조 거래소에 대하여는 이 영에 규정한 것을 제외하고「조선민사령」에 의할 것을 정한 민법 중 사단법인에 관한 규정을 준용한다.

제5조 거래소의 설립은 조선총독의 면허를 받아야 한다.

제6조 동종 물건을 매매거래하는 거래소는 1지구 1개소에 한하여 설립할 수 있다.

제7조 거래소의 면허 연한은 10년으로 한다. 다만, 조선총독은 출원에 의하여 이를 갱신할 수 있다.

제8조 유가증권을 매매거래하는 시장은 거래소로 보고 이 영에 의하지 아니하고는 설립할 수 없다.

제9조 동일 거래소에서 유가증권의 매매거래와 쌀, 기타 상품의 매매거래를 병행할 수 없다.

제10조 거래소는 조선총독의 인가를 받아 거래소의 매매거래에 부대되는 창고업, 기타 업무를 할 수 있다.

거래소가 창고업을 하는 경우에 기탁자의 청구가 있는 때에는 기탁물의 창하증권을 교부하여야 한다.

「조선민사령」에 의할 것을 정한 상법 제383조의 2 제2항 및 제383조의 3의 규정은 전항의 창하증권에 준용한다.

제2장 거래소의 회원

제11조 거래소에서는 회원에 한하여 매매거래를 할 수 있다.

제12조 다음 각호의 하나에 해당하는 자는 거래소의 회원이 될 수 없다.

1. 제국신민 또는 제국법령에 의하여 설립한 회사가 아닌 자
2. 무능력자
3. 파산자로서 복권되지 아니한 자
4. 1년의 징역 또는 금고 이상의 형에 처하여져 그 집행을 종료하거나 집행을 받지 아니하게 된 날부터 5년이 경과되지 아니한 자
5. 제46조 내지 제50조의 규정에 의하여 1년 미만의 징역 또는 벌금형에 처하여져 그 집행을 종료하거나 집행을 받지 아니하게 된 날부터 3년이 경과되지 아니한 자
6. 제13조 제2항, 제22조, 제37조 제2항 또는 제41조의 규정에 의하여 제명되어 그 제명일로부터 3년이 경과하지 아니한 자
7. 합명회사·합자회사 또는 주식합자회사로 그 무한책임 사원 중 제국신민이 아닌 자 또는 제2호 내지 전호의 1에 해당하는 자
8. 주식회사로서 그 자본의 반액 이상 및 의결권의 과반수가 제국신민 또는 제국법령에 의하여 설립한 법인에 속하지 아니하는 자 또는 그 취체역, 기타 업무를 집행하는 역원 중 제국신민이 아닌 자 또는 제2호 및 제6호의 1에 해당하는 자

제13조 회원은 전조 제1호 내지 제4호, 제7호 및 제8호의 1에 해당한 때에는 거래소에서 탈퇴한다. 다만, 회원인 회사의 무한책임사원 또는 취체역, 기타 업무를 집행하는 역원 중 전조 제5호에 해당한 자는 그러하지 아니하다.

조선총독은 부정한 수단에 의하여 회원이 된 자를 발견한 때 이를 제명할 수 있다.

조선총독은 전조 각호의 1에 해당하는 자로서 회원이 된 자를 발견한 때에는 이를 거래소에서 탈퇴시킬 수 있다.

第14조 거래소는 정관으로 회원에 필요한 조건을 정할 수 있다.

거래소는 정관이 정하는 바에 의하여 회원이 전항의 조건을 결여하거나 모자람이 있는 자로서 회원이 된 자를 발견할 경우에는 조선총독의 인가를 받아 거래소에서 탈퇴시킬 수 있다.

조선총독은 회원이 전항의 경우에 해당하는 때에는 거래소에서 탈퇴시킬 수 있다.

第15조 거래소는 회원을 가입시키고자 하는 때에는 조선총독의 인가를 받아야 한다.

第16조 회원인 회사는 대표자를 정하여야 한다.

전항의 대표자는 회사의 업무를 집행하는 사원이나 역원 또는 등기한 지배인으로서 제국신민이어야 한다.

1인이 2인 이상의 회사의 대표자가 될 수 없다.

회원은 회원인 회사의 대표자가 될 수 없다.

第17조 회원은 정관이 정하는 바에 의하여 출자의 의무를 진다.

회원은 출자액의 한도에서 거래소의 책임을 분담한다.

第18조 회원은 조선총독이 정하는 바에 의하여 신원보증금을 거래소에 납부하여야 한다.

第19조 거래소는 정관이 정하는 바에 의하여 회원에게 회비를 징수할 수 있다.

第20조 회원은 지점·출장소, 기타 명의 여하를 불문하고 2 이상의 장소를 동일 거래소의 매매거래 취급을 하는 장소로 할 수 없다.

누구도 거래소 매매거래의 위탁의 대리·매개 또는 중개를 영업으로 할 수 없다.

第21조 회원은 본인의 계산 또는 타인의 계산 여부를 불문하고 거래소에서의 매매거래에 대하여 일체의 책임을 져야 한다.

第22조 거래소는 질서를 유지하기 위하여 정관이 정하는 바에 의하여 회원의 영업을 정지하고 1,000원 이하의 과태금을 부과하거나 조선총독의 인가를 받아 제명할 수 있다.

第23조 회원은 사망·해산·탈퇴·제명, 기타 사유로 회원이 될 수 없게 된 후라 하더라도 그 거래소에서의 매매거래를 완료할 목적의 범위 안에서는 완료될 때까지 회원으로 본다.

전항의 경우에 회원의 행위를 하는 자가 없는 때에는 거래소는 정관이 정하는 바에 의하여 타인으로 하여금 그 행위를 하게 할 수 있다.

제3장 거래소의 역원 및 상의원회

제24조 거래소에 다음 각호의 역원을 둔다.

1. 이사장 1인
2. 이사 약간 명
3. 감사 약간 명

역원은 정관이 정하는 바에 의하여 2년 이내의 임기로 회원총회에서 회원 중에서 선임한다. 다만, 이사장 및 이사는 회원이 아닌 자 중에서 선임할 수 있다.

1인이 2 이상의 거래소의 이사장 또는 이사가 될 수 없다.

역원의 선임은 조선총독의 인가를 받아야 한다.

제25조 제12조 각호의 1에 해당하는 자는 거래소의 역원이 될 수 없다.

역원이 제12조 각호의 1에 해당하게 된 때에는 그 직을 상실하고, 회원 중에서 선임된 역원이 회원 자격을 상실하게 된 때에도 같다.

조선총독은 부정한 수단에 의하거나 제1항의 규정에 위반하여 역원이 된 자를 발견하였을 때 이를 해직할 수 있다.

제26조 회원인 회사가 역원에 선임된 후 제16조 제1항의 규정에 의한 대표자에게 이동이 발생한 때에는 그 회사는 역원직을 상실한다.

제27조 조선총독은 역원의 직무를 행하는 자가 없는 경우에 필요하다고 인정하는 때에는 임시 역원을 선임할 수 있다.

제28조 거래소는 조선총독이 정하는 바에 의하여 거래소에 관한 중요한 사항을 부의하기 위하여 상의원회를 설치할 수 있다.

제4장 거래소의 매매거래

제29조 거래소는 정관이 정하는 바에 의하여 회원에게 매매거래에 대한 증거금을 납부하게 할 수 있다.

거래소는 매매거래액에 따라 회원에게 매매 수수료를 징수할 수 있고 그 비율은 조선총독의 인가를 받아야 한다.

제30조 거래소는 매매거래에 관한 책임을 이행하지 아니한 회원이 있는 때에는 증거금 및 신원보증금을 손해배상용으로 제공할 수 있다.

제31조 거래소는 증거금 및 신원보증금에 대해 다른 채권자에 비해 우선권을 가진다.

제32조 거래소의 매매거래 위탁자는 위탁계약에 기하여 발생하는 권리에 관하여 당해 회원의 신원보증금에 대해 다른 채권자에 비해 우선권을 가진다.

전조의 우선권은 전항의 우선권에 대하여 우선하는 효력을 가진다.

제33조 거래소는 정관이 정하는 바에 의하여 매매거래의 위약으로 인하여 발생한 손해에 대하여 배상 책임을 질 수 있다.

전항의 경우에 거래소는 배상한 금액 및 이에 관한 제반 비용의 추상(追償)[58]을 위약자에게 요구할 수 있다.

제34조 거래소는 업무규정이 정하는 바에 의하여 입회의 정지 또는 회원의 거래소에서의 매매거래을 금지할 수 있다.

제35조 인계, 기타 결제 및 그의 연기는 업무규정이 정하는 바에 의하여 거래소를 거쳐야 한다.

인계, 기타 결제 및 연기에 관한 사무는 거래소가 스스로 행하여야 한다.

제36조 거래소는 업무규정을 만들어 매매거래에 관한 세칙을 정하여야 한다.

업무규정은 조선총독의 인가를 받아야 한다.

제37조 회원은 위탁 받은 거래소의 매매거래에 대하여 거래소에서 매출·매입 또는 인계를 하지 아니하고 이를 행한 것과 동일하거나 유사한 계산으로 위탁자에 대하여 결제를 할 수 없다.

거래소는 전항의 규정에 위반한 회원에 대하여 영업정지 또는 조선총독의 인가를 받아 제명할 수 있다.

58 추상(追償): 사후에 구상(求償)(권을 행사).

제38조 거래소는 조선총독이 정하는 바에 의하여 공정(公定)한 시세 및 각 회원의 매매고를 공시하여야 한다.

제39조 이 영에 정한 사항 외에 거래소의 매매거래에 관하여 필요한 사항은 조선총독이 정한다.

제40조 누구도 차금(差金)[59] 거래하는 거래소와 유사한 시설을 하거나 그 시설에 의하여 거래할 수 없다.

제5장 거래소의 감독

제41조 조선총독은 거래소 또는 그 역원 혹은 회원의 행위가 법령이나 정관에 위반한 때, 이 영이나 이 영에 의한 명령에 의한 처분에 위반한 때, 공익을 해하는 것으로 인정하는 때 또는 공중의 안녕에 방해가 된다고 인정하는 때에는 거래소 또는 그 역원이나 회원에 대하여 다음 각호의 처분을 할 수 있다.

1. 거래소의 해산
2. 거래소의 업무정지
3. 거래소의 업무의 일부 정지 또는 금지
4. 역원의 정직 또는 해직
5. 회원의 영업정지 또는 제명

제42조 조선총독은 거래소의 회원이 현저하게 감소한 때, 1년 이상 거래소의 업무를 휴지한 때, 기타 거래소를 존속할 필요가 없다고 인정하는 때에는 해산을 명할 수 있다.

제43조 조선총독은 필요하다고 인정하는 때에는 관리에게 거래소나 그 회원의 업무 또는 장부·서류·재산, 기타 일체의 물건에 대하여 검사나 감독상 필요한 처분을 하도록 할 수 있다. 이 경우에는 거래소의 역원 또는 회원은 물건을 제공하고 질문에 응답하여야 한다.

제44조 조선총독은 필요하다고 인정하는 때에는 거래소에 대하여 정관이나 업무규정의

59 차금(差金): 차액.

변경을 명하고 결의의 취소, 처분의 정지·금지 또는 취소를 하고 기타 감독상 필요한 명령을 하거나 처분을 할 수 있다.

제45조 거래소의 해산은 조선총독의 인가를 받아야 한다.

해산한 거래소의 재산 처분에 대하여 필요한 사항은 조선총독이 정한다.

제6장 벌칙

제46조 제20조의 규정에 위반한 자는 3,000원 이하의 벌금에 처한다.

제47조 거래소의 역원이나 직원이 거래소의 매매거래에 관한 직무에 관하여 뇌물을 수수하거나 요구 또는 약속한 때에는 1년 이하의 징역 또는 3,000원 이하의 벌금에 처하고, 이로 인하여 부정행위를 하거나 상당한 행위를 하지 아니한 때에는 3년 이하의 징역 또는 5,000원 이하의 벌금에 처한다.

전항의 경우에 수수한 뇌물은 몰수하고, 만일 그 전부 또는 일부를 몰수할 수 없는 때에는 그 가액을 추징한다.

제48조 다음 각호의 하나에 해당하는 자는 1년 이하의 징역 또는 3,000원 이하의 벌금에 처한다.

1. 거래소의 역원 또는 직원에게 뇌물을 교부·제공 또는 약속한 자
2. 거래소에서의 시세를 허위로 공시한 자
3. 공시 또는 반포의 목적으로 허위 시세를 기재한 문서를 작성한 자 또는 반포한 자
4. 면허를 받지 아니하고 거래소를 설립한 자 또는 제40조의 규정에 위반한 자

전항 제1호의 죄를 범한 자가 자수한 때에는 그 형을 감경 또는 면제할 수 있다.

제49조 거래소에서의 시세의 변동을 도모할 목적으로 허위의 풍설을 유포하고 위계를 사용하거나 폭행 또는 협박을 한 자는 2년 이하의 징역 또는 5,000원 이하의 벌금에 처한다.

제50조 거래소에 의하지 아니하고 거래소의 시세에 의한 차액의 수수를 목적으로 하는 행위를 한 자는 1년 이하의 징역 또는 2,000원 이하의 벌금에 처한다. 다만, 「조선형사령」에 의할 것을 정한 형법 제186조의 적용을 할 수 있다.

第51조 거래소가 아니면서 명칭 중에 거래소를 나타내는 문자를 사용한 자는 500원 이하의 벌금에 처한다.

第52조 회원은 그 대리인·호주·가족·동거자·고용인, 기타 종사자가 업무에 관하여 제20조의 규정에 위반한 때에는 자기의 지휘로 인한 사유가 아니라는 이유로 처벌을 면할 수 없다.

第53조 이 영의 벌칙은 법인은 그 행위를 한 이사·취체역, 기타 업무를 집행하는 사원·역원 또는 등기한 지배인에게 적용한다.

부칙

第54조 이 영의 시행기일은 조선총독이 정한다.

第55조 종전의 규정에 의하여 설립한 회사 조직의 거래소로서 이 영 공포 당시 현존하는 회사는 실제로 인가받은 영업계속기간 만료일까지 그 영업을 계속할 수 있다.

第56조 종전의 규정에 의하여 설립하여 이 영 공포 당시 현존하는 회사로서 유가증권을 매매거래하는 시장을 경영하는 자는 실제로 인가받은 영업계속기간 만료일까지 유가증권을 매매거래하는 거래소의 영업을 계속할 수 있다.

第57조 전2조의 규정에 의한 거래소는 조선총독의 인가를 받아 합병할 수 있다.

전항의 규정에 의하여 합병한 거래소는 전2조의 규정에 의한 각 거래소의 영업에 대하여 이 영 공포 당시 현존하는 영업소의 소재지에서 각 그 영업계속기간 만료일까지 영업을 계속할 수 있다.

第58조 전3조에 규정한 거래소의 영업계속기간 만료 당시 조선총독이 특별히 필요하다고 인정하는 때에는 전3조의 규정에 의한 영업계속기간 만료일부터 10년 이내에 한하여 그 영업을 계속하도록 허가할 수 있다.

第59조 제55조 내지 제57조의 규정에 의한 거래소(이하 주식회사 조직의 거래소라 한다)의 정관의 변경은 조선총독의 인가를 받아야 한다.

第60조 주식회사 조직의 거래소에서는 그 거래원에 한하여 매매거래를 할 수 있다.

거래원이 되고자 하는 자는 조선총독의 면허를 받아야 한다.

第61조 거래원이 거래소의 역원으로 인가를 받은 때에는 그 면허는 효력을 상실한다.

第62조 주식회사 조직의 거래소의 역원은 정관이 정하는 바에 의하여 2년 이내의 임기로 주주 중에서 선임한다.

제24조 제1항·제3항 및 제4항과 제25조의 규정은 전항의 역원에 대하여 준용한다.

第63조 거래소의 역원이 거래원의 면허를 받은 때에는 그 직을 상실한다.

第64조 거래원과의 사이에 자금의 공여, 손익의 분배, 기타 거래원의 영업에 대하여 특별한 이해관계를 가진 자는 거래소의 역원이 될 수 없다.

第65조 주식회사 조직의 거래소의 역원 또는 사용인은 누구나 명의 여하를 불문하고 그 거래소의 거래 물건에 대하여 거래소에서의 매매거래를 하거나 위탁을 할 수 없다.

주식회사 조직의 거래소의 역원 또는 사용인은 그 거래소의 거래원과 자금의 공여, 손익의 분배, 기타 거래원의 영업에 대하여 특별한 이해관계를 가질 수 없다.

第66조 조선총독은 제64조의 규정에 위반하여 역원이 된 자 또는 임원으로서 전조 제2항의 규정에 위반한 자가 있다고 인정하는 때에는 이를 해직할 수 있다.

第67조 제65조 제1항의 규정에 위반하거나 동조 제2항의 특별한 이해관계의 발생을 목적으로 하는 행위를 한 자는 5,000원 이하의 벌금에 처한다.

第68조 주식회사 조직의 거래소 및 그 거래원에 대하여는 제3조, 제10조 제1항, 제12조 내지 제14조, 제16조, 제18조, 제20조 내지 제23조, 제27조 내지 제39조, 제41조 내지 제44조, 제45조제1항, 제46조 내지 제49조, 제52조 및 제53조의 규정을 준용한다.

第69조 이 영에 규정한 사항 외에 이 영 시행 당시 주식회사 조직의 거래소 및 거래원에 관하여 필요한 사항은 조선총독이 정한다.

〈자료 331〉「조선거래소령」 시행일(『조선총독부관보』, 1931.11.2.)

조선총독부령 제137호, 1931년(昭和 6) 11월 2일

다음에 열거한 제령 및 조선총독부령은 1932년(昭和 7) 1월 1일부터 시행한다.

조선거래소령

1931년 제령 제17호(조선거래소세령 중 개정의 건)

1931년 조선총독부령 제109호(시장규칙 중 개정의 건)

조선정미시장규칙

2)「조선영업세령」 제정 및 개정

〈자료 332〉「조선영업세령」(《조선경제잡지》 36호, 1927.04.)

제1조 조선에 영업장을 가지고 아래에 열거하는 영업을 하는 자에게는 본령에 의해 영업세를 부과함.

1. 물품판매업(동식물 그 외에 보통의 물품이라고 하지 않는 판매도 포함함)
2. 은행업
3. 보험업
4. 무진업(無盡業)[60]
5. 금전대부업
6. 물품대부업(동식물 그 외에 보통의 물품이라고 하지 않는 것의 대부도 포함함)
7. 제조업(물품의 가공수리를 포함함)
8. 가스공급업·전기공급업
9. 운송업
10. 운송취급업
11. 창고업
12. 철도업(궤도업을 포함함)
13. 청부업
14. 인쇄업
15. 출판업
16. 사진업
17. 자리 대부업
18. 여행객 숙박(하숙은 포함하나 목임숙(木賃宿)[61]은 포함하지 않음)
19. 요리점업

60 무진업(無盡業): 금전융통업.

61 목임숙(木賃宿): 식재료를 자신이 가지고 와서 직접 취사를 해야만 하는 숙박시설.

20. 주선업

21. 대리업

22. 중개업

23. 도매업

24. 신탁업

제2조 아래에 열거하는 영업은 물품판매업으로 함.

1. 제조 장소 없이 원료를 공급하여 공임을 지불하여 물품을 제조시켜서 판매하는 것
2. 제조 장소를 특별히 설치하지 않고 물품을 제조하여 판매하는 것

제조업으로 영업세를 부과 받은 영업자가 별도의 영업장을 설치하여 그 제품의 판매를 행하여도 물품판매업이라고 하지 않음

제3조 아래에 열거하는 영업에 대해서는 영업세를 부과하지 않음.

1. 산업조합·산업조합연합회·금융조합·금융조합연합회 또는 어업조합을 위한 영업
2. 거래소를 위한 영업
3. 정부가 발행하는 인지·우표류의 판매
4. 「도량형기기 및 조선도량형령」 제24조의 규정에 의해 지정된 계량기의 수리 또는 위탁판매
5. 자신이 채굴하거나 혹은 채취한 광물의 제련 또는 판매
6. 신문지에 관한 법령에 의한 판매
7. 자신이 수확한 농산물·임산물·축산물·수산물, 그 외의 조선총독부가 정한 것으로 이에 준하는 것의 판매 또는 이를 원료로 하여 제조한 것. 단, 영업장을 특별히 설치하여 행하는 판매 또는 제조는 제외함.

제4조 아래에 열거하는 영업으로 그 과세표준액이 아래의 금액에 달하지 않은 것에 대해서는 영업세를 과세하지 않음.

1. 물품판매업 1년의 매상금액 2,000엔
2. 금전대부업·물품대부업 1년의 수입금액 400엔
3. 제조업 1년의 수입금액 2,000엔

4. 운송업·인쇄업·출판업·사진업·자리 대부업·여인숙업·요리점업　1년의 수입금액 1,300엔

5. 청부업　　　　　　　　　　1년의 청부금액 2,000엔

6. 운송취급업·주선업·대리업·중개업·도매업·신탁업　1년의 보상금액 300엔

제5조 영업세는 아래의 과세표준 및 세율에 의해 매년 이를 부과함.

영업명	과세표준	세율	
물품판매업	매상금액	도매	갑 4/10,000
			을 6/10,000
		소매	12/10,000
은행업	자본금액		7/10,000
	예금액		3/10,000
	사채 및 차입금액		1/10,000
보험업	자본금액		7/10,000
	보험료액		7/10,000
무진업(無盡業)	자본금액		7/10,000
	융통금액(無盡掛金額)		7/10,000
금전대부업	수입금액		12/1,000
물품대부업	수입금액		7/1,000
제조업	수입금액	갑	5/10,000
		을	13/10,000
운송업, 인쇄업, 출판업, 사진업	수입금액		13/10,000
가스공급업, 전기공급업	수입금액		33/10,000
창고업	수입금액		53/10,000
철도업	수입금액		20/10,000
청부업	청부금액		13/10,000
자리 대부업, 요리점업	수입금액		67/10,000
여인숙업	수입금액		47/10,000
운송취급업, 주선업, 대리업, 중개업, 도매업, 신탁업	보상금액		10/1,000

물품판매업 가운데 곡류·비료·소금·담배·석탄 또는 땔감의 도매에 대해서는 갑의 세율을, 그 외의 물품 도매에 대해서는 을의 세율을 적용함.

제조업 가운데 탈곡 또는 정미에 대해서는 갑의 세율을, 그 외에 대해서는 을의 세율을 적용함.

제6조 과세표준은 아래에 열거한 구분에 따라서 이를 계산함.

1. 매상금·보험료·융통금액·수입금·청부금 및 보상금은 전년도 중의 총액에 의함. 단, 1월 1일부터 계속하지 않는 영업에 대해서는 그 연도의 예산 연액에 의함.
2. 자본금·예금·사채 및 차입금은 전년도 중의 평균액에 의함.

전항 제2호의 자본금·예금·사채 및 차입금의 산정 방법은 조선총독이 이를 정함.

제7조 납세의무가 있는 영업자는 매년 1월 31일까지의 영업명 및 과세표준을 상세하게 기록하여 정부에 신고해야만 함. 제11조 제2항 또는 제12조의 규정에 의하여 영업세를 면제받는 영업자도 역시 동일함.

새롭게 개업한 자는 개업일부터 2주일 이내에 전항에서 규정하는 신고를 해야만 함.

제8조 전조의 규정에 의한 신고의무가 있는 영업자가 폐업을 했을 때는 그 시기에 정부에 폐업 신고를 해야만 함.

제9조 동일인이 여러 종류의 영업을 할 경우는 종류별로 영업세를 부과함.

제10조 영업세는 영업장소마다 이를 부과함.

은행업·보험업·무진업 또는 철도업의 영업장이 조선에 2곳 이상 있는 경우는 영업세를 전항의 규정에도 불구하고 각 영업장의 과세표준을 합산하여 주된 영업장에서 이를 부과함. 단, 주된 영업장이 조선에 없는 경우는 영업장마다 이를 부과함.

제11조 새롭게 개시한 영업에 대해서는 개업의 다음 해부터 영업세를 부과함.

아래에 열거하는 영업에 대해서는 개업의 다음 해부터 3년간 영업세를 면제함.

은행업·보험업·제조업·가스공급업·전기공급업·운송업·창고업·철도업·인쇄업·출판업

제12조 「조선소득세령」에 의해 현재 소득세의 면제를 받는 제철사업에 대해서는 영업세를 면제함.

제13조 영업의 승계가 있을 때 또는 영업의 승계라고 인정할 만한 사실이 있는 경우는 납기에서 현재 영업을 하고 있는 자에게 영업세를 징수함.

전항의 경우에 이전 영업에 대하여 제11조의 규정에 따라 영업세를 부과하지 않았거나 또는 이를 면제하는 기간이 남아 있을 경우는 현 영업자는 그 잔존 기간을 계승함.

제14조 영업자가 폐업할 경우는 그 폐업의 달까지 월할(月割)로 영업세를 징수함.

제15조 과세표준은 제7조에서 규정하는 신고에 의하며, 신고가 없을 경우 또는 신고가 정당하지 않을 때는 정부의 조사에 의해 정부에서 이를 결정함.

제16조 납세의무자에게 정부가 통지한 과세표준에 대하여 이의가 있는 경우는 통지를 받은 날로부터 30일 이내에 불복의 사유를 구비하여 정부에 심사청구를 할 수 있음.

전항의 청구가 있을 경우라고 하더라도 정부는 세금의 징수를 유예하지 않음.

제17조 전조 제1항의 청구가 있을 경우는 심사 이후 정부에서 이를 정함.

제18조 과세표준 가운데 연간 실적에 의해 계산한 액이 정부가 결정한 액에 대하여 1/3 이상 감손된 경우 납세의무자는 정부에 과세표준의 경정을 청구할 수 있음. 단, 다음 해 1월 31일을 지난 경우는 그 제한이 없음.

전항의 청구가 있을 경우 정부는 과세표준을 심사하여 1/3 이상의 감손이 있을 때는 이를 경정(更訂)함.

제16조 제1항 및 전조의 규정은 전항의 경정에 관한 처분에 대하여 이를 준용함.

제19조 전조 제1항의 청구가 있을 경우 정부는 그 처분이 확정될 때까지 세금의 징수를 유예할 수 있음.

제20조 영업세는 연액을 둘로 나누어 아래의 2기에서 이를 징수함. 단, 폐업의 경우 미납세금은 그때 이를 징수함.

제1기 당해 연도의 5월 1일부터 동월 31일까지

제2기 당해 연도의 11월 1일부터 동월 30일까지

제21조 제1조의 영업을 하는 자는 입하, 매상·수입·대부·회송, 그 외의 영업에 관한 수지를 명확히 하기 위하여 장부를 구비하여 영업상의 모든 사실을 기재해야만 함. 단, 제3조의 영업에 대해서는 그 제한이 없음.

제22조 세무관리는 조사상 필요한 경우 영업자에게 질문하거나 또는 영업에 관한 장부물건을 검사할 수 있음.

제23조 정부는 필요하다고 인정할 경우 영업에 관한 사정에 정통한 자에게 영업세에 관한 사항을 자문할 수 있음.

전항의 자문을 받은 자는 조선총독이 정하는 바에 따라 답신을 해야만 함.

제24조 제22조의 규정에 따라 세무관리의 질문에 대하여 답변을 하지 않거나 혹은 허위의 진술을 한 자, 장부 물건의 검사를 거부하고 방해하거나 혹은 기피한 자, 또는 허위기재를 한 장부를 제시한 자는 100엔 이하의 벌금 또는 과료에 처함.

제25조 사기, 그 외에 부정한 행위로 인하여 영업세를 포탈한 자는 그 포탈한 금액의 3배에 상당한 벌금 또는 과료에 처하고 포탈한 금액은 바로 이를 징수함. 단, 자수한 자 또는 부윤·군수 혹은 도사에게 신고한 자는 그 죄를 묻지 않음.

제26조 영업세의 조사 또는 심사 사무에 종사하는 자는 그 조사 또는 심사에 관하여 획득한 비밀을 정한한 이유 없이 누설할 경우는 500엔 이하의 벌금에 처함.

부칙

본령은 1927년분 영업세부터 이를 적용함. 단, 1927년에 한하여 제7조 가운데 1월 31일이라는 규정을 4월 30일, 제20조 가운데 5월 1일부터 동월 31일이라는 규정을 7월 1일부터 동월 31일로 함.

1927년 1월 1일 이후 3월 31일까지의 사이에 새롭게 개업한 자는 1927년 4월 15일까지의 제7조 제2항의 신고를 해야만 함.

〈자료 333〉 「조선영업세령」 개정(『조선총독부관보』, 1930.12.27.)

「조선영업세령」 중 개정의 건은 1911년(明治 44) 법률 제30호 제1조 및 제2조에 의해 칙재를 얻어 이에 이를 공포함

제령 제16호

「조선영업세령」 중 다음과 같이 개정함

제4조 다음에 열거한 영업으로서 그 과세표준액이 다음의 금액에 미만한 것에 대해서는 영업세를 부과하지 않음.

1. 물품판매업 1년 매상금액 3,000원
2. 금전대부업·물품대부업 1년 매상금액 600원
3. 제조업 1년 매상금액 3,000원
4. 운송업·인쇄업·출판업·사진업·석대업·여인숙업·요리점업 1년 매상금액 2,000원
5. 운송취급업 1년 보상금액 1,000원
6. 청부업 1년 청부금액 3,000원
7. 주선업·대리업·중립업·문옥업·신탁업 1년 보상금액 500원

<table>
<tr><td>제5조 제1항 중</td><td>도매 갑: 4/10,000
을: 6/10,000

소매: 12/10,000</td><td>을</td><td>도매 갑: 2/10,000
을: 4/10,000
병: 6/10,000
소매 갑: 8/10,000
을: 12/10,000</td><td>로,</td></tr>
</table>

<table>
<tr><td>갑 5/10,000
을 13/10,000</td><td>을</td><td>갑 3/10,000
을 8/10,000
병 13/10,000</td><td>로,</td></tr>
</table>

<table>
<tr><td>47/10,000</td><td>을</td><td>40/10,000</td><td>로,</td></tr>
</table>

운송취급업, 주선업, 대리업, 중립업, 문옥업, 신탁업	보상금액	10/1,000

을

운송취급업	보상금액	7/1,000
주선업, 대리업, 중립업, 문옥업, 신탁업	보상금액	10/1,000

로 고침.

동조 제2항 및 제3항을 다음과 같이 고침.

물품판매업 중 곡류·비료·소금·연초·석탄·신탄·백면사·백면포·석유·사탕 또는 맥분의 도매에 대해서는 을의 세율을, 그의 소매에 대해서는 갑의 세율을, 기타 물품 도매에 대해서는 병의 세율을, 그의 소매에 대해서는 을의 세율을 적용함. 단, 곡류의 도매를 하는 자에게 판매하는 곡류의 도매에 대해서는 갑의 세율을 적용함.

제조업 중 도정(糊搗) 또는 정미에 대해서는 갑의 세율을, 제분·제사·조면·제유·방직 또는 제재에 대해서는 을의 세율을, 기타에 대해서는 병의 세율을 적용함.

제10조 제2항 중 '또는 철도업'을, '철도업·가스공급업 또는 전기공급업'으로 고침.

제18조 과세 표준 중 그해의 실적에 의해 계산한 액이 정부가 결정한 액의 2/3에 달하지 않을 때는 납세의무자의 청구로 인해 그 과세표준을 경정함.

제18조의 2 과세표준 중 그해의 실적에 의해 계산한 액이 제4조의 금액에 미만할 때는 납세의무자의 청구로 인해 영업세를 면제함.

제18조의 3 그해 영업의 이익이 그해분 영업세액의 15할에 달하지 않을 때는 납세의무자의 청구로 인해 그 차액에 상당한 영업세를 면제함. 단, 면제할 액은 영업세액에서 영업 이익의 1/2을 공제한 액을 초과할 수 없음.

전항의 이익 계산에 대해서는 조선총독이 정한 바에 의함.

제18조의 4 전 3조의 규정에 의해 과세 표준의 경정 또는 영업세의 면제를 받고자 하는 자는 익년 1월 31일까지 이를 정부에 청구할 것. 단, 법인에서는 전조의 청구에 한하여 그해 12월 말일을 포함한 사업연도 종료 후 30일 이내에 청구할 수 있음.

제16조 제1항 및 제17조 규정은 전 3조의 경정 또는 면제에 관한 처분에 대해 이를 준용함.

부칙

본령은 1931년(昭和 6)분 영업세부터 이를 적용함.

3) 「폭리를 목적으로 하는 매매의 단속에 관한 건」

〈자료 334〉 「폭리를 목적으로 하는 매매의 단속에 관한 건」 제정

1. 『조선총독부관보』(1937.05.12)

조선총독부령 제60호, 1937년 5월 12일

「폭리를 목적으로 하는 매매의 단속에 관한 건」을 다음과 같이 정함.

급격한 시가(市價)의 변동을 유발·야기하여 폭리를 얻거나 또는 얻을 목적으로 철류(鐵類)의 매점 또는 매석을 하거나 하고자 하는 자가 있을 때는 조선총독은 그 자에 대하여 기간을 정해 그 행위를 하지 못하도록 하는 뜻을 계고(戒告)하고, 또 필요하다고 인정한 때는 철류의 매매에 대해 조건을 붙일 수 있음. 타인으로 하여금 그 행위를 하게 하거나 또는 하게 하고자 하는 자가 있을 때도 역시 같음.

전항의 계고를 받은 자가 계고에 위반하여 철류의 매점 혹은 매석을 하고, 계고에 붙인 조건에 위반하거나 또는 타인으로 하여금 계고에 위반한 행위를 하게 한 때는 3월 이하의 징역 또는 100원 이하의 벌금에 처함.

부칙

본령은 발포일로부터 이를 시행함.

〈자료 335〉 「폭리를 목적으로 하는 매매의 단속에 관한 건」 개정

1. 『조선총독부관보』(호외, 1937.8.3.)

조선총독부령 제98호, 1937년 8월 3일

1937년(昭和 12) 조선총독부령 제60호(「폭리를 목적으로 하는 매매의 단속에 관한 건」)를 다음과 같이 개정함.

제1조 다음에 열거한 물품을 폭리를 얻을 목적으로 물품의 매점 혹은 매석을 하거나 혹은 하고자 하거나 또는 폭리를 얻어 판매하거나 혹은 판매하고자 하는 자가 있을 때는 조선총독 또는 도지사는 그자에 대하여 기간을 정하여 그 행위를 하지 못하게 할 뜻을 계고하고, 또 필요하다고 인정할 때는 그 물품의 매매에 대해 조건을 붙일 수 있음.

1. 금속 및 그 원료
2. 흑연·붕사(硼砂)·석면 및 운모
3. 기계, 기구 및 그 부분품
4. 자동차, 기타 차량 및 그 부분품
5. 전선 및 전주
6. 전극
7. 연마 재료
8. 내화 연와(煉瓦)
9. 유리
10. 석유 및 그 용기(容器)
11. 석탄·코크스 및 목탄
12. 면화·양모·마(麻) 및 스테이플 섬유
13. 사(絲, 생사를 제함) 및 직물
14. 피복
15. 종이류
16. 염료·안료(顔料) 및 도료
17. 공업 약품
18. 의약, 기타 위생 재료
19. 유지(油脂)

20. 비료 및 사료

21. 생고무 및 고무 제품

22. 펄프

23. 피혁 및 그 제품

24. 곡물 및 곡분(穀粉)

25. 설탕

26. 건축재료

제2조 조선총독 또는 도지사는 전조에 열거한 물품의 거래업자·창고업자·소유자 기타 점유자에 대하여 같은 조의 처분에 관계있는 사항에 대해 보고 혹은 실지 신고를 명하거나 또는 전조에 열거한 물품의 판매업자에 대하여 그 판매가격의 표시를 명할 수 있을 것.

제3조 제1조의 계고에 위반하여 매점·매석 혹은 판매를 하거나 또는 계고에 붙인 조건에 위반한 자는 3월 이하의 징역 또는 100원 이하의 벌금에 처함.

제4조 제2조의 명령에 위반하여 보고 혹은 실지 신고를 하지 않은 자 혹은 허위의 보고 혹은 실지 신고를 하거나 또는 판매가격의 표시를 하지 않거나 혹은 허위 표시를 한 자는 구류 또는 과료에 처함.

제5조 법인의 대표자 또는 법인 혹은 사람인 대리인·사용인·기타 종업자가 그 법인 또는 사람의 업무에 관하여 앞 2조의 위반 행위를 한 때는 행위자를 벌하는 외에 그 법인 또는 사람에 대하여 역시 제6조의 벌금형 또는 과료형을 과함.

부칙

본령은 발포일로부터 이를 시행함.

2. 『**조선총독부관보**』(1937.10.30)

조선총독부령 제163호, 1937년 10월 30일

1937년(昭和 12) 조선총독부령 제98호[62](「폭리를 목적으로 하는 매매의 단속에 관한 건」)를 다음과 같이 개정함.

제1조 제1호, 제2호, 제11호 내지 제13호, 제15호, 제19호, 제25호 및 제26호를 다음과 같이 고침.

1. 금속 및 그 원료 및 금속제품
2. 흑연·붕사(硼砂) 및 운모 및 석면 및 그 제품
11. 석탄·코크스·연탄 및 목탄
12. 면화·마(痲)·스테이플 섬유 및 양모, 기타 짐승털
13. 사(絲)(생사를 제함) 및 포백(布帛)(펠트 및 편물(編物)을 포함) 및 그 제품
15. 종이 및 그 제품
19. 유지(油脂) 및 그 제품 및 조제(調製) 훈향류(薰香類)
25. 설탕·조수육(鳥獸肉)·새알(鳥卵)·버터·홍차·커피, 기타 음식료품
26. 시멘트·기와·모래 및 자갈

   같은 조에 다음의 하나를 더함.

27. 목재

부칙

본령은 발포일로부터 이를 시행함.

4) 「폭리행위 등 단속규칙」

〈자료 336〉 「폭리행위 등 단속규칙」(『조선총독부관보』, 1939.12.28.)

조선총독부령 제228호, 1939년 12월 28일

62 원문에는 제60호로 기재되어 있었으나, 11월 13일 '정오'에서 제98호의 잘못이라 고지함.

1937년(昭和 12) 조선총독부령 제98호(「폭리를 목적으로 하는 매매의 단속에 관한 건」)를 다음과 같이 개정함.

「폭리행위 등 단속규칙」

제1조 누구든지 폭리를 얻어 물품의 판매를 할 수 없음.

누구든지 폭리를 얻을 목적으로 물품의 매점 혹은 매석을 하거나 또는 보수(報酬)를 얻어 물품의 판매를 매개할 수 없음.

제2조 물품의 판매를 한 자는 그 가격을 물품의 보기 쉬운 부분에 기재하고, 가게 앞쪽에 게시하며 그 밖에 이를 쉽게 알릴 수 있는 방법으로 표시할 것. 단, 도지사가 특별한 사정이 있다고 인정하는 경우는 이 제한에 있지 않음.

제3조 조선총독 또는 도지사는 물품의 판매를 한 자에 대해 가격의 표시에 관하여 필요한 사항을 명하거나 또는 가격의 신고를 명할 수 있음.

제4조 조선총독 또는 도지사는 단속을 위해 필요 있다고 인정한 때는 물품의 판매를 한 자에 대하여 업무에 관한 보고를 하게 할 수 있음.

제5조 제1조 제1항의 규정은 다음에 열거한 경우에는 이를 적용하지 않음.

1. 가격에 대하여 「가격 등 통제령」 제2조의 적용을 받은 물품 또는 같은 영 제7조의 규정에 의해 금액 지정이 있는 물품을 판매한 때.
2. 가격에 대하여 「가격 등 통제령」 제6조 제2항의 규정에 의해 정한 법령에서 금액을 정하거나 또는 이에 근거하여 금액을 정하거나 혹은 금액의 처분이 있는 물품을 판매한 때.

제6조 제1조의 규정에 위반한 자는 1년 이하의 징역 또는 200원 이하의 벌금에 처함.

제7조 다음 각호의 하나에 해당하는 자는 구류 또는 과료에 처함.

1. 제2조의 규정에 의한 표시를 하지 않거나 또는 허위 표시를 한 자.
2. 제3조의 규정에 의한 명령에 위반한 자.
3. 제4조의 규정에 의한 보고를 하지 않거나 또는 허위 보고를 한 자.

제8조 법인의 대표자 또는 법인 혹은 사람인 대리인·사용인, 기타 종업자가 그 법인 또는 사람의 업무에 관하여 앞 2조의 위반행위를 한 때는 행위자를 벌하는 외에 그 법인 또는 사람에 대하여 역시 제6조의 벌금형 또는 과료형을 과함.

부칙

본령은 발포일로부터 이를 시행함.

종전의 규정은 이 영 시행 전에 한 행위에 관한 벌칙의 적용에 대하여는 이 영 시행 후에도 그 효력을 가짐.

5) 「조선물품 판매가격 단속규칙」

〈자료 337〉 「조선물품 판매가격 단속규칙」(『조선총독부관보』, 1938.10.12.)

1937년 법률 제92호 제2조의 규정에 의해 「조선물품 판매가격 단속규칙」을 다음과 같이 정함.

제1조 조선총독이 지정한 물품을 판매하는 자는 어떤 명의든 불문하고 그 지정할 때 조선총독이 지정한 연월일에 판매가격을, 조선총독 또는 도지사가 판매가격을 지정한 때는 그 판매가격을 초과한 대가로써 그 물품을 판매(지정 전에 한 계약에 의한 인도를 포함)하는 것을 할 수 없음. 단, 수출한 경우 및 부득이한 사유에 의한 도매에 대해서는 조선총독, 소매에 대해서는 도지사의 허가를 받은 경우는 이 제한에 있지 않음.

제2조 전조의 물품을 판매하는 자는 그 판매에 당하여 전조의 규정에 의한 제한을 초과하는 대가로써 그 물품을 판매한 것과 동일한 이익을 얻을 목적으로써 환매 약관을 붙여 다른 물품과 함께 판매하고, 기타 이에 유사한 행위를 할 수 없음.

부칙

이 영은 발포일로부터 이를 시행함.

6) 「가격 등 통제령」

〈자료 338〉 「가격 등 통제령」(『조선총독부관보』, 1939.10.27.)

칙령 제703호

제1조 「국가총동원법」(1938년 칙령 제317호에 의해 남양군도의 경우도 포함. 이하 동일) 제19조의 규정에 기초하여 가격·운송비·보관료·손해보험료·임대료 또는 가공비(이하 가격 등이라고 칭함)에 관해 필요한 명령을 내리는 것은 별도로 정해진 것을 제외하고 본령이 정하는 바에 따름.

제2조 가격 등은 1939년 9월 18일(이하 지정기일이라 칭함)에서 금액을 초과하여 이를 계약하고, 지불 또는 수령할 수 없음. 단, 각령(閣令)이 정하는 바에 따라 가격 등의 지불자 또는 수령자에게 행정관청의 허가를 받은 경우 및 본령 실시에 즈음하여 현재 존재하는 계약으로 아래의 각호의 하나에 해당하는 것에 대해서는 그 제한을 두지 않음.

1. 주문 생산품의 가격에 대하여 생산자가 생산에 착수한 것
2. 그 외의 가격에 대해 매입자, 그 외의 지불자가 목적물의 인도를 받은 것
3. 운송비 또는 가공비에 대해 운송인 또는 가공자가 목적물의 인도를 받은 것
4. 보관료·손해보험료 또는 임대료에 대하여 지불자가 수행 지체에 있는 것

전항의 지정기일에서 금액은 가격 등의 수령자에 대한 금액으로 수령자별로 정해진 것으로 하며, 지정기일에 계약한 경우는 그 계약액(동일 사정 아래에서 여러 종류의 계약액이 있는 경우는 그 최고액), 우연히 지정기일에 계약하지 않은 경우는 계약을 할 금액으로 함.

가격 등에 대해 전항의 규정에 의해 금액이 없는 경우에는 각 영이 정하는 것으로 지정기일의 금액으로 함.

제3조 상공농업자 등의 조합 그 외에 이에 준하는 것은 각 영에 정하는 바에 따라 전조 제2항 또는 제3항의 금액을 대신할 금액을 정하여 행정관청의 인가를 받을 때는 그 조합, 그 외에 이에 준하는 것 및 그 구성원(구성원이 조합, 그 외 이에 준하는 것인 경우는 그 구성원까지도 포함. 제2항의 경우 역시 동일함)에 대해서는 그 금액으로 지정기일의 금액으로 간주함.

행정관청이 필요하다고 인정할 때는 각 영이 정하는 바에 따라 상공농업자 등의 조합, 그 외 이에 준하는 것의 지역 내에서 그 구성원 자격을 자진 자로 그 구성원이 아닌 자에 대해서도 전항의 규정에 따른 금액으로 지정기일의 금액으로 간주할 수 있음.

전항의 규정에 의한 처분이 있는 경우에 제1항의 규정에 의한 금액의 변경이 있을 경우에는 전항의 금액은 해당 변경액으로 변경하는 것으로 함.

제1항의 규정에 의한 인가 또는 제2항의 규정에 의한 처분은 이들의 처분 실시에 즈음하여 현재 존재하는 계약으로 그 전조 제1항 단서 각호의 하나에 해당하는 것에 대해서는 영향을 미치지 않음.

제4조 행정관청은 지정기일에 있어 금액(전조 제1항 혹은 제2항 또는 제21조의 규정에 의해 간주되는 것은 제외)이 현저하게 부당하다고 인정될 때는 각 영에서 정하는 바에 따라 그 금액을 줄일 수 있음. 단, 그 인하를 실시할 즈음에 현재 존재하는 계약으로 그 제2조 제1항 단서 각호의 하나에 해당하는 것에 대해서는 영향을 미치지 않음.

제5조 앞 3조의 규정은 유가증권의 가격 및 임대료, 토지 및 건물의 가격 그 외에 각령으로 정한 가격 등에 대해서는 이를 적용하지 않음.

제6조 가격 등은 제2조 내지 제4조의 규정에도 불구하고 다른 법령이 정하는 금액 혹은 다른 법령에 기초한 행정관청의 결정, 명령·허가·인가, 그 외의 처분이 있는 금액을 넘어서 이를 계약하거나 지불하거나 또는 수령할 수 없음. 단, 본 영 실시 후의 처분은 처분 실시에 즈음하여 현재 존재하는 계약으로 그 제2조 제1항 단서 각호의 하나에 해당하는 것에 대해서는 영향을 미치지 않음.

전항 이외의 법령은 각 영으로 이를 정함.

제7조 전조에서 규정하는 경우를 제외한 것 이외에 관청 각 영이 정하는 바에 의해 가격 등(유가증권의 가격 및 임대료를 제외함. 이하 동일)의 금액을 지정할 때는 제2조 내지 제4조의 규정에도 불구하고 그 금액을 초과하여 이를 계약하거나 지불하거나 혹은 수령할 수 없음. 단, 각 영이 정하는 바에 따라 가격 등의 지불자 또는 수령자로 행정관청의 허가를 받은 경우는 그 제한이 없음.

전항의 지정은 지정 실시에 즈음하여 현재 존재하는 계약으로 그 제2조 제1항의 단서 각호의 하나에 해당하는 것에 대해서는 영향을 미치지 않음.

제8조 지불 조건·인도 조건, 그 외의 계약 조건의 변경(제6조에서 규정하는 이외의 법령에 의한 것 및 다른 법령에 기초한 행정관청의 결정·명령·허가·인가, 그 외의 처분이 있는 것은 제외함)으로 지불자에게 불이익이 있는 것은 그 한도에서 가격 등의 금액을 인상한 것으로 간주함.

제9조 어떠한 명분이든 불문하고 제2조, 제6조 또는 제7조의 규정에 의한 금지를 피하는 행위를 할 수 없음.

제10조 주무대신은 필요하다고 인정할 때는 「국가총동원법」 제31조의 규정에 의한 생산·판매·운송·보관·임대·손해보험 혹은 가공에 관한 보고를 징수하거나 또는 해당 관리에게 공장·사업장·판매소·창고·사무소, 그 외의 장소에 대해 임검(臨檢)하고 업무 상황 혹은 장부 서류, 그 외의 물건을 검사할 수 있음.

전항의 규정에 의해 해당 관리에게 임검조사를 시키는 경우에는 그 신분을 표시하는 증표를 휴대시킬 것.

제12조 본 영은 아래에 열거하는 가격 등에는 이를 적용하지 않음.

1. 거래소 또는 일본미곡주식회사 혹은 조선미곡시장주식회사가 개설한 미곡시장에서의 미곡거래 가격
2. 관동주·만주 및 중국 이외의 지역과 본령이 시행되는 지역 사이의 수출입 거래 가격 및 양 지역 간의 운송비
3. 그 외의 각 영으로 정하는 것

제13조 본 영은 계약 당사자로 영리를 목적으로 해당 계약을 하지 않은 자에게는 이를 적용하지 않음. 단, 해당 계약을 하는 것이 자신의 업무에 속하는 자에 대해서는 그 제한을 두지 않음.

제14조 본 영에서 정하는 것을 제외하고 본 영의 실시에 관해 필요한 사항은 각 영으로 이를 정할 수 있음.

제15조 본 영의 실행에 관한 주무대신은 아래의 각호에서 정하는 바에 따름.

1. 농림수산물의 생산자 및 그 조직 법인이 판매하는 경우의 농림수산물의 가격 및 농림수산물 전용 물품의 가격에 관한 사항에 대해서는 농림대신
2. 주조세법의 주류와 주정 및 주정함유, 음료세법의 주정 및 주정 함유 음료의 가격에 관한 사항에 대해서는 상공대신 및 대장대신
3. 의약품의 가격에 관한 사항에 대해서는 상공대신 및 후생대신
4. 운송비와 운송에 직접 관계한 보관료 및 임대료에 관한 사항에 대해서는 육상운송의 형태에 대해서는 철도대신, 수상운송 및 항공운송의 형태에 대해서는 체신대신

5. 논, 밭·산림 및 원야의 가격 및 임대료·가축의 임대료, 농림수산물의 보관을 목적으로 하는 창고(창고영업자 및 상공업자가 조직한 법인이 운영하는 창고는 제외)의 보관료 및 각 영으로 정한 농림수산물 및 농림수산물조합 전용 물품의 가공비에 관한 사항에 대해서는 농림대신
6. 선박의 가격 및 임대료에 관한 사항에 대해서는 체신대신. 단, 총톤수 20톤 미만의 어선 매매가격 및 임대료에 관한 사항에 대해서는 농림대신 및 체신대신
7. 병기·탄약·함선 등으로 군기 보호상 필요한 것에 관한 제2조에서 규정한 사항에 대해서는 육군대신 또는 해군대신
8. 앞 각호의 경우를 제외한 것 이외는 상공대신
9. 제6조에서 규정한 법령에서 규정하는 가격 등에 관한 사항에 대해서는 앞 각호에도 불구하고 해당 법령의 주무대신

제16조 전조 제6호에서 예시한 경우를 제외한 것 이외에는 본 영 가운데 주무대신이라고 하는 것은 조선에서는 조선총독, 대만에서는 대만총독, 사할린에서는 사할린청장관, 남양군도에서는 남양청장관으로 하며 각 영이라는 것은 조선 또는 대만에서는 총독부령, 사할린 또는 남양군도에서는 청령으로 함.

부칙

제17조 본 영은 1939년 10월 20일부터 이를 시행함. 단, 조선·대만·사할린 및 남양군도에서는 1939년 10월 27일부터 이를 시행함.

제18조 제2조 내지 제4조의 규정은 1940년 10월 19일까지 그 효과를 가짐. 단, 동일 이전에 행한 행위에 관한 벌칙의 적용에 대해서는 동일 이후라고 하더라도 그 효력을 가짐.

제19조 아래에 열거하는 명령은 이를 폐지함.

1939년 농림성령 제42호 「농림수산물 및 농림수산업 용품 판매 가격단속 규칙」

1938년 상공성령 제24호 「면사 판매가격 단속규칙」

1938년 상공성령 제31호 「스테이플 섬유 및 스테이플 섬유 실 판매가격 단속규칙」

1938년 상공성령 제56호 「물품 판매가격 단속규칙」

1938년 상공성령 第63호「인조견사 판매가격 단속규칙」

1938년 상공성령 第75호「모사(毛絲) 판매가격 단속규칙」

1939년 상공성령 第63호「견방사 판매가격 단속규칙」

1938년 조선총독부령 第218호「조선물품 판매가격 단속규칙」

1938년 대만총독부령 第114호「물품 판매가격 단속규칙」

1938년 사할린청령 第63호「물품 판매가격 단속규칙」

1938년 남양청령 第38호「남양군도물품 판매가격 단속규칙」

아래에 열거하는 규정은 이를 삭제함.

1938년 상공성령 第45호「피혁배급통제규칙」 제9조 및 제10조

1940년 조선총독부령 제31호(1937년 법률 제92호 제2조의 규정에 의한「피혁의 배급통제에 관한 건」) 제8조 및 제9조

1938년 대만총독부령 第84호「피혁배급통제규칙」 제5조 및 제6조

1939년 사할린청령 第36호「피혁배급통제규칙」 제6조 및 제7조

앞 2항에서 열거한 명령 및 규정은 본령 실시 이전에 행한 행위에 관한 벌칙의 적용에 대해서는 본령 시행 이후라고 하더라도 그 효력을 가짐.

제20조 아래에 열거하는 규정에 의한 농림대신·상공대신·조선총독·대만총독·사할린청장관 또는 남양청장관이 지정한 날에서 판매가격은 이를 제2조의 지정기일에서의 금액으로 간주함.

1940년 농림성령 제42호「농림수산물 및 농림수산업 용품 판매가격 단속규칙」 제1조

1938년 상공성령 第56호「물품 판매가격 단속규칙」 제1조

1938년 조선총독부령 第218호「조선물품 판매가격 단속규칙」 제1조

1938년 대만총독부령 第114호「물품 판매가격 단속규칙」 제1조

1938년 사할린청령 第63호「물품 판매가격 단속규칙」 제1조

1938년 남양청령 第38호「남양군도물품 판매가격 단속규칙」 제1조

제21조 아래에 열거하는 규정에 의한 농림대신·상공대신·조선총독·대만총독·사할린청장관·남양청장관·조선총독부도지사·대만총독부주지사 혹은 청장 또는 남양청지청장이 행한 판매가격 지정 또는 허가는 제2조 제1항 단서 또는 제7조 제1항의 규정에 의해 각 해당 행정관청이 행한 가격의 금액 지정 또는 허가로 간주함. 단, 각 영으로 별도의 규정을 행할 수 있음.

1940년 농림성령 제24호「면사 판매가격단 속규칙」제1조 제2항

1938년 상공성령 제31호「스테이플 섬유 및 스테이플 섬유 실 판매가격 단속규칙」제1조 제2항

1938년 상공성령 제45호「피혁배급통제규칙」제9조

1938년 상공성령 제56호「물품 판매가격 단속규칙」제1조

1938년 상공성령 제63호「인조견사 판매가격 단속규칙」제1조 제2항

1938년 상공성령 제75호「모사 판매가격 단속규칙」제1조 제2항

1940년 상공성령 제63호「견방사 판매가격 단속규칙」제1조 제2항

1938년 조선총독부령 제218호「조선물품 판매가격 단속규칙」제1조

1940년 조선총독부령 제31호(1937년 법률 제92호 제2조의 규정에 의한「피혁의 배급통제에 관한 건」) 제8조

1938년 대만총독부령 제84호「피혁배급통제규칙」제5조

1938년 대만총독부령 제114호「물품 판매가격 단속 규칙」제1조

1938년 사할린청령 제63호「물품 판매가격 단속규칙」제1조

1940년 사할린청령 제36호「피혁배급통제 규칙」제6조

1938년 남양청령 제38호「남양군도물품 판매가격 단속규칙」제1조

4. 상인 관련 법령

1)「조선 중소상공업 자금 융통 손실보상 규정」

〈자료 339〉「조선 중소상공업 자금 융통 손실보상 규정」(《경제월보》 284호, 1939.09.)

「조선 중소상공업 자금 융통 손실보상 규정」(1939년 4월 23일 고시 제684호)

제1조 조선총독은 그 지정하는 금융기관이 중소상공업자 또는 그 조합에 대하여 아래 각 호의 하나에 해당하는 자금을 융통하고 이로 인한 손실을 받은 경우에는 일정한 금액을 한도로 하여 이를 보상함.

1. 예금부 예금
2. 금융기관의 자기 자금

제2조 아래의 각호에 예시하는 금융기관은 앞 조의 지정을 받을 수 있음. 단, 예금부 자금에 대해서는 그 융통 요강에 의해 인정된 금융기관에 한함.

1. 특수은행
2. 보통은행
3. 금융조합(도시 금융조합)
4. 무진회사
5. 공업조합(당분간 지정 않음)

제3조 제1조의 지정을 받으려는 금융기관은 매년 3월 말일까지 조선총독에게 지정 신청을 할 것.

제4조 최종적인 임대인에 대한 대부 조건은 아래의 각호에서 정하는 바에 따름. 단, 예금부 자금에 대해서는 그 융통 요강에 의함.

1. 최종 임대인의 자격

(1) 현재 영업을 하고 있는 중소상공업자로서 계속하여 영업을 할 예정이 확실한 자.

(2) 지나사변의 진전에 따라 물자수급조정, 그 외의 각 방면에 이르는 경제통제의 강화 영향을 받은 종래의 업무의 전부 또는 일부를 정지 또는 폐지할 수밖에 없는 중소상공업자로 국가 혹은 지방 공공단체의 보조를 받거나 혹은 국가·

지방 공공단체가 경영하거나 또는 지도 감독하는 전업 상담기관의 지도 알선에 의해 승인을 받은 업무로 전환하려는 자.

(3) 공업조합, 그 외의 중소공업자의 조합(이하 그 외의 조합이라 칭함)

2. 최종 임대인에 대한 대부금액의 한도

(1) 개인 또는 회사에 대한 대부에 있어서는 한 사람 또는 한 회사당 2만 엔 이내로 함. 단, 무담보의 경우는 5,000엔 이내로 함.

(2) 공업조합, 그 외의 조합에 대한 대부에 있어서는 제한을 두지 않음.

3. 자금의 용도

(1) 중소상공업자의 영업자금 및 업무전환자금(업무 전환을 위해 필요한 설비자금, 전환한 업무에 필요한 운전자금 및 업무 전환을 위해 어쩔 수 없는 구업무 정리자금)

(2) 공업조합, 그 외의 조합의 각종 사업자금 및 그들 조합원에 대한 전대자금.

전기 각호의 자금 가운데 구채의 상환에 충당하는 것에 대해서는 그 구채가 당해 금융기관의 대부금일 경우에는 본 규정의 적용을 받지 않음.

4. 상환 방법 및 기한

10년 이내의 연부(年賦), 반년부, 월부 혹은 일부 원리균등 상환일 것을 요하지 않음. 또는 3년 이내의 정기 상환 방법에 의함. 단, 연부, 반년부 또는 월부 상환의 경우에는 2년 이내의 거치 기간을 둘 수 있음.

5. 이율

최종 대부 이율은 연 6분(分) 이내로 함. 단, 손실 보상료를 포함하여 연 7분 2리를 넘을 수는 없음.

제5조 금융기관이 대부를 하려는 때는 그 상황, 임대자의 이름 또는 명칭·주소·직업·대부금액, 자금의 종류, 자금의 용도, 대부 조건(이율·상환 방법, 기한 및 담보 등), 차입금 상환 계획을 구비하여 소관 도지사를 경유하여 조선총독의 승인을 얻어야 함.

금융기관이 대부를 하려는 경우에는 그 상황을 전항에서 규정하는 사항 및 제9조에서 규정하는 손실 보상료를 소속 도지사를 경유하여 조선총독에게 보고해야 함.

제6조 금융기관은 매년 3월 말 현재 그 대부 개황을 별도로 정하는 양식에 의거하여 관할 도지사를 경유하여 조선총독에게 보고해야 함.

제7조 금융기관은 각 대부마다 금액의 상환을 받을 때 또는 담보물을 처분할 때는 지체 없이 조선총독에게 보고해야 함.

제8조 손실보상은 각 금융기관마다 당해 연도의 대부금 총액의 5할을 한도로 하여 그 총 손실액 이내로 함.

제9조 금융기관은 각 대부마다 그 대부 금액의 연 1분 2리에 상당하는 금액을 손실 보상료로 국가에 납부하여야 함.

손실보상료는 제1회 대부 이후 지체 없이 제2회 이후는 매년 4월에 이를 납부해야 함.

제10조 전항의 손실보상료는 세입징수관이 지정하는 기일까지 그 정하는 바에 따라서 일본은행의 대리점에 납부해야 함.

제11조 대부금의 원리금 전부 또는 일부에 대한 상환을 받기 어려워 손실이 발생한 경우에는 금융기관은 보상금 교부신청서에 손실계산서 및 필요한 증거서류를 첨부하여 소관 도지사를 경유하여 조선총독에게 보상 청구를 할 수 있음.

제12조 금융기관의 손실 결정 기준 및 회수 불능액 또는 징수 불능액 결정의 기준은 조선총독이 별도로 이를 정함.

제13조 대부금의 한 구좌마다 최종 변제 기일 후 2년을 경과해도 보상 신청을 할 수 없을 때는 금융기관은 당해 대부에 대하여 보상을 받을 수 없음.

제14조 손실액의 결정, 담보물의 평가, 그 외에 보상에 관한 중요한 사항은 조선중소상공업 자금융통손실보상심사위원회의 회의를 거쳐 조선총독이 이를 정함.

제15조 금융기관은 보상금의 교부를 받은 이후라고 하더라도 해태(懈怠) 없이 그 채권을 징수해야 함.

조선총독이 금융기관에 대해 보상해야 하는 부분에 관하여 채권의 양도를 청구할 경우에 금융기관은 이를 거부할 수 없음. 단, 정당한 이유가 있을 때는 그 한도는 없음.

제16조 보상 이후 대부자가 변재를 한 경우 또는 담보물이 평가액을 넘어서 처분된 경우에 금융기관이 입은 손실(보상액을 공제함)을 보전하고, 그러고도 남는 것이 있을 때는 이를 국가에 납부해야 함.

제10조의 규정은 전항의 금액을 납부함에 있어 이를 준용함.

제17조 금융기관은 본 규정에 의한 대부에 대해서는 장부 서류를 별도로 하여 경리해야 함.

제18조 조선총독에게 금융기관이 입은 손실이 고의 혹은 중대한 과실 또는 본 규정 위반에 의해서 발생하였다고 인정되는 경우에 그 손실에 대해서 보상을 행하지 않아도 됨.

제19조 조선총독은 금융기관이 아래 각호의 하나에 해당한다고 인정되는 경우에는 이미 교부한 보조금의 전부 또는 일부의 반환을 명하고 또는 장래에 지정을 취소할 수 있음.

1. 허위의 신청 또는 보고를 한 경우
2. 제5조 제2항, 제6조, 제7조의 규정에 의한 보고를 행하지 않고 또는 제5조 제1항의 승인을 거치지 않고 대부를 행한 경우
3. 그 외에 본 규정을 위반한 경우

부칙

제20조 본 규정에 의한 보상계약은 1944년 3월 31일 이전에 행한 자금의 대부에 대하여 이를 행할 수 있음.

제21조 제3조에 규정한 신청 기한은 1939년도에 한하여 1939년 9월 30일까지로 함.

이유

지나사변[63]의 장기 확대에 따른 후방 국민 경제생활의 안정을 꾀하는 것은 극히 긴요한 것인데 오늘날 중소상공업자의 실정을 보면, 시국에 관한 국가의 여러 통제 때문에 직·간접적으로 중소상공업자의 생계를 압박하고, 어쩔 수 없이 폐업 전환하기에 이른 자가 많은 현황에 대하여 이를 적극적으로 진흥해야만 한다. 그 필요한 설비자금·운전자금 등을 융통하여 대책에 만전을 기하지 않을 수 없는 이유다.

63 지나사변: 1937년 시작된 중일전쟁.

5. 상점 관련 법령

1)「중요물자 현재고 조사」

〈자료 340〉「조선 중요물자 현재고 조사규칙」(《경제월보》 302호, 1941.03.)

조선 중요물자 현재고 조사규칙(1941년 3월 11일 총독부령 제61호)

「자원조사법」 제1조 제2항의 규정에 의해「조선 중요물자 현재고 조사규칙」을 아래와 같이 정함.

「조선 중요물자 현재고 조사규칙」

제1조「자원조사법」 제1조의 규정에 기초하여 조선에서 중요물자의 현재고 조사는 별도로 정하는 것을 제외하고는 본령이 정하는 바에 따름.

제2조 조사를 행하는 중요물자(이하 조사물자로 칭함)의 종류, 조사를 행하는 기일(이하 조사기일이라 칭함) 및 조사를 받아야만 하는 자(이하 보고의무자라 칭함)는 별표에 의함.

조선총독부는 특히 필요하다고 인정될 때는 조사물자를 지정하고 이에 대하여 전항의 규정에 의해 조사기일 이외의 기일에 조사를 행할 수 있음.

제3조 조사는 영업소·공장·사업장, 그 외 경영 장소(이하 사업소라 총칭함)마다 이를 행함. 단, 사업소가 일정하지 않은 자 또는 사업소를 가지지 않은 자에 대해서는 그 주소마다 이를 행함.

제4조 조사는 아래에 예시하는 사항에 대하여 이를 행함.

1. 주소 및 씨명(법인 또는 단체에 대해서는 그 명칭 및 대표자의 씨명)
2. 사업소의 소재지
3. 영업의 종류
4. 조사물자의 소유 수량 또는 보관 수량
5. 보고의무자가 가입한 단체의 명칭

제5조 보고의무자는 조사기일 현재 소유하거나 또는 보관하고 있는 조사물자에 대하여 별도의 제1호 양식에 의하여 보고서에 해당 사항을 기입하고 조사기일 후 3일 이내

에 사업소(제3조 단서의 경우에는 주소)의 소재지를 관할하는 부윤·군수 또는 도사(島司)에게 이를 제출해야 함. 단, 조선총독이 정하는 조사물자에 대해서는 당해 물자의 생산·배급·수출입 또는 보관을 업으로 하는 자가 조직하는 단체로서 도지사가 지정한 단체원인 자는 당해 단체를 경유하여 도지사에게 이를 제출해야 함.

제6조 부윤·군수 또는 도사는 앞 조의 보고서를 수리할 때는 이를 심사한 다음 조사기일 후 7일 이내에 도지사에게 제출해야 함.

제7조 도지사는 제5조의 보고서를 수리할 때는 심사한 다음 별기 제2호 양식에 의거하여 서류를 작성하고 조사기일 후 30일 이내에 조선총독에게 이를 제출해야 함.

제8조 도지사는 자원조사원에 대하여 본 영에 의한 보고서 용지의 배부, 보고서의 모집, 그 외의 이와 관련된 사무에 종사시킬 자(이하 중요물자 현재고 조사원이라 칭함)를 지정해야 함.

중요물자 현재고 조사원은 부윤 또는 읍면장이 이를 지휘 감독함.

제9조 부윤·군수 및 도사는 미리 보고서 용지를 보고 의무자에게 배부해야 함.

보고의무자는 보고 용지의 배부를 받지 못했을 때는 부윤·읍면장 또는 중요물자 현재고 조사원에게 그 취지를 신청하고 이를 배부받아야 함.

제10조 도지사는 필요하다고 인정될 때는 물자를 지정하고 그 관할구역 내에서 당해 물자의 현재고 조사를 행할 수 있음.

도지사가 전항의 조사를 행하려고 할 때는 미리 아래에 예시하는 사항에 대하여 조선총독의 승인을 얻어야 함.

1. 조사를 행하는 구역
2. 조사를 행하는 기일
3. 조사를 행하는 중요물자의 종류
4. 조사를 행하는 자의 범위

제11조 도·부 또는 읍면 조사기일 현재 조사물자를 소유하고 또는 보관하는 경에는 도지사·부윤 또는 읍면장은 본령에 준하여 보고서를 도지사에게 제출해야만 함.

제7조의 규정은 전항의 규정에 의하여 도지사가 보고서를 수리할 경우에는 이를 준용함.

제12조 본 영에 의하여 제출하는 보고서는 통계상의 목적 이외에 이를 사용할 수 없음. 단, 물자의 수급 조사에 관한 통계 운용계획의 설정 및 수행에 필요한 경우는 그 제한이 없음.

부칙

본 영은 발포 일부터 이를 시행함.

물품 재고 수량 조사 규칙은 이를 폐지함.

제2조 제1항의 규정에 의해 3월 1일에 행한 조사는 1941년에 한하여 3월 31일에 이를 행함.

Ⅳ

실행 결과

해제

일제의 상업정책 실행 결과를 보여 주는 자료는 크게 5개 범주로 나눌 수 있다.

문건명(호수, 일자 등)	자료(책)명	발행처	발행일
1. 회사			
조선의 회사사업	《경성상업회의소월보》10호	경성상업회의소	1916.10.
시사 삼제-회사령의 철폐	《조선경제잡지》52호	경성상업회의소	1920.4.
2. 시장			
경성의 시장	《만한지실업》87호	만한지실업사	1913.5.
시사 삼제-주식현물시장의 설립	《조선경제잡지》52호	경성상업회의소	1920.4.
시장에 관한 건 회답	중추원조사자료	조선총독부중추원	1920.
조선의 시장분포 상황	《조선》제97	조선총독부	1925.11.
조선의 공설시장	《반도의 빛》제49호	조선금융조합연합회	1941.12.
3. 상거래			
판결문	구한말민사판결문	법원도서관	1895~1907.
시사 삼제-공설 전당포	《조선경제잡지》52호	경성상업회의소	1920.4.
중소상업 진흥책-거래 개선 부분	《조선경제잡지》192호	경성상공회의소	1931.12.
중소상업 진흥책-물가 대책 부분	《조선경제잡지》192호	경성상공회의소	1931.12.
4. 상인			
부내의 상공조합	《조선경제잡지》51호	경성상업회의소	1920.3.
조선 주요 시가의 상업 세력	《조선》제101호	조선총독부	1926.3.
중소상인이 나아가야 할 길	《조선경제잡지》163호	경성상업회의소	1929.7.
중소상인 어떻게 볼 것인가	《조선경제잡지》176호	경성상업회의소	1930.8.
상인의 궁박과 그 대책	《조선》제143	조선총독부	1929.9.
중개상인은 어떻게 되나	《조선경제잡지》177호	경성상업회의소	1930.9.
경성 중소상공업진흥조사위원회 조직	《경제월보》230호	경성상공회의소	1935.2.

5. 상점			
경성 포목상계 경쟁, 잘될 장본? 눈물날 현상?	《혜성》 제1권 제1호	개벽사	1931.3.
중소상업 진흥책-상점 경영 부분	《조선경제잡지》 192호	경성상공회의소	1931.12.

첫 번째는 회사 관련 자료다. 1916년 10월 《경성상업회의소월보》 10호에 게재된 논설 〈조선의 회사사업〉은 일본의 자본이 조선에 들어와서 조선에서 회사가 발전하고 상업이 발전하게 되었으니 이는 모두 일본의 덕이라고 칭송하면서 구체적인 수치를 제시한다. 또 1915년 말 회사 수 266개를 조선에 본점을 가진 회사, 일본 또는 외국에 본점을 가지고 조선에 지점을 설치한 회사로 구별하여 설명했다. 「회사령」 철폐 관련 자료는 사실 보도 기사 성격인데 내용을 보면, 「회사령」 시행이 오히려 당시 조선 실정에 맞는 조치였으며, 「회사령」 철폐에 따라 주의해야 한다고 강조하였다.

두 번째는 시장 관련 자료다. 그중 1910년대 초 자료는 경성의 4대 시장을 설명하였다. 아울러 1920년 중추원 조사 자료와 1923년 자료가 있다. 이를 통해 당시 시장 상황과 전국적 분포를 알 수 있다. 1920년 자료는 국사편찬위원회 홈페이지에서 제공하는 자료로 조선총독부 중추원의 상업(시장) 조사 자료다. 이는 다시 1920년 사회조사강목 중 상업에 대한 내용과 각 부·군 시장 상황으로 구성되어 있다. 각 부·군 시장 상황 자료가 만들어진 경위는 다음과 같다. 1920년 2월 중추원은 각 부·군에 시장 상황을 조사하여 회답하라는 통첩을 보냈고, 각 부군에서는 조사 결과를 회신했다. 현재 남아 있는 각 부군 회신 자료는 지역별로 편차가 있다. 도내 각 부군의 정보가 남아 있는 경우(강원·평남·전북·경북 등 4개도), 도 내 일부 부분의 정보만 남아 있는 경우(함북 청진부, 황해 금천군), 자료가 없는 도(나머지 7개도) 등으로 분류할 수 있다. 그 가운데 원문이 남아 있는 것은 범위가 더욱 축소된다. 강원·평남·전북 3개도와 경북 달성군의 회답이 그것이다. 그리하여 각 도별로 하나의 지역을 선정하여 제시하였다. 강원 횡성, 평남 양덕, 전북 군산, 경북 달성군의 시장 상황이다. 이를 통해 개별 시장의 구역, 주요 상품, 상품이 공급되는 지역 등을 상세히 파악할 수 있다. 그중 횡성은 상업조합규약, 양덕은 상품조합규약이 별도로 있는 곳이고, 달성은 1개 군에 7개의 시장이라는 시장 발달 지역이며, 군산부는 개항장 중의 하나를 대표한다.

다음으로 1923년 자료는 조선총독부 촉탁으로 일했던 젠쇼 에이스케(善生永助)가 조선총독부 기관지《조선》에 게재한 조선의 시장 분포 상황이다. 이 자료는 1914년 제정·시행된「시장규칙」의 규정에 따라 제1호 시장~제4호 시장으로 구분하여 전국 13도에 걸쳐 조사한 자료다. 이 자료에 따르면, 제1호 시장[장옥(場屋)을 설하거나 혹은 설치 않더라도 구획한 지역에서 매일 또는 정기에 다수한 수요자 또는 공급자가 내집(來集)하여 화물의 매매 교환을 행하는 장소]은 1,233개, 1개년의 매매거래액 1억 998만 1,000원이다. 제2호 시장(10인 이상의 경영자가 1장옥에서, 주로 곡물 식료품의 판매를 행함)은 7개, 매매거래액은 102만 6,000원이고, 제3호 시장(위탁을 받아 경매의 방법에 의하여 화물의 판매를 행하는 장소)은 34개, 매매거래액은 846만 4,000원이다. 그리고 제4호 시장(매일 또는 정기에 영업자가 내집하여 견본 또는 품목에 의하여 물품 또는 유가증권의 매매거래를 행하는 장소)은 9개, 매매거래액은 6억 1,097만 8,000원이다.

다음은 공설시장에 대한 것인데, 공설시장은 부·읍 또는 군과 같은 공공단체가 그 주민의 원활한 일상 생활품의 수용(需用)과 공급을 도모하고 가격을 조절하며 또 시민의 위생과 보건에 유감이 없도록 하기 위하여 하는 시설이다. 전시체제기 일상생활용 식료품 중 가장 중대한 식량에 대하여는 우리는 이미 설치된 배급기관에 의하여 배급을 받고 있거니와 그다음 중요한 식료품인 생선·어채 등에 대하여는 아직 그 배급기구가 확정되지 않았다. 이에 그 시설이 하루라도 빨리 보급되며 발달되어 시국하 우리의 생선·어채, 기타 식료품의 배급기구가 완비되기를 바라는 글이다.

세 번째 범주는 상거래 관련 자료인데, 먼저 대한제국기 판결문이다. 이 자료는 법원도서관 홈페이지의 구한말 민사 판결 수록 내용의 일부이다. 강화도조약과 개항 이후 일본 상인들이 대거 조선에 들어와 무역과 상업에 종사했다. 청일전쟁 이후에는 내륙까지 그 활동 무대를 넓혔다. 그 과정에서 조선인과 거래를 하면서 분쟁을 낳기도 했다. 그 결과 조선인(한국인)들이 직접적인 피해를 입게 되었다.

다음으로 중소상업 진흥책에 관한 자료다. 세계대공황의 여파가 밀려온 1931년 10월 이래 이는 경성상공회의소 주체로 상공회의소 의원과 상업가 대표 50명이 중소상업진흥위원회를 조직하고 이를 상점경영개선위원회·상거래개선위원회·물가대책위원회의 3부로 나누어 여러 차례 회합하고, 연구 협의를 한 결과 12항목을 11월 6일 결의한 내용이다. 그 가운데 상거래 개선 부분과 물가 대책 부분을 포함시켰다.

네 번째는 상인 관련 자료다. 이는 젠쇼 에이스케의 『조선 주요 시가의 상업세력』과 지주갑(池周甲)의 『상인의 궁박과 그 대책』이다. 전자는 '1. 주요한 상업 도읍, 2. 빈약한 상업세력, 3. 영양 불량의 금융 상태'의 목차로 구성되어 있다. 후자의 목차는 '1. 서론(緖論), 2. 점주와 점원, 3. 점원의 우대는 상점의 번영 기초, 4. 고객은 상인의 생명, 5. 정가 판매주의를 실행하라, 6. 점원의 행복 증진, 7. 선량한 점원의 채용 방법의 이론, 8. 점원의 훈련과 그 심득 및 점규칙, 9. 점원의 승진 10칙, 10. 점내 제반 설비에 대한 주의사항, 11. 상인 궁박의 이유는 내부적인 것과 외부적인 것이다, 12. 근본적인 궁박을 여하히 타개할 것인가?, 13. 연대책임으로 자금 융통 방법을 계(計)하라, 14. 상인 대 백화점 문제, 15. 백화점 특별세'이다.

한편 1920년대에 계속되는 제1차 세계대전 이후의 전후 불황, 1923년 관동대지진으로 인한 경기 축소, 1927년 일본의 금융공황, 1929년 세계대공황의 시작이라는 일련의 상황 속에서 조선의 중소상인과 하층민들의 생활은 곤경에 처하였다. 이러한 상황에서 중소상인들로 하여금 접객 방식의 변경, 가격 통일, 상품 정보와 고객 관리 등의 사적인 방법을 통해서 대자본의 공격과 경제의 구조적인 한계를 넘어설 것을 요구하고 있다. 바꾸어 말하면, 불황을 넘어서지 못하는 책임을 중소상인들의 노력이 부족한 탓으로 돌리고 있다. 특히 1930년 8월 《조선경제잡지》 176호에 게재된 사설 〈중소상인 어떻게 볼 것인가〉는 "중소상인으로서도 우선 자신을 구할 자는 자신이라는 신조에 입각해서 정신적으로 각성하는 것이 가장 중요하며 불황 그 자체를 문제시하여 쓸데없이 신경을 곤두세워 이른바 헛된 불경기를 두려워하는 것은 금물"이라고 정신적 각성을 촉구하고 있다.

또 1935년 2월 《경제월보》 230호에 게재된 〈경성 중소상공업진흥조사위원회 조직〉이란 사설은 정치, 경제, 사회적으로 "경제적인 측면에서뿐만 아니라 사회적으로도 극히 긴박한 상황"에서 "자력갱생적인 분발"과 "시국에 순응하는 각종 시설의 개선"을 요구하고 있다.

다섯 번째 범주는 상점 관련 자료다. 그중 첫째 자료는 불황을 맞아 북촌 조선인 상권을 대표하는 포목상점들이 고객을 서로 유치하려고 과도하게 쟁탈전을 벌이고 있으며 이것이 '제 살 깎아 먹기'식이라고 보고 있다. 둘째 자료는 중소상업진흥위원회가 조직되어 상점경영개선위원회·상거래개선위원회·물가대책위원회의 3부로 나누어 연구 협의 결과 12항목을 1931년 11월 6일 결의한 내용 가운데 상점 경영 부분이다.

1. 회사 관련

1) 회사 사업

〈자료 341〉 조선의 회사 사업(경성상업회의소월보 10호, 1916.10.)

산업의 발전, 일본인의 증가, 조선 기업심의 향상과 함께 조선에 있는 회사 사업은 점차로 발달하였으며, 특히 병합 후에 매년 큰 증가를 보였다. 즉 지난 1915년 말에 조선의 회사 수는 266개이니 1911년 말에 비하여 79개가 증가한 것이다. 이하 이를 조선에 본점을 가진 회사 및 일본 또는 외국에 본점을 가지고 조선에 지점을 설치한 회사의 둘로 구별하여 약술한다.

(1) 조선에 본점을 가진 회사

지난 1915년 말 현재 조사에 의하면, 조선에 본점을 가진 회사 수는 일본인 설립 147, 조선인 설립 39, 내선인(內鮮人) 합동 설립 29, 일·미인 합동 설립 1로 합계 216으로 그 공칭자본액 5,511만 6,740원, 불입자본액 3,924만 8,686원이니 이를 1911년 말과 비교하면, 회사 수 64, 공칭자본액 1,530만여 원, 불입자본액 2,330만여 원의 증가세를 보였다. 다음으로 1915년 중의 정황을 보자. 즉, 동년 내에 회사의 성립 또는 본점의 설치로 증가한 자사 수 15, 자본액 71만 5,000원(합명회사 1·자본액 8만 원, 합자회사 7·자본액 25만 7,000원, 주식회사 7·자본액 37만 8,000원), 해산으로 감소한 자사 수 10, 자본액 49만 9,500원(합명회사 4·자본액 15만 1,500원, 합자회사 4·자본액 5만 8,000원, 주식회사 2·자본액 3만 원)으로 전년에 비해 회사 수 5, 자본액 20만 5,500원의 증가를 보였다. 연내 자본금 변경에 의하여 증가한 액 19만 1,000원(합자회사 3·자본액 9만 1,000원, 주식회사 1·자본액 1만 원), 감소한 액 125만 1,880원(합자회사 1·자본액 1,880원, 주식회사 3·자본액 25만 원), 차액 106만 880원의 감소를 보여 총계로는 회사 수 5개 증가하였으나 자본액에는 85만 5,380원의 감소를 보였다. 상세한 것은 아래의 표와 같음.

조선에 본점을 둔 회사 — ①

<table>
<tr><th rowspan="2" colspan="2">업별</th><th colspan="3">합명회사</th><th colspan="3">합자회사</th></tr>
<tr><th>회사 수</th><th>공칭자본금</th><th>납입자본금</th><th>회사 수</th><th>공칭자본금</th><th>납입자본금</th></tr>
<tr><td colspan="2">농업 일본인 설립</td><td>2</td><td>136,000</td><td>82,860</td><td>2</td><td>55,000</td><td>55,000</td></tr>
<tr><td colspan="2">임업 일본인 설립</td><td>-</td><td>-</td><td>-</td><td>2</td><td>70,000</td><td>35,000</td></tr>
<tr><td rowspan="3">공업</td><td>일본인 설립</td><td>3</td><td>30,000</td><td>30,000</td><td>7</td><td>122,600</td><td>107,600</td></tr>
<tr><td>조선인 설립</td><td>2</td><td>25,700</td><td>14,600</td><td>1</td><td>5,000</td><td>5,000</td></tr>
<tr><td>일본인·조선인 합동 설립</td><td>-</td><td>-</td><td>-</td><td>1</td><td>120,000</td><td>107,615</td></tr>
<tr><td colspan="2">계</td><td>5</td><td>55,700</td><td>44,600</td><td>9</td><td>247,600</td><td>220,215</td></tr>
<tr><td rowspan="3">상업</td><td>일본인 설립</td><td>11</td><td>429,500</td><td>420,500</td><td>27</td><td>1,522,600</td><td>1,290,850</td></tr>
<tr><td>조선인 설립</td><td>2</td><td>350,000</td><td>115,000</td><td>8</td><td>208,640</td><td>165,640</td></tr>
<tr><td>일본인·조선인 합동 설립</td><td>-</td><td>-</td><td>-</td><td>2</td><td>3,400</td><td>2,250</td></tr>
<tr><td colspan="2">계</td><td>13</td><td>779,500</td><td>535,500</td><td>37</td><td>1,734,640</td><td>1,458,740</td></tr>
<tr><td colspan="2">누에산업 일본인 설립</td><td>-</td><td>-</td><td>-</td><td>1</td><td>100,000</td><td>100,000</td></tr>
<tr><td colspan="2">금속 및 은행업 일본인 설립</td><td>2</td><td>70,000</td><td>68,000</td><td>1</td><td>50,000</td><td>50,000</td></tr>
<tr><td rowspan="3">운송업</td><td>일본인 설립</td><td>1</td><td>10,000</td><td>10,000</td><td>11</td><td>341,000</td><td>339,500</td></tr>
<tr><td>조선인 설립</td><td>1</td><td>4,500</td><td>4,500</td><td>1</td><td>150,000</td><td>150,000</td></tr>
<tr><td>일본인·조선인 합동 설립</td><td>-</td><td>-</td><td>-</td><td>2</td><td>38,000</td><td>36,500</td></tr>
<tr><td colspan="2">계</td><td>2</td><td>14,500</td><td>14,500</td><td>14</td><td>529,000</td><td>526,000</td></tr>
<tr><td colspan="2">기타 일본인 설립</td><td>-</td><td>-</td><td>-</td><td>3</td><td>104,000</td><td>99,000</td></tr>
<tr><td rowspan="3">합계</td><td>일본인 설립</td><td>19</td><td>675,500</td><td>611,360</td><td>54</td><td>2,365,200</td><td>2,076,950</td></tr>
<tr><td>조선인 설립</td><td>5</td><td>380,200</td><td>134,100</td><td>10</td><td>363,640</td><td>320,640</td></tr>
<tr><td>일본인·조선인 설립</td><td>-</td><td>-</td><td>-</td><td>5</td><td>161,400</td><td>146,365</td></tr>
<tr><td colspan="2">계</td><td>24</td><td>1,055,700</td><td>745,460</td><td>69</td><td>2,890,240</td><td>2,543,955</td></tr>
<tr><td colspan="2">1914년</td><td>27</td><td>1,127,200</td><td>785,433</td><td>66</td><td>2,602,120</td><td>2,265,590</td></tr>
<tr><td colspan="2">1913년</td><td>20</td><td>704,200</td><td>458,400</td><td>64</td><td>2,615,020</td><td>2,283,916</td></tr>
<tr><td colspan="2">1912년</td><td>20</td><td>541,200</td><td>367,200</td><td>58</td><td>2,268,510</td><td>1,964,615</td></tr>
<tr><td colspan="2">1911년</td><td>18</td><td>1,007,500</td><td>853,750</td><td>49</td><td>1,537,150</td><td>1,259,987</td></tr>
</table>

조선에 본점을 둔 회사 — ②

업별		주식회사			합계		
		회사 수	공칭자본금	불입자본금	회사 수	공칭자본금	불입자본금
농업	일본인 설립	14	2,322,000	1,617,900	18	2,513,000	1,755,760
	조선인 설립	1	600,000	150,000	1	600,000	150,000
	일본인·조선인 설립	1	250,000	250,000	1	250,000	250,000
계		16	3,172,000	2,017,900	20	3,363,000	2,155,760
임업	일본인 설립	-	-	-	2	70,000	35,000
	일본인·조선인 합동 설립	1	200,000	50,000	1	200,000	50,000
계		1	200,000	50,000	3	270,000	85,000
공업	일본인 설립	10	4,695,000	1,758,500	20	4,847,600	1,897,100
	조선인 설립	4	215,000	154,266	7	245,700	173,866
	일본인·조선인 설립	4	255,000	100,035	5	375,000	207,650
계		18	5,165,000	2,012,801	32	5,468,300	2,278,616
상업	일본인 설립	23	2,452,000	1,088,750	61	4,404,100	2,799,100
	조선인 설립	8	1,078,000	425,500	18	1,636,640	707,140
	일본인·조선인 합동 설립	5	950,000	404,500	7	953,400	406,750
계		36	4,480,000	1,918,750	86	6,994,140	3,912,990
수산업 일본인 설립		2	42,000	16,000	2	42,000	16,000
광업	일본인 설립	1	300,000	75,000	2	400,000	175,000
	일본인·미국인 합동 설립	1	2,000,000	2,000,000	1	2,000,000	2,000,000
계		2	2,300,000	2,075,000	3	2,400,000	2,175,000
척식업 내 조선인 합동	일본인·조선인 합동	1	10,000,000	10,000,000	1	10,000,000	10,000,000
금융은행	일본인 설립	5	1,170,000	506,000	8	1,390,000	624,000
	조선인 설립	10	6,975,000	2,869,890	10	6,975,000	3,869,890
	일본인·조선인 합동 설립	5	11,800,000	10,450,000	5	11,800,000	10,450,000
계		20	19,945,000	13,825,890	23	20,165,000	14,943,890
운송업	일본인 설립	5	330,000	295,000	17	681,000	646,500
	조선인 설립	-	-	-	2	154,500	154,500
	일본인·조선인 합동 설립	4	3,348,000	1,754,250	6	3,386,000	1,790,750
계		9	3,678,000	2,049,250	25	4,221,500	2,591,750

전기업	일본인 설립	8	1,390,000	675,850	8	1,390,000	675,850
	일본인·조선인 합동 설립	3	460,000	220,000	3	460,000	220,000
계		11	1,850,000	895,850	11	1,850,000	895,850
기타업	일본인 설립	6	203,800	83,330	9	317,800	182,330
	조선인 설립	1	25,000	12,500	1	25,000	12,500
계		7	228,800	95,830	10	342,800	194,830
합계	일본인 설립	74	12,904,800	6,116,330	147	16,055,500	8,806,640
	조선인 설립	24	8,893,000	3,612,156	39	9,636,840	5,067,896
	일본인·조선인 합동 설립	24	27,263,000	23,228,785	29	27,424,400	23,375,150
	일본인·조선인 합동 설립	1	2,000,000	2,000,000	1	2,000,000	2,000,000
계		123	51,060,800	34,957,271	216	55,116,740	39,249,686
1914년		118	51,242,800	35,463,358	211	55,972,120	38,514,381
1913년		110	49,519,650	31,003,695	194	52,848,870	33,746,011
1912년		93	47,405,800	26,944,835	171	50,216,510	29,276,560
1911년		85	37,171,800	13,796,088	152	39,766,450	15,909,825

(2) 일본 또는 외국에 본점을 두고 조선에 지점을 설치한 회사

1915년 말 현재 조사에 의하면, 일본에 본점을 두고 조선에 지점을 설치한 회사 수는 44, 외국에 본점을 두고 조선에 지점을 설치한 회사 6, 합계 50이다. 본점에 있는 공칭자본액은 1억 1,980만 1,700원, 동 불입자본액 9,175만 4,896원이니 이를 1911년 말 현재와 비교하면, 회사 수 15, 공칭자본액 3,2900만여 원, 불입자본액 2,3700만여 원이 증가한 것이다. 다음으로 1915년 중의 정황을 보자. 즉, 동년 내에 새롭게 설치된 지점으로 인해 증가한 회사 중 일본에 본점을 가진 회사 3, 그 자본액 1210만 원, 외국에 본점을 두고 있는 회사 1, 그 자본액 40만 원으로 합계 4개사, 자본금 160만 원이다. 그리고 본점 폐쇄로 인해 감소한 회사 중 일본에 본점을 두고 있는 회사 2, 그 자본액 35만 8,500원이 있으나 전년과 비교했을 때 회사 수 2, 자본액 124만 1,500원의 증가를 보였다. 아래의 표와 같음.

일본 또는 외국에 본점을 두고 조선에 지점을 설치한 회사 — ①

업별		합명회사			합자회사			주식회사		
		회사 수	공칭 자본금	불입 자본금	회사 수	공칭 자본금	불입 자본금	회사 수	공칭 자본금	불입 자본금
농업	일본 회사	–	–	–	1	210,000	103,906	10	6,655,000	4,035,805
임업	일본 회사	–	–	–	–	–	–	1	50,000	12,500
공업	일본 회사	1	500,000	500,000	–	–	–	3	4,150,000	1,015,000
상업	일본 회사	1	500,000	500,000	2	32,700	32,700	12	31,180,000	27,639,000
	외국 회사	–	–	–	2	430,000	430,000	2	2,200,000	2,050,000
계		1	500,000	500,000	4	462,700	462,700	14	33,380,000	29,689,000
수산업	일본 회사	–	–	–	–	–	–	2	600,000	445,000
광업	일본 회사	–	–		1	500,000	500,000	1	300,000	300,000
	외국 회사	–	–		–	–	–	2	1,744,000	1,497,870
계		–	–	–	1	500,000	500,000	3	2,044,000	1,797,870
은행업	일본 회사	–	–	–	–	–	–	4	26,000,000	20,754,355
운송업	일본 회사	–	–	–	–	–	–	2	9,000,000	19,500,000
전기업	일본 회사	–	–	–	–	–	–	2	108,685,000	6,449,250
합계	일본 회사	2	1,000,000	1,000,000	4	742,700	636,606	37	108,685,000	80,150,910
	외국 회사	–	–	–	2	430,000	430,000	4	3,944,000	3,547,870
	계	2	1,000,000	1,000,000	6	1,172,700	1,066,606	41	112,729,000	84,688,290
1914년		3	1,058,500	1,058,500	5	772,700	666,606	39	111,729,000	83,268,656
1913년		3	1,058,500	608,500	6	1,012,700	822,750	42	110,319,000	81,045,880
1912년		3	1,558,500	1,408,500	6	1,012,700	805,750	34	92,465,000	72,230,700
1911년		2	1,500,000	1,350,000	6	1,072,700	769,300	27	84,317,000	65,906,210

일본 또는 외국에 본점을 두고 조선에 지점을 설치한 회사 — ②

업별		주식합자회사			합계		
		회사 수	공칭자본금	불입자본금	회사 수	공칭자본금	불입자본금
농업 일본 회사		-	-	-	-	-	-
임업 일본 회사		-	-	-	-	-	-
공업 일본 회사		-	-	-	-	-	-
상업	일본 회사	-	-	-	-	-	-
	외국 회사	-	-	-	-	-	-
계		-	-	-	-	-	-
수산업	일본 회사	-	-	-	-	-	-
광업	일본 회사	1	5,000,000	5,000,000	1	5,000,000	5,000,000
	외국 회사	-	-	-	-	-	-
계		1	5,000,000	5,000,000	1	5,000,000	5,000,000
은행업 일본 회사		-	-	-	-	-	-
운송업 일본 회사		-	-	-	-	-	-
전기업 일본 회사		-	-	-	-	-	-
합계	일본 회사	1	5,000,000	5,000,000	1	5,000,000	5,000,000
	외국 회사	-	-	-	-	-	-
	계	1	5,000,000	5,000,000	1	119,801,700	91,754,896
1914년		1	5,000,000	500,000	1	5,000,000	500,000
1913년		-	-	-	-	-	-
1912년		-	-	-	-	-	-
1911년		-	-	-	-	-	-

2) 회사령 철폐

〈자료 342〉 시사 삼제-회사령의 철폐(조선경제잡지 52호, 1920.04.)

4월 1일에 다년간 비난의 대상이 되어 온 「회사령」이 폐지되었다. 우리들은 이를 기뻐하는 바가 누구에게도 뒤지지 않았다. 그러나 이 「회사령」의 철폐에 대해서 한 가지 주의해 둘 것이 있다. 물론 오늘과 같은 상태에서는 이 「회사령」의 존폐는 경제계에 하등의 영향은 없다. 어떻게 되든 새로운 총독 취임 이래 회사 설립은 신속하게 허가되어 거의 「회사령」이 적용되지 않는 것과 같은 상황이다. 그러나 한발 더 나아가서 생각하면 회사 설립의 자유는 조금은 유치한 조선 경제계에 다소 위험을 제공하는 바가 없지는 않다. 특히 조선인 측의 회사 난립은 자타 공히 크게 경계하지 않으면 안 된다.

원래 「회사령」 발포의 목적은 무모한 기업을 단속하여 반도 경제의 건실한 발달을 꾀하는 것에 있었지만 본 영 때문에 혹은 (1) 사업을 선택하는 권능이 시민의 손을 떠나서 관리의 손으로 돌아가는 듯한 느낌이 있으며 혹은 (2) 유익한 사업이 있어도 회사 설립 허가가 나오지 않아서 기회를 잃어버리거나 혹은 (3) 부자를 보호하고 그 외를 배척하는 결과에 빠져 버리거나 혹은 (4) 내지 자본의 이입을 저해하게 되거나 혹은 (5) 세상 사람들의 기업심을 현저하게 위축시키거나 그 외에 다양한 이익을 낳지 못하는 폐해를 불러오는 것은 부정할 수 없다. 세상 사람들이 「회사령」을 유해무익의 악법이라고 한 것도 무리는 아니다. 그러나 「회사령」 발포 당시의 사정을 되돌아보면, 이를 발포할 수밖에 없는 사정이 있었다고 생각된다. 조선이 수백 년간 저급한 경제조직을 개량하지 못하고, 일용품의 수급은 겨우 시장에서 소규모로 행해지는 공업처럼 완전히 부업적인 지위를 벗어나지 못했기 때문에 고도의 문명제도를 급격하게 주입하는 것은 그 당시는 원래 칭찬할 만한 것이 아니었다. 진보는 질서의 유지를 필요로 한다. 조선의 경제가 20세기의 세계경제로 이동하는 그 과도기의 수단으로써 「회사령」을 발포한 것은 현명한 조치라고 하지 않을 수 없다. 이래 10년간에 조선 제씨는 충분히 문명의 여러 제도를 이해하고 이를 운용하는 지식과 기능을 터득함과 동시에 많은 자본을 증가할 수 있었다. 이 지식·기능 및 자본이 있었기 때문에 조선의 경제계도 당당히 세계에 진출할 수 있는 것이며 완전히 「회사령」의 덕분이라고 해도 좋을 것이라 생각한다.

지금 약 10년간 엄격히 적용되어 온 「회사령」이 철폐되는 것에 대하여 주의해야 하는 점은 다른 것이 아니다. 회사는 기업가가 타인의 자본을 모아서 사업을 운영하는 것이다. 그 자본이 커지면 커질수록, 주주가 더해지면 더해질수록 사업의 성공과 실패란 사회적으로 커다란 영향이 있다. 그래서 이 회사의 경영 운용에 대해서는 세심한 주의와 기술을 요하는 것으로 회사가 설립되었기 때문에 곧바로 예상되는 효과를 얻는 것이 아니란 점을 만인은 잘 알고 있다. 「회사령」이 철폐되고 그 설립이 자유로워졌다고 해서 멋대로 이를 계획하는 것은 대단히 신중하지 않으면 안 된다는 것도 역시 주지의 도리이다. 그런데 현재의 형세로 생각해보면, 일본인과 조선이 모두 점점 회사 난립의 경향이 있지는 않은가. 특히 조선인 측에 맹랑하고 허술한 회사가 많이 계획되고 있지는 않은가. 혹은 회사 설립 이후 아직 사업을 개시하지 못하고 목적을 변경하거나 혹은 서로 연락 없이 사업을 겸업하거나 혹은 사업의 경영보다도 오히려 중역의 지위 쟁탈에 몰두하거나 하는 것 모두는 그 회사가 정말로 진실하지 못해서 준비되지 않은 채 설립되었다는 점을 증명하는 것이다. 우리는 회사 설립의 자유를 얻음과 동시에 이 자유를 남용하지 않을 것을 오직 희망하며 반도 경제의 건전한 발달을 기원하여 마지않는 바이다.

2. 시장 관련

1) 1910년대 경성의 시장

〈자료 343〉 설당생(雪堂生), 〈경성의 시장(京城의 市場)〉(滿韓之實業 87호, 1913.5.)

현재 경성에 4대 시장이 있으니 곡물 잡화 시장으로는 남대문시장(南大門場)과 동대문시장(東大門場)이며 어시장으로는 히노마루(日之丸)시장과 경성에 위치한 4개소인데 기타에는 완전한 시장이라고 인정되기에는 정당한 가치도 없으니 이들 시장을 거쳐서 매일 우리 식탁에 오르는 것을 채우고 있다. 따라서 이와 같은 시장에서 화물의 집산과 교환되는 상황을 보자면,

△ **남대문시장** 남대문에 들어와서 오른쪽 미창정(米倉町)이라 일컫는 남쪽 측면에 있으니 1897년(明治 30) 2월경에 설립되어서 1911년(明治 44) 3월까지는 남부(南部) 다동(茶洞) 예종석(芮宗錫)이 시장관리인으로 진력하다가 조선농업주식회사(朝鮮農業株式會社) 대표되는 송병준(宋秉畯) 씨가 시장관리인 및 관계자로 영업하다가 1911년(明治 44) 3월부터 15개년간 시장의 경영 인가를 얻어 시장의 정리와 설계를 하는 중인데, 모두 목조 단층집이 104호요, 그 건설 집세를 거두기 위하여 가게를 내는 자에게 대부하며, 그 화물에 의해 구분하고 상당한 시장세를 부과한다 하니 현재의 시장은 이 신축 시장의 주위 안에 있고 선혜청(宣惠廳) 일부의 토지 및 생산물을 사용하여 남대문 내외 일대 땅이 일원 시장이 된지라. 화물의 매매거래를 행하더니 1894, 5년(明治 27, 8)경 도로 교통상 불편한 고로 그때 정부는 현재의 장소로 이전하였다 하며 현재의 상비 점포는, 미곡상 33, 실과상[64] 3, 잡화상 24, 사탕류상 5, 수산류상 14

합계 100여 채가 되는데, 시장의 설비는 세운의 진보를 따라 점포의 장식 등으로 보아도 해마다 개량함이 있으나 실제로 거래하는 상황은 점차로 부진하는 경향이 있는 듯하며 시장은 매일 개점하는데, 상비점 외에 모여 파는 자[65]가 수십 명에 내려가지 않는 모양이며 시장세는 매상고를 따라 100분의 2를 납부하는 규정이며 2등 시장으로 월세가 125원을 관리인이 납부하는 것이다.

---

64 실과상: 과일상.

65 원문은 '來集出賣하는 자'.

상품의 거래에는 현금매와 외상매의 2종이 있으며 보통 상거래와는 크게 같아 거래기관으로 객주·거간이 있으니 객주라 함은 지금으로부터 150년 전부터 중개업의 일종으로 일정한 장소와 점포가 있어 상품을 위탁 매매하는 자에게 자유로이 누구를 물론하고 위탁하는 데 응하는 것인데 그 위탁 매매가 성립되는 동시에는 수수료를 수령하는 까닭에 거간이 일정한 장소가 있어 상품의 매매를 소개하여 수수료를 취하는 일종의 중립인이 있더라.

화물 집산의 상황은 통계법으로 구할 만한 준거가 없으므로 정확하게 알 수 없으니 지난 1912년(大正 1)도에는 아직 조사하지 못함으로써 작년 1912년(明治 45) 중에 매상고와 그 중요 화물의 매송지를 보면,

매상고는 농산물은 227만 3,800여 원이요, 수산물은 6만 8,600여 원이요, 직물류가 5,400여 원이요, 잡화가 45만 4,900여 원이요, 기타 3,400여 원인데, 합계 280만 6,000여 원이더라.

중요한 화물의 시장에 이입한 매출지는,

쌀	김포(金浦), 고양(高陽), 파주(坡州), 연안(延安), 배천(白川), 여주(驪州), 은진(恩津)
콩	장단(長簞)[66], 춘천(春川), 화천(華川) 지방으로부터
보리	해주(海州)
감귤, 사과	일본으로부터
그밖의 과일	천안(天安), 보은(保恩)[67], 청산(青山), 봉산(鳳山), 토산(兎山), 이천(伊川), 양주(楊州), 안산(安山), 괴산(槐山), 풍기(豊基) 지방
목면	남평(南平), 청주(淸州), 전주(全州), 경주(慶州) 지방으로부터
마포	길주(吉州), 명천(明川), 종성(鍾城), 구례(求禮), 곡성(谷城) 지방
저(苧)	한산(韓山), 장성(長城), 청양(青陽) 지방
명주	철원(鐵原), 성천(成川), 영변(寧邊) 지방
곤포(昆布)	해주(海州), 통천(通川), 울산(蔚山) 지방
명태	원산(元山)으로

66 장단(長湍)의 오기.

67 원문에 保恩으로 되어 있으나, 충청북도 보은군은 報恩이 맞는 표기임.

기타 수산물은 울산(蔚山)·하동(河東)·광양(光陽)·제주(濟州)·동래(東萊)·서천(舒川) 지방으로부터 와서 모인다.

동대문시장은 동부(東部) 이현(梨峴) 광장회사(廣藏會社) 안에 있으니 1906년(明治 39) 1월에 설립되었는데, 박승직(朴承稷) 관리인이 관계한 경영으로 창고 및 점포를 건설하여 상인에게 대부하고 거래를 영위하는데, 기와지붕이 200칸이요, 함석(ドタン)[68] 지붕이 164칸인데 관리인은 시세(市稅)로 상설 점포 외에 출시인에게 매일 1평에 대하여 1전 5리, 담꾼(擔軍)[69] 1인 1전, 상설점포에는 1개월 1칸에 대하여 2원을 거두며, 시장세의 규정은 남대문과 마찬가지로 3등 시장으로 매월 75원을 납부하는데,

상설점포는 미곡상이 32, 과물상 10, 수산물상 12, 사탕상 1, 잡화상 37.

시장은 매일 개시하는데 상설점포 외에 모여 파는 자가 40~50명에 내려가지 않으나 그 실제의 상황을 보려면 해마다 쇠퇴하는 모양을 면하지 못함과 같으며 상품의 거래는 남대문시장과 큰 차이가 없다더라.

화물 집산의 경황. 재작년 1911년(明治 44) 중 매상고는 농산물 158만 2,000원이요, 수산물 36만 7,000원이요, 직물류가 8만 6,000원이요, 축류 4만 9,000원이요, 잡화류 54만 5,000원이요, 기타 3만 7,000원이니 합계 266만 6,000원인데, 집산 화물의 산출지로 보면,

쌀	수원(水原), 안산(安山), 김해(金海), 용인(龍仁), 죽산(竹山), 이천(利川), 음죽(陰竹), 풍덕(豊德), 배천(白川), 아산(牙山), 평택(平澤), 예산(禮山), 연안(延安), 여주(驪州) 지방
두(豆)	양주(楊州), 영평(永平), 양평(楊平), 적성(積城), 마전(麻田), 연천(漣川), 경주(慶州), 포천(抱川), 횡성(橫城), 안협(安峽), 원주(原州), 홍천(洪川), 인제(麟蹄) 지방
잡곡	같은 지방으로부터
금건(金巾)[70]	일본 및 청국(淸國)
목면	부산(釜山)
대두	성주(星州), 상주(尙州), 의성(義城), 군위(軍威), 선산(善山), 순천(順天), 무안(務安), 함평

68 ドタン: '함석(아연 도금된 강철판)'의 일본식 발음에서 온 표현.

69 담꾼(擔軍): 짐을 메어 나르는 품팔이꾼.

70 금건(金巾): 카네킨. 옥양목.

(咸平), 의흥(義興), 신녕(新寧) 지방으로부터

마포	길주(吉州), 명천(明川), 안변(安邊), 온성(穩城), 무산(茂山), 경성(鏡城), 강릉(江陵), 간성(杆城), 안의(安義), 거창(居昌), 구례(求禮), 안락(安樂)[71], 삼척(三陟) 지방
방적사	일본으로부터
저포(苧布)	한산(韓山), 서천(舒川), 임천(林川), 부여(扶餘), 청양(青陽), 비인(庇仁), 정읍(井邑), 장성(長城), 고창(高敞) 지방으로부터
명주(明紬)	철원(鐵原), 삭녕(朔寧), 춘천(春川), 성천(成川), 영변(寧邊), 영흥(永興), 토산(兎山) 지방으로부터
사탕	일본으로부터
석유	인천으로부터
인촌(燐寸)	위와 같음
곤포	명천(明川) 지방으로부터
명태	원산(元山) 지방으로부터
염간어(鹽干魚)	영광(靈光), 제주(濟州), 울산(蔚山)
감귤	일본으로부터
사과	일본으로부터
그밖의 과일	양주(楊州), 남양(南陽), 풍기(豊基), 봉산(鳳山), 함흥(咸興), 청산(青山), 보은(報恩) 지방으로부터
야채류	경성 부근
엽연초	영월(寧越), 평창(平昌), 청주(淸州), 홍천(洪川), 용인(龍仁), 괴산(槐山), 광주(廣州), 성천(成川) 지방으로부터
소금	남양(南陽), 인천, 안산(安山), 김포(金浦), 부평(富平) 지방으로부터
선어(鮮魚)	영광(靈光) 지방으로부터
잡화	일본으로부터

71 낙안(樂安)의 오기로 보임.

대략은 이상과 같은데, 곡류는 흔히 인천에 이출하며, 나머지는 경성에서, 어시장으로는 히노마루(日之丸)시장인데, 욱정(旭町)에 있는 조합에 관계된 50명 내외의 중매인 아래에 매자(賣子)도 있으며, 1일의 매상고는 평균 1,000원 내외이라더라.

거래의 방법은 중매인(신원보증금 있는 자)이 매입하여 매자에게 도급(渡給)하였다가 금원(金圓)은 다음 날 시장에 지불하는 규정이나 신용이 있는 자는 4, 5일이라도 지불하지 않는 일도 있으며, 산출지는 여름에는 인천 지방으로 오며, 겨울에는 마산·부산·통영 지방으로서 따르며 경성어시장·히노마루장이든지 동일 조합하여 1일에 매상고됨은 히노마루시장이 다액이 되며 거래 방법 및 산미지(産米地)도 마찬가지라 하며 지면의 형편으로 인하여 어시장에 대하여는 차호에 상세히 기록하겠소.

2) 주식현물시장

〈자료 344〉 시사 삼제–주식현물시장의 설립(조선경제잡지 52호, 1920.04.)

주식현물시장이 허가되어 즉시 주식 모집을 마치고 제1회 불입(拂込)도 끝내고 창립총회도 머지않은 장래에 개최할 것이라고 생각한다. 거래소도 그리고 「회사령」도 모두 조선의 오래된 문제였는데 여기서 이것이 실현된 것은 경제계에 얼마간의 희망을 충족할 수 있는 것으로 우리 역시 크게 기뻐하는 바이다.

원래 거래소의 거래라는 것은 목적물의 종류가 일정한 범위에 한정되어 불편은 있지만 상품 거래로써 극도로 발달된 것이다. 그 기세는 거의 회사의 전 시장을 움직이고 재계의 지침이 되며, 개인적으로 보면 일조일석에 거대한 부를 얻거나 잃어버리는 것이다. 우리는 절실히 이를 이용하는 것이 거래소의 본질이라고 생각하여 거래소의 진정한 목적 관철에 노력할 것을 희망한다.

거래소의 성질, 종류 및 장단점 등에 대해서는 이전에 본지에서 이미 상세하게 연구를 발표하였다. 독자는 지금 더욱이 이를 기억하고 있다고 생각하기 때문에 여기서 첨언하지 않지만, 거듭거듭 신중해야 할 것은 거래소를 공개 도박장이라고 생각하지 않으면 안 된다는 것이다. 조선인 제씨가 돈을 있는 대로 맡겨 두고 이 신규 기관을 일종의 도박 취미로 활용하고 남용하여 전래의 가산을 탕진하거나 착실한 노동을 싫어하는 풍조를 낳은 것은 아닐까. 총독부가 정기 거래를 금지하고 현물거래에 한정하여 거래소란 명칭을 피하여 특별히 현물시장이란 문자를 선택한 것도 조선인 제군에 대한 위의 걱정이 있었기 때문은 아닐까. 마치 회사의 설립은 인정하지만 「회사령」을 발포하고 그런 이유로 과도기를 만들어서 조선인 제군의 회사 운영의 실력 양성에 이바지한다는 취지와 동일한 진정한 거래소를 설립하기까지 과도기의 방편으로써 현물시장을 설치하여 조선인 제씨의 경험을 얻고 지식을 쌓는 기간을 만든 것이라고 추측된다.

만약 우리들의 추측이 정확하다면, 현물시장제도도 당분간 정책으로써 저지할 수 없다고 생각한다. 그러나 다른 한편으로 생각하면, 당국이 신속하게 주식 정기 거래소의 실현에 노력하기를 기원하지 않을 수 없다. 만약 현물시장이 일반의 거래소와 동일한 사명을 가지고 탄생한 것이라면 현물시장은 거의 그 능력을 결여하고 있다. 특히 주고받는 것을 거래 후 3일간으로 한정한 것은 가령 현물의 거래라고 하더라도 거의 자유로운 매매를 위해 적당하지 않다. 따라서 거래 범위가 광범하지 않은 2, 3의 유력가 때문에 상장에 격변이 발생하기 쉬우며 어쨌든 회사의 표준으로써 발포한 소위 공정상장이란 것의 가치도 의심스러운 것이 되어 버린다. 우리는 현재 발흥하고 있는 여러 회사의 주저 없는 비판자로서 거래소의 자유로운 활동을 바라마지 않는다. 이를 위해서는 정기 거래의 개시를 반드시 필요로 한다. 정기 거래가 조선인들 사이에 어떠한 폐를 가져올지는 진중하게 조사해야 할 중대한 사항인 것은 틀림없지만, 총명하고 상재(商才)에 익숙한 조선의 동포는 정부가 염려하는 정도로 거래소 때문에 해독을 입을 것이라고는 믿지 않는다. 더욱이 문명사회에서 거래소는 필요불가결한 기관으로 정부가 그 존립을 좋아하지 않는다고 하여도 발생할 수밖에 없으며 필연적으로 자연스럽게 거래소 행위와 유사한 거래가 행해지게 될 것이다. 나아가 거래소가 설립된다면, 어느 정도의 기간은 호기심으로 가서 이를 남용하는 사람이 속출하는 것도 동서고금의 피할 수 없는 운명이며 조선도 한번은 이것을 경험할 수밖에 없는 시대가 올 것임에는 분명하다. 위와 같이 거래소는 어쩔 수 없는 것이며 그 남용은 일시적으로 피할 수 없는 것이라면, 조선에서도 신속하게 이를 설립하여 빨리 남용시대를 경과하여 가능한 폐해를 최소화하기 위하여 노력하는 것이 한층 현명한 것은 아닐까. 우리는 현물시장 존치의 효과가 없다고는 하지 않는다. 가능한 그 기간을 단축하여 완전한 거래소의 실현을 신속하게 하고 싶다고 원하는 바이다.

3) 1920년 조선총독부 중추원 조사 자료

1920년 조선총독부 중추원 조사 자료는 다음과 같은데, 그 결과 당시 6개 도(그중 함남과 황해도는 각 1개 지역)의 시장 상황을 파악하게 되었다. 그 가운데 4개 시장의 회답을 추려서 수록하고자 한다.

문건명(호수, 일자 등)	자료(책)명	발행처	발행일
사회조사강목 조사계획-제2부 조선인의 생활, 제2항 경제생활의 제5절 상업	중추원조사자료	조선총독부중추원	1920.6
시장에 관한 건 회답(달성군)	중추원조사자료	조선총독부중추원	1920.5.24
시장에 관한 건 회답(양덕군)	중추원조사자료	조선총독부중추원	1920.5.28
시장에 관한 건 회답(군산부)	중추원조사자료	조선총독부중추원	1920.4.12
시장에 관한 건 회답(횡성군)	중추원조사자료	조선총독부중추원	1920.6.30

〈자료 345〉 (1) 조선사회조사강목(조선총독부 중추원, 1920.)

사회조사강목 조사계획-제2부 조선인의 생활, 제2항 경제생활의 제5절 상업

상업은 농업처럼 재화를 산출하는 것이 아니고, 공업처럼 재화를 가공하는 것도 아니다. 생산자와 소비자 사이에 서서, 재화의 교환을 매개하고, 수요 공급을 적합하게 하는 것을 꾀하는 것을 말한다. 조선에서 이것이 어떠한 상태에 있었는가, 또 있는가를 명확히 하는 것을 이 조사의 목적으로 한다.

① 교환(교역)

생산자로부터 소비자에 도달하기까지의 재화의 순환이며, 주요한 분류로는,

1) 실물교환

2) 화폐교환(신용이 매우 발달한다)

3) 신용교환

a. 지폐교환-1인 대 사회(國, 정부 등)의 신용

b. 어음교환-1인 대 1인의 신용

c. 어음교환 교역-중인(衆人) 대 중인의 신용

4) 국내교역

5) 국제교역

이 조사는 그것이 나타난 시대, 그 시대의 경제 상태, 즉 생산·분배·소비의 상황 및 분업의 상황이 어떠했는가를 밝히고, 교역의 수단인,

a. 도량형[교역분량](交易分量의 표준)

b. 화폐신용[수요 공급의 투합(投合) 및 교환력(交換力) 축적의 수단]

c. 교통기관(거리로부터 생기는 교역상의 불편을 감소시킬 방법)

d. 상업

등의 상황을 개관할 것을 필요로 한다. 특히 각 시대에서 수요와 공급의 관계를 명확히 조사할 것을 필요로 한다. 그러므로 이 조사를 위해서는 생산에서의 분업의 상태를 살펴보고, 그 진화 발달의 각 단계에서의 수요와 공급을 대비시킨다. 여기서 수요라는 것은 한 시장에서 일정한 시기에 일정한 가격으로 사려고 하는 재화의 수량이며, 공급이라는 것은 이 수요에 대하여 일정한 가격으로 팔려고 하는 재화의 수량이다.

교역의 표준이 되는 것은 교역 수단의 첫 번째인 도량형이다. 그러므로 이 항목에서 조선의 도량형을 조사할 것을 필요로 한다(본원[72] 조사과 조사자료 참조).

② 화폐

교역의 물적 매개물인 화폐는 아래의 3가지로 나누어 조사한다.

1) 화폐의 진화, 2) 화폐의 종류, 3) 화폐제도

72 조선총독부 중추원.

1)의 화폐의 진화라는 것은 그 기능의 분화 발달을 의미한다. 그리고 그 기능에는 다음과 같은 6가지 차원이 있다.

a. 교환의 매개물, b. 가치의 척도, c. 소비대차의 목적물, d. 재산의 일방적 급부로 이용되는 것, f. 가치를 저장하는 것, g. 신용제도의 기초.

2)의 화폐의 종류는 다음과 같은 3가지로 나누어 조사한다.

a. 원시적 화폐, b. 주조화폐, c. 지폐(불환지폐, 태환지폐, 발행권).

3)의 화폐제도는 다음과 같이 2가지로 분류하여 조사한다.

a. 본위화폐제도 여하, b. 화폐 발행 제조제(製造制) 여하.

이들은 각 세목에 걸쳐서 충분하게 정밀한 조사를 필요로 한다. 이 조사는 조선은행에서 이에 대한 조사 성과가 있는가 없는가를 물어보아서, 만약 있다면 이것을 참조하고, 그렇지 않다면 옛날 것은 문헌 및 유물을 조사해 보고 현재 것은 실제 조사를 해야 한다.

③ 신용거래

현금거래에는 타인이 갖고 있는 재화를 얻으려고 해도 이에 대해 지불해야 하는 화폐를 당장 소유하고 있지 않으면 그 목적을 이룰 수가 없다. 이러한 불편을 보완하는 것으로서 신용거래가 생겼다. 즉 당사자 한쪽의 급부는 당장 존재하나, 이에 대한 다른 쪽의 반대급부는 장래에 속하는 거래가 발생하기에 이른다. 이 조사를 하는 데에는 다음과 같은 각 조목을 각각 명확히 밝힐 것을 필요로 한다.

1) 신용 종류에서 대인신용과 대물신용, 소비신용과 생산신용, 공신용과 사신용의 범위는 어떠한가.
2) 각종 신용증권, 각종 어음의 신용 정도는 어떠한가, 즉 a. 정부 또는 시정촌(市町村)의 공채증권, b. 회사의 채권·은행권, c. 환어음, d. 약속어음, e. 수표 등의 종류, 발달, 세력을 조사할 것을 필요로 한다.
3) 은행의 종류, 수, 영업 상태, 발달 등을 조사할 것을 필요로 한다.

이것은 각 은행에 대해서 조사해야 하는 것은 물론이고, 재무국의 성과를 참조하고, 또한 문헌을 조사하며, 고로(古老)에게 물어보아야 한다.

④ 시장

여러 사람이 모여 매매하는 장소이며, 또 재화에 관하여 수요와 공급이 대립하여, 그 사이에서 경쟁이 행해지는 장소다. 그 종류에는 여러 가지가 있지만, 이것을 분류해 보면,

1) 협의의 시장은 일정한 장소에서 행해지는 것으로, a. 시장, b. 거래소, c. 금융시장이 이에 해당한다.
2) 광의의 시장은 교통에 따른 효과로 인해 일정한 장소가 정해져 있지 않은 것으로서 a. 국내시장, b. 국제시장이 이에 해당한다.

이들의 종류, 제도, 수 및 그 발달상을 조사의 주요한 부분으로 한다. 또 각 시장에서의 거래량·거래 물품을 밝히고, 생산 및 소비의 추세·분배가 어떠한가를 살피는 것을 필요로 한다.

이 조사에 임해서는 본원의 조사자료에 의거하는 것은 물론이고, 각 문헌을 조사하고 상업대사전, 경제대사전을 참고해야 하며, 각지의 실지조사가 가장 긴요하다.

⑤ 상인

생산자와 소비자의 사이에 서서 재화교역의 중개를 하는 것을 직업으로 삼는 자가 바로 상인이다. 여기에는 공동적인 것과 단독적인 것이 있다. 정설(定設) 점포를 갖는 자와 이것이 없는 자, 즉 행상인이 있다. 이 조사는 그 발달의 과정을 추적하여, 각 시대에서의 상인단속제도를 살피고, 또 현대에서의 그 종류 및 수를 통계적으로 표시할 것을 필요로 한다. 문헌, 조사자료, 식산국 및 세무국 등의 조사 성과를 참고하고, 실사도 필요로 한다.

⑥ 금융기관(부. 상업기관)

자금의 수요 공급 관계를 원활하게 하는 것을 직능으로 하는 설비를 말한다. 중요한 것으로는 1) 은행, 2) 빌 브로커(어음 거간), 3) 대금업자, 4) 어음교환소, 5) 거래소, 6) 사업인수조

합 = 일시적 금융기관이 있다.

금융기관의 발달 여하는 국가 경제력에 상당한 차이를 가져온다. 이 조사에서는 우선 이들 기관의 존재 여부, 다음으로 발달 정도, 그리고 발달 경향은 어떠한가를 연구해야 한다. 이 조사에는 통계 및 비교법을 충분히 병용할 것을 요구받는다.

⑦ 상업기관

상업거래를 용이하게 하고, 상업발달을 돕는 여러 기관이 있으며, 광의적인 기관과 협의적인 기관이 있다. 협의적인 것으로는,

1) 은행업: 예금·대부·할인·환·대금 징수 등의 편의를 제공하는 것.
2) 운송업: 화물의 운송을 신속·확실·저렴하게 하는 것.
3) 보험업: 화물의 운송 중 또는 보관 중에 예상치 못한 손해를 보전하는 것.
4) 창고업: 화물의 보관을 책임지고 행하는 것.

으로 구분할 수 있다.

이들의 발달은, 원래 상인 자신에게 부담되던 것이 분업화된 것으로, 상인은 한편으로는 많은 자금을 창고 또는 운송기관에 고정시킬 필요가 없다. 다른 한편으로는 자금을 은행에서 빌려 위험을 보험회사에 전가하여, 비교적 소자본으로 안전하게 상업을 영위할 수 있기 때문에, 상업발달에 중요한 관계를 갖는 것이다.

광의적인 것으로는 1) 상사 행정기관, 2) 동업조합, 3) 상업회의소, 4) 상품진열관 등이 있는데, 이들 존재 및 발달 여하를 조사하는 것을 주안점으로 한다. 조사 방법은 이전과 같다.

(2) 시장에 관한 건 회답(달성군)

달성군 시장에 관한 건 회답

1920년(大正 9) 5월 24일

경상북도 달성군수

조선총독부 중추원 귀중

시장에 관한 건

금년 2월 26일 자 조추발(朝樞發) 제41호로서 조회하신 위의 건은 별지와 같이 조사하여 회보합니다.

달성군 하빈면 하빈(河濱)시장 시장에 관한 관습

1. 시장의 설치

1) 시장의 연혁

(1) 시장의 창설 및 그 변천

고려 하빈현(河濱縣) 시절에 창설되었으나 연대는 상세하지 않으며, 그 이래 아무런 변화 없음.

(2) 시장 창설의 절차

관설.

(3) 시장 부지의 소유권

동유지(洞有地).

2) 시장의 구역

달성군 하빈면·다사면, 성주군 일부.

3) 개시 지명 및 개시일(시장마다)

(1) 개시일: 5일, 10일, 15일, 20일, 25일, 말일. 6회.

(2) 지명: 하빈면 현내동.

4) 주요 상품(각 시장마다)

농산물·수산물·직물.

2. 물자의 공급 수용(需用) 구역(위와 같음)

달성군 하빈면·다사면.

3. 시장 출입 상인의 행상구역(위와 같음)

대구부, 칠곡군 왜관면·기천면, 성주 일부.

4. 시장 물자의 종류, 수량 및 가격표(위와 같음)

물자	수량	가격
농산물	70	2,100
수산물	1,500	2,100
직물	500	2,800

5. 매매 방법[구관(舊慣) 및 현재 상황, 종류에 따라 다른 것은 별도]

자유매매로 옛날에 비해 다른 점 없음.

6. 시장에서의 시장세, 징수 기관 및 방법(위와 같음)

없음.

7. 시장에서의 감독기관 및 매매의 매개자(위와 같음)

1917년(大正 6) 면제(面制)를 시행하면서 면장이 감독을 함.

매개자 없음.

8. 시장에서 매개자의 수수료(위와 같음)

없음.

9. 시장에서의 사용료

없음.

1) 시장부지의 사용료 없음.

2) 건물의 사용료

없음.

10. 시장에서의 이자(구관 및 현재 상황)

2할 5보(步).

11. 시장에서의 관습 중 바로잡아야 할 것. 있다면 그 개요

없음.

12. 시장에서의 관습 중 특기할 것. 있다면 그 개요

없음.

13. 시장에 설치된 조합. 있다면 정관·규약·내규 등[권리 의무에 관한 것은 전부 등사(謄寫)]

없음.

14. 기타

없음.

달성군 화원면 화원(花園)시장 시장에 관한 관습

1. 시장의 설치

1) 시장의 연혁

(1) 시장의 창설 및 그 변천

신라 화원현(花園縣) 시대에 창립된 것이지만 연대는 상세하지 않으며, 창설 이후 아무런 변화 없음.

(2) 시장 창설의 절차

관설.

(3) 시장 부지의 소유권

동유지.

2) 시장의 구역

달성군 화원면

3) 개시 지명 및 개시일(시장마다)

(1) 개시일: 음력 3일, 8일, 13일, 18일, 23일, 28일. 6회.

(2) 지명: 화원면 천내동.

4) 주요 상품(각 시장마다)

농산물·수산물·직물·축류.

2. 물자의 공급 수용 구역(위와 같음)

달성군 화원면·월배면·옥포면·성서면.

3. 시장 출입 상인의 행상구역(위와 같음)

달성군 화원면·월배면·옥포면·성서면·수성면·현풍면, 대구부.

4. 시장 물자의 종류, 수량 및 가격표(위와 같음)

종류	수량	가격
농산물	800석	25,800원
수산물	8,000	10,700
축류	100	7,000
직물	9,000필	49,500

5. 매매 방법(구관 및 현재 상황, 종류에 따라 다른 것은 별도)

자유매매로 구관에 비해 다른 점 없음.

6. 시장에서의 시장세, 징수 기관 및 방법(위와 같음)

소관 면장이 판매가격의 100분의 1을 징수하여, 지방비로서 도에 납부함.

7. 시장에서의 감독기관 및 매매의 매개자(위와 같음)

1917년(大正 6) 면제를 시행하면서 면장이 감독함. 매개는 소(牛) 매매에 한하며, 그 외는 없음.

8. 시장에서 매개자의 수수료(위와 같음)

소 1두(頭) 매매에 대해 수수료로 매매가격의 100분의 3을 군축산조합에서 징수함.

9. 시장에서의 사용료

없음.

1) 시장부지의 사용료

없음.

2) 건물의 사용료

없음.

10. 시장에서의 이자(구관 및 현재 상황)

3보 혹은 5보를 이자로 함. 구관에 비해 다른 점 없음.

11. 시장에서의 관습 중 바로잡아야 할 것. 있다면 그 개요

없음.

12. 시장에서의 관습 중 특기할 것. 있다면 그 개요

없음.

13. 시장에 설치된 조합. 있다면 정관, 규약, 내규 등(권리의무에 관한 것은 전부 등사)

없음.

14. 기타

없음.

달성군 논공면 평촌(坪村)시장 시장에 관한 관습

1. 시장의 설치

1) 시장의 연혁

(1) 시장의 창설 및 그 변천

1908년(明治 41)에 창설되어 명칭을 평촌시장이라 명명(평촌이란 소재지 동명을 따름)한 이래 이후 아무런 변화 없음.

(2) 시장 창설의 절차

관설.

(3) 시장 부지의 소유권

국유지.

2) 시장의 구역

달성군 논공면.

3) 개시 지명 및 개시일(시장마다)

(1) 개시일: 1일, 6일, 11일, 16일, 21일, 26일. 월 6회.

(2) 지명: 논공면 평촌동.

4) 주요 상품(각 시장마다)

농산물·수산물.

2. 물자의 공급 수용 구역(위와 같음)

달성군 논공면·옥포면.

3. 시장 출입 상인의 행상 구역(위와 같음)

앞과 같음.

4. 시장 물자의 종류, 수량 및 가격표(위와 같음)

종류	수량	가격
농산물	40석	1,400
수산물	400	700

5. 매매 방법(구관 및 현재 상황, 종류에 따라 다른 것은 별도)

자유매매로 옛날에 비해 다른 점 없음.

6. 시장에서의 시장세, 징수 기관 및 방법(위와 같음)

없음.

7. 시장에서의 감독기관 및 매매의 매개자(위와 같음)

1917년(大正 6) 면제를 시행하면서 면장이 감독함.

매개자 없음.

8. 시장에서 매개자의 수수료(위와 같음)

없음.

9. 시장에서의 사용료

없음.

1) 시장 부지의 사용료

없음.

2) 건물의 사용료

없음.

10. 시장에서의 이자(구관 및 현재 상황)

없음.

11. 시장에서의 관습 중 바로잡아야 할 것. 있다면 그 개요

없음.

12. 시장에서의 관습 중 특기할 것. 있다면 그 개요

없음.

13. 시장에 설치된 조합. 있다면 정관, 규약, 내규 등(권리 의무에 관한 것은 전부 등사)

없음.

14. 기타

없음.

달성군 현풍면 차천(車川)시장 시장에 관한 관습

1. 시장의 설치

1) 시장의 연혁

(1) 시장의 창설 및 그 변천

지금으로부터 약 300년 전에 창설되었다고 전해지지만 연대는 분명하지 않음. 시장의 명칭은 솔례(率禮)라 칭했는데, 약 150년 전에 성하동(城下洞) 구천(龜川) 시장을 분설(分設)할 때에 명칭을 차천이라고 개칭하여 오늘에 이름.

(2) 시장 창설의 절차

관설.

(3) 시장 부지의 소유권

국유지.

2) 시장의 구역

달성군 현풍면·유가면·구지면 및 경상남도 창녕군, 동 합천군 각 일부로 함.

3) 개시 지명 및 개시일(시장마다)

(1) 개시일: 음력 매월 10일, 20일, 30일. 월 3회로 함.

(2) 지명: 현풍면 신기동.

4) 주요 상품(각 시장마다)

농산물·수산물·직물·축류.

2. 물자의 공급 수용 구역(위와 같음)

달성군 현풍면·유가면·구지면 및 경상남도 창녕군, 동 합천군 일부.

3. 시장 출입 상인의 행상 구역(위와 같음)

앞과 같음.

4. 시장 물자의 종류, 수량 및 가격표(위와 같음)

농산물	400석	13,000
수산물	2,000	2,230
직물	1,500필	7,577
축류	15,000	21,970

5. 매매 방법(구관 및 현재 상황, 종류에 따라 다른 것은 별도)

자유매매로서 구관에 비해 다른 점 없음.

6. 시장에서의 시장세, 징수 기관 및 방법(위와 같음)

소관 면장이 판매가격에 대해 100분의 1을 징수하여 지방비로서 도에 납부함.

7. 시장에서의 감독기관 및 매매의 매개자(위와 같음)

1917년(大正 6) 면제를 시행함에 따라 면장이 이를 감독함. 매개는 소에 한하며 그 외는 없음.

8. 시장에서 매개자의 수수료(위와 같음)

소 1두 판매에 대해 수수료로서 매매가격 100분의 3을 군축산조합이 징집하며 그 외는 없음.

9. 시장에서의 사용료

없음.

1) 시장 부지의 사용료

없음.

2) 건물의 사용료

없음.

10. 시장에서의 이자(구관 및 현재 상황)

종래에는 시변(市邊)이라는 이자(월 1할 2푼)가 있었으나, 지금은 없음.

11. 시장에서의 관습 중 바로잡아야 할 것. 있다면 그 개요

12. 시장에서의 관습 중 특기할 것. 있다면 그 개요

부상(負商) 및 보상(褓商) 등은 여행 중에 병에 걸리거나 또는 사망할 경우, 치료 또는 매장의 책임을 지는 관습이 있음.

13. 시장에 설치된 조합. 있다면 정관, 규약, 내규 등(권리의무에 관한 것은 전부 등사)

없음.

14. 기타

없음.

달성군 현풍면 구천(龜川)시장 시장에 관한 관습

1. 시장의 설치

1) 시장의 연혁

(1) 시장의 창설 및 그 변천

지금으로부터 150년 전 차천시장(구 솔례시장) 으로부터 분설된 이래 아무런 변화 없음.

(2) 시장 창설의 절차

관설

(3) 시장 부지의 소유권

국유지

2) 시장의 구역

달성군 현풍면·유가면·구지면, 고령군 일부 및 경상남도 창녕군·합천군 각 일부.

3) 개시 지명 및 개시일(시장마다)

(1) 개시일: 음력 5일, 15일, 25일 3회.

(2) 지명: 현풍면 원교동.

4) 주요 상품(각 시장마다)

농산물·수산물·축류.

2. 물자의 공급 수용 구역(위와 같음)

달성군 현풍면·유가면·구지면, 고령군 일부 및 경상남도 창녕군·합천군 각 일부.

3. 시장 출입 상인의 행상 구역(위와 같음)

앞과 같음.

4. 시장 물자의 종류, 수량 및 가격표(위와 같음)

농산물	900석	29,000원
수산물	4,500	5,800
직물	3,000	14,500
축류	2,500	27,000

5. 매매 방법(구관 및 현재 상황, 종류에 따라 다른 것은 별도)

자유매매로서 구관에 비해 다른 점 없음.

6. 시장에서의 시장세, 징수 기관 및 방법(위와 같음)

소관 면장이 판매가격에 대해 100분의 1을 징수하여 지방비로서 도에 납부함.

7. 시장에서의 감독기관 및 매매의 매개자(위와 같음)

1917년(大正 6) 면제를 시행함에 따라 면장이 이를 감독함. 매개는 소에 한하며 그 외는 없음.

8. 시장에서 매개자의 수수료(위와 같음)

소 1두 매매에 대해 수수료로서 매매가격 100분의 3을 군축산조합이 거두며 그 외는 없음.

9. 시장에서의 사용료

없음.

1) 시장 부지의 사용료

없음.

2) 건물의 사용료

없음.

10. 시장에서의 이자(구관 및 현재 상황)

종전에는 시변(市邊)이라는 이자(월 1할 2푼)가 있었으나, 지금은 없음.

11. 시장에서의 관습 중 바로잡아야 할 것. 있다면 그 개요

12. 시장에서의 관습 중 특기할 것. 있다면 그 개요

부상(負商) 및 보상(褓商) 등은 여행 중 병에 걸리거나 또는 사망할 경우, 치료 또는 매장의 책임을 지는 관습이 있음.

13. 시장에 설치된 조합. 있다면 정관·규약·내규 등(권리의무에 관한 것은 전부 등사)

없음.

14. 기타

없음.

달성군 공산면 백안(百安)시장 시장에 관한 관습

1. 시장의 설치

1) 시장의 연혁

(1) 시장의 창설 및 그 변천

신라시대에 창설되었다고 전해지지만, 그 연대는 분명하지 않음. 그런데 부지가 사유지이므로 1917년(大正 6) 10월에 인접 국유지로 이전됨.

(2) 시장 창설의 절차

관설.

(3) 시장부지의 소유권

국유지.

2) 시장의 구역

달성군 공산면

3) 개시 지명 및 개시일(시장마다)

(1) 개시일: 음력 3, 8, 13, 18, 23, 28. 6회.

(2) 지명: 공산면 미곡동.

4) 주요 상품(각 시장마다)

농산물·수산물·축류.

2. 물자의 공급 수용 구역(위와 같음)

달성군 공산면 일원.

3. 시장 출입 상인의 행상 구역(위와 같음)

달성군 해안면·수성면·공산면, 대구부.

4. 시장 물자의 종류, 수량 및 가격표(위와 같음)

농산물	70석	1,100원
수산물	500	530
축류	100	100

5. 매매 방법(구관 및 현재 상황, 종류에 따라 다른 것은 별도)

자유매매로서 구관에 비해 다른 점 없음.

6. 시장에서의 시장세, 징수 기관 및 방법(위와 같음)

없음.

7. 시장에서의 감독기관 및 매매의 매개자(위와 같음)

1917년(大正 6) 면제를 시행함에 따라 면장이 이를 감독함. 매매는 매개자 없음.

8. 시장에서 매개자의 수수료(위와 같음)

없음.

9. 시장에서의 사용료

없음.

1) 시장 부지의 사용료

없음.

2) 건물의 사용료

없음.

10. 시장에서의 이자(구관 및 현재 상황)

없음.

11. 시장에서의 관습 중 바로잡아야 할 것. 있다면 그 개요

없음.

12. 시장에서의 관습 중 특기할 것. 있다면 그 개요

없음.

13. 시장에 설치된 조합. 있다면 정관, 규약, 내규 등(권리의무에 관한 것은 전부 등사)

없음.

14. 기타

없음.

달성군 현풍면 본관(本官)시장 시장에 관한 관습

1. 시장의 설치

1) 시장의 연혁

(1) 시장의 창설 및 그 변천

지금으로부터 약 300년 전에 창설되었다고 전해지지만 연대는 분명하지 않음. 이래 변화 없음.

(2) 시장 창설의 절차

관설.

(3) 시장부지의 소유권

국유지.

2) 시장의 구역

달성군 현풍면.

3) 개시 지명 및 개시일(시장마다)

(1) 개시일: 음력 2, 7, 12, 17, 22, 27. 월 6회.

(2) 지명: 현풍면 부동(釜洞).

4) 주요 상품(각 시장마다)

농산물, 수산물.

2. 물자의 공급 수용 구역(위와 같음)

달성군 현풍면.

3. 시장 출입 상인의 행상 구역(위와 같음)

앞과 같음.

4. 시장 물자의 종류, 수량 및 가격표(위와 같음)

농산물	3석	90원
수산물	10	10

5. 매매 방법(구관 및 현재 상황, 종류에 따라 다른 것은 별도)

자유매매로서 구관에 비해 다른 점 없음.

6. 시장에서의 시장세, 징수기관 및 방법(위와 같음)

없음.

7. 시장에서의 감독기관 및 매매의 매개자(위와 같음)

1917년(大正 6) 면제를 시행함에 따라 면장이 이를 감독하며, 매개자는 없음.

8. 시장에서 매개자의 수수료(위와 같음)

없음.

9. 시장에서의 사용료

없음.

1) 시장 부지의 사용료[73]

(3) 시장에 관한 건 회답(양덕군)

양서(陽庶) 제467호

1920년(大正 9) 5월 28일

양덕군수

조선총독부 중추원 귀중

시장에 관한 건 회답

2월 26일자 조추발(朝樞發) 제41호로 조회하신 위 사항은 아래와 같은바, 이에 회답합니다.

1. 시장의 설치

1) 시장의 연혁

(1) 시장 창설 및 그 변천

가. 읍내시장은 지금부터 약 200년 전에 창설된 이래 화물의 집산 및 시장에 나오는 인원이 자못 부진한 상황이었음. 그런데 1915년(大正 4) 평양-원산 간 1등 도로가 개통된 결과, 우차(牛車)의 운수가 가능해졌으며 또한 군(郡)에서는 본군 특산물인 마포·견(繭) 등에 대해 시장 이외에는 매매를 할 수 없도록 금지하는 극단의 수단으로 지도독려한 결과, 시장은 차차 성황을 보이기에 이름.

나. 파읍(破邑)시장은, 1911년(明治 44)에 창설된 이래 군에서 읍내시장처럼 지도한 결과, 1917년(大正 6)부터 돌연 번창하게 됨.

다. 운창(雲倉)시장은 1912년(大正 1)에 창설된 이래, 점차 번창하고 있음.

---

73 이하 원문이 없음

(2) 시장 창설의 절차

읍내시장의 창설 절차는 미상임.

파읍 및 운창 시장의 창설 절차는 「시장규칙」 제3조에 의해 면장이 도지사 앞으로 설치신청을 해서 허가를 얻었으며, 3개소 모두 공설임.

2) 시장의 구역

(1) 읍내시장: 본군 양덕면 하석리·신흥리의 일부, 상석리의 일부. 즉 읍내 구역임.

(2) 파읍시장: 본군 구룡면 파읍 일원.

(3) 운창시장: 본군 오강면 토성 일원.

3) 개시 지명 및 개시일

읍내시장: 양덕군 읍내, 음력 1, 6일.

파읍시장: 구룡면 용계리, 음력 3, 8일.

운창시장: 오강면 창리, 음력 3, 8일.

4) 주요 상품

읍내시장: 농산물·축우·마포·견(繭)·수산물(소금·어류)

파읍시장: 위와 같음.

운창시장: 위와 같음.

2. 물자의 공급 수용 구역

읍내시장: 함경남도 고원군·덕원군·원산부, 황해도 곡산군·본군 온천·대륜·양덕면임.

파읍시장: 평양·성천·순천·곡산·본군 낙천·온천·구룡면임.

운창시장: 맹산군·함남 고원군, 순천군 신창, 본군 화촌·상룡·오강면임.

3. 시장 출입 상인의 행상 구역

읍내시장 출입 상인의 행상 구역은 황해도 곡산군, 함경남도 고원군 운곡면·산곡면, 본군 구룡면·온천면·오강면임.

파읍시장 출입 상인의 행상 구역은 본군 구룡면·온천면·낙천면, 성천군 대구면, 곡산군 대동리임.

운창시장 출입 상인의 행상 구역은 본군 오강면·화촌면·상룡면, 맹산군 학천면, 고원군 운곡면·산곡면임.

4. 시장 물자의 종류, 수량 및 가격표(1919년(大正 8) 연보)

종류	읍내시장	파읍시장	운창시장
농산물	17,970	12,219	7,797
수산물	4,865	5,796	1,746
직물	5,798	14,373	18,468
축류	28,582	25,243	13,814
기타 잡품	13,081	4,524	22,032
계	70,296	62,155	63,857

5. 매매 방법

본군 관내시장에서의 매매 방법은 3개소 모두 동일하며 다음과 같다.

1) 농산물은 물주가 숙박하는 숙주(宿主)에게 매매를 의뢰하여 제3자에게 파는 것이 보통임. 숙주는 보수로서 두량(斗量)의 잔곡(殘穀, 1되 미만)을 얻음.

2) 축우의 매매는 양덕군축산조합이 지정한 축우 매매 중개자의 소개를 거쳐 이루어짐 (수수료로는 성우 1두에 65전, 송아지 1두에 40전).

3) 그 외는 개인마다 자유롭게 판매함.

6. 시장에서의 시장세, 징수 기관 및 방법

읍내·파읍 시장의 시장세는 판매고의 100분의 1임. 징수 기관 및 방법은, 시장을 관리하는 면에서 시장에 시장감독을 1명씩 두어 시장이 열릴 때마다 출시(出市)하는 화물거래를 조사한 다음 시장세를 조정·징수하고 면장에게 납부하며, 면은 1개월분을 모아서 군에 납부함.

운창시장의 시장세는 월액(月額)으로 1개월 3원이며, 시장을 관리하는 면장이 시장 구역에 거주하는 상인에게 안배하여 징수하며 군에 납부함.

7. 시장에서의 감독기관 및 매매 매개자

시장의 감독기관은 군·면임. 매매의 매개자는 농산물 매매에 대해서는 물주가 숙박하는 숙주이고, 축우 매매에 대해서는 군 축산조합이 지정한 중개자임.

그 밖에는 없음.

8. 시장에서의 매개자 수수료

제5항 매매 방법에 기재하였으므로 생략함.

9. 시장에서의 사용료

1) 시장 부지의 사용료

없음.

2) 건물 사용료

없음.

10. 시장에서의 이자

1개월 1원에 대해 6전의 이율.

11. 시장에서의 관습 중 바로잡아야 할 것. 있다면 그 개요

없음.

12. 시장에서의 관습 중 특기할 것. 있다면 그 개요

없음.

13. 시장에 설치된 조합. 있다면 정관

읍내상품조합규약은 별지와 같음.

14. 기타

없음.

「양덕상품조합규약」

제1장 명칭 및 위치 구역

제1조 본 조합은 양덕상업조합이라고 한다.

제2조 본 조합 사무소는 평안남도 양덕군 읍내에 둔다.

제3조 본 조합의 조직구역은 양덕군 군내면 중 상석·하석·신흥의 3리로 한다.

제2장 목적 및 사업

제4조 본 조합은 본군 상업의 개량·발전을 도모하는 것을 목적으로 한다.

제5조 본 조합의 목적을 달성하기 위해 다음 사항을 거행한다.

一. 상업의 개선발달상 필요한 사항의 조사 또는 연구를 할 것.

一. 상업상의 법령 및 지식에 관한 강화회를 개설할 것.

一. 상업 발달상에 관한 의견을 행정관청에 진술할 것.

一. 지방관청의 지도 또는 촉탁을 받은 사항에 대해 진력 실행할 것.

一. 자본차관 및 대부를 도모할 것.

一. 공동구입 및 공동판매를 꾀할 것.

一. 근검의 미풍을 함양하며 수성(收成)의 상공업자본을 준비하기 위해 저축을 할 것.

一. 거래에 관한 악습관 개선을 도모할 것.

一. 박리다매를 주로 하며 폭리를 남기는 것을 엄금할 것.

一. 동업자와 상무상(商務上) 분규가 발생했을 때는 관계자의 청구에 따라 중재를 함.

一. 사업상의 관계 지역에 있는 상업단체와 연락을 취해 서로 간의 가격을 상세하게 알도록 꾀할 것.

一. 본군의 부업저축조합 및 그 밖의 유익한 단체에 대해 늘 기맥을 통하며 상호 이익을 꾀할 것.

제3장 조합원 및 조직

제6조 조합원은 조합구역 내에 거주하는 조선인으로서, 다음 사항의 한 가지에 해당하는 자로서 조직하기로 한다.

단, 상행위를 경영하지 않더라도, 본 군 내에 거주하는 자로서 본 조합의 목적에 찬성하는 자는 명예조합원으로 가입할 수 있다.

1. 자기 또는 타인의 명의로 일정한 점포를 가지고 영리를 목적으로 하는 상행위를 하거나 대금업을 하는 자.
2. 숙박업 및 음식점업을 경영하는 자.

제7조 본 조합에는 2부(部)를 둔다.

一. 전조의 제1항에 해당하는 것을 제1부라 하고, 동조 제2항에 해당하는 것을 제2부라 한다.

제4장 임원 선임 및 직무

제8조 본 조합에는 다음의 임원을 둔다.

一. 조합장 1명

一. 부조합장 1명

一. 부장 2명

一. 평의원 10명

一. 간사 2명

一. 회계원 1명

一. 찬성원 약간

제9조 조합장·부조합장·부장·평의원 및 회계원은 총회에서 투표 선거한다.

찬성원은 명예조합원 중에서 평의원회에서 추천한다.

단, 간사는 조합장이 지명 선거한다.

제10조 본 조합의 임원은 명예직이고 임기는 다음과 같으며, 겸기(兼期) 후에 재선할 수 있다. 단, 간사는 업무가 매우 번거롭고 힘들게 되면 경비(經費)의 상황에 따라 유급으로 할 수 있다.

1. 조합장·부조합장·부장·회계원은 2개년

2. 평의원 및 간사는 1개년

찬성원에 대해서는 임기를 두지 않음.

제11조 본 조합 임원의 직무 권한은 다음과 같다.

一. 조합장은 본 조합의 사무 일체를 총괄한다.

一. 부조합장은 조합장을 보좌하며 조합장 사고 시에는 그를 대리한다.

一. 부장은 조합장을 보좌하여 부무(部務)를 처리한다.

一. 평의원은 본 조합에 관한 주요한 사항을 평의한다.

一. 간사는 조합장 및 부장의 지휘를 받아 서무를 상리(常理)한다.

一. 회계원은 조합장의 지휘 감독에 따라 회계에 관한 일체의 사무에 종사한다.

찬성원은 회의에 참석하여 의견을 진술하며 조합장 또는 부장의 자문에 응해 업무 발달을 도와 줄 것.

제5장 집회

제12조 본 조합은 매년 봄 가을 두 번의 총회를 연다.

단, 조합장 또는 평의원회에서 필요하다고 인정할 때에는 임시총회를 소집한다.

평의원회 및 부회(部會)는 회장이 필요하다고 인정할 때에 소집한다.

제13조 총회에서 의결 또는 거행해야 하는 사항은 다음과 같다.

1. 규약의 제정·변경

2. 임원의 선거

3. 제반 보고

4. 기타 중요한 시설 사건으로서, 평의회에서 제출한 사항

제14조 평의원에서 의결해야 하는 사항은 다음과 같다.

一. 업무 집행 방법에 관한 일

一. 자금차관 및 이용에 관한 일

一. 조합원으로서 규약을 준수하지 않는 자, 도덕에 위배되는 행위를 한 자의 처분에 관한 일

一. 세칙 설정에 관한 일

一. 찬성원 추천에 관한 일

一. 기타 중요한 사항

제15조 부회에서 의결해야 하는 사항은 다음과 같다.

一. 부분적으로 필요한 사건 또는 시설 및 지도에 관한 일

一. 기타 필요한 사항으로 평의원회 또는 총회에 제출할 사항

제6장 조합비 및 회계

제16조 본 조합비는 조합원의 부담으로 한다.

제17조 회계연도는 매년 4월 1일부터 익년 3월 말일까지로 하며 결산은 4월 말일로 한다.

제7장 가입 및 탈퇴

제18조 조합구역 내에서 상업을 경영하는 자는 조합장에게 가입신청을 제출하는 것으로 한다.

제19조 회장은 적당하다고 인정할 때에는 승인을 하며, 그 취지를 일반 조합원에게 통지해야 한다.

제20조 본 조합구역 내에서 상업을 경영하는 자로서, 다음 중 하나에 해당하는 자에 대해서는 일반 조합원은 일체의 거래를 거절해야 한다.

一. 가입 절차를 이행하지 않은 자

一. 가입 승인을 받지 않은 자

一. 탈퇴를 명령 받은 자

제21조 본 조합원으로서 규약을 준수하지 않거나 또는 조합비 납부를 태만히 하는 자는 평의원회의 의결을 거쳐 제명 탈퇴시킨다.

부칙

제 조 총회 또는 평의원회에서 의결한 사항은 군수에게 보고해야 한다.

(5) 시장에 관한 건 회답(군산부)

군서(群庶) 제428호

1920년(大正 9) 4월 12일

군산부

조선총독부 중추원 앞

시장에 관한 건

2월 26일 자 조추발(朝樞發) 제41호로 조회한 위 건을 조사한바, 아래와 같으므로 양지하시도록 회답합니다.

- 아래 -

1. 시장의 설치

군산시장(조선인)·군산식료품시장·군산어시장 이상 3개소(어느 것이나 군산부에서 설치)

2. 시장의 연혁

1) 군산수산시장

구(舊) 동면(東面)에서 2개소가 대립 경쟁하여 군산거류민단이 그 권리를 매수하여 1907년(明治 40) 3월 27일 군산수산주식회사를 설립하는 동시에 시장에 관한 설비를 전부 군산부에서 부담하고, 사용료를 영업인에게 징수하는 방법을 택하여 지금에 이르렀음.

2) 군산식료품시장

우리 부내(府內) 이시다 가메타로(石田龜太郎) 외 11명에 의해 1915년(大正 4) 6월 17일 이래 경영됨. 군산식료품판매조합은 주감(主監) 이시다 가메타로가 파산하면서 경영이 곤란해진 결과 1916년(大正 5) 11월 영업인가가 취소되어, 1918년(大正 7) 10월 14일 자로 군산부 식료품시장이라 개칭. 부 경영 아래에 영업인을 정해 개업해 오고 있음.

3) 군산시장

구래 조선인의 관습에 의거한 시장으로서 영업 중이었으나, 1915년(大正 4) 2월 장재동(藏財洞)시장으로 개칭하고 부가 경영하게 되었음. 수급 조정을 목적으로 하여 1918년(大正 7) 4월 군산시장이라 개칭하고 개시일을 변경하였으며, 그 외 개선을 하여 점차 좋은 성적을 얻고 있음.

3. 시장 창설의 절차

도지사에게 영업허가를 신청하여 허가를 받은 다음에 영업을 개시함.

4. 시장 부지의 소유권

군산부.

5. 시장의 구역

군산부 내.

6. 개시 지명 및 개시일

군산시장(조선인): 매월 음(1일, 5일)

군산식료품시장: 매일 오전 중 1회

군산어시장: 매일 오전, 오후 2회

7. 시장에서의 시장세, 징수 기관 및 방법

1) 시장세

각 시장 모두 매상고의 100분의 1을 영업인으로부터 징수함.

2) 징수 방법

종래 시장의 납세액은 인습에 따라 대부분 관례적으로 결정되었는데, 시장의 성쇠를 겨우 달관(達觀)하는 개산적(概算的) 표준에 의거함으로써 각 시장 사이의 균형을 잃어버리게 되는 폐해가 없지 않았으므로, 우리 부에서는 시장의 보조원으로 하여금 징세 사무에 종사하게 하고 정해진 징수 비용을 지급함. 단, 징세상의 감독·검열을 엄밀하게 하여 조그만 문제라도 없도록 하며, 징세를 마친 것에 대해서는 시장세 영수증을 교부하고 있음.

8. 주요 상품

군산시장: 조선인용 농산물·직물·일용잡화.

군산식료품시장: 야채·과일·수산물.

군산어시장: 생선·염어(鹽魚)·해초류.

9. 물자의 공급·수용(需用) 구역

군산시장은 조선인용 상품이 주이며 군산어시장 및 식료품시장은 일본인을 고객으로 하기 때문에 상품 수급상 다소간 차이가 있지만, 군산부 및 부근 일대의 촌락에 한정되며, 멀리 떨어진 곳과는 거래 없음.

단 군산어시장으로부터 일본 또는 만주 방면으로 수송하는 생선이 있지만, 상인의 손을 거쳐 거래되는 것으로 시장이 직접 거래하지 않음.

10. 시장 출입 상인의 행상 구역

군산부 및 부근.

11. 시장 물자의 종류, 수량 및 가격표

시장명	군산시장	식료품시장	군산어시장	합계
농산물	5,897엔	43,022		48,919
수산물	4,600엔	1,565	241,024	247,189
직물	6,249엔			6,249
가축류	2,465엔			2,465
그 외	6,500엔			6,500
합계	25,711엔	44,587	241,024	311,322

* 비고: 본 표는 1919년(大正 8) 중 1개년의 값을 계상함.

12. 매매 방법

군산시장은 보통(상품을 시장에 진열하고 고객에게 수급함)이며 다른 두 시장은 경매의 방법에 의거함.

13. 시장에서의 감독 기관

부윤.

14. 시장에서의 관습 중 바로잡아야 할 것

없음.

(6) 시장에 관한 건 회답(횡성군)

서(庶) 제411호

1920년(大正 9) 6월 30일

횡성군수

조선총독부 중추원 귀중

시장에 관한 건 회답

2월 26일자 조추발(朝樞發) 제41호로 조회하신 위 사항에 대해 별지와 같이 회답합니다.

- 별지 -

1. 시장의 설치

1) 시장의 연혁

근래 상설점포를 설치하고 상업에 종사하는 자가 점차 증가함. 조선인의 거래는 대부분 시장에서 이루어지는 것이 각지의 일반적인 관례임. 따라서 본군 관내의 시장은 매월 6회 정기적으로 개시되며 그 출시자(出市者)인 부근의 주민은 물론 멀리 8·9리 떨어진 지점에서 오는 자도 적지 않음. 따라서 시장은 조선에서 중요한 재화융통(財貨融通) 기관이며 지방 경제상 보탬이 되고 이익이 되는 바가 적지 않음.

(1) 시장 창설 및 그 변천

수백 년 전까지는 일정한 시장이 없었음. 단, 행상 등이 때때로 모여 도로변에서 물자를 매매하는 데 불과했으나 지금부터 약 50년 전에는 이 읍내에 상설점포를 설치하고 상업에 종사하는 자가 생기게 됨. 그리고 그 점포의 부근에 행상 등이 많이 모여듦에 따라 시장의 구역은 자연히 상설점포 부근으로 구획됨. 출시자 및 행상 등이 정해진 장소에 모여 거래를 개시하게 되어 시장의 창설을 보기에 이름.

(2) 시장 창설의 절차

「시장규칙」 발포 전에는 시장 창설에 관한 아무런 절차가 없었음. 단지, 지방 주민 등이 협의하여 공동으로 시장을 설립했으나 지금부터 7·8년 전에 시장의 경영을 면으로 옮기고 그 관리자를 면장으로 정함으로써 공설(公設)로 됨. 그래서 본군 관내에는 관설(官設)·사설(私設)의 시장은 없음.

(3) 시장 부지의 소유권

우시장은 면유지 혹은 사유지로 충당함. 그 외는 전부 도로를 이용하고 있음.

2) 시장의 구역

시장은 물자를 매매하는 장소를 그 구역으로 삼음. 소재지는 횡성면 읍하리, 둔내면 자포곡리, 청일면 유동리임.

3) 개시 지명 및 개시일

(1) 개시 지명: 횡성면 읍하리, 둔내면 자포곡리, 청일면 유동리.

(2) 개시일: 횡성시장은 음력 매월 1일·6일, 둔내면시장은 5일·10일, 유동시장은 4일·8일

4) 주요 상품

(1) 횡성시장

금포(金布)[74], 면포, 마포, 저포, 견포, 교직포, 엽연초, 도자기, 질그릇, 철주물(鐵鑄物), 진유

74 금포(金布): 금건(金巾, 카네킨)을 뜻하는 것으로 보임. 카네킨은 옥양목이라고도 하며 수입된 면포를 말함.

물(眞鍮物)[75], 소, 쌀, 콩, 짚신, 미투리, 갓, 망건, 땔감, 목탄, 명태, 정어리, 화(鮀)[76], 화포(和布)[77], 마른 김, 일본 종이, 한지, 서양 종이 등.

(2) 둔내시장

금포(金布), 면포, 마포, 궐련초, 철주물, 짚신, 미투리[78], 소, 쌀, 콩, 명태 등임.

(3) 유동시장

금포, 면포, 마포, 궐련초, 철주물, 짚신, 미투리, 소, 쌀, 콩, 명태 등임.

2. 물자의 공급·수용 구역

횡성시장: 경성, 양평, 홍천, 원주, 평창, 영월, 인제.

둔내시장: 평창, 원주, 홍천 등의 군임.

유동시장: 인제, 홍천, 평창, 원주 등의 군임.

3. 시장 출입 상인의 행상 구역

횡성시장: 경성, 양평, 홍천, 원주, 평창, 영월, 인제.

둔내시장: 평창, 원주, 홍천 등의 군임.

유동시장: 인제, 평창, 홍천, 원주군 등임.

4. 시장 물자의 종류, 수량 및 가격표는 아래와 같음

1) 횡성시장

물자의 종류	단위	수량	단가	가격	비고
쌀	석(石)	1,700	50.00엔(円)	85,000	
콩	석	2,856	20.00	57,120	
보리	석	250	16.00	4,000	
금포(金布)	필(疋)	4,360	27.00	117,720	

75 진유물(眞鍮物): 놋쇠로 만든 물건.

76 화(鮀): 어류이나 어떤 물고기인지 알 수 없음.

77 화포(和布): 일본어로 わ-ふ. 해초류의 하나.

78 원문에는 '麻草'로 표기되어 있으나, '麻鞋'의 오기로 보임.

면포	필	3,200	8.00	25,600	
마포	필	4,533	8.50	38,530	
견포	필	58	30.00	1,740	
교직포	필	1256	12.00	15,072	
궐연초	함(函)	400	60.00	24,000	
도자기	개(個)	43,862	0.20	15,724	
질그릇	개	6,280	0.30	1,884	
철주물(鐵鑄物)	개	1,379	3.50	4,826	
진유물(眞鍮物)	개	478	1.50	718	
소	두(頭)	,280	70.00	229,600	
명태	관(貫)	7,856	2.50	16,140	
정어리	관	1,560	2.00	3,120	
화(魼)	관	2,450	2.00	4,900	
청어	관	150	5.00	7,500	
화포(和布)	관	1,450	5.00	7,250	
건해태(乾海苔)	관	485	8.00	3,880	
합계					

2) 둔내시장

물자의 종류	단위	수량	단가	가격	비고
금포(金布)	필(疋)	436	27.00	11,992	
면포	필	320	8.00	2,560	
마포	필	420	8.50	3,570	
궐련초	함(函)	10	60.00	600	
철주물(鐵鑄物)	개(個)	120	3.50	420	
짚신(草鞋)	죽(竹)	500	1.00	500	
마혜(麻鞋)	죽	1500	2.00	3,000	
소	두(頭)	77	70.00	5,390	
쌀	석(石)	50	50.00	2,500	
콩	석	100	20.00	2,000	
명태	관(貫)	800	.50	2,000	
합계					

3) 유동시장

물자의 종류	단위	수량	단가	가격	비고
금포(金布)	필(疋)	50	27.00	1,350	
면포	필	40	8.00	320	
마포	필	30	8.50	255	
궐련초	함(函)	5	60.00	300	
철주물(鐵鑄物)	개(個)	60	3.50	210	
짚신(草鞋)	죽(竹)	200	1.00	200	
마혜(麻鞋)	죽	500	2.00	1,000	
소	두(頭)	50	70.00	3,500	
쌀	석(石)	20	50.00	1,000	
콩	석	10	20.00	200	
명태	관(貫)	50	2.50	125	
합계					

5. 매매 방법

보통의 잡화는 매매업자 상호 간에 직접 매매를 하지만, 곡물·쇠가죽 직물·건어류는 보통 화물 소유자가 일정한 가격을 붙여서 객주에게 판매를 위탁함. 따라서 객주는 위탁자의 지정가격에 의거해 판매했을 경우 소정의 구전, 기타 제 경비를 공제하고 잔액을 위탁자에게 넘겨줌.

우마(牛馬) 등의 매매에는 매매업자의 중간에 거간이라는 자가 개재하여 제반 주선을 하며 정해진 구전을 받는 것을 일반적인 관례로 함.

6. 시장에서의 시장세, 징수기관 및 방법

시장세는 시장관리자인 면장이 개시마다 그날의 판매가격을 군수에게 신고하면 군수는 그 신고에 의거해 판매가격의 100분(分)[79]을 납부하도록 하는 납입고지서를 교부함. 그러면 면장이 이것에 의거해 물자의 판매자에게 징수함.

79 국사편찬위원회 번역 자료의 번역자 주에는 '100분의 1'이라 되어 있음.

7. 시장에서의 감독기관 및 매매 매개자

일반적으로 시장을 감독하는 것은 군이지만, 특별히 우시장에 대해서는 축산동업조합이라는 것이 있어 이것을 경영하며 그들 이들 감독기관은 군에 속함. 우마 등의 매매에는 매개자를 두지만, 일반 잡화의 매매에는 매개자를 두지 않음. 따라서 축산동업조합이 경영하는 우시장에서는 이 조합에서 매개자를 선정하여 매개에 종사하게 하고 있음.

8. 시장에서의 매개자 수수료

전술한 바와 같이 매매의 매개는 우시장에서만 이루어짐. 그 수수료로는 판매가격의 100분의 2를 축산조합이 징수하고 그 징수액의 10분의 3을 실제 매개를 행한 자에게 지급하고 있음.

9. 시장에서의 사용료

1) 시장 부지의 사용료

시장의 부지는 우시장 외에는 전부 도로를 이용하고 있으므로 별도의 사용료를 징수하지 않음. 우시장의 부지는 면유지·민유지가 있는데, 민유지에 대해서는 면으로부터 해마다 소작료를 지불하고 있음.

2) 건물의 사용료

본군에는 관공설 및 사설의 건물이 없으므로 해당 사항 없음.

10. 시장에서의 이자

지금부터 10년 전에는 월 6푼 내지 1할 2푼의 이자까지가 관습이었으나, 근래에는 월 2푼 내지 5푼으로까지 오름.

11. 시장에서의 관습 중 바로잡아야 할 것

없음.

12. 시장에서의 관습 중 특기할 것

없음.

13. 시장의 조합

1915년(大正 4)에 본군 관리 아래 있는 횡성시장에서 상업상의 발전을 기하기 위해 상업조합이라는 것을 조직하여 지금에 이름. 그 조합의 규약은 별책 사본과 같음.

14. 기타

특기할 사항 없음.

「횡성상업조합규약」

1. 총칙

제1조 본 조합은 횡성상업조합이라 함.

제2조 본 조합은 횡성읍내의 상업 발전을 연구 시설하는 것을 목적으로 함.

제3조 본 조합의 사업연도는 4월 1일부터 익년 3월 말일까지로 함.

제4조 본 조합사무소는 횡성군 군내면 읍하리 번지에 둠.

제5조 조합사무의 집행에 관해서는 소관 군수의 감독을 받음.

2. 조합원의 권리 의무

제6조 횡성읍내에 상설점포를 가진 상업자는 모두 본 조합원으로 함.

제7조 본 조합원은 횡성읍내의 상업 발전 시설에 관해 의견을 제출하고 조합총회에 출석하여 결의를 하며 조합 임원의 선거를 하는 권리를 가짐.

제8조 본 조합원은 조합에서 필요로 하는 경비를 부담하며 조합총회의 결의를 준수하고 조합평의원회가 그 권한 내에서 결정한 사항에 한해서 종사할 의무를 가짐.

3. 임원

제9조 본 조합에는 다음의 임원을 둠.

조합장 1명

평의원 5명

서기 내지인 1명, 조선인 5명

조합장·평의원은 무급으로 함.

제10조 조합장은 평의원이 평의하여 상호 선출하며, 평의원은 조합원 중에서 조합원이 선거함. 그 임기는 각 2개년으로 하고 재선될 수 있음.

제11조 조합장은 조합총회·평의원회를 소집하고 조합총회 및 평의원회의 결의를 집행하며, 조합의 사무를 처리함.

제12조 서기는 조합장이 임명하며 조합장의 지휘를 받아 조합의 서무에 종사함.

4. 평의원회

제13조 평의원회는 조합장 및 평의원으로 조직되며 그 결의는 다수결에 따르도록 함.

제14조 평의원회의 권한은 다음과 같음.

1. 조합비의 예산, 징수 및 그 방법을 정하는 것.
2. 과태회(過怠會)[80]를 결정하여 징수하는 것.
3. 조합 규약을 개정하는 것.
4. 중요시설 사항을 지정하는 것.

전항 제1호의 사항은 안(案)을 갖추어 소관 군수의 인가를 필요로 함.

5. 조합총회

제15조 조합총회는 통상 2종류로 나누며, 통상총회는 매년 4월에 개최하며 임시총회는 필요에 따라 조합장이 소집함.

제16조 조합총회 개최의 통지는 개회 기일로부터 적어도 7일 전에는 안건사항과 함께 조합원에게 통지해야 하는 것으로 함.

제17조 통상 총회에서는 다음 사항의 보고를 필요로 함.

1. 조합비의 예산·결산
2. 기왕 사업연도 간의 사업 경과

---

80 과태금(過怠金)의 오기로 보임.

제18조 총회는 조합원 반수 이상의 출석에 의해 성립하며, 결의는 출석 조합원의 다수결에 의거함.

6. 부칙

제19조 조합총회 및 평의원회의 결의를 어기는 자 및 조합비를 포탈하거나 또는 하려고 하는 경우, 10원 이하의 과태금을 부촉(負促)[81]하는 것으로 함.

제20조 조합규약의 개정은 소관 군수의 승인을 필요로 함.

제21조 군내 면장이 취급하는 시장세 징수에 관해서는 당분간 조합 서기가 그 사무를 보조하게 함.

4) 1923년 시장 분포

〈자료 346〉 젠쇼 에이스케(善生永助), 〈조선의 시장 분포 상황〉(조선 제97, 1925.11.)

조선에서 시장 거래는 상업상 가장 중요한 부분을 점하며, 특히 도회지 이외에서는 일용 필수품의 매매는 거의 시장에서만 행하여, 시장은 생활상 및 경제상 매우 필요하고, 적절한 기능을 갖는다. 1923년(大正 12) 말 현재의 조사에 의한즉, 「시장규칙」 제1조 제1호 시장[장옥(場屋)을 설하거나 혹은 설치 않더라도 구획한 지역에서 매일 또는 정기적으로 많은 수요자나 공급자가 모여들어 화물의 매매교환을 행하는 장소] 1233, 이 1개년의 매매거래액 1억 998만 1,000원, 제2호 시장(10인 이상의 경영자가 1장옥에서, 주로 곡물 식료품의 판매를 행함) 7, 매매거래액 102만 6,000원, 제3호 시장(위탁을 받아 경매의 방법에 의하여 화물의 판매를 행하는 장소) 34, 매매거래액 846만 4,000원, 제4호 시장(매일 또는 정기에 영업자가 내집하여 견본 또는 품목에 의하여 물품 또는 유가증권의 매매거래를 행하는 장소) 9, 매매거래액 6억 1,097만 8,000원이다.

이에 1호 시장이란 것은 재래의 조선 시장이니, 그 시일(市日)은 흔히 5일마다 월 6회를 열며, 그중에는 시가지에 있는 것으로 매일 개시되는 것도 있다. 2호 시장은 근년 물가 폭등에 의하는 생활난의 완화를 목적으로 도회지에 부 또는 면영(面營)으로써 설치된 것이고, 3호 시

81 부촉(負促): 뒤에 징수함.

장은 경매의 방법에 의하는 수산물 및 채소 과실의 도매 시장이며, 4호 시장은 곡물 및 유가증권의 현물 거래 시장이니, 「시장규칙」에 의하여 감독을 받으나, 거래소와 유사한 것이므로, 이는 보통의 시장과는 전연히 구별할 것이다. 시험적으로 4호 시장을 제외한 각 시장의 전도 분포 상태를 보건대, 경기도 102, 충청북도 52, 충청남도 92, 전라북도 64, 전라남도 117, 경상북도 161, 경상남도 142, 황해도 117, 평안남도 124, 평안북도 68, 강원도 95, 함경남도 94, 함경북도 46, 합계 1,274가 된다.

옛부터 대구·강경·평양은 조선의 3대 시장이라 칭하고, 또 일설에는 대구·강경 외에 김천을 더하여 3대 시장이라고 하는 자도 있으며, 혹은 대구·강경·공주를 지칭하는 자도 있으나, 근시 교통기관의 보급과 도시의 발달의 결과, 시장의 성쇠에 큰 영향을 미쳐 강경과 같음은 이미 굴지의 대시장이라고는 칭하기 어렵고, 경성에 있는 남대문 및 동대문 시장을 비롯하여, 각 지방에 저명한 대시장이 나타났다. 대체로 상설점포가 발달한 남선(南鮮) 시장보다는 그 발달이 유치한 서북선 지방에 거액의 거래액을 가진 시장이 많은 듯하나, 시장의 수는 인구가 많고 또 경제력이 큰 남선지방에 분포가 밀집함을 인지한다. 주요 시장의 분포의 개황을 알기 위하여 연액 20만 원 이상의 거래액을 갖는 시장표를 보여 보면 다음 표와 같게 된다. 그러나 시장 중에는 그 연혁의 오랜 것이 많아 수백 년 전부터 동일 장소에서 개시하는 것도 적지 않으나, 그중에는 교통기관의 변천, 도읍의 발달, 지세의 관계 등으로, 위치를 변경하며, 또는 시일의 변한 것도 있고, 혹은 폐지·합병·신설된 것도 있다.

시장은 대개 교통의 편리한 곳에 설치되어 둔치, 도로변 등의 공지(空地)를 이용하는 것도 이제 아직 적지 않으며 그중에는 묘지의 부근 등에 설치된 것도 많은 듯하나, 군청의 설치와 동시에 개시된 시장의 수가 많음은 주목할 것이다. 시장의 분포는 1개군 4, 5개소로부터 10개소 내외에 미치는 것도 있는데, 시장의 대소 및 계절에 의하여 상인 및 구매자의 출장 수는 일정치 않으나, 수백 인 내지 수천 인의 다수에 달하며, 가을 수확 후는 시장의 가장 번창한 때이요, 봄으로부터 여름에 걸쳐서는 일반으로 거래 한산의 때이다. 시장의 이용 범위는 부근 3, 4리 내지 7, 8리에 미치며, 출장 상인은 부근의 자 및 근향(近鄕)의 생산자가 많고, 이외에 시장 순회의 행상자로 출점하는 것도 있다. 시장의 거래는 현금매가 많으나, 또 다소의 외상매도 행하며, 시일을 이용하여 금융도 행한다. 대체로 조선 재래의 보통시장은 거의 하등의 설치 없는 야천(野天)에서 매매되므로 교통 및 위생상으로 볼 때 유감의 점이 많으며, 우천의 때는 개시되지 못하는 불편이 있고, 그 거래 방법도 이미 유치하여 원시적 경제 상태의 지경을 벗어날 수 없는 측면이 있다.

즉 연액 20만 원 이상의 거래가 있는 시장의 총수는 전체 조선에서 1,274개소의 시장 중 145개소의 다수에 달하며, 그 거래 비율은 전체 시장 거래에서 66.0퍼센트를 점한다. 다시 연액 50만 원 이상의 거래가 있는 대규모 시장의 분포를 보건대, 경성 남대문, 동 동대문 및 동 어시장, 청주, 강경, 마산면 신장, 예산, 천안, 전주, 대구 서문, 김천, 부산진우시, 부산어시, 부산부평정시, 통영, 통영어시, 하동면 읍내, 거창면 읍내. 신천면 읍내, 사리원, 평양 사창, 중화면 읍내, 안주면 염전, 예명, 용강구읍, 제산, 방현면 남시, 박천면 읍내, 선천면 읍내, 강릉읍, 횡성면 읍내, 함흥, 영흥, 진흥, 혜산진, 화대, 길성면 길주읍 제시의 38개소에 미치는데, 이 중에서 부의 소재지의 시장은 경성의 남대문, 동대문 및 어시장, 대구의 서문시, 양령시 및 동문시, 평양의 사창시장뿐이고, 기타는 모두 지방에 있는 시장이며, 특히 강릉, 영흥, 천안, 예산, 하동, 선천, 남시, 안주, 사리원, 예명, 제산, 철원, 횡성 등의 시장은 가장 큰 규모의 거래액을 갖고 있다. 이를 보아도 지방에 있는 시장 이용의 규모를 미루어 알 수 있다 하겠다.

이상은 주로 시장 중의 거래액이 큰 것의 분포 개황을 서술한 것이다. 조선에는 보통 시장 외에 가축시장 및 어시장의 큰 것이 적지 않기에, 다시 말해, 가축시장 중 1년짜리 생우(生牛) 집산 두수 2만 두 이상 되는 데는 수원, 대구, 부산, 체마, 강계, 북평, 북청, 단천군 읍내, 길주의 9개소에 미치고, 1만 5,000두 이상 3만 두 이하 되는 데는 평구, 안주, 오목, 태천, 철원의 5개소인데, 이들은 우시장으로 가장 저명한 곳이나, 이외에 1만 두 이상 1만 5,000두 이하 되는 데가 23개소, 5,000두 이상 1만 두 이하 되는 데 95개소를 계산해 보니 생우 및 돼지와 닭의 거래가 매우 활발하다. 또 어시장으로 보면 부산어시장은 전체 조선 제일의 큰 시장으로서 어류의 집산 지역은 내지 및 청도, 만주 방면에 수이출을 실시하여 조선 내 각지에 공급한다. 시내 소비를 주로 하는 시장으로 최대 규모의 시장은 경성어시장, 경성 히노마루시장이요, 이외에 용산, 인천, 군산, 목포, 대구, 마산, 평양, 진남포, 원산, 청진 등의 어시장은 시내 소비 및 수이출시장으로 매년 거액의 거래가 있나니 조선 내에 있는 수산업의 발달과 어류 소비의 증가에 반하여 어시장의 거래액은 이후 크게 증가할 것으로 생각한다.

연액 20만 원 이상의 거래가 있는 시장 조사표[1923년(大正 12)]

도명	시장명	소재지	경영자	개시 횟수	1개년 매매고					비고
					농산물	수산물	직물	축류	기타	
경기도	남대문시장	경성부 남미창정 282	조선농업주식회사	362	1,357,000	197,800	12,000	-	1,032,000	제1호 시장 개시 매일
	동대문시장	경성부 예지동 4	광장주식회사	362	1,257,000	50,680	43,440	-	217,900	동(同) 동
	합명회사 경성식량품시장	경성부 욱정 1	합명회사 경성식량품시장	360	333,874	-	-	-	-	제3호 시장 동
	경성어시장	경성부 명치정 2-85	守永■三郎 守永和三郎	354	-	624,458	-	-	-	동 동
	경성 히노마루(日丸) 수산주식회사	경성부 욱정 1-203	경성욱정수산주식회사	354	-	422,467	-	-	-	동 동
	용산수산주식회사	경성부 한강통 13	용산수산주식회사	355	-	332,917	-	-	-	동 동
	명치정 공설시장	경성부 명치정 2-25	경성부	330	57,168	83,521	-	-	-	제2호 시장 동
	명치정 공설시장	경성부 명치정 107	동(同)	350	69,247	123,541	-	-	149,971	동 동
	인천수산주식회사	인천부 지나정 57	인천수산주식회사	363	-	289,320	-	-	-	제3호 시장 동
	읍내시	여주군 주내면 홍문리	주내면	70	33,152	124,436	63,710	82,433	28,944	제1호 시장 5, 10일
	이천시	이천군 읍내면 관고리	읍내면	69	54,152	10,864	20,704	92,028	22,160	동 동 5, 10일

도명	시장명	소재지	경영자	개시 횟수	1개년 매매고					비고
					농산물	수산물	직물	축류	기타	
	장호원리시	이천군 청미면 장호원리	청미면	71	37,077	6,564	35,712	117,856	7,439	동 동 4, 9일
	안성시	안성군 읍내면 장기리	읍내면	67	85,408	25,300	172,566	180,335	28,685	동 동 2, 7일
	수원성 내시	수원군 수원면 북수리	수원면	37	59,410	350	2,030	275,300	49,580	동 동 9일
	수원성 외시	동군 동면 산루리	수원면	37	41,100	510	5,210	270,890	45,980	동 동 4일
	오산시	동군 성호면 오산리	성호면	72	23,200	5,850	17,110	148,520	19,870	동 동 3, 8일
	봉일천시	파주군 조리면 봉일천리	조리면	72	12,855	1,265	2,625	211,774	20,891	동 동 2, 7일
	신탄시	개성군 송도면 5개소	송도면	365	-	-	-	-	315,588	동 동 매일
충청북도	청주시	청주군 청주면 시장정	청주면	70	178,000	32,000	158,000	166,420	121,000	동 동 2, 7일
	영동시	영동군 영동면 계산리	영동면	74	22,500	10,500	10,930	108,500	85,200	동 동 4, 9일
	읍내시	진천군 진천면 읍내리	진천면	73	43,575	27,090	35,086	45,453	33,178	동 동 5, 10일
	제천시	제천군 제천면 읍부리	제천면	68	96,100	87,900	98,100	154,525	56,060	동 동 2, 7일

도명	시장명	소재지	경영자	개시 횟수	1개년 매매고					비고
					농산물	수산물	직물	축류	기타	
충청남도	읍내시	공주군 공주면 본정	김갑순	72	72,500	24,920	55,000	99,900	54,280	동 동 1, 6일
	대전시	대전군 대전면 본정	矢切瀨治	64	102,550	68,400	64,250	69,580	67,080	동 동 1, 6일
	논산시	논산군 논산면	논산면	68	148,027	19,524	8,924	146,470	144,170	동 동 3, 8일
	강경시	동군 강경면	平春富造 외 11명	73	183,000	23,000	214,000	8,700	83,000	동 동 4, 9일
	강경어채시장	동군 동면	수산회사 외 수명	172	-	235,124	-	-	-	제3호 시장 동 수시
	은산시	부여군 은산면 은산리	은산면	64	43,700	7,000	272,000	37,300	89,700	제1호 시장 동 1, 6일
	홍산시	동군 홍산면 홍산리	홍산면	64	42,600	7,500	122,350	42,900	22,410	동 동 2, 7일
	서천시	서천군 서천면 군사리	서천면	64	77,535	25,844	135,066	210	109,412	동 동 2, 7일
	신장시	동군 마산면 신장리	마산면	65	82,123	32,850	295,646	22,849	62,670	동 동 3, 8일
	판교시	동군 동면 판교리	동면	67	41,152	50,864	125,745	120,620	45,024	동 동 5, 10일
	대천시	보령군 대천면 대천리	충남흥업주식회사	72	38,000	3,300	163,000	61,223	124,000	동 동 5, 10일
	양치시	동군 주산면 금암리	주산면	70	8,407	8,429	199,796	11,802	14,247	동 동 1, 6일

도명	시장명	소재지	경영자	개시 횟수	1개년 매매고					비고
					농산물	수산물	직물	축류	기타	
	청양시	청양군 청양면 읍내리	寺田■三郎	67	39,540	11,300	111,000	70,100	60,100	동 동 2, 7일
	광천시	홍성군 광천면 광천리	시장조합	72	32,632	38,100	60,965	37,393	33,346	동 동 4, 9일
	예산시	예산군 예산면 예산리	예산면	70	41,337	61,924	303,313	87,412	311,738	동 동 5, 10일
	서산시	서산군 서산면 읍내리	박준용	72	7,309	4,538	60,300	110,916	26,330	동 동 2, 7일
	온양시	아산군 온양면 읍내리	온양면	60	98,000	33,000	93,000	46,000	101,000	동 동 1, 6일
	천안시	천안군 천안면 읍내리	천안면	69	1,323,778	33,700	39,700	337,333	314,433	동 동 3, 8일
전라북도	군산어시장	군산부 서빈정 2	군산부	722	-	274,824	-	-	-	제3호 시장 동 매일2회
	전주시장	전주군 전주면 대화정	전주면	74	118,700	78,300	108,000	113,300	283,300	제1호 시장 동 2, 7일
	금산시장	금산군 금산면 중도리	금산면	74	41,200	6,830	33,230	132,000	43,100	동 동 8월, 12월은 7회 개시함
	남시장	남원군 남원면 천거리	남원면	72	68,184	104,612	84,732	84,960	119,660	동 동 4, 9일
	순창시장	순창군 순창면 남계리	순창군	74	134,430	47,624	38,962	89,340	21,371	동 동 1, 6일

도명	시장명	소재지	경영자	개시 횟수	1개년 매매고					비고
					농산물	수산물	직물	축류	기타	
	이리시장	익산군 익산면 이리	익산면	62	43,333	7,345	9,647	164,972	101,023	동 동 4, 9일
전라남도	욱(旭)어시장	목포부 앵정	주식회사욱어시장	360	-	279,429	-	-	-	제3호 시장 동 매일
	광주대시	광주군 광주면	광주면	75	100,042	92,108	17,878	86,966	37,298	제1호 시장 동 2, 7일
	송정시	동군 송정면	송정면	93	183,068	38,062	11,968	74,822	82,224	동 동 3,5,8,10일
	순천시	순천군 순천면	순천면	68	31,284	67,240	46,644	29,690	99,248	동 동 2, 7일
	읍내시	장흥군 장흥면	장흥면	72	32,675	19,947	113,000	87,000	93,000	제1호 시장 동 2, 7일
	월평시	장성군 황룡명	황룡면	70	77,453	73,119	73,002	23,494	26,930	동 동 4, 9일
	서문시	대구부 시장정 시장북통 신정	대구부	72	719,000	916,000	336,000	271,000	1,013,000	동 동 2, 7일
	동문시	동부 덕산정	동	72	323,000	223,000	127,000	29,000	274,000	동 동 4, 9일
	영시	동부 시정, 남성정, 동성정, 서성정	동	30	-	-	27,000	-	373,000	동 동 [illegible] 12월, 1월 중 매일
	어채시	동부 원정 1정목	대구어채주식회사	363	45,440	288,140	-	-	-	제3호 시장 동 매일

도명	시장명	소재지	경영자	개시 횟수	1개년 매매고					비고
					농산물	수산물	직물	축류	기타	
경상북도	구천시	달성군 현풍면 원교동	현풍면	36	23,004	63,307	48,682	18,123	28,639	제1호 시장 동 10일
	차천시	동군 동면 신기동	동	36	33,000	77,474	33,776	16,973	28,639	동 동 10일
	안계시	의성군 안계면 용기동	안계면	67	34,892	20,873	45,138	146,883	18,850	동 동 1, 6일
	읍내시	안동군 안동면 동, 서부동	안동면	72	89,280	20,880	22,800	94,321	72,328	동 동 2, 7일
	읍내시	영덕군 영덕면 남석동	영덕면	72	46,300	48,300	35,500	18,300	63,000	동 동 2, 7일
	읍내시	경주군 경주면 동부리	경주군	대69 소60	78,310	74,380	71,810	97,339	87,328	동 동 대 2, 7일 동 소 4, 9일
	읍내시	영천군 영천면 창구동	영천면	72	96,145	61,450	46,300	139,000	43,900	동 동 2, 7일
	읍내시	성주군 성주면 경산동	성주면	74	38,624	40,490	41,352	69,230	40,724	동 동 2, 7일
	김천시	김천군 김천면 욱정, 본정	김천면	74	71,240	81,132	82,241	128,260	187,456	동 동 5, 10일
	상주시	상주군 상주면 서정, 정동하	상주면	74	182,653	32,453	11,545	110,690	63,320	동 동 2, 7일
	예천시	예천군 예천면 남본동	예천면	74	17,130	17,217	17,382	77,709	103,642	동 동 2, 7일

도명	시장명	소재지	경영자	개시 횟수	1개년 매매고					비고
					농산물	수산물	직물	축류	기타	
경상남도	부산진우시장	부산부 범일동	부산부	69	-	-	-	588,430	-	동 동 4, 9일
	부산수산주식회사 어시장	동부 남빈정	부산수산주식회사	363	-	2,187,323	-	-	-	제3호 시장 동 매일
	■ 부산식량품주식회사시장	동부 동정	부산식량주식회사	338	444,453	-	-	-	-	동 동
	부평정시장	동부 부평정	부산부	364	311,200	474,600	42,000	186,000	389,200	제1호 시장 동
	마산수산시장	마산부 빈정3정목	마산수산주식회사	360	-	291,674	-	-	-	제3호 시장 동 매일
	구마산시장	마산부 원정, 부정, 석정, 수정	마산부	63	38,360	236,110	33,230	66,113	63,900	제1호 시장 동 5, 10일
	읍내시장	진주군 진주면 옥봉동, 대안동, 동성동	진주면	72	115,300	38,600	48,300	102,009	45,300	동 동 2, 7일
	진해수산시장	창원군 진해면 욱정	진해수산주식회사	362	-	200,102	-	-	-	동4 동 2, 7일
	밀양시장	밀양군 밀양면 내일동	밀양면	72	111,960	36,000	31,840	94,206	99,384	제3호 시장 동 매일
	통영시장	통영군 통영면 부도정	통영면	73	119,965	394,638	246,365	49,808	181,001	제1호 시장 동
	통영어시장	동군 동면 길야정	부산수산주식회사	398	-	520,454	-	-	-	제3호 시장 동 매일 1회 또는 2회

도명	시장명	소재지	경영자	개시 횟수	1개년 매매고					비고
					농산물	수산물	직물	축류	기타	
	읍내시장	하동군 하동면 읍내동	하동면	74	466,880	245,000	533,820	148,200	114,000	제1호 시장 동 2, 7일
	읍내시장	거창군 거창면 상하동 금천동	거창면	62	108,500	52,720	92,500	150,720	127,870	동 동 1, 6일
황해도	해주시	해주군 해주면 남본정	김의석	355	32,950	33,785	13,550	-	106,380	동 동 상설
	취야시	동군 가좌면 취야리	가좌면	65	28,790	20,650	48,739	160,239	14,042	동 동 3, 8일
	연안읍시	연백군 연안면 횡정리, 봉남리	연안면	71	49,142	4,380	70,348	87,986	64,380	동 동 2, 7일
	시변리시	금천군 서천면 시변리	서천면	64	7,335	3,670	7,520	305,940	3,800	동 동 4, 9일
	읍내시	장연군 장연면 읍내리	장연면	72	62,671	13,683	88,711	70,854	9,678	동 동 5, 10일
	읍내시	안악군 안악면 서산, 소천, ■련, 신장리	안악면	69	44,473	10,372	7,237	119,205	25,658	동 동 2, 7일
	읍내시	신천군 신천면 사직, 무정, 교탑리	신천면	73	271,847	23,919	24,261	233,911	50,955	동 동 1, 6일
	사리원시	봉산군 사리원면 동, 서,북리	사리원면	67	456,000	103,850	261,500	172,592	305,000	동 동 5, 10일
	신막시	서흥군 화회면 신막리	화회면	66	38,500	21,800	25,000	112,597	28,700	동 동 1, 6일
	읍내시	곡산군 곡산면 남산리	곡산면	66	9,994	5,650	20,920	149,401	28,640	동 동

도명	시장명	소재지	경영자	개시 횟수	1개년 매매고					비고
					농산물	수산물	직물	축류	기타	
평안남도	평양가축시장	평양부 신양리	평양축산조합	72	-	-	-	422,258	-	동 동
	평양사창공설시장	동부 신창리	평양부	364	58,902	21,906	254,501	-	229,063	동 동 1월 1일 제외 매일
	평양수정공설시장	동부 수정	동	364	104,586	26,647		198	110,994	동 동
	주식회사 평양어시장	동부 앵정	주식회사 평양어시장	362	25,172	258,712	-	-	-	동 동 3대절 제외 매일
	북창시장	맹산군 옥천면 북창리	옥천면	72	178,498	8,700	46,319	27,048	11,095	동 동 1, 6일
	읍내시장	성천군 성천면 상부, 하부리	성천면	75	192,270	29,800	50,640	104,085	25,200	동 동
	읍시장	중화군 중화면 ■민리	중화면	72	181,238	22,749	11,510	395,770	25,760	동 동 3, 8일
	중화가축시장	동	중화축산조합	72	-	-	-	386,242	-	동 동
	능성시장	동군 풍동면 능성리	풍동면	71	35,638	2,051	5,581	224,774	6,920	동 동 4, 9일
	능성가축시장	동	중화축산조합	71	-	-	-	213,700	-	동 동 4, 9일

도명	시장명	소재지	경영자	개시 횟수	1개년 매매고					비고
					농산물	수산물	직물	축류	기타	
	곤양시장	동군 양정면 석우리	양정면	72	85,555	15,255	56,567	6,794	41,472	동 동 2, 7일
	진지시장	용강군 지운면 진지리	지운면	65	160,958	3,970	24,717	92,745	10,580	동 동 5, 10일
	예명시장	동군 양곡면 마명리	양곡면	68	1,089,771	77	84	20,815	3	동 동 1, 6일
	구읍시장	동군 삼화면 내교리	삼화면	72	684,207	1,002	2,207	942	736	동 동 4, 9일
	제산시장	동군 금곡면 우등리	금곡면	63	4,583,246	3,402	4,015	971	2,206	동 동 1, 9일
	온정리시장	동군 해운면 온정리	해운면	72	166,190	3,632	7,569	75,579	10,499	동 동 4, 9일
	염전시장	안주군 안주면 청교, 신의, 문봉리	안주면	72	679,630	17,173	109,063	239,880	36,078	동 동
	군우시장	개천군 외서면 견룡, 삼포리	외서면	70	130,866	8,750	24,447	25,517	23,600	동 동
	읍시장	덕천군 덕천면 읍남, 읍북리	덕천면	74	61,497	3,820	99,881	55,766	16,657	동 동 2, 7일

도명	시장명	소재지	경영자	개시 횟수	1개년 매매고					비고
					농산물	수산물	직물	축류	기타	
평안북도	체마시	의주군 비현면 체마동	비현면	62	24,630	9,970	27,630	102,734	20,000	제1호 시장 동
	오목시	의주군 의주면 동부동	의주면	74	233,000	20,000	50,000	127,734	20,000	동 동 1, 6월
	남시	구성군 방현면 하단동	방현면	64	23,900	35,800	220,000	197,685	532,000	동 동 5, 10일
	북진시	운산군 북진면 북진동	북진면	68	115,760	14,500	168,700	82,878	87,600	동 동 2, 7일
	영변시	영변군 영변면 동부, 서부동	영변면	73	37,330	30,640	129,450	88,100	80,178	동 동
평안북도	읍내시	박천군 박천면	박천면	72	116,452	127,113	257,100	125,115	152,514	동 동 5, 10일
	읍내시	선천군 선천면 천북, 천남동	선천면	72	270,200	30,300	600,200	133,100	290,200	동 동 3, 8일
	양시	용천군 양하면 양시	양하면	72	26,014	33,348	33,728	40,387	72,413	동 동 3, 8일
	초산시	초산군 초산면 성서동	초산면	72	41,895	4,136	202,500	15,938	700	동 동 1, 6일
	강계시	강계군 강계면 동부, 서부동	강계면	72	126,850	1,600	9,383	87,800	35,000	동 동 2, 7일
강원도	강릉읍시	강릉군 강릉면 본정, 욱정, 대정정	강릉면	66	150,000	120,000	450,000	74,586	193,000	동 동
	읍내시	횡성군 횡성면 읍하리	횡성면	72	2,900	6,500	30,000	101,467	890,300	동 동 1, 6일

도명	시장명	소재지	경영자	개시 횟수	1개년 매매고					비고
					농산물	수산물	직물	축류	기타	
	신장대시	홍천군 홍천면 신장대리	홍천면	72	42,306	16,530	17,100	221,492	25,580	동 동
	읍내시	철원군 철원면 관전리	철원면	74	41,546	50,586	190,439	755,474	85,150	동 동 2, 7일
	읍내시	이천군 이천면 탑리	이천면	72	37,690	10,890	17,680	155,871	9,690	동 동 1, 6일
	지석시	동군 ■양면 지석, 지하리	■양면	65	2,318	2,960	4,636	20,637	287,249	동 동 4, 9일
함경남도	제2어시장	원산부 해안통	원산수산주식회사	1,095	-	383,804	-	-	-	제3호 시장 동 매일 3회
	가축시장	동부 장촌동	원산부	72	-	-	-	433,945	-	제1호 시장 동 5, 10일
	함흥어채시	함흥군 함흥면	개인	365	65,700	323,517	-	-	49,275	동 동 매일
	함흥시	함흥군 함흥면	함흥면	73	187,024	-	69,311	211,901	79,118	동 동 2, 7일
	정평시	정평군 부내면	부내면	72	72,000	11,100	86,400	28,800	28,800	동 동 4, 9일
	부춘시	정평군 춘류면	춘류면	54	165,000	12,500	43,000	125,000	18,500	동 동 3, 8일
	영흥우시	영흥군 홍인면	홍인면	68	-	-	-	453,632	-	동 동 1, 6일

도명	시장명	소재지	경영자	개시 횟수	1개년 매매고					비고
					농산물	수산물	직물	축류	기타	
	영흥시	동	동	68	347,375	156,250	1,367,030	40,342	165,710	동 동 5, 10일
	진흥시	동군 진평면	진평면	72	342,000	9,700	135,700	450	67,000	동 동 2, 7일
	안변시	안변군 학성면	학성면	64	135,818	3,741	46,735	956	7,346	동 동 3, 8일
	신고산시	동군 ■익면	■익면	67	37,163	41,801	42,827	17,340	85,571	동 동 4, 9일
	북청시	북청군 노■면	노■면	74	78,387	17,928	63,024	183,244	11,869	동 동 3, 8일
	고천시	신흥군 동고천면	동고천면	74	127,360	13,769	69,732	18,828	18,294	동 동
	혜산진시	갑산군 보혜면	보혜면	34	128,400	82,300	211,641	43,820	143,820	동 동 2, 7일
함경북도	청진어채시	청진부 북성정	청진부	363	-	367,312	-	-	-	제3호 시장 동 매일
	화대시	명천군 하가면 화대동	하가면	66	332,272	32,300	48,972	47,767	165,320	제1호 시장 동 4, 9일
	길주읍시	길주군 길성면 읍내	길성면	33	45,673	11,405	465,370	53,876	94,019	동 동 1, 6일
	금천시	동군 덕산면 금천동	덕산면	67	17,550	18,910	137,900	20,000	11,840	동 동 5, 10일
	임명시	성진군 학중면 임명동	학중면	72	13,500	3,950	225,400	79,524	65,400	동 동 2, 7일

도명	시장명	소재지	경영자	개시 횟수	1개년 매매고					비고
					농산물	수산물	직물	축류	기타	
	종성시	종성군 종■면 서문외	종■면	343	68,500	34,000	87,300	690	39,400	동 동 매일
이상 합계 145개소				19,242	23,783,932	13,580,586	12,622,357	14,571,446	14,241,455	
모든 시장 거래액 1,274개소				99,609	32,697,822	18,502,685	18,695,951	29,055,335	20,745,051	
모든 거래에 대한 비율 11.4%				19.3	72.7	74.4	67.3	50.2	68.7	

5) 공설시장

〈자료 347〉 문정창(文定昌), 〈조선의 공설시장(朝鮮の 公設市場)〉(半島の光 제49호, 1941.12.)

공설시장은 부, 읍 또는 군과 같은 공공단체가 그 주민의 일상 생활품의 수용(需用)과 공급의 원활을 도모하며 가격을 조절하며 또 시민의 위생과 보건에 유감이 없도록 하기 위하여 하는 시설이올시다.

대저 도시가 발달하고, 인구가 팽창함에 따라서 그 도시 주민의 일상 생활상 필수품인 생선·어채(魚菜), 기타의 식료품을 어떻게 하면 일반 시민에게 깨끗하게 생생한 채로 값싸게 또 언제든지 필요한 때에 안심하고 살 수가 있도록 할까 하는 것은 근대 도시정책의 중대한 문제올시다. 이러하므로 도시가 발달하는 곳에서는 반드시 공설시장이 보급되어 있고, 공설시장이 보급된 곳에는 또한 주민의 생활이 안정되어 있을 것이라고 볼 수가 있습니다.

근래 조선 내에서도 경성·부산·평양·대구, 기타 대도시에는 이미 ■■한 수효의 공설시장이 보급되어 있는 외에 다시 매년 시장이 증설되어 가며 또 지방의 읍과 면에서도 그 구역 내의 상공업이 발달되고 인구가 조밀한 소위 시가지에는 공설시장을 점점 설치하고 있는 것은 이러한 취지에서 나온 것이올시다.

×

그러면 우리 조선에서는 이 공설시장이 어느 때부터 어떠한 경로를 밟아 어느 정도로 발달되어 있는가 하는 것을 말씀드리고자 합니다.

조선의 공설시장은 1910년(明治 43) 부산에 있는 일한(日韓)시장이 설치된 것이 그 효시올시다. 아시는 바와 같이 부산은 지금부터 약 500년 전 이조 세종시대에 일본과 체결된 삼포조약에 의하여 왜관이 설치된 이래로 줄곧 일본인이 거주하였으며 다시 1876년(明治 9) 일한수호조약 이후는 거류민의 수가 점점 증가되어 1910년에는 수만 명에 달하였습니다. 이 일본인의 증가와 이들을 중심으로 한 도시의 발달은 자연 공설시장의 설치를 필요로 하여 이 일한시장이 처음으로 조선에 등장하게 된 것이올시다. 그 후 제1차 세계대전 시대에 제반 물가가 폭등되어 도시 주민의 생활이 매우 곤란하게 되자 부와 읍에서는 공설시장을 설치하여 주민의 일상생활품의 배급을 원활히 하는 동시에 물가를 조절하여 주민에게 싼 물건을 공급하려고 이것을 경영하려는 경향이 차차로 늘어 갔습니다. 그러나 그 당시에는 아직 공설시장의

■■가 전 조선을 통하여 근근(僅僅) 7개소요, 이 시장 내의 매매고는 연 120만 원에 불과하였습니다.

×

조선의 공설시장 발전상 공헌이 많은 것은 소위 개인 경영의 공설시장이올시다. 대체 오늘날의 「시장규칙」과 일반 시장의 관념으로서는 공설시장은 부와 읍·면과 같은 공공단체가 경영하는 것이 원칙으로 되어 있습니다마는 과거의 공설시장은 이러한 경로로만 발달된 것이 아니었습니다. 저 쇼와(昭和) 초년 불경기가 심한 때에 도시 방면의 소자본가가 돈은 있고 투자할 곳이 없어 곤란을 당하였습니다. 그때에 이 소자본가 중에는 공설시장과 같은 집을 지어 그 집 안에 생선·소채·과실·계란·곡물, 기타의 식료품을 파는 상인을 수용하여 영업을 시키는 동시에 그들 상인으로부터 장세를 받아 이익을 보고자 하는 기업가가 상당히 있었습니다. 이러한 관계로 이 소위 개인 경영의 공설시장은 지방에 따라서는 시장행정상 문제가 많았으나 결국 부 당국이 이것을 매수하여 부영으로 한 것이 상당한 수를 헤아리게 되었습니다. 현재 부산·평양 등지는 이러한 개인 경영의 공설시장이 거의 다 부영으로 되었으나 경성에서는 아직 부영이 되지 못하고 현재 경성부의 공설시장 17개소 중에 서대문·용산·마포·화원정(花園町)·영등포, 이 다섯 시장은 부영이나, 기타의 12개소는 모두가 다 사설이올시다.

공설시장은 근년 도시의 발달에 따라서 해마다 증가되고 있으며 특히 지방 읍면의 공설시장 설치는 상당한 수에 달하고 있습니다. 이러한 실제를 보아서 추측하면 전선(全鮮)의 공설시장은 적어도 100개소 이상이 될 줄로 압니다. 그러나 총독부가 발표한 시장 통계를 보면 1939년(昭和 14) 말 현재의 전 조선의 공설시장은 34개소요, 이 시장에서 매매되는 금액은 매년 282만 2,000원에 불과합니다. 이것은 아마 지방 읍면 경영의 공설시장을 이 공설시장 통계표에 올리지 않은 결과인 줄 생각합니다.

×

공설시장의 현상(現狀)에 대하여 특별히 한 말씀 드리고자 하는 바는 경성 시내의 공설시장의 분포 상태이올시다. 경성부 내에는 현재 소위 공설시장이 17개소 있다 함은 이미 말씀드린 바이오나 이들 공설시장은 거의 모두가 일본인 중심의 시가지 안에 있고 주로 반도인이 사는 종로 이북의 방면에는 하나도 볼 수가 없습니다. 이러한 관계로 종로 이북에 사는 수십만의 주민은 그날그날의 생선·식료품을 혹은 행상 혹은 점방으로부터 극히 비위생적이요 비경제적이요, 또한 불안의 상태에서 근근이 배급을 받고 있습니다. 이러한 현상은 이 방면에 다소 관심을 가지고 있는 사람이 볼 때에 한심한 바가 많습니다. 이것은 북부 방면의 주민이 원래 경제와 위생 관념이 부족한 외에 또 이 방면에는 아까 말씀드린 사사(私私)로 공설시장을 경영하는 기업가가 없었던 것과 기타 여러 가지 원인이 많은 줄 생각합니다.

×

공설시장은 부·읍·면 등 공공단체가 일정 장소에 장옥(場屋), 기타를 설비하여 특별히 위생시설에 주의하며 그 시설 내에 지정 상인을 수용하여 이 상인으로 하여금 부의 시장정책에 ■■하여 물건을 판매하게 하며 또 ■와 ■■은 이 공설시장 내에서 판매하는 물건의 가격을 공시하고 근량(斤量)을 정확하게 하여 상인의 폭리와 부정한 행위를 엄중히 단속하며 일반 수용자로 하여금 안심하고 물품을 사게 하는 것이 그 특색이었습니다.

그런데 근래 지나사변 이래로 각종 물품의 핍박함에 따라 우리의 직접 생활품인 곡물·어채, 기타의 식료품도 점점 감소되어 가는 상태에 있습니다. 따라서 당국에서는 대체로 이 부족한 물건을 어떻게 하여야 일반 시민에게 공평하게 배급할까 하는 데에 생활필수품 배급상의 중점을 두고 또 이 물품의 부족한 기회를 이용하여 폭리를 취하고자 하는 소위 부정상인을 어떻게 단속할까 하는 데에 상당히 고심을 하고 있는 (것) 같습니다.

오늘날 우리의 일상생활용 식료품 중 가장 중대한 식량에 대하여는 우리는 이미 설치된 배급기관에 의하여 배급을 받고 있거니와 그다음 중요한 식료품인 생선·어채 등에 대하여는 아직 그 배급기구가 확정하였다고는 볼 수가 없습니다. 이 생선·어채 등의 가장 안전하고 확실한 배급기구에는 추구(推究)하면 추구할수록 여기에 말씀드리는 공설시장에 가장 적절하다 하는 결론에 도달하게 됩니다. 그러므로 종래의 공설시장은 도시의 한 공익의 시설로서 상당히 중요성을 가져왔으나 오늘날의 공설시장은 우리의 일상생활상 직접 필요한 생선·어채, 기타의 식료품의 배급기관으로서 중요한 역할을 가지고 등장하였습니다. 듣는 바에 의하면 이 점에 대하여 당국에서도 상당한 ■■를 하고 있으며 또 경성부, 기타 지방 도■(都■)에서도 부내의 공설시장의 보급과 확장에 대하여 상당한 계획과 안을 세우고들 있다고 합니다. 이러한 시설이 하루라도 빨리 보급되며 발달되어 시국하 우리의 생선·어채, 기타 식료품의 배급기구가 완비되기를 바라마지 않은 바입니다.

3. 상거래 관련

1) 조선인(한국인)과 일본인의 송사 및 판결

〈자료 348〉 조선 말·대한제국기 판결문

청일전쟁이 끝나가던 1895년부터 1910년에 이르기까지 조선인(한국인)과 일본인 사이에 벌어졌던 송사 가운데 주요한 것을 추리면 다음과 같다.

문건명(호수, 일자 등)	자료(책)명	발행처	발행일
임치전(任置錢)에 관한 건	구한말민사판결문	법원도서관	1895.5.9.
품삯(雇金)에 관한 건 외	구한말민사판결문	법원도서관	1896.7.17.
채권·채무 소송(債訟)에 관한 건	구한말민사판결문	법원도서관	1897.3.25.
쇠가죽값(牛皮價)에 관한 건	구한말민사판결문	법원도서관	1897.3.25.
위약금(違約金)에 관한 건	구한말민사판결문	법원도서관	1897.6.10.
물품 대금(代金)에 관한 건	구한말민사판결문	법원도서관	1897.6.29.
부비전(浮費錢)에 관한 건	구한말민사판결문	법원도서관	1898.5.18.
급료 및 위약금에 관한 건	구한말민사판결문	법원도서관	1899.4.11.
벼값(租價)에 관한 건	구한말민사판결문	법원도서관	1899.8.3.
동목값(同木價)에 관한 건	구한말민사판결문	법원도서관	1899.10.11.
채권·채무 소송(債訟)에 관한 건	구한말민사판결문	법원도서관	1901.6.28.
소값(牛價)에 관한 건	구한말민사판결문	법원도서관	1904.6.2.
계약금에 관한 건	구한말민사판결문	법원도서관	1906.2.11.
어음전(於音錢)에 관한 건	구한말민사판결문	법원도서관	1906.2.13.
손해금(損害金)에 관한 건	구한말민사판결문	법원도서관	1907.11.18.

(1) 임치전(任置錢)에 관한 건

개국 504년 제110호

한성(漢城) 나동(羅洞) 원고 일본인 다나카(田中作藏)

한성(漢城) 주동(鑄洞) 원고 일본인 시미즈(清水岩吉)

한성(漢城) 서소문(西小門) 밖 신교(新橋)
피고 최학중(崔學仲)

판결 요지
피고는 원고의 청구에 응하여, (원고의) 봉수전(逢授錢) 20,200냥(兩)과 이자(邊錢) 13,000냥을 갚아야 한다. 소송 비용은 피고가 부담한다.

이유
봉치전(封置錢)을 거리낌 없이 마음대로 써 버렸다는 원고의 주장을 승인하는 것이 명백하고 정당하니 다시는 시끄럽게 하지 말라.

1895년 5월 9일

한성재판소(漢城裁判所)
판사 이근교(李根教)
서기 최준식(崔俊植)

(2) 품삯(雇金)에 관한 건

제182호 판결서

남부(南部) 장동(長洞) 17번지 제6호 일본인
원고 미야자키(宮崎倉造)

중부(中部) 전동(典洞) 평민(平民)

피고 한동욱(韓東郁)

중부(中部) 어물전(魚物廛) 뒤 평민(平民)
피고 이병(李秉)

판결 요지
피고들은 원고의 청구(訴求)에 응할 만한 이유가 없다. 소송 비용은 원고가 부담한다.

이유
피고의 주장은 대질(對質)에 비추어 정직한 것으로 인정한다. 이에 대하여, 원고의 진술(陳供)은 (원고는) 계약을 핑계 삼아 증거를 거짓으로 꾸며 38일간의 품삯(雇價) 38원(元)을 거두어들이려고 하였다. 그러나 피고가 요리점을 수리하는 데 일본인 가네토(金戶吉二郎)에게 은(銀) 300원에 도급을 주어 공사를 완료할 것을 약정하였으므로, 누구를 막론하고 응모하여 같이 일한 자는 가네토에게 품삯을 수령하는 것이 옳으므로 정당하다고 할 수 없다. 따라서 피고의 변론(訴答)은 이유가 있다.

1896년 7월 17일

한성재판소(漢城裁判所)
판사 윤경규(尹庚圭)
서기 마준영(馬駿榮)

(3) 채권·채무 소송(債訟)에 관한 건

민제210호 판결서

한성(漢城) 남서(南署) 숭례문(崇禮門) 내 일본인

원고 요로즈타마 이와요시(萬玉巖吉)
대리인 하마다 리시치(濱田利七)

한성(漢城) 중서(中署) 철교(鐵橋) 상민(商民)
피고 이중경(李仲景) 등
대리인 양재범(梁在範)

판결 요지

피고들은 원고의 청구에 응하여, 소가죽 값으로 가져간 잔금(零銀) 2,416원(元) 68전(錢) 2리(厘)를 갚아야 한다. 소송 비용은 피고가 부담한다.

이유

원고의 주장은 대질(對質)에 비추어 정직한 것으로 인정한다. 이에 대하여, 피고의 진술(陳供)은 "장사가 왕성하지 못해 아직 빚을 청산하지 못했습니다."라고 하였으므로 정당하다고 할 수 없다. 따라서 원고의 청구는 이유가 있다.

1897년 3월 25일

한성재판소(漢城裁判所)
판사 윤경규(尹庚圭)
주사 김정목(金正穆)

(4) 소가죽값(牛皮價)에 관한 건

민제208호, 민제209호 판결서

한성(漢城) 남대문(南大門) 내(內) 수교(水橋) 일본인

원고 가나모리 겐조(金森玄三)

한성(漢城) 서부(西部) 용산방(龍山坊) 형제정계(兄弟井契) 일본인
대리인 스야마 다케지로(陶山武治郎)

한성(漢城) 명동(明洞) 일본인
보좌인 기다(喜田都一)

한성(漢城) 성균관 상민(商民)
피고 양재범(梁在範)

판결 요지
피고는 원고의 청구에 응하여, 동업한 소가죽값 정산금(細音條)의 잔액 33,234냥(兩) 5전(錢) 5푼(分) 및 빌린 돈의 2푼 이자로 25,000냥과 1개월 이자로 500냥을 합하여 58,734냥 5전 5푼을 갚아야 한다. 소송 비용은 피고가 부담한다.

이유
원고의 주장은 대질(對質)에 비추어 정직한 것으로 인정한다. 이에 대하여, 피고의 진술(陳供)은 "장사가 잘 안 돼서 빚을 청산하지 못했습니다."라고 하였으므로 정당하다고 할 수 없다. 따라서 원고의 청구는 이유가 있다.

1897년 3월 25일

한성재판소(漢城裁判所)
판사 윤경규(尹庚圭)
주사 김정목(金正穆)

(5) 위약금(違約金)에 관한 건

민제23호 판결서

경기도(京畿道) 개성부(開城府) 일본인
원고 이와나가(岩永鷹作)

한성(漢城) 남서(南署) 소공동(小公洞) 전(前) 학관(學官)
피고 강봉순(姜鳳淳)

한성(漢城) 중서(中署) 장통교(長通橋) 평민(平民)
(피고 이름 누락)

판결 요지
피고들은 원고의 청구에 응할 만한 이유가 없다. 소송 비용은 원고가 부담한다.

이유
피고의 주장은 대질(對質)에 비추어 정직한 것으로 인정한다. 이에 대하여, 원고의 진술(陳供)은 "포삼(包蔘)을 홍정하고 돈을 가지고 찾으러 왔는데 팔지 않았으므로 계약(約條)을 어긴 것입니다. 따라서 벌금(罰銀)을 증약(證約)에 따라 받아내야 합니다."라고 하였다. 피고들의 진술은 "원고는 청국인 정매선(丁梅先)에게 홍정을 중개하여 전주(錢主)든지 물주(物主)든지 간에 아무 이유도 없이 계약을 어기면 벌금을 부담하기로 증서를 작성했는데 이때 보증인으로 서명하였습니다. 그러나 전주 정매선이 돈을 가지고 포삼을 찾으러 왔다가, 포삼이 1896년 12월 내에 항구에서 수출하지 못할 줄 알고 그 스스로 사지 않았고, 벌금 계약도 서로 탈 없이 순조롭게 마무리되어 피차 잊었던 것입니다."라고 하였다.

그런데 원고가 보증인으로 벌금을 받으려는 것도 불량하거니와 전주 정매선이 스스로 파하여 사지 않았으므로 계약대로 준행한다면 피고가 벌금을 받아낼 수 있다. 하지만 호의(好

諠)로 타협했으므로 불문에 붙이기로 한 것을, 정매선도 모르는 가운데 거짓으로 정매선이 시킨 것이라고 소송을 제기하여, 정매선과 대질하는 자리에서 불량한 간계(奸計)가 탄로 나서 간사한 속임수임을 숨길 수 없게 되었다. 따라서 정당하다고 할 수 없으므로 피고의 변론(訴答)은 이유가 있다.

1897년 6월 10일

한성재판소(漢城裁判所)
판사 서상세(徐相世)
주사 김정목(金正穆)

(6) 물품 대금(代金)에 관한 건

민제455호 판결서

남서(南署) 명동(明洞) 일본인 상민(商民)
원고 이와사(岩佐敬輔)

북서(北署) 화개동(花開洞) 군부서리대신(軍部署理大臣)
피고 심상훈(沈相薰)

판결 요지
피고는 원고의 청구에 응할 만한 이유가 없다. 소송 비용은 원고가 부담한다.

이유
피고의 주장은 대질(對質)에 비추어 보았을 때 진실임을 인정한다. 이에 대하여, 원고의 진술(陳供)은 "무슨 일이든지 불문하고 위임서를 지녔으면 당사자(事主) 신분과 다름이 없으니,

현명운(玄明運)의 위임서를 가지고 물건 값을 받으러 가면 의심 없이 내줘야 하는데 책임을 미루고 주지 않으므로 사리상 타당하지 않아서 정소(呈訴)하였습니다."라고 하였다.

그러나 피고의 진술은 "해당 물품 값을 매번 현명운이 받아갔으므로 군부(軍部)에서는 단지 현명운의 물품이란 것만 알 뿐이지 일본인이 관여한 것을 몰랐습니다. 비록 위임서가 있었으나 믿을 수 없어서 군부에서 주지 않겠다고 말했으니 바로 위임서를 현명운에게 돌려주고 물건 값을 추심해 가야 합니다."라고 하였다.

그러니 피고의 진술과 현명운의 물건 값을 찾아간 증거가 분명하거늘 소송을 내야 할 사람은 소송을 내지 않고 이치에 어긋나게 관계없는 사람을 터무니없이 소송하는 것이므로 정당하다고 할 수 없다. 따라서 피고의 변론(訴答)은 이유가 있다.

1897년 6월 29일

한성재판소(漢城裁判所)

판사 윤경규(尹庚圭)

주사 김정목(金正穆)

(7) 부비전(浮費錢)에 관한 건

광2민397호 제124호 판결서

남서(南署) 이현(泥峴) 일본인

원고 하라다 사다지로(原田貞次郎)

장단군(長湍郡) 농민(農民)

피고 윤대진(尹大鎭)

판결 요지

피고는 원고의 청구(訴求)에 응하여, 수표(手標) 중 금액을 다섯으로 나누어 당오전(當伍) 1,500냥(兩)을 갚아야 한다. 소송 비용은 피고가 부담한다.

이유

원고의 주장은 증거에 비추어 정직한 것으로 인정한다. 이에 대하여, 피고는 원고에게 인삼을 사들이자고 약속하고, 그 후에 부비(浮費)를 떠맡기로 5인이 같이 증서를 작성하였으므로 그 5분의 1을 갚아야 한다. 따라서 원고의 청구는 이유가 있다.

1898년 5월 18일

한성부재판소(漢城府裁判所)
수반판사 이채연(李采淵)
판사 태명식(太明軾)
주사 김종응(金鍾應)

(8) 급료 및 위약금에 관한 건

광3민373호 제142호 판결서

농상공부(農商工部) 안 거류 일본인
원고 우에키(上木民司)
대리인 사카모토(坂本長隆)

서서(西署) 대평동(大平洞) 거주 이문사(以文社) 사장(社長)
피고 심상익(沈相翊)
대리인 유영석(柳永錫)

판결 요지

원고는 피고의 변론(訴答)에 응하여, 월급의 잔금 93원(元)만 받고 위약(背約)에 대한 배상금은 징수하지 말아야 한다. 소송 비용은 원고가 부담한다.

이유

원고의 주장은 대질(質辯)에 비추어 보았을 때 진실임을 인정한다. 이에 대하여, 원고의 진술(陳供)은 "계약서 제8조에 계약을 어기거나 혹 기간 안에 해고하면 위약금 50원과 여비 25원을 주겠다는 구절이 있는데, 가옥과 월급을 모두 계약대로 하지 않았으니 배상금을 물어 주십시오."라고 하였다.

그러나 방(房屋)을 계약에 따라 수리해 주겠다고 해도 소란스럽다며 살지 않았고, 월급을 매달 말에 주지 않은 것은 해당 회사의 허가를 받지 않고 (원고가) 제멋대로 농상공부의 우표 인쇄 사무에 응하여 해당 회사의 사무에 힘쓰지 않았기 때문이다. 그런데도 도리어 해당 회사가 위약했다고 하므로 정당하다고 할 수 없다. 따라서 피고의 변론은 이유가 있다.

1899년 4월 11일

한성부재판소(漢城府裁判所)
수반판사 최영하(崔榮夏)
판사 김영시(金永詩)
주사 황진국(黃鎭菊)

(9) 벼값(租價)에 관한 건

광3민753호 제377호 판결서

남서(南署) 주동(鑄洞) 거주 법률학사(法律學士)
원고 미나카타 다케지로(南方竹次郎)

대언인(代言人) 나카시마 야스쿠니(中島安邦)

충청남도(忠淸南道) 예산군(禮山郡) 거주 진사(進士)
피고 백봉기(白鳳基)

충청남도(忠淸南道) 예산군(禮山郡) 거류 상업(商業)
증인 도우마쓰(東松定視)

충청남도(忠淸南道) 홍주군(洪州郡) 거주 전 예산군수(禮山郡守)
피고 이기상(李基相)

판결 요지

증인 이기상(李基相)은 원고의 청구에 응하여, 정조(正租) 140석(石)을 물어주어야 한다. 소송비용과 손해금은 증인 이기상이 부담한다.

이유

원고의 주장은 대질(質辨)에 비추어 분명하다. 이에 대하여, 피고의 진술(陳供)은 "제가 관찰부(觀察府)에서 집곡(執穀)하는 일로 인하여 일본인 도우마쓰(東松定視)에게 방매(放賣)한 것처럼 임시로 어음을 작성한 것이고, 미나카타 다케지로(南方竹次郎)는 애초 상관이 없었으며 또한 돈 받은 일도 없습니다"라고 하였다.

그리고 예산(禮山) 전 군수가 관찰부에 보고한 전보공문(轉報公文)에 말하기를 "도우마쓰가 고한 것에는 '백봉기가 심가(沈家)와 더불어 무슨 논 소송(畓訟)이 있었던지 백봉기의 추수곡(秋收穀)을 관찰부에서 압류(執留)하라는 지시가 있었다. 그래서 나에게 정조(正租) 140석을 매매한 것처럼 말해서 임시로 어음을 작성하여 잠시 받아 놓았으니 일이 끝난 후에 어음표(於音標)를 발행처[本處]에 돌려주는 것이 매우 당연한 일입니다.'라고 운운하였습니다. 그러나 도우마쓰가 잘못하였음을 이에 판단할 수 있습니다"라고 하였다. 다시 도우마쓰에게 "백봉기가 미나카타 다케지로에게 정조(正租)를 판 일을 내가(예산 전 군수=피고) 이미 확실히 알았던 것처럼 편지를 써서 주었습니다"라고 하였다.

원고와 피고의 진술이 모순되는 마당에 곡직(曲直)과 허실(虛實)을 마음대로 조정하고 공문(公文)을 현혹하려고 편지를 주어 입증(立證)하였다. 증거가 비록 확실한 증거이지만 실제로 판 자가 없으므로 정당하다고 할 수 없다. 따라서 원고의 청구는 이유가 있다.

1899년 8월 3일

한성부재판소(漢城府裁判所)
수반판사 김영준(金永準)
판사 김택(金澤)
주사 황진국(黃鎭菊)

(10) 동목값(同木價)에 관한 건

제460호 판결서

남서(南署) 주동(鑄洞) 거류 일본인
원고 우라오 후미쿠라(浦尾文藏) 등

중서(中署) 동관(潼關) 거류 평민(平民)
피고 김호연(金浩然)

판결 요지
피고는 원고의 청구에 응할 만한 이유가 없다. 소송 비용은 원고가 부담한다.

이유
피고의 주장은 대질(質辨)에 비추어 보았을 때 진실임을 인정한다. 이에 대하여, 원고의 진술(陳供)은 "동목(同木) 8,000개를 쓸 뜻으로 굳게 계약하였는데, 피고가 3,000개 외에는 허락하지 않았으니 3,000개 외에 100여 개의 동목(同木)을 벌목(伐木)한 품삯(雇價)을 징수하고자 합니다."라고 하였다. 그러나 값을 주지 않고 원고 자신이 벌목한 것은 원고에게 책임이 있는 것이므로 정당하다고 할 수 없다. 따라서 피고의 변론(訴答)은 이유가 있다.

1899년 10월 11일

한성부재판소(漢城府裁判所)
수반판사 이채연(李采淵)
판사 김의제(金義濟)
주사 황진국(黃鎭菊)

(11) 채권·채무 소송(債訟)에 관한 건

제 호 판결서

중서(中署) 염동(塩洞) 거주 전(前) 의관(議官)
원고 정항모(鄭恒謨)

남서(南署) 시동(柴洞) 거주 평민(平民)
피고 피병룡(皮秉龍)

남서(南署) 주동(鑄洞) 거주 전(前) 선전관(宣傳官)
피고 김좌모(金佐模)

판결 요지
피고들은 원고의 청구에 응하여, 성표전(成票錢) 900원(元)을 갚아야 한다. 소송 비용은 피고가 부담한다.

이유

원고의 주장은 증서(標)를 증거로 하여 정직한 것으로 인정한다. 이에 대하여, 피고 피병룡은 '일본인에게 각지(刻紙)를 얻을 수 있는 길이 있다'고 하고 선이자(先邊條)로 900원(元)을 원고에게 받아 가지고 갔다. 그러나 각지표(刻紙票)를 얻지 못하였을 뿐 아니라 900원도 돌려주지 않았다. 피고 김좌모는 원고가 일본영사관에 정소(呈訴)하여 일본인에게 선이자 900원을 추심할 때, 13일이 지나도 피병룡이 돌려주지 않으면 자기가 직접 추심을 담당할 생각으로 증서(票)를 작성하였다. 그런데 책임을 떠넘기며 갚지 않았으므로 피고들은 정당하다고 할 수 없다. 따라서 원고의 청구는 이유가 있다.

1901년 6월 28일

한성재판소(漢城裁判所)
수반판사서리 판사 조경구(趙經九)
판사 한동리(韓東履)
주사 황진국(黃鎭菊)

(12) 소값(牛價)에 관한 건

제321호 판결서

남서(南署) 명동(明洞) 거주 일본인
원고 아가와 시게로(阿川重郎)

동서(東署) 동문(東門) 밖 거주 차부(車夫)
피고 박완식(朴完植)

판결 요지

피고는 원고의 청구에 응하여, 소값(牛價)과 수레값(車價) 잔금 당오전(當坪) 15,224냥(兩)을 갚아야 한다. 소송 비용은 각자가 부담한다.

이유

원고의 주장은 대질(質卞)에 비추어 보았을 때 진실임을 인정한다. 이에 대하여, 피고는 소와 수레를 원고에게 값을 정하고 가지고 갔는데도 많은 잔금을 진작 다 갚지 않은 것은 정당하다고 할 수 없다. 따라서 원고의 청구는 이유가 있다.

1904년 6월 2일

한성재판소(漢城裁判所)

수반판사 김연식(金璉植)

판사 하규일(河圭一)

주사 구건서(具健書)

(13) 계약금에 관한 건

광10민38호 제29호 판결서

남서(南署) 남산동(南山洞) 거주 일본인

원고 와다 쇼사쿠(和田章作)

중서(中署) 주동(紬洞) 거주 객주(客主)

피고 원흥섭(元興燮)

판결 요지

피고는 원고의 청구에 응할 만한 이유가 없다. 소송 비용은 원고가 부담한다.

이유

원고의 주장은 대질(質卞)에 비추어 보았을 때 진실임을 인정한다. 이에 대하여 원고의 진술(所供)은, "피고와 서로 장사하기 위해 각자 자본(資本)을 내고 또 피고의 가권(家券)을 보증하여 전당 잡힌 뒤에 10년 기한으로 영업을 하되, 만약 기한 내에 계약을 위반하면 일화(日貨) 2,000원(元)을 갚아 준다는 뜻으로 계약서를 작성한 뒤 각자 날인하였습니다. 그런데 피고가 애초에 푼돈의 출자도 없었고 그대로 계약을 파기하였으므로, 해당 일화 2,000원은 계약증서(約證)에 의거하여 받아야 합니다."라고 하였다.

그러나 피고의 진술에 의거하면, "비록 동업한다는 계약증서가 있으나, 저의 가권은 이미 전당 잡혔고 해당 채주(債主)가 또한 다른 곳에 전당 잡히고 외국(外國)으로 나가서 되찾을 수 없습니다. 그리고 남에게 논문서를 빌려 원고로 하여금 돈을 얻게 하였는데, 원고가 결국 빚을 얻지 못하여 해당 일이 성사되지 못해 자연히 파기되었습니다."라고 하였다.

양측의 진술을 참고하고 계약서를 검토해 보면, 이른바 기한에 대해 말한 것은 영업이 성립한 것을 시점으로 하여, 10년 내에 계약을 위반하면 벌금을 갚아야 한다는 뜻으로 말을 만들어 낸 것이다. 또 원고가 돈을 얻어 주지 못하여 해당 영업이 결국 성립하지 못해서 저절로 파기된 것이므로, 계약 위반과 벌금은 거론할 수 없다. 그런데도 원고가 지금 계약서를 빌미로 삼아 분소(奔訴)하는 것은 정당하다고 할 수 없다. 따라서 피고의 변론(訴答)은 이유가 있다.

1906년 2월 11일

한성재판소(漢城裁判所)
수반판사 이병휘(李秉輝)
판사 이용상(李容相)
주사 노중식(盧中植)

(14) 어음전(於音錢)에 관한 건

제30호 판결서

경기(京畿) 인천항(仁川港) 거주 일본인
원고 요시가미(吉上寬庸)

서서(西署) 종교(宗橋) 거주 미상(米商)
피고 노덕현(魯德鉉)

판결 요지
피고는 원고의 청구에 응할 만한 이유가 없다. 소송 비용은 원고가 부담한다.

이유
피고의 주장은 대질(質卞)에 비추어 보았을 때 진실임을 인정한다. 이에 대하여, 원고의 진술(所供)은 "피고가 당연히 내야 할 당오전(當坪) 20,000냥(兩)짜리 증서(票) 2장과 2,400냥짜리 증서 2매를 피고에게 왕답(往踏)하였는데, '당연히 내줄 것이다.'라고 하고는 미루며 주지 않았습니다"라고 하였다.

피고의 변론(答供)은 "제가 송계창(宋啓昌)에게 일찍이 40,000냥 갚을 것이 있어서 어음 2편(片)을 전당 잡히고 위 40,000냥에 대한 이자로 4,800냥짜리 증서(票)를 역시 써 주었습니다. 작년 7월경에 저와 평소 친한 김준용(金準用)이 송계창의 50,000냥 지급(出次) 어음을 가지고 와서 빚을 요청하므로, 1개월을 기한으로 약정하고 50,000냥의 빚을 주었습니다. 그런데 그 뒤 송계창이 기한이 지나도 갚지 않고 그대로 죽어서 피차 갚아야 할 돈을 아직 계산하지 못하였습니다. 그러다 송계창에게 전당 잡힌 저의 44,800냥짜리 증서를 원고가 가지고 내답(來踏)하였습니다. 그래서 제가 '이 어음이 나온 곳에 상계(相計)하기로 약속한 것이 있으니, 본처(本處)에 돌려보내겠다.'고 답하였습니다"라고 하였다.

양측의 진술을 참고해 보니, 어음은 비록 피고가 작성하였으나, 해당 어음을 가지고 있는 곳에 피고 역시 찾아야 할 돈이 있다. 그러므로 해당 어음을 내답할 때 피고가 반드시 답송(答送)할 이유는 없다. 뿐만 아니라 누구의 어음(某音)이든지 어음 주인(音主)에게 왕답하여 승낙을 받은 뒤 돈을 추심하는 것은 장사(商路)의 관습이다. 만약 문제가 있어서 어음 주인이 답송하지 않으면, 본처(本處)로 돌려보내는 것 또한 어음 거래(行音)의 원칙(境界)이다. 그런데도 원고가 지금 강제로 추심하고자 하는 것은 정당하다고 할 수 없다. 따라서 피고의 변론(訴答)은 이유가 있다.

1906년 2월 13일

한성재판소(漢城裁判所)
수반판사 이병휘(李秉輝)
판사 이용상(李容相)
주사 박봉환(朴鳳煥)

(15) 손해금(損害金)에 관한 건

광11민382호 제403호 판결서

경기도(京畿道) 인천항(仁川港) 거류 일본인
원고 야마나카(山中勸)

중서(中署) 교동(校洞) 운현궁(雲峴宮) 정1품(正一品)
피고 이재면(李載冕)

중서(中署) 염곡(鹽谷) 거주 운현궁(雲峴宮) 장무(掌務)

피고 김형식(金亨植)[82]

판결 요지

피고 이재면과 피고 김형식은 원고의 청구(訴求)에 응할 만한 이유가 없다. 소송 비용은 원고가 부담한다.

이유

피고 이재면과 피고 김형식의 주장은 대질(質卞)에 비추어 보았을 때 진실임을 인정한다. 이에 대하여 원고는 "김태일(金泰一)·황석원(黃錫元)·한석곤(韓錫坤)·이치명(李致明) 등이 와서 '운현궁의 토지가 시흥군(始興郡) 영등포(永登浦)에 있는데 합자(合資)하여 개간을 하자'고 말하였습니다. 운현궁의 허가 제지(題旨)를 받아왔으므로 기무라 미노루(木村稔)에게 탐지를 맡겨 보냈더니 운현궁의 장무(掌務) 김형식이 확실하다고 말하였고 궁에서 3차례 훈령을 발하여 관원을 보내 정계(定界)를 살폈습니다. 시흥군 상북면(上北面) 단산(團山) 아래부터 철도 남쪽 5리 정도에 이르는 초원평지를 개간하기로 약속하고 식산회사정규(殖産會社定規)를 작성하여 운현궁의 도장을 찍어 왔습니다. 해당 토지 임대료 1,000환(圜)을 유기풍(劉基豊)·정준호(鄭俊好) 등에게 내어 주어서 궁에 납부하게 하였고, 김형식이 수령하여 궁에 납부하고 날인(捺章)한 수령증을 작성하여 보냈으므로 확신하고 의심하지 않았습니다. 농구(農具)와 농마(農馬) 및 일본인 일꾼들을 구매·모집하여 오면 농막을 건축하여 1905년 9월부터 1906년 3월까지 개간사업에 착수하기로 하였습니다. 그런데 해당 토지의 거주민들이 민유지를 침탈하였다고 등소(等訴)[83]하여 소란을 일으켰고, 해당 개간공사가 정지됨으로 인해 입은 다대한 손해를 피고 이재면과 피고 김형식에게 물어내게 하여 주십시오"라고 청구하였다.

두 피고의 진술(供稱)은 "정준호가 김형식에게 와서 권유하며, 시흥 단산 아래에 운현궁에 소속된 초원평지가 있으니, 해당 군에 가서 탐문할 것을 말하였습니다. 그리고 두세 차례 해당 군과 교섭하라는 일을 정준호가 또 교사(敎唆)하였습니다. 이어서 김태일·황석원·한석곤·

82 원문은 金亨根이나 아래 내용으로 보아 金亨植의 오기로 판단됨.

83 등소(等訴): 민원에 관련된 일을 풀기 위하여 민인들이 2인 이상이 연명으로 소장을 작성하고 관청에 올려 하소연하는 일, 또는 그 문서. 동의어 등장(等狀).

김치명 등의 청원으로 제사를 받을 것을 요청하였고, 회사 규정을 설립한 책자를 정준호가 또 가지고 와서 인허를 받아 갔습니다. 그 후에 정준호가 1,000원의 돈으로 납상(納上)하기를 원하고, 본궁의 생신잔치 비용에 보태라고 하였기에 김형식이 과히 궁용(宮用)으로 받았습니다. 정준호는 '성사 이전에 만약 본궁에 아뢰면 반드시 책망을 받을 것이니 잠시 이를 숨기라'고 하였고, 김형식이 궁에 아뢰지 않고 마음대로 주관하였습니다. 해당 토지의 거주민들은 궁에 등소하여 궁에서 비로소 이 일이 있음을 알게 되었습니다. 1905년 8월에 일본인 오우라 시게히코(大浦茂彦)가 책자 하나를 운현궁에 보내어 '이는 일본인 기무라 미노루가 시흥군에 소재한 초원평지를 본궁에 요청해 얻은 증명서다'라고 말하였다. 궁에서는 본궁 장무 김형식을 불러서 물어보니, 일본인에게는 관계한 일이 애초부터 없고, 금년 봄에 정준호가 와서 요청한 일이라고 하였습니다. 원고가 청원이라고 하는 것은 원래 원고의 청원이 아니라 김태일 등 4명이 정소한 것이며, 해당 회사 정규로 말하더라도 원고가 직접 허가를 받은 것이 아니라, 이 또한 정준호가 받은 제사를 가지고 온 것입니다"라고 하였다.

원고와 피고의 진술(供辭)을 참고하여 살피면, 운현궁이 김태일 외 3명에게 개간권을 허가하였을 뿐이고, 당초 원고 회사에 허가한 일이 없으므로 운현궁이 원고 회사의 청구를 받을 수 없다. 해당 청원에 기초하여 개간을 허가하였다고 하나 다른 사람에게 개간사업을 중지하라고 명령한 일이 없으므로, 본건의 사업 중지로 발생한 손해를 운현궁에 청구하는 것은 부당하다. 원고는 해당 손해의 원인을 거슬러 올라가 운현궁이 개척을 허가한 행위에 귀착시키지만 원래 청원에 대한 허가는 행정상 행위이지 민법상 합의계약은 아니다. 이에 따라서 허가받은 자에게 추탈담보(追奪擔保)[84]·하자담보(瑕疵擔保)[85] 등의 민법상 권리가 발생하지는 않으므로, 원고의 청원은 민법상 계약에 그 근거가 있는 것이 아니다.

운현궁이 본건의 개간을 허가한 행위의 불법 여부를 관찰하면, 각 궁가는 종래 인민의 청원에 대하여 적법하게 개간권을 허가하는 것은 다년간의 옛 관습이었다. 1906년 7월 30일 궁내부령 제4호 제5조에 따라 이 옛 관습을 법률상 폐지하였으므로 그 이전에 해당하는 본건의 운현궁의 허가행위는 적법이며 불법행위라고 할 수 없다. 원고 회사의 정규에 따를지라도

84 추탈담보(追奪担保): 매매의 목적인 권리에 하자가 있는 경우에 매도인이 지는 담보 책임.
85 하자담보(瑕疵担保): 매매의 목적물 자체에 알지 못한 하자가 있는 경우에 매도인이 지는 담보 책임.

해당 토지에 관하여 분쟁이 발생할 때는 김태일 등이 인수하여 처리할 규정이 있으므로, 원고는 마땅히 김태일 등에게 청구해야 하며 직접 피고 이재면과 피고 김형식에게 청구할 권리는 없다. 원고의 청구는 이유가 없다.

1907년 11월 18일

한성재판소(漢城裁判所)
수반판사 이시영(李始榮)
판사 피상범(皮相範)
판사 이원국(李源國)
판사 최진(崔鎭)
주사 노중식(盧中植)

2) 공설 전당포

〈자료 349〉 시사 삼제 – 공설 전당포(조선경제잡지 52호, 1920.04.)

경성부는 현재 공설 전당포를 명치정(明治町)에 개설하고 하층민 금융의 길을 강구하려고 한다. 그러니 이 기획은 민간 전당포업자의 큰 반대에 부딪혀서, 만약 전당포업자의 요구를 경성부가 받아들이지 않으면, 전당포업자는 동맹으로 폐업한다고 위협하고 있다. 우리는 경성부와 전당포업자의 어느 쪽에도 가담하는 것은 아니다. 그리고 쌍방의 이유를 여기서 열거하고 비평하려는 것도 아니다. 단지 간단하게 우리들의 의견을 서술하여 쌍방이 참고하는 데 보탬이 되기를 바란다.

원래 공설 전당포는 하층 사회의 금융의 편리를 꾀하는 것을 목적으로 삼고 있지만 이른바 하층사회의 범위는 매우 광범위하고 그 어떤 부분을 목적으로 하는지에 따라서 공설 전당포의 내용도 달라지지 않으면 안 된다고 생각한다. 전당포는 서민의 금융기관이라고 하지만 반드시 그렇다고만 할 수는 없다. 아직 은행을 이용할 수 없는 사람은 관리든지, 예술가이든지, 노동자이든지, 소상인이든지 관계없이 다수가 전당포를 통해서 금융의 길을 강구하고 있다. 이 가운데 어떤 부분이 공설 전당포가 구제해야 할 방면인가. 만약 진정으로 구제의 의미를 가지려고 한다면, 최하층의 시민을 위하는 바가 없으면 안 된다. 그렇다면 대출액을 소액으로 제한하고 그 경영 장소도 빈민굴에 두고 그 능률을 높여서 목적에 부응하지 않으면 안 된다. 그러나 극빈자를 위한 전당포란 것은 관리들의 업무로써 가장 어려운 바이며, 혹은 실패로 끝나 버리지는 않을까라고 생각된다. 극빈자의 전당물품은 불결한 물건이 많으며 더욱이 전당물품은 채무의 담보라기보다는 오히려 채무의 증거 정도로 보이며 전당계약 그 자체는 실은 대물적인 신용이 아니라 대인적 신용이다. 이러한 전당계약을 행하는 것은 부청(府廳)의 사업으로서는 가장 적합하지 않은 일이다. 그러나 현재 경성에 어느 정도의 빈곤자가 있는지 상세한 조사를 한 이후가 아니면 분명히 말할 수 없으나 생활에 위협을 받고 있는 것은 최하층의 시민보다도 오히려 중류 이하의 정액 수입자라고 생각한다. 이들을 상대로 한다면 공설 전당포는 상당히 넓은 활동무대를 가지고 있기 때문에 정책으로 고려하여도 공설기관으로써의 실효를 거둘 수 있다고 믿는다. 대출제한액도 30원이든 50원이든 혹은 더 높게 해도 관계없다. 그러니 이것도 역시 생각해야 할 것인데 생활의 위협보다 그들의 구제를 위해 부(府)가 전당포를 경영하는 것이 최선의 방법인지, 사회정책을 표방하는 정도라면 별도로 긴급한 일이 없지는 않을까. 동일하게 금융의 길을 마련하는 것에도 전당포보다도 한층 더 현대적인 시설을 계획하는 것이 부로서도 돌보는 의의가 있지는 않을까. 연구를 필요로 하는 바이다.

다음으로 전당업자의 입장에서 보면, 공설 전당포는 이론상으로는 반대할 이유가 많지 않다고 생각된다. 이로써 기득권의 침해라고 하거나 영업의 압박이라고 하지만 법률적으로는 기득권의 침해라고 단정할 수 있을지 또는 국민경제론으로써 공설 전당포만이 영업의 압박이라고 할 수 있을까. 많은 논의의 여지가 있다. 이러한 논법으로 부청을 공격하는 것은 오히려 시민의 동정을 잃어버리는 이유가 아닐까. 단지 이번에 열거한 것처럼 부청이 전당업자에 대해서 냉담하게 대한 것은 싸우지 않으려고 하는 듯하나 이를 가지고 동맹휴업의 구실로 삼기에는 부족하다고 생각한다. 사회는 이전에 전당업자가 은행 그 외의 금융기관 이용이 불가능한 사람을 위해서 매우 기여한 공적은 인정하고 이를 보호함과 동시에 비난해 마땅한 결점의 개선을 희망하지 않으면 안 된다. 이러한 점에서 생각하면, 이번의 공설 전당포는 다소의 효과가 있다고 생각하지 않으면 안 된다.

위와 같이 공설 전당포를 하층민 구제의 의미로 설립하는 것이라면, 그 목적을 달성하기가 곤란하며 나아가 자본을 수배로 증가시키고 조사 계획을 정밀하게 하지 않으면 안 된다. 그리고 이로써 종래의 전당업자를 압박하고 압도하려는 것이라면, 더욱 곤란하며 목적으로서도 환영받지 못한다. 이와는 반대로 전당업자가 곧바로 선취득권의 침해, 민업의 압박이라고 간주하는 것도 동의하기 어려운 논법이다. 이것은 모범 전당포의 의미로 설립되지 않으면 안 된다. 개업의사에 대한 총독부 의원과 같이, 사설 시장에 대한 공설시장과 같이 가장 충실한 방법으로 경영하고, 약간 전당업자에게 개선시킨 바가 있다면, 공설 전당포의 목적은 달성되었다고 보지 않으면 안 된다. 대출 제한과 같은 것은 무의미하고 이를 철폐해도 문제없다고 생각한다. 단지 부청이 대출자금에 대해서 마치 은행업자가 그 사용처를 조사하는 것처럼 충분한 고려를 하여 현명한 판단으로 선택케 함으로써 암암리에 사회정책의 이상을 실행하는 것과 같은 것은 없다고 생각한다. 부질없이 형식적인 이상을 상정하고 다양한 제한을 두는 것은 역으로 자승자박이 될 것이다.

3) 중소상업 진흥책

〈자료 350〉 중소상업 진흥책(조선경제잡지 192호, 1931.12.)

중소상업 진흥책

경성상공회의소 주최로 당 회의소 의원과 상업가 대표 50명이 중소상업진흥위원회를 조직하고 이를 상점경영개선위원회·상거래개선위원회·물가대책위원회의 3부로 나누어 지난 10월 이래 수회의 회합과 연구 협의를 한 결과 아래의 12항목을 지난 11월 6일 결의하였다. 위의 내용은 중소상업 진흥책으로써 만전을 기한 것이라고는 생각되지 않지만 현재의 중소상업자의 현황 타개에 일조할 것이라고 확신하는 바이다.

중소상업 진흥 대책안

상점 경영 부분[86]

거래 개선 부분

5. 상품 거래의 결제는 현금으로 거래함. 단, 종래에 장기 거래 계약이 있는 것 가운데 수표 결제는 반드시 1개월 이내로 하며, 지불 장소를 은행으로 할 것, 그리고 장부 거래는 매월 25일로 마감하고 월말에 지불할 것.

거래 결제 방법은 신용거래 시대가 되면서 상품에 따라 그리고 거래처에 따라 각기 달라서 일정하지 않기 때문에 해당 업자가 아니면 그 방법을 쉽게 파악하기 어려운 사정이 있어 거래는 복잡해지고, 원활함을 방해함과 동시에 상인은 연중 돈 받는 것에 노력과 경비를 지출해야 하는 감이 있으며 또한 이로 인해 발생하는 영업비의 증가는 이윤을 줄이는 한편 어쩔 수 없이 판매가격을 높일 수밖에 없는 상황에 이르러 도저히 원만하고 공정한 상업의 발달을 기대하기 어렵기 때문에 이미 전문가들 사이에는 이를 통일하자는 논의가 있었지만 오랜 관습의 개선은 쉽지 않아 아직 그 실현을 보지 못한 것은 매우 유감이다. 결제를 단순화할 수 있으면, 거래의 신속과 원만을 기할 수 있음과 동시에 물가를 공정하게 할 수 있다고 확신한다. 따라서 이 시점에 단연코 결제는 대체적으로 현금거래를 주로 하고 종래의 장기 거래 계약이 있는 상대에 한하여 수표거래의 경우는 반드시 1개월 이내로 하며 지불 장소를 은행으로 하며 또한 장부거래는 매월 25일에 마감하여 월말에 지불하여 경성 부내는 물론 나아가 전 조선에 보급시킬 필요가 있다.

6. 도매상은 수량 여부와 관계없이 가능한 도매가를 통일할 것.

도매상의 판매가격은 소매상의 신용 및 일회 거래 수량 등을 고려할 수밖에 없기 때문에 통일하기 곤란한 사정이 있다고는 하지만, 소매상의 희망인 이의 통일에 대해서는 상당한 논의가 있다고 생각된다. 특히 최근에는 백화점, 구매조합 등의 진출에 따라 소매상의 영업을 위협하는 것이 심한 가운데 영업 유지가 곤란하게 되는 경향도 있는 시점에서 도·소매상 공

86 상점 경영 부분의 내용은 '5. 상점' 부분으로 이동, 배치함.

존공영의 결실을 거두기 위해서 결제를 확실히 하고 가능한 한 일, 회의 거래 수량에 관계없이 도매가를 통일하여 소매 물건의 조절과 공정을 기하고 싶다.

7. 은행 및 금융조합 대부 금리 인하 요망의 건.

조선 내에서 금리가 높다는 것은 이미 주지하는 바와 같기 때문에 영업상의 이윤 가운데 많은 금리를 지불할 수밖에 없는 사정이 있다. 따라서 공정한 판매가격까지도 높아져 국민경제의 발달을 저해하는 우려가 있다. 따라서 가능한 한 금리를 인하하여 중소상인의 신용조사를 확립하고 대상인과 별로 격차가 없는 금리로 융자하기 바란다.

8. 은행 및 금융조합에 소액 수표 할인 실시 요망의 건.

이전부터 우리나라의 은행은 소액예금을 취급한다고는 하지만 소액대부를 기피하는 풍습이 있다. 따라서 중소상인은 완전히 은행을 이용할 수 없으며 또한 도매상도 소매상에게서 받은 소액수표를 할인하기 어려운 사정이 있다. 특히 거래마다 수표결제를 하면, 많은 소액수표의 금융화에 지대한 장애를 초래하여 원만한 거래 결제를 기대하기 어렵다. 따라서 은행 및 금융조합은 앞장서서 영업 방침을 개선하여 이들 중소상인은 물론 도매상의 편의와 원활한 금융을 꾀하기 위하여 소액수표의 할인을 단행하기 바란다.

물가 대책 부분

9. 경성 도매중앙시장 설치 연구의 건.

현재 소매물가의 난맥이 매우 심한 것은 각 가게마다 각각의 형태로 거래를 행하고 매입원가가 통일되지 않은 것에 기인하고 있다. 따라서 위에서 말한 시장을 설치하고 먼저 도매가격을 통일하여 소매물가의 통제를 꾀하는 것이 가장 긴요한 것이라고 인식한다. 그렇다 하더라도 오사카·교토의 실적을 고려하여 더욱 충분히 연구한 뒤에 문제가 없기를 기대한다.

10. 공동구매연맹을 구역별·업자별로 설치할 것.

각 소매상점의 구매원가의 고저는 신용의 정도, 거래 수량의 다소, 거래 조건의 차이에 기초한 것이다. 따라서 이들 결점을 제거함과 동시에 구매가격을 가급적 염가로 하고 구매원가의 통제를 행하여 소매가격의 통일을 꾀하기 위하여 위에서 논한 공동구매연맹을 조직하려는 것이다.

11. 영구적으로 물가조사회를 설치할 것.

소매물가 통제의 필요상 각 업자에 의한 조사회를 설치하고 상품의 공정한 가격을 조사 측정하여 구매자에게 어떠한 불안도 주지 않도록 노력할 것.

12. 물가조절연합회를 설치하여 물가표를 발행할 것.

각 업자별로 조직된 공동구매연맹 및 물가조사를 통제하여 소매상 공동번영의 목적을 가지고 본 연합회를 설치하고 구매가격의 통제 및 전반적인 물가표를 작성 발행하여 구매자에게 편의를 제공하며 나아가 불안을 제거하려는 것이다(끝).

4. 상인 관련

1) 상공조합

〈자료 351〉 부내의 상공조합(조선경제잡지 51호, 1920.03.)

부내의 상공조합

일본인 측

명칭	조합 소재 정명(町名)	대표자 이름
경성약업조합	본정 2정목	古城龜之助
경성백미상조합	본정 3정목	藤富國太郎
경성정미조합	남미창정	執行猪太郎
경성생과야채도매조합	남대문통 3정목	松原筆藏
경성양목상조합	남대문통 2정목	小林源六
경인나사부속품상조합	명치정 2정목	市原六三郎
경성인쇄업조합	태평통 1정목	藤村忠助
경성식량품어상조합	남미창정	辻本嘉三郎
경성소매물화장품어상조합	본정 2정목	淺海助太郎
경성주상조합	본정 2정목	前田龜造
경성곡물상조합	광금정 1정목(미쓰이물산)	辻武美
경인면포상조합	상동	上同
경성오복상조합	본정 1정목(미나카이)	中江勝次郎
경성과자상조합	남산정 3정목	江川文吉
경성고물상조합	본정 2정목	永井新之助
경성완구상조합	본정 1정목	織田信吳
경성서적상조합	본정 2정목	中野龜吉
경성지문방구상조합	본정 1정목	篠崎半助
경성신탄상조합	고시정	苦米地造酒彌
경성유가증권현물도매조합	본정 2정목	田中友吉
경성전당포조합	본정 4정목	橋本茂雄

경성주조업조합	봉래정 4정목	千葉春樹
경성시계상공조합	본정 1정목	眞木仙太郎
경용철공업조합	서계동	二宮常一
조선토목건축협회	한강통 2정목	松本勝太郎
경성륜업(輪業)회	남대문통 2정목	高井建次
경성재목상조합	욱정 1정목	小森虎吉
경성금물상조합	본정 2정목	釘本藤次郎
경성석유조합	본정 2정목	釘本藤次郎
관제담배경성조합	본정 1정목	高木德彌
관연원매팔조합	장곡천정	鬼頭千藏
경성화약상조합	남대문통 3정목	藤木利右工門
경성간장제조조합	강기정	中島祐次郎
경성운송업조합	고시정	矢野菊松
경성구두상조합	남대문통 1정목	北村貞太郎
경성차량제조조합	황금정	成淸啓助

조선인 측

명칭	조합 소재 정명	대표자 이름
경성금은세공상조합	관철동	예종석
경성포목상조합	서린동	박승직
경성모물상동업조합	다옥정	이춘영
경성직물동업조합	종로 3정목	이정구
경성지물도업사	다옥정	정석구
경성서적조합	관훈동	홍순필
공익조합(돈대부업)	다옥정	문익상
선혜상조합	광금정 1정목	김규연
경성미상조합	남미창정	송택주
경성선인고물상조합	견지동	고유상
경성전당포조합	서린동	이규익
경성조선주제조조합	관훈동	최강
해육물산위탁판매상조합	남대문통 5정목	김봉원
경성가구상조합	황금정 1정목	이봉인

2) 상업 세력

〈자료 352〉 젠쇼 에이스케(善生永助), 〈조선 주요 시가의 상업 세력〉(조선 제101호, 1926.3.)

1. 주요한 상업 도읍

우리나라에서는 구미와 같이 도시경제에 관한 연구 조사가 아직 발달하지 못하여 있으므로 각 시가지에 있는 상업 및 금융에 관하여 정밀한 자료를 얻음은 곤란한 중 특히 조선과 같이 신정 실시 이래 해를 넘긴 것이 아직 많지 않아 모든 일이 창시(創始) 시대에 속한 땅에서는 상업 및 금융 방면의 학리적 연구와 실제적 조사가 완비되어 있지 못함은 부득이한 형편이다. 나는 1913년(大正 2) 이래로 명에 의하여 경제에 관한 사항의 조사를 담당하고 또 업여(業餘)의 연구에 의하여 조선의 도시경제에 대하여 희미하나마 각종의 흥미 있는 사실을 지득(知得)한 일을 흔행(欣幸)으로 생각하고 있다. 그러나 도시경제의 범위는 매우 넓은 범위에 걸치므로 일조일석에 이를 서술할 수 없는 고로 이에는 극히 간단하게 주요 시가지에 있는 상업 및 금융의 세력에 대하여 대관(大觀)하기로 하였다.

유래 조선의 땅은 인문의 진보, 경제의 발달이 일본과 비교하면 멀리 미치지 못해 대도시 및 시가지의 수는 심하게 적으나 1923년(大正 12) 말 현재 조사에 의거하면, 인구 5만 인 이상의 도시는 경성·대구·부산·평양의 4부에 불과하고, 내려 인구 1만 인 이상 5만 미만의 시가지 22개소, 인구 5,000인 이상 1만 인 미만의 시가지 44개소, 인구 3,000인 이상 5,000인 미만의 시가지 89개소, 이들 대소 시가지 합계는 159개소이다. 참고적으로 이를 1920년(大正 9) 10월 1일 현재 일본에 있는 시(市)의 수 83, 인구 1만 인 이상의 정(町) 수 282, 합계 365개소에 비교하면 그 차이의 극대함을 간취할 수 있을 것이다. 인구 3,000인 이상의 조선 시가지를 지세별로 분류하여 보면, 평야지 94개소, 임해지 34개소, 연하지 23개소, 산악지 8개소로 그중 철도의 편이 있는 시가지는 74개소로 약 반수 이상의 시가지는 아직 철도의 은택을 입지 못하고 있다.

조선의 시가지는 대개 소비적 도읍으로 상업을 생명으로 하여 성립한 장소는 적다. 따라서 그 발전이 심히 더디어 나아가지 못한다. 시가지의 주요한 것에 대하여 대체의 분류를 해보면 (1) 이조 이래 상업지로 발달한 도읍은 겨우 개성 및 안주 등을 셈할 뿐인데, 안주와 같음은 철도의 개통 이래 도리어 타 시가에 세력을 빼겨 쇠미한 경향이 있다. (2) 주로 정치기관의 설치로 발달한 도읍으로는 경성·수원·청주·공주·전주·광주·대구·경주·동래·진주·해주·평양·의주·춘천·함흥·회령 등이다. (3) 무역관계에 의하여 발달한 도읍으로는 인천·부산·군산·목포·마산·진남포·원산·성진·청진·웅기 등이고, 철도 개통에 의하여 급속히 발전한 도읍으로는 영등포·천안·조치원·대전·김천·이리·송정리·신막·사리원·신의주·철원 등을 세는데 전기(前記) 무역항 이외에 하해(河海)의 주운(舟運)을 이용하며 혹은 어업의 근거지로 발전한 도읍으로는 강경·논산·포항·방어진·통영·여수·하동 등이며 또 진해는 요항(要港), 나남은 사단, 겸이포는 제철소의 소재지로 최근에 이르러 발전한 도읍이다.

1923년(大正 12) 말 현재의 조사에 의하면, 인구 3,000인 이상의 시가지에 거주하는 일본인은 32만 2,957인 이상에 달하는바, 조선 재주 일본인 총수 40만 3,011인에 대하여 실로 8할 1리를 점하고, 기타 지방에 거주하는 자는 겨우 1할 8푼 9리에 불과하다. 또 외국인 특히 중국인도 대부분은 시가지 및 그 부근에 거주하고 있다. 조선의 시가지는 그 인구수의 큰 것이 적어 2, 3의 예외를 제하면 모두 소도읍에 불과한데, 다시 그 상업 세력에 이르러는 인구수의 보임보다도 오히려 멀리 빈약하여 도저히 중국 및 일본의 상업지와는 비견할 수 없다.

옛부터 조선에서 상업 도읍이 발달하지 못하고 상설점포 거래가 부진하였음에 대하여는 물론 많은 이유가 있을 것이나 나는 우선 그 원인은 대체로 다음 여러 점에 귀착하는 것으로 믿는다.

一. 이전까지 상업에 관한 법률제도의 불비와 특히 그 보호 장려 시설의 볼만한 것이 없을뿐더러 오히려 각종의 간섭을 가한 사실이 있는 일

一. 교통 불편과 산업의 유치한 결과 거래의 목적이 될 물산의 공급이 적었던 일

一. 인구의 도시 집주(集注)가 크지 않고, 이에 더해 국민의 경제력이 빈약하여 생활 정도가 낮으므로 일반 화물의 소비력이 미약하였던 일

一. 경제상 반도에 고립한 결과 외국 무역 부진하고 또 국내에서도 한 지방 간에 자급자족이 시행되었던 일

一. 옛부터 상하가 상업을 낮게 여겨 대개 국민 일반으로 상업 경영의 재능에 결핍하였던 일

一. 정부가 가세주구[87]를 일삼아 공조(貢租), 기타의 명목으로 상고(商賈)에 과중한 부담을 부과하여 직접 간접으로 상업의 발달을 저해한 일

一. 일부의 어용상인을 보호하여 육의전 등에 난전[88]과 같은 부당한 특권을 주어 자연 일반 상고의 존립을 불가능케 한 일

一. 화폐 및 도량형이 진보되지 않고 따라서 물물교환시대가 장기간 계속하였던 일

一. 상설점포 거래의 부진은 보부상과 같은 행상제도의 진보를 재촉한 결과 자연 도시에 있는 상업의 발달을 방해한 일

一. 상설점포 거래가 부진한 결과, 이제 오히려 원시적 시장 거래를 번창케 하고 그 반대로 이의 도읍에서의 상업 거래의 발달을 방해하여 근대 상업상의 변태를 현출하고 있는 일

이를 요약하여 말해 보면, 조선인의 상업은 물물교환시대의 유물인 시장거래를 중심 삼고 상설점포 영업에서도 대개 소규모의 자급자족 경제를 행하고 있는 것이 많으매 점포의 구조, 거래의 방법도 극히 유치한 것이다. 그리고 그 상업도읍 분포의 상태를 본즉 중부 조선 이남에는 비교적 유력한 상업도읍이 많으나 이에 반하여 서북 조선 지방에는 대상업지가 적은바 이는 실로 지세·지질·기후 등에 기반한 천혜의 관계와 문화 및 경제력에 차이가 있는 결과이다. 그 대신 재래의 조선시장은 상업도읍의 발달한 남선 지방보다도 오히려 서북선 지방의 변추(邊陬)의 땅에 도리어 거액의 거래고를 가진 자가 많다.

대체로 조선 상업계의 현상은 아직 시장거래시대의 영역을 벗어나지 못한바 따라서 1923년(大正 12) 말 현재의 시장 수는 1,274, 이 거래고 1억 1,947만 원(곡물 및 유가증권의 현물시장을 제함)에 달하는바, 그중 연액 20만 원 이상의 거래가 있는 시장 총수는 145개소의 다수를 셈하고 다시 연액 50만 원 이상의 거래가 있는 시장으로는 경성 동대문, 경성 남대문, 경성 어시장, 청주, 강경, 마산면 신장, 예산, 천안, 전주, 대구 서문시, 김천, 부산진 우시, 부산어시장, 부산 부평정, 통영, 통영어시장, 하동면 읍내, 신천면 읍내, 사리원, 평양 사창시, 중화면 읍내, 안주면 염전시, 예명, 용강 구읍, 제산, 방현면 남시, 박천면 읍내, 선천면 읍내, 강릉읍, 횡성면 읍내, 철원면 읍내, 함흥, 영흥, 진흥, 혜산진, 화대, 길주읍 여러 시의 38개소에 미쳐 있다.

87 가세주구: 가렴주구(苛斂誅求)와 같은 말.
88 '난전' 대신 '금난전권'이 맞는 표현임.

이들 대시장은 말하자면 대도회지에 있는 것은 적고 대부분은 지방에서의 작은 시가에 있다. 무릇 도읍 발달의 제일 요건은 물자의 소비력이 왕성하고 또 배후에 유력한 생산력을 예비로 두고 있으며 그밖에 교통기관의 완비, 특히 항만의 개량과 철도망이 보급되어 있는 것이 필요하다. 생각건대 조선에는 주운을 이용할 만한 하천도 많고 이에 의하여 발달한 도읍도 적지 않으나 물수(物需)[89]의 수급을 민활히 하기 위하여는 장래는 철도의 신설 및 연장과 자동차 운수를 한층 민활하게 함이 긴요하다.

2. 빈약한 상업 세력

조선의 시가지에 있는 상업의 부진함은 대략 전술(前述)함과 같다. 이의 원인에 대하여는 각종의 복잡한 관계가 있음은 물론이나, 여하간 근본 문제는 생산력의 빈약한 것과 소비력의 부진함에 기인한다. 참고적으로 1923년(大正 12)도에 일본·조선·대만을 비교하면 인구 1인당 평균 생산물 가액은 조선의 89원 51전에 대하여 일본은 225원 9전, 대만은 117원 85전이다. 이에 의하여 보면 거래의 목적될 생산물이 적은 조선의 상업이 부진함은 또한 부득이한 자연의 수이다.

소비 통계의 의거할 것이 없는 오늘날, 조선의 소비력이 여하한 정도에 있음은 불명하나 천연의 자원이 결핍한 위에 생산력이 적은 조선이므로 그 소비력의 왕성치 못함은 다투기 어려운 사실이다.

그리고 생산 및 소비의 반영이 되고, 또 국내 상업과 밀접한 관계가 있는 무역의 상태를 볼지라도 아직 그 유치함은 명료하다. 즉 1923년(大正 12)도의 사실에 대하여 보면, 국민 1인당 평균 무역액은 조선의 29원 49전에 대하여 일본은 82원 1전, 대만은 77원 66전으로서 무역상에서도 조선의 빈약한 것을 여실히 보이고 있다.

대외무역의 부진함은 즉 안에 있는 상업거래의 빈약함을 보이는 것이다. 그러므로 조선에서 각 시가지의 최근 1개년의 해외·일본·선내 각지로부터 상품의 매입 가격에 대하여 보면, 그 1개년간 상품 매입가액은 2, 3 대도회 및 무역항을 제하면 대체 소액이니 요컨대 그 시가

89 물수(物需): 물자(物資) 또는 물화(物貨)의 오기로 보임.

지 및 이의 상업권 내에 있는 구매력의 왕성치 못함을 말하고 있는바 구매력의 부진은 즉 생산력의 빈약한 결과이다. 그러므로 상업의 번영책으로는 거래 방법의 개선, 금융기관의 완비를 꾀함과 같음도 물론 긴요하나 무엇보다도 선결문제는 생산의 발흥을 재촉하지 않으면 불가한 줄로 생각한다.

그리고 경제상 가장 유리하고도 첩경인 방법으로는 우선 특산품의 생산을 장려하는 일에 치중할 필요가 있다. 조선의 특산품으로 저명한 것은 쌀·대맥(보리)·조·대두(콩)·소맥(밀)·생우·우피(쇠가죽)·면화·인삼·고등어(鯖)·명태어·건어·염어·멸치 정어리(鰮)·청어(鰊)·조기(石首魚)·삼치(鰆)·도미(鯛)·김(海苔)·해초(海藻)·삼(麻)·사과(苹果)·배(梨)·왕골(莞草) 및 그 제품·가잠견(家蠶繭)·작잠(柞蠶)·엽연초·금 및 사금·태광(汰鑛)·제재(製材)·석탄·숯(木炭)·주류·직물·조선지(朝鮮紙)·배추(白菜)·감자(馬鈴薯)·사탕무(甜菜) 등으로 기후 풍토 등의 관계상, 그 밖 각 지방에 각종 특산품을 생산하므로 이를 보호 장려하여 생산의 증가, 품질의 개량을 꾀함에는 현재 수·이출품으로 중요한 것 외에 수많은 특산품을 더하게 되어 조선 전토의 번영은 물론하고 각인의 경제 상태를 양호하게 하여 생활 향상의 결과가 이어져 구매력의 증진까지 이르게 된 것이 적지 않을 것으로 믿는다.

3. 영양 불량의 금융 상태

조선에 있는 시가지의 상업 세력에 대하여는 개략 설명하였으므로 아래에 조금 금융상 세력에 관하여 서술코자 한다. 그리고 각 시가지의 금융 상태를 관찰하기 전에 조선 전토의 은행 및 금융조합의 예금 및 대부금의 누년 비교를 보면, 병합 이래 당국의 보호 장려 시설의 진척과 민간 경제의 발흥에 짝하여 자금의 수급도 역시 거대하게 증가하고 있음으로 인지하나 대체로 말하면 금융상의 세력은 극히 빈약한 것을 보이고 있다.

다시 1924년(大正 13) 12월 말 현재의 선내 각종 금융기관(조선은행·식산은행·보통은행·동척)의 별도 대부금 및 동업자 대부금을 제한 대출금 용도별을 보면, 농업자금 9,851만 9,000, 공업자금 1,009만 5,000, 상업자금 1억 7,076만 7,000, 기타 6,533만 3,000, 합계 3억 4,471만 3,000으로 되어 있다. 즉 조선 전체를 통하여 상업자금의 대부가 겨우 2억 원에도 달하지 못하므로 상업거래가 일본과 계산의 단위를 다르게 함은 실로 세부득의 사세(事勢)이다.

각 시가지 91개소를 통하여 예금이 대부금에 초과하여 있는 지방은 개성·수원·평택·공주·조치원·홍주·남원·정읍·줄포·목포·나주·영산포·여수·김천·안동·상주·부산·진주·구포·김해·해주·겸이포·평양·성천·광량만·신의주·정주·강계·춘천·강릉·평강·원산·함흥·서호진·북청·영흥·청진·성진의 38개소에 불과하나 다시 그 예금 초과액을 보면 3, 4를 제한 외는 극히 소액으로 거의 말할 가치가 없다. 다른 53개소는 예금보다 대부금이 초과하고 있거나 예금 대부금이 평균되어 있는바, 특히 대부금 초과액의 현저한 시가를 보이면, 경성·인천·청주·대전·강경·예산·군산·전주·이리·광주·제주·대구·동래·거창·재령·진남포·철원·나남·회령의 19개소이다. 이에 의하여 볼지라도 조선의 각 시가지는 대개 자금이 부족하여 타(他)에서 그 공급을 희망하고 있는 자가 많음을 알 수 있을지로다.

즉 일본은 일반으로 지방의 자금이 도회에 흡집(吸集)되어 그 결과로 도비(都鄙) 금융상에 저대한 차이를 낳아 지방이 자금의 고갈에 시달리는 반대로 도회는 왕왕 금융의 완만을 보이고, 따라서 전자와 후자와는 금리상에도 큰 고저의 차이가 있다. 이를 인체에 비유하면 소화불량의 병적 상태에 있는 것이다. 뒤집어 조선의 현상을 보면, 시가·농촌이 모두 자금의 부족을 불러오고 금융상으로 영양 불량에 빠져 있다. 그러므로 전자는 두열 족한(頭熱足寒), 후자는 빈혈병에 걸렸다 진단하여도 과오가 아니다. 농업·공업·어업·상업이 모두 조선의 금일은 마치 유소년의 발육기에 상당하므로 이에 적당한 금융상의 영양분을 주어 여러 기관의 건전한 발달을 꾀함은 각하(刻下)의 급무이다. 그리고 안으로 자금이 결핍한 조선으로는 일본 자금의 유입을 기다리지 않을 수 없음은 불필다언(不必多言)이다. 조선에서 자금의 부족한 결과는 그 금리상에 적확히 나타나 있는데 표면에 나타난 금리를 보아도 조선의 금리가 일본의 그것보다도 훨씬 고율인 것을 알 수 있다.

나는 조선의 금리의 높음에 관하여는 수많은 실례를 알고 있다. 그러나 여기서 이에 관하여 언급치 않으나 조선 경제계의 제일 병환을 지적하면 그는 금리의 높은 것이라고 단언한다. 국민생활을 압박하고 산업의 발흥을 저해함이 조선의 금리와 같이 심한 것은 다른 것에 없다. 고리대금 발호의 폐해는 수를 들 수 없으나 수상한 무진업 및 강(講)·계(契)의 유행과 같음도 금융기관 불비의 결과이다. 또 회사 사업에서도 2, 3의 독점 사업 및 은행업만이 항상 이익 배당의 필두에 차지하고 있는 상태로는 식산흥업의 부진도 당연한 귀추이다. 일부의 인사가 호표(虎豹)와 같이 공포(恐怖)하는 불령선인과 과격사상은 경계를 엄히 하면 이를 박멸 또는 단속하기가 곤란치 않으나 진드기와 같이 서서히 파먹어 들어가는 고리대금의 세력은 이를 여하히 방압(防壓)할 수가 있을까. 조선의 지방병으로 유명한 저 가공할 '폐디스토마'보다도 더욱 맹위를 발휘하는 대금업자로 인하여 가련히 고민하는 조선인의 수는 과연 몇 천에 달할는지, 저들이 사용하는 수단 방법은 이를 기술함을 피하나 생각하여 이에 이르면 실로 전율을 금치 못한다. 그러나 그 주인(主因)은 부원(富源)의 빈약과 금융의 윤택치 못한 까닭에 이와 같은 결과를 낳은 것으로 생각지 않을 수 없다.

이를 요컨대 금융기관의 완비 충실과 이를 운용하는 자의 활동에 의하여 자금의 공급을 윤택히 하고 또 금리의 저하를 꾀함은 조선에 있는 경제상의 진보를 재촉하며 국민 생활의 협위(脅威)를 제하는 데 1일이라도 등한에 부치지 못할 극히 긴급 중대한 문제이다.

3) 중소상인이 나아가야 할 길

〈자료 353〉 중소상인이 나아가야 할 길(조선경제잡지 163호, 1929.07.)

중소상인이 나아가야 할 길

- 백화점이 왕성한 시대에 처하여 -

미야바야시 야스시(宮林泰司) 담화

1. 유럽 전후(戰後) 10년이 지나 불경기가 지속되며 그 사이에 관동지진이나 1927년의 공황 등 때문에 일반의 사업이 막다른 골목에 처한 지금 특히 최근에 일본에서는 중소상인의 어려움이 중대한 사회문제로 논의되고 있는 듯하다. 이 문제는 경성에서도 이전부터 상공조합연합회의 현안이 되었으며, 경성에서는 중소상인 구제책의 하나로써 지난 6월 경성상업회의소의 후원하에서 20일부터 공회당에서 백화염매시(百貨廉賣市)[90]가 개최되었다. 결과는 예상 이상으로 성공이었다. 그리고 주체자로서도 크게 참고가 되었으며 동시에 중소상인으로서는 이후 개선을 필요로 하는 점이 많이 있다는 느낌을 받았다.

---

90 백화염매시(百貨廉賣市): 많은 물건을 싸게 파는 시장. 지금의 바겐세일과 같은 것.

일본에서 중소상인의 진로는 거의 막다른 골목에 와 있는 것처럼 전해지고 있는데 경성 중소상인의 현상에 대해서는 아직 막다른 골목이라고 할 정도로 비관적이지는 않다고 생각된다. 이것은 앞에서 말한 것처럼 중소상인이 충분히 자각하여 개선을 진행하면, 경제적으로 생각하더라도 오히려 중소상인들이 금후 점점 더 번창해 갈 것이라고 생각된다. 이에 대하여 2~3개 여기서 개선을 필요로 하는 점과 그리고 목표로 삼아야 할 것이 있다고 생각한다.

잘 알고 계시는 것처럼 일본에서는 도시 집중 경향이 현저하여 이 점에 대해서는 경성도 잘 연구하면, 반드시 구매의 측면에서 집중할 수 있다고 생각한다. 그 제1 조건으로서 본정 거리든지 종로통이든지 일반 소매업자는 시내는 물론 지방에서 온 고객에 대해서도 항상 좋은 인상을 주는 것이 중요하다고 생각하는데 현재는 이 점에서 다소 부족하다고 생각된다.

이것은 오사카(大阪) 혹은 도쿄(東京) 등 일본의 일류도시에서는 소매상점의 판매인은 적어도 5년 또는 오래된 것은 10년, 15년 정도 손님을 접한 훈련, 이른바 세일즈맨십으로서 훈련이 충분하다고 생각한다. 조선은 일본인이라고 하더라도 일본의 각처에서 모여든 관계상 여러 가지 지방색이 나타나며 손님에게 호감을 주는 것이 적은 듯하다. 그리고 조선인이 일본어를 사용하더라도 자칫하면 유창하지 못하여 호감을 줄 정도로 일본어에 능통한 사람은 적은 듯하다. 이러한 것들은 상인들 서로가 직접 그 영향이 면전에서 나타나지 않기 때문에 눈치 채지 못하는 사람도 상당히 있는 듯한데 이러한 것은 소매상인으로서는 매우 중요한 문제라고 생각한다. 반드시 이것은 점원 훈련소와 같은 기관을 설치하든가, 아니며 그 정도로 조직적으로 하지 않더라도 각 점포에서 충분히 연구하고 개선할 여지가 있다고 생각된다. 그리고 점원의 복장은 화려하게 하지 말고 검소하게 하여 가능한 일정한 복장을 하는 것이 좋지 않을까. 이 점원 훈련소의 설립이라든가 또는 점원의 검정시험을 행하는 등의 것은 점원 본인에게 있어서도 장래에 매우 좋은 것이며, 나아가 이것이 그 가게의 커다란 자본이 된다고 생각한다. 이 점에 대해서는 회의소에서 상당히 연구를 하고 있는 듯하기 때문에 희망한다면 활기차게 회의소와 절충하여 어떠한 개선 방책을 강구할 것을 권유한다.

2. 두 번째로 반드시 필요한 것은 소매 판매가격의 통일이다. 본정 거리든지 종로통이든지 길을 지나가는 고객에게서 자주 듣는 질타는 각 가게에 따라 소매가격이 매우 통일되지 못하다는 것으로, 예를 들면 을의 가게에서는 타다키 하나에 15전에 샀는데 갑의 가게에서는 10전이거나 혹은 병의 가세에서는 7전이었다는 것은 손님에게 매우 불쾌한 느낌을 주는 것

일 뿐만 아니라 나아가 그 지역의 신용을 잃어버리는 것이 결코 적지 않다고 생각한다. 더욱이 각 가게의 반입 원가가 반드시 일정한 것은 아니기 때문에 모든 시장의 가격을 일률적으로 하는 것은 불가능하지만 적어도 경성의 가게는 어느 곳을 들어가든지 대략 가격이 일정해야 한다. 경성의 소매점은 모두 안심하고 물건을 살 수 있는 느낌을 고객에게 줄 수 있는 것이 가장 긴요한 것이 아닐까라고 나는 생각한다.

현재 경성의 소매상점에서는 판매가격이 일정하지 않은 것을 상당히 많이 볼 수 있다. 지난날 합동의 백화시(百貨市)가 열렸을 당시에 물가조사계를 설치하여 물가조사를 실시하였다. 그 방법은 일본의 가격 및 소매가격의 대체적인 표준을 정하고 각 소매가격의 조사를 행하였는데 동일한 상품이라고 하더라도 상당한 가격 차이가 있었는데 이 물가조사계의 주의에 의해 거의 가격의 격차가 없이 고객이 안심하고 살 수 있는 정도로까지 판매가격이 일정했다. 이러한 것에서 보더라도 이것을 강제적으로 종용하는 것은 곤란할지 모르겠으나 중소상인의 발전을 기대하는 측면에서는 서로가 조금씩 희생정신을 가지고 임하면 상당한 효과를 올릴 수 있다고 생각한다. 현재 연말 매출 등에 즈음해서 합동 경품권을 내놓고 있는 듯하다. 이것들은 각 가게의 판매 분위기, 그리고 관습 등이 있음에도 불구하고 그 동네 전체를 번영시키기 위하여 좋은 마음가짐이며, 이 합동경품 매출에 참가하고 있는 점에서 보더라도 그다지 어렵거나 곤란한 일이라고는 생각되지 않는다.

3. 더욱이 소매가격이 일정하지 않은 점 또는 점원 훈련이 부족한 원인도 상당히 있다. 그 원인의 하나로 헤아릴 수 있는 것은 반드시 이것은 경성에만 보이는 현상은 아니지만, 특히 경성에서는 이전에 월급쟁이였던 사람이 퇴직 후에 상점을 시작하든가, 자신은 회사나 은행에서 근무하고 아내에게 부업으로 장사를 시키는 사람이 있다. 이들은 자연히 가게는 어떻게 되든지 크게 상관이 없는 방식으로 운영하는 경우가 왕왕 있다. 물건을 사러 가는 사람, 이른바 손님의 입장에서 본다면 가능한 좋은 물건을 사고 싶다는 마음으로 열심히 장보러 가는 것이지 결코 반쯤은 노는 기분으로 불필요한 물건을 사러 가는 것은 아닌데, 한편으로 점주는 앞에서 말한 것처럼 부업으로 가게를 운영하고 있기 때문에 태도가 사람을 무시하는 듯하거나 불친절한 점이 상당히 많은 듯 보인다. 일단 가게를 운영하는 이상 절대적으로 고객본위로 하며 손님에게 만족을 주도록 전력을 쏟기 바란다. 이것은 하나의 가게가 아니라 하나의 마을은 물론이고 크게 보면 경성 전체 상인에게 악영향을 미치기 때문에 필자는 이를

논한다. 그 언저리를 잘 생각하지 않으면 안 된다. 가내공업이라면 잠시 집안에 일이 있기 때문에 업무를 멈추거나 또는 손이 남으면 다른 일을 할 수도 있지만 가내 공업적으로 가내 상업을 생각해서 일을 하는 것은 일반적으로 성장하려는 중소상인을 위해서는 절대로 방해가 되는 것이라고 해도 좋다고 생각한다.

단지 일반적인 중소상인은 최신 백화점이 매우 왕성해지고 자신들은 도저히 맞설 수 없다. 장래에는 백화점에 고객 전부를 빼앗기고 끝날 것이라고 말하는 사람이 있는 듯한데 이것은 내 생각으로는 쓸데없이 방관하는 것이며, 구태의연하게 개선 방법을 강구하지 않고 있는 것이 잘못이다. 현재 수요자는 이 진행되는 흐름에 무엇인가 새로운 물건, 무엇인가 튼튼하고 값싼 물건을 두루미의 눈, 매의 눈으로 찾아다니고 있음에도 불구하고, 한편으로 중소상인의 일부는 오늘날의 흐름에 뒤쳐진 조직 그대로 막연히 손을 놓고 있는 가게도 가끔 보인다.

그리고 먼저 이 개선을 행함에 있어 무기로써 1~2개, 여기서 참고로 서술해 두고 싶은 것은 만약 손님이 왔다면, 반드시 그 손님의 주소와 이름을 물어보고 단골 명부라는 것을 상당히 폭넓게 만들어 두고 가능한 손님의 기호에 적합하도록 항상 생각해 두는 것이다. 예를 들면, 모자 상점이라면, 그 손님의 주소 이름 아래에 모자의 크기를 기입해 두는 것이다. 그리고 대충의 나이도 기록해 둔다. 이것은 양복 잡화점에서도 어느 사람은 몇 번 와이셔츠이다, 색상은 몇 번이다, 저 사람은 평소에 말하는 것을 좋아한다와 같은 것은 그 가게로서도 반드시 필요한 것으로 판매인으로서도 이것을 충분히 알아 둘 필요가 있으며, 즉 지금부터 소매점은 손님을 위한 가게라는 간판을 내거는 것이 무엇보다 효과가 좋은 결과를 낼 것이라고 생각한다. 이와 같이 하여 일반의 고객이 안심하고 물건을 사러 오도록 해 둔다면 이 바쁜 세상에 굳이 많은 가게를 돌아다니며 엘리베이터를 타고 높은 곳까지 올라가지 않아도 문 앞에 선 채로 또는 차 안에서 '어, -이 모자 하나 줘'라든가, '어-이, 장갑 하나 줘'라고 하면서 간단하게 물건을 살 수 있도록 하는 것이 중소상인으로서 해야 할 가장 중요한 방향일 것이다.

일본에서는 백화점이 중소상인을 매우 압박하고 있다고 자주 회자되고 있으나 경성에서는 아직 아래와 같은 정도로까지 가 버린 것으로는 보이지 않는다. 오히려 과정에 있는 조선의 상인으로서는 백화점의 판매 형태에 배울 점도 있으며, 서로 자극을 주면서 전진하고 있는 듯하다. 대체적으로 일본의 백화점은 이전에는 매우 신사적이었다. 즉 나쁜 상품은 절대로 팔지 않는다. 결코 싼 가격으로 경쟁적으로 물건을 팔지 않는다는 것이 백화점의 모토였다. 그러나 현재 일본 백화점의 형태를 보면, 이러한 중요한 슬로건은 완전히 잊어버리고 단지 매상을 올리는 것에만 경쟁하고 우선 팔고 보자는 듯이 보이는 점도 있다. 어쨌든 이 점에 대해서는 조선에서 백화점은 옛날의 일본 백화점처럼 중소상인의 지도자로서 그리고 모범이 되어야 할 상품 판매를 오늘날과 같이 장래에도 역시 지속해 주기를 바란다. 일본의 백화점과 같이 백화점의 모토를 잊어버리지 않기를 바란다.

4. 다음으로 최근 일본에서 떠들썩한 상품권 문제에 대해서 조금 논해 보고 싶다. 요즘 일본에서는 자주 상품권에 과세를 하자든가 혹은 이것의 발행을 금지해야 한다든가 하면서 상당히 문제가 요란한 듯한데 이것은 경성의 상인으로서도 역시 회의소 주변에서도 결코 강 건너 불구경할 수는 없는 문제라고 생각한다. 지금 충분한 연구를 필요로 하는 것이다. 따라서 이 상품권에 대해서 반드시 생각해 두지 않으면 안 된다고 생각하는 것은 원래 일본이라는 나라는 여러 외국에 비하여 상당히 선물을 많이 하는 습관이 있다. 이들이 매번 물건을 선물하게 되면, 예를 들면, 셔츠를 선물하고 싶다고 생각해도 한 다스를 한 번에 받았는데 곧 바로 전부 다 입을 수도 없을 뿐 아니라 그리고 다른 곳에 줄 수도 없는 것이다. 그러나 상품권으로 받으면 필요할 때 필요한 물건을 살 수 있어서 매우 편리하기 때문에 상품권은 보관하기 편리하며 수요와 공급의 조절을 꾀하며 한편으로 사회적으로도 상당히 편리를 주고 있다. 일본에서는 상당히 큰 상점의 상품권이 많이 팔리고 있기 때문에 중소상인이 매우 압박을 받고 있다고 듣고 있는데 들리는 바에 의하면, 큰 상점에서는 6, 700만 원의 상품권이 항상 나가고 있는 듯하다. 이것은 우선 50일 내지 60일 정도에 회수되고 있는 듯하다. 그리고 연간 6회 회전한다고 하면, 3,600만 원의 숫자가 나온다. 원래 10원의 상품권을 가지고 와서 딱 10원의 물건을 사는 사람은 그리 많지 않다고 생각한다. 10원이라면 적어도 12원이라든가 15원이라든가 액면보다 많이 사는 것이 보통이다. 이것을 평균 20퍼센트 많이 산다고 하면 700만 원인데 이것을 합치면 4,000여만 원의 매상이 상품권만으로 이루어지는 계산이 된다. 이것에 의해 생각해 보면, 중소상인이 압박을 받고 있다고 하는 것도 무리는 아니다.

그러나 상품권은 절대로 금지할 수 없는 성질의 것이라 생각한다. 이것의 발행을 금지하면, 반드시 미국 주변에서 일어나고 있는 듯한 금액이 필요 없는 상품권 예를 들면 이 사람에게 모자를 하나 선물하고 싶다. 혹은 이 사람에게 와이셔츠를 하나 선물하고 싶다고 하는 경우에는 금액을 표기하지 않는 상품권이 가능하며, 이것을 받은 사람은 그 모자 상품권을 가지고 가서 자신은 모자는 필요 없으니 셔츠를 달라 혹은 다른 물건으로 바꾸어 달라고 하는 요구를 하면, 그 상점은 반드시 손님의 요구에 응하는 것이다. 이처럼 한발 앞선 방법도 장래에 우리나라에도 행해질 것이라고 생각하기 때문에 현재 상품권 문제로서도 크게 검토를 요하는 바이다.

따라서 한편에서 상품권 발행을 금지할 수 없다면 상품권 금액에 대하여 누진으로 과세한다면 어떨까라는 설도 있는 듯하다. 이것은 당연한 것이나 어쨌든 고객에게 편리하며 발행하는 상점에게도 매우 이익이 되는 것을 괜히 금지하거나 과세를 하지 않더라도 현재 이것이 영향을 미치고 있는 점은 중소상인에 대한 구제 방법을 행한다면 자연히 이 문제는 완화되는 것이다. 즉 중소상인도 백화점도 동일하게 움직일 수 있는 방법을 강구할 필요가 있다고 생각한다.

그 방법으로써 먼저 정부가 중소상업 금융에 대하여 상당한 연구를 하고 있는 듯한데, 중소상인에게 부과하는 연 4주(朱)[91] 내지 5주의 저리로 대출해 주는 것이 좋을 듯하다. 물론 이것은 현재 조선에서 행하고 있는 농사 경영 등에 대하여 식산은행이 있으며, 동척(東拓)이 있는 것처럼 중소상인에 대한 기관은행 혹은 기관회사가 필요하다고 생각하는데 한발 더 나아가 이것을 동업조합과 같은 것에 대부하는 매우 간단한 방법으로 취급하는 것이 좋다고 생각한다. 중소상인은 이 저리자금을 차용하여 싸게 매입하는 방법이 우선 필요하다고 생각한다. 물론 대인 신용이기 때문에 보통으로 생각하면 매우 위험을 동반하는 것처럼 생각되나 대출 금리의 정도와 대출받는 상인 사이에 종래의 금융업자가 상상하고 있는 걱정 등은 별도로 시정할 수 있는 방법을 합리적으로 고려해야 한다고 생각한다. 미국 등에서는 백화점 전성시대에서 소매상인의 고통시대가 구가된 적도 있지만 현재는 이미 이들 시대보다 진전되어 체인점 왕성시대로 들어서고 있는 추세이다. 이상의 여러 관점에서 생각해도 즉 중소상인은 문화 향상의 원천이며 더욱이 경제의 중견이며 부단한 노력과 개선을 투입하지 않으면 안 된다고 생각한다. 따라서 여기에서 비로소 달성할 수 있는 큰길이 있다는 점을 깊이 믿고 있는 바이다.

91 주(朱): 1주는 1량(兩)의 1/16의 단위이다.

〈자료 354〉 중소상인 어떻게 볼 것인가(조선경제잡지 176호, 1930.08.)

미야바야시 야스시(宮林泰司)

지금은 서로가 얼굴을 맞대며 '덥네요', '불경기네요'라는 말이 일반 상식 같은 인사가 되었습니다. 불황은 완전히 올해의 더위처럼 견딜 수 없으며, 불경기는 더욱 심각함을 더하고 있습니다.

그리고 이 불황을 타개하기 위해서는 전 국민적으로 다양한 대책을 연구하고 있습니다. 조선은 원래 언제나 일본보다 모든 것이 한발 늦어서 그 영향도 반년 혹은 1년 이후에 미칩니다만, 마침내 그 결과는 조선에도 불경기가 닥쳤는데 그중에서도 가장 심각하고 긴급한 문제는 중소상인의 장래로 그 대책 연구의 중심이 되어 있습니다.

궁지에 몰린 중소상인은 완전히 말도 안 될 정도로 긴박하다고 보입니다. 그러나 이 문제에 대해서 나는 작년 가을 이미 〈중소상인이 나아갈 길〉이라는 제목으로 자신의 소견을 이 잡지를 통해서 상세하게 논했다고 생각합니다만, 다시금 이곳에서 재론하는 것은 더욱 심각해진 불황의 상황에서 무의미하지만은 않다고 생각하기 때문입니다.

물론 작년 가을에는 조선박람회가 개최되었기 때문에 그 기간 중에 혹은 그 전후에는 상당이 번성했기 때문에 어떻게든 그럭저럭 적당히 넘겨왔습니다만, 올해 가을경에는 이 위기가 내용 없는 재앙에서 환경 파탄을 초래할 것이라고 추정하게 되었습니다만, 이것이 이제는 사실이 되어 나타난 것은 아닌가 생각합니다. 이러한 소란을 잘 보여 주는 하나의 예를 들자면, 본정 거리·종로 거리를 중심으로 경성에서 중소상인의 상태를 살펴보면 이것을 잘 지적할 수 있습니다. 지금 시험적으로 집이 늘어선 상황을 조사해 보면 본정 1정목의 경성 우체국부터 본정 2정목의 영락정까지 소매상점이 약 180칸 있습니다.

이들을 영업 종별로 나누어 보면,

문방구 4, 악기 4, 만년필 2, 음료 및 음식점 8, 신발 7, 기모노 8, 약 6, 안경 4, 과자 15, 모자 7, 양산 1, 장석류 5, 시계 8, 식료품 8, 그림엽서 2, 운동기구 1, 미싱 1, 금고 1, 의료기 1, 양복 1, 양잡화 20, 사진 4, 완구 5, 모사(毛絲) 1, 도장 4, 구두 가방 및 여행도구 11, 이불 1, 책방 9, 고기 1, 조선토산 5, 유리용품 6, 차 2, 과일 1, 불구(佛具) 1, 다기 2, 맞춤옷 1, 일용잡화 3, 도기 6, 그 외 백화점 4.

즉 이 약 180칸의 매장에 사용되고 있는 면적을 조사해 보면, 대체적인 수치입니다만 가게 하나의 매장 평균당 깊이 약 4칸(間)[92], 입구 폭 3칸의 12평 정도가 완전하게 매장 면적에 사용되고 있습니다. 이것을 약 180칸 전부를 합산하면 약 2,000평의 매장 면적이 되는데 여기에 이번 가을에 준공하는 미쓰코시(三越)의 신축 매장 면적과 조지야(丁子屋)상점의 증축 매장 면적을 합치면 약 2,000평 정도가 새롭게 증가할 것으로 예상되기 때문에 그러면 정확히 본정 1정목의 우체국에서 영락정까지에 있는 앞의 약 180칸의 가게는 지금 새롭게 증축하는 매장 2동의 면적으로 상품을 진열할 수 있게 됩니다.

이 시장의 넓고 협소함이야말로 실로 그 상점의 번영(興隆) 여부를 지배하는 귀중한 기능을 하고 있기 때문에 중소상인으로서는 이 점에 대하여 크게 자각하고, 그리고 분투하지 않으면 안 된다는 것이 눈앞에 다가왔다고 생각합니다. 여기서 이전부터 나의 생각으로써 백화점이 아무리 번창하더라도 소매점은 소매점으로서 영업 방침을 생각해 두면 백화점에 절대로 압박받지 않는다고 생각합니다.

그 좋은 예로써 미국에서 최근 백화점이 출범할 당시에는 일반 소매점은 폐업한다고 극도의 반대와 비난이 있었지만, 그 후의 경향을 보면 그 영향은 대수롭지 않았으며 소매점은 역시 소매점으로서 존재하고 있기 때문에 지금은 단순한 기우에 지나지 않았습니다. 이러한 것은 소매점은 소매점으로서의 전문적인 지식을 가지고 있으며 그리고 고객에 대해서 백화점 이상으로 만족을 주기도 하며 백화점 이상의 구매심리를 자극하는 것으로 시대의 흐름에 순응한 철저한 연구와 실행이 있었던 것입니다. 나는 이 결과를 인정하고 장래에 소매점이 가야만 할 귀로에 신념을 가지고 있습니다.

실제로 저번에 도쿄를 중심으로 하여 게이한(京阪) 지방[93]으로 여행을 하였는데 백화점 대 소매점의 행보가 어떠한지에 대하여 다소의 연구심을 가지고 돌아다녔습니다만, 현재 일본의 백화점은 일시적으로 소매점을 압도하는 흐름으로 진행되고 있던 것이 지금은 백화점 서로 간에 경쟁을 지속하면서 장사를 하고 있는 듯이 보였습니다. 백화점으로서 가장 중요한

---

92 칸(間): 間이라고 쓰고 일본어로 겐(けん)이라고 읽는다. 건물의 기둥의 간격을 1간이라고 한다. 원래는 길이의 단위가 아니었으나 일본에서 농지를 측량하는 데 이 단위를 사용하면서 길이의 단위가 되었다. 일본에서만 사용하는 도량형 단위이다. 1891년의 도량형법으로 1겐을 6척(尺)으로, 1척을 10/33미터로 정의하였다. 따라서 1겐은 약 1.81미터이다.

93 게이한(京阪) 지방: 교토와 오사카를 중심으로 한 지역.

점 또는 모토로 하고 있는 서비스, 이것은 최근 3년간은 매우 모범적이었지만 최근 너무 많은 백화점이 생긴 결과 경쟁에 휩쓸리고 더욱이 급하게 외형적으로 발달했기 때문에 그 사용 점원은 비교적 경험이 짧고 숙련도가 부족하여 따라서 상품에 대한 지식도 부족해서 노골적으로 말하자면 점원 그 자체의 소질이 너무 저하한 가게가 되어 버린 결과, 전부라고는 할 수 없지만, 대부분은 서비스가 나빠졌다고 할 수 있는 것처럼 보였습니다. 이것은 아마도 백화점 그 자체가 영업 조직이나 설비에 상당히 완비된 것이 있지만 상인으로서 가장 중요한 진정한 마음에서 우러나오는 친절이 결여되어 있기 때문은 아닐까. 거기에 반하여 만약 오사카라면 신사이바시(心齊橋), 도쿄라면 긴자(銀座) 방면의 옛날부터 있던 소매상인은 이 백화점에 대항할 여러 가지 연구를 행하여 각자 그 소매 거리의 일반 상인이 모두 일심동체의 마음으로 여기에 대항해 간 결과가 최근에 이미 중산계급 이상의 사람은 소매점에 물건을 사러 간다고 하는 경향이 점차 농후해졌습니다. 제가 한층 더 깊이 느낀 하나의 예를 들자면, 가령 소매 기모노점에 기모노 천을 풀어서 진열해 둔 것을 손님이 사려고 할 경우, 그 가게의 점장은 그 천을 매우 정성스럽고 진중하게 취급하며 그리고 이것을 원래의 상태로 친절하게 접어서 넣어 두는 모습을 보고서 매우 좋은 느낌을 받았습니다. 이것은 오랜 기간 전문적으로 쌓아온 상품에 대한 애착의 표현에 다름 아닌 것입니다. 백화점에서 동일하게 진열해 둔 천을 사고 '이것을 종이에 싸 주세요'라고 하면 앞에서도 말한 것처럼 점원은 기모노의 취급조차도 충분히 알지 못하는 사람이기 때문에 이것을 초심자가 다루는 것 이상으로 세심하지 못하여 어쨌든 손님이 즐거워하며 구매한 물건을 엉망으로 말아서 종이로 싸서 손님에게 전달하는 것을 본 적이 있습니다. 이러한 어찌하기 어려운 경향 이것은 현재의 백화점으로서는 오늘은 여름 물건을 팔고 있고, 내일은 재고 판매를 하고 있는 상태로 대부분이 계속해서 균일판매법 및 염가법에 힘을 너무 쏟아서 무턱대고 선전으로 기우는 경향이 있기 때문에 고객으로서도 완전히 천천히 차분하게 물건을 살 수 없는 상황에 백화점의 결함이 있습니다. 여기서 그 점을 소매점 자신들이 잘 연구하면 최대의 결과를 끌어낼 수 있지 않을까 생각합니다. 최근 그리고 한편으로 고객의 심리가 어디로 기울고 있는가 하면 백화점 상호 간의 경쟁의 결과가 앞에서 말한 것처럼 백화점 자체가 여러 가지 명목하에서 끊임없이 고객을 끌어들이려고 노력하기 때문에 고객으로서도 반드시 뭔가 새로운 매출이 있을 때에만 움직이고 있고, 매출이 없는 평시에는 백화점에 가지 않는다고 하는 경향도 보이고 있습니다.

더욱이 경성에서도 상업회의소를 중심으로 각각 공공 방면에서 이번 가을 겨울에 중소상인이 어떻게 해서 이 난관을 헤치고 나갈지 또는 한발 나아가 이 고난을 넘어설 수 있을지에 대해서 상당한 연구가 지속되고 있는 듯합니다만, 시간이 지나면 반드시 실현될 것이라고 확신을 가지고 있습니다.

여기서 사견의 하나로 강조하고 싶은 것은 일본 상인의 본향이라고 할 수 있는 진고개(泥峴街)라고 불리던 시기부터 본정 상인으로서 오늘날 경성 문화발달에 기여해 온 수난고투의 역사입니다.

우리들은 선배가 남긴 공적을 추모합니다라며 숙연하게 옷매무새를 바르게 하고 경근한 마음을 금할 수 없는 것입니다.

이 의의를 당연한 것으로 생각한다면 불황 타개를 위해서 결코 강 건너 불구경하는 듯한 무관심으로 있을 수 없습니다.

적어도 부민(府民) 전 계급의 마음을 통한 이해와 협조 때문에라도 노력에 노력을 다하여 헤쳐 나가지 않으면 안 되는 책임을 통절히 느끼는 바입니다. 성의 없는 미온적인 태도를 버리고 모두가 부모의 마음이 되어 진지한 노력을 경주해야 한다고 생각합니다. 이것은 당연한 것입니다만 중소상인으로서도 우선 자신을 구할 자는 자신이라는 신조에 입각해서 정신적으로 각성하는 것이 가장 중요하며 불황 그 자체를 문제시하여 쓸데없이 신경을 곤두세워 이른바 헛된 불경기를 두려워하는 것은 금물입니다. 원래 중소상인의 어쩔 수 없는 걱정으로써 경제적 결함에서 백화점과 같이 광범위한 경영이 불가능하기 때문에 그곳에 뿌리내린 깊은 근심이 있는 것입니다. 이것은 경영 능력이 저하되어 있는 것, 상품을 싸게 들여올 수 없는 것, 경영이 상대적으로 비싼 것, 매상이 적은 것에 비해 외상이 많은 것, 금융의 곤란함 등이 일반적으로 지적되는 점인 것은 분명하기 때문에 이러한 여러 점에 대하여 종래부터 해 오던 것을 버리고 스스로 돕고 보완하여 안배한다면 백화점에 대응할 경영 조직의 개선이 이루어져 체인점과 같이 정신적으로도 물질적으로도 연계된 통제의 실현 달성이 있을 것입니다.

서로가 경성문화의 발흥과 사회봉사의 정신에 입각하여 협조를 꾀하고 노력하면, 백화점이나 중소상인 관계없이 그 마을 내의 번성을 기대할 수 있을 것입니다. 이렇게 하여 그 가게가 번창하며, 나아가 전 경성이 번창할 것입니다. 이러한 곳에 중소상인으로서 비로소 회생의 은혜가 올 것이라 믿는 바입니다.

그러나 불황은 여전히 심각해질 것이라 보지 않으면 안 됩니다. 그렇다고 해서 이 난국이 장래의 폐허를 의미하지는 않으며 이른바 앞길에 광명을 바라면서 견뎌 나가는 것이기 때문에 어디까지나 고통을 열어 재치고 거친 파도를 헤쳐 나가는 불굴의 자신과 각오를 가지고 나아가지 않으면 안 됩니다.

이전에는 메이지유신의 대업을 정치적으로 성공시킨 국민 그대로의 의지와 마음을 가지고 앞으로 쇼와(昭和) 산업계의 유신이 오기 직전에 서로 이 대업을 성취시키려는 염원하에 각자 커다란 결심을 굳건히 하지 않으면 안 되는 시기라고 생각합니다.

4) 상인의 궁박

〈자료 355〉 지주갑(池周甲), 〈상인의 궁박과 그 대책〉(조선 제143호, 1929.9.)

1. 서론

현하 상인의 경제상 궁박 상태에 있는 것은 다만 우리 조선에 한한 것이 아니다. 구미 각국을 통한 현상이다. 이 상인의 궁박으로 인하여 구미 각국에서는 이미 사회문제로서 논의함에 따라서 세인의 시청을 끌고 있다. 끌 뿐만 아니라 이에 대책 즉 구제책에 대하여 연구하고 있는 문제이다. 그러면 사회문제로서 논의치 않으면 안 된다는 이유는 제1은 상인의 대부분이 소위 중산계급에 속하는 까닭이다. 현하 상인의 대부분이 일월(日月)을 쫓아 궁박에서 신음함에 따라서 그 지위를 유지하기 불능하면 끝내는 중산계급의 일각이 파괴를 당한다. 일언이폐지하고 현하 중류계급이라는 것은 사회의 중견이요, 문화의 연원이다. 이 중류계급이 붕괴를 당하는 것은 사회상에 큰 문제이다. 사회에서는 상인의 궁박 상태의 경시를 불허하고 있다. 더욱 우리 조선 상인은 대체로 보아서 거액의 자본으로 상업을 하는 것이 아니다. 비교적 대상업가라 하여도 다른 나라의 소매상인의 정도에 불과한 것만은 사실이다. 이와 같이 거액의 자본이 필요치 않음에 반하여 소양도 필요치 아니한다. 그러면 일반 상인을 현재의 상태대로 방치할 것인가? 이로 인하여 목하 언론과 실제에 운동이 적지 않다. 그러나 오인(吾人)이 그것을 시찰할 때 그 언론과 운동이 구제책이 못 되고 한탄(恨嘆)적이요, 시기(猜忌)적이다. 그러면 그 원인이 어디에 있든지 그것부터 검토하여 보자! 과연 이것이 외인(外人)의 압박이냐 그렇지 않으면 우리 자체의 소성(所成)이냐? 물론 외인의 관계도 있겠지마는 필자는 외인의 관계를 논하기 전에 자체의 불충실과 무력함을 한탄하는 바이다.

2. 점주와 점원의 각오

관존민비의 폐풍(弊風)—즉 사농공상이라는 순위로 인하여 직업적으로 계급적 제도가 우리 사회에 수립이 되었다. 봉건시대의 유물은 현금에 이르러서 일종의 시대형적(時代形的) 기형물이 되었다. 신시대라는 배경 앞에는 사농공상으로 차별하지 않고 동일한 사회의 시민으로, 동일한 사회적 대우를 향수할 뿐만 아니라 개인의 실제 생활에서도 절대적인 자유권을 파악하게 되었다. 그런데 현대사회에서 무엇보다도 제일 불합리한 것은 상점에 고용되어 있는 소년 점원의 인격을 무시하는 것이 신시대의 착오이다. 따라서 상점 생활에 종사하는 일반 점원도 이에 그 점(Point)을 두어 그 대우 정도를 정하고 있다. 적어도 상점 생활을 하는 소년들은 상점 경영에 기초적 조직을 형성하고 있는 이상 일반으로 인격을 인정하여야 한다. 근자에 이르러 '점원 대우 문제'가 구미 각국은 물론이요, 우리 사회에서도 일종 노동문제와 같은 경로를 답진(踏進)하여 목하 점원들은 신시대의 진전에 따라 자기 운명을 개척할 기운에 있다. 몇 년 전에 스위스 제네바에서 개최한 국제노동회의에서 상업 사용인의 '휴주(休週)' 문제가 제안이 되었다. 이와 같이 외압박적 운동에 각성치 않으면 안 될 자연의 운명에 봉착되었다. 그리하여 세계문화와 발전을 따라 공히 점원들도 신풍조에 목욕함에 짝하여 개개인의 생활을 그 근저로부터 개신(改新)하여야 한다.

이에 비로소 각종의 새로운 욕구가 발생케 된다. 예거하면 신간 도서, 잡지를 구독하여 실무적 지식의 흡수라든지 또는 건강증진법을 강구하여 체육의 증진을 꾀한다든지 혹은 고상한 취미로써 정신적 향상을 꾀한다든지, 기타 각종 방법 수단에 의하여 내적 및 외적으로써 점원의 생활을 개선하는 동시에 충실을 기도케 된다. 오인은 이에서 점원의 각성이 무엇보다도 사용인 또는 피사용인 사이의 협조적 신광명을 획득할 것이라고 예측하는 바다. 만일 점주가 완고하여 일반에 점원을 구관습으로써 노예시하여서는 몇 걸음 나아가지 못하고 파멸을 당하게 된다.

3. 점원의 우대는 상점의 번영 기초

현재 우리 조선의 상점주는 대개 목전에 적은 이해관계에 현혹이 되어 점원의 사상이라든지 지식이라든지 건강 등을 추호도 고찰치 않는다. 무엇이든지 잘 방매만 하면 그것이 상책이라는 것을 제일주의로 삼는다. 이것이 내면적으로 각종의 폐해가 되는 것을 부지(不知)하는 까닭이다. 유래로 점원이라는 것은 몇 년 기한을 정하고 그 기간에 하등 고장이 없이 경과하고 또 상당한 경험을 얻게 되어 퇴점할 때에는 점주로부터 소자본을 제공하는 것이다. 즉 다시 쉽게 말하면 지점을 내게 된다. 이 은전을 최종의 목적으로 한다.

그러나 이 과거 점원의 노예적 생활에 불과한 그 비참한 생활 즉 물질적 및 정신적 학대를 감수치 않으면 안 되고 일생에 한 번인 청춘시대—생애에 두 번도 오지 않는 인생 수양기를 무의의(無意義)한 고투 생활로써 허송한 그 대상(代償)이 즉 1 소전방(小廛房)이다. 이 소전방도 용이히 획득하는 것이 아니다. 추호의 과실이라도 있으면 그 대상인 소전방에 대한 시기(時機)도 취소케 된다. 그러나 이것은 봉건적 시대의 제도이니까 장구히 존속할 곳이 아니다.

신풍조가 일반 사회에 분류(奔流)함에 따라서 현하 점원의 대우에도 혁명적 현상을 노정하고, 물질적 및 정신적으로 과거에 비하여 경악할 만한 특전이 있다. 환언하면 공휴일의 증정(增定), 이익의 분배, 상여금의 지급, 기타 각종으로 특권을 점원에게 부여케 되는 경향이 있다. 그러나 재래의 점원 냉대가 이와 같이 개선함에 이르러 시대의 진보는 교육에 보급을 왕성케 하고 또 일방으로는 생활 경쟁이 심하게 되어 근자에는 점원 지망자도 현저하게 증가되었다. 더욱 금일 이후로 소년 점원 대우에 새로운 조직을 수립하고 상점의 번역적 기초를 견고케 함에는 점원의 대우 및 그 훈련에 진력할 것이 현하의 급무이다.

4. 고객은 상인의 생명

상인은 고객으로써 생명을 삼아야 한다. 아무리 화려한 상관에 몇십만 원에 상품을 진열하였을지라도 고객이 없으면 상점의 운명은 자멸을 당한다. 고객은 이와 같이 귀하고 중한 것이다. 그러므로 점원으로써 고객의 귀천, 남녀·노소를 구별할 것 없이 여하한 계급의 사람일지라도 친절·정녕(叮嚀)[94]·정직 이 3대 정신을 가지고 응접하여야 그 상점이 흥성하게 된다.

내가 말하려 하는 것이 다른 의미는 없다. 현하 상업도덕이 부패한 조선 상계를 두고 몇 마디를 써서 독자 제씨에게 드리려 한다. 대개 상점에 출입하는 사람은 반드시 물품을 구매하려고만 출입하는 것이 아니다. 그중에 혹은 산보로 나왔다가 구경 겸하여 또는 싸면 사고 비싸면 안 산다는 뜻으로 돌아가는 사람도 있을 것이다. 사실상 1푼이 없이 잘 정리한 상품을 헤쳐 놓고 돌아가는 사람도 있을 것이다. 그 행동이야 천태만상일 것이다. 그러나 상인이 된 이상, 고객들의 출입을 원하는 이상 이러한 것을 기염(忌厭)한다면 상업이 흥성치 못할 것은 정한 이치이다. 될 수 있는 대로 친절 정녕히 응접하여야 한다. 추호라도 불쾌의 감을 주어서는 고액을 잃어버리게 된다.

그러면 여하히 하면 고객에게 만족을 줄까? 사실상 이 점에 이르러서는 일일이 예를 들어서 쓰기가 매우 곤란하다. 그러나 대략 요점을 들어서 쓰려고 한다. 무엇보다도 우리 조선 상업계에서는 고객을 맞이할 때 제일 먼저 언어부터 고쳐야 한다. 고객이 상점 입구에 들어설 때 '이 양반 무엇 사려우' 하고 뻣뻣한 태도를 취하지 말고 친한 벗을 만난 듯이 '어서 들어오십시오' 하고 환영하라는 것이다. 고객이 사고 안 사고는 두 번째 문제로 두라는 말이다. '이 양반 무엇 사려우?' 하는 첫인사는 미개한 시대에나 쓰던 말이다. 다시 말하면, 도회인들이 시골에서 온 고객을 업신여기던 때에서 온 폐습이다. 상인의 경쟁이 날로 심한 오늘날 그와 같은 수단 방법으로 상업을 경영하다가는 자멸의 길로 빠져들어 갈 것이다. '어서 들어오십시오'라고 하는 말은 반드시 제대로 된 첫인사라 할 수 없다. 우리는 이에 대하여 다시 일반 상인이 상용할 말을 연구하기를 간절히 원하는 바이다.

5. 정가 판매주의를 실행하라

상인과 고객 사이에 가장 주의하여야 할 것은 상품의 가격이다. 오늘날 상인들이 상품에 대하여 호가하는 것을 보면 각 상점을 따라서 부동하다. 다만 우리가 경험한 바에 의하면 종로 화신상회만은 정가 판매를 실행한다. 어떠한 곳에서는 으레히 고객이 가격을 깎을 것을

94 정녕(叮嚀): 정중함.

예상하고 정가에서 1할이나 혹은 5푼가량을 할인하기도 한다. 이와 같이 1할 이상에 호가 또는 고객을 짐작하여 가면서 가격을 가감하는 것은 상인 도덕상으로 용서치 못할 일이며 더욱 양심을 속이는 것이다. 어디까지든지 정가 판매주의를 관통하라는 말이다. 물론 정가 판매주의를 실행하면 상품의 내용과 타 상점의 상품 정가와 비교하여 보지도 않고 정가에서 할인하라고 요구하는 고객도 있을 것은 사실이다. 이러한 것은 전연 불응하여야 한다. 사실상 이와 같은 고객이 많이 출입할수록 상점의 신용이 없어진다. 이 정가 판매를 실행하면 처음에는 고객이 적게 될 것은 사실이다. 그러나 이 주의 주장이 관통이 되어 일반 사회의 신임을 얻을 때에는 반드시 성공의 깃발을 획득할 것이다.

6. 점원의 행복 증진 시설

점원으로서 능률적으로 분투노력하게 함에는 무엇보다 먼저 점원의 훈련이 필요하다. 먼저 점원으로서 실제 생활을 안전케 하는 것이 필요조건이다. 그것은 물질적 우우법(優遇法)을 강구하여야 된다. 그러므로 우리는 일반 상인으로서 점원의 행복증진에 대한 위안 시설에 진력하는 것이 필요하다. 그 근무하는 장소에 전신을 의탁하고 안심하고 직무에 몰두케 될 것이다. 생활 안전의 실을 거두는 동시에 점원의 행복증진을 위하여 최선에 시설 방법을 강구하여 피사용인과 고용인을 위안하여야 한다. 다시 이에다가 구체적으로 말하면 연 1회나 2회의 점원 위안회 즉 운동회·원족 등을 개최하든지 벚꽃 구경 모임(觀櫻會) 같은 것을 개최하여 점원 일동에게 즐거움을 주라는 것이다.

아니면 때를 따라 음악가·학자·명사 등을 초빙하여 정신적 훈련을 시키는 것도 필요하다. 내가 도쿄에서 직접 본 바를 이에다가 소개하겠다. 도쿄 미쓰코시(三越)의 일본 전통 옷집 같은 데서는 이러한 여러 가지 측면에 유의해서 점원들의 동호회(愛好會)를 조직함으로써 적극적으로 점원의 행복증진을 도모하고 있다. 또 당구장·핑퐁(Ping-Pong실)·골프(Golf)·정구(Tennis)·야구 등의 오락기관을 설치하여 점원들이 자유롭게 운동을 할 수 있도록 해 주는 것도 확실히 행복을 증진시키기 위한 하나의 방법이다. 이제 다시 점원이 아플 때는 어떻게 취급하는가? 물질적으로 풍족하지 못한 생활을 하는 점원에게는 의료비 보조를 한다. 즉 의약·입원료·질병 예방 등의 비용에 대해서는 모두 반액을 지급한다고 한다. 도쿄 미쓰코시의 일본 전통 옷집 점원 동호회에서는 이와 같이 불행한 일(不幸事)을 당할 경우 보조금을 1년에 5만 원에서 7만 원 정도의 금액을 지출한다고 한다. 이것이 풍족하지 못한 점원에게는 암담한 처지에 비치는 광명일 될 수도 있다. 점원이 병으로 인하여 요양할 때에는 3개월간은 월급을 지급하나 그 후 3개월간은 월급의 2분의 1을 지급한다고 한다. 점원은 충분히 안심하고 요양할 수 있을 것이다. 상술한 미쓰코시의 일본 전통 옷집에 대한 소개는 필자가 도쿄 재학 당시 견학으로 가서 지배인의 설명으로부터 얻은 것이다.

점원의 업무상 능률 증진은 승진·승급 등의 방법으로 장려한다. 기량이 있고 수완이 있는 점원을 선택하여 중요한 지위에 나아가게 하는 동시에 월급도 올려줘야 한다. 다만 재래(再來)[95]의 방법으로 연수(年數) 많은 사람이라면 승급하는 고대의 방법은 단연히 배척하고 점원 각자의 재능과 실력 본위에서 근무 성적을 참고하여 장래 유망자로 인정할 때에는 비록 후배라도 승진·승급의 특전을 주어야 하겠다. 상업 발달이 유명한 미국에서는 능률 증진을 앞서서 주장(唱道)한 지가 오래되었다. 현재 사업상 모든 방침은 대개 (Efficiency) 능률상으로 타산하는 현상이다. 이것을 참작하여 가급적 인재 등용주의로써 행하는 방침이다. 적극적으로 점원의 승급·승진의 길을 강구하고 있다. 취미가 있는 쪽으로 업무에 종사하게 한다. 그래서 적성과 적당한 능력을 실행하고 실현하는 데 노력한다. 우리는 원하노니 우리 조선 상인들도 시급히 현재 상점에 대한 모든 경영 방침이라든지 기타 등을 현대식으로 신설하려면 먼저 비용 관계도 클 것이다 할 수 있기 때문에 점점 현재 재래 방침과 경영법을 개혁하도록 진심(盡心) 노력하라는 것이다.

7. 선량한 점원의 채용 방법의 이론

외모상의 제 조건도 점원 채용에 대하여 중대한 조건이나 내용상 제 조건은 이것보다 이상의 중대한 요건이다. 그러면 내용상 문제는 무엇인가? 즉 인물의 식별 … 심각한 조사와 연구를 필요로 하게 된다. 심리적 해부는 물론이거니와 과학적인 능률에 대한 조사 또한 당연히 필요하다. 그리하여 그 점원의 자격을 인지함에 따라서 능력을 측량하고 그 적성을 감별케

95 '在來'의 오식으로 보임.

된다. 적재를 적소에 두는 것은 결국은 그 상점의 번영을 의미하는 것이요, 발전을 촉진케 하는 결과다. 그 인물의 역량을 올바르게 고찰하여 충분한 능력을 발휘하게 하는 것은 두말할 나위 없이 상점에 번영을 초래하는 유일무이한 최선의 길이다. 근래 이와 같은 능률조사에 관한 과학적 연구가 현저한 진보를 보이고 있다. 인물의 능력을 측정하는 정교한 기계 … 소위 이것이 지능검사(Mental Test)라고 칭하는 것이다. 이 방법으로 인물 능력의 측정 및 과학적 감식이다. 그러나 소규모 형태인 우리 민족의 상인으로서 전문적 지식 및 특정한 기계를 사용하라고 권하는 것은 아니다. 다만 필자는 참고나 될까 하여 소개하는 데 지나지 못한 것이므로 결국은 올바른 상식에 의한 판단에 맡긴다. 환언하면 '지능검사'에 의한 감별법과 대차없이 대면, 농담 가운데 그 인물의 내용적 가치 및 능력을 고찰할 공통점을 몇 가지 기록하여 상인들의 참고에 이바지하고자 한다.

a. 인사하며 응대할 때 명쾌하고 요령이 있는 자
b. 독립의 정신이 왕성한 자
c. 자포자기의 언행을 쓰지 않는 자
d. 여하한 경우를 당하더라도 덤비지 않는 자
e. 자기의 수완이며 실력을 과장치 않는 자
f. 일을 하는 데 있어서 주의하고 침착한 자
g. 성의와 책임적 관념이 풍부한 자
h. 친절하고 정직한 자
i. 일상 비관적이 아니고 낙관적인 자
j. 정력과 용기가 구비한 자
k. 학력과 인격을 조화하여 나아가는 자

상술한 11조건은 점원 채용에 대표적인 표준의 참고사항이다. 상업은 오늘 이후부터는 현대식으로 경영하여야 파멸을 면할 것이다. 사람이란 각자가 서로 얼굴이 다른 바처럼 업무에 들어가서도 적절성의 여부와 관계가 있다. 환언하여 쉽게 말하면, 소위 장점과 단점이 있다는 것이다. 그런데 그 장점을 따라서 적당한 업무를 맡았을 때야말로 일을 하는 데 능숙함을 발휘할 수 있을 것이며, 게다가 업무상 능률을 촉진케 된다. 이와 반대로 적절하지 못한 업무에 종사할 때에는 염증이 발생하여 실적에서는 도저히 만족한 결과를 보지 못할 것은 당연한 도리다.

과거 산업경영에 주요소는 기계가 제일 중요시 여겨졌지만, 금일 산업경영의 요소는 사람 개개의 진력을 기대(企待)치 않고는 안 될 현상이다. 따라서 인간의 좋고 나쁨(良否), 적절성 및 가능성 여부 등 문제가 논의될 수밖에 없게 되었다. 적재를 적소에 두어야 된다는 필요가 무엇보다 제일 치열하게 되었다.

종래의 방식…무자각한 행사로 사용인을 학대하는 것을 최선의 방법으로 믿던 그 사상은 금일로부터 개혁하는 동시에 타파하고 각 개성을 십분 발휘케 하여 신능률을 증진케 함이 근본 기조요, 즐겁게 업무에 종사케 하는 실제 방법이라는 것을 과학적으로 기초 연구한 것이다. 점원 채용에서 심리적으로도 사고력·주의력·능동력·가성력·적응력 등이 필요하다. 만일 보통학교를 졸업하고 바로 실사회에 나와 자활의 도를 세우지 않으면 안 될 소년 소녀들을 현재 파도가 심한 사회에 처하여 어떤 직업이 자기들에게, 다시 말해, 정신적인 측면이나 육체적인 측면에 적합할지 이에 대해서 완전히 알 수 없는 것 또한 사실이다. 이러한 어려운 문제의 해결과 서광을 위하여 성능에 심사, 능력에 측정의 기계가 세상에 발명이 된 것이다. 사실상 이 기계로써 그 사람의 지식·성정·능력 등을 심사하고 측정할 수 있다. 이 고찰에서 업무를 주게 하는 것이나 본인의 희망이나 취미를 무시하고 심사와 측정으로써 업무에 나아가게 한다는 것도 일대 고려할 문제라고 생각한다.

8. 점원의 훈련과 소양 및 상점의 규칙

점원의 소양(心得)이라든가 상점의 규칙(店則)이라는 것은 필경 대상점·회사·은행과 같은 곳의 주의 방침하에서 그 사용인 전부를 동화케 하고 판매고를 증가케 하는 동시에 집무의 능률을 향상케 함이 상점의 규칙 및 소양의 목적이다. 이것을 상점·회사·은행 측으로부터 고찰할 때에는 소양 및 규칙은 많은 사용인을 단속할 때에 필요한 것이다. 만일 이를 방임한다면 그 질서를 유지치 못하게 된다.

사용인 측으로부터 고찰할 때에는 그 소양 및 상점의 규칙은 활동함에 따라 사용인의 의

무요, 자기의 장래를 위하여서도 필요한 것이다. 다시 말하면 우리 조선 사람은 점원뿐만 아니라 일반이 규칙적 생활을 하도록 장려(勵行)하자는 의미에서 상점의 규칙이라는 것이 집단적 위력을 발휘하게 하며 점원의 승진(榮進)상에도 필요하게 하여야 한다. 말을 풀자면, 상점의 규칙은 상점에서는 '영혼'이다.

상점의 규칙은 상점의 법률인 이상 점원으로서 업무에 분투, 노력케 할 수 있는 동시에 상점의 업무에 있어서 전체 능률을 적극적으로 발휘케 할 수 있다. 상점의 규칙이라는 것은 장구한 세월 체험으로 획득한 상점의 번영책이다. 이상 점원의 소양 및 상점의 규칙에 대한 필요론을 역설하였지마는 이것을 논리적으로 말하려면 지면상 상론(詳論)할 수 없으나 필자는 여기에다가 특별히, 현대식 점원의 소양 요항을 간단명료하게 기술하려 한다.

고객을 대할 때 정녕 친절로써 접대할 것

고객의 풍채·귀천으로 대우를 다르게 하지 말 것

고객을 대할 때 언어는 될 수 있는 대로 경의를 표할 것

친절한 친구 사이라도 손님으로 왔을 때에는 예의 작법을 지켜 근신한 태도로 접대할 것

고객의 면전에서 사담(私談)이나 농담은 실례이니 엄금할 것

손님이 물어올 때에는 민첩하게 하고, 판매품 산지 등을 물을 때 자세히 설명하여 줄 것

이상 6개 조건은 경성에서도 외국인의 상점에 가서 보면 실행하고 있다. 그런데 가끔 우리 동포들이 경영하는 상점에 가서 볼 때 아직까지 멀고도 멀다는 감을 얻게 된다. 우리는 이제부터라도 실행하면 될 것이 아닌가?

9. 점원의 승진 열 가지 규칙

1. 복장은 그 상점 내규에 따라서 착용할 것. 될 수 있는 대로 장사하는 사람의 태도를 취할 것.
2. 행동은 남에게 유쾌하게, 신용·열심·정녕의 태도를 보유하되 정도에 넘는 친절은 불가. 과한 태도나 애교의 행동은 금할 것.
3. 상점에 충실하고, 타인의 일로 생각하지 말고 자기의 일로 생각할 것.

4. 점원 사이에 관계 여하를 고려하여 협동 일치할 것. 따라서 시종일관 영업법에 불충분한 것이 있거든 개선에 노력할 것.
5. 각자 책임 관념을 자각할 것.
6. 상업에 대한 지식의 함양에 노력할 것.
7. 시간을 엄수할 것(Time is money).
8. 속결 속단의 습관을 양성할 것.
9. 공포·질투·증오심을 제거할 것.
10. 위생에 주의할 것.

10. 상점 내 제반 설비에 대한 주의사항

점원은 일상 상점 내 매장 일반에 대하여 주의—예를 들어 열거하면 환경·주위에 대한 부단히 신경을 쓰고, 다시 말해, 상점 내의 빛과 조명·냉난방·건습 등에 대하여 특히 용의주도하여야 하겠다. 전 상점원으로 상무(商務)에 효율적 공부를 꾀할 뿐만 아니라 그 위생 보건상으로 보아도 필요한 것이다. 이로써 일반 점원이 즐겁게 활동하도록 해서 고객이 기분 좋게 물건을 사도록 하는 방책이다. 금일 상업 중심지인 경성 상점계를 살펴보자. 우리의 상점으로 우선 백화점(Department store) 등을 돌아보자. 여러 상점 중 비교적 종로 화신상회가 위치로 보아도 중요한 곳에 있으나 전매 설비를 볼 때 이상한 감을 얻게 된다. 그렇더라도 상점으로 볼 때 비교적 설비가 훌륭하다는 만큼은 고객의 출입이 다른 상점에 몇십 배나 되는 것 같다. 우리 조선 사람은 먼저 상점 내의 설비 정돈에 노력하라는 것이다.

이제 다시 일보를 나아가서 하절기와 동절기를 두고 생각하자. 하절기의 환기법으로서 선풍기를 설비하든지 동절기에 완전한 난방장치가 무엇보다도 점원과 고객들에게 만족을 주는 것이다. 이러한 설비는 능률 증진의 방법이 되는 동시에 위생 보건을 위하는 것이다. 늘 통풍 채광이 불충분하든지 한기(寒氣) 조명의 방법이 불합리하든지 한서(寒暑)에 대한 설비가 불충분하든지 하면 점원의 활동이 둔하여지고 고객의 출입은 영원히 끊어지게 되는 것이다.

요컨대 이러한 것은 일개 점주만 주의할 것이 아니다. 일반 점원들과 협동 일치하여 노력하여야 한다. 일반 상인 및 점원으로서는 능률 증진법을 과학적으로 연구한 미국 웬스로 테

라씨 저서 같은 것을 일독할 필요가 있다고 생각한다.

상술한 것은 일반 상인 및 점원들이 각오할 주의사항, 특히 점원의 훈련, 상업 도덕론을 논함에 불과하였다.

11. 상인이 곤궁한 이유는 내부적인 것과 외부적인 것에 있다.

이제 상인이 곤궁해진 원인을 어떻게 구별해 볼 수 있을까? 여기에서는 제목과 같이 내부적인 원인과 외부적인 원인을 지적하여 논해 보고자 한다. 내부적 원인이라는 것은 상인의 수가 굉장히 수요를 초과한 까닭에 상인 사이에 호객(引客) 행위가 격렬해진 데 있다. 이러한 결과 상인의 수입은 점차 감소하게 된다. 상인은 물론이지만 특히, 지방 상인들은 그 지방 부근의 고객을 대상으로 상업하는 관계상 국한된 지역 내에 다수의 경쟁자가 나타날 때에는 맹렬한 고객 쟁탈전이 연출되게 된다. 이러한 이유하에서 혹은 이윤을 적게 하여 염매하게 된다. 따라서 점포도 다른 점포보다 장식하여 고객의 이목을 끌게 하는 등 많은 경비를 내어야 한다. 다른 외부적 원인이 없다 하여도 상인의 곤궁한 상태는 우리가 현재 불경기로써 상상할 수 있다. 따라서 우리는 상인의 곤궁함을 구제하기 위해서는 상호 간 경쟁을 완화할 길을 강구하는 것이 상책이다. 이 원인에 따른 곤궁함은 근본적인 까닭에 근자에 이르러서는 다시 외부적 박해가 격렬하여 그 곤궁함의 정도가 한층 증가하게 되었다.

외부적 박해도 여러 가지로 있지마는 그중에 제일 현저하고 중요한 것은,

생산자가 직접 소비자에게 생산품을 공급하는 것이다. 종래의 중개기관을 경유(輕)[96]하지 않으므로 비교적 염가로 매입케 된 것이다. 이에서 소매상 같은 상인은 당연히 대타격을 감수케 된다.

소비자가 소비조합을 설립하여 직접 생산자며 도매상으로부터 물품을 구매하든지 또는 각자의 생산품으로써 조합원에게 염가로 공급하는 것이다. 그러므로 소비조합의 발달은 소매상인에게 대하여 일대의 적이 되고 있는 것이다.

다음은 최근에 대규모의 경영이 일어나 이 대규모의 경영은 경제상 편리를 도모하여 소비

96 경(經)의 오기.

자에게 물품을 염가로 공급하는 동시에 일반의 고객을 흡수케 되었다. 즉, 예를 들면, 백화점(Department store)·체인점(Chain store) 등 이러한 상점이 현저한 실례다.

12. 근본적인 곤궁함을 어떻게 타개할 것인가?

전술한 바와 같이 내부적인 것과 외부적인 것으로 각종의 원인으로써 상인의 곤궁함 정도는 일가월증으로 신음 중에 들어오는 것이 현재의 정황이다. 그러면 이 상인의 곤궁함을 구제하기 위해서는 내부적 원인부터 적당한 처치와 조처를 실시할 것을 강구하여야 되겠다. 그러나 내부적 원인에 곤궁함을 완화하려고 한다면 매우 곤란해질 수 있다. 그 이유는 소비자 입장으로부터 고찰할 때에는 추호라도 염가에 상품을 구매하려는 것이 욕망인 까닭에 물품의 가격을 높게 하여 일반 상인의 수입을 증가케 한다는 수단 방법은 피하여야 할 것이다. 만일 이 방법을 피할 때에는 먼저 상인의 수를 제한할지, 그렇지 않으면 수를 감소케 하든지 하면 최후 결과에 이르러 상인의 이익을 증진케 할 수 있을 것이다. 하지만 이것을 어떻게 운전하면 그 목적에 달할까? 지역 내에 동업자 수를 제한하든지 또는 일반 상인이 될 자격 표준을 규정하든지 이 자격을 구비하지 못한 자는 상업 경영을 불허하여야 한다. 이것을 실행한다면 상인은 어느 정도까지는 독점적 지위를 획득할 수(獲授)[97] 있게 되지만 이면에서는 바로 소비자의 이익을 해칠 수 있다. 또는 현재 상인의 제한을 역행(力行)하면 일부의 상인은 실업에 처하게 되며 선정된 상인만이 이익을 볼 것이다. 전술한 바와 같이 상인의 구제책은 도리어 양편에 좋지 못한 영향을 미치게 하는 까닭에 우리는 단연코 따져 보아야 할 것이다. 이로 말미암아 보면 현재 상인의 구제책이라는 것은 사실성에 비추어 보았을 때 막연하나마 어려운 문제다. 하나 이와 같이 생각하면 상인이 곤궁해진 내적 원인에 대하여 고려하고 이것을 구제할 방법은 (1) 상인으로 협동일치하여 대규모 경영의 편리를 도모하여 각 개인으로 일부의 이익을 획득할 것, 그렇지 않으면 상인으로 금융에 편리를 기할 것, 이 양 조건이 현재 상인들에게 급선무라고 생각한다. 현재에도 각 대도시에서는 상인들이 단결하여 시장 같은 것을 설립하여 먼저 점포의 비용 같은 것을 절약하고 따라서 염가에 판매 다매박리주의로 고객

97 획득(獲得)의 오기로 보임

을 흡인하고 있다. 이러한 것은 대규모의 편리를 보려 함에 불과한 것이나 기호(寄好)하게 이것을 이용하면 상당한 효과를 획득할 것이라고 믿는다. 이것은 한 예에 불과하지만 상인이 일치단결하면 이러한 종류의 편리를 얻을 방법을 고안할 수 있을 것이다. 무엇보다 소비자에게 해를 미치게 하지 않고 상인의 이익으로 진행하는 까닭에 사회정책상으로 보아도 이것을 시비하고 배척할 이유는 없을 것이다.

은행 대신에 금융기관을 고려하라.

그런데 또 한 방법은 상인이 금융의 편리를 도모하면 그 상업 경영이 용이하고 민활하여질 것이다. 구주 각국에서도 이와 같은 종류의 경험과 체험한 결과 상당한 실적을 거두었다고 한다. 그런데 우리 조선 상인은 과거 호경기를 지내 종전에 비하면 현금은 금융의 편을 잃고 있다. 종전 호경기 시대에는 각 은행으로나 금융조합 같은 데서 금융의 편을 얻기가 용이하였지만 불경기로 인하여 각 금융기관은 소위 긴축이라는 미명하에서 종래와 같이 상인의 상대가 점점 박해 있다. 그러면 종전보다 한층 금융의 편리를 얻기 쉬운 길을 강구하여야 되겠다.

13. 연대책임으로 자금 융통 방법을 계(計)하라

상인 측으로 고찰할 때에는 될 수 있는 대로 쉽게 금융의 편득(便得)함을 간망(懇望)하지만 금융기관 입장으로 관찰할 때에는 가능한 위험한 융통은 거절하고 피하는 것은 당연한 귀결점이다. 이에서 두 사이에 조화가 곤란한 점이다. 이 곤란한 적선(赤線)을 초월하여 문제를 해결하려는 고안은 여러 가지로 나눌 수 있지만 요컨대 상인이 협동 단결하여 연대책임으로써 대인(對人) 신용으로 자금 융통을 기하든지 그렇지 않으면 국가나 공공단체, 이러한 곳에서 비교적 신용이 있는 상인에게 대하여 사회정책상으로 어느 정도까지 위험을 부담하고 보증의 위치에 서서 자금 융통을 은근(慇懃)하여야 되겠다. 이 양자 사이에 어느 것이든지 고안의 기초로 하지 않으면 안 될 것이다. 오인의 고찰한 바에 의하면 전자 것이 적당하고 합리한 것이라고 믿는다. 그 이유는 연대책임으로 융통을 받기 때문에 당업자인 이상 호상 부조로, 호상의 경계로 견실한 경영으로 나아갈 것이다. 가령 확실한 담보물이 없어도 금융기관에 손실을 파급하지 않는 이유하에서 필자는 장려하는 것이다. 이 기초상에 한층 연구를 하면 지방의 소매상인도 어느 정도까지는 금융의 편리를 획득하리라고 생각한다.

14. 상인 대 백화점 문제

다시 전술한 것은 내부적 원인에 대하여 논하였지만 이에는 외부의 원인으로 궁박한 것을 고찰하려고 한다. 상인이 내부적으로 받는 경쟁은 상술하는 것과 같이 각종 각양으로 있으나 금일 일반 사회에 문제되어 있는 것은 백화점 대 상인의 경쟁이다. 구주 각국에서도 여러 가지 논지로 백화점을 공격함에 짝하여 이것을 억제하지 않으면 일반 상인의 궁박을 구제하기 불능하다고 하였다. 그러나 필자는 이 논지에 불찬성하는 바이다. 그 이유는 현하 조선 상인과 소비자를 두고 고찰할 때 단연코 환영하지 않은 것이다.

15. 백화점 특별세

백화상점이 일반 상인을 압박하는 것은 마치 대공업자가 소공업가를 압박함과 유사한 것이다. 다시 말하면 대자본으로써 대경영을 하고 이 반면에 적은 자본으로 소규모의 경영을 하는 상인을 압박하는 것이다. 그러나 대경영은 소비자에게 대하여 많은 이익을 부여하는 까닭에 법률 등의 힘으로 백화상점의 경영에 과대(寡大)[98]한 제한을 가하는 것은 상인을 구제하는 것보다 도리어 소비자에게 불리하게 한다.

구주 제국에서는 백화상점의 경영에 대하여 제한의 조건으로 제안한 것은 ……

제1 백화상점의 설립에는 특허주의를 취하고 만일 정부의 특허가 없는 경우에는 개점을 불허할 것
제2에는 백화상점에 대하여 특별세금을 과징(課徵)할 것
제3에는 백화상점은 2층 이상을 불허할 것
제4에는 백화상점 내에 식당을 설치하여 음식의 판매를 불허할 것

98 과대(過大)의 오기로 보임.

이에서 문제가 되는 것은 특별세금의 과징이다. 그 예로는 유럽에서는 독일이다. 이것을 시행하여 전쟁, 즉 1919년 제국 영업세법 중에 이 과세를 더하게 되었다. 그런데 그 후의 성적을 본다 하여도 역시 백화점의 설립 수도 감소하는 일이 없었다고 한다. 그 이유는 백화점에서는 특별세의 부담을 면하려는 정책 수단하에 한층 더 활약한 까닭이라고 한다.

따라서 일반 상인은 백화점으로써 피몽(被蒙)의 압박 정도는 일익(日益)하였다고 한다. 필자는 이 예에서 더욱 우리 상인은 그 목적에 달하기 곤란하겠다는 것을 절실히 지각하는 바이다. 이뿐만 아니라 백화점의 범위를 정하기 매우 곤란한 것이다. 그러하므로 과세상에 자못 곤란할 것도 사실이다. 법률로 일정한 범위를 제정하여 과세케 되는 경우에는 그의 대책으로 교묘하게도 그 범위를 벗어나서 신조직으로 변하여 과세를 면하게 될 것이다. 만일 과세의 범위를 넓게 하면 나중에는 대자본에 과세하는 격인 때문에 소중상인 구제의 목적을 부득(不得)케 된다 하므로 현하 학자들은 이에 대하여 반대하는 것이다. 필자도 역시 이 반대에 대하여 합리적이라고 생각하는 것이다. 다음은 백화점 상품권 발행을 속히 전폐함을 기한다. 이 상품권 발행은 중소상인 더욱 우리 조선 상인에게 대하여 형용할 수 없는 타격을 주고 있는 것이다. 즉 외인의 대자본의 상점 몇 개로 인하여 상계에서 위협을 크게 받고 있다.

상품권 발행은 무이자로써 자본을 이용하는 결과 백화점은 대자본 우월한 지위에 있으면서 다시 그 자본 힘을 획득케 되므로 상인들이 궁박에서 신음할 것은 명백한 사실이다.

금일 상품권을 특히 수수하는 것은 주로 증답(贈答)에 사용함에 불과하므로 이것을 전폐한다 하여도 경제상에는 하허(何許)의 손익점도 없다. 하므로 필자는 속히 전폐하기를 기대하는 바이다.

정(正)·부정(不正)은 백화점의 수단 감별난이다.

백화점·체인점 등의 경영에 대하여 제한을 가하여 일반 상인을 구제할 범위는 이론상으로 관찰하면 백화점 등이 일반 상인과 경쟁하는 것이 정당한 수단을 사용하고 사용하지 않음에 의하여 결정할 것이다. 만일 정당한 수단이라면, 가령 상인에게 다소 불이익하여도 이것을 제한을 가하거나 금할 것이 아니다. 다만, 그 판매 기타 모든 수단이 정당치 않은 때에는 단연히 제한하고 금해야 될 것이다. 그런데 그 수단이 올바르거나 부정한 것은 실제상 문제인 까닭에 곤란할 것이다. 사람에 따라 그 견해가 다른 때문이다. 상인의 곤궁함은 목전의 사실인 동시에 사회정책상인 것은 경시하여서는 안 된다. 그 구제 방법이 좋지 않을 때는 도리어 현재 신음 상태를 한층 파멸 상태로 될 것이다. 그렇지 않으면 일반 소비자에게 불리하게 될 것이다. 즉 근본적 원인인 상인의 수는 수요를 초월하여 있고 따라서 경쟁 때문에 수입이 감소케 됨에 대하여 직접 이것을 구제할 방법이 곤란하나니 필자는 최후로 일반 상인에 상호의 협력으로 수입을 증케 하며 어느 정도까지 금융의 편을 얻어서 경쟁을 쉽게 할 것이요, 이 외에 외부의 압박은 어느 범위 내까지 제한하는 것이 가하다고 생각하는 바이다.

결론에 이르러 '생'을 절규하고 '생'을 주장하자. 그런데 개개인이 산란(散亂)하여서 하지 말고 모여서—뭉쳐서—우리는 '생'을 구하며 '생'을 주장하자. 즉 이 말이 현하 사회 형편으로 복잡한 신음 상태에서 매우 어리석은 주문(注文)이다. 종래 다각적 궁박선(窮迫線)을 비상 집합적으로 표준 의식하에 한 군데 뭉쳐 보자는 것이다. 즉 외인의 상인과 대립하여 분투하자는 주장이다. 학설에 현절(絢節)하기 때문에, 주의에 구속받기 때문에, 혹은 낭만에, 혹은 타락에서 도저히 돌아서지 못하는 자가 있다면, 그는 그만두고라도 이 취지에 공명하는 자가 있거든 있는 대로 한 덩어리가 되어 보자는 말이다. 그리하여 조선인이 전일적으로 결합이 되어 만신 일력(萬身一力)으로 악전(惡戰)을 하며 고투를 하자. 지성으로 하고 진심으로 하자는 설(說)이다. 반드시 소생할 것이다.

5) 중개상인

〈자료 356〉 중개상인은 어떻게 되나(조선경제잡지 177호, 1930.09.)

긴축과 합리화란 1930년대에 있어 경제계의 총아로 지칭되며, 따라서 공(公)경제는 물론 사(私)경제에 이르기까지 어떻게 하여 물자의 수급을 합리화할 것인지 관민이 모두 이를 관철하기 위해 전력을 기울이고 있다.

상업조직에서도 생산자보다 소비자에게라는 말은 현대의 모토가 되어 생산자는 직접 소비자에게 판매하려고 하며 또 소비자는 중개상인을 거치지 않고 생산자에게 바로 구입하려고 하며 그 사이에서 소매상인은 양쪽에서 압박받아서 어려워하고 있는 것이 현실이다.

그러나 생산자보다 소비자에게 슬로건이 너무 과하게 선전되었기 때문인지 얼마간 폐해라고도 할 수 있는 사실이 가끔씩 발생하며 역으로 소비자가 손실을 입는 모순된 현상이 있다. 즉 생산자의 매매가격과 소매상 또는 도매상의 매매가격을 단순하게 비교해서 운임이나 그 외의 여러 요소를 산정에 삽입하지 않고 아무렇게나 생산자에게서 직접 구입하고자 하는 것이 있다. 이것은 소비의 합리화가 아니라 오히려 소비의 불합리화이다. 특히 현재와 같이 소포 우편의 상대적 고가, 철도 화물운송이나 소량 화물운송의 운임률에 큰 차이가 있음에도 불구하고 이를 도외시하고 있는 것 등은 정말로 개선해야 할 점이 많다고 하지 않을 수 없다.

이와 같이 소비자가 생산자에게서 직접 구매하고 싶은 상황에 이른 것은 종래에 너무 상인들이 소비자의 상품에 대한 무지를 악용하여 폭리를 취하였다는 소비자 측의 선전이 잘 들어맞았다는 것 때문이라고 생각되며 이에 대한 책임은 단순히 상인계급이 져야 할 것이라고 일괄적으로 말할 수는 없다. 유럽전쟁 당시 즉 호경기 시대에 돈만 내면 좋은 물건을 살 수 있었고 비싸고 좋은 제품이라고 단순히 지레짐작하여 물건을 사는 습관이 있었지만 계속되는 불경기와 함께 소비자 각자의 구매 합리화를 선전 보급하였으니 충분히 고려하고서 구매하는 풍습이 양성되었기 때문에 지금까지의 태도를 고쳐서 잘 생각하고 충분히 선택하여 구입하게 된 것은 정말로 국민경제상 즐거워해야 할 현상이지만 반대로 자신의 악폐를 상인에게 전가하여 끝나 버렸다. 따라서 이 책임은 상인이 부담해야 하며 동시에 소비자라고 하더라도 그 반을 책임져야 할 것이다.

지금과 같이 국내적인 불경기에 더하여 국제적인 불경기의 바로 이 시기에 여러 물가를 하락시켜서 경제계의 안정을 꾀하여 재건하려는 기운이 농후한 시대에는 여러 가지 국책이 제창되고 그리고 실행되어 왔다. 즉 산업의 합리화, 수출무역의 촉진, 국산품 애용, 경제조직의 합리화, 소비경제의 개선 등이 그 주요한 것으로 이야기되며 그 가운데 앞의 2개는 생산자 측의 번영운동이고 뒤의 3개는 생산자 측은 물론 소비자 측의 합리화에도 직접적인 영향을 미친다.

특히 소비경제의 개혁은 직접적으로 소비자 서로 간의 생활과 관계를 가지고 있기 때문에 국민 전체 생활에 민감한 이해를 미친다. 따라서 배급조직상 중개상인이 개입하여 온 것을 극단적으로 배척하게 된 것도 어쩔 수 없을 것이다. 즉 생산자보다 소비자의 손에 상품이 인계되는 사이에 다양한 상인의 손을 거치는 것은 각종 상인의 이익은 물론 여러 단계가 상품 자체의 가격에 부가되어 원가에 비하여 팽창된 가격을 보여 주기 때문에 이를 방지하려는 운동이 활발해졌다. 이러한 현상으로써 백화점·체인점·소비조합 등이 구래의 소매상을 압박하여 번영하는 것이다. 즉 백화점·체인점 등은 대부분이 대자본과 신용을 가지고 직접 생산자에게서 도매상의 매입량과 동일한 정도 또는 그 이상의 수량을 구매하기 때문에 원가는 싸지게 된다. 따라서 구래의 소매상의 매입가 또는 그 이하의 싼 가격으로 팔아도 충분한 이익을 획득할 수 있다.

그리고 소비조합은 생산자 또는 도매상에서 대량을 한 번에 구매하여 그 판매가 또는 배급 가격은 단순히 배급비를 가산하는 정도에 지나지 않기 때문에 소매상의 영업비를 더한 이른바 현가(現價)와 동등하거나 그 이하의 가격이 되기 때문에 소매상의 판매가격보다는 상당히 싼 가격이 된다.

그렇다면, 시대는 백화점이라든가 체인점이라든가 소비조합이라든가 의외로 구래의 상인의 존재를 필요로 하지 않는가 하면 문제는 그리 간단하게 정리할 수는 없다.

보통 소매상점보다 유리한 조건을 가지고 있는 백화점·체인점·소비조합이라고 하더라도 장점이 있으면 결점도 있다. 이 결점을 이용하며 일반 중개상인이 살아갈 길은 얼마든지 있다. 백화점 등은 극히 화려한 판매이기 때문에 사람을 모으는 것에 가장 특징을 가지고 있지만 차분하게 구매하기에는 아무래도 전문적인 보통의 소매상점이 좋다. 재즈(jazz) 기분으로 구매한 것에는 이후에 불만이 생기거나 발견되기도 하지만 충분히 선택하여 구매한 것에는 그러한 것이 없다.

여기서 동일하게 백화점·체인점·소비조합 등은 소비자에 대한 배급기관이어서 생산자·시장 또는 거대 도매상에서 직접 구매하는 것이 많기 때문에 중개상인을 가능한 생략하고 있다. 그러나 보통 일반적인 소매상점은 각종의 중개상인의 존재를 허용하기에는 여유가 없는 사정이 있다. 상인에 따라, 상품에 따라 다소 다른 점이 있지만 때로는 매집인(買集人)·지방도매상·도시도매상·중개인·수출상·수입상·중매인·대도매상 등 모든 중개상인의 손을 거쳐 오는 것이 있다. 이들 상인은 각자 얼마간의 이익을 취하고 여러 내용을 가산하기 때문에 소매상의 손에 들어갈 때는 생산원가의 몇 배가 된다. 이것은 중개상인의 존재를 부정하는 유력한 이유다.

그리고 한편에서 중개상인이 반드시 상품 가격을 높이는 자는 아니라는 설을 주장하는 사람도 있다. 즉 화물을 대량으로 취급하는 것과 소량으로 취급하는 것은 경제상 커다란 차이의 이익이 창출된다.

대량의 거래에는 한 개당 운송비용이 싸지는 것이 보통이다. 예를 들면, 일본과 조선의 각

철도를 통해서 대량으로 대절하거나 또는 차량 단위의 운송 단가는 매우 낮다. 이에 반하여 소량의 화물운송 단가는 근(斤)으로 계산하기 때문에 대체로 단가가 높으며 양자의 차이는 매우 크다.

그리고 한 개당 판매 경제에서도 소량이라면 상당한 영업비를 가산하지 않으면 안 되지만, 대량이라면 그 비율이 작아도 된다. 이러한 판매가격상에서도 커다란 차이가 발생한다.

그렇기 때문에 지방의 매집인·중매인 내지 도매상의 존재를 허용하기에 이른 것이다. 중앙도시의 도매상인이 개개의 생산자에게서 매집할 때 운임과 그 외의 것 그리고 매집 비용을 많이 필요로 하는데 지방의 매집인을 사용하면, 물품 통일의 번거로움이 줄어들어 매입 절차는 한 번으로 끝나며 대량이기 때문에 운임도 매우 싸지고 한 개당 비용은 결국 얼마에 지나지 않기 때문에 원가에 미치는 영향은 결국 미미하다.

중개상인 매개에 대한 긍정론 및 부정론은 어느 쪽이든 소비자의 손에 넘어갈 때 판매가격을 싸게 한다는 것에 있다. 그러나 이 원가를 싸게 하는 것은 그리 간단하게 실현될 수 있는 것은 아니다.

어떠한 경제 사정 아래에서 원가를 싸게 할 수 있을까라고 한다면, 생산기술을 진보시키는 것이다. 즉 생산기술을 합리화하는 것이다. 그러나 매우 어려우며 대용품, 모조품을 만드는 것은 아무것도 아니지만, 진짜로 가치가 있는 실질적으로 우수한 상품을 싼 가격으로 만드는 것은 어렵다. 그러나 이를 향해 부단히 노력을 기울일 필요가 있다.

그리고 보관 설비를 진보시키는 것도 필요하며 이것이 있기 때문에 공급과잉 등의 문제도 일어나지 않으며, 연중 평균적인 가격을 유지할 수 있는 것이다. 그 가장 명확한 예로써 조선쌀의 이출 통제 때문에 제기된 상업 및 농업 창고 완비 문제이다.

그리고 운송설비도 좋게 할 것. 이것이 나쁘면 운임이 많이 필요하며, 운송 중에 파손되거나 물건에 손상을 입는 것이 증가하며, 운송 일수를 많이 요한다고 하는 것처럼 운송상의 결점을 발생시키기 때문이다.

물론 위의 3가지뿐만 아니라 금융의 원활화, 저리 자금의 융통, 원료 매입의 통제 등 여러 가지 문제도 있으나 위에서 논한 생산 기술·보관 설비·운송 설비의 3가지를 가장 합리화시킬 때는 노임을 내리거나 실업자를 발생시키지 않고 그 외의 중대한 사회문제를 낳지 않으면서 생산품의 원가를 싸게 할 수 있다.

그리고 한편에서 대용품이나 모조품을 만들면, 우량품보다도 가격대가 싼 것을 생산할 수 있으나 이것은 국민경제의 견실한 발달을 꾀하는 측면에서 절대로 피하지 않으면 안 되는 것이지만 이들 조악품이 점점 생산되고 있는 경향이다. 즉 생산 시간에서, 비용에서, 노력에서, 원료에서 모두 유리한 것으로 수익을 증가시키기 때문에 생산자뿐만 아니라 상인까지도 유혹되기 쉽다. 더욱이 최근과 같이 소비자에게 상품에 대한 지식이 부족한 것에 더하여 고가품보다도 아주 싼 물건에 끌리는 시대에는 상인으로서도 자신의 영업상 마음이 쓰이기 때문에 조악품을 취급하게 되는 것이다.

대용품이나 조악품이란 것은 어떠한 경우에 잘 생산되며 그리고 취급되기 쉬운가 하면,

1. 생산자 혹은 상인이 종래보다도 수익을 증대시키려고 하는 경우.
   영업은 항상 수익을 목적으로 하기 때문에 생산자이든 상인이든 어떻게 해서 수익을 증대시킬까 하는 것은 항상 연구하고 있는 바로, 이것을 급속하게 실현시키려고 하기 때문에 자주 빠지기 쉽다.
2. 생산자 및 상인의 경영이 곤란한 경우.
   가령 종래에 우량하고 평판이 좋은 상품을 만들어서 팔고 있었다고 하더라도 오늘날과 같이 불황의 시대에는 경영상의 성적을 충분히 올리는 것은 곤란하며 그리고 한편으로 경쟁자가 많아서 격렬한 경쟁을 하는 때에는 서로 가격상으로 다투기 때문에 그 기세는 원가에 영향을 미쳐 부지불식간에 조악품을 생산 또는 취급하기 쉽다.
3. 대량생산의 결과 원가를 낮추고 소비량을 증가시켜 생산설비가 여기에 따라가지 못하는 경우.
   대량생산은 수요를 목표로 해서 행해지는 것으로 필연적으로 원가가 낮아진다. 따라서 소비량은 종래의 수량보다도 어느 정도 증가하는 것은 보통으로, 그 결과 생산 설비가 부족해져(보통은 조금 장사가 된다고 보이면 반드시 경쟁자가 속출한다) 자연스럽게 조악품을 생산하게 된다.
4. 경쟁품이 출현해서 무리한 경쟁을 하는 경우.
   하나의 사업이 좋은 성적을 내고 있으면, 반드시 경쟁자가 나타나는 것이 일본인의 나쁜 버릇이다. 경쟁자가 나오더라도 이것과 협조해 갈 때는 평화롭지만 대체로 통제

가 없는 경쟁을 낳게 된다.

5. 상인 서로 간에 격렬한 경쟁을 일으키고 이 때문에 매우 싼 상품을 바라는 경우.
   생산자뿐만 아니라 이를 취급하는 상인들 간에도 경쟁이 일어나는 것은 당연하며 그 결과 원가를 낮출 것을 요구하여 마침내 조금씩 조악품이라고 알면서도 생산하고 취급하게 된다.
6. 상인에게 상품 지식이 부족한 경우.
   오랫동안 동일한 상업에 종사하고 있다면, 취급권 내에 있는 상품이라면 어떠한 것이라도 상품의 감정에는 상당한 자신을 가지고 임하겠지만, 새로운 상품이라든가, 새롭게 취급하는 상품이라든가, 새롭게 장사를 시작한 사람에게는 비교적 상품에 대한 지식이 부족한 경우가 많으며 싼 원가에 현혹되어 조악품을 취급한다.
7. 상인이 대용품 또는 조악품의 취급을 좋아하는 경우.
   최근 요란하게 이야기되고 있는 것처럼 강한 상인은 소비자의 의지를 위해 움직이는 것만은 아니다. 많이 남는 것에 끌리는 것이 보통으로 승자 기업처럼 일정한 신념하에서 일하는 자는 소수이다.
8. 상인이 원가를 깎기 위해 고객 본위의 상품과 상인 지향의 상품을 별도로 제조하여 상인 지향의 상품이 조악품으로 흐르는 경우.
   고객 본위로 보면 매우 싼 가격으로 우량한 것이지만, 상인 지향으로 보면 그렇게는 되지 않는다.
9. 소비자에게 상품 감정의 눈이 없는 경우.
   호경기 시대에는 돈만 내면 좋은 것을 간단하게 볼 수 있었지만 최근과 같이 불경기가 되면 그리 쉽게 돈을 지출할 수 없기 때문에 어느 정도 감정할 수 있는 지식이 만들어졌다고 하더라도 여전히 상품을 감정할 수 있는 눈이 없어서 판매가격이 싼 것으로 손이 가기 때문에 종종 조악품을 선택하는 경우가 많다.
10. 소비의 경제력이 약화되어 따라서 구매력이 줄어드는 경우.
    조선과 같이 생산업이 유치하고 경제력이 약한 곳에서는 특히 심하다고 생각된다. 경제력이 약할 때는 고급품을 소비하는 능력이 부족하기 때문에 구매량도 적으며 더욱이 저급품만이 팔린다. 이 경우 매우 싼 상품은 어떠한 결점을 가진 것이 많기 때문에 업자들 간의 경쟁의 결과 반드시 조악품이 생산 공급되기 쉽다.

우리들 일본인의 기업 관념·무역 습관에서는 이러한 경우 대체로 생산자도 상인도 대용품 혹은 조악품의 제조 취급으로 기울기 쉽다. 장기적으로 지속되는 가운데 소비자도 사용해 본 결과를 비교해 보고, 생산자나 취급인의 뒷사정도 알고 있기 때문에 일시적으로 증대한 이익도 곧바로 수요 감소를 초래하여 이 때문에 파탄할 우려가 다분히 있다.

중개상인이 필요한지 불필요한지는 대체로 위에서 논한 것과 같다. 그렇다면 어떠한 경우에, 어떠한 상업에 중개상인이 필요하며, 어떠한 경우에 불필요한지 논하자면,

중개상인이 불필요한 경우

1. 일정한 지역에서 대량으로 생산된 경우.

   생산자가 각지에 산재해 있는 경우는 시장에서 상품으로 취급하기에 너무 소량(단, 대공장 생산의 경우는 별도임)에 지나지 않지만, 가령 한 생산자의 생산고가 적어도 그것이 집단적이라면 모으는 비용이 필요 없기 때문에 상품으로 큰 시장에 가지고 가기에 편리하기 때문에 매집인이나 그 외의 중개상인이 필요하지 않으며 동업조합 정도로 시장에 내놓을 수 있다.

2. 일정한 규격을 가진 상품이 대량으로 생산된 경우.

   시대가 소공장 혹은 가정공업 생산을 요구하지 않고 대량생산을 환영하기에 이르자 시장상품으로서도 내놓을 수 있고 그리고 소비자에게도 중개상인을 거치지 않고 직접 공급할 수 있으며 그리고 대량생산은 필연적으로 규격을 통일시키기 때문에 상품의 크기를 나열할 필요가 없다. 대부분은 공업제품에 한정된다.

3. 생산자의 소재지가 대소비지에서 비교적 근접해 있는 경우.

   생산지와 소비지가 먼 경우에는 그 사이에 다양한 중개상인이 개입한다. 외국무역과 같이 국제 간 무역은 모두 거리적으로 격리되어 있기 때문에 그 사이에 다양한 기관을 필요로 하는 것이 상식이다. 이에 반하여 소비자와 생산지가 근접해 있는 경우에는 그 중간에 중개상인이 다수 개입할 여지가 없다.

4. 중개상인이 불합리한 경영법을 행하고 있는 경우.

중개상인이 소비자에게 성실하게 봉사를 하고 있는 동안에는 그 상점은 번창하지만, 가게의 경영에 불합리한 점이 나타나면 단골손님이 점차 감소하기 때문에 생산자 또는 공급 상인에게는 경영상의 여지를 허용하지 않게 되고 그리고 소비자도 가능한 중개상인을 빼고 싶어 하기 때문에 존재 가치가 줄어든다.

5. 대량과 소량과의 운임상 차이가 적은 경우.

대량운송과 소량운송의 운임, 그 외의 여러 요소에 상당한 격차가 있는 것이 보통이나 중개상인의 중개를 활용하여도 그곳에서 어느 정도의 여유가 있을 때는 존재가 허용되지만, 그 차이가 극히 적을 때는 중개상인의 개입 여지는 없어진다.

6. 수요가 극히 많고 따라서 소매기관 등이 대량으로 구매하는 경우.

상품에 따라 한정된 일정 지역 내에서 막대한 수요가 있는 것이 있다. 이러한 종류의 상품은 소매상 혹은 직접 배급기관이 중개상인을 생략하고 직접 생산자에게서 공급받을 수 있기 때문에 중개상인의 존립을 허용하지 않는다. 따라서 백화점·체인점·대소비조합 등에서는 대량으로 취급하기 때문에 생산자에게서 직접 구매한다.

7. 할인매장·특약대리점을 가지고 있지 않은 제품.

대체로 대량생산품은 각지에 판로를 가지고 거래의 안전을 기하기 때문에 할인매장·특약점·대리점·일괄 구매점 등을 설치하고 제품을 처분하고 있기 때문에 각종의 중개상인을 필요로 하지만 이러한 종류의 계약점을 가지고 있지 않은 상품은 대체로 대량 수요가 있는 것이기 때문에 직접 소비자에게 공급할 수 있는 것이 많다.

8. 경제 배급조직의 진보 혹은 변화한 현재 새롭게 생산된 제품.

이것은 중개상인 철거론에서 발생한 것으로 오래된 시장에 나타난 상품에는 비교적 영향이 적다고 보이지만, 새로운 시장에 나타난 것은 대체로 직접 공급이 행해지기 쉽다.

9. 평균 거래 가격에 거의 변동이 없는 것.

백화점·체인점, 그 외의 일반 소매상은 평균가격의 변동이 너무 심한 것을 취급하기 어렵다. 소매 평균가격이 항상 변하는 것은 그 가게의 신용에도 관련되며 그리고 이것 때문에 소비조합 등을 만들더라도 대체로 이런 종류의 상품은 제외한다. 따라서 평균가격의 변동에서 유래하는 위험은 이른바 중개상인에게 부담시키는 것이 보통이기 때문에 평균가격의 변동이 적은 것은 가능한 중개상인을 제외하고 거래하는 것이 일반적이다.

10. 취급상 위험 및 파손율이 적은 것.

취급상 위험하거나 파손될 우려가 많은 것은 생산자에게서 직접 소비자에게 배급하는 일은 비교적 적다.

이에 반하여 다소의 차이는 있지만 중개상인을 필요로 하는 경우는,

1. 분산적으로 생산되는 것.

광범한 지역에서 분산적으로 생산되는 것, 예를 들면, 농산품·가정공업품·부업품 등은 이들 생산품을 일정한 규격하에서 일정한 수량을 납품하기에는 보통 매집인이나 지방도매상 등의 손을 거쳐서 중심시장으로 출하되는 것이 일반적이다.

2. 소자본 생산자인 경우.

생산자가 소자본으로 소규모의 경영을 하는 경우는 소량의 생산에 그치기 때문에 혼자 힘으로 소비시장을 독점하는 것은 불가능하다. 따라서 역시 생산지나 소비지의 중개상인의 손을 거칠 필요가 발생한다.

3. 소규모 생산자가 많고, 제품의 규격이 다르기 때문에 이를 한곳에 모을 필요가 있는 경우.

4. 대량으로 생산하지만 다수 소비자가 없는 경우.

대량생산이 반드시 다수 소비시장을 가지고 있지는 않다. 이와 같은 상품은 대량적으로 직접 소비자에게 배급할 수 없기 때문에 중개상인의 손을 경유하지 않으면 안 된다.

5. 취급상 특수한 기술을 요하는 경우.

상품에 따라서는 특수한 취급 혹은 조립 등의 기술을 요하는 것이 있다. 이러한 종류의 상품은 생산자에서 직접 소비자에게 배급하는 것이 곤란하기 때문에 이를 취급함에 있어 특수한 기능을 가진 중개상인을 경유할 필요가 발생한다.

6. 보관에 특수한 시설을 요하는 경우.

대량으로 생산하여 대량으로 소비하는 것이 아닌 물건은 특히 그러한데 상품에 따라서 품질이 변하기 쉬운 것 혹은 기온 변화에 매우 관계가 있는 것이 있다. 이들 상품은

상당한 보관 설비를 요하기 때문에 소비자 자신이 설비를 갖출 이유가 없다. 따라서 보관 설비가 있는 중개상인의 손을 경유할 필요가 있다.

7. 선전을 요하는 신규로 생산된 상품.

종래의 상품은 물론 새롭게 생산된 상품은 특히 광고 선전에 의하지 않으면, 수요를 지속할 수 없는 것이 지금의 상황이다. 광고 선전은 생산자 스스로 행하는 것은 물론이지만, 지방적으로 선전 광고를 하는 것은 지방의 상황에 정통하지 않기 때문에 곤란한 경우가 있다. 이러한 경우는 그 지방의 중심시장에 중개상인을 설치하고 모든 것을 취급하게 하는 것이 가장 현명한 방책인 만큼 대시장·중시장·소시장 각각에 도매상을 두고 있는 것이 상당히 많다.

위와 같이 중개상인이 필요한 경우와 필요 없는 경우가 있기 때문에 절대적으로 중개상인이 필요 없다고 한정할 수 없다. 그러나 근대적인 풍조로써 '생산자에게서 소비자로'란 슬로건은 매년 실행되고 있는 것 또한 사실이며, 가능한 이것이 실현되도록 노력하고 있기 때문에 종래의 영업 방침으로는 언젠가 존립이 위험해지는 것은 명확하다. 따라서 지금 뭔가 타개책을 강구하지 않으면 안 되는데 그렇다고 해서 이렇다 할 명안이 있는 것도 아니다. 얼마간이라도 자신의 영업을 진전시키고 혹은 적어도 현재의 상태를 유지하려고 누구라도 생각하고 노력하지만 자그마한 방심에서 커다란 실패를 초래하는 것이 일반적이다.

공업생산품으로 대량생산품은 대체로 중개상인을 필요로 하는데 대체적으로 그 경유 횟수는 많지 않지만, 농업생산품은 현재의 경제조직에서 중개상인을 필요로 하며 그 경유 횟수도 비교적 많은 것이 일반적이다

공업생산품의 대량생산 공장은 시장을 광범위한 지역에 가지고 있으며 더욱이 상당히 집적된 소비량을 가지고 있기 때문에 만든 사람 자신이 각지에 판매부를 두고 지방적인 도매 또는 소매상 정도를 통해서 소비자에게 배급하는 방식을 채용하고 있는 자가 많다. 따라서 중개상인은 현저하게 압박받고서 제외되는 경향이 있다. 불경기가 심각해지고 이윤이 줄어들면 줄어들수록 이 제도가 실현되고 보급된다. 이러한 경향에 반하여 자신의 존립이 의미를 가지는 경우는 매우 줄어들고 있다.

이에 반하여 농업생산품이라든가, 가정공업품이라든가, 부업품은 생산자가 비교적 소량을

생산하고 제품의 통일이 상당히 어려워 대량으로 소비되는 소비지로 운송하는 것은 곤란하기 때문에 중개상인의 손을 자주 거치는 것은 어쩔 수 없다. 따라서 이런 종류의 상품 중개상인의 지위는 비교적 강고하다(아카오 쇼).

6) 중소상공업진흥조사위원회

〈자료 357〉 경성 중소상공업진흥조사위원회 조직(경제월보 230호, 1935.02.)

중소상공업자의 개선진흥 문제가 논의된 것은 유럽대전 이후의 경제 정세에서 이미 그 싹을 보이며, 관동대지진 후에는 문제가 일반화되기에 이르렀다. 특히 1929년경의 세계적인 불황은 더욱 박차를 가하여 농산촌의 각종 구제정책이 실시, 수행되었음에도 불구하고 도시의 구제 즉 중소상공업자에 대한 실시는 실로 죄송하기 그지없을 정도로 여전히 문제는 이후에 남겨져 점차 지금에 이르러 상공성이 나서게 되었다고 한다. 그러나 민간에서는 1927~28년경부터 각종 연구회가 각 지역에서 개최되어 그 결과가 1932년의 「공업조합법」, 1933년의 「상업조합법」의 공포로 나타났으며 이를 계기로 하여 관민 사이의 연구조사는 더한층 왕성해진 것이 일본에서 중소상공업계의 현 상황이다.

조선에서는 일본과는 다소 내용을 달리하여 주로 관청, 그 외의 구매조합의 진출이 문제의 중심이 되어 다른 사항은 극히 부차적인 존재였다. 즉 1938년 당 상공회의소는 일반 식료품을 중심으로 한 각 상점의 어려움을 추정하고, 부(府) 내 각 구매소비조합에게 사업 제한을 진정 요망하였다. 그 결과 활동이 다소 완화된 감이 있지만 「산업조합령」의 공포와 함께 일부 도매조합은 법인화하고 그 활동이 활발해짐과 동시에 백화점이 증설, 확장되었다. 소위 중소상업 문제는 대(對)소비조합, 대(對)백화점의 2가지 문제로 압축되었기 때문에 1931년 중소상업진흥조사회를 조직하여 연구하게 되었으며, 이래 당 상공회의소는 중소상공업자에 대한 계속된 연구를 진행하여 오늘에 이르렀다. 한편, 중소상공업자 측에서도 대(對)외부관계 문제의 해결에 노력함과 동시에 대(對)내부관계의 자력갱생적 견지에서 다양한 개선을 한 바가 있다. 당 상공회의소는 1933년 소위 상권 옹호와 동시에 소매상 자체의 자주적인 개선진흥안을 성명하고 대외관계와 동시에 대내적으로도 개선해야 할 점을 제시하였다. 상황도 시국관계에서 각종 산업의 호전기(好轉期)에 직면하여 일반 상공업자 자체도 자력갱생의 능력을 획득하기에 이르자, 이들이 서로 어우러져 갱생 기운은 농후해졌는데 업자 자체의 자주적 개선진흥책과 함께 그 지도적 입장에서 연구조사의 결과를 보여 줄 필요가 있다는 판단에 이후 경성 중소상공업진흥조사위원회를 조직하기에 이르렀다. 그 취지·조직 및 위원을 적시하면 아래와 같다.

취지

경성에서 상공업계의 대부분을 점하는 우리 중소상공업자는 인고면려(忍苦勉勵)하여 오늘날 경성의 번영에 기여한 것은 명확한 사실이다. 그러나 최근 경제계의 변천과 지속된 불황의 침투로 인하여 그들 다수는 경영난에 빠지고 있는 현실에 있다. 그리고 그 어려움을 타개하고 번영을 꾀하는 것은 경제적인 측면에서뿐만 아니라 사회적으로도 극히 긴박한 사항이라고 생각한다. 원래 업자 자체의 자력갱생적인 분발이 필요한 것은 물론이지만 다른 한편으로 경제상·사회상 시국에 순응하는 각종 시설의 개선을 강구할 필요도 있다고 생각한다. 그리고 일반 업자는 이들 추이와 실정을 이해하고 노력하여 자력갱생의 결실을 올리려는 기운으로 가득 차 있다고 보이지만, 단지 혼자의 힘만으로 그 목적을 달성하기는 어려운 사정이 있다.

지금은 경기도 조금씩 호전되어 농촌의 구매력도 증가하고, 이들 중소상공업자의 전면적인 활동을 촉진한다. 그래서 발전도상에 있는 우리 경성으로서 그 타개에는 적합한 시기라고 생각하여 당 상공회의소는 이즈음에 적당하고 구체적인 방책을 세워 중소상공업자의 자력갱생과 함께 그 지도 계발에 임하려고 하여, 경성 중소상공업진흥조사위원회를 조직하고 각 항목에 걸쳐서 필요한 사항을 조사 연구하여 본 문제의 해결에 기여하고자 한다.

조직

1. 경성에서 중소상공업의 진흥을 꾀하기 위하여 경성상공회의소 내에 경성중소상공업진흥조사위원회를 설치한다.
2. 조사회는 회장 1인 및 위원 30인 이내로 이를 조직한다.
3. 회장은 경성상공회의소의 장이 이를 담당한다.
   회장에게 사고가 있을 때는 회장이 지정한 위원이 이를 대리한다.

4. 위원은 경성상공회의소 부회장·상임의원·부장 및 학식 경험이 있는 자 가운데서 경성상공회의소장이 이를 촉탁한다.
5. 제2항에 예시한 위원 외에 회장이 임시로 필요하다고 인정할 때는 임시위원을 촉탁할 수 있다.

위원회 명부(이로하 순)

양조업	이시하라(石原磯次郎)
주식회사 조선상업은행 전무취체역	호리(堀正一)
경성상공협회 회장	박승직(朴承稷)
주식회사 화신사장	박흥식(朴興植)
양조업	박주명(朴疇明)
경성상공연합회 회장	토시마(戸嶋祐次郎)
경성상공회의소 금융부장	이동선(李東善)
동 상(常)의원	가와아이(河合治三郎)
주식회사 미쓰코시(三越) 경성지점장	가토우(加藤常美)
조선공업협회 부회장	다가와(田川常治郎)
경성상공회의소 상의원	다카이(高居瀧三郎)
주식회사 한성은행 전무취체역	쓰쓰미(堤永市)
경성상공회의소 상의원	쓰즈키(都筑康二)
경성전기주식회사 영업과장	나가시마(長島驥一郎)
조선금융조합연합회 이사	야마네(山根譓)
주식회사 조선식산은행 산업금융과장	야마구치(山口重政)
경성상공회의소 교통부장	마쓰우라(松浦齊生)
동 부회장	원덕상(元悳常)
동 상의원	후지타(藤田米三郎)
경성상공회의소 상업부장	후지(藤 貞市)

주식회사 청량사 사장	히즈카(肥塚正太)
매약상	고시로(古城龜之助)
조선무진협회장	사노(佐野彥藏)
주식회사 해동은행 전무취체역	김연수(金季洙)
경성도매상연맹회 회장	미야바야시(宮林泰司)
식료품상	스스무(進辰馬)
조선은행 조사과장	시부야(澁谷禮治)
경성상공회의소 부회장	히라이(平井態三郎)
동 공업부장	세키네(関根金作)
주식회사 동일은행 전무취체역	성낙헌(成樂憲)

5. 상점 관련

1) 경성 포목상계

〈자료 358〉 신태익(申泰翊), 〈경성(京城) 포목상계(布木商界) 경쟁(競爭), 잘될 장본(張本)? 눈물날 현상?〉(혜성(彗星) 제1권 제1호, 개벽사, 1931.03.)

조선 사람이면 조선 사람이 잘되는 것을 기뻐한다. 나도 조선 사람이다. 까닭에 조선 사람이 잘되기를 빌고 있다. 들리는 말이나 보이는 것이나 모든 것이 조선 사람의 잘되기를 참으로 원한다. 그러고 조선 사람의 잘못에는 눈감아 버리고 또 눌러 들으려 한다. 그러나 이것도 정도의 문제이다. 눈감아 버리고 눌러 들어서 우리 사회에 미치는 영향이 없거나 또는 경미하고 일시적에 그치는 현상일 때이다. 이상의 정도를 넘어서 그러지 않아도 쇠약한 우리를 우리 스스로 빨리 말라 비뚤어지게 하는 것을 보고서야 묵묵히 있을 수가 없다. 조선 사람으로서 말릴 의무가 있고, 충고할 권리가 있다. 내가 이러한 말을 하는 때문은 경성 포목상계의 혼란 상태에 대하여 붓을 드는 나의 심정을 암시하려는 것이다.

(1) 불황의 폭풍이 분다

오늘의 조선 사람 상계를 살피면 상업에 관한 지식을 가진 이가 얼마나 있는가? 거의 모두가 재래식 그대로 또는 타동적으로 대어 들어서 조금 깨인 이들이다. 이들의 최근 과거를 보자!

구주대전[99]으로 생긴 일본의 호경기의 때이다. 화폐의 가치가 떨어지는 동시에 물가는 그칠 줄 모르고 높은 값으로만 올라갔다. 다시 말하면 돈이 흔하게 되어 상품이 잘 팔리며 또 사만 놓으면 올라가는 바람에 가만히 앉아서 이익을 보게 되었다. 이러한 이득을 보게 된 그들에게야 말로 천재일우의 호기였던 것이다. 경제 대세의 지식이 없는 그들은 언제든지 이러한 단꿈이 깨어지지 않을 줄로 알았었다. 그래서 그들은 하등의 경계가 없었다. 만 원의 자본 가지고 하는 규모를 그 몇 배 내지 열 배 이상의 대규모로 확장하여 이득을 더 많게 하려고

99 구주대전: 제1차 세계대전을 말함.

한 사실은 당시의 조선인 상계의 대유행이었던 것이다. 그러나 이 단꿈은 그들의 생각과 같이 언제든지 계속될 것은 아니었다. 구주대전이 끝을 마치고 그동안 전쟁에 정신을 쏠리었던 구주 각국은 급급히 자국 경제력의 회복에 주력케 됨을 따라서 호경기의 자취가 사라지며 무서운 불경기의 바람은 그때로부터 불기 시작하였다. 경제적 지식이 없이 호경기의 바람이 부니 좋다는 단꿈만 꾸고 있던 조선인 상계가 여지없이 그 충천의 세가 꺾였던 것은 우리의 기억이 아직도 사라지지 않는 큰 사실이다. 그래서 조선인 상계의 진용은 급전직하의 세로 영성(零星)을 보게 되었으므로 그들은 파산이 아니면 대정리를 하여 겨우 그 형태만은 보존하여 오는 정도에 불과한 것이다. 지금까지 그 창질(瘡疾)을 회복함에 여가가 없는 이 때에 불경기의 바람은 더욱 그 도를 가하여 갈 뿐이다.

세계적 불경기가 둘러싸고 있는 이때에 또 일본의 금 수출 금지의 해제로 인한 재정긴축과 소비절약을 인하여 불황은 심각히 조선 경제계의 덜미를 누르고 있다. 이런 데다가 조선 경제의 성쇠를 좌우하는 미가(米價)가 참락(慘落)에 참락을 하여 대내적으로도 대위협을 느끼게 된 오늘이다.

이러한 환경 즉 불황의 폭풍이 더 몹시 불면 불었지 용이히 소거(掃去)될 것 같지 않은 형세 아래 있는 조선인 상계가 몹시도 염려가 된다. 이 불황의 폭풍을 무엇으로써 막으려는가, 조선 상인들이여!

(2) 경성 상계와 포목상계

조선 상계, 그중에도 조선의 중앙지이며 대상의 집단 처인 경성 종로 일대의 상계를 가지고서 말하려 한다. 이 경성 상계에서 남촌과 북촌 즉 일본인 상가·조선인 상가의 분야가 선명히 되어 있고, 또 일본인 상가의 구역이 날을 따라 확대된다는 것은 이미 여러 번 말한 일이 있을 뿐 아니라 누구나 잘 알고 아는 까닭에 이에 대하여는 길게 말 않으려 한다. 하여간 경성의 조선인 상계라는 것은 북촌에 벌려 있는 껍질만 보아 가지고 참 조선인 상계의 세력을 말하는 수 없다는 것은 사실일 것이다. 그 이유는 상권이 남촌에 건너가 있다는 것이다[이 이유는 후일 기회를 보아 상기(詳記)하려 한다]. 그런데 이 중에도 다소의 상권이라도 보지(保持)하여 온다는 것을 찾으려 하면 아마도 포목점일 것으로 생각한다. 이 포목점은 조선인 상계의 중추라고 볼 수 있으며 또 거상들이라 대개 포목상이라는 것은 당대에 완성을 못하고 몇 대씩을 계속 경영해 오는 상업인 만큼 실력이 상당한 이가 많은 터이라(몇 대씩이라는 것은 조부 때로부터 또는 그 아버지의 때로부터 경영해 온다는 말이다). 이러한 처지에 있는 만큼 그들의 흥망성쇠가 조선인 상계에 중대한 관계를 가지고 있는 터이다. 보라! 종로의 보신각 앞에 서서 그 상하의 양편 점포를 보면 포목상이 대부분이다. 그 진용만 가지고도 조선인 상계의 대표가 될 수 있다.

(3) 백열화(白熱化)한 고객 쟁탈전

종로 일대에는 싸구려를 외치는 소리에 파묻혔다. 남편 상점에서 과목 1척에 10전을 받으면 북편 상점에서는 9전이나 8전의 염가를 불러서 손님의 발길을 자기 상점으로 돌이키게 한다. 아 이제는 조선인 상점에서도 각성을 하였구나 하는 생각이 난다. 나는 기쁜 맘을 가졌다. 그렇지만 그 싸구려를 외치는 이면을 들어가 보고서는 몹시도 실망하였다. 아니 한심하기 짝이 없다. 이 무슨 골악신[100]일까.

먼저 조선인 포목상들이 앞을 다투어 싸구려를 부르게 된 이유를 들려 한다. 이상에도 말한 것과 같이 잡화나 기타의 상권은 남촌 상가에 뺏긴 지가 새삼스런 일이 아니나 어느 정도까지는 상권을 보전하여 오는 포목상에서도 남촌 상인의 위압을 안 느낄 수가 없는 터이다. 그중에도 조지야(丁字屋) 같은 백화점에서는 포목부를 전연(全然)히 조선인 상대로 하여 별별의 선전 방법을 써 가지고서 조선인 손님을 끌기에 매우 머리를 썩이고 있다. 그래서 그들은 인조견 광목 등의 몇 종류를 가지고 조선인 포목상에서 파는 값보다 저렴하게 판다는 광고를 내었다. 이 광경을 당한 조선인 포목상은 매우 전전긍긍의 불안 상태에 빠졌었다. 또는 조선인 포목상점에 종로통 삼정목 모(某) 상점에서 다른 상점보다 척수(尺數)를 후(厚)히 주는 까닭에 손님을 빼앗길 염려가 생기게 되었다. 이와 같은 사정을 가지고 있는 경성 포목상들은 일제히 궐기하여 그 대책을 협의케 되었다. 그래서 조지야에 대하여는 그곳에서 파는 값대로 팔고, 또 후척(厚尺)에 대하여는 모 상점을 포목상조합으로부터 제명하는 동시에 그 상점과는 거래의 단절을 결의하였다. 이 결과 모 점에서는 동업자와 같은 태도를 취하겠다는 서약

100 의미는 알 수 없으나 부정적인 뜻으로 쓰였음.

아래 해결되어 경성 포목상은 보무당당한 진세(陣勢)로 남촌 백화점에 대항케 되었다. 그러나 일은 그대로 안 되었다. 모 상점의 조합 탈퇴와 동시에 그 상점의 제일성으로 싸구려를 불러 자기 상점으로 문이 터지도록 손님이 모이기에 힘을 쓰기 시작하였다. 그래서 이 뒤를 따라서 각 포목상에서 별별 각색의 선전 방법으로 손님을 끌기에 그들의 경쟁은 백열화하여 간다. 이것이 경성 포목상들이 고객을 쟁탈하게 된 간단한 경로(徑路)이다.

그러면 과연 각 포목상점에서 상품을 싸게 파는 것인가 함에 대하여 나는 각 방면으로 조사하여 보았다. 물론 불황의 심각과 물가 저락인 이때에 대세를 따라서 싸게 팔지 않고 자기가 사들이는 값만 생각하여서는 안 될 뿐 아니라 손님의 발길이 멀어질 것이다. 그러므로 당연히 물가가 떨어진 그 값으로 밑질지라도 팔아야만 손님을 빼앗기지 않을 것이다. 그러나 인조견 몇 종과 시간제한으로써 손님을 꾄다는 것은 무슨 식인가. 아니다, 이것도 과(過)히 책(責)할 것은 아니다. 그의 선전과 같이 인조견이나 광목을 싼값에 팔면은 별 문제가 없겠으나 시간을 딱 제한해 놓고서도 그 시간을 시(時)로 변할 뿐 아니라 시간 전에 가도 절품(絶品)을 말하여 버린다. 그러면 싼값에 끌려온 손님이 왔던 길에 딴 물건을 사 가도록 하려는 솜씨인 것이 틀림없다. 그렇지만 이러한 수단을 써서는 도리어 반감을 살 것이다. 내 들은 바에 의하면 모 상점에서는 시간 전에 간 손님에게 물건이 없다 하여 점원과 대접전을 하였다는 말을 들었다. 그러고 저렴하게 판다는 상품에서 1인 몇 척까지라는 제한이 너무 가소롭지 않은가. 아니 얼굴 보이는 수작이다. 또 어떤 곳에서는 은가(銀價)가 참락한 것을 이용하여 은귀개·은단추 등의 경품을 준다 하여 손님을 끌려고 애를 쓴다.

2) 상점 경영 부문: 중소상점 진흥책

〈자료 359〉 중소상업 진흥책(조선경제잡지 192호, 1931.12.)

(1) 중소상업 진흥 대책안

상점 경영 부문

1. 소매상점가의 폐점 시간의 제정 실시.

현재 소매상점가의 영업시간은 너무 장시간에 걸쳐 있어 점원의 독서·수양·휴양할 여유가 없기 때문에 얼마 전부터 계속해서 일본에서는 상점법을 제정하려는 상황에 있으며, 이에 의해 점원의 능률 증진의 의미를 가미하여 주요한 소매상점가에서는 폐점 시간을 일정하게 통제하는 소매상점가로 만드는 한편 점원의 향상에 이바지하려고 한다. 그리고 폐점 시간은 매년 4월부터 10월까지는 오후 10시, 11월부터 다음 해 3월까지는 오후 9시로 한다. 단, 12월 11일부터 월말까지는 연말의 바쁜 시기에는 자유로이 함. 더욱이 약국·음식점·목욕탕·이발소는 보건위생 등의 견지에서 그리고 역전 부근의 상점은 여객의 편리를 위해 이를 제외함.

2. 상점의 공휴일 제정.

상점의 공휴일은 점원의 휴양, 위안을 목적으로 하는 제도로써 종전의 많은 조합은 전기의 목적을 달성하기 어려운 실정에 있거나 또는 각 조합마다 공휴일을 달리함으로써 소매상점가의 미관을 떨어트리는 우려가 있기 때문에 매월 첫 번째 일요일을 모든 시장의 공휴일로 하여 각 조합에 의해 이를 실행함.

3. 가게 용품의 공동구입 기관 설치.

상품의 공동구입은 이론상 유리하지만 영업 종목에 따라서는 실행하기 곤란한 것도 있기 때문에 일률적으로 단행하기 어렵다. 따라서 상점용의 소모품 및 집기 중 포장지·포장용구 그리고 자전거 등 간단하고 쉽게 통일할 수 있는 것은 가능한 공동으로 구매하는 것으로 함.

4. 반드시 장부를 정비할 것.

상점의 성쇠는 장부의 정리 여부에 있으며 상품의 구매 상황·재정 상태, 단골의 회계 상황, 재고 등에 의해 영업의 내용을 파악함과 동시에 영업 방침 결정상 중대한 역할을 담당하는 것은 주지하는 바와 같다. 그런데도 현재 불완전한 장부를 사용하는 경우가 많은 것은 매우 유감인 바이다. 따라서 장부는 정비하고 가능한 한 단순화할 필요가 있으며 또한 이전부터 우리나라의 상점은 점포와 주택을 동일한 장소에 두는 풍습이 있는 관계상 점포의 경리와 주택의 경리를 혼동하고 그리고 생활비와 가계의 비용을 뒤섞어 버려 영업 상태를 파악하기에 불편하고 불리한 점이 많아서 영업 방침 결정상 많은 지장을 발생시키는 경우가 많다. 따라서 가게의 비용과 생활비를 단순하게 구별하여 영업 상태를 명확하게 할 것.

(후략)[101]

101 뒷부분은 '거래 개선 부분'과 '물가 대책 부분'인데, '3. 상거래' 부분에서 이미 소개하였기에 생략함.

V

부록

시장과 회사 관련 통계 지표

해제

제5장에서는 경성상업(공)회의소에서 발간한 『통계연보』(1928~1934)와 《경성상업회의소월보》(1916~1917), 《조선경제잡지》(1918년 이후), 《경제월보》(1932년 2월 이후)에 게재된 시장과 회사와 관련하여 가장 대표적인 통계지표를 추렸다. 회사 통계 중 업종별로 구분되어 있는 경우에는 상업과 유통 관련 업종만 발췌하고, 나머지 업종은 생략하여 작성했다. 다만 회사 통계 중 업종별로 구분할 수 없는 경우에는 원자료 그대로 인용했다.

식민지 시기 조선총독부와 경성상업회의소에서 발간한 『통계연보』와 잡지에는 수많은 통계표가 수록되어 있다. 그 안에는 상업 관련 현황을 생생히 이해하는 데 큰 도움이 되는 표도 많이 있다. 그러나 대다수의 표는 그때그때의 필요에 따라 각기 사안별로 작성된 것으로 일목요연하게 정리된 표는 찾아보기 힘들다. 그 때문에 당시의 상업 전반을 이해하기 위해서는 모든 표를 하나하나 분석하는 작업이 필요하다. 일제강점기 전체를 아우르는 내용은 아니지만 연도별 변화 과정을 알 수 있는 연속성을 가진 몇 가지의 표는 확인할 수 있어 이 책의 부록으로 수록하였다.

1. 『통계연보』

경성상공회의소는 총독부의 상공업 정책에 관해 건의하거나 진정하는 것을 주요 사업으로 각종 조사와 연구·간행 사업을 전개하였다. 특히, 일제강점기에 정치적·경제적 중요성과 더불어 주요 경제인들의 활동 무대가 경성이었다는 점에서 경성상업회의소는 식민지 시기에 커다란 중요성을 갖는다. 경성상업회의소에서 간행한 『통계연보』를 비롯해서 《경제월보》·『조선회사표』·『경성상공명감』 등은 서울 지역의 경제는 물론이거니와 조선총독부의 각종 상공업 정책에 대한 경제적 영향력을 가늠할 수 있다는 점에서 중요한 자료로서 기능한다. 특히 경성상업회의소가 계량한 경제지표로서 『통계연보』는 조선총독부에서 공식적으로 집계한 『조선총독부통계연보』와 더불어 일제강점기 조선의 경제적 상황을 살펴볼 수 있다는 점에서 중요한 의의를 갖는다.

이 책에는 상업과 관련해서 『통계연보』가 간행된 1928~1934년까지 경성의 각종 시장 일람표를 간행 연도별로 재정리하여 수록하였다. 일제 당국이 기존의 시장을 재편해서 일용품을 판매하는 상설시장으로서 운영하였던 공설시장을 설치함으로써(「시장규칙」, 총독부령 제136호 1914년 9월) 재래의 시장 거래를 전반적으로 통제할 수 있는 틀을 마련했다는 점에서 시장에 관한 통계들을 살펴볼 필요가 있다. 표에는 각 시장의 소재지·경영자, 연간 개시 회수, 품목별 매매고를 정리하고 있다. 1928년 작성된 1927년 상황표에는 동대문시장·남대문시장·중앙물산주식회사시장·마루쿄(丸京)시장·경성어시장·히노마루(日ノ丸)수산시장·경성곡물상조합시장·경성주식현물거래시장·경성부가축시장·명치정(明治町)공설시장·화원정(花園町)공설시장·동대문공설땔감채소·서린동공설땔감채소·마포시장 등이 있다. 그러나 이후 시간이 지남에 따라 폐쇄되거나 통합되는 시장도 있었고 경성부수산시장과 용산공설시장과 같이 새로 출현하는 시장도 있게 되었다.

식민지 시기 일제 당국에 의한 「회사령」(조선총독부 제령 13호, 1910년 12월) 제정에 따라 다양한 형태의 회사가 설립되었는데, 그러한 회사들의 증감과 자본금 규모는 『통계연보』의 표를 통해 알 수 있다. 1926~1933년까지 전체 조선의 회사 수와 각 도별 주식회사·합명회사·합자회사의 전체 수와 공칭자본금·불입자본금, 은행업·상업·제조업·농축수산업 등 각 업종별 회사 수와 자본금 현황, 업종별 주요 회사명과 소재지, 자본금 현황 등과 관련된 표를 수록하였다.

2. 《경성상업회의소월보》·《조선경제잡지》·《경제월보》

연도별 통계를 종합적으로 비교해 볼 수 있는 지표를 제공하는 『통계연보』와는 달리 《경성상업회의소월보》·《조선경제잡지》·《경제월보》에 실려 있는 월별 경제지표는 당시 경제적 상황을 구체적으로 들여다볼 수 있는 자료이다.

연보와 같이 이 책에서는 시장·회사·상인·상거래 등의 주요 주제들을 중심으로 1916~1943년까지 잡지에 수록된 통계지표들을 다루었다. 특히 회사와 관련해서 조선인과 일본인 또는 공동으로 설립한 회사 수, 합명회사와 합자회사 등 총 30개가 넘는 업종별 회사의 형태를 분류하고 있다. 자본금 규모 등을 통해서 식민지 전 시기 조선인과 일본인 간의 경제적 격차와 활동 규모를 미루어 짐작해 볼 수 있다. 특히 본점과 지점의 운영, 시기별 추세 등은 식민지 조선의 경제적 상황과 수탈의 범위·규모 등을 지표들을 통해서 이해할 수 있는 근거 자료가 된다. 또한 상업 상황과 주요 품목의 거래 시세, 주요 공설과 사설 시장의 수와 거래량, 연도별 매상고 등을 통해서 당시 일본 제국주의 내에서 식민지 조선의 경제적 위치 또한 가늠해 볼 수 있는 중요한 정량적 지표를 이 자료들을 통해서 확인할 수 있다.

또한 1914년 조선총독부령으로 제정된 「시장규칙」을 통해 모든 시장을 허가제로 바꾸어 시장을 4가지 종류로 구분하였다. 제1호 시장부터 제4호 시장까지의 시장 수와 매매고를 표을 통해 살필 수 있다. 제1호 시장은 동대문시장과 남대문시장 등 조선의 전통적 시장 대부분이 포함되었다. 제2호 시장은 공설 소매시장으로 행정기관이 직접 건물을 설치하고 판매인을 지정해 영업하였는데, 1930년대에 가면 동대문시장과 남대문시장도 제2호 시장에 편입되었다. 제3호 시장은 청과물시장·수산시장 같은 도매시장이 여기에 해당한다. 제4호 시장은 곡물 거래시장을 지칭하는 것이었지만 이후 투기로 인해 폐해가 커지게 되자, 총독부는 제4호 시장을 폐지하고 「조선거래소령」과 「정미시장규칙」을 반포하였다. 그리고 경성주식현물거래시장과 인천미두거래소를 합병하여 조선거래소를 설립하였다.

1. 『통계연보』

〈상업-연보-1928-01〉 경성 각종 시장 일람

(단위: 엔)

시장명	소재지	경영자	개시 회수	매매고					
				농산물	수산물	직물	축산물	기타	합계
동대문시장	예지동(禮智洞)	광장주식회사(廣藏株式會社)	362	1,248,900	47,060	54,300	-	355,000	1,705,260
남대문시장	남미창정(南米倉町)	조선농업주식회사(朝鮮農業株式會社)	362	3,562,350	563,340	18,000	-	463,900	4,607,590
중앙물산주식회사시장(中央物産株式會社市場)	남미창정(南米倉町)	중앙물산주식회사(中央物産株式會社)	362	622,000	-	-	-	-	622,000
마루쿄시장(丸京市場)	욱정 1정목(旭町一丁目)	합명회사경성식량품시장(合名會社京城食糧品市場)	365	333,094	-	-	-	-	333,094
경성수산시장(京城魚市場)	명치정 2정목(明治町二丁目)	모리나가 기사부로(守永喜三郎)	352	-	660,950	-	-	-	660,950
히노마루수산시장(日ノ丸水産市場)	욱정 1정목(旭町一丁目)	히노마루수산주식회사(日ノ丸水産株式會社)	352	-	440,893	-	-	-	440,893
용산수산시장(龍山水産市場)	한강통 15(漢江通十伍)	용산수산주식회사(龍山水産株式會社)	352	-	261,433	-	-	-	261,433
경성곡물상조합시장(京城穀物商組合市場)	봉래정 1정목(蓬萊町一丁目)	경성곡물상조합(京城穀物商組合)	-	-	-	-	-	-	-
경성주식현물거래시장(京城株式現物取引市場)	명치정 1정목(明治町一丁目)	주식회사경성주식현물거래시장(株式會社京城株式現物取引市場)	280	-	-	-	-	52,956,022	52,956,022
경성부가축시장(京城府家畜市場)	숭인동(崇仁洞)	경성부(京城府)	83	-	-	-	1,599,583	-	1,599,583

명치정공설시장 (明治町公設市場)	명치정 2정목 (明治町二丁目)	경성부(京城府)	350	80,290	75,117	-	-	240,163	395,570
화원정공설시장 (花園町公設市場)	화원정 (花園町)	경성부(京城府)	350	63,980	36,807	-	-	153,346	254,133
동대문공설땔감채소시장 (東大門公設柴炭蔬菜市場)	종로 5정목 (鐘路伍丁目)	경성부(京城府)	365	2,509	-	-	-	40,195	42,704
돈의동공설땔감채소시장 (敦義洞公設柴炭蔬菜市場)	돈의동(敦義洞)	경성부(京城府)	365	-	-	-	-	35,197	35,197
서린동공설땔감채소시장 (瑞麟洞公設柴炭蔬菜市場)	서린동(瑞麟洞)	경성부(京城府)	365	10,950	-	-	-	47,461	58,411
안국동공설땔감시장 (安國洞公設柴炭市場)	안국동(安國洞)	경성부(京城府)	365	-	-	-	-	22,184	22,184
마포시장(麻浦市場)	도화동(桃花洞)	경성부(京城府)	365	77,572	24,850		-	19,597	122,019
합계				6,001,645	2,110,450	72,300	1,599,583	54,333,065	64,117,043

* 출처: 『경성상업회의소 통계연보』, 경성상업회의소, 1928년 4월, 34~35쪽.

〈상업-연보-1928-02〉 경성 수산시장 매상고

(단위: 엔)

	경성어시장		히노마루수산시장		용산수산시장		계	
	수량	가격	수량	가격	수량	가격	수량	가격
1925년	불명확	632,771	불명확	383,142	불명확	294,945	불명확	1,260,858
1926년	321,622	644,320	221,124	435,004	155,622	273,469	698,368	1,352,813
1927년	309,189	660,645	222,117	440,793	152,692	251,169	683,998	1,352,607
1월	19,452	42,000	12,485	29,989	8,873	17,873	40,810	89,862

2월	20,295	54,584	14,357	31,615	8,914	18,454	43,566	95,948
3월	28,358	59,415	18,773	38,927	11,902	22,892	59,033	121,234
4월	30,042	63,911	17,127	39,155	12,544	25,134	59,213	128,200
5월	38,458	68,002	24,640	45,572	15,247	27,527	78,345	141,001
6월	23,413	50,584	19,136	34,597	13,426	21,136	55,975	106,417
7월	23,343	42,188	13,776	27,008	11,105	18,245	48,224	87,441
8월	24,622	42,686	13,822	29,846	11,737	18,377	50,181	91,209
9월	22,012	51,417	17,290	37,397	12,649	20,809	51,951	109,623
10월	22,681	59,295	23,003	40,226	22,014	11,650	59,338	112,533
11월	26,824	53,164	23,295	36,714	12,137	21,677	62,256	111,555
12월	29,689	73,399	24,413	49,747	12,155	27,395	66,257	150,541

* 출처: 『경성상업회의소 통계연보』, 경성상업회의소, 1928년 4월, 36~37쪽.

〈상업-연보-1928-03〉 경성부 내 공설시장 일용품, 종별 매상고

(단위: 엔)

	1월	2월	3월	4월	5월	6월	7월	8월	9월	10월	11월	12월	계
쌀과 잡곡	12,909	14,018	14,718	14,010	13,564	11,824	11,831	12,140	10,921	11,628	12,752	10,796	151,115
간장(醬油), 미소(味噌), 절임(漬物), 주류	5,756	6,423	6,844	6,661	6,798	5,655	6,743	6,982	6,422	5,930	5,859	8,297	78,375
생선(生魚)	13,490	13,042	13,875	13,946	13,823	11,993	11,802	12,391	12,269	13,499	12,237	14,368	156,739
사탕, 곡식가루(穀粉), 차	2,047	2,467	2,881	2,652	2,969	2,720	3,840	2,866	2,768	2,754	2,744	4,208	34,919
마른식품(乾物), 해산물	7,016	7,505	7,223	6,252	6,631	6,312	6,068	5,986	6,340	6,948	7,368	12,298	85,951
통 및 병 조림류(罐瓶詰類)	1,079	1,065	1,443	2,265	2,577	2,413	3,589	3,303	3,323	3,337	2,525	3,421	30,343
조류 수육(鳥獸肉)	4,040	4,213	4,599	4,375	3,987	3,817	3,960	3,989	3,741	3,987	3,448	4,232	48,385

황물(荒物), 철물(金物), 도기 등	3,121	3,063	3,039	2,889	3,100	2,748	2,516	2,334	2,385	2,370	2,428	3,968	33,964
야채 및 생과	3,805	9,862	9,594	9,128	9,038	8,514	9,329	12,421	9,449	9,149	7,300	9,474	112,065
계란	414	385	350	1,123	681	524	1,122	882	1,026	873	542	516	8,438
과자	2,023	2,617	3,166	3,077	3,412	2,931	3,272	3,016	3,020	2,837	3,204	3,812	36,389
일본 및 서양잡화(和洋雜貨)	2,571	2,504	3,416	3,231	3,762	2,960	3,478	2,773	2,959	3,426	3,183	6,029	40,298
땔나무와 숯(薪炭)	12,470	10,711	8,493	7,749	6,209	5,379	5,837	5,794	5,810	7,350	7,589	14,284	97,680
신발(履物), 우산(傘)류	394	570	451	788	753	743	466	578	531	566	430	705	6,979
두부, 곤약(菎蒻), 유부(油揚), 튀김(天麩羅)	1,281	1,415	1,207	1,364	1,987	1,470	1,814	1,671	2,401	1,537	1,219	1,040	18,413

* 출처: 『경성상업회의소 통계연보』, 경성상업회의소, 1928년 4월, 36~37쪽.

〈상업-연보-1928-04〉 전체 조선의 회사 수

(단위: 엔)

업별	조직	1926년 말 현재			1927년 말 현재		
		회사 수	공칭자본금	불입자본금	회사 수	공칭자본금	불입자본금
총계	주식	695	435,049	196,658	773	492,860	219,279
	합자	761	18,403	18,403	923	22,854	22,854
	합명	172	11,362	11,362	211	12,373	12,373
	주식합자	1	50	12	2	65	27
	합계	1,629	464,864	226,436	1,909	528,153	252,534
경기도	주식	225	272,711	122,052	254	299,561	134,646
	합자	383	7,429	7,429	450	10,575	10,575
	합명	65	3,554	3,554	75	3,455	3,455
	합계	673	223,695	133,036	779	313,593	148,678

충청북도	주식	5	900	235	5	900	255
	합자	2	210	210	6	256	256
	합명	3	11	11	3	11	11
	합계	10	1,121	456	14	1,167	522
충청남도	주식	43	23,906	12,222	44	23,891	13,487
	합자	12	362	362	18	445	445
	합명	3	140	140	3	140	140
	합계	58	24,408	12,725	65	24,476	14,073
전라북도	주식	36	12,435	6,377	36	12,895	6,418
	합자	22	604	640	23	610	610
	합명	5	140	140	10	893	893
	합계	63	13,180	7,158	66	14,399	7,922
전라남도	주식	64	18,464	8,352	74	20,708	10,079
	합자	6	1,300	1,300	12	1,489	1,489
	합명	10	1,348	1,348	12	1,313	1,313
	합계	80	21,113	21,001	98	23,511	12,882
경상북도	주식	60	20,325	7,507	66	21,195	7,812
	합자	73	1,221	1,221	89	1,366	1,366
	합명	12	1,856	1,858	18	1,870	1,870
	합계	148	23,404	10,586	173	24,431	11,049
	주식	107	35,792	17,585	113	36,319	17,881
	합자	70	1,238	1,238	91	1,539	1,539

경상남도	합명	25	3,045	3,045	32	1,194	3,194
	주식합자	-	-	-	1	15	15
	합계	202	40,075	21,869	237	39,067	22,629
황해도	주식	10	1,855	576	14	2,505	738
	합자	16	348	348	17	317	317
	합명	4	66	66	6	116	116
	합계	30	2,269	990	37	2,938	1,171
평안남도	주식	47	20,443	6,265	46	20,603	6,167
	합자	72	2,345	2,345	77	2,379	2,379
	합명	12	327	327	13	360	360
	주식합자	1	50	12	1	50	12
	합계	126	23,166	8,950	137	23,393	8,919
평안북도	주식	28	9,163	3,575	34	16,368	5,473
	합자	19	598	598	28	815	815
	합명	4	73	73	5	119	119
	합계	51	9,834	4,246	67	17,303	6,408
강원도	주식	10	5,373	5,141	13	12,563	5,892
	합자	6	58	58	9	71	71
	합명	1	55	55	3	67	67
	합계	17	5,486	5,254	25	12,701	6,031

함경남도	주식	38	7,545	2,663	45	17,705	5,433
	합자	50	2,192	2,192	67	2,411	2,144
	합명	8	146	146	10	168	168
	합계	96	9,883	5,002	122	20,284	8,012
함경북도	주식	28	6,135	4,105	29	6,613	4,251
	합자	30	493	493	36	574	574
	합명	17	597	597	22	665	665
	합계	75	7,226	5,196	87	7,853	5,491

* 출처: 『경성상업회의소 통계연보』, 경성상업회의소, 1928년 4월, 194~195쪽.

〈상업-연보-1928-05〉 전체 조선의 회사 업종별

(단위: 엔)

업종별	조직	1926년 말 현재			1927년 말 현재		
		회사 수	공칭자본금	불입자본금	회사 수	공칭자본금	불입자본금
상업	주식	139	41,238	15,745	152	43,508	16,990
	합자	314	6,020	6,020	399	7,283	7,283
	합명	73	4,036	4,036	87	4,174	4,174
	주식합자	1	50	12	1	50	12
	합계	527	51,645	27,814	639	55,011	30,461
철도업	주식	5	70,200	29,110	5	76,800	30,590

자동차업	주식	23	2,371	838	27	1,718	943
	합자	10	119	119	11	133	133
	합명	4	46	46	2	19	19
	합계	37	2,537	1,003	40	2,871	1,096
해운업	주식	17	6,478	4,497	21	7,088	4,669
	합자	3	50	50	3	50	50
	합명	2	215	215	2	210	210
	합계	22	6,743	4,762	26	7,348	4,929
육운업	주식	45	4,121	1,559	59	5,624	1,993
	합자	28	622	565	48	872	872
	합명	7	153	153	15	256	256
	합계	80	4,898	2,278	122	6,754	3,065
창고업	주식	15	5,850	1,914	18	6,030	1,939
	합자	3	110	110	4	220	220
	합명	1	30	30	1	30	30
	합계	19	5,990	2,054	23	6,270	2,179

* 비고: 회사 통계 중 업종별로 구분되어 있는 경우에는 상업과 유통 관련 업종만 발췌하고, 나머지 업종은 생략하여 작성했음(이하 같음).
* 출처: 『경성상업회의소 통계연보』, 경성상업회의소, 1928년 4월, 196~199쪽.

〈상업-연보-1928-06〉 조선의 주요 회사표 (단위: 천 엔)

회사명	소재지	공칭자본금	불입자본금
상업			
백산무역주식회사 (白山貿易株式會社)	경남 부산부 본정 3 (慶南釜山府本町三)	1,000	500
주식회사호시제약조선총원매팔소 (株式會社星製藥朝鮮總元賣捌所)	경기도 경성부 남대문통 3 (京畿京城府南大門通三)	500	125
평안상사주식회사 (平安商事株式會社)	평북 신의주 진사정 7 (平北新義州眞砂町七)	500	125
동양물산주식회사 (東洋物産株式會社)	경기도 경성부 남대문통 1 (京畿京城府南大門通一)	500	300
동아상공주식회사 (東亞商工株式會社)	경기도 경성부 태평통 2 (京畿京城府太平通二)	1,000	250
조선상공주식회사 (朝鮮商工株式會社)	평남 진남포부 삼화정 (平南鎭南浦府三和町)	2,000	500
조선화약총포주식회사 (朝鮮火藥銃砲株式會社)	경기도 경성부 남대문통 2 (京畿京城府南大門通二)	700	175
조선관염판매주식회사 (朝鮮官鹽販賣株式會社)	경기도 경성북 장곡천정 (京畿京城府長谷川町)	1,000	250
중앙물산주식회사 (中央物産株式會社)	경기도 경성부 남대문통 4 (京畿京城府南大門通四)	900	225
주식회사 요코야마상점 (株式會社橫山商店)	경기도 경성부 본정 1 (京畿京城府本町一)	500	200
대창무역주식회사 (大昌貿易株式會社)	경기도 경성부 공평동 (京畿京城府公平洞)	500	500
대동무역주식회사 (大同貿易株式會社)	경기도 경성부 남대문통 1 (京畿京城府南大門通一)	500	125
주식회사 경성주식현물거래시장 (株式會社京城株式現物取引市場)	경기도 경성부 황금정 2 (京畿京城府黃金町二)	4,000	1,201
조선연초원매팔주식회사 (朝鮮煙草元賣捌株式會社)	경기도 경성부 황금정 2 (京畿京城府黃金町二)	8,000	2,000
경성수산주식회사 (京城水産株式會社)	경기도 경성부 의주통 1 (京畿京城府義州通一)	750	465
주식회사 공익사 (株式會社共益社)	경기도 경성부 남대문통 2 (京畿京城府南大門通二)	1,000	437
협동물산주식회사 (協同物産株式會社)	경기도 경성부 남미창정 (京畿京城府南米倉町)	500	125

주식회사 미나카이오복점 (株式會社三中井嗚服店)	경기도 경성부 본정 1 (京畿京城府本町一)	2,000	2,000
미나미상사주식회사 (南商事株式會社)	경기도 경성부 명치정 2 (京畿京城府明治町二)	500	125
주식회사 대동양행 (株式會社大同洋行)	전북 군산부 본정통 (全北群山府本町通)	500	125
원동무역주식회사 (元東貿易株式會社)	경남 마산부 본정 (慶南馬山府本町)	500	125
부산증권주식회사 (釜山證券株式會社)	경남 부산부 대청정 (慶南釜山府大廳町)	500	175
주식회사 메이지야 (株式會社明治屋)	경남 부산부 대청정 (慶南釜山府大廳町)	600	150
주식회사 인천미두거래소 (株式會社仁川米豆取引所)	경기도 인천부 해안통 3 (京畿仁川府海岸通三)	3,000	1,500
신의주무역주식회사 (新義州貿易株式會社)	평북 신의주부 진사정 7 (平北新義州府眞砂町七)	500	125
청남주식회사 (青南株式會社)	함남 북청군 신포면 (咸南北青郡新浦面)	500	125
주식회사 후쿠다 다스쿠상점 (株式會社福田又商店)	경기도 경성부 남대문통 3 (京畿京城府南大門通三)	500	400
합명회사 개성사 (合名會社開城社)	경기도 개성군 송도면 (京畿開城郡松都面)	500	500
다카세합명회사 (高瀨合名會社)	경남 부산부 본정 2 (慶南釜山府本町二)	1,500	1,500

* 비고: 이상은 조선 내에 본점이 있으며 공칭자본금 5만 원 이상을 기록한 것임.
* 출처: 『경성상업회의소 통계연보』, 경성상업회의소, 1928년 4월, 200~205쪽.

〈상업-연보-1929-01〉 경성 각종 시장 일람

(단위: 엔)

시장명	소재지	경영자	개시회수	매매고					
				농산물	수산물	직물	축산물	기타	합계
동대문시장	예지동(禮智洞)	광장주식회사(廣藏株式會社)	363	1,089,000	47,060	47,060	-	380,450	1,563,570
남대문시장	남미창정(南米倉町)	조선농업주식회사(朝鮮農業株式會社)	362	3,991,500	420,618	1,800	-	465,720	4,879,638
중앙물산주식회사시장(中央物産株式會社市場)	남미창정(南米倉町)	중앙물산주식회사(中央物産株式會社)	362	860,938	-	-	-	-	360,384
마루쿄시장(丸京市場)	욱정 1정목(旭町一丁目)	합명회사경성식량품시장(合名會社京城食糧品市場)	353	386,436	-	-	-	79,014	465,450
경성부 수산시장(京城府 水産市場)	의주통(義州通)	경성부(京城府)	360	-	1,332,737	-	-	-	1,332,737
경성곡물상조합시장(京城穀物商組合市場)	봉래정 1정목(蓬萊町一丁目)	경성곡물상조합(京城穀物商組合)	-	-	-	-	-	-	-
경성주식현물거래시장(京城株式現物取引市場)	명치정 1정목(明治町一丁目)	주식회사경성주식현물거래시장(株式會社京城株式現物取引市場)	298	-	-	-	-	81,130,780	81,130,780
경성부가축시장(京城府家畜市場)	숭인동(崇仁洞)	경성부(京城府)	72	-	-	-	5,617,155	-	5,617,155
명치정공설시장(明治町公設市場)	명치정 2정목(明治町二丁目)	경성부(京城府)	350	48,611	75,105	-	-	125,433	249,149
화원정공설시장(花園町公設市場)	화원정(花園町)	경성부(京城府)	350	50,054	64,477	-	-	120,188	234,719
동대문공설땔감채소시장(東大門公設柴炭蔬菜市場)	창신동(昌信洞)	경성부(京城府)	366	2,300	-	-	-	39,344	41,644

돈의동공설땔감채소시장 (敦義洞公設柴炭蔬菜市場)	돈의동(敦義洞)	경성부(京城府)	366	-	-	-	-	33,493	33,493
서린동공설땔감채소시장 (瑞麟洞公設柴炭蔬菜市場)	서린동(瑞麟洞)	경성부(京城府)	366	13,588	-	-	-	42,490	56,078
안국동공설땔감시장 (安國洞公設柴炭市場)	안국동(安國洞)	경성부(京城府)	366	-	-	-	-	19,753	19,753
마포시장(麻浦市場)	도화동(桃花洞)	경성부(京城府)	365	51,068	36,911	-	-	25,006	112,985
합계			-	5,993,394	1,976,908	48,860	5,617,155	82,461,671	96,098,089

* 출처: 『경성상업회의소 통계연보』, 경성상업회의소, 1929년 6월, 34~35쪽.

〈상업-연보-1929-02〉 경성부 내 공설시장 매상고

(단위: 원)

	땔감채소시장					일용품 시장					합계
	안국동	돈의동	동대문	서린동	소계	명치정(明治町)	화원정(花園町)	용산	마포	소계	
1926년	18,339	33,977	42,298	60,727	155,343	459,385	241,776	172,036	-	873,177	1,028,520
1927년	22,183	35,196	42,703	58,411	158,495	395,540	254,132	168,338	122,019	940,059	1,098,554
1928년	19,758	33,493	41,644	56,078	150,968	249,149	234,719	162,233	112,985	759,086	910,054
1월	2,252	5,906	6,765	6,166	21,089	23,567	17,577	11,317	6,855	59,316	80,405
2월	2,020	4,588	5,304	5,243	17,155	24,721	21,290	11,010	8,491	65,512	82,667
3월	1,844	3,786	4,278	4,718	14,626	23,188	21,106	12,273	10,198	66,765	81,391
4월	1,556	3,374	3,223	4,061	12,214	22,239	18,274	12,369	10,717	63,600	75,814
5월	1,439	1,927	2,843	3,577	9,788	20,911	17,403	12,552	9,757	60,623	70,411
6월	1,606	1,237	1,494	1,917	6,255	18,347	15,654	12,015	8,543	54,560	60,815

7월	1,225	967	1,088	1,325	4,605	21,072	16,519	13,118	9,447	60,157	64,762
8월	1,419	921	1,196	1,426	4,964	19,049	15,845	11,744	9,618	56,257	61,221
9월	1,488	1,733	1,855	2,908	7,985	18,369	16,625	12,270	9,651	56,815	64,800
10월	1,547	2,280	3,052	3,182	10,062	17,168	19,640	13,039	10,784	60,631	70,693
11월	1,310	2,810	6,172	17,314	27,607	16,010	20,111	12,587	10,841	59,549	87,156
12월	2,044	3,959	4,372	4,237	14,613	24,504	34,770	27,939	8,083	95,296	109,909

* 출처: 『경성상업회의소 통계연보』, 경성상업회의소, 1929년 6월, 36~37쪽.

〈상업-연보-1929-03〉 경성부 내 공설시장 일용 품종별 매상고(1928년 중)

(단위: 원)

	1월	2월	3월	4월	5월	6월	7월	8월	9월	10월	11월	12월	계
쌀과 잡곡	5,470	6,162	8,280	8,247	7,753	7,100	7,101	7,400	6,925	8,060	6,615	11,801	90,918
간장(醬油), 미소(味噌), 절임(漬物), 주류	4,831	5,105	5,355	5,705	5,450	5,143	5,525	5,392	5,525	5,263	5,209	8,037	66,544
생선(生魚)	9,712	9,863	10,872	10,390	10,047	8,339	9,086	9,027	9,434	9,616	9,111	13,299	118,801
사탕, 곡식가루(穀粉), 차	1,924	2,129	2,564	2,481	2,341	1,976	2,434	2,118	2,065	2,039	1,683	4,534	28,249
마른식품(乾物), 해산물	5,864	7,115	6,690	6,324	6,692	6,070	7,132	6,108	5,850	6,410	5,696	11,507	81,461
통조림 및 병조림류(罐瓶詰類)	1,812	1,845	1,713	1,861	1,406	1,172	1,595	1,226	1,367	1,263	1,022	1,607	17,895
조류수육(鳥獸肉)	3,824	3,938	3,979	3,754	2,849	2,716	3,008	2,963	3,152	3,002	3,096	7,361	43,647
부엌용 잡화, 철물(金物), 도기 등	1,746	2,010	2,335	2,508	2,544	2,371	3,664	3,524	2,804	2,835	2,302	3,675	30,701
야채 및 생과	6,397	7,714	7,840	7,835	7,485	7,061	7,652	8,023	7,687	8,572	8,422	8,873	93,566
계란	566	671	510	428	585	593	593	572	671	686	582	740	7,201
과자	3,167	3,301	3,978	3,989	4,175	3,743	3,964	3,339	3,385	3,248	2,960	3,494	42,747

일본 및 서양잡화(和洋雜貨)	2,441	2,988	3,188	3,507	2,655	2,511	2,912	2,248	2,243	2,734	3,017	6,125	36,573
장작과 숯(薪炭)	10,451	11,555	8,218	5,304	5,236	4,486	4,590	4,076	4,504	5,814	8,887	12,939	86,066
신발(履物), 우산(傘)류	337	399	550	479	568	551	704	548	504	504	437	713	6,296
두부, 곤약(崑蒻), 유부(油揚), 튀김(天麩羅)	772	712	728	781	832	723	794	689	695	578	504	605	8,416

* 출처: 『경성상업회의소 통계연보』, 경성상업회의소, 1929년 6월, 36~37쪽.

〈상업-연보-1929-04〉 경성부 내 회사 수 및 자본금

(단위: 천 엔)

업별	조직	1927년 말 현재			1928년 말 현재		
		회사 수	공칭자본금	불입자본금	회사 수	공칭자본금	불입자본금
상업	주식	54	22,110	9,355	59	32,000	12,516
	합자	183	2,508	2,508	196	2,605	2,605
	합명	24	724	724	25	682	682
철도업	주식	1	54,500	17,650	1	54,500	17,650
자동차업	주식	3	760	190	5	2,060	585
	합자	2	20	20	5	642	62
해운업	주식	1	3,000	3,000	1	3,000	3,000
운수업	주식	2	80	65	4	150	98
	합자	6	184	184	5	110	110
	합명	3	19	19	2	15	15
창고업	주식	1	200	100	1	200	100

* 출처: 『경성상업회의소 통계연보』, 경성상업회의소, 1929년 6월, 102~104쪽.

〈상업-연보-1929-05〉 경성부 내 지점 회사 수 및 자본금

업종	조직	1927년 말 현재			1928년 말 현재		
		회사 수	공칭자본금	불입자본금	회사 수	공칭자본금	불입자본금
상업	주식	15	255,300	196,825	19	288,100	230,675
			240,450천 불	240,450천 불		240,450천 불	240,450천 불
	합자	2	40	40	1	10	10
	합명	3	50,110	50,110	3	47,180	47,180
	계	20	305,450	246,975	23	335,290	277,865
			240,450천 불	240,450천 불		240,450천 불	240,450천 불
운수업	주식	2	17,000	11,800	2	25,500	18,900

* 비고: 위 표는 내지 또는 외국에 본점을 두고 있으면서 경성에 지점을 두고 있는 회사를 표시한 것임.

* 출처: 『경성상업회의소 통계연보』, 경성상업회의소, 1929년 6월, 105쪽.

〈상업-연보-1930-01〉 경성 각종 시장 일람표(1929년 중)

(단위: 엔)

시장명	소재지	경영자	개시 회수	매매고					
				농산물	수산물	직물	축산물	기타	합계
동대문시장	예지동(禮智洞)	광장주식회사(廣藏株式會社)	362	1,086,000	46,930	50,680	-	380,100	1,563,310
남대문시장	남미창정(南米倉町)	조선농업주식회사(朝鮮農業株式會社)	362	3,193,200	336,494	1,620	-	372,576	3,903,890
중앙물산주식회사시장(中央物産株式會社市場)	남미창정(南米倉町)	중앙물산주식회사(中央物産株式會社)	362	306,797	-	-	-	-	306,797
마루쿄시장(丸京市場)	욱정 1정목(旭町一丁目)	합명회사경성식량품시장	355	400,378	-	-	-	-	400,378

경성부수산시장 (京城府水産市場)	의주통(義州通)	경성부(京城府)	362	-	1,371,935	-	-	-	1,371,935
경성곡물상조합시장 (京城穀物商組合市場)	숭인동(崇仁洞)	경성곡물상조합 (京城穀物商組合)	-	-	-	-	-	-	-
경성주식현물거래시장 (京城株式現物取引市場)	명치정 1정목(明治町1丁目)	주식회사경성주식현물거래시장 (株式會社京城株式現物取引市場)	295	-	-	-	-	48,401,257	48,401,257
경성부가축시장 (京城府家畜市場)	숭인동(崇仁洞)	경성부(京城府)	74	-	-	-	3,005,984	-	3,005,984
명치정공설시장 (明治町公設市場)	명치정 2정목 (明治町二丁目)	경성부(京城府)	351	24,718	36,236	-	-	69,556	130,510
화원정공설시장 (花園町公設市場)	화원정 (花園町)	경성부(京城府)	351	56,181	57,976	-	-	104,174	218,331
동대문공설땔감채소시장 (東大門公設柴炭蔬菜市場)	종로 5정목 (鐘路伍丁目)	경성부(京城府)	365	-	-	-	-	39,727	39,727
돈의동공설땔감채소시장 (敦義洞公設柴炭蔬菜市場)	돈의동(敦義洞)	경성부(京城府)	365	-	-	-	-	31,139	31,139
서린동공설땔감채소시장 (瑞麟洞公設柴炭蔬菜市場)	서린동(瑞麟洞)	경성부(京城府)	365	11,672	-	-	-	36,940	48,612
안국동공설땔감시장 (安國洞公設柴炭市場)	안국동(安國洞)	경성부(京城府)	365	-	-	-	-	19,966	19,966
마포시장(麻浦市場)	도화동(桃花洞)	경성부(京城府)	365	41,074	34,379	-	-	22,543	97,996
서대문공설땔감채소시장 (西大門公設柴炭蔬菜市場)	현저동(峴底洞)	경성부(京城府)	365	3,236	-	-	-	7,165	10,401
합계				5,123,256	1,883,950	52,300	3,005,984	49,485,143	59,550,633

* 출처: 『경성상업회의소 통계연보』, 경성상업회의소, 1930년 7월, 34~35쪽.

〈상업-연보-1930-02〉 경성부 내 공설시장 매상고

(단위: 원)

	땔감채소시장						일용품 시장					합계
	안국동	돈의동	동대문	서린동	서대문	소계	명치정(明治町)	화원정(花園町)	용산	마포	소계	
1927년	22,183	35,196	42,703	58,411	-	158,495	395,540	254,132	168,338	122,019	940,059	1,098,554
1928년	19,753	33,493	41,644	56,078	-	150,968	249,149	234,719	162,233	112,985	759,086	910,054
1929년	19,964	31,137	39,725	48,615	10,401	149,842	130,515	218,329	139,807	97,996	586,647	736,489
1월	2,152	4,844	5,332	4,423	-	16,752	9,362	16,571	9,724	9,202	44,859	61,611
2월	2,008	4,736	5,868	5,564	-	18,177	9,375	18,967	10,720	8,074	47,136	65,313
3월	1,814	3,476	4,289	3,955	-	13,534	11,388	16,215	12,739	8,010	48,352	61,886
4월	1,719	2,972	3,830	3,063	-	11,584	9,633	18,965	10,816	8,219	47,633	59,217
5월	1,465	1,811	2,751	3,078	-	9,107	9,571	16,601	10,497	8,138	44,807	53,914
6월	1,452	1,220	1,887	1,917	-	6,476	9,160	16,046	10,137	7,612	42,955	49,431
7월	1,407	900	1,545	1,311	-	5,163	9,924	17,551	11,188	7,994	46,657	51,820
8월	1,312	948	1,342	1,464	-	5,066	9,217	17,389	10,699	8,584	45,889	50,955
9월	1,496	1,753	1,820	2,804	1,019	8,892	8,916	17,061	11,112	8,240	45,329	54,221
10월	1,575	2,185	3,335	3,043	1,128	11,266	10,560	17,067	12,057	8,772	48,456	59,722
11월	1,654	2,831	3,911	13,925	5,161	27,482	11,888	19,675	10,564	7,654	49,781	77,263
12월	1,910	3,461	3,815	4,064	3,093	16,343	21,521	26,221	19,554	7,497	74,793	91,136

* 출처: 『경성상업회의소 통계연보』, 경성상업회의소, 1930년 7월, 36~37쪽.

〈상업-연보-1930-03〉 경성부 내 공설시장 일용품 종별 매상고(1929년 중)

(단위: 원)

	1월	2월	3월	4월	5월	6월	7월	8월	9월	10월	11월	12월	계
쌀과 잡곡	3,937	6,454	6,845	7,682	7,312	6,549	7,206	7,751	7,011	6,539	6,742	9,514	83,542
간장(醬油), 된장(味噌), 절임(漬物), 주류	3,876	4,201	5,177	5,139	4,490	4,388	5,002	4,804	4,643	4,811	4,164	7,907	58,602
생선(生魚)	7,459	8,096	10,259	8,602	7,459	6,854	6,209	6,629	6,562	6,787	6,899	9,125	90,940
사탕, 곡식가루(穀粉), 차	1,026	1,184	1,401	1,338	1,376	1,394	1,812	1,567	1,449	1,432	1,493	3,004	18,476
마른 식품(乾物), 해산물	5,232	5,080	5,298	5,023	4,244	4,558	5,287	4,936	4,879	5,139	4,750	8,401	62,827
통조림류(罐瓶詰類)	707	656	709	719	661	677	809	762	784	773	870	1,278	9,405
조류수육(鳥獸肉)	2,747	2,614	2,690	2,662	2,383	2,664	2,588	2,630	2,839	2,961	2,781	3,567	33,126
부엌용 잡화, 철물(金物), 목제품, 도기 등	1,248	1,013	1,076	1,033	1,131	1,088	1,160	1,275	1,313	1,503	1,329	2,218	15,387
야채 및 생과	5,526	4,934	5,200	4,946	5,352	4,991	6,062	6,292	5,933	6,327	4,947	6,717	67,227
계란	350	364	366	367	589	607	486	471	470	475	455	673	5,673
과자	2,354	2,637	3,349	2,457	3,076	2,768	2,830	2,723	2,518	2,703	2,600	2,621	32,636
일본 및 서양 잡화(雜貨)	1,961	1,809	1,538	2,283	2,265	2,381	2,826	2,102	2,225	2,797	2,554	4,190	28,931
땔감 및 숯(薪炭)	7,936	7,437	3,713	4,445	3,618	3,337	3,592	3,234	4,024	5,547	9,629	14,622	71,134
신발(履物), 우산(傘)류	252	398	404	633	524	437	511	430	423	352	265	571	5,200
두부, 곤약(蒟蒻), 유부(油揚), 튀김(天麩羅)	243	255	316	301	321	262	277	283	256	310	303	385	3,512

* 출처: 『경성상업회의소 통계연보』, 경성상업회의소, 1930년 7월, 36~37쪽.

〈상업-연보-1930-04〉 경성부 내 회사 수 및 자본금

(단위: 천 엔)

업종별	조직	1928년 말 현재			1929년 말 현재		
		회사 수	공칭자본금	불입자본금	회사 수	공칭자본금	불입자본금
상업	주식	59	32,000	12,516	65	35,830	13,193
	합자	196	2,605	2,605	211	2,738	2,738
	합명	25	682	682	29	709	709
	계	280	35,287	15,803	305	38,827	17,360
철도업	주식	1	54,500	17,650	1	54,500	17,650
자동차업	주식	5	2,060	585	7	2,190	668
	합자	5	62	62	12	115	115
	합명	-	-	-	1	10	10
	계	10	2,122	647	20	2,315	793
해운업	주식	1	3,000	3,000	1	3,000	3,000
운수업	주식	4	150	98	4	150	98
	합자	5	110	110	6	113	113
	합명	2	15	15	2	15	15
	계	11	275	223	12	278	226
창고업	주식	1	200	100	2	150	112

* 출처: 『경성상업회의소 통계연보』, 경성상업회의소, 1930년 7월, 100~102쪽.

〈상업-연보-1930-05〉 경성부 내 지점 회사 수 및 자본금

업별	조직	1928년 말 현재			1929년 말 현재		
		회사 수	공칭자본금	불입자본금	회사 수	공칭자본금	불입자본금
상업	주식	19	288,100	230,675	19	208,600	183,675
			240,450	240,450		240,450	240,450
	합자	1	10	10	1	10	10
	합명	5	47,466	47,466	4	466	466
	계	25	335,576	278,151	24	209,076	184,151
			240,450천 불	240,450천 불		240,450천 불	240,450천 불
운수업	주식	2	25,500	18,900	2	25,500	18,900

* 출처: 『경성상업회의소 통계연보』, 경성상업회의소, 1930년 7월, 103쪽.

〈상업-연보-1931-01〉 경성 각종 시장 일람표(1930년 중)

시장명	소재지	경영자	개시 횟수	매매고					
				농산물	수산물	직물	축산물	기타	합계
동대문시장	예지동(禮智洞)	광장주식회사	362	905,000	36,200	36,200	108,600	181,000	1,267,000
남대문시장	남미창정(南米倉町)	조선농업주식회사	362	3,661,827	485,275	21,400	20,000	673,000	4,861,502
중앙물산주식회사시장(中央物産株式會社市場)	남미창정(南米倉町)	중앙물산주식회사(中央物産株式會社)	362	364,300	-	-	-	-	364,300
마루코시장(丸京市場)	욱정1정목(旭町一丁目)	합명회사경성식량품시장(合名會社京城食糧品市場)	361	478,986	-	-	-	-	478,986

경성부 수산시장 (京城府水産市場)	의주통(義州通)	경성부(京城府)	358	-	1,337,179	-	-	-	1,337,179
경성곡물상조합시장 (京城穀物商組合市場)	봉래정 1정목 (蓬萊町一丁目)	경성곡물상조합 (京城穀物商組合)	76	13,558,000	-	-	-	-	13,558,000
경성주식현물거래시장 (京城株式現物取引市場)	명치정 1정목 (明治町一丁目)	주식회사경성주식현물거래시장 (株式會社京城株式現物取引市場)	297	-	-	-	-	27,582,218	27,582,218
경성부 가축시장	숭인동(崇仁洞)	경성부(京城府)	365	-	-	-	2,795,603	-	2,795,603
명치정공설시장 (明治町公設市場)	명치정 2정목 (明治町2丁目)	경성부(京城府)	310	17,467	29,207	-	-	94,650	141,324
화원정공설시장 (花園町公設市場)	화원정 (花園町)	경성부(京城府)	310	52,819	51,917	-	-	95,735	200,471
동대문공설땔감채소시장 (東大門公設柴炭蔬菜市場)	종로 5정목 (鐘路伍丁目)	경성부(京城府)	365	-	-	-	-	36,628	36,628
돈의동공설땔감채소시장 (敦義洞公設柴炭蔬菜市場)	돈의동(敦義洞)	경성부(京城府)	365	-	-	-	-	29,233	29,233
서린동공설땔감채소시장 (瑞麟洞公設柴炭蔬菜市場)	서린동(瑞麟洞)	경성부(京城府)	365	8,798	-	-	-	30,942	39,740
안국동공설땔감시장 (安國洞公設柴炭市場)	안국동(安國洞)	경성부(京城府)	365	31,794	32,329	-	-	14,052	14,052
마포시장(麻浦市場)	도화동(桃花洞)	경성부(京城府)	365	2,106	-	-	-	22,187	86,310
서대문공설땔감채소시장 (西大門公設柴炭蔬菜市場)	현저동(峴底洞)	경성부(京城府)	365	-	-	-	-	18,102	20,208
합계			-	19,081,097	1,972,107	57,600	2,924,203	28,777,747	52,812,759

* 출처: 『경성상업회의소 통계연보』, 경성상업회의소, 1931년 7월, 34~35쪽.

〈상업-연보-1931-02〉 경성부 내 공설시장 매상고

(단위: 엔)

	땔감채소시장						일용품 시장					합계
	안국동	돈의동	동대문	서린동	서대문	소계	명치정(明治町)	화원정(花園町)	용산	마포	소계	
1928년	19,753	33,493	41,644	56,078	-	150,968	249,149	234,719	162,233	112,985	759,086	910,054
1929년	19,964	31,137	39,725	48,615	10,401	149,842	130,515	218,329	139,807	97,996	586,647	736,489
1930년	14,052	29,233	36,628	39,740	20,208	139,861	125,093	231,274	128,518	86,310	571,195	711,056
1월	1,735	4,355	4,873	3,959	3,887	18,809	10,307	14,822	9,073	7,929	42,131	60,940
2월	1,554	3,757	4,611	3,880	1,624	15,426	11,475	17,832	8,885	7,402	45,594	61,020
3월	1,388	3,351	3,739	3,540	1,512	13,530	11,396	20,787	10,690	7,377	50,250	63,778
4월	1,293	2,873	3,640	2,795	1,573	12,174	10,426	16,857	10,730	8,179	46,192	58,366
5월	974	1,805	2,736	2,290	1,093	8,898	9,517	17,587	10,662	7,718	45,484	54,382
6월	744	1,175	1,777	1,718	491	5,905	8,807	14,920	9,952	7,799	41,478	47,383
7월	748	912	1,145	1,023	204	4,032	9,578	19,630	9,835	2,590	41,633	45,665
8월	1,018	839	1,262	1,449	786	5,354	8,651	16,920	8,791	7,610	41,972	47,326
9월	1,133	1,833	2,529	2,216	989	8,700	8,392	18,866	9,573	7,348	44,179	52,879
10월	1,189	1,875	2,854	2,698	1,717	10,333	9,846	21,607	11,724	7,200	50,377	60,710
11월	1,078	2,700	3,533	10,577	3,816	21,704	10,884	20,643	10,763	7,319	49,609	71,313
12월	1,200	3,758	3,929	3,595	2,516	14,998	15,814	30,803	17,840	7,839	72,296	87,294

* 출처: 『경성상업회의소 통계연보』, 경성상업회의소, 1931년 7월, 36~37쪽.

〈상업-연보-1931-03〉 경성부 내 공설시장 일용품 종류별 매상고(1930년 중)

(단위: 엔)

	1월	2월	3월	4월	5월	6월	7월	8월	9월	10월	11월	12월	계
쌀과 잡곡	5,047	6,018	7,007	5,600	5,600	6,231	5,017	5,219	6,379	6,908	4,928	6,196	70,150
간장(醬油), 된장(味噌), 절임(漬物), 주류	3,676	3,947	5,314	5,614	4,803	4,037	4,928	4,840	4,617	5,272	4,727	7,927	59,702
생선(生魚)	6,226	7,230	7,944	7,558	7,675	6,028	5,850	7,093	8,254	9,109	7,899	10,539	91,405
사탕, 곡식가루(穀粉), 차	1,219	1,299	1,448	1,276	1,371	1,281	1,529	1,367	1,239	1,275	1,179	2,324	16,807
마른 식품(乾物), 해산물	4,511	5,332	5,661	4,731	5,569	4,839	5,174	5,117	4,670	4,948	4,237	9,107	63,896
통조림류(罐甁詰類)	678	744	1,359	1,490	1,495	1,015	2,116	1,090	1,139	1,429	1,054	2,146	15,755
조류수육(鳥獸肉)	2,617	2,620	2,756	2,575	2,672	2,651	1,836	2,223	2,575	3,409	2,745	3,182	31,861
부엌용 잡화(荒物), 철물(金物), 목제품, 도기 등	946	1,067	1,134	1,036	1,148	1,161	1,596	1,061	1,122	1,214	1,231	2,067	14,783
야채 및 생과	4,103	3,820	4,307	4,483	4,802	5,241	3,972	5,149	4,853	5,136	5,194	6,188	57,244
계란	430	448	456	451	439	501	523	485	462	463	547	764	5,969
과자	2,024	2,303	2,525	2,576	2,376	2,044	2,373	2,669	2,253	2,746	2,683	2,991	29,563
두부, 곤약(崑蒻), 유부(油揚), 튀김(天麩羅)	216	274	273	277	310	293	426	374	330	421		439	3,633
일본 및 서양 잡화(雜貨)	253	320	386	369	356	326	357	235	211	250	296	308	3,653
땔나무와 숯(薪炭)	1,579	1,264	1,488	2,095	2,882	2,718	2,455	2,043	2,252	2,710	282	4,120	27,816
신발(履物), 우산(傘)류	8,606	8,908	8,192	6,061	3,986	3,163	3,481	3,011	3,823	5,537	2,710	13,998	78,662

* 출처: 『경성상업회의소 통계연보』, 경성상업회의소, 1931년 7월, 36~37쪽.

〈상업-연보-1931-04〉 경성부 내 회사 수 및 자본금

(단위: 엔)

업종별	조직	1930년 말 현재			1929년 말 현재		
		회사 수	공칭자본금	불입자본금	회사 수	공칭자본금	불입자본금
상업	주식	73	33,315	14,270	65	35,380	13,913
	합자	249	2,961	2,961	211	2,738	2,738
	합명	32	767	767	29	709	709
	계	354	37,043	17,998	305	38,827	17,360
철도업	주식	1	54,500	17,650	1	54,500	17,650
자동차업	주식	7	580	755	7	2,190	668
	합자	15	133	133	12	115	115
	합명	2	26	26	1	10	10
	계	24	2,739	914	20	2,315	793
수운업	주식	2	3,050	3,025	1	3,000	3,000
운수업	주식	6	1,360	1,157	4	150	98
	합자	5	54	54	6	113	113
	합명	2	15	15	2	15	15
	계	13	1,429	1,226	12	278	226
창고업	주식	3	350	163	2	150	112

* 출처: 『경성상업회의소 통계연보』, 경성상업회의소, 1931년 7월, 94~96쪽.

〈상업-연보-1931-05〉 경성부 내 지점 회사 수 및 자본금

(단위: 천 엔)

업종	조직	1930년 말 현재			1929년 말 현재		
		회사 수	공칭자본금	불입자본금	회사 수	공칭자본금	불입자본금
상업	주식	18	208,000	184,575	19	208,600	183,675
			245,450	245,450		240,450	240,450
	합자	3	25	25	1	10	10
			10	10			
	합명	2	180	180	4	466	466
	계	23	208,205	184,780	24	209,076	184,151
			245,450	245,450		240,450	240,450
			10	10			
운수업	주식	2	25,500	18,900	2	25,500	18,900

* 출처: 『경성상업회의소 통계연보』, 경성상업회의소, 1931년 7월, 97쪽.

〈상업-연보-1932-01〉 경성 각종 시장 일람표(1930년 중)

시장명	소재지	경영자	개시 횟수	매매량					
				농산물	수산물	직물	축산물	기타	합계
동대문시장	예지동(禮智洞)	광장주식회사	362	760,020	28,960	28,960	-	260,640	1,078,580
남대문시장	남미창정(南米倉町)	조선농업주식회사	362	2,461,934	772,400	70,000	-	847,324	4,151,658
중앙물산주식회사시장(中央物産株式會社市場)	남미창정(南米倉町)	중앙물산주식회사(中央物産株式會社)	362	369,029	4,603	-	-	-	373,632
마루쿄시장(丸京市場)	욱정 1정목(旭町一丁目)	합명회사 경성식량품시장(合名會社京城食糧品市場)	364	409,950	-	-	-	-	409,950

경성부 수산시장(京城府水産市場)	의주통(義州通)	경성부(京城府)	358	-	1,231,474	-	-	-	1,231,474
경성곡물상조합시장(京城穀物商組合市場)	봉래정 1정목(蓬萊町一丁目)	경성곡물상조합(京城穀物商組合)	298	763,802,275	-	-	-	-	763,802,275
경성주식현물거래시장(京城株式現物取引市場)	명치정 1정목(明治町一丁目)	주식회사 경성주식현물거래시장(株式會社京城株式現物取引市場)	288	-	-	-	-	22,557,054	22,557,054
경성부 가축시장	숭인동(崇仁洞)	경성부(京城府)	365	-	-	-	2,319,088	-	2,319,088
명치정공설시장(明治町公設市場)	명치정 2정목(明治町2丁目)	경성부(京城府)	-	-	-	-	-	-	-
하원정공설시장(花園町公設市場)	하원정(花園町)	경성부(京城府)	-	-	-	-	-	-	-
동대문공설땔감채소시장(東大門公設柴炭蔬菜市場)	종로 5정목(鐘路伍丁目)	경성부(京城府)	365	-	-	-	-	31,527	31,527
돈의동공설땔감채소시장(敦義洞公設柴炭蔬菜市場)	돈의동(敦義洞)	경성부(京城府)	365	-	-	-	-	27,484	27,484
서린동공설땔감채소시장(瑞麟洞公設柴炭蔬菜市場)	서린동(瑞麟洞)	경성부(京城府)	365	5,678	-	-	-	23,463	29,141
안국동공설땔감시장(安國洞公設柴炭市場)	안국동(安國洞)	경성부(京城府)	365	-	-	-	-	11,482	11,482
마포시장(麻浦市場)	도화동(桃花洞)	경성부(京城府)	365	30,901	-	-	-	37,188	68,089
서대문공설땔감채소시장(西大門公設柴炭蔬菜市場)	현저동(峴底洞)	경성부(京城府)	365	3,390	12,918	-	-	16,551	32,859
합계			-	80,843,177	2,050,355	98,960	2,319,088	23,812,713	109,124,293

* 출처: 『경성상업회의소 통계연보』, 경성상업회의소, 1932년 9월, 34~35쪽.

〈상업-연보-1932-02〉 경성부 내 공설시장 매상고

(단위: 엔)

연월	땔감채소시장						일용품 시장					합계
	안국동	돈의동	동대문	서린동	서대문	소계	명치정(明治町)	하원정(花園町)	용산	마포	소계	
1929년	19,964	31,137	39,725	48,615	10,401	149,842	130,515	218,329	139,807	97,996	586,647	736,489
1930년	14,052	29,233	36,628	39,740	20,208	139,861	125,093	231,274	128,518	86,310	571,195	711,056
1931년	11,482	27,484	31,527	29,141	19,941	119,575	104,561	190,801	120,904	81,007	497,273	616,848
1월	980	4,344	4,808	2,575	2,453	15,160	9,302	11,858	8,459	6,894	36,513	51,673
2월	1,311	3,704	4,459	2,690	1,748	13,912	8,889	17,906	9,048	6,952	42,795	56,707
3월	847	2,659	3,250	2,216	1,519	10,491	8,540	17,391	9,996	6,877	42,804	53,295
4월	794	3,579	3,357	2,644	1,697	12,071	10,073	15,976	9,793	7,289	43,131	55,202
5월	820	1,711	2,539	2,214	1,008	8,292	8,043	15,051	10,535	6,853	40,482	48,774
6월	717	1,384	1,300	1,732	446	5,579	7,272	14,364	8,559	6,254	36,449	42,028
7월	761	950	716	1,181	1,022	4,630	8,313	15,555	9,399	5,592	38,859	43,489
8월	736	766	672	1,023	989	4,186	7,758	14,898	9,326	6,680	38,662	42,848
9월	1,027	1,518	2,018	2,057	1,022	7,642	7,556	13,958	8,719	6,760	36,993	44,635
10월	1,202	1,552	2,084	2,101	1,880	8,819	7,638	14,956	10,037	7,151	39,782	48,601
11월	1,118	2,454	3,074	6,372	3,094	16,112	8,031	16,039	9,037	6,667	39,774	55,886
12월	1,169	2,863	3,250	2,336	3,063	12,681	13,146	23,849	16,996	7,038	61,029	73,710

* 출처: 『경성상업회의소 통계연보』, 경성상업회의소, 1932년 9월, 36~37쪽.

〈상업-연보-1932-03〉 경성부 내 공설시장 일용품 종류별 매상고(1931년 중)

(단위: 엔)

	1월	2월	3월	4월	5월	6월	7월	8월	9월	10월	11월	12월	계
쌀과 잡곡	2,798	3,117	3,432	3,476	3,269	3,979	4,265	4,312	3,664	3,538	3,243	4,483	43,576
간장(醬油), 된장(味噌), 절임(漬物), 주류	3,731	3,940	4,476	4,242	5,224	4,405	5,372	4,998	4,771	4,863	4,443	6,517	56,982
생선(生魚)	7,342	7,236	7,478	8,453	7,103	6,161	6,067	6,220	5,996	6,045	6,007	9,133	83,241
사탕, 곡식가루(穀粉), 차	853	1,095	1,122	1,187	1,411	1,197	1,268	1,365	1,081	1,116	1,124	1,882	14,701
마른 식품(乾物), 해산물	3,539	3,970	5,730	4,208	4,851	4,215	4,451	4,285	4,328	4,688	4,069	7,181	55,515
통조림류(罐瓶詰類)	785	783	794	824	805	841	929	740	923	952	866	1,459	10,701
조류수육(鳥獸肉)	2,477	2,356	2,380	2,203	2,194	2,227	2,474	2,496	2,274	2,538	2,302	3,031	28,952
부엌용 잡화(荒物), 철물(金物), 목제품, 도기 등	750	809	993	1,148	922	892	1,120	1,159	652	727	676	1,588	11,436
야채 및 생과	4,798	5,167	5,114	5,284	5,257	4,524	3,885	4,684	4,229	4,652	4,310	6,468	58,372
계란	709	597	598	533	541	459	434	474	434	491	410	547	6,227
과자	1,853	1,967	2,503	2,264	2,325	2,035	2,275	2,069	2,114	1,942	2,168	2,257	25,772
두부, 곤약(昆蒻), 유부(油揚), 튀김(天麩羅)	147	146	135	148	140	143	140	132	104	102	104	145	1,586
일본 및 서양 잡화(雜貨)	1,538	1,752	2,086	2,133	2,168	2,032	2,189	1,874	2,054	2,540	2,003	4,119	26,488
땔나무와 숯(薪炭)	4,913	9,589	6,059	6,434	3,956	3,047	3,657	3,628	4,096	5,322	7,799	11,807	70,307
신발(履物), 우산(傘)류	280	271	231	267	316	292	333	226	273	266	250	412	3,417

* 출처: 『경성상업회의소 통계연보』, 경성상업회의소, 1932년 9월, 36~37쪽.

〈상업-연보-1932-04〉 전 조선 회사 업종별표

(단위: 천 엔)

업종별	조직	1931년 말 현재			1930년 말 현재		
		회사 수	공칭자본금	불입자본금	회사 수	공칭자본금	불입자본금
상업	주식	208	48,967	19,394	198	48,938	20,376
	합자	936	11,313	11,313	836	10,553	10,553
	합명	147	4,524	4,524	142	4,767	4,767
	주식합자	1	50	12	1	50	12
	계	1,292	64,855	35,245	1,177	64,308	35,708
철도업	주식	8	80,900	37,723	8	80,700	38,990
자동차업	주식	72	7,215	3,223	48	5,581	2,549
	합자	52	698	698	51	622	622
	합명	6	73	73	6	84	84
	계	130	7,986	3,994	105	6,287	3,255
수운업	주식	42	8,318	5,518	38	8,244	5,484
	합자	14	176	176	12	129	129
	합명	2	60	60	1	49	49
	계	58	8,554	5,754	51	8,422	5,662
육운업	주식	51	7,102	5,352	72	8,226	4,376
	합자	88	817	817	86	929	929
	합명	16	235	235	20	303	303
	계	155	8,155	6,405	178	9,458	5,608

창고업	주식	25	6,990	2,076	26	6,460	2,059
	합자	6	206	206	5	188	188
	합명	1	30	30	-	-	-
	계	32	7,223	2,312	31	6,648	2,247

* 출처: 『경성상업회의소 통계연보』, 경성상업회의소, 1932년 9월, 146~149쪽.

〈상업-연보-1933-01〉 경성 각종 시장 일람표(1932년 중)

시장명	소재지	경영자	개시 횟수	매매량					
				농산물	수산물	직물	축산물	기타	합계
동대문시장	예지동(禮智洞)	광장주식회사	362	760,020	28,960	28,960	-	260,640	1,078,580
남대문시장	남미창정(南米倉町)	조선농업주식회사	362	2,461,934	772,400	70,000	-	847,324	4,151,658
중앙물산주식회사시장(中央物産株式會社市場)	남미창정(南米倉町)	중앙물산주식회사(中央物産株式會社)	362	369,029	4,603	-	-	-	373,632
마루쿄시장(丸京市場)	욱정 1정목(旭町一丁目)	합명회사 경성식량품시장(合名會社京城食糧品市場)	364	409,950	-	-	-	-	409,950
경성부 수산시장(京城府水産市場)	의주통(義州通)	경성부(京城府)	358	-	1,231,474	-	-	-	1,231,474
경성곡물상조합시장(京城穀物商組合市場)	봉래정 1정목(蓬萊町一丁目)	경성곡물상조합(京城穀物商組合)	298	763,802,275	-	-	-	-	763,802,275
경성주식현물거래시장(京城株式現物取引市場)	명치정 1정목(明治町一丁目)	주식회사 경성주식현물거래시장(株式會社京城株式現物取引市場)	288	-	-	-	-	22,557,054	22,557,054
경성부 가축시장	숭인동(崇仁洞)	경성부(京城府)	365	-	-	-	2,319,088	-	2,319,088

명치정공설시장(明治町公設市場)	명치정 2정목(明治町2丁目)	경성부(京城府)	-	-	-	-	-	-	-
화원정공설시장(花園町公設市場)	화원정(花園町)	경성부(京城府)	-	-	-	-	-	-	-
동대문공설땔감채소시장(東大門公設柴炭蔬菜市場)	종로 5정목(鐘路五丁目)	경성부(京城府)	365	-	-	-	-	31,527	31,527
돈의동공설땔감채소시장(敦義洞公設柴炭蔬菜市場)	돈의동(敦義洞)	경성부(京城府)	365	-	-	-	-	27,484	27,484
서린동공설땔감채소시장(瑞麟洞公設柴炭蔬菜市場)	서린동(瑞麟洞)	경성부(京城府)	365	5,678	-	-	-	23,463	29,141
안국동공설땔감시장(安國洞公設柴炭市場)	안국동(安國洞)	경성부(京城府)	365	-	-	-	-	11,482	11,482
마포시장(麻浦市場)	도화동(桃花洞)	경성부(京城府)	365	30,901	-	-	-	37,188	68,089
서대문공설땔감채소시장(西大門公設柴炭蔬菜市場)	현저동(峴底洞)	경성부(京城府)	365	3,390	12,918	-	-	16,551	32,859
합계			-	80,843,177	2,050,355	98,960	2,319,088	23,812,713	109,124,293

*출처: 『경성상업회의소 통계연보』, 경성상업회의소, 1933년 8월, 34~35쪽.

〈상업-연보-1933-02〉 경성부 내 공설시장 일용품 종류별 매상고(1932년 중)

(단위: 엔)

	1월	2월	3월	4월	5월	6월	7월	8월	9월	10월	11월	12월	계
쌀과 잡곡	2,453	3,115	3,263	2,541	2,960	3,347	4,312	6,000	5,355	4,831	5,452	7,457	51,086
간장(醬油), 된장(味噌), 절임(漬物), 주류	2,922	3,684	3,571	3,729	3,851	3,701	4,269	3,790	4,182	4,030	3,567	7,029	48,325
생선(生魚)	6,246	5,973	6,814	6,390	6,268	5,135	5,087	5,465	6,214	6,648	5,945	8,744	74,929

사탕, 곡식가루(穀粉), 차	879	876	1,007	1,074	1,146	1,070	1,238	1,269	925	1,131	1,154	1,628	13,397
마른식품(乾物), 해산물	6,344	3,548	3,913	3,579	4,261	3,339	4,042	3,981	4,275	4,336	3,917	7,788	50,623
통조림 및 병조림류(罐瓶詰類)	1,091	793	809	834	890	1,117	1,072	862	595	624	610	1,416	10,713
조류수육(鳥獸肉)	2,080	2,199	2,365	2,113	2,126	1,724	2,095	1,910	2,235	2,252	2,264	2,584	25,947
부엌용 잡화(荒物), 철물(金物), 도기 등	680	551	565	710	897	844	814	876	845	1,010	859	1,577	10,228
야채 및 생과	4,354	4,370	4,226	4,358	3,388	3,548	4,385	5,940	6,120	4,936	5,085	3,821	54,531
계란	401	492	484	413	447	372	472	471	520	484	463	601	5,620
과자	1,515	1,388	1,600	1,989	2,104	2,024	2,067	2,762	2,345	2,017	2,006	2,328	24,145
두부, 곤약(昆蒻), 유부(油揚), 튀김(天麩羅)	121	111	109	108	112	100	111	136	102	130	93	118	1,351
일본 및 서양 잡화(雜貨)	1,344	1,511	1,638	1,639	1,638	1,498	1,790	1,423	1,651	1,859	2,156	2,286	21,433
땔나무와 숯(薪炭)	6,970	8,350	7,863	5,587	4,176	3,733	2,222	3,152	4,057	8,306	8,833	13,013	77,262
신발(履物), 우산(傘)류	264	291	331	429	363	324	390	344	321	292	273	445	4,067

*출처: 『경성상업회의소 통계연보』, 경성상업회의소, 1933년 8월, 36~37쪽.

〈상업-연보-1933-03〉 전 조선 회사 업종별표

(단위: 천 엔)

업종별	조직	1931년 말 현재			1930년 말 현재		
		회사 수	공칭자본금	불입자본금	회사 수	공칭자본금	불입자본금
상업	주식	208	48,967	19,394	198	48,938	20,376
	합자	936	11,313	11,313	836	10,553	10,553
	합명	147	4,524	4,524	142	4,767	4,767
	주식합자	1	50	12	1	50	12
	계	1,292	64,855	35,245	1,177	64,308	35,708

철도업	주식	8	80,900	37,723	8	80,700	38,990
자동차업	주식	72	7,215	3,223	48	5,581	2,549
	합자	52	698	698	51	622	622
	합명	6	73	73	6	84	84
	계	130	7,986	3,994	105	6,287	3,255
수운업	주식	42	8,318	5,518	38	8,244	5,484
	합자	14	176	176	12	129	129
	합명	2	60	60	1	49	49
	계	58	8,554	5,754	51	8,422	5,662
육운업	주식	51	7,102	5,352	72	8,226	4,376
	합자	88	817	817	86	929	929
	합명	16	235	235	20	303	303
	계	155	8,155	6,405	178	9,458	5,608
창고업	주식	25	6,990	2,076	26	6,460	2,059
	합자	6	206	206	5	188	188
	합명	1	30	30	-	-	-
	계	32	7,223	2,312	31	6,648	2,247

*출처: 『경성상업회의소 통계연보』, 경성상업회의소, 1933년 8월, 152~155쪽.

〈상업-연보-1933-05〉 조선 내 지점 회사표

종별	1932년 말 현재			1931년 말 현재		
	회사 수	공칭자본금	불입자본금	회사 수	공칭자본금	불입자본금
주식회사	77	971,894천 엔	710,873천 엔	96	880,670천 엔	665,685천 엔
		81,000천 불	81,000천 불		86,000천 불	86,00천 불
합자회사	16	7,562천 엔	7,562千천 엔	17	7,612천 엔	7,612천 엔
합명회사	3	435	435	3	433	433
합계	96	979,891	718,872	116	888,715	673,730
		81,000천 불	81,000천 불		86,000천 불	86,000천 불

*출처: 『경성상업회의소 통계연보』, 경성상업회의소, 1933년 8월, 155쪽.

〈상업-연보-1934-01〉 경성 각종 시장 일람표(1933년 중)

시장명	소재지	경영자	개시 횟수	매매고					
				농산물	수산물	직물	축산물	기타	합계
동대문시장	예지동(禮智洞)	광장주식회사(廣藏株式會社)	362	724,000	260,000	18,000	-	310,000	1,312,000
남대문시장	남미창정(南米倉町)	조선농업주식회사(朝鮮農業株式會社)	362	2,702,610	1,707,250	23,490	-	357,500	4,790,850
중앙물산주식회사시장(中央物産株式會社市場)	남미창정(南米倉町)	중앙물산주식회사(中央物産株式會社)	362	869,911	93,498	-	-	-	963,408
마루쿄시장(丸京市場)	욱정1정목(旭町一丁目)	합명회사 경성식량품시장(合名會社京城食糧品市場)	362	521,342	-	-	-	-	521,342
경성부 수산시장	의주통(義州通)	경성부(京城府)	356	-	1,258,873	-	-	-	1,258,873

경성부 가축시장	숭인동(崇仁洞)	경성부(京城府)	74	-	-	-	2,389,413	-	2,389,413
명치정공설시장 (明治町公設市場)	명치정 2정목 (明治町二丁目)	경성부(京城府)	365	8,254	10,215	17,854	6,144	29,668	72,135
화원정공설시장 (花園町公設市場)	화원정(花園町)	경성부(京城府)	365	30,485	57,779	41,395	8,054	51,696	189,409
마포시장(麻浦市場)	도화동(桃花洞)	경성부(京城府)	365	42,034	24,011	17,102	9,074	-	92,221
용산공설시장	용산(龍山)	경성부(京城府)	365	17,496	27,802	50,168	9,142	12,701	117,309
동대문공설땔감채소시장 (東大門公設柴炭蔬菜市場)	창신동(昌信洞)	경성부(京城府)	365	-	-	-	-	23,413	23,413
돈의동공설땔감채소시장 (敦義洞公設柴炭蔬菜市場)	돈의동(敦義洞)	경성부(京城府)	365	-	-	-	-	20,501	20,501
서린동공설땔감채소시장 (瑞麟洞公設柴炭蔬菜市場)	서린동(瑞麟洞)	경성부(京城府)	365	-	-	-	-	23,398	23,398
안국동공설땔감시장 (安國洞公設柴炭市場)	안국동(安國洞)	경성부(京城府)	365	-	-	-	-	13,795	13,795
서대문공설땔감채소시장 (西大門柴炭蔬菜市場)	현저동(峴底洞)	경성부(京城府)	365	-	-	-	-	28,574	28,574
합계			-	4,916,132	3,439,428	168,009	2,421,827	871,246	11,816,642

*출처: 『경성상업회의소 통계연보』, 경성상업회의소, 1934년 7월, 34쪽.

〈상업-연보-1934-02〉 경성부 내 공설시장 일용품 종류별 매상고표(1933년 중)

	1월	2월	3월	4월	5월	6월	7월	8월	9월	10월	11월	12월	계
쌀과 잡곡	5,171	4,517	4,153	3,551	3,971	4,057	4,232	3,936	2,824	2,906	2,924	3,536	45,778
간장(醬油), 된장(味噌), 절임(漬物), 주류	2,776	3,211	3,728	4,215	4,611	4,539	4,535	4,238	4,177	4,328	3,900	6,408	50,666
생선(生魚)	4,443	5,293	5,554	6,660	7,005	4,835	4,323	4,612	5,232	5,338	5,122	7,550	65,967
사탕, 곡식가루(穀粉), 차	855	1,141	1,323	1,045	1,095	1,487	1,667	1,533	1,317	972	893	1,913	15,241
마른식품(乾物), 해산물	3,028	3,033	3,825	3,649	3,530	4,096	4,803	5,899	5,486	5,072	4,734	6,685	53,840
통조림 및 병조림류(罐瓶詰類)	694	686	819	711	751	948	1,118	1,046	736	755	1,152	1,885	11,301
조류수육(鳥獸肉)	2,483	2,196	2,356	1,755	1,773	1,906	2,260	2,402	2,615	2,763	2,262	2,836	27,637
부엌용 잡화(荒物), 철물(金物), 도기 등	666	819	893	1,037	1,108	1,084	1,186	1,086	1,052	1,393	1,312	2,142	13,778
야채 및 생과	2,688	2,880	3,647	4,062	4,055	4,535	4,945	5,114	6,038	6,442	4,438	3,647	52,491
계란	426	410	392	354	446	529	470	483	307	237	322	341	4,777
과자	1,740	1,623	2,089	1,991	2,019	1,947	1,924	2,028	1,937	1,928	2,575	2,601	24,402
두부, 곤약(崑蒻), 유부(油揚), 튀김(天麩羅)	97	123	123	95	98	121	109	94	142	152	195	210	1,559
일본 및 서양 잡화(雜貨)	1,945	1,764	1,855	1,866	1,907	1,990	1,962	1,389	1,398	1,724	2,106	3,344	23,250
땔나무와 숯(薪炭)	8,576	9,549	7,490	4,166	121	2,933	3,212	5,020	5,020	5,724	9,750	13,439	77,265
신발(履物), 우산(傘)류	178	232	306	264	1,990	280	346	130	130	187	209	432	3,122

*출처: 『경성상업회의소 통계연보』, 경성상업회의소, 1934년 7월, 36~37쪽.

2. 《경성상업회의소월보》·《조선경제잡지》·《경제월보》

〈상업-1916-01〉 조선에 본점이 있는 회사 (1)

업별 회사수		합명회사			합자회사		
		회사 수	공장자본금	납입자본금	회사 수	공장자본금	납입자본금
상업	일본인 설립	11	429,500	420,500	27	1,522,600	1,290,850
	조선인 설립	2	350,000	115,000	8	208,640	165,640
	일본인·조선인 합동 설립	-	-	-	2	3,400	2,250
계		13	779,500	535,500	37	1,734,640	1,458,740
운송업	일본인 설립	1	10,000	10,000	11	341,000	339,500
	조선인 설립	1	4,500	4,500	1	150,000	150,000
	일본인·조선인 합동 설립	-	-	-	2	38,000	36,500
계		2	14,500	14,500	14	529,000	526,000

* 출처: 『경성상업회의소 월보』 10호, 경성상업회의소, 1916년 10월, 26~27쪽.

〈상업-1916-02〉 조선에 본점이 있는 회사 (2)

업별		주식회사			합계		
		회사 수	공칭자본금	불입자본금	회사 수	공칭자본금	불입자본금
상업	일본인 설립	23	2,452,000	1,088,750	61	4,404,100	2,799,100
	조선인 설립	8	1,078,000	425,500	18	1,636,640	707,140
	일본인·조선인 합동 설립	5	950,000	404,500	7	953,400	406,750
계		36	4,480,000	1,918,750	86	6,994,140	3,912,990

* 출처: 『경성상업회의소 월보』 10호, 경성상업회의소, 1916년 10월, 28~29쪽.

〈상업–1916–03〉 일본 또는 외국에 본점을 두고 조선에 지점을 둔 회사 (1)

업별 회사 수		합명회사			합자회사			주식회사		
		회사 수	공장자본금	불입자본금	회사 수	공장자본금	불입자본금	회사 수	공칭자본금	불입자본금
상업	일본 회사	1	500,000	500,000	2	32,700	32,700	12	31,180,000	27,639,000
	외국 회사	-	-	-	2	430,000	430,000	2	2,200,000	2,050,000
계		1	500,000	500,000	4	462,700	462,700	14	33,380,000	29,689,000
운송업 일본 회사		-	-	-	-	-	-	2	9,000,000	19,500,000

〈상업–1916–03〉 일본 또는 외국에 본점을 두고 조선에 지점을 둔 회사 (2)

업별 회사 수		주식합자회사			합계		
		회사 수	공칭자본금	불입자본금	회사 수	공칭자본금	불입자본금
상업	일본 회사	-	-	-	15	31,712,700	28,171,700
	외국 회사	-	-	-	4	2,630,000	2,480,000
계		-	-	-	19	34,342,700	30,651,700
운송업 일본 회사		-	-	-	2	9,000,000	19,500,000

* 출처: 『경성상업회의소 월보』 10호, 경성상업회의소, 1916년 10월, 34쪽.

〈상업-1916-04〉 시장표

종별		1915년			1914년 계	비교 증감
		공설	사설	계		
시장 수		1,070	141	1,211	1,243	△ 32
개시 수		67,291	25,640	92,851	92,167	△ 684
1개년 가격고	농산물	8,425,666	6,739,105	15,164,773	14,933,015	231,758
	수산물	3,034,413	2,591,101	5,625,514	5,912,691	△ 87,177
	직물	5,632,646	301,780	5,934,426	6,016,890	△ 82,464
	축산	7,766,269	2,011,481	9,777,750	9,554,315	223,435
	기타 잡품	5,828,732	1,235,344	7,064,076	6,999,259	64,817
계		30,687,728	12,878,811	43,565,539	43,416,170	150,369

* 출처: 『경성상업회의소 월보』 10호, 경성상업회의소, 1916년 10월, 30~32쪽.

〈상업-1917-01〉 조선에 본점을 두고 있는 회사(각년 12월 말일) (단위: 엔)

연차		회사 수	공칭자본금	불입자본금
1911년	일본인 설립	109	10,510,550	5,063,020
	조선인 설립	27	7,395,000	2,742,355
	일본인-조선인 공동 설립	16	21,860,900	8,104,450
	계	152	39,766,450	15,909,825
1912년	일본인 설립	117	13,341,550	6,041,800
	조선인 설립	34	8,658,060	4,448,380
	일본인-조선인 공동 설립	19	26,216,900	16,780,470
	일본인-외국인 공동 설립	1	2,000,000	2,000,000
	계	171	50,216,510	29,270,650
1913년	일본인 설립	132	14,481,750	7,046,800
	조선인 설립	39	9,811,220	4,906,345
	일본인-조선인 공동 설립	22	26,555,900	19,792,866
	일본인-미국인 공동 설립	1	2,000,000	2,000,000
	계	194	52,848,870	33,746,011

1914년	일본인 설립	142	15,787,500	8,379,073
	조선인 설립	39	9,933,220	5,134,263
	일본인-조선인 공동 설립	29	28,251,400	23,001,045
	일본인-미국인 공동 설립	1	2,000,000	2,000,000
	계	211	55,972,120	38,514,381
1915년	일본인 설립	147	16,055,500	8,806,640
	조선인 설립	39	9,636,840	5,066,896
	일본인-조선인 공동 설립	29	27,424,400	23,375,150
	일본인-미국인 공동 설립	1	2,000,000	2,000,000
	계	216	55,116,740	39,248,686

* 출처: 『경성상업회의소 월보』 23호, 경성상업회의소, 1917년 11월, 41~42쪽.

〈상업-1917-02〉 일본 또는 외국에 본점을 두고 조선에 지점을 설치한 회사(각 년 12월 말일) (단위: 엔)

연차		회사 수	공칭자본금	불입자본금
1911년	일본 회사	33	85,859,700	67,594,510
	외국 회사	2	1,030,000	430,000
	계	35	86,889,700	68,025,510
1912년	일본 회사	41	94,006,200	74,014,950
	외국 회사	2	1,030,000	430,000
	계	43	95,036,200	74,444,950
1913년	일본 회사	46	109,426,200	80,070,030
	외국 회사	5	2,974,000	2,407,100
	계	51	112,400,200	82,477,130
1914년	일본 회사	43	114,586,200	86,420,754
	외국 회사	5	3,974,000	3,573,010
	계	48	118,560,200	89,993,764
1915년	일본 회사	44	115,427,700	87,777,516
	외국 회사	6	4,370,000	3,977,380
	계	50	119,801,700	91,754,896

* 출처: 『경성상업회의소 월보』 23호, 경성상업회의소, 1917년 11월, 42쪽.

〈상업-1920-01〉 조선에서의 회사 사업 추세 - 조선 내 본점을 둔 회사

연차	회사 수	공칭자본금	불입자본금
1913년	194	52,848,870	33,746,011
1914년	211	55,972,120	38,514,381
1915년	216	55,116,740	39,248,686
1916년	212	62,230,543	43,920,152
1917년	228	78,696,340	4,777,134
1918년	266	125,622,700	69,879,595
1919년	287	189,917,600	9,742,830
1920년	505	390,979,800	164,830,320

* 비고: 1920년은 6월 말일 현재, 기타는 각 년 말 현재고임.
* 출처: 《조선경제잡지》 57호, 경성상업회의소, 1920년 9월, 11쪽.

〈상업-1920-02〉 조선에서의 회사 사업 추세 - 조선 내 지점을 둔 회사

연차	회사 수	공칭자본금	불입자본금
1913년	51	112,400,200	82,477,130
1914년	48	118,560,200	89,993,764
1915년	50	119,801,700	91,754,896
1916년	49	120,660,273	98,811,115
1917년	54	216,941,883	138,383,421
1918년	55	312,936,500	220,711,418
1919년	85	500,910,000	426,242,105
1920년	106	615,075,000	515,039,605

* 출처: 《조선경제잡지》 57호, 경성상업회의소, 1920년 9월, 11쪽.

〈상업-1920-03〉 재계 변동 이후 신설 회사, 해산 회사 개요

월차	신설 회사	공칭자본금	해산 회사	공칭자본금
4월 중	31	11,055,000	2	170,000
5월 중	20	7,123,800	-	-
6월 중	24	25,937,000	6	1,556,000
7월 중	18	10,678,000	3	90,000
8월 중	15	6,392,500	9	3,585,000

* 출처: 《조선경제잡지》 57호, 경성상업회의소, 1920년 9월, 11쪽.

〈상업-1922-01〉 조선의 신설 회사(12월 중) - 조선에 본점을 두고 있는 회사

(단위: 엔)

	회사명	목적	주소지	등기 연월일	대표자	공칭자본금	불입자본금
신설	합자회사 고시다상점 (合資會社越田商店)	석탄 및 철 매매 대판(代辦)	부산부 좌등정 9 (釜山府 佐藤町 9)	1921. 11. 11.	越田市太郎	20,000	20,000
	대구주야금융주식회사 (大邱晝夜金融株式會社)	금융, 신탁, 물품 위탁 판매	대구부 원정 2정목 (大邱府 元町 2丁目 7)	1921. 11. 22.	永井幸太郎	100,000	25,000
	부산신용주식회사 (釜山信融株式會社)	금융 및 신탁	부산부 부평정 2정목 (釜山府 富平町 2丁目)	1921. 11. 19.	坪井和一	100,000	25,000
	평양전례주식회사 (平壤典禮株式會社)	장의관혼제 설비 청부	평양부 행정 31 (平壤府 幸町 31)	1921. 11. 22.	西內定利	20,000	5,000
	조선신탁주식회사 (朝鮮信託株式會社)	신탁업	인천부 본정 3정목 4 (仁川府 本町 3丁目 4)	1921. 11. 24.	吉田秀次郎	2,000,000	500,000
	개성삼업합자회사 (開城蔘業合資會社)	인삼 경작, 인삼 원료 제조 및 판매	경기 개성부 송도면 대화정 (京畿 開城郡 松都面 大和町)	1921. 11. 29.	園部剛二	10,000	10,000
	합자회사 다마루상점 (合資會社田丸商店)	종이, 잡화 및 연초 판매	전북 전주군 전주면 대정정 (全北 全州郡 全州面 大正町)	1921. 11. 29.	田丸新一	5,000	5,000
	이토합자회사 (伊藤合資會社)	토목, 건축, 청부 및 주철(鑄鐵)	함북 청진부 포항동 (咸北 淸津府 浦項洞)	1921. 11. 24.	伊藤智祐	20,000	20,000
	마루젠상사합자회사 (丸善商事合資會社)	해륙물산, 면사포(綿糸布) 판매	원산부 중정 3정목 (元山府 仲町 3丁目)	1921. 12. 1.	市田藤吉	4,800	4,800
	합자회사 홍조사 (合資會社紅潮社)	신문, 잡지, 기타 광고 대리	경성부 대화정 1정목 7 (京城府 大和町 1丁目 7)	1921. 11. 14.	大石 貢	5,000	5,000
	주식회사 명시당 (株式會社明時堂)	시계, 귀금속, 자전거 판매	경성부 남대문통 3정목 (京城府 南大門通 3丁目)	1921. 11. 15.	長尾元吳	100,000	30,000

	경성상사신탁주식회사 (京城商社信託株式會社)	신탁업, 동산·부동산 위탁 경매	경성부 영락정 2정목 44 (京城府 永樂町 2丁目 44))	1921. 11. 21.	篠崎半助	500,000	125,000
	조선천연빙창고주식회사 (朝鮮天然氷倉庫株式會社)	동빙(凍氷) 저장 및 판매	경성부 장곡천정 84 (京城府 長谷川町 84)	1921. 11. 21.	志岐信太郎	1,450,000	362,500
	제2경성현주거래신탁주식회사 (第二京城現株取引信託株式會社)	일반 신탁업	경성부 명치정 2정목 (京城府 明治町 2丁目)	1921. 11. 13.	中村再造	4,000,000	1,000,000
	함북토목건축청부합명회사 (咸北土木建築請負合名會社)	토목건축 청부업	청진부 수정 (清津府 壽町)	1921. 12. 8.	伊藤智祐	50,000	50,000
	주식회사 오하시농장 (株式會社大橋農場)	토지개량, 농림업	전북 익산군 익산리 면이리 (全北 益山郡 益山里 面裡里)	1921. 12. 13.	大橋與市	3,000,000	1,500,000
	통영주물주식회사 (統營鑄物株式會社)	냄비 및 솥, 기타 일반 주조(鑄造)	경남 통영군 통영면 부도정 (慶南 統營郡 統營面 敷島町)	1921. 12. 12.	陶山美賀藏	30,000	9,000
	계 (17)					11,414,800	3,696,300
증자	삼천포수산합자회사 (三千浦水産合資會社)	수산업	경남 사천군 삼천포면 서리 (慶南 泗川郡 三千浦面 西里)	1921. 12. 6.	大池源二	46,500	46,500
증자	조선재목주식회사 (朝鮮材木株式會社)	목재 채벌·판매, 신탁업	신의주부 본정 (新義州府 本町)	1921. 11. 28.	荒木要次郎	500,000	250,000
증자	계 (2)					546,500	296,500
해산	목재보관합명회사 (木材保管合名會社)	목재 보관, 창고	신의주부 빈정 1정목 13 (新義州府 濱町 1丁目 13)	1921. 11. 11.	大谷松次郎	100,000	100,000
해산	조선상사신탁주식회사 (朝鮮商事信託株式會社)	목재·곡류 상품 매매·중개, 신탁	신의주부 본정 5정목 1 (新義州府 本町 5丁目 1)	1921. 11. 14.	松隈哲次	1,000,000	250,000
해산	부산신융합자회사 (釜山信融合資會社)	금융	부산부 판천정 2정목 (釜山府 辨天町 2丁目)	1921. 11. 22.	西川鶴藏	20,000	20,000

구분	회사명	목적	주소지	등기 연월일	대표자	공칭 자본금	불입 자본금
	주식회사 나가미쓰상점 (株式會社長光商店)	면사포(綿糸布) 매매	대구부 본정 2정목 24 (大邱府 本町 2丁目 24)	1921. 12. 25.	長光長三郎	300,000	75,000
	합명회사 원산연초원매팔소 (合名會社元山煙草元賣捌所)	연초 판매	원산부 본정 1정목 5 (元山府 本町 1丁目 5)	1921. 12. 2.	龜谷愛介	100,000	100,000
	합명회사 윤병준상점 (合名會社尹柄準商店)	면사포(綿糸布), 곡류 매매	부산부 본정 3정목 5 (釜山府 本町 3丁目 5)	1921. 11. 3.	尹柄準	100,000	100,000
	계 (6)					1,620,000	645,000
감자	합자회사 대동상회 (合資會社大東商會)	곡물, 직물, 모피 무역	함남 영동군 홍인면 도랑리 (咸南 永同郡 洪仁面 都浪里)	1921. 12. 6.	車性奎	50,000	50,000
감자	계 (1)					50,000	50,000

* 출처: 《조선경제잡지》 73호, 경성상업회의소, 1922년 1월, 31~32쪽.

〈상업–1922–02〉 조선에 본점을 두고 있는 회사

(단위: 엔)

구분	회사명	목적	주소지	등기 연월일	대표자	공칭 자본금	불입 자본금
신설	합자회사 화월당상점 (合資會社 花月堂商店)	과자 제조·판매	대구부 상정 69 (大邱府 上町 69)	1921. 12.13.	砂子俊次郎	500	500
신설	북선토목합자회사 (北鮮土木合資會社)	토목, 건축, 청부	함남 함흥군 함흥면 풍양리 (咸南 咸興郡 咸興面 豊陽里)	1921. 12.13.	豊島柳慶	105,000	105,000
신설	조선혁구제조합자회사 (朝鮮革具製造合資會社)	혁구(革具) 제조·판매	충남 대전군 대전면 춘일정 (忠南 大田郡 大田面 春日町)	1921. 12.15.	鈴木斎	10,000	10,000
신설	합자회사 공진조운송점 (合資會社 共進組運送店)	운송업	경성부(京城府 蓬萊町 1丁目)	1921. 12.10.	濱田良助	30,000	30,000
신설	사쿠라다니증권신탁주식회사 (櫻谷證券信託株式會社)	유가증권 판매 신탁업	경성부 황금정 2정목 (京城府 黃金町 2丁目)	1921. 12.10.	高山孝	250,000	62,500

	창남염산합명회사 (昌南鹽産合名會社)	소금, 석탄, 노끈 및 가마니(繩叺) 판매	경남 창원군 웅남면 왕정리 (慶南 昌原郡 熊南面 往亭里)	1921. 12.22.	鈴木兼太	4,200	4,200
	부산흥산주식회사 (釜山興産株式會社)	상설 활동사진 경영	부산부 좌천동 206 (釜山府 佐川洞 206)	1921. 12.21.	大池忠	150,000	37,500
	서선소주주식회사 (西鮮燒酎株式會社)	소주 양조 판매	평양부 황금정 51 (平壤府 黃金町 51)	1921. 12.24.	濱永政右衛門	100,000	25,000
	합자회사 사라시나 (合資會社 更科)	음식물 판매	경성부 욱정 1정목 (京城府 旭町 1丁目)	1921. 12.26.	飯田勇	20,000	20,000
	계 (9)					69,700	294,700
증자	다가와농사주식회사 (田川農事株式會社)	농업	전남 영암군 종면 조음리 (全南 靈巖郡 終面 潮陰里)	1921. 12.28.	綾部正藏	74,000	74,000
	계 (1)					74,000	37,000
해산	동양매약제제합명회사 (東洋賣藥製劑合名會社)	약 매매, 약제 제제 및 판매	경성부 황금정 3정목 (京城府 黃金町 3丁目)	1921. 12.8.	高松ユキエ	6,000	6,000
	합명회사 동흥상회 (合名會社 東興商會)	물산 매매	대구부 북내정(大邱府 北內町)	1921. 12.21.	南吉斗	120,000	120,000
	합자회사 경상연초조합 (合資會社 慶尙煙草組合)	연초 판매	부산부 본정 1정목 (釜山府 本町 1丁目)	1921. 12.19.	村上幾造	50,000	50,000
	조선제지주식회사 (朝鮮製紙株式會社)	제지업	평북 의주군 고성면 마전동 (平北 義州郡 古城面 麻田洞)	1921. 12.27.	藤原銀次郎	2,000,000	500,000
	계 (4)					2,176,000	676,000
감자	조선산업철도주식회사 (朝鮮産業鐵道株式會社)	철도 사업	경성부 황금정 2정목 (京城府 黃金町 2丁目)	1921. 12.27.	伊藤利三郎	15,000,000	-
	계 (1)					50,000	50,000

* 출처: 《조선경제잡지》 74호, 경성상업회의소, 1922년 2월, 12~13쪽.

〈상업-1922-03〉 조선에 신설 회사(2월 중)

(단위: 엔)

	회사명	목적	소재지	등기 연월일	대표자	공칭자본금	불입자본금
신설	해선운송주식회사 (海鮮運送株式會社)	해상·육상 운수, 창고, 물산 매매	목포부 수정 1정목 4 (木浦府 壽町 1丁目 4)	1921. 12.28.	安基滈	100,000	25,000
	평양기업주식회사 (平壤企業株式會社)	각종 기업(起業) 및 대판(代辦) 중개	평양부 항정 125 (平壤府 港町 125)	1922.1. 7.	間城益次	10,000	2,500
	주식회사 미나카이오복점 (株式會社三中井嗚服店)	오복(嗚服) 잡화 판매 및 부대업	경성부 본정 1정목 45 (京城府 本町 1丁目 45)	1922.1. 25.	中江勝次郎	2,000,000	1,000,000
	합명회사 정읍상업조합 (合名會社井邑商業組合)	면류 제조·판매, 모시(苧布) 매매	전남 정읍군 정읍면 시기리 (全南 井邑郡 井邑面 市基里)	1922.1. 18.	朴南七	10,000	10,000
	합자회사 하야카와방수포제조소 (合資會社早川防水布製造所)	방수포(防水布), 도료(塗料), 유지(油紙) 제조 판매	부산부 남빈정 2정목 25 (釜山府 南濱町 2丁目 25)	1922.1. 18.	早川末松	10,000	10,000
	합자회사 동양상회 (合資會社東洋商會)	해상·육상 물산, 과실 무역·위탁 판매	평양부 신창리 97 (平壤府 新倉里 97)	1922.1. 21.	鳴德永	3,000	3,000
	합명회사 후루카와양조소 (合名會社古川釀造所)	주류, 간장(醬油), 된장(味噌) 제조·판매	부산부 보수정 1정목 84 (釜山府 寶水町 1丁目 84)	1922.1. 19.	古川清太郎	6,500	6,500
	합자회사 야마시타구미 (合資會社山下組)	토목 건축 청부	청진부 포항동 266 (清津府 浦項洞 266)	1922.1. 19.	山下阪次郎	20,000	20,000
	주식회사 부산흥산회 (株式會社釜山興產會)	금융, 신탁, 창고, 일반 상사	부산부 변천정 1정목 (釜山府 辨天町 1丁目)	1922.1. 20.	薄井治三郎	200,000	50,000
	합자회사 하야시상점 (合資會社林商店)	땔감 매매 및 부대업	대구부 전정 43 (大邱府 田町 43)	1922.1. 30.	林源吳	5,000	5,000
	주식회사 협동공사 (株式會社協同公司)	금융, 무역, 토지 경영	경성부 광화문통 213 (京城府 光化門通 213)	1922.1. 31.	鄭昞朝	200,000	50,000

	합자회사 일신상회 (合資會社日新商會)	물산 자역(資易), 금융, 신탁, 운수	전남 광주군 송정면 송정리 (全南 光州郡 松汀面 松汀里)	1922.1. 27.	尹采夏	14,000	14,000
	합명회사 구니타케농장 (合名會社國武農場)	농업, 토재 경영, 식림	목포부 대성동 18 (木浦府 大成洞 18)	1922.2.1.	國武克己	650,000	650,000
	청진해운합자회사 (清津海運合資會社)	선박 매매, 용선(傭船) 운임 중개	청진부 대화정 26 (清津府 大和町 26)	1922.1. 30.	林廣次	10,000	1,000
	마루히코합자회사 (丸彦合資會社)	각종 조선 신발 제조·판매	평양부 대화정 11 (平壤府 大和町 11)	1923.2.1.	村松彦三郎	30,000	30,000
	합계 15	-	-	-	-	3,268,500	1,886,000
증자	조선주조주식회사 (朝鮮酒造株式會社)	각종 주류 및 누룩(국자) 제조·판매	충남 논산부 논산면 영정 (忠南 論山郡 論山面 榮町)	1922.2.2.	西原金造	50,000	12,500
	합명회사 시미즈구미 (合名會社清水組)	토목 건축 공사·청부	경성부 한강통 3 (京城府 漢江通 3)	1922.2.2.	清水彌三郎	320,000	320,000
	합계 2					370,000	332,000
해산	합명회사 동흥상회 (合名會社東興商會)	미곡, 해산물, 피혁, 포목 매매 및 금융	대구부 성성정 48 (大邱府 西城町 48)	1922.1. 4.	南吉斗	200,000	200,000
	합계 1					200,000	200,000

* 비고: 1. 대표자의 씨명 중 대표자가 정해지지 않는 경우에는 취체역 또는 사원 중 1인, 대표자 2인 이상인 경우에는 1인만 기재함.

1. 주식회사 협동공사는 1919년(大正 8) 봉천에서 설립되었는데, 이번에 본점을 경성으로 이전함.

* 출처: 《조선경제잡지》 75호, 경성상업회의소, 1922년 3월, 29~30쪽.

〈상업-1922-04〉 경성 곡물시장 매매 거래량(상반기)

월별 / 품명	1월	2월	3월	4월	5월	6월	계
현미(현물)	2,552석(石)	5,011석	7,513석	8,075석	2,540석	3,729석	19,422석(石)
현미(延)	16,900석(石)	6,500석	2,000석	7,220석	-	-	26,122 석
백미	152석(石)	-	120석	-	-	-	272석
콩(大豆, 현물)	8,996석(石)	4,320석	5,812석	4,834석	3,180석	50석	27,952석
콩(大豆, 延)	360석(石)	-	-	-	-	-	360석
팥(小豆)	-	-	-	640석	960석	40석	1,586석
밀(小麥)	169석(石)	372석	640석	1,113석	358석	226석	2,880석
조(粟)	777석(石)	518석	194석	2,036석	-	259석	3,784석
참깨(胡麻)	-	271석	-	-	200석	-	2,915석
녹두	-	-	-	-	170석	-	170석
콩깻묵(豆粕)	-	-	-	190,400근(斤)	-	-	179,400석
벼쭉정이(粃)	-	-	-	180근	-	-	180근

* 출처: 《조선경제잡지》 75호, 경성상업회의소, 1922년 3월, 33쪽.

〈상업-1922-05〉 경성 곡물시장 매매(石) 거래량(하반기)

월별 품명	7월	8월	9월	10월	11월	12월	계
현미(현물)	4,297석(石)	4,814석	4,310석	2,107석	3,673석	3,589석	22,789석
현미(延)	-	-	-	-	148,600석	190,800석	339,400석
백미	-	296석	2,158석	-	-	167석	2,620석
콩(大豆)	4,982석(石)	3,922석	5,170석	7,620석	10,790석	9,358석	41,842석
콩(大豆, 延)	-	-	-	-	5,760석	-	5,760석
팥(小豆)	793석(石)	490석	180석	-	-	-	1,463석
보리(大麥)	-	-	-	742석	-	-	742석
밀(小麥)	4,082석(石)	3,600석	5,629석	1,411석	1,453석	-	16,175석
조(현물)	640대(袋)	-	1,536대	509대	2,678대	-	5,363대
조(延)	-	-	-	-	-	1,036대(袋)	1,036대
왕겨(米糖)	2,380척(呎)	3,556척	940척	3,112척	1,600척	1,556척	12,902척
싸라기(碎米)	80석	-	-	-	-	-	80석
참깨(胡麻)	-	400석	-	-	-	-	400석
쌀보리(裸麥, 현물)	-	-	-	-	390석	-	390석
名(延)	-	-	-	-	390석	-	390석
검은콩(黑大豆)	-	-	-	-	25석	-	25석

* 출처: 《조선경제잡지》 75호, 경성상업회의소, 1922년 3월, 33쪽.

〈상업-1922-06〉 경성의 상업계 현황과 금융 – 상업계 현황 개요

	품명	단위	상순 평균 시세(엔)	중순 평균 시세(엔)	하순 평균 시세(엔)	평균 지수	등락
식료품	현미(3등 합격)	석(石)	29.10	28.83	29.25	59.7	-
	현미(地摺上)	석(石)	28.04	28.00	28.25	58.2	-
	백미(일본인용)	석(石)	35.73	35.00	35.00	62.8	-
	백미(조선인용)	석(石)	31.83	32.00	32.20	61.0	-
	콩(용산 3등)	석(石)	16.08	16.28	16.37	52.0	-
	팥(水上物)	석(石)	19.50	18.50	18.50	40.8	-
	보리(大麥)	석(石)	5,930.00	5.68	5.74	46.6	-
	밀(小麥)	석(石)	18.00	18.00	17.58	66.7	-
	조(海城)	석(石)	5.75	9.88	10.23	39.5	-
	청주(櫻正宗)	대(袋)	80.00	78.00	78.00	82.8	-
	청주(白鶴)	준(樽)	82.00	82.00	81.50	83.6	-
	청주(一鶴)	준(樽)	75.00	75.00	75.00	82.8	×
	청주(振天)	준(樽)	52.00	52.00	52.00	65.3	×
	청주(双喜)	준(樽)	47.00	47.00	47.00	67.1	×
	탁주	석(石)	19.00	18.00	17.00	72.0	×
	소주(燒酎)	고리(古里)	4.30	4.30	4.35	61.4	×
	삿포로 맥주(札幌麥酒)	상(箱)	21.00	21.00	21.00	85.7	×
	간장(醬油,)	준(樽)	9.30	9.30	9.30	77.5	×
	간장(醬油,)	준(樽)	23.00	23.00	23.00	71.9	-

	된장(味噌(赤))	준(樽)	12.50	12.50	12.50	71.4	-
	된장(味噌(白))	준(樽)	12.50	12.50	12.50	71.4	-
	식염(官鹽 1등)	섬(叺)	1.70	1.70	1.70	89.5	+
	식염(再製品)	100斤	2.90	2.70	2.70	73.1	-
	백설탕(白沙糖)	대(袋)	22.00	22.00	24.00	56.4	+
	밀가루(綠다이야)	대(袋)	4.50	4.50	4.55	68.1	+
	밀가루(鯉)	대(袋)	5.05	5.05	5.10	70.6	-
	차(正喜撰)	100근(斤)	100.00	100.00	100.00	100.0	×
	계란	100개(個)	3.50	3.50	3.00	66.6	-
	소고기(骨付)	100근(斤)	45.00	45.00	45.00	77.3	+
	건우동(干溫飩)	상(箱)	2.00	2.00	2.00	74.1	×
	평균 지수		-	-	-	68.5	-
연료	석탄(筑豊塊)	톤(噸)	17.00	17.00	17.00	56.7	×
	석탄(撫順塊)	톤(噸)	20.50	20.50	20.50	79.7	×
	석탄(安州塊)	톤(噸)	12.00	12.00	12.00	54.4	×
	연탄	톤(噸)	25.20	25.20	25.20	102.7	×
	목탄(白並)	10관(貫)	1.60	1.60	16.00	86.5	-
	목탄(根並)	10관(貫)	2.60	2.60	2.60	87.7	-
	소나무 장작(松薪(並))	10관(貫)	55.00	55.00	55.00	57.5	-
	견신(堅薪(並))	10관(貫)	55.00	55.00	55.00	61.1	-
	석유(松)	상(箱)	9.71	9.71	9.71	89.3	×
	석유(勝利)	상(箱)	9.22	9.22	9.22	92.8	×

	솔잎(松葉)	1태(駄)	6.00	5.50	5.50	81.4	-
	평균 지수		-	-	-	76.5	-
직물	일본금건(和金巾(3A))	곤(梱)	258.00	255.00	260.00	46.9	-
	서양금건(洋金巾(18子))	필(疋)	16.70	16.70	17.70	46.2	-
	세포(細布(A 鷹))	필(疋)	12.20	12.50	13.10	51.4	-
	백목면(白木綿(竹印))	필(疋)	1.15	1.08	1.10	38.3	-
	백목면(白木綿(白元))	필(疋)	-	-	-	-	-
	한산개량모시(韓山改良苧)	필(疋)	14.00	14.00	14.00	96.5	+
	마포(麻布(求禮))	필(疋)	2.50	2.50	2.50	71.4	-
	마포(麻布(居昌))	필(疋)	2.00	2.00	2.00	86.6	×
	한양목(漢陽木(黑))	필(疋)	2.20	2.20	2.20	45.8	×
	철원주(鐵原紬(並))	필(疋)	12.00	12.00	12.00	75.0	×
	당항라(唐亢羅)	필(疋)	14.00	14.50	15.00	41.4	+
	생당포(生唐布)	필(疋)	-	270.00	270.00	81.8	-
	광당포(廣唐布)	필(疋)	-	115.00	115.00	62.2	-
	흑라사(黑羅紗(일본상품))	마(碼)	7.50	7.50	7.50	70.1	×
	흑라사(黑羅紗(수입품))	마(碼)	9.50	9.50	9.50	70.4	×
	감색사지(紺セル(일본상품))	마(碼)	6.90	6.90	6.90	55.2	×
	감색사지(紺セル(수입품))	마(碼)	10.50	10.50	10.50	56.6	×
	무명실(綿糸)	곤(梱)	126.00	125.00	127.00	44.2	+
	탄면(打綿)	관(貫)	3.50	3.50	3.50	70.0	+
	평균 지수	-	-	-	-	60.6	-
	총 평균 지수	-	-	-	-	67.8	-

* 출처: 《조선경제잡지》 76호, 경성상업회의소, 1922년 4월, 18~19쪽.

〈상업-1922-07〉 조선의 신설 회사 - 조선에 본점을 두고 있는 회사

(단위: 엔)

	회사명	목적	주소지	등기 연월일	대표자	공칭자본금	불입자본금
신설	합명회사 이토상회 (合名會社伊藤商會)	금전 대부, 전당포, 기타 부대업	경북 금천군 금천면 본정 (慶北 金泉郡 金泉面 本町)	1922. 2. 3.	伊藤季薫	30,000	30,000
	오니시제과합자회사 (大西製菓合資會社)	과자 제조	경성부 원정 1정목 129 (京城府 元町 1丁目 129)	1922. 2. 13.	大西悅太郎	15,000	15,000
	조선교육용구주식회사 (朝鮮教育用具株式會社)	학교 책상, 교구(校具), 운동구 등 제작 판매	경성부 한강통 13 (京城府 漢江通 13)	1922. 2. 14.	森寸夫	50,000	12,500
	문천잠종합명회사 (文川蠶種合名會社)	잠종(蠶種) 제조·취매(取賣)	함남 문천군 군내면 성북리 (咸南 文川郡 郡內面 城北里)	1922. 2. 10.	鄭鶴和	10,130	10,130
	내외잠종주식회사 (內外蠶種株式會社)	잠종(蠶種) 제조·매매 및 부대 사업	경기 시흥군 신동면 잠실리 (京畿 始興郡 新東面 蠶室里)	1922. 2. 10.	荒木三兵衛	100,000	25,000
	합자회사 마쓰무라히로요시당 (合資會社松村博愛堂)	약품, 매약(賣藥) 화장품 제조 판매	부산부 보수정 1정목 140 (釜山府 寶水町 1丁目 140)	1922. 2. 13.	松村幹太郎	10,000	10,000
	일본해흥산주식회사 (日本海興產株式會社)	통조림 및 비료 제조, 매매, 부대업	경남 통영군 통영면 길야정 (慶南 統營郡 統營面 吉野町)	1922. 2. 15.	武藤欽	250,000	62,500
	합자회사 우치다백화원 (合資會社內田百花園)	과수, 식림, 원예, 종묘 판매	평양부 남정 37 (平壤府 南町 37)	1922. 2. 18.	內田錄雄	20,000	20,000
	제세식빵제조합자회사 (濟世食パン製造合資會社)	식빵 제조·판매, 밀가루·과자 판매	신의주부 욱정 1 (新義州府 旭町 1)	1922. 2. 20.	松田公木	50,000	50,000
	합명회사 남일상회 (合名會社南一商會)	금전 대차(貸借), 토지 가옥 매매 중개	대구부 대화정 74 (大邱府 大和町 74)	1922. 2. 24.	李鐘國	60,000	60,000
	마산자동차주식회사 (馬山自働車株式會社)	여객화물 운송	마산부 도정 2정목 5 (馬山府 都町 2丁目 5)	1922. 2. 22.	夏田哲三	120,000	30,000
	서선어업주식회사 (西鮮漁業株式會社)	어업, 어업 자금 대부 및 부대업	진남포부 삼화정 106 (鎭南浦府 三和町 106)	1922. 2. 24.	伍島榮藏	150,000	37,500

	경북자동차주식회사 (慶北自働車株式會社)	여객 화물 운반 및 부대업	경북 김천군 김천면 대화정 (慶北 金泉郡 金泉面 大和町)	1922. 2. 28.	池田佐忠	300,000	75,000
	합자회사 흥산사 (合資會社興産社)	금융, 부동산 매매, 신탁업	경성부 황금정 4정목 195 (京城府 黃金町 4丁目 195)	1922. 2. 18.	金彰漢	10,000	10,000
	경성기업주식회사 (京城起業株式會社)	부동산·동산 매매·중개, 금융	경성부 본정 2정목 30 (京城府 本町 2丁目 30)	1922. 2. 18.	山口大助	100,000	25,000
	계 (15)					1,275,130	472,630
증자	가네미쓰주조합자회사 (金光酒造合資會社)	주류 양조 판매	원산부 욱정 1정목 14 (元山府 旭町 1丁目 14)	1922. 1. 2.	金光芳松	30,000	30,000
	북선토목합자회사 (北鮮土木合資會社)	토목 건축 청부 및 부대업	함남 함흥군 함흥면 풍양리 (咸南 咸興郡 咸興面 豊陽里)	1922. 2. 28.	吉松石太郎	105,000	105,000
	계 (2)					135,000	135,000
해산	개제상사합명회사 (開濟商事合名會社)	해륙물산 매매, 중개	전북 제주도 제주면 2도리 (全北 濟州島 濟州面 二徒里)	1922. 1. 17.	谷亥造	50,000	50,000
	목포제과합명회사 (木浦製菓合名會社)	과자 제조 판매	목포부 죽동 (木浦府 竹洞)	1922. 2. 18.	吉村才市	4,000	4,000
	동아지공주식회사 (東亞紙工株式會社)	종이 제품, 제지용 기계·기구 종이류 판매	경성부 남대문통 3정목 92 (京城府 南大門通 3丁目 92)	1922. 2. 23.	淸水司	50,000	12,500
	당진물산주식회사 (唐津物産株式會社)	농기구 및 일용품 판매, 대금(貸金)	충남 당진군 송옥면 기지시리 (忠南 唐津郡 松嶽面 機池市里)	1922. 2. 25.		20,000	5,000
	통영관힐주식회사 (統營罐詰株式會社)	통조림 식품 및 어묵(蒲鉾), 각종 해산물 제조·판매	경남 통영군 통영면 길야정 (慶南 統營郡 統營面 吉野町)	1922. 2. 27.	服部源次郎	15,000	15,000
	통영비료주식회사 (統營肥料株式會社)	해산(海産) 비료 제조·판매 및 부대업	경남 통영군 통영면 길야정 (慶南 統營郡 統營面 吉野町)	1922. 2. 28.	服部源次郎	10,000	10,000
	계 (6)					149,000	96,500

	합자회사 오가와구미 (合資會社小川組)	토목 건축 및 부대 사업	황해 황주군 겸이포면 명협정 (黃海 黃州郡 兼二浦面 明狹町)	1922. 3. 3.	小川大吉	2,000	2,000
	계 (1)					2,000	2,000

* 비고: 1. 대표자의 씨명 중 대표자가 정해지지 않은 경우는 취체역 또는 사원 1명을, 대표자 2인 이상으로 할 경우에는 그중 1명을 기재.
* 출처: 《조선경제잡지》 76호, 경성상업회의소, 1922년 4월, 21~22쪽.

〈상업-1922-08〉 경성의 상업계 현황과 금융 – 각 품종에서의 현황

품명		단위	상순 평균 시세	중순 평균 시세	하순 평균 시세	평균 지수	등락
식료품	현미(3등 합격)	석(石)	31.03	30.72	29.95	62.80	+
	현미(地摺上)	석(石)	29.43	28.75	28.34	59.80	+
	백미(일본인向)	석(石)	36.00	35.64	35.00	63.20	+
	백미(조선인向)	석(石)	33.78	33.14	33.60	63.00	+
	콩(용산 3등)	석(石)	16.52	16.70	16.73	53.50	+
	팥(水上物)	석(石)	18.88	18.88	19.10	41.80	+
	보리(大麥)	석(石)	5.70	5.66	5.70	45.90	-
	밀(小麥)	석(石)	18.16	18.24	18.50	69.30	+
	조(粟(海城))	석(石)	10.28	10.50	10.48	41.40	+
	청주(櫻正宗)	준(樽)	78.00	78.00	78.00	82.10	-
	청주(白鶴)	준(樽)	81.00	81.00	81.00	89.50	-
	청주(一鶴)	준(樽)	75.00	75.00	75.00	82.80	×
	청주(振天)	준(樽)	50.00	50.00	50.00	66.00	-
	청주(雙喜)	준(樽)	46.00	46.00	46.00	65.90	-
	탁주	석(石)	18.00	18.00	18.00	72.00	×

	소주(燒酎)	고리(古里)	5.00	5.00	5.00	71.40	+
	삿포로 맥주	상(箱)	21.00	21.00	21.00	85.70	×
	간장(醬油, [illegible])	준(樽)	9.30	9.30	9.30	77.50	×
	간장(醬油, [illegible])	준(樽)	23.00	23.00	23.00	71.90	×
	미소(味噌, 赤)	준(樽)	13.00	13.00	13.00	74.30	+
	미소(味噌, 白)	준(樽)	13.00	13.00	13.00	74.30	+
	식염(官鹽 1등)	섬(叺)	1.60	1.60	1.60	84.30	-
	식염(再製品)	100근(斤)	2.80	2.70	2.60	69.80	-
	백설탕(白砂糖)	대(袋)	24.60	25.50	24.50	61.60	+
	밀가루(麥粉, 錄タイヤ)	대(袋)	4.40	4.30	4.15	61.90	-
	밀가루(麥粉, 鯉)	대(袋)	4.85	4.85	4.85	67.90	-
	차(正喜撰)	100근(斤)	100.00	100.00	100.00	100.00	×
	계란	100개(個)	3.10	3.10	3.20	62.00	-
	소뼈(骨付)	1100근(斤)	48.00	48.00	48.00	82.90	+
	건우동(干溫飩)	상(箱)	2.10	2.10	2.10	77.90	+
	평균 지수		-	-	-	69.7	+
연료	석탄(筑豊塊)	톤(噸)	13.5	13.5	13.5	45.0	-
	석탄(撫順塊)	톤(噸)	18.5	18.5	18.5	71.9	-
	석탄(安州塊)	톤(噸)	12.0	12.0	12.0	54.4	×
	연탄	톤(噸)	25.2	25.2	25.2	109.7	×
	목탄(白並)	10관(貫)	1.60	1.60	1.60	86.5	×
	목탄(根並)	10관(貫)	2.60	2.60	2.60	89.7	×

	소나무 장작(松薪(並))	10관(貫)	0.55	0.55	0.55	57.7	×
	견신(堅薪(並))	10관(貫)	0.55	0.55	0.55	61.1	×
	석유(松)	상(箱)	9.71	9.71	9.71	92.8	×
	석유(勝利)	상(箱)	9.22	9.22	9.22	89.3	×
	솔잎(松葉)	1태(駄)	5.00	4.00	3.50	61.9	-
	평균 지수		-	-	-	75.5	-
직물	일본금건(和金巾(3A))	곤(梱)	275.00	263.00	257.00	48.1	+
	서양금건(洋金巾(18子))	필(疋)	18.20	18.10	18.00	48.9	+
	세포(細布(A 鷹))	필(疋)	14.00	1.35	1.31	55.2	+
	백목면(白木綿(竹印))	필(疋)	1.12	1.10	1.07	37.9	-
	백목면(白木綿(白元))	필(疋)	-	-	-	-	—
	한산개량모시(韓山改良苧)	필(疋)	17.00	17.00	17.00	117.9	+
	마포(麻布(求禮))	필(疋)	2.50	2.50	2.50	71.4	×
	마포(麻布(居昌))	필(疋)	2.00	2.00	2.00	86.6	×
	한양목(漢陽木(黑))	필(疋)	2.50	2.20	2.20	45.8	×
	철원주(鐵原紬(並))	필(疋)	11.00	11.00	11.00	68.7	-
	당항라(唐亢羅)	필(疋)	14.00	15.00	15.00	42.0	+
	생당포(生唐布)	필(疋)	270.00	285.00	300.00	86.4	+
	광당포(廣唐布)	필(疋)	110.00	113.00	115.00	60.8	-
	흑라사(黑羅紗(일본 상품))	마(碼)	7.50	7.50	7.50	70.1	×
	흑라사(黑羅紗(수입품)	마(碼)	9.00	9.00	9.00	74.0	-
	감색사지(紺セル(일본 상품))	마(碼)	7.50	7.50	7.50	60.0	+

감색사지(紺セル(수입품))	마(碼)	10.00	10.00	10.00	62.5	-
무명실(綿糸)	곤(梱, 16수(手))	120.00	120.00	120.00	42.1	-
탄면(打綿)	관(貫)	3.60	3.60	3.60	72.0	+
평균 지수	-	-	-	-	63.9	+
총 평균 지수	-	-	-	-	68.9	+

* 비고: 등락란의 (+)는 등귀, (-)는 저락, (x)는 보합, (—)는 품절을 표시한 것임.
* 출처: 《조선경제잡지》 77호, 경성상업회의소, 1922년 5월, 15~16쪽.

〈상업-1922-09〉 조선의 신설 회사 - 조선에 본점을 두고 있는 회사

	회사명	목적	소재지	창립 연월	대표자	공칭자본금(엔)	불입자본금(엔)
신설	합자회사 미즈노상회 (合資會社水野商會)	미곡, 엽연초, 비료 매매 및 위탁 매매·신탁업	경성부 남대문통 5정목 46 (京城府 南大門通 5丁目 46)	1922. 3. 6.	水野熊平	11,000	11,000
	주식회사 계림기업제재소 (株式會社鷄林起業製材所)	산림 벌채, 식림, 제재, 제함재(製函材), 철도 침목 등 판매, 이상의 부대업	경성부 욱정 3정목 2 (京城府 旭町 3丁目 2)	1922. 3. 8.	村谷吉藏	250,000	62,500
	합자회사 청주공익사 (合資會社淸州共益社)	동산, 부동산 위탁 매매, 금융 대차(貸借) 중개 및 매매, 토목 건축업	충북 청주군 청주면 본정 4 (忠北 淸州郡 淸州面 本町 4)	1922. 2. 23.	吉原治三郎	20,000	20,000
	재령운수창고주식회사 (載寧運輸倉庫株式會社)	운수, 창고, 위탁업	황해 재령군 재령면 남정리 (黃海 載寧郡 載寧面 楠亭里)	1922. 3. 10.	鄭繼裕	100,000	25,000
	주식회사 평양관연원매팔소 (株式會社平壤官煙元賣捌所)	제조 연초 매매	평양부 죽전리 4 (平壤府 竹典里 4)	1922. 3. 13.	廣田鐵次郎	300,000	75,000
	(합) 평안운수주식회사 ((合) 平安運輸株式會社)	철도 하물 취급, 통관, 토목 청부, 무역 및 위탁, 창고업, 금융업	진남포부 비석리 191 (鎭南浦府 碑石里 191)	1922. 3.	金燁	50,000	12,500

합자회사 중앙경매시장 (合資會社中央競賣市場)	신고물(新古物) 매매 및 중개업	부산부 좌천동 524 (釜山府 佐川洞 524)	1922. 3. 14.	米谷平三郎	1,000	1,000
스가와라창고합자회사 (菅原倉庫合資會社)	물품 보관 및 동산, 부동산 담보 대부	함북 경성군 나남면 초뢰정 (咸北 鏡城郡 羅南面 初瀨町)	1922. 3. 13.	菅原秀太郎	50,000	50,000
산봉코크스제조합자회사 (山峰コークス製造合資會社)	코크스 제조·판매	부산부 영주동 260 (釜山府 瀛州洞 260)	1922. 3. 22.	山下卯之助	24,000	24,000
주식회사 전남번영회 (株式會社全南繁榮會)	내외 화물 무역 및 소매, 부동산 매매 임대차, 금전 대부, 신탁업	전남 광주군 광주면 북성정 (全南 光州郡 光州面 北城町)	1922. 3. 20.	朴鳳柱	100,000	25,000
주식회사 사와야마형제상회 (株式會社澤山兄弟商會)	해륙 운송업, 물품 매매, 중개, 일반 사업 투자	부산부 대창정 6 (釜山府 大倉町 6)	1922. 3. 23.	山澤精八郎	200,000	150,000
교육보성주식회사 (敎育普成株式會社)	도서 출판 및 판매, 학교 용품 제작 판매 및 부대업	경성부 장곡천정 105 (京城府 長谷川町 105)	1922. 3. 15.	高橋章之助	200,000	50,000
합명회사 니시무라상점 (合名會社西村商店)	철물(金物) 제조 및 판매	부산부 남빈정 1정목 26 (釜山府 南濱町 1丁目 26)	1922. 3. 25.	西村政太郎	26,000	26,000
마산운송창고주식회사 (馬山運送倉庫株式會社)	운송업, 창고업, 금융업	마산부 도정 2정목 8 (馬山府 都町 2丁目 8)	1922. 3. 29.	米田八百三	100,000	35,000
북선수산주식회사 (北鮮水産株式會社)	어채시장(魚菜市場) 경영, 어업, 천연 얼음 채취, 기타 부대 사업	함북 청진부 북성정 19 (咸北 淸津府 北星町 19)	1922. 3. 20.	岩田邃	500,000	125,000
목포신탁주식회사 (木浦信託株式會社)	동산 부동산 매매, 중개, 자본 운용 수탁(受託), 무진강(無盡講) 경영	목포부 상반정 2정목 8 (木浦府 常盤町 2丁目 8)	1922. 4. 4.	奈良次郎	50,000	12,500
내외토지주식회사 (內外土地株式會社)	토지건축 경영, 부동산 및 유가증권에 대한 금융	충남 논산군 강경면 황금정 (忠南 論山郡 江景面 黃金町)	1922. 4. 4.	永田一郎	150,000	150,000
부산미곡증권신탁주식회사 (釜山米穀證券信託株式會社)	금융업, 창고업, 운송업, 미곡 및 증권에 대한 신탁업	부산부 대청정 1정목 35 (釜山府 大廳町 1丁目 35)	1922. 4. 1.	大池忠助	3,000,000	750,000
조선선거공업주식회사 (朝鮮船渠工業株式會社)	선박 제조 수선, 기기 기관 등 제작, 기타 기계류 제조·판매	부산부 영선동 1 (釜山府 瀛仙洞 1)	1922. 4. 1.	大池忠助	400,000	400,000
합계 19	-	-	-	-	5,532,000	2,004,500

증자	동아출판주식회사 (東亞出版株式會社)	출판업, 인쇄업, 부대업	경성부 황금정 2정목 67 (京城府 黃金町 2丁目 67)	1922. 3. 6.	板橋菊松	6,000	6,000
	경성현주거래신탁주식회사 (京城現株取引信託株式會社)	유가증권 소유 및 교환, 증권 상품 담보 대부, 일반 신탁업	경성부 명치정 2정목 82 (京城府 明治町 2丁目 82)	1922. 3. 8.	中村再造	1,000,000	250,000
	조선천연빙창고주식회사 (朝鮮天然氷倉庫株式會社)	천연빙 채취·판매, 운송업, 창고업 이상 부대 사업	경성부 영락정 2정목 73 (京城府 永樂町 2丁目 73)	1922. 2. 27.	志崎信太郎	550,000	135,000
	합자회사 마스다야상점 (合資會社增田屋商店)	청주, 맥주, 미림(味淋), 소주, 된장(味噌), 음료수 판매 및 식료품 판매	인천부 본정 2정목 2 (仁川府 本町 2丁目 2)	1922. 3. 23.	丸野卯之助	50,000	50,000
	합계 4		-	-	-	1,606,000	441,000
해산	제2경성현주거래신탁주식회사 (第二京城現株取引信託株式會社)	유가증권 소유 및 교환, 증권 상품 담보 대부, 일반 신탁업	경성부 명치정 2정목 82 (京城府 明治町 2丁目 82)	1922. 3. 8.	中村再造	1,000,000	250,000
	특허조립블록공업합자회사 (特許組立ブロック工業合資會社)	시멘트 콘크리트 블록 제조·판매, 공사 청부	경성부 원정 2정목 65 (京城府 元町 2丁目 65)	1922. 3. 8.	後藤虎雄	100,000	100,000
	조선천연빙주식회사 (朝鮮天然氷株式會社)	천연빙 채취·판매, 운송업	경성부 영락정 2정목 73 (京城府 永樂町 2丁目 73)	1922. 2. 27.	志崎信太郎	550,000	135,000
	동양용달합자회사 (東洋用達合資會社)	일본과 서양 잡화, 각 관청 용달	경성부 인사동 35 (京城府 仁寺洞 35)	1922. 3. 2.	洪殷柱	14,000	14,000
	주식회사 삼우상회 (株式會社三友商會)	목재, 제재, 목탄, 원염(原鹽) 재염(再製) 판매 및 위탁 판매, 운송업	함남 북청군 노덕면 내리 38 (咸南 北靑郡 老德面 內里 38)	1922. 3. 6.	豊田源吳	65,000	18,850
	주식회사 임피상회 (株式會社臨陂商會)	제 물품 매매·대여, 위탁 판매	전북 옥구군 임파면 읍내리 (全北 沃溝郡 臨陂面 邑內里)	1922. 3. 30.	萩原重三	20,000	15,000
	합계 6	-	-	-	-	1,749,000	532,850

* 비고: 1. 대표자의 씨명 중 대표자를 정하는 경우에는 취체역 또는 사원 1인을 대표자 2인 이상을 정할 경우에는 1인을 기재함.

1. 제2경성현주거래주식회사는 경성현주거래주식회사에, 조선천연빙주식회사는 조선천연빙창고주식회사에 각각 합병 해산함.

* 출처: 《조선경제잡지》 77호, 경성상업회의소, 1922년 5월, 17~19쪽.

〈상업-1922-10〉 경성의 상업 상황(商況)과 금융

품명		단위	상순 평균 시세(엔)	중순 평균 시세(엔)	하순 평균 시세(엔)	평균 지수	등락
식료품	현미(3등 합격)	석(石)	30.24	30.44	30.59	62.5	-
	현미(地摺上)	석(石)	28.90	29.37	29.35	60.5	+
	백미(일본인向)	석(石)	35.45	36.00	36.00	63.8	+
	백미(조선인向)	석(石)	33.50	33.65	33.53	63.7	+
	콩(용산 3등)	석(石)	16.22	16.37	16.61	52.5	-
	팥(水上物)	석(石)	19.03	19.07	19.27	41.8	+
	보리(大麥)	석(石)	5.39	5.51	5.50	44.1	-
	밀(小麥)	석(石)	18.33	17.99	17.64	67.3	-
	조(粟(海城))	대(袋)	10.64	10.99	10.35	40.0	-
	청주(櫻正宗)	준(樽)	72.00	72.00	72.00	75.8	-
	청주(白鶴)	준(樽)	76.00	76.00	76.00	77.5	-
	청주(一鶴)	준(樽)	70.00	70.00	70.00	77.3	-
	청주(振天)	준(樽)	48.00	48.00	48.00	64.0	-
	청주(双喜)	준(樽)	45.00	45.00	45.00	64.3	-
	탁주	석(石)	18.00	18.00	18.00	72.0	×
	소주(燒酎)	古里	4.00	4.00	4.00	64.3	-
	삿포로 맥주	상(箱)	21.00	21.00	21.00	85.7	×
	간장(醬油, [illegible])	준(樽)	9.30	9.90	9.30	77.5	×
	간장(醬油, [illegible])	준(樽)	27.00	27.00	27.00	84.4	+
	미소(味噌, 赤)	준(樽)	12.00	12.00	12.00	68.5	-
	미소(味噌, 白)	준(樽)	12.50	12.50	12.50	71.4	-

	식염(官鹽 1등)	섬(叺)	1.60	1.60	16.00	84.3	×
	식염(再製品)	100근(斤)	2.60	2.60	2.70	69.8	×
	백설탕(白砂糖)	대(袋)	24.00	24.00	24.00	60.0	-
	밀가루(麥粉, 錄タイヤ)	대(袋)	4.20	4.20	4.20	62.9	+
	밀가루(麥粉, 鯉)	대(袋)	4.70	4.70	4.70	65.7	-
	차(正喜撰)	100근(斤)	100.00	100.00	100.00	100.0	×
	계란	100개(個)	2.80	2.80	3.00	56.0	-
	소뼈(骨付)	100근(斤)	48.00	48.00	48.00	82.0	×
	건우동(干溫飩)	상(箱)	2.00	2.00	2.00	74.0	-
	평균 지수		-	-	-	67.7	-
연료	석탄(筑豊塊)	톤(噸)	17.00	17.00	17.00	56.7	×
	석탄(撫順塊)	톤(噸)	20.50	20.50	20.50	79.7	×
	석탄(安州塊)	톤(噸)	12.00	12.00	12.00	54.4	×
	연탄	톤(噸)	25.20	25.20	25.20	102.7	×
	목탄(白並)	10관(貫)	2.00	1.90	1.90	87.7	+
	목탄(根並)	10관(貫)	2.60	2.50	2.20	83.8	-
	소나무 장작(松薪(並))	10관(貫)	70.00	70.00	70.00	73.7	+
	견신(堅薪(並))	10관(貫)	70.00	70.00	70.00	77.7	+
	석유(松)	상(箱)	7.50	7.50	7.50	71.4	-
	석유(勝利)	상(箱)	7.00	7.00	7.00	68.0	-
	솔잎(松葉)	1태(駄)	4.00	3.50	3.50	50.4	-
	평균 지수		-	-	-	73.3	-

직물	일본금건(和金巾(3A))	곤(梱)	267.00	270.00	270.00	48.9	+
	서양금건(洋金巾(18子))	필(疋)	18.50	18.20	18.00	49.2	+
	세포(細布(A 鷹))	필(疋)	13.20	13.20	13.20	53.9	-
	백목면(白木綿(竹印))	필(疋)	1.05	1.03	1.06	36.2	-
	백목면(白木綿(白元))	필(疋)	0.00	0.00	0.00	0.0	-
	한산개량모시(韓山改良苧)	필(疋)	16.00	16.00	16.00	110.3	-
	마포(麻布(求禮))	필(疋)	2.70	2.70	2.70	77.2	+
	마포(麻布(居昌))	필(疋)	1.95	1.95	1.95	65.0	-
	한양목(漢陽木(黑))	필(疋)	2.20	2.20	2.20	45.8	×
	철원주(鐵原紬(並))	필(疋)	11.00	11.00	11.00	68.7	×
	당항라(唐亢羅)	필(疋)	14.00	15.00	16.00	42.8	+
	생당포(生唐布)	필(疋)	195.00	195.00	195.00	59.1	-
	광당포(廣唐布)	필(疋)	115.00	115.00	115.00	62.2	+
	흑라사(黑羅紗(일본상품))	마(碼)	7.50	7.50	7.50	70.1	×
	흑라사(黑羅紗(수입품)	마(碼)	9.50	9.50	9.50	70.4	-
	감색사지(紺セル(일본상품))	마(碼)	6.50	6.50	6.05	52.0	-
	감색사지(紺セル(수입품))	마(碼)	8.50	8.05	8.50	53.1	-
	무명실(綿糸)	곤(梱, 16(手))	116.00	114.50	114.00	40.3	-
	탄면(打綿)	관(貫)	3.90	3.90	3.90	78.0	+
	평균 지수	-	-	-	-	60.2	-
	총 평균 지수	-	-	-	-	66.5	-

* 비고: 등락에 관해 (+)는 전월에 비해서 등귀, (-)는 저락, (×)은 보합, (0)은 품절을 보여 준다.
* 출처: 《조선경제잡지》 78호, 경성상업회의소, 1922년 6월, 24~25쪽.

〈상업-1922-11〉 조선의 신설 회사 - 조선에 본점을 두고 있는 회사

(단위: 엔)

	회사명	목적	소재지	등기 연월일	대표자	공칭자본금	불입자본금
신설	합자회사 용산식산회 (合資會社龍山殖產會)	금전 대부, 부동산 매매	경성부 한강동 7 (京城府漢江通七)	1922. 4. 11.	早崎源吳	10,000	10,000
	경성흥업주식회사 (京城興業株式會社)	생과일의 위탁 판매, 매매 및 중개업	경성부 남미창정 282 (京城府南米倉町二八二)	1922. 4. 11.	朴雲瑒	20,000	5,000
	합자회사 오카노상점 (合資會社岡野商店)	쌀, 잡곡 무역 및 위탁 매매, 해산물 위탁 매매	대구부 원정 1정목 45 (大邱府元町一町目四伍)	1922. 4. 1.	岡野松次郎	25,000	25,000
	무라이농장동부신용주식회사 (村井農場東部信用株式會社)	경작 자금의 대부, 기타 농업에 필요한 부대사업	경남 창원군 대산면 제동리 (慶南昌原郡大山面齊洞里)	1922. 4. 8.	小澤作太郎	50,000	12,000
	무라이농장신용주식회사 (村井農場信用株式會社)	경작 자금의 대부, 기타 농업에 필요한 부대사업	경남 창원군 대산면 제동리 (慶南 昌原郡 大山面 齊洞)	1922. 4. 8.	竹尾松次郎	50,000	12,000
	합자회사 조선고무공업소 (合資會社朝鮮護謨工業所)	고무공작품(護謨工作品)의 제조 및 판매	원산부 신정 3 (元山府 辛町 3)	1922. 4. 11.	小田村廣助	30,000	30,000
	줄포수산주식회사 (茁浦水產株式會社)	어시장 경영 및 창고업	전북 부안군 건선면 줄포 (全北 扶安郡 乾先面 茁浦)	1922. 4. 11.	三宅助六	50,000	12,500
	현풍자동차운수주식회사 (玄風自動車運輸株式會社)	자동차운수업	경북 달성군 현풍면 부동 (慶北 達成郡 玄風面 釜洞)	1922. 4. 4.	二木良延	30,000	7,500
	합명회사 김해식산상회 (合名會社金海殖產商會)	비료 및 곡물 판매, 정미 금융업	경남 김해군 김해면 동상동 (慶南 金海郡 金海面 東上)	1922. 4. 10.	上田秀治	70,000	70,000
	해주상공합자회사 (海州商工合資會社)	먹(墨) 제조·판매, 가구와 문방구의 제조·판매	황해 해주군 해주면 서영정 (黃海海州郡海州面西榮町)	1922. 4. 11.	宋源燁	15,000	15,000
	조선권업신탁주식회사 (朝鮮勸業信託株式會社)	척식, 기타 금융자본 출자 및 관리, 기타 일반 신탁업	경성부 황금정 2정목 19 (京城府 黃金町 2丁目 19)	1922. 4. 11.	武內作平	10,000,000	2,500,000
	경성흥업신탁주식회사 (京城興業信託株式會社)	신탁업	경성부 명치정 2정목 82 (京城府 明治町 2丁目 82)	1922. 4. 11.	金百源	300,000	75,000

	중앙물산주식회사 (中央物産株式會社)	생과, 야채, 수산물 및 잡곡 위탁 판매, 매매, 중개, 창고, 시장 경영	경성부 남미창정 284 (京城府 南米倉町 284)	1922. 4. 18.	服部豊吉	900,000	225,000
	한성신탁주식회사 (漢城信託株式會社)	신탁업	경성부 황금정 2정목 199 (京城府 南米倉町199)	1922. 5. 1.	金閏煥	500,000	125,000
	주식회사 미쓰와구미 (株式會社三ッ輪組)	특허받은 제와(製瓦)의 제조·판매	경성부 한강통 13 (京城府 漢江通 13)	1922. 5. 1.	望月憲磨	200,000	50,000
	합명회사 동미상회 (合名會社東美商會)	정미 및 곡물의 무역, 인쇄업, 상품 위탁 판매, 신탁업	평양부 신양리 200 (平壤府 新陽里 200)	1922. 4. 20.	邊鉉洙	20,000	20,000
	주식회사 가나야상점 (株式會社金谷商店)	곡물 비료 및 기타 물산 매매와 중개, 농업 경영 및 토지의 관리	충남 천안군 천안면 읍내리 (忠南天安郡天安面邑內里)	1922. 4. 24.	金谷吉郎	50,000	12,500
	대동활영주식회사 (大同活映株式會社)	활동사진 상설관의 경영 및 부대업	평양부 남문정 41 (平壤府 南門町 41)	1922. 4. 22.	久保順吉	300,000	75,000
	합명회사 치카자와양지점 (合名會社近澤洋紙店)	화양지류(和洋紙類) 판매 및 부대업	경성부 장곡천정 74 (京城府 長谷川町 74)	1922. 5. 6.	近澤茂平	60,000	60,000
	대구남사신탁주식회사 (大邱南事信託株式會社)	신탁업	대구부 금정 1정목 12 (大邱府 錦町 1丁目 12)	1922. 4. 25.	坂本俊資	1,500,000	375,000
	대동흥업주식회사 (大東興業株式會社)	개간 간척권, 개배수 시설, 농림업, 운송 및 창고업	경성부 북미창정 108 (京城府 北米倉町 108)	1922. 5. 17.	秋山研亮	500,000	200,000
	합자회사 흥우회 (合資會社興友會)	건축 청부 및 금융	경성부 천정 154 (京城府 泉町 154)	1922. 5. 8.	三本恒太郎	50,000	50,000
	해외척식주식회사 (海外拓植株式會社)	토지개간, 농업 및 기타 척식사업	경성부 대평통 2정목 (京城府 太平通 2丁目)	1922. 7. 4.	井上嚴二	1,000,000	250,000
	계 23		-	-	-	15,730,000	4,217,500

증자	경성증권신탁주식회사 (京城證券信託株式會社)	증권신탁업	경성부 남문 (京城府 南門通 2丁目)	1922. 5. 11.	天日常次郎	4,000,000	1,000,000
	주식회사 인천미두거래소 (株式會社仁川米豆取引所)	쌀, 콩(米豆)의 정기 거래	인천부 해안통 3정목 1 (仁川府 海岸通 3丁目)	1922. 4. 22.	若松兔三郎	2,000,000	500,000
	계 2		-	-	-	6,000,000	1,500,000
해산	신의주제과주식회사 (新義州製菓株式會社)	과자의 제조·판매	신의주 부영정 2정목 3 (新義州府榮町二丁目三)	1922. 4. 8.	元吉失市	70,000	17,000
	만선제함목재주식회사 (滿鮮製函木材株式會社)	제재, 제함(製函) 및 판매	신의주부 압천정 1 (新義州府 鴨川町 1)	1922. 4. 13.	權太親吉	1,000,000	250,000
	합자회사 신흥상회 (合資會社新興商會)	미잡곡 매매 및 위탁 매매	경성부 남미창정 (京城府 南米倉)	1922. 4. 27.	崔炳哲	10,000	10,000
	부산운수합자회사 (釜山運輸合資會社)	운송, 상품 매매	부산부 대창정 11 (釜山府 大倉町 11)	1922. 4. 24.	白垣善四郎	50,000	50,000
	조선용기합자회사 (朝鮮容器合資會社)	빈병(空瓶), 빈 상자(空箱), 빈 술통(空樽) 등 매매	경성부 태평통 2정목 230 (京城府 太平通 2丁目 230)	1922. 5. 15.	水川啓三郎	47,000	47,000
	계 5		-	-	-	1,177,000	374,000

* 비고: 1. 대표자의 씨명 중 대표자가 정해지지 않은 것은 취체역 또는 사원 1명을, 대표자가 2인 이상 정해진 경우에는 그중 한 명을 기재함.
  2. 해외척식주식회사는 본점을 히로시마(廣島市)로부터 조선으로 이전했고, 만선제함목재주식회사는 신의주의 본점을 중국 안동현(安東縣)으로 이전했다.

* 출처: 《조선경제잡지》 78호, 경성상업회의소, 1922년 6월, 26~28쪽.

〈상업-1922-12〉 조선의 신설 회사 – 조선에 본점을 두고 있는 회사

(단위: 엔)

		목적	소재지	등기 연월일	대표자	공칭자본금	불입자본금
신설	경성공작합자회사 (京城工作合資會社)	목공품 제작 및 판매	경성부 강기정 87 (京城府 岡崎町 87)	1922. 6. 15.	須川久彦	5,000	5,000
	주식회사 경성미술구락부 (株式會社京城美術俱樂部)	서화, 골동류 위탁 판매 및 부대업	경성부 남산정 2정목 1 (京城府 南山町 2丁目 1)	1922. 6. 5.	伊藤東一郎	30,000	15,000
	합자회사 이노우에약품부 (合資會社井上藥品部)	약품, 화장품, 의료 기계 판매 및 제약	경성부 원정 1정목 108 (京城府 元町 1丁目 108)	1911. 12. 11.	井上宜文	50,000	50,000
	금융구제합자회사 (金融救濟合資會社)	대금업, 부동산 매매, 신탁	경성부 원정 1정목 108 (京城府 元町 1丁目 108)	1922. 6. 20.	堤喜三郎	12,000	12,000
	합명회사 야구모농장 (合名會社八雲農場)	농산물 제조·판매	시흥군 영등포면 영등포리 (始興郡 永登浦面 永登浦里)	1922. 6. 17.	儀滿助四郎	10,000	10,000
	대구운송주식회사 (大邱運送株式會社)	운송 취급, 물품 판매 및 부대업	대구부 금정 1정목 3 (大邱府 錦町 1丁目 3)	1922. 6. 20.	永井幸太郎	200,000	50,000
	경성공립금융합명회사 (京城共立金融合名會社)	금융업	경성부 황금정 3정목 334 (京城府 黃金町 3丁目 334)	1922. 6. 22.	布谷善信	70,000	70,000
	조선방수포지주식회사 (朝鮮防水布紙株式會社)	방수포지(防水布紙) 제조 및 판매	경성부 앵정정 1정목 138 (京城府 櫻井町 1丁目 138)	1922. 5. 20.	關繁太郎	200,000	50,000
	합자회사 다나카상점 (資會社田中商店)	화양(和洋) 잡화, 양복 부속품 도소매, 설탕, 밀가루, 제과 도소매업	경성부 본정 3정목 54 (京城府 本町 3丁目 54)	1922. 6.26.	田中助二郎	10,000	10,000
	조선인쇄합명회사 (朝鮮印刷合名會社)	인쇄 및 문방구 제조·판매	경흥군 웅기면 웅기리 (慶興郡 雄基面 雄基里)	1922. 7.4.	河野長六	3,000	3,000
	합자회사 구로사키상점 (合資會社黑崎商店)	설탕, 밀가루 도소매, 과자 및 면류(麵類) 제조·판매	대구부 본정 2정목 15 (大邱府 本町 2丁目 15)	1922. 6.27.	黑崎金次郎	5,000	5,000
	신일본목재공업주식회사 (新日本木材工業株式會社)	임업, 성냥 및 성냥개비 제조 판매, 제재(製材)	청진부 행정 5 (淸津府 幸町 5)	1922. 6.23.	青木一葉	1,500,000	1,050,000

조선운수계산주식회사 (朝鮮運輸計算株式會社)	운송 취급인 간 운송과 운송 취급상 발생한 계산 취급 및 부대업	경성부 한강통 13 (京城府 漢江通 13)	1922. 7.4.	大和與次郎	500,000	125,000
합자회사 야나기상점 (合資會社柳商店)	노끈과 가마니, 비료 매매	광주군 송정면 송정리 (光州郡 松汀面 松汀里)	1922. 7.4.	柳常太郎	19,350	19,350
무라카미농사합자회사 (村上農事合資會社)	농사개량, 토지개량	금해군 대저면 대지리 (金海郡 大渚面 大池里)	1922. 7.4.	村上丈夫	500,000	500,000
북선산업합명회사 (北鮮產業合名會社)	수이출입업(輸移出入業)	경흥군 웅기면 웅기동 (慶興郡 雄基面 雄基洞)	1922. 6.29.	河野一瓢	2,000	2,000
함남상공주식회사 (咸南商工株式會社)	정미, 제재, 일반 화물 매매	함흥군 함흥면 서양리 (咸興郡 咸興面 西陽里)	1922. 7.7.	寺本幸太郎	100,000	25,000
북선산업주식회사 (北鮮產業株式會社)	어업 및 부대업	경성부 황금정 3정목 (京城府 黃金町 3丁目)	1922. 7.5.	李允用	3,000,000	750,000
합자회사 야스다상점 (合資會社保田商店)	화제장(化製場) 경영, 교우지(膠牛脂) 제조	경성부 창신동 443 (京城府 昌信洞 443)	1922. 7. 10.	保田嘉三郎	10,000	10,000
주식회사 압록강수선공사 (株式會社鴨綠江輸船公司)	압록강의 화물과 여객 운송, 일반 운송업	신의주부 앵정 44 (新義州府 櫻町 44)	1922. 7. 13.	多田榮吉	100,000	25,000
금산운수주식회사 (錦山運輸株式會社)	운송업	금산부 금산면 중도리 (錦山郡 錦山面 中島里)	1922. 7. 13.	寺井政次郎	25,000	6,250
한문양행자동차주식회사 (韓文洋行自働車株式會社)	자동차 영업	영일군 포항면 포항동 (迎日郡 浦項面 浦項洞)	1922. 7. 8.	文明琦	150,000	37,500
조선법랑합자회사 (朝鮮琺瑯合資會社)	법랑 철기구 제조·판매	대전면 외남면 연고리 (大田郡 外南面 連考里)	1922. 7. 18.	川崎龍三	10,850	10,850
김천금융신탁주식회사 (金泉金融信託株式會社)	금전 대부 및 대금(貸金) 소개, 기타	금천군 금천면 본정 26 (金泉郡 金泉面 本町 26)	1922. 7. 15.	正井秀之	60,000	15,000

	조선상사합명회사 (朝鮮商事合名會社)	각종 특산물 무역 및 일반 상사 신탁	경성부 영락정 2정목 46 (京城府 永樂町 2丁目 46)	1922. 6. 20.	松田清暉	20,000	20,000
	합계 25	-	-	-	-	6,575,950	2,875,950
증자	진주전기주식회사 (晋州電氣株式會社)	전등, 전력 공급 및 기구 판매	진주군 진주면 중안동 (晋州郡 晋州面 中安洞)	1922. 6. 23.	清水佐太郎	150,000	37,500
	합계 1	-	-	-	-	150,000	37,500
해산	부산연초주식회사 (釜山煙草株式會社)	연초 제조·판매	부산부 보수정 12 (釜山府 寶水町 12)	1922. 5. 5.	名出音一	100,000	45,000
	합자회사 히오키상회 (合資會社ヒオキ商會)	가스·전기 기구, 기계 판매 및 공사 청부	경성부 장곡천정 42 (京城府 長谷川町 42)	1922. 6. 19.	日置政之助	20,000	20,000
	대구상사신탁주식회사 (大邱商事信託株式會社)	신탁업	대구부 금정 1정목 12 (大邱府 錦町 1丁目 12)	1922. 6. 19.	坂本俊資	1,500,000	375,000
	합자회사 여수공영사 (合資會社麗水工榮社)	토지, 건물 매매 및 관리, 공사 청부	여수군 여수면 서정 (麗水郡 麗水面 西町)	1922. 6. 30.	中山袁満	17,000	17,000
	합명회사 동미상회 (合名會社東美商會)	정미 및 곡물 무역, 인쇄업, 상품 위탁 판매, 신탁업	평양부 수정 74 (平壤府 壽町 74)	1922. 7. 10.	安江敬六	15,000	15,000
	합자회사 하야시상점 (合資會社林商店)	땔깜 매매 및 부대업	대구부 전정 43 (大邱府 田町 43)	1922. 7. 11.	林源吳	5,000	5,000
	합계 6	-	-	-	-	1,657,000	477,000
	경북잠종합자회사 (慶北蠶種合資會社)	잠종 제조·판매	대구구 동운정 299 (大邱府 東雲町 299)	1922. 7. 12.	保阪秀八	4,500	4,500
	평양장유양조주식회사 (平壤醬油醸造株式會社)	간장(醬油), 된장(味噌) 제조·판매	평양부 천정 16 (平壤府 泉町 16)	1922. 7. 13.	新野松次郎	150,000	62,500

	회사명	목적	소재지	창립 연월	대표자	공칭자본금	불입자본금
	합자회사 청주공익사 (合資會社淸州共益社)	동산·부동산 매매, 금전 대차(貸借)	청주군 청주면 본정 4정목 (淸州郡 淸州面 本町 4丁目)	1922. 7. 10.	柳榮壯	10,000	10,000
	합자회사 신흥사 (合資會社新興社)	토지 개간, 농림업, 수리업	신흥군 동고천면 흥경리 (新興郡 東古川面 興京里)	1922. 7. 15.	菅正十郎	3,000	3,000
	합계 4	-	-	-	-	267,500	81,000

* 비고: 대표자의 이름 중 대표자가 정해져 있지 않은 경우 취체역이나 사원 중 1명, 대표자가 2명 이상인 경우는 그중 1명을 기재.

* 출처: 《조선경제잡지》 80호, 경성상업회의소, 1922년 8월, 17~19쪽.

〈상업-1922-13〉 조선의 신설 회사 – 조선에 본점을 두고 있는 회사

(단위: 엔)

	회사명	목적	소재지	창립 연월	대표자	공칭자본금	불입자본금
신설	충남자동차주식회사 (忠南自動車株式會社)	자동차 운수 및 부대업	충남 예산군 예산면 예산리 (忠南 禮山郡 禮山面 禮山里)	1922. 8. 6.	中野元三	50,000	50,000
	성진전기주식회사 (城津電氣株式會社)	전등 전력의 공급, 전기기구 기계의 판매	함북 성진군 성진면 본정 (咸北 城津郡 城津面 本町)	1922. 8. 15.	石黑淸治	100,000	25,000
	우치야마양양당합자회사 (內山洋洋堂合資會社)	약품 제조 판매	경남 부산부 서정 4정목 (慶南 釜山府 西町 4丁目)	1922. 8. 22.	內山建太郎	3,000	3,000
	조선제망주식회사 (朝鮮製網株式會社)	어망 제조 판매, 연사(撚絲) 제조 판매, 어구의 판매	경남 통영군 통영면 북신리 (慶南 統營郡 統營面 北新里)	1922. 8. 14.	陶山美賀藏	300,000	75,000
	대륙고무공업주식회사 (大陸護謨工業株式會社)	고무를 원료로 한 서양식 안장(洋鞍), 조선 신발(고무신), 중국 신발 제조·판매	경기 경성부 원정 1정목 (京畿 京城府 元町 一丁目)	1922. 8. 23.	李夏榮	500,000	125,000
	영남인쇄주식회사 (永南印刷株式會社)	인쇄, 출판, 종이상자 제조, 부동산·동산 매매 및 중개업, 금융	경기 경기부 북미창정 (京畿 京城府 北米倉町)	1922. 8. 25.	玄東翊	300,000	75,000
	안동주조주식회사 (安東酒造株式會社)	주류 제조·판매, 술 재료 무역 및 효모의 제조·양산	안동군 안동면 안동동 (安東郡 安東面 安東洞)	1922. 8. 24.	權台淵	50,000	21,500

합자회사 후지사와운송점 (合資會社藤澤運送店)	화물 운송 취급, 창고, 금융·토목 청부, 상품 위탁 판매 및 중개	천안군 천안면 읍내리 (天安郡 天安面 邑內里)	1922. 8. 28.	藤澤景三	4,000	4,000
제주상선주식회사 (濟州商船株式會社)	해운업	제주도 제주면 일도리 (濟州島 濟州面 一徒里)	1922. 8. 23.	金根落	150,000	37,500
합자회사 저옥호 (合資會社杵屋號)	비누, 화장구(小間物), 화장품실(糸), 잡화 판매	경기 경성부 본정 1정목 (京畿 京城府 本町 一丁目)	1922. 9. 5.	山本惣三郎	30,000	30,000
동양종묘주식회사 (東洋種苗株式會社)	종묘 생산 및 판매, 농기구 제조·판매, 비료 매매, 일반 원예	경기도 고양군 한지면 행당리 (京畿道 高陽郡 漢芝面 杏堂里)	1922. 9. 6.	土橋覃次	200,000	50,000
합자회사 오쿠다상점 (合資會社奥田商店)	주류, 잡화, 과일 판매	경북 대구부 금정 1정목 (慶北 大邱府 錦町 1丁目)	1922. 9. 1.	奥田顯	5,000	5,000
마산운수합자회사 (馬山運輸合資會社)	운송 및 창고	경남 마산부 통정 4정목 (慶南 馬山府 通町 四丁目)	1922. 9. 5.	前田馬城太	7,000	7,000
합자회사 평양운송조 (合資會社平壤運送組)	해운, 육상 운송, 통관, 보험 대리	평남 평양부 약송정 2 (平南 平壤府 若松町 二)	1922. 9. 14.	秋吉仁三郎	30,000	30,000
합자회사 아카시상점 (合資會社明石商店)	잡화 관련 판매	경남 부산부 행정 1정목 (慶南 釜山府 幸町 一丁目)	1922. 9. 11.	明石佐吉	10,500	10,000
주식회사 성주검저상회 (株式會社星州儉箸商會)	일용잡화, 기타 물품 판매, 산업 자금 대부	경북 성주군 성주면 경산동 (慶北 星州郡 星州面 京山洞)	1922. 9. 14.	羅永夏	20,000	3,500
함남무진주식회사 (咸南無盡株式會社)	일반 상호신용업무	함남 원산부 본정 1정목 (咸南 元山府 本町 一丁目)	1922. 9. 12.	平松龜太郎	100,000	25,000
합계 17					1,889,000	576,500

구분	회사명	업종	소재지	일자	대표자	자본금	불입금
증자	합명회사 이시카와정미소 (合名會社石川精米所)	정미업, 위탁 매매업	경남 부산부 안본정 5 (慶南 釜山府 岸本町 伍)	1922. 8. 16.	石川侃一	16,500	16,500
	합자회사 용산식산회 (合資會社龍山殖産會)	금전 대부, 부동산 매매	경기 경성부 한강통 7 (京畿 京城府 漢江通 七)	1922. 8. 26.	早埼源吳	15,000	15,000
	대구주야금융주식회사 (大邱晝夜金融株式會社)	금전 대부와 중개, 물품 위탁 판매, 일반 신탁업 및 부대 업무	경북 대구부 원정 2정목 (慶北 大邱府 元町 二丁目)	1922. 9. 7.	永井幸太郎	200,000	50,000
	합계 3					231,500	81,500
해산	마쓰나카합명회사 (松中合名會社)	식료 잡화	경기 경성부 원정 2정목 (京畿 京城府 元町 二丁目)	1922. 8. 28.	中谷稔藏	30,000	30,000
	용산토지주택합자회사 (龍山土地住宅合資會社)	주택 경영 및 부대업	경기 경성부 원정 1정목 (京畿 京城府 元町 一丁目)	1922. 8. 28.	富井實太郎	23,000	23,000
	충청자동차운수주식회사 (忠淸自動車運輸株式會社)	자동차운수업	충남 천안군 천안면 읍내리 (忠南 天安郡 天安面 邑內里)	1922. 8. 21.	本田德彌	350,000	87,500
	대구신탁주식회사 (大邱信託株式會社)	금전 대부, 신탁업, 일반 대리업 및 부대 업무	경북 대구부 2정목 7 (慶北 大邱府 二丁目 七)	1922. 8. 29.	永井幸太郎	200,000	50,000
	합명회사 학교용품제작소 (合名會社學校用品製作所)	학교용품, 가구, 도구 제작·판매	경남 부산부 영주동 (慶南 釜山府 瀛州洞)	1922. 9. 13.	古賀九一郎	15,000	15,000
	통영제망주식회사 (統營製網株式會社)	그물 제조 판매, 어구 판매	경남 통영군 통영면 조일정 (慶南 統營郡 統營面 朝日町)	1922. 9. 15.	陶山美賀藏	25,000	12,500
	공화청량음료수제조합명회사 (共和淸涼飲料水製造合名會社)	청량음료수 제조·판매	경남 부산부 영선동 (慶南 釜山府 瀛仙洞)	1922. 9. 15.	根來昇助	5,000	5,000
	합계 7					648,000	223,000
	서선소주주식회사 (西鮮燒酎株式會社)	소주 및 누룩 제조 판매, 부대업	경남 부산부 안본정 5 (慶南 釜山府 岸本町 伍)	1922. 8. 23.	新野松次郎	17,500	4,375
	합계 1					17,500	4,375

* 비고: 대표자의 씨명 중 대표자를 정하는 경우에는 취체역 또는 사원 1인을, 대표자 2인 이상을 정할 경우에는 1인을 기재함.

* 출처: 《조선경제잡지》 81호, 경성상업회의소, 1922년 9월, 15~16쪽.

〈상업-1922-14〉 조선의 신설 회사 – 조선에 본점을 두고 있는 회사

(단위: 엔)

회사명		목적	소재지	등기 연월일	대표자	공칭자본금	불입자본금
신설	한강자갈판매주식회사 (漢江砂利販賣株式會社)	자갈, 모래 채취 및 운반, 콘크리트 공업	경성부 한강통 7 (京城府 漢江通 7)	1922. 7. 21.	淸崎初雄	50,000	12,500
	화원식산주식회사 (花源殖産株式會社)	농업경영, 농산물 제조 매매, 산업자금 대부	전남 해남군 황산면 옥동리 (全南 海南郡 黃山面 玉洞里)	1922. 7. 24.	靑三顯雄	200,000	50,000
	합자회사 나루세아이세이당약방 (合資會社成瀨愛生堂藥房)	약종, 약품 판매(賣藥), 의료, 공업약품, 위생 재료, 그림물감(繪具), 화장품 판매	평양부 대화정 12 (平壤府 大和町 12)	1922. 7. 28.	成瀨英郎	6,000	6,000
	대동상사신탁주식회사 (大同商事信託株式會社)	부동산 매매 및 중개, 상품 매매 및 위탁 매매, 기타 신탁업	평양부 신창리 31 (平壤府 新倉里 31)	1922. 7. 28.	林弼周	150,000	37,500
	계림여산주식회사 (鷄林與産株式會社)	금융업, 물산 위탁 판매	경성부 와룡동 69 (京城府 臥龍洞 69)	1922. 7. 28.	金聖圭	100,000	25,000
	인천상사주식회사 (仁川商事株式會社)	물품 매매업, 대리, 도매상(問屋), 운송업	인천부 화방정 2정목 13 (仁川府 花房町 2丁目 13)	1922. 8. 5.	李成圭	100,000	25,000
	합자회사 화옥원 (合資會社華玉園)	정원 설계 축조 청부, 정원수(庭木) 산림용 묘목 및 비료 판매	인천부 용강정 1 (仁川府 龍岡町 1)	1922. 8. 5.	北垣林之介	17,000	17,000
	고성자동차주식회사 (高城自働車株式會社)	자동차 운수	강원 고성군 고성면 동리 (江原 高城郡 高城面 東里)	1922. 7. 29.	安達庸一	20,000	5,000
	주식회사 대구권번 (株式會社大邱券番)	권번 경영, 예기(藝妓) 자금 대부	대구부 촌상정 13 (大邱府 村上町 13)	1922. 7. 31.	海野武男	30,000	30,000
	합자회사 대구철공소 (合資會社大邱鐵工所)	기계류 제조·판매, 건축 철물(金物)의 제조·판매	대구부 금정 2정목 (大邱府 錦町 2丁目)	1922. 7. 31.	江島重太郎	12,000	12,000
	공동어업주식회사 (共同漁業株式會社)	어업 경영 및 어획물의 제조·판매 및 부대업	통영군 통영면 서정 (統營郡 統營面 曙町)	1922. 7. 31.	藤光卯作	50,000	50,000

	목포무진주식회사 (木浦無盡株式會社)	무진(無盡) 경영 및 관리	목포부 상반정 2정목 (木浦府 常盤町 2丁目)	1922. 8. 1.	奈良次郎	50,000	15,000
	선남어업주식회사 (鮮南漁業株式會社)	해산물 판매업, 말린 새우 제조, 비료 제조, 어부 자금 대부, 정미(精米)	전남 고흥군 봉래면 신백리 (全南 高興郡 蓬萊面 新綿里)	1922. 7. 29.	岡崎增太郎	150,000	150,000
	주식회사 일삼상회 (株式會社一三商會)	해상·육상 물산 무역 및 위탁 판매	전북 전주군 전주면 대화정 (全北 全州郡 全州面 大和町)	1922. 8. 1.	金應斗	123,000	30,750
	조선특산물합자회사 (朝鮮特産物合資會社)	조선 밤(栗) 가공 매매, 특산품 매매 가공, 위탁 취급, 이상 부대업	평양부 대화정 19 (平壤府 大和町 19)	1922. 8. 2.	速水喜八郎	41,500	1,500
	합자회사 라쿠텐 (合資會社樂天)	요리옥업(料理屋業)	대구부 본정 2 (大邱府 田町 2)	1922. 8. 12.	山田榮吉	12,000	12,000
	조선물산합자회사 (鮮物産合資會社)	주류 양조·판매 및 청량음료수 제조·판매	경성부 장곡천정 114 (京城府 長谷川町 114)	1922. 8. 12.	島津 定	10,000	10,000
	합자회사 기무라상점 (合資會社木村商店)	이발 영업	경성부 영락정 2정목 (京城府 永樂町 2丁目)	1922. 8. 15.	木村重太郎	10,000	10,000
	주식회사 조선미술품제작소 (株式會社朝鮮美術品製作所)	미술 공예품 제작·판매 및 부대업	경성부 태평통 1정목 (京城府 太平通 1丁目)	1922. 8. 19.	趙鎭泰	1,000,000	437,500
	합계 19	-	-	-	-	2,131,500	976,750
증자	합자회사 이노우에 의수당 (合資會社井上宜壽堂)	제약 및 화학공업	경성부 원정 1정목 (京城府 元町 1丁目)	1922. 7. 22.	井上宜文	150,000	150,000
	합계 1	-	-	-	-	150,000	150,000

해산	동아광천주식회사 (東亞鑛泉株式會社)	일본주, 양주류 양조·판매, 청량음료수 제조·판매	경성부 본정 2정목 (京城府 本町 2丁目)	1922. 7. 22.	佐藤牧太郎	100,000	25,000
	다이쇼장유주식회사 (大正醬油株式會社)	간장(醬油) 양조·판매	부산부 행정 24 (釜山府 幸町 24)	1922. 7. 27.	俵忠 雄	100,000	35,000
	삼한운수주식회사 (三韓運輸株式會社)	해상·육상 운송, 창고, 거룻배업(艀業)	경성군 오촌면 독연리 (鏡城郡 梧村面 獨淵里)	1922. 7. 7.	西脇健治	500,000	125,000
	조선농산주식회사 (朝鮮農産株式會社)	정미업, 각종 공업, 상품 매매, 중개 창고, 금융, 농업	진남포부 명협정 10 (鎭南浦府 明峡町 10)	1922. 7. 8.	馬場嘉藏	500,000	125,000
	신의주주조주식회사 (新義州酒造株式會社)	주류 양조·판매, 제조·판매	신의주부 상반정 6정목 (新義州府 常盤町 6丁目)	1922. 7. 8.	自在丸貞治	500,000	125,000
	합자회사 무라타 요시스케 상점 (合資會社村田嘉祐商店)	식료 잡화상	대구부 남룡강정 8 (大邱府 南龍岡町 8)	1922. 8. 14.	村田嘉祐	5,000	5,000
	합계 6	-	-	-	-	1,705,000	440,000
감자	제국장유합자회사 (帝國醬油合資會社)	간장(醬油) 양조·판매	경성부 한강통 16 (京城府 漢江通 16)	1922. 7. 31.	鍬野壽太郎	13,260	13,260
	도미타야합자회사 (富田屋合資會社)	양복지 판매, 양복 재봉	경성부 태평통 2정목 (京城府 太平通 2丁目)	1922. 8. 9.	富田治三郎	70,000	70,000
	동양축산흥업주식회사 (東洋畜産興業株式會社)	축산 예탁(五託), 경우(耕牛) 대부, 쇠가죽(牛皮), 우골(牛骨), 생우(生牛) 매매, 동물 화학공업, 목축 경영	경성부 의주통 2정목 (京城府 義州通 2丁目)	1922. 8. 21.	賀田直治	1,000,000	437,500
	합계 3	-	-	-	-	1,083,260	520,760

* 비고: 1. 대표자의 씨명 중 대표자가 정해지지 않은 경우 취체역 또는 사원 1인, 대표자 2인 이상으로 정한 경우에는 그중 1인을 기재함.
  1. 해산 회사 중에 삼한운수주식회사(三韓運輸株式會社)를 기재한 것은 종래 함경북도 경성군(鏡城郡)에 존재했으나 본점을 일본으로 이전한 것에 따름.

* 출처: 《조선경제잡지》 82호, 경성상업회의소, 1922년 10월, 14~15쪽.

〈상업-1922-15〉 조선의 신설 회사 - 조선에 본점을 두고 있는 회사

(단위: 엔)

	회사명	목적	소재지	등기 연월일	대표자	공칭자본금	불입자본금
신설	조선흥업합자회사 (朝鮮興業合資會社)	창고, 금융, 부동산 매매	대구부 팔운정 29 (大邱府 八雲町 29)	1922. 9. 16.	小山佐平	30,000	30,000
	합자회사 영북흥업사 (合資會社永北興業社)	농림업, 창고	경기 포천군 영북면 운천리 (京畿 抱川郡 永北面 雲川里)	1922. 9. 16.	永田八四郎	30,000	30,000
	합명회사 경성동익사 (合名會社京城同益社)	택지 매매, 주택 임대 관리, 무역	경성부 황금정 1-96 (京城府 黃金町 1의 96)	1922. 9. 12.	李容汶	99,000	99,000
	합자회사 하기와라지점 (合資會社萩原紙店)	종이류 및 종이 가공품 매매	경성부 남대문통 3-102 (京城府 南大門通 3의 102)	1922. 9. 20.	松村平六	30,000	30,000
	합자회사 구와바라상점 (合資會社桑原商店)	식료품 매매	경성부 본정 2-2 (京城府 本町 2의 2)	1922. 9. 23.	原木治六	5,000	5,000
	조선화재해상보험주식회사 (朝鮮火災海上保險株式會社)	화재해상운송보험	경성부 황금정 1-97 (京城府 黃金町 1의 97)	1922. 9. 23.	河內山樂三	5,000,000	1,250,000
	문화인쇄주식회사 (文華印刷株式會社)	인쇄업	인천부 해안통 1-11 (仁川府 海岸通 1의 11)	1922. 9. 20.	石本芳文	80,000	20,000
	춘천흥업주식회사 (春天興業株式會社)	정미, 곡물 매매·제재	강원도 춘천군 춘천면 아동리 (江原道 春川郡 春川面 衙洞里)	1922. 9. 16.	久武常次	85,000	21,500
	합자회사 야마키타상점 (合資會社山北商店)	식료품, 부엌용 잡화, 땔감 매매	대구부 남룡강정 8 (大邱府 南龍岡町 8)	1922. 9. 12.	佐藤八伍郎	5,500	5,500
	신의주곡물신탁주식회사 (新義州穀物信託株式會社)	곡물·비료 위탁 매매, 창고 운송	신의주부 영정 5-1 (新義州府 榮町 5의 1)	1922. 9. 22.	多田榮吉	200,000	50,000
	신갈파목재합명회사 (新乫坡木材合名會社)	목재 벌채·판매	함남 삼수군 강진면 신갈파리 (咸南 三水郡 江鎭面 新乫坡里)	1922. 9. 20.	久東茂二太	30,000	30,000
	다테노합자회사 (立野合資會社)	식잡품(食雜品) 판매	경성부 한강통 11 (京城府 漢江通 11)	1922. 9. 27.	上田源三郎	8,000	8,000

평북토지건축주식회사 (平北土地建築株式會社)	시가지 경영, 주택 임대, 창고	신의주부 빈정 1 (新義州府 濱町 1)	1922. 9. 30.	本田保太	200,000	50,000
충남권업주식회사 (忠南勸業株式會社)	금융, 농구·비료 매매	충남 공주군 공주면 산성정 (忠南 公州郡 公州面 山城町)	1922. 9. 25.	李範珪	100,000	25,000
영화상업주식회사 (永和商業株式會社)	생선, 채소 시장 경영	금천군 금천면 욱정 9 (金泉郡 金泉面 旭町 9)	1922. 10. 3.	黃健秀	150,000	37,500
합명회사 나카상점 (合名會社仲商店)	주류 판매	충북 청주군 청주면 문외리 (忠北 淸州郡 淸州面 門外里)	1922. 9. 28.	仲由喜馬	20,000	20,000
주식회사 요코야마상점 (株式會社橫山商店)	굴 양식·판매 및 부대업	원산부 본정 4-4 (元山府 本町 4의 4)	1922. 10. 6.	橫山喜太郎	250,000	75,000
진남포과실주식회사 (鎭南浦果實株式會社)	과일 매매, 농원 경영	진남포부 삼화정 59 (鎭南浦府 三和町 59)	1922. 10. 6.	澤原龜一	200,000	50,000
사이토농잠구합명회사 (齊藤農蠶具合名會社)	농잠구, 가구, 건구(建具) 제조·판매	경성부 본정 2-5 (京城府 本町 2의 5)	1922. 10. 5.	秋山福次郎	5,000	5,000
합자회사 대구상신사 (合資會社大邱商信社)	동산·부동산 매매, 금융	대구부 경정 1-33 (大邱府 京町 1의 33)	1922. 10. 12.	裵永悳	10,000	10,000
합자회사 이가와상점 (合資會社井川商店)	잡곡, 해산물, 면사포, 잡화	청진부 부도정 2 (淸津府 敷島町 2)	1922. 10. 6.	井川駒之助	30,000	30,000
합계 21	-	-	-	-	6,567,500	1,863,500

증자	도미타야합자회사 (富田屋合資會社)	모직물, 양복	경성부 태평통 2정목 (京城府 太平通 2丁目)	1922. 9. 18.	富田治三郎	20,000	20,000
	합자회사 마스다야상점 (合資會社增田屋商店)	술(酒), 간장(醬油), 맥주 판매	인천부 본정 3-2 (仁川府 本町 3의 2)	1922. 9. 26.	丸野卯之助	25,000	25,000
	조선화약총포주식회사 (朝鮮火藥銃砲株式會社)	총포 화약	경성부 태평통 2-94 (京城府 太平通 2의 94)	1922. 9. 26.	志崎信太郎	500,000	135,000
	합계 3	-	-	-	-	545,000	170,000
해산	조선물산무역주식회사 (朝鮮物産貿易株式會社)	금융 및 부대업	경성부 서린동 135 (京城府 瑞麟洞 135)	1922. 9. 12.	李承鎔	100,000	100,000
	조선금공주식회사 (朝鮮金工株式會社)	귀금속, 미술품 제작	경성부 황금정 3-291 (京城府 黃金町 3의 291)	1922. 9. 25.	高木 勇	50,000	25,000
	주식회사 삼충상점 (株式會社三忠商店)	면사포, 내외 물산 위탁 매매	부산부 변천정 1-3 (釜山府 辨天町 1의 3)	1922. 9. 29.	西本榮一	100,000	25,000
	주식회사 마이트상회 (株式會社マイト商會)	총포, 화약 매매 및 부대업	경성부 태평관 2-98 (京城府 太平通 2의 98)	1922. 9. 26.	龜谷愛介	500,000	125,000
	합자회사 실업사 (合資會社實業社)	출판, 통신	군산부 대화정 11 (群山府 大和町 11)	1922. 9. 29.	牛尾正一	30,000	30,000
	합자회사 시마무라상점 (合資會社島村商店)	술, 소주 제조·매매	군산부 신흥동 104 (群山府 新興洞 104)	1922. 10. 3.	島村孫一郎	30,000	30,000
	합계 6	-	-	-	-	810,000	335,000
감자	동진창고주식회사 (東鎭倉庫株式會社)	창고 및 금융	경기 고양군 한강면 동막상리 (京畿 高陽郡 漢江面 東幕上里)	1922. 9. 21.	李圭升	80,000	20,000
	조선연초흥업주식회사 (朝鮮煙草興業株式會社)	토지 개척 및 연초 재배, 제조	경기부 남대문통 2정목 1 (京城府 南大門通 2丁目 1)	1922. 10. 4.	岩谷二郎	440,000	440,000
	합계 2		-	-	-	520,000	460,000

* 출처: 《조선경제잡지》 83호, 경성상업회의소, 1922년 11월, 14~15쪽.

〈상업-1922-16〉 조선의 신설 회사 – 조선에 본점을 두고 있는 회사

(단위: 엔)

	회사명	목적	소재지	등기 연월일	대표자	공칭자본금	불입자본금
신설	합자회사 마루키타정미소 (合資會社丸北精米所)	정미업	인천부 만석정 71 (仁川府 萬石町 71)	1922. 10. 13.	北島伍郎	16,000	16,000
	희수합명회사 (喜壽合名會社)	염료 및 공업약품	경성부 한강통 6 (京城府 漢江通 6)	1922. 10 .18.	吉田宗太郎	20,000	20,000
	양동식산주식회사 (陽東殖産株式會社)	경지 개량 및 개척	경기 김포군 양동면 목동리 (京畿 金浦郡 陽東面 木洞里)	1922. 10. 18.	龜割安藏	1,000,000	250,000
	합자회사 기타무라호스즈키상점 (合資會社北村號鈴木商店)	가죽구두, 고무신 제조 판매	경성부 본정 1-51 (京城府 本町 1의 51)	1922. 10. 25.	鈴木啓三	10,000	10,000
	공제무진주식회사 (共濟無盡株式會社)	무진업(無盡業)	경성부 영락정 2-25 (京城府 永樂町 2의 25)	1922. 10. 28.	池田與三郎	500,000	125,000
	합자회사 천상당 (合資會社天賞堂)	인장 조각, 명찰 인쇄	경성부 본정 2-59 (京城府 本町 2의 59)	1922. 11. 2.	渡邊桐夫	3,000	3,000
	조선운수주식회사 (朝鮮運輸株式會社)	운송 취급, 창고	대구부 대화정 56 (大邱府 大和町 56)	1922. 10. 16.	李鋌禧	50,000	12,500
	합명회사 남성상회 (合名會社南成商會)	비단(綢緞) 포목	대구부 남성정 95 (大邱府 南成町 95)	1922. 10. 27.	朱鶴鎭	1,500	1,500
	합자회사 구로에약석당 (合資會社黑江藥石堂)	의료기계, 유리 제조	부산부 서정 3정목 (釜山府 西町 3丁目)	1922. 10. 30.	黑江艶伍郎	20,000	20,000
	합명회사 극동상회 (合名會社極東商會)	무역상품 위탁 판매, 중개	청진부 미생정 4 (淸津府 彌生町 4)	1922. 10. 27.	吉本三次郎	50,000	50,000
	조선권업주식회사 (朝鮮勸業株式會社)	유가증권, 운용, 금융	원산부 욱정 2-4 (元山府 旭町 2의 4)	1922. 11. 2.	植田伊之助	100,000	25,000
	합자회사 삼성상회 (合資會社三星商會)	해륙물산 매매 및 부대업	부산부 중의 정 1 (釜山府 仲의 町1)	1922. 11. 3.	宮後元伍郎	15,000	15,000

	충북무진합자회사 (忠北無盡合資會社)	무진업(無盡業)	청주군 청주면 북정 9 (淸州郡 淸州面 北町 9)	1922. 11. 1.	中川石松	100,000	100,000
	후지주조주식회사 (不二酒造株式會社)	주류 양조	광주군 송정면 도산리 (光州郡 松汀面 道山里)	1922. 11. 2.	小河原家義	70,000	21,000
	합자회사 다케다 하지메 (合資會社武田一)	미곡, 석탄 판매	대구부 원정 2-7 (大邱府 元町 2의 7)	1922. 11. 7.	武田 一	23,000	23,000
	조선제과원료주식회사 (朝鮮製菓原料株式會社)	제과 원료 제조·판매	경성부 약초정 157 (京城府 若草町 157)	1922. 11. 8.	家徳幸次郎	50,000	12,500
	합자회사 야나이정미소 (合資會社柳井精米所)	정미, 잡곡 위탁 매매	경성부 남미창정 92 (京城府 南米倉町 92)	1922. 11. 13.	柳井柳平	4,160	4,160
	조선산업주식회사 (朝鮮産業株式會社)	수산업, 농림업	경성부 견지동 114 (京城府 堅志洞 114)	1922. 11. 16.	朴泳孝	3,000,000	750,000
	진주연초원매팔주식회사 (晋州煙草元賣捌株式會社)	연초 제조·판매	진주군 진주면 대안동 (晋州郡 晋州面 大安洞)	1922. 11. 6.	淸水佐太郎	200,000	50,000
	합자회사 칠성소주양조소 (合資會社七星燒酎釀造所)	소주 양조·판매	대동군 임원면 기림리 (大同郡 林原面 箕林里)	1922. 11. 10.	池周善	20,000	20,000
	합계 20	-	-	-	-	5,252,660	1,528,660
해산	조선제구합자회사 (朝鮮製釦合資會社)	단추 제조·판매	경성부 대조정 25 (京城府 大鳥町 25)	1922. 10. 16.	田中千藏	3,000	3,000
	합자회사 이와이 가쓰라 상점 (合資會社岩井藤商店)	직물 매매 및 부대사업	경성부 황금정 3-210 (京城府 黃金町 3의 210)	1922. 10. 16.	角川大三郎	20,000	20,000
	주식회사 다누마상회 (株式會社田沼商會)	농잠구 비료 판매	경성부 명치정 2-66 (京城府 明治町 2의 66)	1922. 11. 10.	原口淳男	100,000	25,000
	합계 3	-	-	-	-	123,000	48,000

증자	원산무역주식회사 (元山貿易株式會社)	물산 무역, 양조업	원산부 상리 2동 (元山府 上里 2洞)	1922. 10. 20.	南百祐	500,000	125,000
	합계 1	-	-	-	-	500,000	125,000

* 출처: 《조선경제잡지》 84호, 경성상업회의소, 1922년 12월, 5~7쪽.

〈상업-1923-01〉 공설시장 연별 매상 합계표 (단위: 엔)

시장명	1920년	1921년	1922년	1923년	시장별 합계
명치정시장(明治町市場)	329,941	361,913	338,670	132,245	1,158,769
화원정(花園町市場)	74,368	368,244	304,557	112,381	859,550
종로시장(鍾路市場)	286,622	203,220	144,533	46,296	680,671
교마치시장(京町市場)	42,625	119,574	81,793	폐지	243,992
용산시장(龍山市場)	-	-	32,714	62,780	95,494
돈의동시장(敦義洞市場)	-	162,736	36,515	47,430	246,681
안국동시장(安國洞市場)	-	6,980	18,612	14,142	39,734
죽첨정시장(竹添町市場)	-	-	27,997	31,191	59,188
동대문시장(東大門市場)	-	-	-	7,531	7,531
연별 합계	749,556	1,222,667	985,391	453,996	3,411,610

* 출처: 《조선경제잡지》 91호, 경성상업회의소, 1923년 7월, 23쪽.

〈상업-1924-02〉 회사 조직별표(11월 말 현재) (단위: 엔)

	1923년 11월 말			1922년 11월 말		
	회사 수	공칭자본금	불입자본금	회사 수	공칭자본금	불입자본금
주식회사	601	485,375,750	216,442,550	550	485,971,500	23,139,075
합자회사	373	13,091,265	12,713,765	240	10,885,385	10,507,885
합명회사	99	6,333,363	6,599,163	76	5,936,013	5,901,913
합계	1,073	505,100,278	235,755,478	875	502,792,898	228,548,873

* 출처: 《조선경제잡지》 100호, 경성상업회의소, 1924년 4월, 78쪽.

〈상업-1924-03〉 회사 사업별표(11월 말 현재) (단위: 엔)

	1923년 11월 말			1922년 11월 말		
	회사 수	공칭자본금	불입자본금	회사 수	공칭자본금	불입자본금
농림업	82	43,693,830	23,655,830	78	44,236,830	23,106,330
수산업	21	10,948,500	3,711,850	21	10,293,500	3,171,600
광업	9	8,264,000	7,089,000	8	8,164,000	7,064,000
제조공업	203	49,326,443	24,730,018	178	50,024,743	23,525,068
가스 및 전기업	26	16,280,000	6,592,750	20	15,030,000	6,059,000

은행업	20	143,475,000	81,175,000	22	144,330,000	81,550,000
금융 및 신탁업	82	33,615,780	9,688,780	64	37,618,980	11,318,980
운수업	105	106,053,800	38,580,600	93	104,987,500	36,657,250
창고업	18	6,318,000	2,030,000	19	6,438,000	2,060,000
보험업	2	5,500,000	1,375,000	2	5,500,000	1,375,000
상업 기타	505	81,624,000	37,126,665	369	76,049,345	32,661,645
합계	1,073	505,100,278	335,755,478	875	502,792,898	228,548,873

* 출처: 《조선경제잡지》 100호, 경성상업회의소, 1924년 4월, 78쪽.

〈상업-1924-04〉 공설일용품 시장 매상고 누년표

(단위: 엔)

	1919년	1920년	1921년	1922년	1923년
명치정공설시장(明治町公設市場)	14,703	313,946	361,508	338,590	292,667
화원정공설시장(花園町公設市場)	-	94,368	368,244	304,557	302,806
용산공설시장(龍山公設市場)	-	42,625	119,575	114,507	127,468
종로공설시장(鍾路公設市場)	653	314,126	214,758	144,533	62,893
돈의동공설땔감시장(敦義洞公設柴炭市場)	-	58,500	162,736	55,912	42,275
안국동공설땔감시장(安國洞公設柴炭市場)	-	550	30,000	18,612	29,864
죽첨정공설땔감채소시장(竹添町公設柴炭蔬菜市場)	-	-	27,997	27,997	37,261
동대문공설땔깜채소시장(東大門公設柴炭蔬菜市場)	-	-	-	-	11,951
계	15,353	824,115	1,284,818	1,004,708	937,185

* 출처: 《조선경제잡지》 106호, 경성상업회의소, 1924년 10월, 33쪽.

〈상업-1926-01〉 조선의 시장 매상고

농산품	35,540,253원(圓)
수산품	19,972,676원
직물품	23,013,675원
축산품	41,399,589원
기타	27,102,428원

* 출처: 《조선경제잡지》 129호, 경성상업회의소, 1926년 9월, 5쪽.

〈상업-1926-02〉 조선의 시장 매상고

월별	경성 어시장		히노마루(日の丸) 수산주식회사		용산수산주식회사	
	수량(관)	가격(엔)	수량(관)	가격(엔)	수량(관)	가격(엔)
1월	15,220	50,100	12,590	29,378	10,258	24,221
2월	15,028	44,078	13,149	27,433	9,660	22,803
3월	23,865	58,865	15,195	31,568	13,817	29,320
4월	26,560	63,713	16,935	38,763	15,531	33,041
5월	36,735	59,336	22,738	36,912	16,708	32,638
6월	30,829	51,448	16,876	30,580	13,644	24,214
7월	28,245	35,148	10,386	21,535	7,661	13,881
8월	22,640	40,900	14,031	25,970	10,535	18,135
9월	24,477	47,311	14,673	28,498	11,085	19,228
10월	31,890	61,275	19,286	38,091	13,362	24,842
11월	19,640	50,545	17,712	31,745	11,318	21,998
12월	25,638	70,050	18,336	42,677	12,994	30,622
합계	300,765	632,770	191,907	383,141	146,571	294,944

* 출처: 《조선경제잡지》 131호, 경성상업회의소, 1926년 11월, 17쪽.

〈상업-1928-01〉 1926년말 조선 내 본점 현 재표

(단위: 엔)

도별	조직별	회사 수	공칭자본금	불입자본금
경기도	주식	225	272,711,350	122,052,035
	합자	383	7,429,599	7,429,599
	합명	65	3,554,550	3,564,550
충청북도	주식	5	900,000	235,000
	합자	2	210,000	210,000
	합명	3	11,000	11,000
충청남도	주식	43	23,906,250	12,222,525
	합자	12	362,500	362,500
	합명	3	140,000	140,000
전라북도	주식	36	12,435,000	6,377,210
	합자	22	604,500	640,500
	합명	5	140,650	140,650

전라남도	주식	64	18,464,500	8,352,500
	합자	6	1,300,500	1,300,500
	합명	10	1,348,000	1,348,000
경상북도	주식	60	20,325,000	7,507,200
	합자	73	1,221,200	1,221,200
	합명	15	1,858,000	1,858,000
경상남도	주식	107	35,792,000	17,585,500
	합자	70	1,238,600	1,238,600
	합명	25	3,045,000	3,045,000
황해도	주식	10	1,855,000	576,250
	합자	16	348,500	348,500
	합명	4	66,000	66,000
평안남도	주식	41	20,443,500	6,265,125
	합자	72	2,345,206	2,345,206
	합명	12	327,665	327,665
	주식합자	1	50,000	12,500
평안북도	주식	28	9,163,500	3,575,875
	합자	19	598,288	598,288
	합명	4	73,019	73,019
강원도	주식	10	5,373,000	5,141,000
	합자	6	58,800	58,800
	합명	1	55,000	55,000
함경남도	주식	38	7,545,000	2,663,625
	합자	50	2,192,500	2,192,500
	합명	8	146,130	146,130
함경북도	주식	28	6,135,000	4,105,000
	합자	30	493,330	493,330
	합명	17	597,999	597,999
계	주식	695	435,049,100	196,658,845
	합자	761	18,403,523	18,403,523
	합명	172	11,362,013	11,362,013
	주식합자	1	50,000	12,500
합계		1,629	464,864,636	226,436,881

* 출처: 《조선경제잡지》 145호, 경성상업회의소, 1928년 1월, 9쪽.

〈상업-1928-02〉 1927년 중 조선 내 본점 공제 이동표 (△ 감소) (단위: 엔)

도별	조직별	회사 수	공칭자본금	불입자본금
경기도	주식	29	27,850,000	13,344,500
	합자	67	3,146,394	3,146,394
	합명	10	△ 98,800	△ 98,800
충청북도	주식	-	-	10,000
	합자	4	46,000	46,000
충청남도	주식	1	△ 15,000	1,265,350
	합자	6	83,225	83,225
전라북도	주식	-	460,000	41,500
	합자	1	6,100	6,100
	합명	5	752,938	752,938
전라남도	주식	10	2,244,000	1,727,250
	합자	6	189,000	189,000
	합명	1	△ 35,000	△ 35,000
경상북도	주식	6	870,000	305,500
	합자	16	145,150	145,150
	합명	3	12,330	12,330
경상남도	주식	6	527,900	296,150
	합자	21	300,500	300,500
	합명	7	149,000	149,000
	주식합자	1	15,000	15,000
황해도	주식	4	650,000	162,500
	합자	1	△ 31,500	△ 31,500
	합명	2	50,000	50,000
평안남도	주식	4	160,000	△ 57,200
	합자	5	34,000	34,000
	합명	1	32,800	32,800
평안북도	주식	6	7,205,000	1,898,000
	합자	9	217,450	217,450
	합명	1	46,170	46,170
	주식	3	7,190,000	751,500

강원도	합자	3	12,700	12,700
	합명	2	12,000	12,000
함경남도	주식	7	10,170,000	2,769,500
	합자	17	218,800	218,800
	합명	2	22,000	22,000
함경북도	주식	1	500,000	146,250
	합자	6	81,366	81,366
	합명	5	67,600	67,600
계	주식	77	57,811,400	22,620,800
	합자	162	4,450,985	4,450,985
	합명	39	1,100,038	1,011,038
	주식합자	1	15,000	15,000
합계		279	63,288,423	28,097,823

* 출처: 《조선경제잡지》 145호, 경성상업회의소, 1928년 1월, 10쪽.

〈상업-1928-03〉 1927년 말 조선 내 본점 현 재표 (단위: 엔)

도별	조직별	회사 수	공칭자본금	불입자본금
경기도	주식	254	299,561,350	134,646,535
	합자	450	10,575,993	10,575,993
	합명	75	3,455,750	3,455,750
충청북도	주식	5	900,000	255,000
	합자	6	256,000	256,000
	합명	3	11,000	11,000
충청남도	주식	44	23,891,250	13,487,875
	합자	18	445,725	445,725
	합명	3	140,000	140,000
전라북도	주식	36	12,895,000	6,418,710
	합자	23	610,600	610,600
	합명	10	893,588	893,588
전라남도	주식	74	20,708,500	10,079,750
	합자	12	1,489,500	1,489,500
	합명	11	1,313,000	1,313,000

경상북도	주식	66	21,195,000	7,812,700
	합자	89	1,366,350	1,366,350
	합명	18	1,870,330	1,870,330
경상남도	주식	113	36,319,900	17,881,650
	합자	91	1,539,100	1,539,100
	합명	32	3,194,000	3,194,000
	주식합자	1	15,000	15,000
황해도	주식	14	2,505,000	738,750
	합자	17	317,000	317,000
	합명	6	116,000	116,000
평안남도	주식	46	20,603,500	6,167,925
	합자	77	2,379,206	2,379,206
	합명	13	360,465	360,206
	주식합자	1	50,000	12,500
평안북도	주식	34	16,368,500	5,473,875
	합자	28	815,738	815,738
	합명	5	119,189	119,189
강원도	주식	13	12,563,000	5,892,500
	합자	9	71,500	71,500
	합명	3	67,000	67,000
함경남도	주식	45	17,705,000	5,433,125
	합자	67	2,411,300	2,411,300
	합명	10	168,130	168,130
함경북도	주식	29	6,613,500	4,251,250
	합자	36	574,696	574,696
	합명	22	665,599	665,599
계	주식	773	492,860,500	219,279,645
	합자	923	22,854,508	22,854,508
	합명	211	12,373,051	12,373,051
	주식합자	2	65,000	27,500
합계		1,909	528,153,059	254,534,704

* 출처: 《조선경제잡지》 145호, 경성상업회의소, 1928년 1월, 10~11쪽.

〈상업-1929-01〉 시장 거래의 추세

연차	시장 숫자	교역량					
		농산물	수산물	직물	가축류	기타	계
1910년	980	13,532,192	4,311,900	10,053,696	13,589,712	8,866,280	50,442,770
1913년	1,143	21,445,131	4,852,036	7,319,892	10,088,772	8,804,215	52,510,046
1916년	1,210	6,462,734	6,527,670	6,428,222	13,735,529	7,634,735	50,788,890
1919년	1,215	65,160,975	13,535,012	21,253,222	36,999,804	19,346,358	156,255,371
1922년	1,237	24,783,228	16,129,146	18,049,207	31,963,001	17,215,999	108,140,581
1925년	1,316	35,540,253	19,972,676	23,013,675	41,399,589	27,102,428	147,028,621
1926년	1,301	41,182,394	23,762,752	23,375,497	41,392,616	27,122,642	156,835,901
1927년	1,309	49,339,445	27,485,373	25,630,454	44,442,980	31,494,140	178,392,392
1928년	1,326	47,415,541	29,454,650	27,170,979	51,070,643	33,117,060	188,228,873

* 비고: 1928년 이전 시장의 숫자는 휴업한 시장을 포함함.
* 출처: 《조선경제잡지》 165호, 경성상업회의소, 1929년 9월, 5쪽.

〈상업-1933-01〉 「시장규칙」 제1조 제1호 시장

(단위: 천 원)

	1932년		전년 대비 증감	
	시장 수	매매고	시장 수	매매고
공설	1,410	157,201	15	19,796
사설	6	2,757	1	21
합계	1,416	159,958	16	19,817

* 「시장규칙」 제1조 제1호 시장: 장옥(場屋)을 설치 또는 장옥을 설치하려고 구획하여 지역을 매일 또는 정기적으로 다수의 수요자 또는 공급자들을 모아서 화물의 매매교환을 시행하는 장소.
* 출처: 《조선경제잡지》 214호, 경성상업회의소, 1933년 10월, 22쪽.

〈상업-1933-02〉 「시장규칙」 제1조 제2호 시장

(단위: 천 원)

	1932년		전년 대비 증감	
	시장 수	매매고	시장 수	매매고
공설	16	3,918	2	17
사설	2	5,316	-	△ 85
합계	18	9,234	2	△ 67

* 「시장규칙」 제1조 제2호 시장: 20인 이상의 영업자 1장옥(場屋)의 주인이 곡물식료품의 판매업을 시행하는 장소.
* 출처: 《조선경제잡지》 214호, 경성상업회의소, 1933년 10월, 22쪽.

〈상업-1933-03〉「시장규칙」 제1조 제3호 시장 (단위: 천 원)

	1932년		전년 대비 증감	
	시장 수	매매고	시장 수	매매고
공설	11	2,053	-1	△ 14
사설	27	8,137	3	807
합계	38	10,190	2	792

* 「시장규칙」 제1조 제3호 시장: 위탁을 받는 경매 방법으로 화물판매업을 시행하는 장소.
* 출처: 《조선경제잡지》 214호, 경성상업회의소, 1933년 10월, 22쪽.

〈상업-1933-04〉「시장규칙」 제1조 제4호 시장 (단위: 천 원)

	1932년		전년 대비 증감	
	시장 수	매매고	시장 수	매매고
공설	-	-	-	-
사설	8	117,897	-2	△ 291,179
합계	8	117,897	-2	△ 291,179

* 「시장규칙」 제1조 제4호 시장: 매일 또는 정기적으로 영업자 집회를 열어 견본 또는 상표에 의해 물품 또는 유가증권의 매매 거래를 시행하는 장소.
* 출처: 《조선경제잡지》 214호, 경성상업회의소, 1933년 10월, 22쪽.

〈상업-1933-05〉 최근 5개년 시장 매매고 (단위: 천 원)

	농산물	수산물	직물	축류	기타	계
1928년	47,187	29,411	27,142	50,911	32,997	187,650
1929년	51,089	29,957	27,680	54,463	33,866	196,058
1930년	44,803	27,175	24,825	46,405	29,957	173,167
1931년	41,243	24,128	23,174	38,940	30,652	158,139
1932년	50,419	26,221	26,218	43,300	33,223	179,383

* 출처: 《조선경제잡지》 214호, 경성상업회의소, 1933년 10월, 23쪽.

〈상업-1933-06〉 제4호 시장 제외한 1932년 중 각 도별 매매고 (단위: 천 원)

	시장 수	농산물	수산물	직물(織物)	가축류	기타	합계
경기도	117	6,285	2,579	962	7,743	2,455	20,026
충청북도	59	2,044	578	1,122	1,240	893	5,878

충청남도	89	3,773	1,451	3,189	2,032	3,279	13,728
전라북도	69	1,527	1,778	609	1,792	1,888	7,594
전라남도	127	2,406	1,958	1,469	2,002	2,590	10,428
경상북도	172	3,890	2,444	2,048	4,886	4,381	17,651
경상남도	151	4,279	7,889	2,203	4,102	3,654	22,130
황해도	125	4,456	961	2,484	5,123	2,324	15,349
평안남도	149	4,627	1,483	2,201	4,272	1,800	13,805
평안북도	97	8,838	1,293	4,493	3,745	4,244	22,616
강원도	138	2,161	834	1,620	3,062	2,771	10,450
함경남도	118	3,705	2,278	2,465	1,890	1,658	11,999
함경북도	62	2,423	688	1,347	1,405	1,280	7,144
합계	1,473	50,419	26,221	26,218	43,300	33,225	179,583

* 출처: 《조선경제잡지》 214호, 경성상업회의소, 1933년 10월, 23쪽.

〈상업-1935-01〉 제1호 시장 통계 (1934년 말)

(단위: 천 엔)

	1934년		전년 대비 증감	
	시장 수	매매액	시장 수	매매액
공설	1,431	212,030	-	33,302
사설	3	699	-2	-1,714
계	1,434	212,730	-2	31,588

* 제1호 시장: 장소를 설치하거나 설치하지 않도록 구획하고, 지역에서 매일 또는 정기적으로 다수의 수요자 및 공급자가 모여 물건을 매매, 교환하는 장소.
* 출처: 《조선경제잡지》 236호, 경성상업회의소, 1935년 8월, 67쪽.

〈상업-1935-02〉 제2호 시장 통계 (1934년 말)

(단위: 천 엔)

	1934년		전년 대비 증감	
	시장 수	매매액	시장 수	매매액
공설	18	5,502	-	969
사설	2	7,096	-	993
계	20	12,599	1	1,963

* 제2호 시장: 20인 이상의 영업자 한 곳에서 주로 곡물 식료품의 매매업을 실시하는 장소.
* 출처: 《조선경제잡지》 236호, .경성상업회의소, 1935년 8월, 67~68쪽.

〈상업-1935-03〉 제3호 시장 통계 (1934년 말) (단위: 천 엔)

	1934년		전년 대비 증감	
	시장 수	매매액	시장 수	매매액
공설	18	4,407	3	1,416
사설	23	9,053	-3	-9
계	41	13,461	-	1,406

* 제3호 시장: 위탁을 받아 경매 방법에 의해 화물 판매업을 행하는 장소.
* 출처: 《조선경제잡지》 236호, 경성상업회의소, 1.935년 8월, 68쪽.

〈상업-1935-04〉 최근 5개년 매매 비교표 (단위: 천 엔)

	농산물	수산물	직물	가축류	기타	계
1930년	44,803	27,175	24,825	46,405	29,957	173,167
1931년	41,243	24,128	23,174	38,940	30,652	158,139
1932년	50,419	26,221	26,218	43,300	32,223	179,383
1933년	56,335	30,183	29,174	53,355	34,783	203,832
1934년	65,711	33,699	32,899	66,198	40,281	238,790

* 출처: 《조선경제잡지》 236호, 경성상업회의소, 1935년 8월, 68쪽.

〈상업-1936-01〉 도별 시장 매매고 (단위: 천 원)

	농산물	수산물	직물	가축류	기타	계
경기도	8,610	5,840	1,303	13,026	3,069	31,849
충청북도	4,996	759	1,492	2,417	2,144	11,811
충청남도	5,660	1,771	3,890	2,635	4,516	18,474
전라북도	2,738	1,698	1,063	2,443	1,513	9,456
전라남도	3,288	2,474	1,780	2,211	2,882	12,638
경상북도	6,874	3,051	3,004	9,109	5,253	27,293
경상남도	7,208	9,677	2,761	7,007	5,848	32,139
황해도	10,718	1,654	6,568	7,554	5,348	31,845
평안남도	6,484	1,727	3,807	7,505	3,607	23,132
평안북도	12,049	1,662	5,470	7,198	6,450	33,102
강원도	2,775	1,099	2,818	5,098	3,142	14,933
함경남도	6,965	2,456	2,962	5,220	2,882	20,486

함경북도	3,366	1,004	1,764	3,141	2,021	11,298
계	81,737	34,877	38,959	74,570	48,317	278,463

* 출처: 《조선경제잡지》 249호, 경성상업회의소, 1936년 10월, 124쪽.

〈상업-1938-01〉 최근 5개년간 조선 전체 시장 총 매매액 비교 (단위: 천 원)

	농산물	수산물	직물	축산물	기타	합계
1933년	56,335	30,184	29,175	53,355	34,784	203,833
1934년	65,712	33,699	32,900	66,198	40,282	238,791
1935년	81,738	34,878	38,960	74,570	48,318	278,463
1936년	95,006	40,976	43,274	78,785	56,314	314,355
1937년	114,029	45,516	49,322	92,584	61,923	363,374
1937년 비율	(31%)	(13%)	(14%)	(25%)	(17%)	(100%)
전년 대비 증감(△)	19,023	4,540	6,048	13,799	5,609	49,019

* 출처: 《조선경제잡지》 272호, 경성상업회의소, 1938년 9월, 2쪽.

〈상업-1938-02〉 조선 전체 시장(市) 매상액 (단위: 천 원)

도별	시장 수	농산물	수산물	직물	가축류	기타	합계
경기도	104	3,691	753	2,024	5,637	2,503	14,608
충청북도	61	6,195	622	2,311	3,719	2,922	15,769
충청남도	87	7,338	1,973	4,113	3,152	4,782	21,358
전라북도	62	2,445	2,993	1,061	2,793	1,652	10,953
전라남도	118	4,476	2,132	2,099	3,325	3,263	15,296
경상북도	167	9,585	3,461	3,899	9,729	6,426	33,101
경상남도	143	5,982	3,861	2,967	6,935	4,746	24,491
황해도	115	6,465	2,230	8,223	9,371	8,554	34,843
평안남도	143	7,996	1,598	3,764	9,817	2,585	25,761
평안북도	99	21,120	2,110	7,204	9,219	6,699	46,352
강원도	147	5,327	1,681	4,037	6,544	4,237	21,825
함경남도	124	10,022	3,204	3,816	7,577	4,279	28,898
함경북도	74	4,021	1,247	2,193	4,334	2,419	14,213
합계	1,444	104,662	27,869	47,711	92,151	55,077	327,469

1936년	1,444	83,886	25,698	42,018	78,419	49,533	279,554
비교 증감(△)	-	20,776	2,171	5,693	13,731	5,543	47,916

* 출처: 《조선경제잡지》 272호, 경성상업회의소, 1938년 9월, 3~4쪽.

〈상업-1938-03〉 조선 전체 소매시장 매상액 (단위: 천 원)

도별	시장 수	농산물	수산물	직물	가축류	기타	합계
경기도	6	374	293	21	141	145	948
	(1)	(1,300)	(405)	(15)	-	(2,000)	(3,720)
충청북도	-	-	-	-	-	-	-
충청남도	-	-	-	-	-	-	-
전라북도	-	-	-	-	-	-	-
전라남도	4	144	195	71	26	174	609
경상북도	1	46	64	-	15	31	155
경상남도	8	1,878	1,641	397	38	2,538	6,392
황해도	1	97	40	125	10	79	351
평안남도	7	719	280	1,080	168	1,659	3,906
평안북도	-	-	-	-	-	-	-
강원도	-	-	-	-	-	-	-
함경남도	-	-	-	-	-	-	-
함경북도	2	215	64	2	16	147	445
합계	29	3,446	2,577	156	415	4,773	12,807
	(1)	(1,300)	(405)	(15)	-	(2,000)	(3,720)
1936년	24	2,417	2,074	1,198	360	3,396	9,446
	(2)	(4,498)	(1,655)	(58)	-	(3,328)	(9,539)
비교 증감(△)	5	1,029	503	398	55	1,377	3,361
	(△ 1)	(△ 3,198)	(△ 1,250)	(△ 43)	-	(△ 1,328)	(△ 5,819)

* 출처: 《조선경제잡지》 272호, 경성상업회의소, 1938년 9월, 4~5쪽.

〈상업-1938-04〉 조선 전체 도매시장 매상액

(단위: 천 원)

도별	시장 수	농산물	수산물	직물	가축류	기타	합계
경기도	5	1,834	4,435	-	11	10	6,291
충청북도	1	-	16	-	-	-	16
충청남도	5	71	250	-	-	-	321
전라북도	4	156	154	-	-	50	360
전라남도	3	196	238	-	1	4	439
경상북도	2	181	416	-	6	-	603
경상남도	10	1,098	6,549	-	-	6	7,652
황해도	-	-	-	-	-	-	-
평안남도	1	196	548	-	-	-	744
평안북도	1	2	329	-	-	-	330
강원도	-	-	-	-	-	-	-
함경남도	4	486	1,678	-	-	3	2,166
함경북도	3	402	54	-	-	-	456
합계	39	4,621	14,666	-	18	73	19,378
1936년	37	4,205	11,549	-	5	57	15,817
비교 증감(△)	2	416	3,117	-	13	16	3,556

* 출처: 《조선경제잡지》 272호, 경성상업회의소, 1938년 9월, 5~6쪽.

〈상업-1938-05〉 지방별 시장 거래액

(단위: 원)

도별	공설/사설	시장 수	개시 횟수	매매액					
				농산물	수산물	직물	축산물	기타	합계
경기도	공설	113	13,255	4,220,393	4,625,149	2,045,275	15,777,967	2,647,705	29,316,489
	사설	3	1,089	2,952,142	1,261,805	15,000	11,461	2,010,226	6,250,634
충청북도	공설	61	4,102	6,194,666	621,819	2,311,227	3,719,252	2,922,212	15,769,176
	사설	1	341	-	16,215	-	-	-	16,215
충청남도	공설	92	7,124	7,409,672	2,223,171	4,113,374	3,151,574	4,781,610	21,679,401
전라북도	공설	63	5,780	2,585,646	2,559,788	1,058,006	2,777,557	1,662,962	10,643,959
	사설	3	444	15,100	587,300	2,610	15,000	49,750	669,760
전라남도	공설	124	9,920	4,807,135	2,331,006	2,169,165	3,351,836	3,441,574	16,100,716
	사설	1	635	8,575	234,116	-	-	-	242,691
경상북도	공설	169	11,878	9,721,289	3,698,683	3,898,826	9,749,639	6,456,728	33,525,165
	사설	1	355	90,958	242,367	-	-	-	333,325
경상남도	공설	156	17,464	8,940,218	8,938,417	3,264,747	6,972,170	7,289,813	35,405,365
	사설	5	1,309	17,723	3,112,324	-	-	-	3,130,047
황해도	공설	116	8,932	16,561,337	2,269,868	8,347,856	9,381,530	8,633,197	45,193,788
평안남도	공설	150	13,827	8,715,485	1,877,725	4,843,756	9,985,418	4,244,471	29,666,855
	사설	1	362	195,824	547,912	-	-	-	743,736
평안북도	공설	99	7,255	21,120,059	2,109,965	7,204,166	9,219,323	6,699,278	46,352,791
	사설	1	358	1,800	328,505	-	-	-	330,305
강원도	공설	147	8,856	5,327,057	1,681,021	4,036,659	6,543,793	4,236,668	21,825,198

함경남도	공설	128	13,703	10,507,341	4,882,496	3,815,764	7,577,162	4,281,406	31,064,169
함경북도	공설	79	11,019	4,636,902	1,366,221	2,195,472	4,349,968	2,565,314	15,113,877
합계	공설	1,497	133,115	110,747,200	39,185,329	49,304,293	92,557,189	59,862,938	351,656,949
	사설	16	4,893	3,282,122	6,330,544	17,610	26,461	2,059,976	11,716,713
전년 합계	공설	-	-	88,485,561	34,135,578	43,214,710	78,783,613	52,926,402	297,545,864
	사설	-	-	6,520,395	6,840,401	58,970	1,330	3,387,921	16,809,017
비교 증감(△)	공설	-	-	22,261,639	5,049,751	6,089,583	13,773,576	6,936,536	54,111,085
	사설	-	-	△3,238,273	△509,857	△41,360	25,131	△1,327,945	△5,092,304

* 출처: 《조선경제잡지》 275호, 경성상업회의소, 1938년 12월, 23~25쪽.

〈상업-1940-01〉 중소상공업자금 융통: 각 도별 대출 상황(1940년 3월 말 현재) (단위: 천 원, 괄호 내: 건수)

	은행		금융조합		무진업(無盡業)	
경기	(16)	183.8	(165)	295	(3)	17.5
충북	(0)	-	(0)	-		-
충남	(12)	56	(14)	13.9		-
전북	(11)	40	(21)	27.4		-
전남		-	(13)	17		-
경북	(1)	2	(45)	130.3		-
경남	(1)	30	(226)	244.08	(10)	62
황해	(1)	5	(1)	18.1		-
평북	(2)	22	(0)	-		-
강원	(0)	-	(0)	-		-
함남	(27)	97	(1)	3.3		-
함북		-	(0)	-		-
계	(62)	435.8	(486)	758.68	(13)	79.5

* 출처: 《조선경제잡지》 291호, 경성상업회의소, 1940년 4월, 74쪽.

〈상업-1941-01〉 업종별 완전 실업 상태(1940년 12월~1941년 2월 현재)

업종별	업자 수	종업원 수	완전 실업 내지 곤궁 상황	주된 원인
1. 곡물 소매상	732	2,396	경영이 상당히 곤란	물자 부족, 배급기구 정비
2. 곡분 소매상	6	72	완전 실업 외 없음	물자 부족, 배급기구 정비
3. 판유리 소매상	82	793	완전 실업자 속출 우려	물자 부족
4. 신발 제조 판매상	156	723	비교적 사업을 지속하는 데 양호	물자 부족, 배급기구 정비, 7·24금지령
5. 주류 판매상	56	326	경영 곤란	물자 부족, 배급기구 정비
6. 포목 외매상(鳴服外賣商)	79	160	경영이 어려우나 지속적으로 유지 가능 예측	7·24금지령, 배급기구 정비
7. 포목 소매상(鳴服小賣商)	27	413	경영이 어려우나 지속적으로 유지 가능 예측	물자 부족, 7·24금지령
8. 지물 소매상(紙物小賣商)	46	326	경영 곤란에도 완전 실업의 우려가 없음	물자 부족, 배급기구 정비
9. 복식잡화 소매상	209	1,300	경영이 어려우나 지속적으로 유지 가능 예측	물자 부족, 배급기구 정비
10. 양말 전문 소매상	45	162	경영이 어려우나 지속적으로 유지 가능 예측	물자 부족, 배급기구 정비
11. 도료 판매상	11	152	경영 곤란	물자 부족
12. 해산물 도매상	22	152	경영 곤란	
13. 안경 소매상	20	89	경영이 어려우나 지속적으로 유지 가능 예측	물자 부족, 7·24금지령
14. 양복상	630	3,000	경영이 어려우나 지속적으로 유지 가능 예측	물자 부족
15. 가정 금물 부엌용 잡화상	141	1,300	어렵게 경영 유지 중	물자 부족, 일반적 통제경제 강화
16. 직물 소매상	200	1,329	경영 곤란에도 유지 가능성 예측	물자 부족, 7·24금지령
17. 약 판매상	780	2,360	비교적 양호	일반적 통제경제 강화, 물자 부족
18. 정육상	1,890	3,890	경영이 상당히 곤란	일반적 통제경제 강화
19. 운동기구상	15	132	경영 곤란에도 유지 가능성 예측	물자 부족, 7·24금지령

20. 건과 판매상	23	116	완전 실업 이외에는 없음	물자 부족
21. 누비 판매상	60	472	완전 실업 우려	물자 부족, 배급기구 정비
22. 화장품상	351	1,260	비교적 양호	물자 부족
23. 고무신 소매상	199	347	어렵게 경영 유지 중	일반적 통제경제 강화, 물자 부족 , 배급기구 정비
24. 장작 소매상	520	1,600	완전 실업자 속출 우려	공정가격 부적당, 배급기구 갖추지 못함
25. 놋쇠제품 판매상	15	58	완전 실업 이외에는 없음	일반적 통제경제 강화, 7·24금지령
26. 곡물 중개상	50	200	현재 실업 상태	배급기구 정비
27. 신발상	42	189	비교적 사업을 지속하는 데 양호	일반적 통제경제 강화
28. 식료품 소매상	850	3,420	중소업자의 경영 어려움이 심각해짐	물자 부족, 배급기구 정비

* 출처: 《조선경제잡지》 303호, 경성상업회의소, 1941년 4월, 21쪽.

자료목록

자료 번호	자료명	자료(책)명	발행일	본문 쪽수
자료 24	중요 법령 개정 (1), 개정의 근본정신에 대해: 「회사령」 철폐 및 「시장규칙」 개정, 미즈노(水野) 정무총감 담(談)	매일신보	1920. 4. 3.	36
자료 25	「회사령」 폐지와 은행 신영(新營)	동아일보	1920. 4. 15.	39
자료 26	「회사령」 폐지와 반환 건	동아일보	1920. 4. 25.	39
자료 27	은행 계획상 주의, 「회사령」 폐지와 오해	매일신보	1920. 5. 5.	40
자료 28	재조선 일인 투자액 조선인의 21배, 회사 경영 공자(工資)만 5억 4000만 원, 자금 비율로 본 조선 상공업	조선일보	1929. 2. 14.	40
자료 29	전 조선 상대의 상업자 일본인이 600배 우세, 박람회 손을 끌기로 우열 있던 경성 내 일선인 상업 비교	조선일보	1929. 10. 20.	41
자료 30	금일 미곡시장 「회사령」 공포, 투기 거래 일소 단행, 실물 본위 배급 조정, 특히 잡곡 거래도 인정	동아일보	1939. 9. 22.	43
자료 31	현존의 미취(米取)는 해산코, 신회사로 배급 조절, 「회사령」 공포와 총독 담(談)	동아일보	1939. 9. 22.	46
자료 32	공칭자본 2억 1,000만 원, 사수(社數) 2,200여 사(社), 조선 총 회사 수에 비해 4할 해당, 조선 내 조선인 지배하의 회사 상세(狀勢)	동아일보	1940. 2. 11.	47
자료 33	조선인 중요 회사 491사(社)뿐	동아일보	1940. 2. 11.	47
자료 34	회사 증세는 활발이나 소규모 범위를 미탈(未脫)	동아일보	1940. 2. 11.	49
자료 35	「조선회사령」 철폐 후 회사 발달 일층 현저, 불입자본 68배의 증(增)	동아일보	1940. 2. 11.	50
자료 36	공익 우선 원칙하에 국민경제 발전 기도, 「회사경통령」과, 재무국장 담(談)	매일신보	1940. 11. 5.	50
자료 37	반도 상공계의 약진, 10월 중 회사 수 5,700	매일신보	1940. 11. 16.	55
자료 38	해제: 「회사경리령」 개정	매일신보	1941. 10. 1.	55
자료 39	「기업허가령」 실시와 경제의 신질서 확보, 내월 전선 환하게 방침을 평정	매일신보	1942. 1. 11.	57
자료 40	「통제회사령」 공포, 조선은 오는 10일 실시	매일신보	1943. 10. 20.	57
자료 41	「회사경리통제령」 개정	매일신보	1944. 2. 12.	58
자료 42	불허성내(不許城內)	황성신문	1899. 8. 26.	60
자료 43	시장 관리	황성신문	1906. 2. 19.	60
자료 44	시장처리법	대한매일신보	1910. 2. 17.	60
자료 45	시장 처리 내용	대한매일신보	1910. 2. 22.	60
자료 46	관내 시장 조사	매일신보	1912. 5. 5.	60

자료 번호	자료명	자료(책)명	발행일	본문 쪽수
자료 70	안성 우시(牛市)까지도 이전할 계획? 아랫장 상민 수백 호에 대위협	조선일보	1929. 3. 1.	78
자료 71	쌀시장 이전설 대책으로 미시공영회(米市共榮會) 조직, 총독부에 진정도 준비	조선일보	1929. 3. 2.	79
자료 72	대구 남문시장(南門市場) 이전에 관한 진정, 조선인 부락에 가깝게 이전을 하게 해 달라고 주민 1,000여 명 연명 제출	조선일보	1929. 7. 13.	79
자료 73	나남상업회(羅南商業會)에서 시민대회 개최, 우콘 지주의 횡포 문제로	조선일보	1929. 9. 20.	80
자료 74	대구 조선인 본위 염매시장(廉賣市場) 설치, 기본금 1만 원으로, 지난 15일부터 개업	조선일보	1929. 10. 15.	80
자료 75	영산포시장(榮山浦市場) 이전 문제 분규, 신시장에서는 홍정이 없다, 영산포 발전상 일대 문제	조선일보	1929. 10. 26.	81
자료 76	부민의 여론 격앙으로 인천어시(仁川魚市) 원안 철폐, 인천 부영의 어시장 매축공사가 끝난 후 명년 7, 8월에 재의키로 인천 부협의원 가결	조선일보	1929. 11. 8.	82
자료 77	무리한 시장세(市場稅) 규탄 연설회 개최, 지난 15일 부산진 흥업회에서	조선일보	1930. 2. 19.	83
자료 78	경매시장 문제로 협의회가 격투장화, 면민의 복리는 염두에 없고 자기 권리만 주장타가 격투, 함흥면협의회의 추태	조선일보	1930. 4. 2.	83
자료 79	상민(商民)에게 타격을 줄 함흥 경매시장(競賣市場) 부의회에서 설치 가결, 모든 식료품을 경매케 된다	조선일보	1931. 3. 29.	84
자료 80	남대문시장 문제, 시장 상인 등 대책을 강구, 사용요금 오를 것을 염려, 필경 헐가 불하로	조선일보	1931. 4. 3.	85
자료 81	도·부(道府)를 무시, 총독부 독단 처사, 공영조사소서 질문	조선일보	1931. 4. 3.	85
자료 82	「시장령(市場令)」 실시와 수백 소상(小商) 진정, 시장령에 의하여 폐지케 되면 거기 종사하든 상인 살 수 없어, 부산진 사설시장 문제	조선일보	1931. 8. 7.	86
자료 83	원산(元山)에 사설시장 수세를 더 받아, 일반은 분개	조선일보	1931. 8. 13.	86
자료 84	진남포(鎭南浦) 용정시장(龍井市場) 백일세 부활 반대, 차지차가인 대회 발기, 철저 항쟁 준비	조선일보	1933. 6. 24.	86
자료 85	조선인 시민의 일대 사활 문제, 부의원 등 진상을 조사	조선일보	1933. 6. 24.	87
자료 86	기자단 궐기 시장 문제 구명, 불일 비판 연설회 개최	조선일보	1933. 7. 5.	87

자료 번호	자료명	자료(책)명	발행일	본문 쪽수
자료 87	용암포어시장(龍岩浦魚市場) 공영설 대두! 일부 어민의 국한문제 아니라고 전 주민 반대운동 치열	조선일보	1933. 11. 9.	88
자료 88	각지 장날(市日)을 이용하야 교화운동을 하라. 우가키(宇垣)總督의 주의사항. 금일 정례 국장회의	매일신보	1933. 12. 20.	89
자료 89	오일장을 폐지하고, 십일장을 실시할 듯, 전 조선 1,400여 시장	동아일보	1934. 3. 1.	89
자료 90	농촌 합리화로 장날(市日) 횟수를 감축	매일신보	1934. 3. 1.	90
자료 91	고래(古來)의 상습관(商慣習)인 시장을 일제 개선, 상공과에서 연구 중	매일신보	1934. 3. 5.	90
자료 92	장날 변개(市日變改)는 물론 시장 수까지 정리, 상공과의 입안 내용	매일신보	1934. 3. 7.	91
자료 93	개시 일수도 줄이고 시장 수효도 대정리, 상공과의 시장개혁의 대방침 결정, 지방 번영에 영향 막대	조선일보	1934. 3. 7.	91
자료 94	사설: 시장제의 개선	매일신보	1934. 3. 8.	92
자료 95	용암포시장(龍岩浦市場) 분규 문제 해결, 어조연합회와 양해 성립, 전 경영자가 다시 계속	조선일보	1934. 3. 9.	93
자료 96	장날(市日) 감축은 점진적 협의 사항을 최후로, 지사회의(知事會議) 종료	매일신보	1934. 4. 22.	94
자료 97	조선인 어시장의 폐지 운명에 반항, 300여 조선인 어업자 결속, 관계 당국에 진정	조선일보	1934. 8. 22.	95
자료 98	장날을 이용하야 사회교화를 기도, 각종 시설로 지도 유액(誘掖)하라고	매일신보	1934. 9. 11.	95
자료 99	조선인 어시를 강제로 폐지, 당일의 사태를 주시	조선일보	1934. 9. 11.	96
자료 100	어시장의 폐지로 당업자 대공황, 어물가 따라 폭등	조선일보	1934. 10. 20.	96
자료 101	시장 사용 문제로 군산부회(群山府會) 공전(空前) 소란, 일(一) 가결안을 다시 취소하는 등, 부회 사상 처음 볼 실태(失態)	조선일보	1936. 3. 31.	96
자료 102	시장 사용 허가자, 취소당한 자 속출, 당초 사용권리자 두선(杜選) 원인으로 인천부사 처사에 비난 점고(漸高)	조선일보	1936. 6. 16.	97
자료 103	인천 시장제도에 비난 공격만 점고(漸高), 현실사정과 부합 안 된다고	조선일보	1936. 10. 10.	98
자료 104	중앙도매시장 건설 시국관계로 중지, 남대문시장을 당분간 묵인, 땔감시장(柴炭市場)도 당분간 현 장소에	조선일보	1937. 10. 21.	98
자료 105	경성부 내 각 시장의 감독을 강화, 경성부 권업과 진출	조선일보	1938. 8. 27.	99

자료 번호	자료명	자료(책)명	발행일	본문 쪽수
자료 106	시장 이용의 다각화: 사회교육을 목표 삼아, 각지 시장을 개방 계획, 일반 체위(體位)를 향상, 경기·오락을 조장, 남북 시장 조사는 근근(近近) 완료	동아일보	1939. 4. 12.	99
자료 107	각 방면에 이용하면 좋은 효과(效果)를 예기(豫期), 총독부 무라야마(村山) 촉탁 담(談)	동아일보	1939. 4. 12.	100
자료 108	「시장령(市場令)」 요망, 간담회를 개최	조선일보	1939. 8. 3.	100
자료 109	부내(府內) 5 공설시장도 애국일(愛國日)에 협력, 부 당국에 휴업원	조선일보	1940. 5. 26.	101
자료 110	장날(市日)을 반감(半減), 모두 노동운동(皆勞運動)에 이바지	매일신보	1941. 10. 17.	101
자료 111	지방 시장 개시일을 월 4회제로 마침내 단축	매일신보	1942. 2. 3.	102
자료 112	장날은 이레에 한 번, 3월부터 7일장을 보도록 통첩	매일신보	1942. 2. 3.	102
자료 113	김장철 폭리 단속, 개성서 경제계 맹활동	매일신보	1942. 11. 6.	103
자료 114	일상무금(日商貿金)	황성신문	1899. 9. 22.	104
자료 115	공전속가(公錢贖家)	황성신문	1901. 2. 11.	104
자료 116	소추실물(訴推失物)	황성신문	1901. 8. 14.	104
자료 117	일인매토(日人買土)	황성신문	1903. 3. 31.	104
자료 118	노성일인	황성신문	1903. 7. 9.	104
자료 119	시장세 부과법	대한매일신보	1909. 7. 27.	105
자료 120	양군(兩郡) 시장의 상태	황성신문	1910. 2. 20.	105
자료 121	24전 시장세	황성신문	1910. 3. 6.	105
자료 122	시장세와 외인	대한매일신보	1910. 3. 23.	105
자료 123	시장 일반	대한매일신보	1910. 4. 6.	105
자료 124	시장세 증가의(議)	황성신문	1910. 7. 21.	106
자료 125	상공조사회 결의	매일신보	1912. 1. 18.	106
자료 126	조선 미상(米商)은 지정대로 판매, 문제는 일본인뿐, 당국은 아주 엄격	동아일보	1920. 7. 6.	106
자료 127	시장세 부정 징수, 안성시장의 막대한 폐해, 마침내 경찰의 손이 활동	동아일보	1924. 7. 17.	107
자료 128	단속 여행(勵行)과 정미시장 타격	조선일보	1921. 5. 19.	108
자료 129	현물시장 조선인 중매점 수색, 장부, 전표, 기타 다수 증거 물품을 압수했다	조선일보	1921. 8. 3.	109
자료 130	어시장 청원 조선인 측	조선일보	1923. 2. 7.	109

자료 번호	자료명	자료(책)명	발행일	본문 쪽수
자료 131	상무회(商務會)의 토산장려	조선일보	1923. 3. 13.	109
자료 132	일본 상인과 거래 단절, 일삭 기한을 20일로 한다고 조선인과 중국인이 공동 단절	조선일보	1923. 7. 10.	110
자료 133	일반 시황, 진재 영향	조선일보	1923. 10. 30.	111
자료 134	면화 판매자 불평, 일본 사람이 사 놓고 값을 지체한 까닭에	조선일보	1923. 11. 23.	113
자료 135	상점의 회사 조직 문제	조선일보	1924. 2. 16.	113
자료 136	시장 단속은 변화 없다, 어찌 정리가 필요, 히라이(平井) 상공과장 담	조선일보	1924. 9. 26.	114
자료 137	안성시장 역원, 군면 직원의 친척, 전부 도태가 가당	동아일보	1924. 10. 24.	114
자료 138	중개자의 폐해와 조선 상인의 우매	조선일보	1924. 12. 6.	115
자료 139	전횡무리(專橫無理)한 남포어시(南浦魚市) 중매조(仲買組), 소위 조합규약을 빙자하고 조선인의 상업을 중지시켜	조선일보	1925. 1. 20.	116
자료 140	시장세를 급히 안 준다고 상품을 못 쓰게 해	조선일보	1925. 1. 24.	117
자료 141	함흥어채장(咸興魚菜場) 드디어 분규? 교섭위원도 믿을 수가 없다 하여	조선일보	1925. 2. 20.	117
자료 142	종로 상인(路商人) 연합매출에 대하여, 당업자 및 상의 당국에 촉함	조선일보	1925. 4. 25.	117
자료 143	세모 할인 대매(大賣), 조선 상점에서도 금년에 처음으로 시작인 바 모범이 되도록 할 작정이다	조선일보	1925. 12. 7.	119
자료 144	조선인 상점 진흥책으로 본사가 계획한 현상 투표, 특별히 각 상점에 대한 문제를 낸 것은 순전히 조선인 상점의 번영책을 위한 것	조선일보	1926. 1. 29.	120
자료 145	목포해산물상조합의 10여 년 착취 내막 폭로, 암호를 써서 입찰의 한도를 정하여 가지고, 무리한 이익을 자기들끼리 분배하였다고 항의의 결과 조합 이사장은 사과	조선일보	1926. 4. 10.	121
자료 146	음력 설 경과(經過)로 본 우리 상계(商界)의 불황, 원래 불황하던 중 중국인과 일본인의 등쌀에 우리의 매매는 여지없이 줄어, 여실히 드러난 우리 파멸	조선일보	1927. 2. 3.	123
자료 147	조선 상점 3할 철전(撤廛) 지경! 상품 매하(賣下)는 7할 감소, 중국인 상점의 증가와 일인 상점 경품부 대매출로 타격, 구 세모에도 불황한 군산시	조선일보	1927. 2. 3.	123
자료 148	영업세로 본 조선인의 상권, 조선인은 200여 원이 최고, 내지인은 1,800원이 최고, 인천부 당국의 조사	매일신보	1927. 7. 13.	123

자료 번호	자료명	자료(책)명	발행일	본문 쪽수
자료 149	시장 인접지에 염매소(廉賣所) 부설은 「시장규칙」 위배	조선일보	1928. 10. 17.	124
자료 150	유독(有毒)한 다시마로 남조선시장 사기, 천하 제일품이 분석 결과 유독, 범인은 안동서에 체포	조선일보	1928. 12. 6.	124
자료 151	상계 번영의 한 방책	조선일보	1928. 12. 18.	125
자료 152	조선인은 7배 증가에 일본인은 26배, 매매 가격으로는 3배가 늘어 17년간의 상업 추세	조선일보	1928. 12. 29.	127
자료 153	몇 배 늘린 재고품에 매매는 의외 한산, 상품은 안 팔리고 금리는 늘어 공황을 연출한 원인	조선일보	1929. 10. 6.	129
자료 154	고객은 늘었으나 판매고는 안 늘어, 작년보다 시세가 없는 것도 있고, 제일 나은 것이 금은상	조선일보	1929. 10. 6.	130
자료 155	희박한 자본에다 궤도 없는 상전(商戰), 표면에 드러난 것 이외에도 내용으로는 모두 신음한다	조선일보	1929. 10. 6.	131
자료 156	살찐 것은 일본 상인, 한 번에 팔아 파산 속출과 좋은 대조(好 對照)	조선일보	1929. 10. 6.	131
자료 157	상업술의 유치(幼稚), 대구지부 한 기자	조선일보	1929. 10. 17.	131
자료 158	종로가(鐘路街)의 조선인 중소상업의 몰락, 화신·동아의 1주간 홍정이 양대 백화점의 15분의 1	조선일보	1930. 10. 31.	132
자료 159	남촌 거상(南村巨商) 대항 포목상 염매(廉賣), 15일부터 30일까지 각종 가격을 인하	조선일보	1930. 11. 15.	133
자료 160	김천연매점(金泉聯賣店) 실시, 16일에 공사 착수, 조선 상인 대책 여하?	조선일보	1930. 11. 19.	134
자료 161	쇠퇴하는 중소상업	조선일보	1934. 1. 1.	134
자료 162	개성삼(開城蔘) 옹호 차 외래 삼 소개 거부, 인삼 소개 신규정 제정	조선일보	1935. 2. 22.	136
자료 163	「폭리단속령」 시행	조선일보	1937. 8. 4.	137
자료 164	일지사변(日支事變)의 영향, 일반적으로 보아 약 2할 판매 감소, 금융의 경색으로 곤란이 불소(不少), 조선인 소매상도 적요, 경성상의 조사	조선일보	1937. 9. 9.	139
자료 165	전시경제와 소매상점, 경성상의 업무과장 아카오 마사오(赤尾正夫)	조선일보	1938. 7. 30.	142
자료 166	시내 공·사설 17개소 소매시장 통제 완성, 400 상인 대표 30여 명을 부에서 초치, 소매시장조합연합회 결성	조선일보	1938. 11. 30.	145
자료 167	200여 명 상인 소집 통제경제 질의문답, 23일 개성 사회관에서	조선일보	1939. 1. 26.	145

자료 번호	자료명	자료(책)명	발행일	본문 쪽수
자료 168	조선의 소매업 통제 만전 대책 수립, 연구위원회를 상설 구체책 강구, 특수 사정 검토가 필요	조선일보	1939. 7. 1.	147
자료 169	이출 조정령 중에는 미곡 일반 명령도 규정, 「시장회사령」은 단독 제정	동아일보	1939. 7. 25.	148
자료 170	단속령 실시, 매매도 통제할 방침, 총독부 유이(油井) 축산과장 이야기	조선일보	1939. 9. 8.	148
자료 171	시장 배급기구 정비 청과, 채소시세 억압, 부 권업과서 대책 강구	조선일보	1939. 11. 8.	149
자료 172	부내 각 시장 일용품의 가격 사정 개시, 월말까지에 완료, 내월부터 실시	조선일보	1939. 11. 28.	149
자료 173	청과도매시장, 가격 불표시 매출 성행, 서문서에서 적발 엄벌	조선일보	1939. 12. 14.	150
자료 174	불매석불매점(不賣惜不買占) 신전(神前)에 맹서(盟誓), 상공업자의 "정동(精動)" 경제보국 선서식, 명 20일 전 조선 일제히 거행	조선일보	1939. 12. 20.	150
자료 175	생사(生絲)에 전표 제도(傳票制度), 배급통제의 단행 결정	매일신보	1940. 1. 9.	151
자료 176	경제사범 방지 차 5개 투서함 설치	조선일보	1940. 4. 15.	152
자료 177	통제경제 강조 주간 제1일은 '자숙휴업', 2일부터는 본격적으로 검찰대를 출동 감시	조선일보	1940. 7. 2.	152
자료 178	전주부(全州府) 채소·과일 행상(行商) 적정가격 결정	조선일보	1940. 7. 24.	153
자료 179	「폭리단속령 강화」(1)	조선일보	1940. 8. 6.	153
자료 180	「폭리단속령 강화」(2)	조선일보	1940. 8. 7.	156
자료 181	양평 경제좌담회	매일신보	1940. 8. 17.	159
자료 182	성냥과 비누, 사 모으다가 벌 받아	매일신보	1942. 1. 7.	159
자료 183	미곡 암거래자 체포, 김포서서 연루자 10여 명 엄중 조사	매일신보	1943. 1. 27.	160
자료 184	평양 경제의 상태	매일신보	1913. 11. 16.	161
자료 185	야채시장 문제 낙착, 남대문 안 채소시장 그 앞 과자 시장으로	매일신보	1915. 6. 30.	162
자료 186	남선(南鮮)의 상권, 목포부윤 하시모토 도요타로(橋本豊太郎) 씨 담(談)	매일신보	1918. 2. 10.	162
자료 187	공설시장의 증설에 일본인 식료품상이 대반대, 경성부에서 난 방침을 불변	동아일보	1920. 5. 21.	162

자료 번호	자료명	자료(책)명	발행일	본문 쪽수
자료 188	"공설시장의 미상(米商) 분개(憤慨)" 밑져 가면서는 도저히 쌀전을 낼 수 없다고, 부당국에 진정까지	동아일보	1920. 7. 5.	163
자료 189	시장 이전 문제, 황주 시민의 대불평	조선일보	1921. 11. 29.	164
자료 190	우시장은 현상유지, 성남시민 100여 명이 군청과 양해한 결과	조선일보	1921. 12. 1.	165
자료 191	상업가의 대분기	조선일보	1923. 1. 21.	167
자료 192	부청(府廳)의 시장 경영, 권상장(勸商場)을 얻어 가지고 조선인의 편리를 도와	조선일보	1923. 2. 2.	167
자료 193	원산 공설시장 설치에 대한 여론을 거(擧)하야 부윤(府尹)과 부협의원(府協議員)에게 여(與)함, 원산지국 춘강생	조선일보	1923. 2. 23.	167
자료 194	연년 증가의 혈거생활(穴居生活) 경용간(京龍間)에만 250인, 일본인의 세력에 쫓겨 가는 동포, 해마다 심하여지는 경제상 핍박	조선일보	1923. 5. 11.	170
자료 195	원산 명태시장 인가 문제	조선일보	1923. 11. 5.	171
자료 196	함종면화시장(咸從棉花市場) 문제, 시민은 대불안 중에 반대운동, 군 당국에서 위치를 변경코자 하는바, 100여 명의 연서로도 당국에 진정 제출	조선일보	1923. 11. 23.	171
자료 197	신시장 설립 문제로 사천(泗川) 주민의 분기(奮起)	조선일보	1924. 8. 27.	172
자료 198	사천(泗川) 시민에게	조선일보	1924. 8. 28.	172
자료 199	사리원(沙里院) 시민 500명이 군청에 쇄도, 시장 위치 문제로 싸우던 끝에	조선일보	1924. 9. 5.	173
자료 200	대포시장(大浦市場)으로 도천 면민대회(道川面民大會), 일본인의 번영회의 경영을 견제, 사업 진행은 우리 손에	조선일보	1925. 2. 20.	174
자료 201	납세액으로 본 대구의 일본인 세력, 호수로 4배나 더 되는 조선인, 납세액은 반액도 못 되는 현상, 빈부의 현격(懸隔)이 태심(太甚)	조선일보	1925. 4. 9.	175
자료 202	시장(市場)의 폐해로 남포상인(南浦商人) 궐기, 해독부터 조사하여 적극적으로 타파해	조선일보	1925. 4. 22.	177
자료 203	태인시장(泰仁市場) 이전 문제, 개인의 이익을 위함이라고, 주민 측의 반대가 격렬하다	조선일보	1925. 5. 5.	177
자료 204	양두구육(羊頭狗肉)의 남포곡시장(南浦穀市場)의 정체, 간판만은 현물 매매소! 실상 내용은 공개 도박장	조선일보	1925. 6. 5.	178
자료 205	남포곡조(南浦穀組) 분규 해결, 일본인 조합원 세 사람의 알선으로 6일부터 복업	조선일보	1925. 6. 8.	179

자료 번호	자료명	자료(책)명	발행일	본문 쪽수
자료 206	조선인 의주(義州) 파멸되는 사면관(四面觀) (2): 심혹한 차별, 상권은 외국인에게로, 기자 새벽별	조선일보	1925. 6. 12.	181
자료 207	조치원(鳥致院)의 현상! 전 시가(市街)가 일인(日人) 소유, 일본인은 자꾸 늘어 가고, 조선인은 자꾸 줄어 간다. 무서운 그들의 세력을 보라	조선일보	1925. 11. 24.	182
자료 208	심촌(沈村) 시장기지 일본인의 수중에 연고자에게 비밀을 지키고, 일인에게 팔은 지주의 심사, 시민의 분노 갈수록 격앙	조선일보	1925. 12. 10.	182
자료 209	경성 상업계의 신경향: 진흥책 강구의 필요	조선일보	1925. 12. 20.	183
자료 210	대주 일인(垈主日人)의 무리로 웅천(熊川) 시민 대 분개, 시장혁신회를 창립하고 최후 이전까지 결심	조선일보	1926. 4. 2.	185
자료 211	공황이 일혹(日酷)한 남포(南浦) 조선인 상계, 폐문하는 상점이 속출되어 시가의 사정·형편은 폐허와 같다	조선일보	1926. 4. 15.	186
자료 212	부흥무로(復興無路)의 송파(松坡) 조선인 상계, 홍수를 겪고 난 나머지에 다시 일어날 도리가 없다	조선일보	1926. 5. 19.	186
자료 213	부흥에 노력하는 조치원(鳥致院) 상업계, 상권을 빼앗기지 말고자 여러 가지로 활동을 개시	조선일보	1926. 5. 22.	187
자료 214	북촌(北村)엔 전황(錢慌)의 구풍(颶風), 남촌(南村)엔 사치(奢侈)의 춘풍(春風), 북촌 상계는 여지없이 쇠퇴해 가는데, 조선 고객으로 남촌엔 사치품만 팔려, 상계로 본 경제 파멸상	조선일보	1927. 1. 2.	187
자료 215	전 상권 장악하려는 수산사(水産社)를 반대, 해산물 판매에 대하야 여수 항민의 중대 문제	동아일보	1927. 3. 30.	192
자료 216	상권은 외인(外人), 연매매 700만 원	동아일보	1927. 5. 13.	193
자료 217	수원 상계상(商界相) 자위책을 강구하자. 수원지국 일기자	조선일보	1927. 6. 18.	194
자료 218	상권회복운동, 예산 청년의 활동	동아일보	1927. 12. 16.	196
자료 219	목포 상민 동요, 4개 단체 분기	조선일보	1928. 2. 8.	196
자료 220	대구 상인들 1역 1점(一驛一店) 반대, 모든 것을 상의 간담에 일임	조선일보	1928. 2. 10.	197
자료 221	청주(淸州) 상공업자 1점주의(一店主義) 반대 결의, 적극적으로 대책 도모	조선일보	1928. 2. 15.	197
자료 222	2역1점주의(二驛一店主義) 반대로 평양부민대회, 토의한 후 결의문을 작성하여 총독 이하 각 당국자에게 타전	조선일보	1928. 2. 17.	197

자료 번호	자료명	자료(책)명	발행일	본문 쪽수
자료 223	조선 상계(商界)의 진흥을 목표로 연말 특매와 저명 투표, 중앙번영회와 조선일보사의 주최로 상업사상에 일 신기원 지을 장거, 내 15일부터 일제 시행, 인기 집중의 3계획, 조선 상계 자위책	조선일보	1928. 12. 8.	199
자료 224	조선인의 상공 진흥을 위한 평양상공번영회, 창립발기인회 개최	조선일보	1928. 12. 13.	199
자료 225	박리다매로 조선 의복 제매(製賣), 남항 축동 상계	조선일보	1929. 1. 14.	200
자료 226	상권을 만회코자 청진 상계(淸津商界) 분기, 3월 2일을 기하여 각 상점 일제 철시	조선일보	1929. 3. 5.	201
자료 227	철시하였던 청진 각 상점 개시, 상업회의소가 책임지고 해결하여 주겠다고 하여 상권 만회 운동의 그 후	조선일보	1929. 3. 14.	201
자료 228	신상업회(新商業會) 조직 일인(日人)과 합동 반대, 함흥 야학 설치도 요망, 함흥상업회 총회에서	조선일보	1929. 4. 9.	202
자료 229	과물시장(果物市場) 문제로 일 파란(一波瀾)을 난면(難免)? 인천청과조합이 탄생	조선일보	1929. 6. 27.	203
자료 230	고원어시장(高原魚市場) 문제로 주민들이 대분기, 일인(日人) 지주(地主) 기지(基地) 승낙 여부로	조선일보	1929. 8. 7.	203
자료 231	대구부(大邱府) 남문시장(南門市場) 이전, 조선인 많이 사는 곳으로 이전코자 맹렬 운동	조선일보	1929. 10. 15.	204
자료 232	전도 자못 다난(多難)한 조선인 상업계, 외자에 대항키 위하여는 신진 배출과 단합이 필요	조선일보	1930. 9. 4.	204
자료 233	경북선 개통으로 대구 상권은 감축, 안동까지 개통되면 더욱 타격, 대책은 구남철도(邱南鐵道) 개통이 급무	매일신보	1930. 10. 10.	205
자료 234	100여 청년이 금주회 조직, 회비를 모아 소비조합을 건설, 빼앗긴 상권을 회복코저 활동, 이천 청년의 각성	동아일보	1930. 10. 21.	206
자료 235	경북선 개통의 결과, 대구 상권은 감축, 안동 등지의 상품도 부산으로 이동, 지방 상인 우우법(優遇法) 강구	매일신보	1930. 10. 29.	206
자료 236	독자 평단: 상권 만회에 노력하라, 장연(長淵) 김도마(金陶瑪)	동아일보	1931. 5,13,	207
자료 237	조선인의 상점은 불과 40여 처(4), 그리고 상권은 일본인에게 잡혀 있어 서기를 못 편다. 본사 이동 탐사 제일대 김형식	조선일보	1931. 7. 9.	208
자료 238	조일인(朝日人)으로 조직된 흥남상공회(興南商工會) 분열, 간부 선거운동 감정 문제로 조선인 중심으로 조직	조선일보	1931. 8. 1.	209
자료 239	군산(群山) 조선인 상업 축일(逐日) 쇠퇴로 위기, 외래 자본의 잠식이 그 주 원인, 상권옹호운동 대두	조선일보	1934. 2. 11.	210

자료 번호	자료명	자료(책)명	발행일	본문 쪽수
자료 240	경성 내 시장통제 준비 공작의 진행, 중앙물산이 환경시장 매수 계획, 중앙도매시장 목표로	조선일보	1936. 1. 23.	210
자료 241	소위 실력주의로 조선인 불리, 부영(府營), 대행을 막론하고	조선일보	1936. 2. 23.	211
자료 242	조선인과 원연(遠緣)인 시내 3개소 일용품 시장, 화원정과 용산과 서대문 3개소, 전동시장(典洞市場)의 개비도 필요	조선일보	1936. 11. 28.	212
자료 243	생명선(生命線)인 상권 옹호! 목적 관철에 매진, 남대문시장 상인연합회 역원회, 당국에 적극 교섭 결의	조선일보	1938. 1. 23.	213
자료 244	논설	황성신문	1898. 9. 16.	214
자료 245	논설	황성신문	1899. 6. 12.	214
자료 246	외부답찰(外部答札)	황성신문	1898. 10. 25.	214
자료 247	탄상강장(炭商强壯)	황성신문	1899. 2. 2.	214
자료 248	논설	황성신문	1899. 3. 13.	214
자료 249	해주(海州)에 일상(日商) 주거	황성신문	1900. 5. 18.	215
자료 250	조금사기(照禁私器)	황성신문	1902. 3. 20.	215
자료 251	일상폭행	황성신문	1903. 11. 25.	215
자료 252	박민피살(朴民被殺)	황성신문	1904. 5. 5.	215
자료 253	조선인 중국인의 포목 경매	조선일보	1921. 1. 24.	215
자료 254	면포 거래 기간 문제	조선일보	1921. 2. 1.	216
자료 255	시장 주민의 대소동, 진주 사회에서는 중대 문제, 시장 세금 낙하함에도 민족적 차별, 탄원서를 불온문서라는 진주면장	조선일보	1923. 1. 28.	216
자료 256	일본 상인이 학생을 구타, 학부형 대회에서도 분기, 일본인에게 물건 사지 말란다고 어린 학생을 방에 넣고 구타한 일	조선일보	1923. 7. 25.	217
자료 257	파산 영향 매우 적어(甚少), 경성회의소 조사	조선일보	1923. 10. 7.	218
자료 258	경성상업계의 대문제, 수입세 감면으로 인하야 물었던 수입세를 도로 받은 도매상, 소매상에게 졸려서 못 살겠다고	조선일보	1923. 10. 28.	219
자료 259	진주시장(晉州市場) 주민대회, 사복을 채우려고 한 보증금에 시장 이식을 부쳐서 내이라고	조선일보	1923. 12. 7.	220
자료 260	산업권의 회복을 위하여, 대구 포목상조합의 활약을 문하고	조선일보	1924. 5. 23.	221

자료 번호	자료명	자료(책)명	발행일	본문 쪽수
자료 261	수직요금(守直料金) 증액은 조선 상인의 자멸책, 객주 조합 역원회 결의에 조합원 일동은 극구 반대, 여론 비등한 남포미곡상계	조선일보	1925. 11. 6.	222
자료 262	소비조합 창립, 진주에서	조선일보	1926. 3. 12.	224
자료 263	일인 폭행(日人暴行), 철봉으로 위협함에 기명을 무수히 부숴	조선일보	1926. 3. 13.	225
자료 264	동업상기(同業相忌)로 방화(放火), 제 상점 물건은 아니 팔리고 남의 것 잘 팔리는 걸 시기해, 한강통 방화 동기 판명	조선일보	1926. 3. 21.	225
자료 265	상품권 문제 조선 상인 측 여론과 견해(見解)(2), 속히 전폐(全廢)를 기(期)한다	조선일보	1929. 7. 24.	225
자료 266	함흥상업회(咸興商業會) 구간부 흑막 폭로, 명맥인 저축계는 내용이 공허, 전도 유지까지 문제	조선일보	1929. 9. 29.	227
자료 267	일본인 면포거상(綿布巨商)인 야마구치상점(山口商店)이 파탄, 수백 원에 불과한 부도로, 연말 상계에 일대 충동	조선일보	1929. 12. 5.	229
자료 268	일본인 상점의 점원 일제 파업, 차별 대우에 분개	조선일보	1930. 2. 6.	230
자료 269	경성(京城)의 상세(商勢) — 중소 상인의 말로	조선일보	1930. 8. 22.	230
자료 270	상권 회복 목적으로 양품상조합(洋品商組合) 창립, 상권은 조선 사람이 잡게 돼, 원산 상업계의 서광	동아일보	1930. 10. 31.	231
자료 271	조선인 포목상 단결, 신흥포목상조합 창립, 현금주의로 염가 판매 계획	조선일보	1931. 2. 21.	232
자료 272	조선인 포목상 결속코, 공동 구입 실시, 외인 상민의 손을 제거하려고, 김천 포목상들의 각성	조선일보	1931. 3. 19.	232
자료 273	상권 회수를 목표로 상업회를 조직, 파산된 동업자도 구조한다, 통천 상업가가 결속	동아일보	1931. 4. 2.	233
자료 274	상공가(商工家)의 단결을 촉(促)함, 군산지국 김영기	조선일보	1932. 2. 5.	233
자료 275	상공업자의 도항증명(渡航證明) 폐지, 대구상의 결의	조선일보	1932. 5. 28.	234
자료 276	상권은 누구 손에? 문제 안 되는 일(日), 조선(朝鮮) 상인	조선일보	1933. 2. 15.	235
자료 277	시장 정리한다고 100여 노점 강제철거, 장림(長霖) 후 주민은 갈 곳 없어 방황, 강경읍의 처사 엄혹	조선일보	1933. 8. 2.	235
자료 278	조선인 상업 경영의 결함(1), 신태익	조선일보	1933. 10. 24.	236
자료 279	조선인 상업 경영의 결함(2), 신태익	조선일보	1933. 10. 28.	237
자료 280	조선인 상업 경영의 결함(3), 신태익	조선일보	1933. 10. 31.	239
자료 281	조선인 상업 경영의 결함(5), 신태익	조선일보	1933. 11. 11.	240

자료 번호	자료명	자료(책)명	발행일	본문 쪽수
자료 282	조선인 상업 경영의 결함(6), 신태익	조선일보	1933. 11. 12.	242
자료 283	조선인 중소상 위축, 구제할 대책이 없는가, 22만 명 상인에는 사방에서 압박이 날로 심각, 당국에서 무명안(無名案)을 이유로 목하 방관하는 태도에 불과	조선일보	1934. 8. 17.	243
자료 284	시장 관리인 상대 소상인의 궐기, 배척 반대 등 3조 결의	조선일보	1934. 9. 12.	243
자료 285	남대문시장원(南大門市場員) 대책을 강구	조선일보	1936. 11. 27.	244
자료 286	인천 일용품 시장에 사용자 비난성(非難聲), 폐업자가 속출 상태	조선일보	1937. 2. 17.	244
자료 287	식료품 이외는 「시장규칙(市場規則)」에 위반, 해주읍 당국 처치를 주목	조선일보	1937. 12. 12.	245
자료 288	중소상 구제 급무, 총독부 구체책 고구(考究) 중	조선일보	1938. 9. 17.	245
자료 289	중소상업 영향 막대, 동용품(冬用品) 이입 태무(殆無), 소비절약과 저축장려의 반영, 전시하 상계 자숙 위축	조선일보	1938. 9. 21.	246
자료 290	중소 상공업자 곤경, 자금 융통 방도 두절, 인천상의에서 구제 활동	조선일보	1938. 12. 8.	246
자료 291	경제 해설: 상업조합은 무엇(1), 「상조령(商組令)」 공포 앞두고	조선일보	1939. 6. 14.	247
자료 292	상업조합은 무엇(2), 미리 준비해 두자	조선일보	1939. 6. 15.	249
자료 293	성전기념(聖戰記念)의 헌금, 개성에서 1,400여 원 지난 7일, 개인과 상점에서	조선일보	1939. 7. 9.	251
자료 294	사설: 중소 상공업자 금융통(金融通) 보상제	조선일보	1939. 7. 26.	251
자료 295	불량 중간상인을 청주서(淸州署) 일제 단속	조선일보	1940. 6. 21.	253
자료 296	파주군 복장잡화 소매상조합 창총	매일신보	1941. 2. 1.	253
자료 297	「상업조합령」이 발포되면! 무력한 기형 단체를 법인조합으로 재편성, 개성상공회의소에 대비 중	고려시보 제149호	1941. 3. 1.	253
자료 298	양평상업조합 설립	매일신보	1942. 2. 6.	254
자료 299	「기업허가령」 위반자	매일신보	1942. 2. 8.	254
자료 300	재래식 시장의 노천상도 「기업허가령」 허가 필요	매일신보	1942. 3. 19.	254
자료 301	「조선회사령」 폐지설	조선경제잡지 47호	1919. 11.	263
자료 302	회사의 난립에 대하여	조선경제잡지 49호	1920. 1.	263
자료 303	회사열과 그 앞날	조선경제잡지 51호	1920. 3.	269

자료 번호	자료명	자료(책)명	발행일	본문 쪽수
자료 304	시장 문제 1	조선경제잡지 26호	1918. 2.	270
자료 305	시장 문제(완)	조선경제잡지 27호	1918. 3.	280
자료 306	중앙시장 설치에 관한 결정안	조선경제잡지 80호	1922. 8.	292
자료 307	경성 중앙도매시장안의 내용	경제월보 250호	1936. 11.	294
자료 308	젠쇼 에이스케(善生永助), 시장세에 관한 고찰	조선 제106호	1926. 8.	301
자료 309	H. S. K, 오늘날 조선인의 상업	상공월보 19호	1911. 5.	318
자료 310	박해원(朴海遠), 조선 상업가에 대하여	상공월보 20호	1911. 6.	320
자료 311	장사꾼의 휴업에 대하여	조선경제잡지 39호	1919. 3.	322
자료 312	양기철(梁基哲), 소매상 실패의 원인(小賣商 失敗의 原因)	신동아 제10호	1932. 9.	326
자료 313	최남(崔楠), 백화점·연쇄점(百貨店·連鎖店)에 대항책(對抗策) — 소매상인이여 전문점(專門商) 되라	삼천리 제6권 제9호	1934. 9	331
자료 314	소요와 폐점 사건이 경제계에 미친 영향	조선경제잡지 40호	1919. 4.	338
자료 315	상점 법안의 내용	경제월보 205호	1933. 1.	342
자료 316	「회사령」	조선총독부관보 (호외, 조선역문)	1910. 12. 30.	356
자료 317	「회사령 시행규칙」	조선총독부관보 (호외, 조선역문)	1910. 12. 30.	358
자료 318	「회사령 중 개정의 건	조선총독부관보	1918. 6. 26.	361
자료 319	「회사령 폐지에 관한 건」	조선총독부관보	1920. 4. 1.	362
자료 320	1920년(大正 9) 제령 제7호 개정의 건	1. 조선총독부관보 2. 조선총독부관보 3. 조선총독부관보	1922. 4. 22. 1931. 5. 20 1943. 9. 10.	362
자료 321	「기업허가령」	조선총독부관보 제4477호	1941. 12. 26.	363
자료 322	박무, 〈기업허가령의 의의와 실제〉	춘추, 조선춘추사	1942.	365
자료 323	「기업허가령」 단서 규정에 의한 제정	조선총독부관보	1942. 7. 24.	369
자료 324	「시장규칙」 제정	조선총독부관보	1914. 9. 12.	371
자료 325	1920년 「시장규칙」의 개정	조선총독부관보	1920. 4. 1.	376
자료 326	1930년 「시장규칙」의 개정	조선총독부관보	1930. 5. 20.	378

자료 번호	자료명	자료(책)명	발행일	본문 쪽수
자료 327	「조선미곡시장주식회사령」 제정	조선총독부관보	1939. 9. 22.	379
자료 328	「조선미곡시장주식회사령」 시행령	조선총독부관보	1939. 9. 22.	387
자료 329	「조선미곡시장주식회사령 시행규칙」	조선총독부관보	1939. 9. 22.	388
자료 330	「조선거래소령」	조선총독부관보	1931. 5. 20.	397
자료 331	「조선거래소령」 시행일	조선총독부관보	1931. 11. 2.	405
자료 332	「조선영업세령」	조선경제잡지 36호	1927. 4.	406
자료 333	「조선영업세령」 개정	조선총독부관보	1930. 12. 27.	411
자료 334	「폭리를 목적으로 하는 매매의 단속에 관한 건」	조선총독부관보	1937. 5. 12.	414
자료 335	「폭리를 목적으로 하는 매매의 단속에 관한 건」 개정	1. 조선총독부관보(호외) 2. 조선총독부관보	1937. 8. 3. 1937. 10. 30.	414
자료 336	「폭리행위 등 단속규칙」	조선총독부관보	1939. 12. 28.	417
자료 337	「조선물품 판매가격 단속규칙」	조선총독부관보	1938. 10. 12.	419
자료 338	「가격 등 통제령」	조선총독부관보	1939. 10. 27.	419
자료 339	「조선 중소상공업 자금 융통 손실보상 규정」	경제월보 284호	1939. 9.	426
자료 340	「조선 중요물자 현재고 조사규칙」	경제월보 302호	1941. 3.	430
자료 341	조선의 회사 사업	경성상업회의소 월보 10호	1916. 10.	439
자료 342	시사 삼제—「회사령」의 철폐	조선경제잡지 52호,	1920. 4.	444
자료 343	설당생(雪堂生), 경성의 시장(京城의 市場)	滿韓之實業 87호	1913. 5.	447
자료 344	시사 삼제-주식현물시장의 설립	조선경제잡지 52호	1920. 4.	451
자료 345	(1) 조선사회조사강목	중추원조사자료	1920. 6.	453
자료 346	젠쇼 에이스케(善生永助), 조선의 시장 분포 상황	조선 제97호	1925. 11.	493
자료 347	문정창(文定昌), 조선(朝鮮)의 공설시장(公設市場)	半島の光 제49호	1941. 12.	510
자료 348	조선말·대한제국기 판결문			513
자료 349	시사 삼제-공설 전당포	조선경제잡지 52호	1920. 4.	533
자료 350	중소상업 진흥책	조선경제잡지 192호	1931. 12.	535
자료 351	부내의 상공조합	조선경제잡지 51호	1920. 3.	539

자료 번호	자료명	자료(책)명	발행일	본문 쪽수
자료 352	젠쇼 에이스케(善生永助), 조선 주요 시가의 상업세력	조선 제101호	1926. 3.	541
자료 353	중소상인이 나아가야 할 길	조선경제잡지 163호	1929. 7.	547
자료 354	중소상인 어떻게 볼 것인가	조선경제잡지 176호,	1930. 8.	553
자료 355	지주갑(池周甲), 상인의 궁박과 그 대책	조선》제143호	1929. 9.	557
자료 356	중개상인은 어떻게 되나	조선경제잡지 177호	1930. 9.	572
자료 357	경성 중소상공업진흥조사위원회 조직	경제월보 230호	1935. 2.	582
자료 358	신태익(申泰翊), 경성(京城) 포목상계(布木商界) 경쟁(競爭), 잘될 장본(張本)? 눈물날 현상?	혜성(彗星) 제1권 제1호, 개벽사	1931. 3.	586
자료 359	중소상업 진흥책	조선경제잡지 192호	1931. 12.	590

| 참고문헌

1. 자료

1) 신문

《高麗時報》, 《大韓每日申報》, 《東亞日報》, 《每日申報》, 《朝鮮日報》, 《皇城新聞》

2) 잡지

《經濟月報》, 《調査月報》, 《朝鮮》, 《朝鮮經濟雜誌》

3) 고문헌, 문서, 간행 자료

『通商彙纂』, 『財務彙報』

『朝鮮總督府官報』

『朝鮮總督府 統計年報』

度支部 司稅局, 1909, 『韓國各府郡市場狀況調査書』,

山口精, 1909, 『朝鮮産業誌』, 寶文館.

納富由三, 1912, 『朝鮮商品と地理』, 日本電報通信社 京城支局.

朝鮮總督府 中樞院(編綴), 1920, 『中樞院市場調査資料』(국사편찬위원회 소장).

朝鮮總督府, 1924, 『朝鮮の市場』.

朝鮮總督府 內務局, 1924, 『公設市場槪況』.

朝鮮總督府, 1925, 『朝鮮人の商業』.

朝鮮總督府, 1926, 『市街地の商圈』.

朝鮮總督府, 1927, 『朝鮮の産物』.

朝鮮總督府, 1929, 『朝鮮の市場經濟』.

四方博, 1929, 「市場を通じて見てる朝鮮の經濟」, 『朝鮮經濟の研究』, 京城帝國大學.

朝鮮總督府, 1930, 『朝鮮に於ける公設市場』.

服部暢, 1931, 『朝鮮及朝鮮人の經濟生活』, 帝國地方行政學會.

이여성 · 김세용, 1939~42, 『數字朝鮮研究』, 世光社.

村山智順, 1932~33(추정), 『朝鮮市場の研究』(1999년 國書刊行會 간행).

文定昌, 1941,『朝鮮の市場』, 日本評論社.
鈴木武雄, 1942,『朝鮮の經濟』, 日本評論社.

2. 저서

1) 한국어

姜萬吉, 1973,『朝鮮後期 商業資本의 發達』, 고려대 출판부.
권병탁, 1993,『한국경제사』, 박영사.
김대길, 1997,『朝鮮後期市場研究』, 일조각.
김인호, 2000,『식민지 조선경제의 종말』, 신서원.
박강수, 1977,『한국재래시장연구 — 그 실증적 고찰』, 범학도서.
방기중 편, 2004,『일제 파시즘 지배정책과 민중생활』, 혜안.
안병직 외, 1989,『근대 조선의 경제구조』, 비봉출판사.
윤해동, 2006,『지배와 자치』, 역사비평사.
이영훈, 2000,『寒國 市場經濟와 民主主義의 歷史的 特質』, 韓國開發研究院
이재하 · 홍순완, 1992,『한국의 市場』, 민음사.
정승모, 1992,『시장의 사회사』, 웅진출판.
정태헌, 1996,『일제의 경제정책과 조선사회-조세정책을 중심으로-』, 역사비평사.
趙璣濬, 1973,『韓國企業家史』, 博英社.
趙璣濬, 1973,『韓國資本主義成立史論』, 大旺社.
조기준, 1994,『한국경제사신강』, 일신사.
趙炳贊, 1992,『韓國市場發達史』, 동국대학교 출판부.
조재곤, 2001,『한국 근대사회와 보부상』, 혜안.
韓㳓劤, 1993,『韓國開港期의 商業研究』, 一潮閣.
홍명수 외, 1992,『韓國의 市場商業史』, 신세계백화점 출판부.
허영란, 2009,『일제시기 장시 연구: 5일장의 변동과 지역 주민』, 역사비평사.

2) 일본어

大石嘉一郎 編, 1975,『日本産業革命の研究』, 東京大學出版會.
楫西光速 外, 1965,『日本資本主義の成立Ⅱ—日本における資本主義の發達Ⅱ』, 東京大學出版會.

3. 논문

1) 한국어

姜萬吉, 1984, 「大韓帝國時期의 商工業問題」, 『亞細亞研究』 16-2, 고려대 아세아문제연구소.

姜萬吉, 1991, 「市場과 商人」, 『한국사 시민강좌 9』, 一潮閣.

권태억, 1989, 「식민지 초기 일제의 경제정책과 조선인 상공업」, 『3.1민족해방운동 연구』, 청년사.

權泰億, 1994, 「1904~1910년 일제의 한국침략 구상과 '시정 개선'」, 『韓國史論』 31.

吉野誠, 1994, 「領事館報告를 통해 본 朝鮮의 內地市場」, 『近代朝鮮의 經濟構造』, 비봉출판사.

金敬泰, 1985, 「甲申·甲吾期의 商圈回復問題」, 『韓國史研究』 50·51 합집.

金泳鎬, 1968, 「韓末 西洋技術의 受容—近代西洋의 挑戰에 대한 主體的 對應의 一面」, 『亞細亞研究』 11-3.

金英姬, 1986, 「大韓帝國時期의 蠶業振興政策과 民營蠶業」, 『大韓帝國研究』 5, 梨花女大 韓國文化研究院.

나애자, 1996, 「상공업의 변화」, 『한국역사 입문 3 — 근대·현대편』, 풀빛.

木村光彦, 1989, 「定期市」, 『近代朝鮮의 經濟構造』, 비봉출판사.

박원선, 1985, 「韓國의 場市: 商法史的 考察」, 『東方學志』 46·47·48 합집.

박현수, 1993, 「日帝의 朝鮮調査에 관한 研究」, 서울대학교 인류학과 박사학위논문.

孫禎睦, 1985, 「會社令研究」, 『韓國史研究』 45.

이병천, 1985, 「開港期 外國商人의 侵入과 韓國商人의 對應」, 서울대학교 경제학과 박사학위논문.

李潤相, 1996, 「1894~1910년 재정제도와 운영의 변화」, 서울대 국사학과 박사학위논문.

이헌창, 1986, 「우리나라 근대경제사에서의 시장문제」, 『泰東古典研究』 제2집.

李憲昶, 1995, 「甲吾·乙未改革期의 産業政策」, 『韓國史研究』 90.

全遇容, 1993, 「開港期 韓人 資本家의 形成과 性格」, 『國史館論叢』 41, 國史編纂委員會.

趙璣濬, 1974, 「韓末의 民族商人團體의 性格考—仁川紳商協會를 中心으로」, 『學術院 論文集』 13.

조형근, 2005, 「식민지기 재래시장에서 시장 갈등과 사회적 관계의 변동」, 서울대학교 대학원 사회학과 박사학위논문.

최재성, 2019, 「상공인명록을 통해 본 1930년대 초 인천지역 기업 활동」, 『인천학연구』 30, 인천학연구원.

허수열, 1994, 「식민지경제구조의 변화와 민족자본의 동향」, 『한국사 14: 식민지시기의 사회경제-2』, 한길사.

허영란, 1993, 「日帝의 市場公營政策과 市場商業의 변화」, 서울대학교 석사학위논문.

허영란, 1994, 「일제시기 '市場'政策과 在來市場商業의 변화」, 『韓國史論』 31.

허영란, 2006, 「조선총독부의 오일장에 대한 통제 및 활용과 그 한계」, 『사학연구』 82, 한국사학회.

허영란, 2007, 「식민지 구관 조사의 목적과 실태—'시장조사'를 중심으로」, 『사학연구』 86, 한국사학회.

2) 일본어

藤永壯, 1991, 「開港後の會社設立問題をめぐって—朴琪淙と汽船業·鐵道業」, 『朝鮮學報』 140·141.

善生永助, 1925, 「朝鮮の市場分布狀況」, 『朝鮮』 第123호(1925年 8月號), 朝鮮總督府.

善生永助, 1928,「日本に於ける市の研究」,『朝鮮』第162號(1928年 11月號), 朝鮮總督府.

善生永助, 1953,「朝鮮に於ける市場經濟生活」,『朝鮮學報』4, 朝鮮學會.

小林英夫, 1975,「會社令研究ノート」,『海峽』3.

小林英夫, 1989,「'朝鮮會社令' 實施 狀況」,『經濟學論集』21-2, 駒澤大學經濟學會.

小林英夫, 1990,「朝鮮會社令研究—その實施狀況を中心に」,『經濟學論集』21-3, 駒澤大學經濟學會.

新納豊, 1983,「植民地下の民族經濟をめぐって」,『朝鮮史研究會論文集』20, 朝鮮史研究會.

須川英德, 1990,「朝鮮19世紀後半の商業政策—國家權力と商業」,『朝鮮史研究會論文集』27.

| 찾아보기

ㄹ

ㅁ

ㅂ

ㅅ

ㅇ

ㅈ

ㅊ

ㅌ

ㅍ

ㅎ

동북아역사재단 일제침탈사 자료총서 34
경제편

상업·무역 정책(1)
-일제의 한국 상권 침탈

초판 1쇄 인쇄 2022년 12월 5일
초판 1쇄 발행 2022년 12월 15일

기획 | 동북아역사재단 일제침탈사 편찬위원회
편역 | 조재곤 · 최재성 · 최종길 · 이태규
펴낸이 | 이영호
펴낸곳 | 동북아역사재단

등록 | 제312-2004-050호(2004년 10월 18일)
주소 | 서울시 서대문구 통일로 81 NH농협생명빌딩
전화 | 02-2012-6065
팩스 | 02-2012-6186
홈페이지 | www.nahf.or.kr
제작 · 인쇄 | (주)동국문화

ISBN 978-89-6187-774-9 94910
978-89-6187-773-2 (세트)